Stefano Dei Rossi

"UNA CURIOSITA' VENEZIANA PER VOLTA."

I primi cento post ... e più ... e altro.

02

Venezia 2016

_____

_____

_____

_____

___

Dedicato a tutti i Veneziani come me di ieri, oggi e domani: ***"Stème bèn !"***

"UNA CURIOSITA' VENEZIANA PER VOLTA."

Indice

- **Per iniziare**: a pagina 05 e 06.
- **Pizzocchere, Ospealere, Ospizi e Hospedaletti:** da pagina 07 a 111.
  - L'Ospedal dei Samiteri a Sant'Andrea della Ziràda_____pag.08-11.
  - L'Hospeàl de San Piero e Paolo dei feriti a Castello_____pag.12-15.
  - L'Ospizio dei Crosecchieri_____pag.16-26.
  - La Cittadella Assistenziale di San Job o Joppo_____pag.27-34.
  - A proposito di Ospizi e Hospedaetti a Venezia_____pag.35-43.
  - Pizzocchere_____pag.44-56.
  - Un Hospedaèto scomparso ... e una cjesa de Suore_____pag.57-62.
  - Le Agnesine_____pag.63-69.
  - Ospealère ... e Melograni_____pag.70-88.
  - Le orfananelle Terese_____pag-89-102.
  - San Lodovico dei vecci ... e il Prete ha preso le botte_____pag.103-111.
- **Preti, Frati, Priori, Monaci e Muneghe:** da pagina 112 a 336.
  - Santa Maria del Pianto, la Monaca De Rossi e il Doge Da Molin ... nel 1647_____pag.113-129.
  - Accadimenti a Sant'Andrea della Zirada_____pag.130-133.
  - La misteriosa Ca' Granda dei Frari_____pag.134-161.
  - Il lingotto delle Monache_____pag.162-168.
  - Qualche nota e curiosità su Santa Croce della Giudecca_____pag.169-176.
  - Le Monache Urbaniste di Santa Chiara della Zirada_____pag.177-188.
  - Svamp ! Svamp ! ... Venezia 1800_____pag.189-219.
  - Sestiere di Santa Croce 324 ...Santa Maria Maggiore un mondo alieno_____pag.220-235.
  - Libreri e Mastini di Dio a San Giovanni e Paolo_____pag.236-247.
  - Tremendi e paranoici i Mastini di Dio di San Zanipolo_____pag.248-254.
  - San Zanipolo dei Mastini di Dio_____pag.255-274.
  - Qualcosa di buono però l'han fatto i Mastini di Dio_____pag.275-286.

- Il campanil del Contrabbando ... e le Vergini del Doge___pag.287-309.
- Le Monache Nere di San Zan Lateran___pag.310-321.
- Una biblioteca nascosta dove fioccavano frecce tribali avvelenate al curaro___pag.322-336.

- **Rialto: fra Mercanti e Pellegrini:** da pagina 337 a 451.
  - San Giacometto di Rialto e il Voto Oltremarino___pag.338-343.
  - Un Mercante in crisi a venezia nel 1510___pag.344-348.
  - Incroci fra uomini e donne a Venezia nel 1786___pag.349-352.
  - Sotto ai portici di Rialto___pag.353-421.
  - Di passaggio per Venezia___pag.422-438.
  - Un vispo casotto grando a San Mattio di Rialto___pag.439-447.
  - Accadimenti Fiorentini al Banco Giro di Rialto ... nel 1621___pag.448-451.

- **Venezia ... tipi e persone:** da pagina 452 a 623.
  - Una nota sui Veneziani ...di oggi___pag.453-454.
  - ... e finalmente cala la sera___pag.455-457.
  - Bacari, trecce e storie___pag.458-471.
  - Bertilla___pag.472-500.
  - Ciabattando notte e giorno per Venezia___pag.501-521.
  - Bubo xe andà___pag.522-535.
  - Una Venezia intorno al pozzo___pag.536-564.
  - Notte Emma ! ... Notte notte___pag.565-567.
  - Venezia in ammollo dovrebbe dormire ...___pag.568-574.
  - Due sorellissime___pag.575-582.
  - Una giornata di passi in giro per venezia___pag.583-597.
  - Il cavaliere giorgio delle orfanelle___pag.598-607.
  - Venezia vecchia ... di vecchi___pag.608-615.
  - "Xe cascà un fio in acqua !" ... a Buran___pag.616-623.

- **Conclusione** a pagina 624.

PER INIZIARE

Nel mare infinito di splendide e sontuose pubblicazioni su Venezia, Lagune e Isole non c'era affatto bisogno di aggiungerne un'altra. Tanto più che questa non possiede nulla di assimilabile ai saggi, né alle ricerche erudite e scientifiche, né tantomeno assomiglia agli splendidi portfolio fotografici di cui è ricco il mercato editoriale.

"E' un peccato che le tue curiosità su Venezia rimangono sparse e sperse nel mare infinito e incerto senza indirizzi e vago del WWW ... Perché non le raccogli insieme ?"

A dire il vero non ci avevo mai pensato spinto e appagato dalla smania di condividere e basta queste note in semplicità nei miei blog su Internet. Poi ci ho pensato ... Perciò eccomi qua.

Il mio è un semplice libercolo, uno Zibaldone che raccoglie notizie e curiosità sbocconcellate e raccolte qua e là nel tempo leggendo, appuntando, ascoltando e osservando per anni la mia città che è anche quella di molti di voi.

Ho mescolato il tutto con quelle che possono essere le emozioni, i sentimenti e le pulsioni di un Veneziano qualsiasi come me, innamorato da sempre di queste Lagune che ospitano una Storia antica ricchissima e singolare, tanto importante quanto considero quella mia personale ... che è quel che è.

Il risultato è questo: un grumo di notizie che spero curiose, un'accozzaglia di note da poter leggere quando si sta distesi al sole in spiaggia senza sapere che cosa fare, oppure distesi sopra a un Verde prato d'alta montagna, ma anche quando si va a rinchiudersi nel gabinetto ... anche lì non rassegnati a voler sciupare il proprio tempo.

Queste semplici pagine si potranno leggere e assumere come un'aspra quanto utile medicina da autosomministrarsi un poco al giorno sperando risulti essere salutare almeno un poco. Spero accada proprio così ... che questa **"medicina Veneziana"** c'induca non solo a sonnecchiare per la noia di leggermi, ma anche ad amare di più la nostra Venezia con la sua splendida quanto fragile Laguna.

Insomma, mi auguro siano pagine utili a farci cogliere e condividere un po' di più le curiosità e la preziosità nascosta della nostra Venezia ... magari con un sorriso disincantato e allo stesso tempo un po' goliardico, cordiale e sereno come è quello dei Veneziani.

Buona sbirciata e lettura allora ! ... e grazie che mi leggete. Alla prossima occasione ... se ci sarà.

Stefano Dei Rossi

Pizzocchere, Ospealere, Ospizi e Hospedaletti

- *L'Ospedal dei Samiteri a Sant'Andrea della Ziràda.*
- *L'Hospeàl de San Piero e Paolo dei feriti a Castello.*
- *L'Ospizio dei Crosecchieri*
- *La Cittadella Assistenziale di San Job o Joppo.*
- *A proposito di Ospizi e Hospedaetti a Venezia.*
- *Pizzocchere.*
- *Un Hospedaèto scomparso ... e una cjesa de Suore.*
- *Le Agnesine.*
- *Ospealère ... e Melograni.*
- *Le orfananelle Terese.*
- *San Lodovico dei vecci ... e il Prete ha preso le botte.*

L'OSPEDAL DEI SAMITERI A SANT'ANDREA DELLA ZIRADA

I resti dell'entrata dell'*Ospedàl dei Samiteri a Sant'Andrea della Zirada* a Venezia, sono riconoscibili in quella porta più significativa della casa gialla che si nota sulla destra della chiesa chiusa e abbandonata di *Sant'Andrea della Zirada* vicino a Piazzale Roma, dove oggi sfreccia il People Mover.
Un tempo, il Monastero delle Monache Agostiniane di Sant'Andrea della Zirada era importante e famoso a Venezia. Non tanto quanto quelli di *San Zaccaria*, di *Sant'Alvise* o di *Santa Maria degli Angeli di Murano* ... però godeva di certo di un notevole prestigio.

Proprio accanto al Monastero, sorgeva l'*Ospedale dei Samiteri*, che erano i *Tessitori di Panni di Seta*, ossia i *Samiti*. Costoro possedevano qui due case adiacenti adattate a Ospizio per i poveri e gli infermi dell'Arte. In quell'Ospizio per entrambi i sessi si ospitavano, secondo un documento del 1664, fino a 18 persone, preferibilmente vedove.
In verità l'Ospizio era antichissimo, perché la sua costituzione risaliva addirittura al 1329, quando quattro nobildonne: *Francesca Corner, Elisabetta Gradenigo, Elisabetta Soranzo e Maddalena Malipiero* ottennero dal vicino *Capitolo di Santa Crose (la chiesa e Monastero che esisteva dove oggi ci sono i Giardinetti di Papadopoli accanto a Piazzale Roma)* il permesso di poter costruire, entro i confini della Contrada, *"un hospeàl"* da adibire a ricovero di povere donne, con annesso anche un Oratorio.

Fra 1567 e1568, vennero segnalati alle autorità della Serenissima tutta una serie di disordini presenti nel *Monastero di Sant'Andrea della Zirada*. Si denunciò un eccesso di spese, donazioni e scambi fra Monache e i laici, tanto da rischiare il prosciugamento delle risorse economiche dell'intero Convento. Persone losche ruotavano attorno al Monastero, ed erano esplicitamente appoggiate da *Suor Anna Giustinian, Suor Gabriella Salomon, Suor Elena Cappello, Suor Beatrice Moro*, e dalla *Conversa Suor Anfrosina*. Inoltre si informarono le autorità dello Stato che sorvegliavano

Monasteri, Religiosi e Religiose di: disobbedienze, discordie, relazioni illecite e violazioni della clausura monastica.

I **Provveditori di Stato sui Monasteri** intervennero e indagarono immediatamente: tra i laici interrogarono **Zorzi Barcarolo** che affermò: *"...faccio tutti quelli servitii che le Muneghe me fa far, et vado de fuora a scuoder quando le me manda ... vado a spender per el Monasterio et ancro per el Cappellano ..."*
Raccontò inoltre, di come una volta **Suor Beatrice** gli aveva chiesto di recapitare a una delle sue sorelle della farina nascosta tra panni sporchi da lavare: *"... Suor Beatrice Moro mi fece barecchiar la barca, et mi mette in barca, et fece portar via tre corbe de drappi con drappi sporchi, et sotto quelli drappi per ogni corba vi era un sacchetto di farina ... et le scargassemo a Santa Caterina a casa de una sorella di essa Madonna Suor Beatrice ..."*

C'era poi un tale **Girolamo**, un bastazo-facchino che aveva svolto poche commissioni da quando era stato assunto **Zorzi Barcarolo**, ma era ancora richiesto per trasportare prodotti: *"... servo anco adesso al Monasterio al formento, alla farina, alle legne et a quel che fa bisogno, et secondo che me vien ordinado ..."*
Anche le vedove ospiti dell'**Ospizio dei Samiteri** erano risentite verso le Monache della comunità e le loro domestiche perchè le ritenevano causa di diverse loro privazione: *"... se muor de fame, per el mal governo."*

Elena, una testimone delle vedove dell'Ospizio depose: *"...vedemo a portar fuora cesti, sacchi per quelle so femine, per quelle so petegole et certi della villa che porta golani, et se ge da pan, semolei, farina et altro ... C'era inoltre ... un gruppo di donne pettegole che vivevano a spalle del Convento ... fra cui una certa Zuana, detta "gagiarda" ... ella tien le galline da otto a diese de Madonna Suor Gabriella a casa sua, et essa Madonna Suor Gabriella ... la sustenta de pan et de vin et di ogni altra cosa accio la ge nutrisa queste galline..."*

Esisteva inoltre una certa **Felicita amante del Confessore**, che non solo viveva in casa di costui e a spese del Convento, ma faceva anche mantenere da lui i suoi 8 figli, mentre la figlia **Tesaura** era impiegata nel ricovero per vedove collegato al Monastero stesso.

Felicita, faceva da pettegola portando da fuori notizie tanto ambite dalle Monache della clausura. Una delle sue prime fonti erano i racconti che trapelavano dal Confessionale del Cappellano che le raccontava tutto.

A tal proposito raccontava **Maria**, una delle vedove dell'Ospizio: *"... et sta continuamente et li fu anco hieri, et porta parole su et zozo che la sta le belle tre hore in celletta a rasonar con quelle Muneghe, che ho ditto et tolleva ciance de qua, et le portava de la et me par, che la reporta le cose della Confessione et a ogni confessiva se feva un scandalo perché la riferiva alle Muneghe quel che se haveva confessà ..."*

Inoltre **Felicita** teneva strani atteggiamenti con le Monache: **Zorzi Barcarolo**, infatti, raccontò: *"... vedo quella Felicita andar dentro della porta, sentarse su quelli banchi in compagnia con quelle Reverende Monache e Madonna Suor Gabriela et delle altre, et subito che le sono la vedo darghe la man una con l'altra, basarse et Felicita metter le man ... a Madonna Suor Gabriella et basarse una parte et l'altra ..."*

Si sapeva già che erano Monache poco impegnate e prive di vocazione: *"... quelle che tende alla porta ... sempre stanno la, né mai vanno né in Choro, né in Refettorio insieme con le altre, né danno obedientia alcuna a Madonna la Priora ..."*

Nel luglio del 1568, dopo due anni di indagini dei **Provveditori Sopra ai Monasteri** inviati dal Doge della Serenissima, si giunse infine alla sentenza:
- Fu interdetto a 8 donne e 3 uomini di recarsi al Convento, parlare con le Monache o avvicinarsi al Parlatorio a rischio d'essere banditi dall'area circostante l'edificio dal Ponte della Croce al Convento stesso.
- Si condannarono inoltre:
  - *Zuana Gagliarda, che abitava sula Fondamenta di Sant'Andrea in calesela et sua fia.*
  - *Pasqua Furlana che sta a Santa Chiara.*
  - *Lucretia Zotta che sta a San Polo*

- *Franceschina vedoa che sta al ponte de legno in chavo del Campo.*
- *Anzola Sartora a Santa Chiara*
- *Madalena sta a Santa Chiara*
- *Donado Fachin sta alli Frari*
- *Donna Andreinna filla chanevo sta per mezzo la chiesia*
- *Alvise fio de Donna Felicitta già bandito dal Convento un anno prima*
- *Zan Francesco Sartor al ponte di legno in cavo il campo.*

***

_____*Questo scritto è stato postato su Internet come: "Una curiosità veneziana per volta." - n° 09, e pubblicato su Google nel gennaio 2013.*

L'HOSPEAL DE SAN PIERO E PAOLO DEI FERITI A CASTELLO

Quello di cui vi voglio raccontare è un antico *Ospedaletto* di Venezia che oggi non esiste più. Si tratta di un piccolo mondo situato nel cuore del *Sestiere di Castello*, uno dei più periferici e popolari di Venezia, dove sono accadute cose interessanti, perfettamente coerenti con le vicende della Serenissima che molto apprezziamo.

Già in altra occasione mi è capitato di raccontare qualcosa di quel posto riportando le vicende del 1758 riguardanti *Cattaruzza figlia di Zuanne e di Caterina Foscarini del Ramo III dei Grimani di San Boldo*.

Il luogo sorgeva e sorge tutt'ora al di là del *Rio-Canale di Sant'Anna*, e i Veneziani lo chiamavano: *"l'Ospedaletto dei Santi Pietro e Paolo"*, o meglio: *"Hospeàl Avanzo o de San Gioacchìn"* o ancora: *"L'Ospedaletto dei feriti"*.

Venne fondato nel lontano 1000 per ospitare i soliti Pellegrini in transito o di ritorno dalla Terrasanta. Nel 1328 venne ampliato dal Prior Marco Bonaldo utilizzandolo soprattutto per i feriti di guerra, e posto dal 1348 sotto il diretto Patrocinio del Doge che vi assegnò per gestirlo un apposito Gastaldo e in seguito ben cinque Procuratori Nobili e Cittadini.

Due anni dopo, *Francesco Avanzo o D'Avanzo* concesse all'ospedale per testamento un lascito investito nel *Monte Novissimo* e presso la *Camera dei Imprestidi*. Fu quella la più consistente eredità della storia dell'Ospeàl che nell'occasione venne ulteriormente ampliato inglobando un contiguo e antico *Ospedaeto Avanzo* con 8 sue *"caxette"* annesse.

Alla fine del 1300, *"l'Hospeal dei Feriti de San Piero e Paolo"* era considerato l' *"Hospeal Mazor"* di Venezia, possedeva una sua *Scuola di Chirurgia* che godeva di gran prestigio, accoglieva fino a circa cento fra feriti, ammalati e pellegrini, e possedeva proprietà e un vasto patrimonio immobiliare dal quale traeva grosse rendite annuali.

Se si gira per il Sestiere di Castello, ancora oggi si trova murata in un vecchio squero nella *Contrada di San Piero* una patera in pietra d'Istria raffigurante un spada verticale che incrocia due chiavi orizzontali simbolo dell' *"Hospeàl de San Piero e Paolo dei feriti"*. Indicava le proprietà dell'Ospedale.

Nel 1418 *Elena Marchi* lasciò per testamento, presso il *Notaio Arcidiacono Nicolò Bono*, una casa per accogliere e farne l'*Ospizio delle Pizzocchere Terziarie Francescane* aggiungendovi un piccolo *Oratorio di San Gioachin*. La piccola comunità di donne crebbe nel tempo in simbiosi col vicino Ospedale di San Pietro e Paolo dove le *Pinzochare* assistevano i ricoverati. Vent'anni dopo, *Maddalena moglie di Nicolò Carretto Priore dell'Ospedal dei Feriti* che possedeva circa 150 campi a *Postioma nel Trevigiano*, lasciò altre 4 *"caxette"* a Sant'Anna di Castello per fondare un altro piccolo Ospizio allargando l'attività dell'Ospedale. Nel 1455, invece, *Bortolo figlio quondam Stefano da Casale* dichiarò nella sua polizza fiscale di lavorare 59 campi di cui 42 appartenevano a 3 possessioni veneziane prese in affitto rispettivamente dall'*Ospedale dei Santi Pietro e Paolo di Venezia*, dalle *Monache di Sant'Antonio di Torcello* e dall'*Abate dei Santi Filippo e Giacomo* ancora di Venezia.

Nel 1428-1439 *Francesco Cesanis*, fratello di Alvise, era proprietario di una nave tonda o cocca, ed era iscritto alla *"prova"* per i viaggi di Siria e il commercio del cotone. Fu ufficiale di bordo sulle *Galee della Muda per le Fiandre*, e nel 1457 fu *Uomo di Consiglio* su una Galea di mercato della *Muda per Beirut*. L'anno dopo fu anche nel Consiglio della *Galea di Mercato di Barbaria*, e nel 1460 sulla *Galea di Mercato per Cipro*. Era figlio di *Biasio Priore dell'Ospedale dei Santi Pietro e Paolo di Castello* e possedeva case sia Venezia che a Malamocco. Nel suo testamento del 05 novembre 1496 ricordò d'affittare le sue case a prezzo onesto, stabilì d'essere sepolto in *Sant'Antonin di Castello*, di lasciare denaro alla *Pietà*, all'*Ospedal di Gesu' Cristo di Castello* per organizzare pellegrinaggi a Roma e a Campostela, una rendita di 10 ducati + 50 ducati di dote alla *serva Lena*, e un'altra di 10 ducati alla *serva Lucia*. Inoltre decise di lasciare anche una rendita di 10 ducati all'*Ospedal di San Pietro e Paolo*, una rendita di 10 ducati a *Marina* sua figlia naturale, un'altra alla sua *schiava etiope Caterina*, e un'altra ancora al suo amico *Modesto Spiera*. Infine istituì un ultimo lascito per la *Scuola Grande di San Marco* che risultò ancora attivo e fruttuoso più di trecento anni dopo.

Dal 1487 al 1536 il *Collegio dei Fisici e dei Chirurghi di Venezia* teneva proprio nell'*Hospedal dei Santi Piero e Paolo* le sue lezioni annuali di

anatomia con dissezioni ricordate da **Nicolò Massa** nel suo *"Liber Introductorius anathomiae"* pubblicato a Venezia nel 1536.
Nel 1558 *Francesco da Castello* venne nominato *"Chirurgo dell'Hospedàl"*, quando l'edificio aveva solo i muri perimetrali in pietra, mentre tutto l'interno era formato da tramezzi, scale, pavimenti e arredi in legno. L'attività dell'Ospedale contava circa 131 decessi annui in totale, per la maggior parte maschi e adulti, salvo 2 ragazzi di 14 e 12 anni, 23 decessi per ferite e fratture, mentre 27 su 83 deceduti erano soldati o galeotti.

Si racconta ancora che nel 1615 i **Commissari della Serenissima** entrarono a forza nell'Ospedale per cacciare fuori gli uomini che convivevano con quattro donne ospiziate, mentre nel 1630 tutte le **Pizzocchere** che servivano nell'Ospedale morirono di peste ad eccezione di **Domenica Rossi** che in seguito raccolse e organizzò nuove compagne.
Nel febbraio 1648 si scriveva: *"... chi entra nell'Ospeàl viene spogliato nudo, gli si leva d'intorno immondizie e sporco, e gli si da camicia e lenzuoli netti ... si riscaldano e pongono in un letto, e vengono tosto confessati e visitati da un Medico ... Qualor prendano medicina, si dà loro un ovo fresco, pan in brodo, un poco di pollastra o vitello ... o non potendo masticare sostentasi con brodetti di ova fresche, pesti di pollastre, o ristori secondo la gravità dei mali. Nella convalescenza o liberi da febre, giusto agli ordini del medico, si dà loro minestra d'orzo, riso o pan grattato, un pezzo di carne di manzo, qualche pomo o pero cotto, pane e vino sino a partenza ..."*

Secoli dopo fra 1727 e 1750, quando l'Ospeàl godeva ancora della rendita di circa 3.000 ducati annui, le **Pizzocchere Terziarie Francescane** si *"ridussero"* in comunità regolare ordinata, e restaurarono l'**Ospedale e Oratorio di San Gioacchin**. Col solito nefasto passaggio Napoleonico le Pizzoccare vennero concentrate con le Pinzochare di San Francesco della Vigna, i locali indemaniati e poi venduti a privati, e gli ammalati *"dell'Hospeàl de San Piero e Paolo"* trasferiti in quello degli **Incurabili nel Sestiere di Dorsoduro** dall'altra parte della città.
In seguito, ossia nel 1900, dopo essere stato utilizzato dalla **Congregazione di Carità** e come *"Patronato pei Ragazzi Vagabondi"*, l'intera proprietà modificata e ridotta per l'escavazione di un Rio e la costruzione di una

fondamenta, passò alle **Suore di Maria Ausiliatrice**, che in seguito vendettero tutto al **Comune di Venezia** che ne ha fatto da poco una piccola Residenza Universitaria.

Se andrete oggi a Castello vicino a Sant'Anna, vedrete ancora negli edifici i tre significativi ingressi rimasti. Il primo a sinistra era l'ingresso della casa delle **Pizzòcare Terziarie di San Francesco**, quello centrale era quello dell'**Hospeàl di San Piero e Paolo dei Feriti**, e quello a destra l'entrata dell'**Oratorio di San Gioachin.**

Sono le ultime tracce di una stagione della Sanità Veneziana dei tempi andati.

***

_____Questo scritto è stato postato su Internet come: "Una curiosità veneziana per volta." - n° 49, e pubblicato su Google nell'agosto 2014.

L'OSPIZIO DEI CROSECCHIERI

Quand'ero piccoletto e mia madre mi portava dalla mia isoletta spersa in fondo alla Laguna fino a Venezia per effettuare dei controlli all'Ospedale Pediatrico Umberto I a Sant'Alvise, passavamo sempre di là: davanti all'**Ospizio dei Crosecchieri ossia dei Crociferi**. Sbarcati alle Fondamente Nove, spesso d'inverno col freddo, la pioggia e il buio, camminavamo proprio accanto a quel cupo e vetusto edificio. Nella mia vispa fantasia di bimbo satura delle letture dei fumetti di Tex Willer, quella corrispondeva alla **"Casa dei Cinesi".** Forse per la postura e l'aspetto del Santo scolpito in facciata con la Madonna, che mi sembrava appunto un Cinese con un pacco misterioso ... o forse per chissà quali motivi fumettistici, m'immaginavo che dietro a quella porta e dentro a quella casetta piena di camini ci fosse una Fumeria da Oppio piena di tendaggi, draghi contorti, luci rossastre soffuse, geishe seminude e procaci, e uomini dagli occhi a mandorla con codini, baffi lunghissimi e coltelli facili ... Ero bambino, e mi portavo a spasso per Venezia le mie fantasie stretto alla mano rassicurante della mia mamma forte come quella di Tex Willer.

Assieme a quella visione un po' da Far West lagunare associo ancor oggi il ricordo dell'odore intenso di colle, mastici, pece e legno che fuoriusciva dagli ultimi **Squeri di Cannaregio** che accostavamo e sorpassavamo, dove si ostinavano a costruire e riparare barche in un miscuglio di faville, stoppie, e rumore di seghe e chiodi ribattuti ritmicamente.

Col trascorrere degli anni, mi sono spesso chiesto a quale luogo corrispondesse quel posto che ogni tanto riaffiorava e galleggiava nella mia memoria, finchè finalmente l'ho riconosciuto durante i miei vagabondaggi in giro per Venezia. Anzi, ho riconosciuto proprio la scultura ancora infissa sopra al portale, e il ricordo di quel vissuto dell'infanzia si è di nuovo riacceso nitido nella mia mente. Non si trattava di una fumeria di Tex Willer e dei Cinesi trasposta a Venezia, ma dell'antichissimo **Hospeàl dei Crocecchieri o Ospizio Zen dell'Assunta in Campo dei Gesuiti** verso le **Fondamente Nove**.

"Chi ? ... Dove ?" dirà più di qualcuno.

E sì ... non è uno dei posti e dei luoghi fra i più conosciuti e visitati di Venezia. A dire il vero, è davvero difficile poter entrare e visitare almeno la Cappella di quel luogo che è stato prestigioso o perlomeno ricco di Storia curiosa.

(adesso nel 2016 la sola Cappella, appartenente come il resto del piccolo complesso all'I.R.E. di Venezia è stata per fortuna riaperta dopo lungo restauro, ed è visitabile per poche ore nei fine settimana.)

Sapete meglio di me che Venezia è stata piena per secoli di Ospizi e Hospedaetti sparsi un po' per tutte le sue Contrade. Ce n'erano davvero moltissimi, e la maggior parte di loro è sopravvissuta per tantissimo tempo sussidiando la città lagunare con grande puntualità e meticolosa efficienza. Gestire la Sanità a Venezia non è mai stata cosa facile, tuttavia bisogna dire che la Serenissima al riguardo si è data sempre molto da fare e ha permesso che molti privati, devoti, Compagnie, Ordini di Frati e Monache, e Schole di Arti Mestieri e Devozione Grandi e Piccole potessero in proprio erigere delle realtà assistenziali presenti e attive sull'intero territorio della Serenissima.

La presenza dei poveri bisognosi a Venezia si è sempre contata nell'ordine delle decine di migliaia. In certe stagioni storiche per vari motivi si è giunti a parlare di **70.000-80.000** e più miseri questuanti presenti in città stabilmente e imploranti un qualche aiuto anche in maniera spesso importuna.

Quindi, volendo, ce n'era da fare per aiutare un po' tutti ...

Le vicende dell'**Ospizio dei Crosecchieri** iniziarono circa nel lontanissimo 1150, pensate quasi un millennio fa ... quando i **Frati Crociferi o Crosecchieri** giunsero a Venezia da Roma construendo subito Chiesa e Convento con le donazioni della **Nobile Famiglia Gussoni**. Accanto al complesso religioso costruirono anche un Hospeàl con annesso Oratorio per offrire ospitalità ai pellegrini e ai crociati in transito per Venezia diretti in Terrasanta. Si dice che l'*Ordine dei Crociferi o Crosecchieri* sia arrivato a gestire fino a 200 Ospizi e Monasteri fra Italia, Europa, Palestina e Oriente.

Niente male per quell'epoca !

Le cronache di quei tempi raccontano: *"... essendo venuti dalla parte di Roma alcuni Monachi quali andavano vestiti de biso, descalzi; con una Croce de legno in man, pieni d'ogni bontà e Religion, et essendo poveri, li furono donati alcuni terreni sopra la palude, in confinanza col Canal delli Monachi dal Sacco, dove li fu fabbricado da diversi con elemosine, un'Hospedal per loro habitation con una giesola che chiamavano Santa Maria dell'Hospedal delli Monaci della Croce."*

I *Frati Crosicchieri* a Venezia furono subito ben visti e accolti altrettanto bene, e soppiantarono nella zona i *"Monaci Sacchiti dal misero abito"* che: *"... andavano centi con una cadena et non conversavano con persona alcuna ...* mentre i Crociferi *usando vita onestissima, anzi santa, li Nobili et Cittadini con il Popolo andavano volentieri allo loro offici, facendoli elemosine assai, di modo che i Monaci di Santa Caterina del Sacco, vedendo ogni giorno più accrescer et concorreli assai popolo che disturbava i loro uffici, si partirono da Venezia et andarono al Monte Sinai..."*

In nuovo Hospeàl veneziano presentò fin dall'inizio quattro grandi camini collegati a dodici stanzette di ricovero. Sopra il portone d'ingresso fu posto fin dal 1300 un bassorilievo con *"Madonna in trono col Bambino e San Magno"* (la statua del Cinese della mia fantasia da bambino). Da lì si accedeva alle parti comuni, alle stanze allineate sui due lati, e all'Oratorio che sorgeva e sorge in fondo all'edificio.

Già nel 1170 fu lasciato ai Crosecchieri per testamento *"alla bona memoria di Cleto ... successore di Pietro"*: vigne e possedimenti con acque pertinenti a **Pellestrina e Chioggia**, e qualche anno più tardi, anche **Basilio, Domenico e Pietro Domenico da Chioggia** donarono ancora ai Crosicchieri: saline, terre, paludi e case sempre nella stessa Chioggia. Entro la fine del secolo, anche il **Patriarca di Aquileia Bertoldo** donò all'*Ospissio dei Crosecchieri*:

case e palazzi a **Padova, Trieste, Muggia e Fuscalia** ... e già che c'era vi aggiunse anche alcuni boschi a **Meolo**.

All'inizio del 1200, il **Patriarca di Grado** sotto la cui giurisdizione cadeva il Convento dei Crosecchieri, concesse ai Frati immunità e privilegi, e quelli gli offrirono simbolicamente in cambio: *"due annue ampolle di vino"*. Anche il Papa non si fece attendere, e **Gregorio IX** vietò a chiunque di violare l'integrità territoriale dei Crociferi Veneziani minacciando con apposita bolla scomuniche e pene severissime.

Una decina d'anni dopo, come spesso accadeva a Venezia, un furioso incendio devastò Convento, Chiesa e Ospizio, ma tutto fu presto ricostruito destinandolo all'accoglienza di povere vedove ammalate, scelte fra le più bisognose e meritevoli, e ammesse in autonomia all'Ospizio dallo stesso **Priore dei Crosecchieri**.

Il luogo a Venezia godeva di grande considerazione, e tanto per farvi comprendere la sua importanza posso ricordare che il 23 giugno 1222 proprio ai **Crociferi o Crosecchieri** si firmò la pace fra le nemiche **Serenissima e Patriarcato d'Aquileia**.

Una trentina d'anni dopo, il personale accudiente attivo nell'Ospizio consisteva in: due Sacerdoti, un Diacono e dieci fratelli laici del Convento dei Crosechieri ... e fioccavano lasciti e donazioni in continuazione.

Maria vedova di Giacomo Gradenigo dispose per testamento il 25 luglio 1267 di elargire a quasi tutti i Monasteri e Hospeàli del Dogado Serenissimo cospicui legati e denari. Beneficò innanzitutto il **Monastero delle Vergini a San Pietro di Castello** dove predispose la sua sepoltura, e poi gli ospedali: **Domus Dei** *(ossia la Ca' di Dio)*, **Domus Misericordie, Santa Maria Crociferorum, San Joahannis Evangelista, Sancta Maria et San Lazzaro** ... e molti altri monasteri *"da Grado usque Caput Aggeris"*.
Il denaro, ossia 20 ducati, venne effettivamente corrisposto a tutti dai **Procuratori di San Marco** in 2 rate di 8 e 12 soldi.

L'anno dopo, il Doge in persona **Raniero Zen** lasciò per testamento l'intero suo capitale a metà fra l'*Hospeàl di San Giovanni e Paolo* e quello dei *Crosecchieri* a cui lasciò anche i ricavi di alcuni vigneti in *Istria e Muggia* col vincolo d'inalienabilità, e col perpetuo usufrutto a favore degli infermi. Lasciò all'Ospizio anche la proprietà di sedici caxette nella vicina Contrada di Santa Sofia, disponendo che le rendite degli affitti fossero spese dai Commissari testamentari per acquistare letti, coperte, lenzuola, vestiario, sedie e oggetti utili agli infermi.

Il Doge inoltre, ordinò che anche i 3000 ducati della dote della moglie, nonché gli effetti personali e gli arredi della casa andassero a beneficio degli infermi, compresa la parte del nipote se fosse stato senza figli. Ogni cosa doveva essere decisa in accordo fra l'*Ospitalario dei Crosecchieri* e il **Priore dell'Ospedale.**

Per tutti questi motivi il Doge venne inizialmente sepolto nella chiesa dei **Crociferi-Crosecchieri** prima d'essere trasportato nel Pantheon Ducale di San Giovanni e Paolo. Questo importantissimo e molto ricco lascito denominato *"Comissaria Zen"* non fu lasciato in gestione ai Frati ma alla moglie del Doge, e in seguito ai *Procuratori di San Marco de Citra.* Come sempre la Serenissima utilizzava certe donazioni a modo suo e in maniera *"oculata per il bene pubblico"*, perciò il lascito fu spesso incamerato dallo Stato e utilizzato a fini bellici in più di un'occasione.

E come il solito, a Venezia ci fu un lunghissimo e secolare contenzioso con cause e processi fra *Procuratori di San Marco e i Crosecchieri* per la contribuzione dello Stato alla gestione dell'Ospizio, con reciproche accuse di maneggi, ruberie, dimenticanze e abusi.

Venezia era Venezia … come il solito.

Dal 1299 in poi un apposito *Gastaldo* raccoglieva a nome dell'**Ospizio Zen** gli affitti delle caxette della Contrada di Santa Sofia e di altre caxette che si aggiunsero in Contrada dei Santi Apostoli e a Rialto. Investiva i capitali in Zecca, vendeva e comprava, e amministrava gli interessi spendendo per le cose necessarie per *"pauperibus et infirmis"*. Dalle note degli antichi **Quaderni dei Conti dell'Ospizio** risulta che comprava: letti con lenzuola e coperte, vestiario, pezze per le camicie, scarpe, frumento, orzo, vino, olio, lardo, carne salata, pollame e uova, formaggi e pesce.

Nel 1414 furono necessari dei lavori di ristrutturazione dell'Ospizio e della Cappella interna, mentre i Frati Crosecchieri seguendo la moda del secolo facevano i capricci e si davano alla bella vita e a bagordi in giro per Venezia e il Dogado.

Articolo n°6 dei *"Capitula Hospitalis Zen"* del 25 gennaio 1445: *"... che ogni mattina juxta el laudabile consueto antiquo presente epsa Priora, o sua viceregente, vadino e facino andare le povere del hospitale al altare de la Madona de esso hospitale a rendere gratie a quella, et pregare Dio per el Stato della nostra Illustrissima Signoria, libertà e conservation del Monastier de Crocichieri, et per le anime de chi gli ha statuito tanto bene ... dicendo cadauna d'esse povere inginocchioni: cinque Pater noster et cinque Ave Maria a riverentia della Santissima Croce et Passione del nostro Signore Jesu Christo ... Tri per la Santissima Trinitade et sette per le Sette Allegrezze della Madonna..."*

Articolo n°8 dei *"Capitula Hospitalis Zen"* del 25 gennaio 1445: *"... che a septimana, over mese ... che le povere a do a do, quelle cioè se possono exercitare, debbiano tegnir mundo et scovato tutto l'andeto de ditto Hospitale, tra l'una e l'altra porta, et non tegnir animale de alguna sorte nelle sue celle excepto qualche gatto ..."*

Nel 1500 il posto di Priore dell'Ospizio era vacante ed era appetito da moltissime organizzazioni religiose cittadine: **Padri Serviti**, **Canonici Regolari di Santo Spirito** in isola e **Monache di Santa Maria degli Angeli di Murano** che patrocinate dal Senato Serenissimo aspiravano a rilevarlo e gestirlo. Addirittura il 20 gennaio 1504 il **Padre Generale dei Crociferi** si lamentò che si voleva dare l'Ospizio in gestione come *"Commenda"* al figlio tredicenne del potente combattente **Procuratore Nicolò Priuli**. Il motivo c'era: si guadagnavano 600 ducati di Commenda e molto altro di connesso ... Lo sapeva bene la Nobile Famiglia Zen, che nel bene e nel male mantenne sempre un controllo ed un'ingerenza nei confronti dell'Ospizio arrivando talvolta ad occuparne delle parti affittandone a persone non bisognose e occupando terreni di proprietà dell'Ospizio.

Trascorsero 50 anni prima che il **Papa Pio II** si decidesse a mettere un freno e richiamare all'ordine, alla Regola e alla disciplina religiosa i Frati Crocecchieri *"bellicosi"*. Il Papa si diede parecchio da fare espropriando i Crosecchieri di tutti i beni che possedevano a Venezia, passandoli in gestione come Commenda prima al **Cardinale Bembo**, e poi al famoso **Cardinale Bessarione** *(quello della Biblioteca Marciana)*, mentre i Procuratori di San Marco del Governo Serenissimo tagliarono i contributi ai Frati e di conseguenza alle povere donne dell'Ospizio a cui venivano conferite 18 lire d'oro all'anno e una paga di lire 1 e soldi 8 in tre rate: Natale, Pasqua e Assunzione ... L'Ospizio rischiò il fallimento e la chiusura per mancanza di fondi.
Ma questo per fortuna non accadde ...

Passarono altri cento anni, e un secondo incendio distrusse quasi completamente Convento e Ospizio, e i Crosecchieri reintregati parzialmente nelle proprietà, ma privi delle antiche cospicue risorse economiche, fronteggiarono la ricostruzione di Convento ed Ospizio con estenuante lentezza.
Solo nel 1543 si portarono a termine le riparazioni del Convento, e solo dopo altri dieci anni si concluse il restauro dell'Oratorio. Per fortuna anche questa volta i Crosecchieri trovarono un sostenitore finanziatore assiduo nel **Doge Pasquale Cicogna** particolarmente legato all'Ordine dei Frati.
Ogni anno visitava l'Ospizio ufficialmente come Doge accompagnato da tutta la Signoria il giorno dell'Assunta, e fu lui a commissionare la decorazione della Cappella dell'Ospizio al trentatreenne **Jacopo Palma il Giovane**. Tra 1583 e 1592, pagato da **Fra Priamo Balbi**, dipinse per le pareti della Cappella 8 teleri narranti le vicende della storia dell'Ospizio, le devozioni del Doge, e la storia dell'Ordine dei Crosecchieri il cui simbolo è rappresentato da tre croci collocate sul sepolcro vuoto della Madonna o presumibilmente del Cristo Risorto.

Nel 1584 lo stesso **Doge Cicogna** risolse anche la controversia fra Procuratori di San Marco e Crosicchieri facendo loro versare gli arretrati dovuti dalla Serenissima all'Ospizio. L'**Ospitalario Barbi** pagò le pensioni alle donne ospitate aumentandole da 12 a 14 ducati, con pensione annua di ducati 24 al posto di 8 ducati distribuiti ogni 3 mesi invece di 2 volte l'anno. Si fornì assistenza sanitaria e medicine gratuite servendosi della *"Specieria dello struzzo in Marzaria"*, e si finanziò l'Ospizio con 24 ducati annui per celebrare Messe settimanali nella Cappella, comperare cere e candele varie, olio per tenere acceso giorno e notte la lampada dell'altare tutto l'anno, un sepolcro-arca nell'Oratorio per le ospiti morte nell'Ospizio alle quali si assicuravano anche le spese per il funerale. Toccò di nuovo al Capitolo dei Crosecchieri di assistere spiritualmente l'Ospizio, nominandone una Priora e scegliendo le donne ospiti.

Anche in quell'occasione, nel 1595, i Crosecchieri accolsero volentieri nella loro chiesa le spoglie e il monumento funebre del benemerito Doge Pasquale Cicogna *(la tomba esiste ancora oggi nella chiesa chiamata in seguito Santa Maria dei Gesuiti)*.

Nel 1564 i Frati Crosicchieri di Venezia erano economicamente agiati: il Convento possedeva proprietà di molte case e terreni a Venezia, nel Dominio, a Padova e Treviso. I Frati investivano capitali nei Banchi pubblici e nella Zecca della Serenissima e ricavano utili da diverse Mansionerie di Messe finanziate e lasciate dai devoti ... Tuttavia il bilancio del Convento segnalava un passivo di 1.360 ducati.
Nel Convento vivevano ben 59 persone: 27 sacerdoti di cui molti figli di Nobili di Venezia: **Boldù, Barbaro, Condulmier, Michiel, Pasqualigo, Zorzi, Badoer, Moro, Nani** che spesso si ritiravano con i Frati per trascorrere insieme la Settimana Santa. C'erano inoltre: 16 novizi, 2 diaconi, 5 suddiaconi con 1 maestro di teologia, 1 di grammatica e greco, 2 per la musica. Nel conteggio si dovevano aggiungere 4 conversi per i servizi interni, 1 avvocato ordinario, 1 avvocato straordinario, 1 medico, 1 cerusico, 1 quaderniere, 2 fattori, 3 barbieri, 1 organista e accordatore, 1 lavandaia e 1 lavandaio, 1 cuoco col sottocuoco, e 2 famigli che gestivano la cantina e facevano il pane per tutto il Convento dei Crosecchieri.

Nel 1649 e 1654 i *Procuratori di san Marco* eseguirono alcune indagini sull'operato dei Crocecchieri. Risultarono alcune inadempienze: non tutte le camere venivano occupate stabilmente dalle assegnatarie ma solo la metà. Sette titolari vivevano e dormivano in altri luoghi, ossia percepivano la pensione di 24 ducati annui senza averne realmente bisogno, oppure subaffittavano la stanza ad altre donne povere. Prima fra tutte le inadempienti era la Priora, che rimasta vedova, era entrata ad abitare dopo la peste nell'Ospizio. Aveva 2 figli Frati Crosicchieri, e nella sua camera viveva in realtà **Adriana Allegretti** parente del Priore dei Crosecchieri al quale prestava servizio. Anche altre 3 donne ospiti non occupavano le camere dell'Ospizio, perché abitavano di fatto nel palazzo dei nobili veneziani per i quali lavoravano. Una certa **Libera** nipote del Piovan della chiesa di Santa Sofia viveva in canonica con lui. Una **donna Anzola** lavorava a servizio di Ca' Priuli, e abitava a Vicenza presso parenti, al suo posto occupava la stanza **donna Laura** di 50 anni col marito, messa lì dai Frati Crocicchieri perché pagata da loro, lavava drappi e panni del Convento. Inoltre, i Procuratori che indagavano rilevarono la presenza nell'Ospizio per 4 mesi di alcune **Buranelle**: *"… madre con due figlie una grande et una piccola et un figliol maschio di anni dieci incirca infermo, persone non gradite alle ospiti, che si faceva regolarmente visitare da un uomo che diceva essere suo marito suscitando il dubbio che praticassero vita scandalosa … Sono state inserite da uno dei Frati Crocicchieri di cui la Priora volle tacere il nome …"*

E venne il 1656, quando **Papa Alessandro VII,** stanco della vita dissoluta e poco devota dei Crosicchieri, ne decretò definitivamente la soppressione. La Serenissima *"dispiaciuta"* ne incamerò immediatamente tutti i beni e proprietà presenti nello Stato Veneto impiegandoli per la guerra di Candia. Al posto dei Crosecchieri giunsero a Venezia i **Gesuiti** che alla presenza di 3 Procuratori di San Marco e del **Legato Pontificio Carlo Caraffa** comprarono Convento e Chiesa dei Crosecchieri per 50.000 ducati d'argento demolendo e ricostruendo tutto.

L'Ospizio collocato di fronte fu escluso dalla trattativa, rimase sotto la giurisdizione dello Stato Serenissimo affidata ai **Procuratori de Citra**, e fu destinato ad accogliere le vedove dei soldati morti durante le guerre contro i Turchi, e poi le solite donne povere, vedove, vecchie e inferme. Le pensioni delle quindici ospiti chiamate **"Camerieste"** furono ridotte a 20 ducati annui nel 1672, e a 10 ducati nel 1695.

Dal *Libro dei Conti dell'Ospizio Zen* si evince che ancora nel 1752 le Cameriste percepivano 14 ducati, e 27 ducati nel 1768 quando: *"La Priora riceve 10-15 ducati per la sua buona custodia et diligenzia"*.
Stranamente l'Hospeàl sopravvisse agli editti del 1806 del Signor Napoleone.

A Venezia nel 1819 s'istituì la *Pia casa di Ricovero nell'Ospedale dei Derelitti a Castello*, e s'accorparono in quell'Ente tutte le rendite degli Ospedaletti sparsi per la città. Ne rimasero attivi solo 16, fra cui l'*Hospeàl Zen ai Gesuiti vicino alla Contrada dei Santi Apostoli* le cui povere percepivano un assegno mensile di 4,70 lire austriache ossia 1 ducato d'argento veneto.

Nel 1876 il dipinto dell'*"Adorazione dei Magi"* di **Palma il Giovane** presente nella Cappella dell'Ospizio, fu rovinato dal calore di una vicina fornace. Fu messo all'aperto ad asciugare sotto la pioggia, e in seguito se ne tagliarono via due teste rovinando definitivamente il quadro. Alla fine del 1800 la tela fu dichiarata scomparsa e venne sostituita da una *"Circoncisione"* di **Paris Bordone**, che scomparve a sua volta misteriosamente.
Nel 1884 l'Oratorio venne intitolato per un breve periodo a **San Filippo Neri e San Luigi Gonzaga** dalla **Pia Unione** che l'ottenne in concessione.

Infine, l'Ospizio dopo la caduta della Repubblica venne restaurato più volte a cura della *Congregazione di Carità*, e passato all'I.R.E. e al Comune di Venezia fu restaurato ancora nel 1982 e 1984. E' tutt'ora attivo dotato di quattordici camerette.

Qualche anno fa passando ho visto il Campo dei Gesuiti che traboccava di chiassosa vitalità. Alcune mamme s'assiepavano attorno ai passeggini, diversi bimbi si rincorrevano e flottavano intorno cavalcando bici e impallonando la facciata dell'antico Ospizio Zen chiuso. In un angolo litigavano e amoreggiavano due adolescenti acerbi, mentre altre donne sedute in crocchio chiacchieravano a raffica riassumendo la storia del mondo e di tutto quanto accadeva di notabile nei dintorni. In uno degli angoli dell'antico convento dei Crosecchieri abbandonato e invaso da qualche famiglia abusiva era attiva una Stazione dei Carabinieri.

Di questi tempi l'*ex Convento dei Crosecchieri* è diventato un pensionato per universitari. Uno dei chiostri è il plateatico di un bar semideserto, mentre nel Campo dei Gesuiti due badanti in sosta se ne stanno *"stravaccate"* in panca aggiornandosi l'un l'altra dell'ultimo valore del cambio del dollaro … Dall'altra parte, proprio di fronte all'*Ospizio Zen*, un vecchio in soprabito e col cappello sghembo legge un giornale a gambe accavallate, e una donna di mezza età in ciabatte e colle calze arrotolate chiama e dialoga sul bordo della riva con una truppa di gatti con le code alzate in aria a punto interrogativo.

Giorni fa, passandoci accanto, ho notato la porta centrale spalancata … Mi sono immediatamente catapultato dentro alla penombra scura dell'ingresso nel goffo tentativo di vedere ciò che rimaneva dell'antico *Ospizio dei Crosecchieri*.

"Cosa vòllo ? … Dove vàlo ?" mi ha incalzato subito una vecchietta smilza, sospettosa e risoluta uscita dal niente con uno scialletto di lana azzurro sulle spalle.

"Xe questo l'Ospeàl dei Crosecchieri … Sjora?" ho provato a dire.

"No … No … Non abita nissun qua con quel nome … No ghe xe nessuna Sjora Crosieri … Bona sera."

E scuotendo la testa seriosa e perplessa mi ha spinto fuori richiudendomi la porta in faccia … mentre da sotto usciva una sorta di antico alito umido, misto di vecchie memorie Serenissime e Storie di Cinesi e di Tex Willer …

***

_____Questo scritto è stato postato su Internet come: "Una curiosità veneziana per volta." - n° 50, e pubblicato su Google nel settembre 2014.

LA CITTADELLA SANITARIA DI SAN JOB O JOPPO

Si potrebbe denominare anche in altri modi: l'*Hospeàl o l'Ospizio de San Giobbe*, l'*Opera Pia Zuane Contarini*, o l'*Ospizio Comissaria Da Ponte*.

Era un vasto complesso, una cittadella sanitaria che si articolava in ben due ospedali: quello del **Borghetto** collocabile ai civici 570-613/A accanto all'**Oratorio al Ponte della Saponella** con giardino e vera da pozzo gotica interni, e stemma dei Contarini, e quello delle **Case delle Vecchie** dopo il ponte al civico 615 in **Fondamenta San Agiopo** verso la chiesa omonima. Il complesso continuava sparso in tante caxette in **Corte dell'Ospedale della Crose** oltre il Ponte de la Saponella ai civici 690 – 701, dove si legge ancora l'iscrizione: *"Hospitale de San Job – MDXXVII"*; e confinava con altre casette a schiera in **Calle de le Beccarie** ai civici 707-714 composte di camera e cucina su due piani, dove si legge l'iscrizione: *"DOMUS HOSPITALIS SANCTI IOB VENETIARUM"*.

Si devono aggiungere inoltre le caxette un tempo esistenti in **Corte Ca' Moro**, la caxetta al civico 619 già sede dell'antica *"Schola de devozion de la Beata Verzene de la Pietà"*; le caxette ai civici 619/ A, B, C, D sull'area dell'antico **Cimitero dei Francescani** realizzate solo e ancora nel 1935; e infine le caxette in **Calle de le Canne** ai civici 643-648 pervenute all'Ospedale per permuta nel 1843.

Niente male come piccolo insieme ospedaliero ... se consideriamo che si tratta di una realtà sorta nel lontanissimo 1300.

Bisogna dire che i Veneziani di un tempo davvero ci sapevano fare in termini di Sanità a confronto con gli sprechi di noi di oggi sulla stessa materia. Venezia oltre all'idea di costruire i funzionali Lazzaretti nelle isole per salvare dalla Peste e circoscrivere con quarantene ed spurghi la popolazione, le merci, le navi e i forestieri; ha istituito numerosi Ospizi e Hospedaletti sparsi ovunque per le Contrade della città per assistere in loco i suoi cittadini bisognosi meno economicamente dotati.

Come ben sapete, un tempo ricchi e Nobili si curavano a pagamento a domicilio, salvo durante le pestilenze quando anche loro venivano buttati malamente nelle fosse comuni dai Pizzegamorti dopo essere stati accuratamente depredati di tutto. Per tutti gli altri, invece, Venezia costruì

nei secoli fra le altre cose una vera e propria *"Cittadella sanitaria"* concentrata in fondo al **Sestiere di Cannaregio** capace di accogliere e soprattutto provvedere prontamente e senza tanta spesa ai bisogni di tanti.
Quel che è curioso ed era moderno già secoli fa, è che Venezia sapeva produrre Sanità sfruttando al massimo le autonomie residue e l'autosufficienza dei singoli a domicilio. Quindi ospedale sì, col Medico e gli Infermerari ... ma anche tante caxette singole dove continuare a vivere indipendenti e autonomi seppure a breve distanza da chi poteva intervenire in maniera utile e più competente.

Tutto questo accadeva nella **Contrada periferica di San Job o di San Joppe o Giobbe** come vogliate dire. Il complesso sparso sorgeva dove in seguito venne costruito anche il **Macello Pubblico** oggi diventato **Facoltà di Economia dell'Università di Ca'Foscari,** e in tutta la zona adiacente e prossima alla chiesa di San Giobbe gestita un tempo dai **Frati Francescani** e in seguito dai **Padri Canossiani** fino ad oggi.

Tutto iniziò nella seconda metà del 1300, quando Venezia era impegnata in guerre contro Genova e Padova, e la città lagunare venne ripetutamente colpita da importanti epidemie di peste.
Giovanni Contarini, Patrizio Veneto dal 1354, fu l'ideatore e realizzatore del complesso di San Giobbe. Era figlio di Giovanni quarto nato del **Doge Jacopo Contarini**, e prima di abitare a San Giobbe abitava in **Contrada di San Pantalon**. Sposando Isabella o Betta ebbe un figlio Girolamo e 4 figlie: Lucia morta presto, Elisabetta che sposò un Bragadin, Cecilia che sposò un Bembo, e una quarta figlia che sposò un De Ubriachis, madre appunto del Giovanni Contarini che ci interessa.

Nel gennaio 1378 Giovanni Contarini comperò da **Bertuccia moglie di Marco Benado o Bernardo della Contrada di San Samuele** una prima casa con terreno scoperto sita in **Parrocchia di San Geremia** destinandola ad alloggio per indigenti e bisognosi dopo le pestilenze. Due anni dopo iniziò ad accogliervi i primi ospiti ampliando la casa tramite una donazione fattagli da **Caterina vedova di Pietro Emo**. Vista la bontà dell'iniziativa, anche il **Maggior Consiglio** si fece avanti con diverse *"grazie"* nel 1382,

1384 e 1389 consentendo all'*Ospedal di San Job* di estendersi mediante acquisti di terreni e interramenti di paludi circostanti. Ovviamente ci si premurò di costruire subito anche un *Oratorio dedicato a San Giobbe,* il biblico malridotto, e da questo venne intitolato l'Ospizio chiamandolo dei *"Poveri Gioppini"*.

Fra 1386 e 1387 anche alcune proprietà terriere, e valli e paludi dei **Nobili Dolfin a Saccagnana di Treporti** divennero proprietà dell'Ospedale di San Job in Venezia. *Giovanni Contarini*, intanto, ordinato Prete dopo la vedovanza, morì nel settembre 1407 dopo aver fondato anche un Monastero in **Contrada di San Girolamo** sempre nel Sestiere di Cannaregio.
Per testamento ordinò d'essere sepolto nella chiesetta dell'Ospizio di San Giobbe, ed elesse l'Ospedale di San Job erede di tutti i suoi beni, anche se sua figlia **Lucia Dolfin Contarini** riuscì a farsi assegnare dal *Magistrato al Proprio* la gestione dell'Ospedale e di tutti gli altri beni lasciati dal padre.

Nel 1410 il *Collegio dei Commissari* nominò il primo Priore dell'Ospedale, mentre nel 1422 Lucia Contarini nominò Priore il *"Pio Sacerdote Filippo"* assistito da 9 Governatori secondo le volontà del padre. Sei anni dopo, la stessa Lucia Contarini affidò l'assistenza spirituale dell'Ospizio ai *Frati Minori Francescani Osservanti*, che iniziarono a costruirsi accanto un Convento e una nuova chiesa dedicata a San Giobbe.

Morta a sua volta Lucia nel 1447, l'Ospedale riacquistò la gestione autonoma del suo patrimonio affidata a 7 Commissari, che i *Zudesi dell'Ufficio di Petizion* nel 1487 si premurarono di rinominare su istanza di *"Piero Bon Procurator delle povere abitanti nello Spedal di San Job"*, in quanto ne era rimasto in carica solamente uno.

Tassini racconta: *"L'Ospizio di San Giobbe fin dalla sua origine venne diviso in due corpi separati, l'uno di qua del ponte della Saponella accanto all'Oratorio ... l'altro di là del ponte ... il primo riparto Ospital delle Vecchie ... il secondo Ospital della Croce ... che poi questa divisione fosse antica, se lo può dedurre dal testamento di Bartolomoe Bragadin 16 giu 1480, in cui egli fa menzione, allo scopo di beneficarli degli Hospedali de*

San Isopo qual son do, zoè duo Hospedali, l'uno arente la chiesa, l'altro in cavo del squero ..."

Nel maggio 1512 si edificò l'attuale **Oratorio di San Giobbe** in sostituzione di quello primitivo (*forse l'attuale sacrestia*) e si stipulò una convenzione tra Priore dell'Ospedale e Capitolo della Parrocchia di San Geremia per la celebrazione di una Messa quotidiana *"... con facoltà di porre ed elevare campanella per convocare ai riti i poveri dell'Ospissio ..."*

Nel 1443 quando il futuro **"San" Bernardino da Siena** giunse a Venezia, volle essere ospitato presso l'**Ospeàl de San Jobe** per curarsi, e incontrò **Cristoforo Moro**, che in quegli anni era il rappresentante più in vista dell'importante Famiglia Patrizia Veneziana molto attiva nella Contrada di San Agiopo o San Giobbe dove perseguiva insieme progetti di sviluppo urbano civile e di carattere benefico-religioso.

Nel 1458 **Zuane Dolfin**, nipote di Zuane Contarini donò all'Ospizio un terreno della zona limitrofa *"dove vengono conservate le canne degli squeri"*, mentre **Cristoforo Moro** divenne Doge di Venezia dal 1462 al 1471 al tempo della caduta di Costantinopoli e delle numerose pestilenze del 1456-57, del 1460-62, e del 1464 e 1468.

Per testamento lasciò anche lui in Commissaria una cospicua somma da destinare alla fabbrica dell'Ospissio che s'allargò verso un terreno donatogli collocato vicino a uno *"squero in capo di Canaregio"*. L'Ospissio in quegli anni era composto da 16-20 caxette assegnate, *"gratis et amori dei"* a **poveri Marineri** che avessero età superiore a 50 anni e svolto servizio navigando effettivamente per mare.

Giunti al 1512, i **Governatori dell'Ospizio** edificarono un nuovo Oratorio dedicato alla **Beata Vergine Maria** dove trasportarono le spoglie del fondatore Contarini. I Frati Francescani vicini, intanto, erano *"vispi"* ... come si legge nei famosi Diari di Marin Sanudo nel febbraio 1516: *"E' da saper: domenega di notte, seguite un caso, che apresso Santo Job è una chiesuola con uno Hospedal da Cha'Contarini, et era uno campaniel; et perché feva nocumento a li Frati, parse al Guardian di farlo ruinar armato mano, et cussì la note andati più di 20 Frati, lo ruinono fino su le fondamenta. Et inteso questo la Signoria, a di 19, il Principe fato venir* *dito Guardian e Frati in Colegio, li fece grandissimo rebufo, et ordinò lo dovessero refar come l'era prima a tutte loro spese, et poi agitaseno quello volesseno, perché niun in questa terra se dia far razon loro medemi..."*

Nello stesso anno e in quello seguente il **Patriarca di Venezia** intimò ad alcuni Commissari illegittimi di non ingerirsi nella gestione dell'Ospedale e di restituire immediatamente denari e scritture sottratte all'Ospeal.

Nel luglio 1540, invece, i Commissari dell'Ospeal de San Job firmarono una *"parte"* che recitava: *"... perché sia fatta una chiesola nuova per riverenza di Missier San Job e perché non s'ha avuto modo di coprirla sino al presente, però sia preso che delli primi danari che si ricaverà dalla vigna si debbano impiegar a coverser detta giexia ..."*

L'anno dopo, siccome risultavano proprietà dell'Ospizio di San Job: 428 campi in fondi rustici a **Motta e Oderzo** mentre ne erano stati dichiarati dagli abitanti del posto solo 145 a danno dell'Ospedale, i **Rettori** deliberarono di inventariare tutto e di cambiare le affittanze aumentandole di prezzo. Gli affittuari vennero obbligati a fornire annualmente all'Ospizio: 50 stara di frumento e 111 conci di vino, un maialino a Natale, buoni prosciutti il giorno prima del Mercoledì delle Ceneri dopo Carnevale; 1 gallina con le uova o 1 cappone a Pasqua; 1 buon pollastro per San Pietro in giugno; e un paio d'anitre ad Ognissanti all'inizio di novembre.

Secondo le dichiarazioni fiscali per la **Redecima del 1582** presentate dai Commissari dell'Ospedal de San Job, l'Ospedale possedeva: *"In San Gieremia: una vigna la qual si afitta a Ser Batista quondam Ser Marco Ametian da Padenghe, d'afito al anno ducati 54; una casa continente a quella del Prior del detto Ospedal, la qual casa si dà a medico per bisogno di tutti li poveri et povare del detto Ospedal, per suo salario, per la qual si trasse ducati 14 al anno; un locho in cappo di Canaregio sotto nome di squero, il quale possiede li eredi del quondam Ser Zorzi di Rossi, paga de fitto al anno ducati 3, ma sono molti anni che non si scuodono niente; caxette 120 computtando quella che si da al Prior di detto Ospedal et la casa che si da al vigner che tiene la vigna ad affitto e il resto delle case* *che si danno a poveri, la mazo parte sono celle, come si vedono; furono decimatte tutte dette case per VS.Ecc.me Clar.mi Sigg Dieci Savi per ducati 120."*

La vigna ricordata nei pressi della **Corte Santa Maria de la Pazienza** si trovava prospicente la Laguna e la **Sacca di Santa Chiara** prima della costruzione della Stazione Ferroviaria. Nel corso del 1500 s'innalzò un muro per proteggere la vigna dai furti d'uva. Sul muro è ancora visibile l'iscrizione rovinata: *"Muro proprio de l'Ospedal di San Jobe fatto per serrar la sua vigna"*.
La vigna fu venduta nel marzo 1846 al Francese **Gabriele Grimaud de Caux**.

E siamo al 1650 ... quando i **Governadori de l'Intrada** vendettero una prima caxetta del blocco edilizio originario dell'**Ospeàl de San Giobbe**.
Durante il 1700, invece, l'Ospeal de San Job fu chiamato **Ospissio Da Ponte** per il fatto che nel 1784 tre fratelli Patrizi **Da Ponte: Lorenzo Zuanne, Lorenzo Nicolò e Lorenzo Antonio** furono Commissari dell'Ospizio e considerati proprietari dai popolani veneziani. In realtà il casato Da Ponte partecipava alla gestione dell'Ospizio di San Joppe fin dal 1400 quando **Nicolò Da Ponte** uno dei Commissari rinunciò alla carica nel 1578 per diventare Doge facendo nominare al suo posto **Missier Vincenzo Gussoni fu Jacomo**.
Nel 1750-1751 **Marchi Vincenzo** di professione: *"pozzer"*, fece vertenza e processo con i Commissari dell'Ospizio **Eugenio Formenti e Daniel Moro** a causa del restauro di un pozzo in *"Casa Contarini presso le Penitenti di San Giobbe"* saldato a debito solo nel 1753.

All'inizio del 1800 accadde la devastazione Napoleonica di Venezia ...con tutte le sue squallide conseguenze.

Le cronache del 1834 ricordano che nella **Parrocchia di San Geremia** a cui si era accorpata tutta la Contrada di San Giobbe, esisteva oltre a un capitale di lire 10 da spendere per finanziare Matrimoni di ragazze indigenti e popolane, anche un **Ricovero** con assistenza medica e lire 27,45 mensili ciascuna per 24 povere vecchie, e altri due nuclei di 24 e 42 abitazioni per poveri collocati *"... in fondo a San Job"*.

Nel 1843, quando l'imprenditore **Giusto Robustello di Padova** comperò in contanti dalla **Commissaria Contarini,** gestita dalla **Procuratia di San Marco de Supra**, le 16 casette in **Corte di Ca' Moro** per demolirle e costruire il nuovo Macello di Venezia, pervennero in permuta all'Istituzione altri 6 alloggi distinti in **Calle delle Canne a San Giobbe**, che appartenevano al **Patrizio Bernardino Renier di Alvise del Ramo di San Pantalon**.
Nel giugno di tre anni dopo, durante il dominio Austriaco su Venezia, si riaprì e riattivò l'Ospedale di San Giobbe mutandone la forma giuridica in **Opera Pia**.

Con Decreto Reale del 2 dicembre 1883, dopo l'unione del Veneto al Regno d'Italia, si approvò il nuovo Statuto dell'Istituzione che divenne parte della **Congregazione di Carità** pur continuando a godere di una certa sua autonomia; mentre all'inizio del 1916: l'Opera Pia incorporò l'antico **Ospedale della Croce** costituito da 17 alloggi per povere famiglie.

Nel 1936, **Anna Scarpa** per lascito testamentario dispose che si vendesse una sua casa a Castello in Via Garibaldi per costruire una casa in Fondamenta e Campo di San Giobbe presso l'antica sede della Scuola della Beata Vergine della Pietà, dove un tempo sorgeva l'area del cimitero della chiesa di San Giobbe. Dal 1939 gli alloggi furono assegnati e sono tutt'ora abitati ... non so se da *"vecchie donne di buona famiglia bisognose per rovesci di fortuna"*, come voleva il testamento di Anna Scarpa.

Ancora nel 1962 l'antico **"Ospizio di San Job"** ospitava 80 femmine.

Bisogna infine aggiungere che attraverso i vari lasciti e donazioni la realtà assistenziale del complesso dell'**Ospizio di San Job** si è allargata un po' per tutte le Contrade della città a *"macchia d'olio"* e a *"pelle di leopardo"*, se vi piace il modo di dire, assommandosi agli altri Ospedaletti già presenti realizzati da altre Associazioni, Scuole di Devozione e Arti e Mestieri, o volontà benefiche cittadine.

L'*Ospedale di San Job*, infatti, risultava proprietario anche di:

- 10 caxette in **Ramo Cappello nella Contrada di Santa Margherita nel Sestiere di Dorsoduro**.
- 22 o 24 caxette in **Corte della Vida nella Contrada di San Francesco della Vigna**, 7 caxette in **Secco Marina nella Contrada di San Giuseppe**, e 10 caxette in **Calle del Cimitero e Corte Da Ponte a Santa Ternita nel Sestiere di Castello**.
- 12 caxette in **Fondamenta del Forner nella Contrada di San Tomà nel Sestiere di San Polo**.

Concludo, finalmente, ricordando che oggi rimangono solo poche tracce, qualche formella in muro, qualche toponimo, e poche memorie di quel formidabile complesso sparso e curioso che era attivo un tempo nella Contrada popolare di San Giobbe. E' bello ricordare, qualora vi capitasse di bighellonare accanto a quelle casupole periferiche che guardano ancora sulla distesa aperta della Laguna, che lì Venezia Serenissima sapeva produrre Sanità autentica ed efficiente.

***

_____Questo scritto è stato postato su Internet come: "Una curiosità veneziana per volta." - n° 51, e pubblicato su Google nel settembre 2014.

A PROPOSITO DI OSPIZI E HOSPEDAETTI ... A VENEZIA

Sarò anche nostalgico ... ma a differenza di oggi che devi quasi farti un mutuo quando ti ammali per poter morire decentemente; ti devi quasi azzuffare per salire in un'ambulanza e ottenere dopo eterne attese un qualche posto letto in capo al mondo; o ti ritrovi molto presto di nuovo a casa o per strada con la pancia ancora mezza aperta ... Beh, a differenza di oggi, possiamo dire che Venezia Serenissima nei secoli trascorsi non era organizzata poi così tanto male.

Venezia possedeva i grandi ospedali pubblici, i grandi contenitori calderoni in cui ospitava soprattutto piagati, sifilitici e febbricitanti per i quali non esistevano antibiotici e tanti rimedi come oggi. Un tempo in certe situazioni se la sbrigavano relativamente presto, e nella maggior parte dei casi si nasceva e moriva a casa ... se ne avevi una.

Esistevano innanzitutto: **San Lazzaro dei Mendicanti ai Santi Giovanni e Paolo sulle Fondamente Nove,** gli **Incurabili sulle Zattere**, e **Santa Maria dei Derelitti** ossia l'**Ospedaletto in Barbaria delle Tole a Castello**.

Inoltre c'era la diffusa catena insulare dei Lazzaretti: **Lazzaretto Vecchio, Lazzaretto Nuovo, Poveglia, San Servolo, San Marco in Boccalama, San Lazzaro diventato dopo degli Armeni**, e altri ancora. Entità sparse nelle isole lagunari per ospitare pestilenze e curare malattie esotiche ... tanto era quasi lo stesso: i rimedi erano quella che erano, ossia quasi non c'erano.

Esistevano poi gli altri *"Presidi Sociosanitari e Assistenziali"* di allora per ospitare il disagio pubblico, le emergenze familiari, gli orfani e gli abbandonati, e perfino i convertiti. Per far questo si utilizzavano le **Zitelle** e le **Convertite alla Giudecca**, le **Penitenti di Cannaregio**, la **Pietà a San Marco**, e i **Catecumeni a San Gregorio in fondo al Sestiere di Dorsoduro**.

E non finisce qui, perché esisteva anche tutta una serie di Ospizi, Hospedài e Ospedaletti fondati e appartenenti alle **Scuole Grandi e Piccole** e alle tante altre **Associazioni di Arti e Mestiere** della città. Solo per citarne alcuni: c'era l'*Ospedale dei Poveri Sartori* vicino ai Santi Apostoli, quello dei *Lavoranti Caleghieri Tedeschi* a San Samuel, quello dei **Marineri a Castello**, dei **Capotteri** vicino ai Greci, dei **Forneri** alla Madonna dell'Orto, dei **Samiteri** a San Andrea della Zirada vicino all'attuale Piazzale Roma, e dei **Mercanti della Seda** alla Misericordia e a San Martin di Castello. Si trattava di una rete secondaria efficientissima e sparsa in ogni angolo e Contrada di Venezia, capace di provvedere e sopperire in qualche maniera a tutte le situazioni *"fragili"* dell'intera città lagunare.

In un'altra occasione ho già accennato all'*Hospeal di San Pietro e Paolo dei Mutilati a Castello*, all'*Ospizio dei Crosecchieri* o alla **Cittadella Sanitaria di San Job a Cannaregio**, ma a Venezia c'era molto di più.

Buttando un generico quanto sommario sguardo, un colpo d'occhio sui Sestieri di Venezia, si può ricavarne un vago quadro d'insieme e un'idea del tanto che esisteva … e funzionava un tempo.

Sestiere di Castello:

- *"Hospedal di Messer Jesu Christo dei Cappotteri"* accanto alla chiesa non più esistente di **San Nicolò di Bari**, dove sorgono oggi i Giardini di Castello.
- Pressappoco nella stessa zona esistevano anche "*l'Hospeàl dei Marineri"* e *"l'Ospizio del Prete Zuane"*.
- In **Fondamenta Sant'Anna** esisteva *"l'Ospizio Foscolo o delle Donne"* ancora attivo nel 1834 per accogliere 16 vedove.
- Nell'attuale **Via Garibaldi**, di fronte alla chiesa di San Francesco di Paola sorgeva *"l'Ospizio San Domenico o di San Bartolomeo o delle Putte"* detto *"Ospizio Querini di Castello"*. Ancora nel 1834 si citava la presenza di due piccoli Ospizi-Ricoveri Querini per 10 e 5 *"vedove misere"* posti dietro e nei pressi della chiesa di San Francesco di Paola.
- Fin dal 1357 si realizzò *"l'Ospizio in Corte Borella ai Santi Giovanni e Paolo di Castello"* come primo tentativo di istituire un Ospizio-Ricovero per accogliere peccatrici penitenti provenienti dall'isola

di *San Cristoforo o Sant'Onorio (presso l'attuale isola-cimitero di San Michele)* già abbandonato da qualche anno.

- **L'Ospissio di San Giovanni Battista o di Santa Maria e Sant'Orsola** sorgeva in **Contrada di San Martin di Castello**. Era il più piccolo Hospeàl di Venezia destinato ad abitazione provvisoria per sei Mercatanti dell'Arte della Seta falliti e caduti in miseria. Si trovava costruito a ridosso del grande *"Ospissio delle Muneghette"* col quale aveva in comune un muro perimetrale. Nel 1884 alle **Muneghette** si accolsero e radunarono tutte le donne anziane, vedove, e povere sparse per i vari Ospizietti della città.
- *"Ospissio Nantichiero o Antichier Cristiano" a Santa Ternita* ospitava 20 infermi o povere donne in *Calle del Morion*.
- *"L'Ospizio Morosini" a Santa Ternita* aveva 14 appartamentini su due piani fra *Calle dell'Olio e Calle della Malatina*.
- *"Ospedaletto Da Molin" a Santa Ternita in Corte Contarina* lungo il Rio degli Scudi possedeva 24 caxette per accogliere persone povere e bisognose.
- *"L'Ospizio Da Ponte" in Corte Da Ponte sempre a Santa Ternita* è stato fondato nel 1724 dal **Nobile Zuanne Da Ponte** che lasciò 10 caxette a beneficio di poveri provvedendo anche per un'elemosina annua a loro favore, prestazioni mediche e pagamento delle medicine.
- A **San Giorgio degli Schiavoni** c'era l'*"Ospeàl de Santa Caterina"* voluto nel 1187 da **Gerardo Arcivescovo di Ravenna** che donò all'**Ordine dei Cavalieri Templari** alcuni terreni acquitrinosi in Venezia in località *"Fossa putrida"* per costruirvi *"Ospeàl et Chjesa"*.
- Forse l'ultimo degli Ospizi costruiti a Venezia fu *"l'Ospizio Orio" a San Pietro di Castello*, edificato nel 1724 dal patrizio **Nicolò Orio in Corte de la Vida**. Nel 1834 ricoverava ancora 6 povere, e nel 1843: la

Cappella venne distrutta completamente trasformando il posto in giardino.

Sestiere di San Marco:

- In *Contrada dell'Anzolo* o del *Giglio* sorgevano le *"Procuratie Moro"*. Si trattava di 7 caxette con due o tre vani oltre alla cucina, che si dovevano assegnare gratuitamente ossia *"amori Dei"* a poveri veneziani.
- In *Corte delle Orsoline* presso l'attuale *Bacino Orseolo* sorgeva l'*"Ospizio di San Gallo"*, poi trasferito sul Rio di Sant'Anzolo in Corte dell'Alboro. L'Istituzione fu l'erede dell'antichissimo *Ospissio-Hospedàl Orseolo in Piazza San Marco* detto *Ospeal da Comun o Hospizio o Spedàl de San Marco* collocato presso il Campanile e inserito nel dipinto "La processione della reliquia della Croce" di Gentile Bellini.
- *"Ospissio Buona Femmina o Aletti"* sorgeva in Contrada di San Moisè in *Corte dei Pignoli sul Rio dei Fuseri*. Venne istituito nel 1375 inizialmente in Corte Grimani e composto da un edificio centrale a più piani e da 11 caxette destinate ad ospitare altrettante vedove povere ma di buona condizione e fama.
- Sempre in *Contrada di San Moisè* in Corte dell'Ospizio in Calle del Carro e Piscina della Frezzeria, sorgeva l'*"Ospissio De Tommasi"*. Era suddiviso in due caxette con 12 stanzette doppie di *"camera-cucina"* per 12 vedove povere, e fu fondato per testamento nel 1456 da *Pietro Tommasi Medico e Filologo*.
- In *Contrada di San Paternian* c'era l'*"Ospizio Da Molin"* per accogliere non meno di tre donne povere.
- Sempre nella stessa Contrada sorgeva anche l'*"Ospizio de La Moneda"* istituito nel 1407 da *Biasia de la Moneda* che lasciò un'ingente somma di denaro per dar ricovero ad almeno quattro anziane povere col solo vincolo che provenissero dalla stessa Contrada di San Paternian.
- *"Ospedaletto Bocco"* stava in *Calle de Cà Priuli in Contrada di San Salvador*, ed era composto da 12 caxette per accogliere *"bone femmine anziane et povere"*.

- Infine in **Contrada di San Samuel in Corte del Duca** sorgeva l'**"Ospissio Novello"** istituito per testamento nel 1764 da **Pietro Novelli** a favore di 7 povere vedove.

Sestiere di Cannaregio.

- *"Ospissio Falier stava arente le sechere de Sant'Alvise lungo la Fondamenta dei Riformati e nella Calle del Capitélo "*. Era stato istituito per testamento nel 1522 dal **Nobile Marco Falier** che lasciò un'ingente somma a famiglie povere. Consisteva in 10 caxette ridotte in seguito a 6 assegnate *"gratis et amori Dei"* dai **Procuratori de San Marco de Supra**. Ancora nel 1908, le caxette dell'Ospissio erano costituite dal pianterreno con pavimento in mattoni e primo piano col pavimento in legno.

- Al **Ponte dei Sartori in Contrada dei Santi Apostoli** c'era *"l'Ospissio Varicelli"* istituito per testamento nel 1332 da **Zuane Varicelli** per dare ricovero a *"sei femene dispossenti e de bona fama"* obbligate a risiedere nella caxetta, ricevendo annualmente una piccola somma di denaro.

- Sempre ai Santi Apostoli sorgeva anche l'*"Ospissio Zen"* che ancora nel 1834 dava ricovero a 15 persone offrendo loro 4,70 lire al mese.

- L'*"Ospissio Bandi o Bondi"* era sito, invece, a **San Cancian fra il Rio de San Canzian e il Ponte Norris** collocato su due piani con 7 stanzette ciascuno. Solo nel 1956 le ricoverate vennero spostante alle Penitenti di San Giobbe in quattordici camerette in sostituzione di quelle originarie.

- *"Ospissio femminile di Santa Caterina"* stava in **Contrada di San Felice**. Fondato il 5 ottobre 1814 in Calle Boldù da **Giuseppe Wiel Piovan di San Felice**, venne destinato a fanciulle povere e bisognose per educarle *"ai precetti della religione, ai diritti della morale, ai bisogni delle famiglie"*.

- L'*"Ospedale De Messer Gesù Cristo"* era a **San Leonardo in Calle Da Mosto o dei Colori**, fondato nel 1538 dalla **Nobildonna Cecilia Bernardo-Pisani** per ricoverare almeno tre povere donne alle quali si dovevano elargire trentasei ducati annui ciascuna con una botte di vino e altri generi di conforto.

- In *Contrada di San Marcuola* dalla parte del Ghetto sulla *Fondamenta degli Ormesini*, sorgeva l'*"Ospizio di Corte Zappa"* creato dal testamento del 1391 di *Giorgio figlio del quondam Stefano de Galera o de Gallera* soprannominato *Zapa o Zappa*. Costui lasciò in eredità un'ingente somma di denaro affinché fosse costruito al più presto un Ospissio per dare accoglienza a 16 poveri.
- *"Ospizio Basegio dei Marineri"* era collocato in *Contrada di San Marzial*. In origine era stato destinato ad ospitare 12 poveri con la condizione che però fossero stati: *"… Marineri che avessero per davvero navigato"*.
- Ancora in *Contrada di San Marzial* sorgeva l'*"Ospizio Moro-Lin"* con annessa Schola diretti da un Priore. L'edificio risaliva addirittura al 939, ed era stato costruito ad opera di *Cesare de Julii detto Andreani*. Sorgeva accanto all'attuale chiesa che ancora non esisteva, e inizialmente accoglieva Pellegrini diretti o provenienti dalla TerraSanta, possedendo anche un piccolo cimitero interno. Si racconta che nel 1591 il *Priore dei Nobili Moro* assegnò liberamente a 15 povere donne le stanze dell'Ospizio, fornendo loro annualmente una quantità di legna, farina, vino, medicine e la somma di 12 ducati ciascuna. Ma si racconta anche che in molte occasioni le donne ospiti dovettero ricorrere contro il Prior dell'Ospizio dei Moro presso i *"Provedadori sopra agli Hospitali, Lochi Pii e Riscatto de li Schiavi"* perché non rispettavano gli obblighi delle forniture previste.

Sestiere di Dorsoduro e Giudecca.

- Nella Contrada di San Vio c'era l'*"Ospizio Hospedaletto Della Frescada"*.
- Nella *Parrocchia e Contrada dell'Anzolo Raffael* sorgeva, invece, l'*"Ospedaletto della Maddalena sive Pinzochere"*.
- In *Campo Santa Margherita* e nelle Contrade limitrofe sorgevano vicinissimi fra loro: *"Ospizio Contarini o Hospeàl de Santa Margherita."*, *"Ospizio Da Ponte"*, *"Ospizio Priuli"*, *"Ospizio Rocco"* e *"Ospizio Scrovegni-Bocco"*.

- In *Calle dell'Ospitaletto alla Giudecca in Fondamenta del Ponte Piccolo*, sorgeva su due piani per 12 poveri infermi *"l'Ospizio Brustolado o Brassolado"* con chiesettina privata interna. Ancora nel 1834, le 12 povere inferme ospitate ricevevano ciascuna: 4,70 lire al mese.

Sestiere di Santa Croce.

- *Angelo Pesaro* nel 1309 dispose per testamento un lascito di 3.000 ducati per costruire un *"Hospital de novo a San Giacomo dell'Orio"*, e depositò in Zecca di San Marco 8.000 ducati per soddisfare con le rendite annuali i bisogni degli infermi ed elargire loro ogni anno a Natale e Pasqua un'elemosina supplementare di tre ducati ciascuna. Nel 1361 fu attivato quindi per 20 poveri infermi *"L'Hospeàl Pesaro di Sant'Angelo"*.
- In *Contrada de San Simeon Grande* esisteva *"l'Ospizio Grimani"* ancora attivo nel 1834, che dava ricovero a 24 *"povere vedove civili con figli"*; e *"l'Ospizio Morosini"* fondato il 20 ottobre 1678 da *Pietro Morosini* che dispose per testamento perchè nel suo stabile di San Simeon Grande si fondasse un Ospedaletto con 36 camere indipendenti fra loro, riducibili a 24 se troppo piccole, con tutte le necessarie comodità per povere ed onorate vedove con almeno un figlio. Destinò anche altri 5.000 ducati per lo scopo, la cui rendita doveva servire per eventuali restauri e per un'oblazione a Pasqua e Natale alle vedove con l'obbligo di pregare per lui.
- Il *NobilHomo Filippo Tron* fondò nel 1502 *"l'Ospissio Tron"* a *Santa Maria Maggiore*, nei pressi delle attuali Carceri Maschili. Per testamento legò la proprietà di 74 sue caxette composte da cameretta e cucina, destinandole in parte a persone povere con obbligo di abitarci, e in parte da affittare per provvedere alle altre.

Sestiere di San Polo.

- In **Contrada di San Boldo o Ubaldo** sorgeva l'omonimo *"Ospedale de San Ubaldo o de San Boldo"* detto *"Hospeàl De Matteo"* istituito per disposizione testamentaria del 1395 dal **Fiorentino Tommaso de' Matteo**. L'Ospizio, accanto al campanile rotto rimasto oggi, era gestito dai **Procuratori de San Marco de Supra**, e accoglieva a giudizio inappellabile degli stessi 12 donne povere e bisognose, ma anche uomini in condizioni simili. A ciascuno beneficato si assegnava una stanza e una pensione di 4 ducati annui.

Dovete sapere che in ognuna di quelle realtà è accaduto un insieme di storie e vicende complesse e interessanti, e che esiste al riguardo una vera miniera di documenti a disposizione di qualsiasi curioso che voglia ricercare.

Questa a grandi linee è stata l' *"offerta Sanitaria-Assistenziale"* della città Serenissima lagunare di un tempo. Non che tutto fosse oro e Paradiso ... Anche in quei tempi c'erano a Venezia immensi problemi, corruzione, raccomandazioni, esclusi e tutto il resto. Tuttavia, i Veneziani riuscirono a realizzare tutto quel *"ben di Dio"* in tempi in cui non esistevano né pensioni né copertura sanitaria nazionale. Chi era ricco e benestante poteva permettersi a domicilio medici e medicine, mentre gli altri s'arrangiavano come meglio potevano destreggiandosi dentro a quella ridondante *"offerta sanitaria cittadina"* frequentata da Medici con bacchetta, tonaca cerata, e becco pieno di profumi sul volto, Speziali e imbonitori, Pizzegamorti e ciarlatani di ogni genere.
Ieri come oggi, c'era poi chi moriva sotto a un portico, dentro a una barca o al riparo di un ponte ... e senza neanche un cane che lo accudisse, oppure per davvero solo con un randagio cagnolino accanto.

Infine per concludere, è doveroso aggiungere che quasi tutto quell'apparato maiuscolo sopravvissuto per secoli è stato spazzato via dal solito **Napoleone** che in fretta e furia ha disperso malati, vecchi e persone, ha indemaniato beni, incamerato risorse finanziarie, venduto edifici e saccheggiato ogni cosa e oggetto di valore lasciando scheletri in rovina e abbandono. Alla fine del 1800 la maggior parte di quel che è rimasto di quella fitta rete di Istituzioni è stato *"riciclato negli spazi"* e trasformato quasi sempre in anonime private abitazioni dalle misure e fattezze alquanto strampalate.

Oggi di tutto quel mirabile microcosmo sanitario rimangono poche traccia, qualche toponimo, qualche raro fregio a ricordare quell'attività e quella presenza puntuale davvero viva, diffusa, capillare ed efficiente che c'è stata un tempo a Venezia.

***

_____*Questo scritto è stato postato su Internet come: "Una curiosità veneziana per volta." - n° 53, e pubblicato su Google nel settembre 2014.*

PIZZOCCHERE

Giorni fa ascoltavo casualmente i discorsi di alcuni turisti che bighellonavano in giro per Venezia.

"Corte delle Pizzocchere ? ... Saranno state forse delle merlettaie, delle artigiane dei pizzi." dicevano ignari e poco curiosi di saperne di più.

Macchè ! Sbagliato del tutto ! Niente merlettaie dei pizzi.

Bisogna considerare che personaggi Nobili, Mercanti, Dogi, condottieri, artisti e Santi hanno lasciato a Venezia vistose tracce e vicende, inducendo ancora oggi tutta una schiera di ricercatori a produrre cascate di studi, scritti e informazioni per raccontarli ... Molti altri personaggi, invece, sono rimasti quasi del tutto anonimi, perché hanno vissuto vite qualsiasi nascoste, ma per questo non meno significanti.

Le **Pizzocchere** appunto, appartenevano a queste categoria di persone poco significative perché hanno vissuto un'esperienza di vita senza grandi squilli, come ibrida, solo popolare e di Contrada, a cavallo fra religioso e laico di connotazione qualsiasi. Sono state un piccolo esercito industrioso sparso per tutta la città, di cui sono state come l'Anima, la parte *"buona e generosa"*, mi verrebbe quasi da dire: *"la parte migliore",* seppure rivestite di una semplicità e non apparenza a volte quasi estrema.

"Zitelle ? " direte.

No. Neanche quello ... o forse anche, ma ben di più.

Erano una vera e propria presenza sussidiaria, talvolta eccentrica, che ha integrato per secoli l'economia e le vicende della città Serenissima. Le **Pizzocchere o Pinzochere**, che dir si voglia, non sono state un fenomeno esclusivamente veneziano, ma diffuso in gran parte dell'Italia e dell'Europa sotto denominazioni e diciture simili o analoghe. Esistevano anche a **Firenze**, per esempio, e si possono assimilare facilmente alle **Beghine nordiche** che però erano più irreggimentate, facoltose, regolate e chiuse dentro alle loro cittadelle. Qui a Venezia, invece, si trattava di solito di donne non più giovanissime, seppure non ancora bacucche, affiliate spesso ai vari **Terz'Ordini** religiosi dei **Francescani, Domenicani, Agostiniani, Carmelitani, Serviti, Orsoline** o a filoni spirituali simili presenti in abbondanza in città e nelle isole della Laguna.

Il concetto, l'identità di *"Pinzochera"* non era di certo sinonimo di *"bacchettona"* e *"bigotta"*, anzi. Si trattava quasi sempre di donne con una certa tempra interiore, che avevano anche vissuto parecchio. Talvolta erano Nobili decadute, figlie misconosciute, *"malmaritate"*, mogli di carcerati, ex prostitute, mogli sostituite accantonate e sostituite da amanti giovani e avvenenti, vedove dalla famiglia numerosa o provate da avversità personali e familiari. Erano donne decise a voltar pagina della loro vita decidendo di dedicare se stesse alla cura dell'Anima e soprattutto alla carità disinteressata verso gli altri più bisognosi. Vanno pensate soprattutto come volontarie dell'assistenza che cercavano e aiutavano le varie realtà di miseria presenti a quell'epoca in massa anche a Venezia. Nella pratica concreta finivano con l'occuparsi di malati, orfani, vedove, moribondi, vecchi, carcerati e realtà affini.

Non erano sempre *"fior di farina"*, nè sessuofobe spente, ma sapevano vivere spesso da spartane e austere penitenti solitarie. Niente zitelle, quindi, anche se assumevano e conservavano spesso quello stile aspro, essenziale, quasi acido nel proporsi e rapportarsi con gli altri tipico di quella categoria di donne. In realtà si trattava di donne in autodifesa, attente a non rimanere irretite e impelagate in nuove relazioni difficili da cui erano già uscite, o per le quali provavano una certa legittima ripulsa.

Le Pizzocchere erano laiche, non Monache Religiose, ma talvolta assumevano voti, ed erano caratterizzate se non da un vero e proprio abito distintivo ma sicuramente da un *"modus vivendi"* povero e diciamo virtuoso, con solo un tetto sulla testa, la minestra quotidiana, e pochi effetti personali. Si pensa, infatti, che il nome di **Pinzocchera** derivi dal tessuto grezzo non tinto, ossia: *"bigio"* o "bizzo" o grigio, ottenuto tessendo insieme lana bianca e nera. Quindi dal tessuto "pinzo" o *"binzo"* derivò il nome popolare di: **"Pinzocchera"** o **"Binzocchera"**.

Qualcun'altro spiega la dizione *"Pinzochera"* facendola derivare da *"bizza"*, ossia **"Bizzocchera"**, ad indicare un genere di donne bizzosa, bisbetica, permalosa, pettegola e irascibile insieme, come appunto usano essere certe zitelle.

A Venezia le Pizzocchere erano numerose, un piccolo esercito, e vivevano spesso aggregate in *"caxette"* messe a disposizione da Nobil Homini e Nobil Donne filantrope e munifiche. Questi, concedevano gratis, ossia **"Amore Dei"**, alcune loro proprietà e risorse col fine di accumulare meriti presso il Cielo, e salvaguardarsi così l'Anima per l'eternità. Qualche secolo fa ci credevano moltissimo a queste cose, non solo a Venezia, e chi più possedeva e offriva più poteva garantirsi *"un posto al sole"* nell'Aldilà.

Altre volte le Pizzocchere vivevano ospitate direttamente in casa di nobili facoltosi, oppure affiliate e aggregate ad Ospizi e Ospedaletti nei quali prestavano in continuità il loro servizio caritatevole. Di frequente le Pizzocchere soggiacevano alla guida autorevole di un **Priore** o di una **Priora**, avevano spesso come guida spirituale un qualche Prete o Frate, o facevano riferimento e partecipavano alla vita di qualche vicino Convento o Monastero.

Le Pizzocchere, seppure non tutte, erano donne molto devote, disposte a correre nella chiesa più vicina ad ogni campanella che chiamava, partecipavano e cantavano nelle celebrazioni dei matrimoni, alle processioni, e ai funerali di chiunque viveva nella loro Contrada. Pulivano, addobbavano gli altari e le chiese, e fungevano da veri e propri 007 nell'aggiornare Frati, Monache, Piovani, ma anche i **Magistrati della Serenissima** sulle situazioni più difficili e piccanti che accadevano in ogni angolo di Venezia.

Un piccolo esercito discreto e silenzioso, fedelissimo alla Serenissima, sempre pronto a *"ficcanasare"* e *"saper tutto di tutti"* in cambio di un po' di considerazione, sussidio e protezione. Per questo motivo le Pizzocchere erano di frequente soggette a dicerie calunniose di ogni tipo, e più di qualche volta godevano di fama ambigua e di una certa nomea talvolta viscida e ingannevole. Erano pur sempre *"**occhio e orecchio, e longa manus**"* dei poteri costituiti come il Potere Dogale e la Chiesa dei quali venivano considerate alleate e in combutta ... e qualche volta era anche vero.

Col passare dei secoli, le Pizzocchere di Venezia si sono confuse e incrociate con l'antica tradizione delle *"Cameriste",* ossia vedove ospitate in Ospizi e Ospizietti, mogli di reduci al servizio della Serenissima, mezze dame di compagnia di graziose e generose donne nobili, matrone benefiche e virtuose. Venezia pullulava di istituzioni e realtà simili, ce n'erano davvero tante, sparse quasi per ogni Contrada e Sestiere cittadino.

La lista per censire la realtà delle Pizzocchere veneziane sarebbe lunghissima. Di *Pizzocchere* si parla nel **Sestiere di Castello:** nelle **Contrade di Sant'Anna, San Domenico, San Pietro e San Giuseppe in Calle Secco Marina e Calle delle Furlane**.

Nel 1564 le *Pizzocchere Terziarie di San Domenico di Castello* spesero e contribuirono per 2 ducati e soldi 16 alla festa di Santa Caterina da Siena nella **Scuola Grande di San Marco**, e offrirono 3 ducati per acconciare la chiesa, e 4 ducati e soldi 8 per il pasto comune dei congregati.

Cassandra Fedele fu "Priora del Hospeal de le Donzele appresso San Domenego". Visse fino a 102 anni morendo nell'agosto 1558, e fu donna formidabile, lesse nello studio di Padova dove trattò di cose di Medicina, disputò in Teologia, cantò versi in latino, e compose opere di un certo spessore letterario. I documenti antichi raccontano che: *"... diventata d'età decrepita andò a fare testamento in chiesa di San Bartolammeo di Castello eleggendo suoi esecutori testamentari l'Avvocato Benedetto Lio suo nipote, e Fra' Zuane Foresto dell'Ordine dei Predicatori Domenicani. Volle inoltre essere sepolta in chiesa di San Domenico* (che oggi non esiste più) *di cui beneficò il Convento. Lasciò i suoi libri ai figli dello stesso nipote Benedetto Lio con la moglie Antonia, al quale lasciò anche una porzione di casa in Calle della Testa ai Santi Giovanni e Paolo..."* Cassandra Fedele era una Pizzocchera vissuta di fronte alla chiesa di S*an Francesco di Paola nel Sestiere di Castello*.

Sempre a Castello, nel *Campo de la Confraternita a San Francesco della Vigna* fra 1459 e 1471, per opera di *Maria Benedetta* sorella del *Principe*

Amedeo di Carignano e della *Nobil Donna Angela da Canal* si raccolsero in un *"Ospizio delle Pizzocchere"* trentadue donne *Pinzocchere Terziarie Francescane* dedite al sostentamento ed educazione di fanciulle orfane e povere accudite fino alla maggiore età.

Nel 1575-1580 le *Pizzocchere di San Francesco della Vigna* possedevano anche una casa in *Contrada di Sant'Aponal* presso Rialto affittata al libraio e stampatore *Gasparo Bindoni*.

Nel 1612, invece, *Ruggeri Ruggero* quondam Bortolomio Mercante Drappier con suo fratello *Alessandro* con bottega in Drapperia *all'insegna dei Tre San Marchi* testò a favore delle *Pizzocchere di San Francesco della Vigna* che possedevano anche dei livelli su terreni a *Maerne* di proprietà di *Franceschina degli Accesi o Accenti Pizzocchera di San Francesco della Vigna*, che lasciò a sua volta per testamento *"un quadro dell'Annunciata"* al *Monastero di San Giovanni in Laterano in Venezia*, ed un *"Padre Eterno"* al *Ministrado o Sala del Terzordine Francescano delle Pizzocchere della Vigna*.

Cinquant'anni dopo, le Pizzocchere di San Francesco della Vigna possedevano 91 ducati di rendita annua proveniente da beni immobili posseduti in Venezia per i quali pagavano soldi 8 e denari 3 di tasse. *Suor Maria Pelicioli* dello stesso Collegio delle Pizoccare pagava, invece, soldi 3 denari 5 per rendite personali.

Solo secoli dopo, nel 1727, le *Pinzòccare* assunsero il titolo di Comunità religiosa vera e propria riconosciuta dalla Serenissima, che nel settembre 1746 ordinò: *"... sia corrisposto un burchio di acqua gratis all'anno alle Terziarie di San Francesco della Vigna ..."*

Nel maggio 1811 il Demanio della solita bufera napoleonica incamerò proprietà e denari della piccola Istituzione e impose alle undici Pizzocchere di chiudere tutto e ritirarsi con altre Pizzocchere in uno stabile di fronte a San Francesco della Vigna in Contrada Santa Giustina. I luoghi delle Pizzocchere furono destinati a Tribunale Militare e in seguito vennero venduti a privati che ne ricavarono abitazioni fino al 1838 quando i Frati

Francescani riacquistarono l'immobile costruendo due cavalcavia *(uno oggi residuo e l'altro demolito)* che lo univa con l'ex Palazzo della Nunziatura, con la Schola de Devozion de San Pasquale Baylon e con la chiesa. Incredibilmente, nel 1866 si citavano le Pizzocchere ancora presenti e attive nella zona di San Francesco della Vigna.

Nel 1433 **Allegranza Bianco** per testamento lasciò la proprietà di casa e orto alle ***Muneghette di Castello in Contrada di San Martin***.

Fin dal 1616 si segnalavano presenti delle ***Pizzocchere o Terziarie Domenicane*** riunite in un'unica casa ai **Santi Apostoli**, in seguito associate a quelle che abitavano al ***Conservatorio delle Pizzoccherete*** o ***Muneghette*** o ***Venerabili Madri*** o ***Terziarie Domenicane di Santa Maria del Rosario in Contrada di San Martino di Castello***. Pare che venissero accettate come ***Muneghete o quasi Monachelle o Terziarie*** solo donne ancora vergini di modesta condizione economica per dedicarsi all'esercizio delle *"Opere di Misericordia"* ed insegnare la Dottrina Cristiana alle fanciulle.

Nel 1661 le ***Pizzocchere di San Martin*** percepivano una rendita annua di 154 ducati da immobili posseduti in Venezia, mentre nel 1680 i Preti del Capitolo di San Martin non vollero più celebrare le Messe nell'Oratorio delle Pizzocchere perché: *"... ardirono esponere casselle pubbliche, tenir aperto l'Oratorio tutto il giorno, farvi dir Messa da Sacerdoti fuori del Capitolo con amministrazione dei Sacramenti, benedizione delle ceneri, esporre il Cristo per l'adorazione il Venerdì Santo ed latre fontioni, che s'aspettavano solo ai Parrochi ..."*.

I ***Governatori delle Scuole di San Cristoforo e Sant'Orsola*** le fecero riprendere, e stipularono una convenzione con le Pizzocchere per spostare l'altare della chiesa, così da risultare fuori dalle chiassose camere sovrastanti delle Pizzocchere.

Il 18 marzo 1750, quando ancora le ***Pizzocchere di San Martin*** possedevano una rendita annua di 153 ducati da immobili siti in Venezia, il **Senato** decretò che: *"Il Collegio delle Terziarie Pizzocchere, beni e rendite tutte ... rimanessero sotto la protezione pubblica, annesse ed aggregate alla* *chiesa ducale di San Marco"*, ossia le **Venerabili Madri** venivano tolte dallo jus dei Preti di San Martin per passare sotto il diretto controllo del Doge.

Ovviamente nel 1805 con Napoleone tutto venne chiuso e le Pizzocchere disperse e rimandate a casa dei propri familiari e congiunti. Nel 1884 nell'edificio occupato un tempo dalle Pizzocchere si radunarono tutte le donne anziane, vedove, e povere sparse per gli Ospizietti e gli Hospedaletti della città, soprattutto provenienti dall'***Ospizio Querini di San Pietro di Castello, Ospizio Pesaro a San Giacomo dell'Orio, l'Anticher o Ospissio del Moriòn a Santa Ternita***, e dal ***Della Frescada in Contrada de San Vio***. Ancora oggi quegli ambienti sono stati trasformati in moderno Ospizio capace di ospitare quaranta donne anziane sole.

Passando ad altri Sestieri e Contrade di Venezia, nell'estimo del 1661 si ricordano certe donne che abitavano nella parrocchia dell'***Anzolo Raffael*** nell' *"Ospedaletto della Maddalena sive Pinzochere ... Portano il nome di Pinzochere ... e si dedicano ad esercizi spirituali negli Ospizii fondati dalla pietà cittadina pur vivendo nel secolo..."*

Nei pressi di ***Santa Marta nel Sestiere di Dorsoduro*** c'erano le **Pizzocchere Orsoline**, esistevano **Pizzocchere a San Maurizio** vicino a San Marco, **Pizzocchere in Contrada di San Cassiano** e ai **Frari** nel Sestiere di San Polo dove il 29 gennaio 1739 un decreto della Serenissima ordinava: *"...sia corrisposto un burchio di acqua all'anno gratis alle Terziarie di San Francesco ai Frari..."*

Nel Sestiere di San Marco esisteva anche ***l'Ospizio di San Gallo in Corte delle Orsoline o Pizzocchere Orsoline.***
L'Istituzione era l'erede dell'***Ospissio Orseolo*** collocato in Piazza San Marco, il così detto ***Ospeal da Comun o Hospizio o Spedàl de San Marco*** collocato presso il campanile. Quando nel 1581 l'Ospizio Ducale venne demolito per costruire le **Procuratie Nove** sul lato meridionale della piazza, l'Istituzione fu spostata nel ***Campo Russolo o Orseolo o di San Gallo*** sempre in Contrada San Ziminian dove esistevano altre proprietà di famiglia Orseolo, divenendo l'***Ospizio delle Pizzocchere Orsoline***. L'area dell'Ospizio era occupata da 5 caxette in una Corte con pozzo, e da una

sesta caxetta riservata al Priore con due finestrelle in corrispondenza dell'altare dell'Oratorio di San Gallo.
Sopravvissuto agli editti napoleonici e agli interventi di riordino urbano degli Austriaci, nel 1867 l'Ospissio venne smembrato e venduto a più riprese per formare il nuovo **Hotel Cavalletto**. Le Pizzocchere Orsoline si trasferirono in **Contrada di Sant'Angelo in Corte dell'Albero** presso la Fondamenta Narisi, e le 5 caxette vennero demolite, lasciando solo una facciatina esterna, due iscrizioni, e il toponimo di: **Bacino, Rio e Fondamenta Orseolo**.

Fin dal lontanissimo1383 si segnalavano presenti le **Pizzocchere Agostiniane di Santo Stefano in Calle del Pestrin e Corte delle Pizzocchere** in una casa di proprietà della Nobile Famiglia **Da Lezze** il cui stemma campeggia ancora all'ingresso della Corte e sul Pozzo. Erano chiamate anche **Mantellate o Terziarie Agostiniane,** s'incaricavano della vestizione del simulacro della Madonna in chiesa, e si prestavano anche per la vestizione dei Morti che ne richiedevano per testamento il loro intervento. In chiesa gestivano e curavano un altare dedicato a Santa Monica madre di Sant'Agostino, e utilizzavano un'arca tombale con l'effige di una donna vestita da Terziaria affittata dai Padri Agostiniani di Santo Stefano posta nel chiostro lungo il muro della chiesa che porta nel Convento.

Ancora nel 1686 le Pizzocchere di Santo Stefano erano 14, e presentarono una supplica alla Signoria per poter comprare lo stabile dove abitavano.

In Corte delle Pizzoccare in Calle del Ridotto a San Moisè esisteva **l'Ospissio delle Pizzocchere Terziarie** istituito dalla volontà testamentaria del **Nobile Francesco Giustinian** che abitava alla fine della Calle del Ridotto. La rendita del legato a favore delle otto Pizzoccare era amministrata dai **Procuratori de San Marco de Supra** che dispensavano alcune caxette nel **"Sottoportico e Corte delle Pizzochere"** a donne povere.

Nel Sestiere di Cannaregio, invece, esisteva un **Conventino di Pizzocchere Servite a Santa Maria dei Servi vicino a Santa Fosca in Strada Nova**.
Lo stabile su due piani con corte interna era stato donato alle Pizzocchere nel 1525 da **Matteo figlio di Nicolò Lucchese**, e le donne si occupavano

dell'educazione di ragazze povere delle Contrade limitrofe. La comunità arrivò a contare fino a ventotto Pizzocare. La Storia ricorda che in quel luogo visse la **Pizzocchera diventata Monaca Maria Benedetta Rossi** fondatrice in seguito *(si dice)* di ben due Monasteri Veneziani: quello di **Santa Maria delle Grazie a Burano**, e quello di **Santa Maria del Pianto di Venezia** costruito convincendo il **Senato della Repubblica di Venezia** a sborsare i fondi necessari per la costruzione motivandolo col fatto che in quella maniera la **Beata Vergine Maria** avrebbe soccorso la Serenissima impegnata nella guerra di Candia contro i Turchi.

Ancora nel 1887 il piccolo complesso venne restaurato e modificato, e si riutilizzò assieme al *"Morion di Castello"* come secondo Asilo Notturno per poveri. In seguito si chiuse tutto e si lasciò l'edificio in completo abbandono.

In **Contrada di Santa Maria Nova a San Canzian**, sempre nel Sestiere di Cannaregio, dove oggi si tiene ogni tanto un mercatino, esiste ancora la *"Corte delle Pizzochere"* dove altre povere venivano ricoverate in sedici *"alberghetti"* gestiti dai **Procuratori de San Marco de Citra** applicando la Commissaria testamentaria di **Antonio dal Deserto** che volle istituire per sedici **Terziarie Pizzoccare** delle caxette con piccola cucina e stanza da letto.

Curiosissime sono, invece, le vicende della Contrada di San Marcuola, dove vivevano di preghiera, penitenza ed elemosine le **Eremite-Romite di San Marcuola** seguendo la regola di Sant'Agostino. Nel loro genere erano una delle realtà più antiche presenti in città. Inizialmente si trattava di tre Pizzocchere che abitavano un solaio situato proprio sopra al tetto della chiesa di San Marcuola. Vi accedevano dal portico antistante attraverso una scaletta appoggiata al muro della facciata. Possedevano un piccolo Oratorio dotato di paramenti e ornato da dipinti di **Girolamo Pilotti**, **Matteo Ponzone** e da un *"Sant'Agostino e San Gerolamo"* di **Palma il Giovane**, opere tutte finite nella Sacrestia delle Romite di San Trovaso nel Sestiere di Dorsoduro. Sopra l'Oratorio di trovava il dormitorio costituito da piccole e modeste stanzucce il cui ampliamento venne sempre contrastato e proibito dai Preti del Capitolo di San Marcuola.

Nel 1486 **Papa Innocenzo VIII** concesse alle Religiose di avere un loro Sacerdote che le guidasse, e di poter guardare dentro alla chiesa e partecipare alle liturgie che vi venivano celebrate attraverso due finestrelle prospicenti dall'alto all'interno.

1561 il Patriarca accordò il permesso di alzare il tetto del Romitorio e pochi anni dopo il Nunzio Pontificio concesse loro finalmente la facoltà di svincolarsi dalla *"giurisdizione pesante e oppressiva"* del Piovano-Parroco di San Marcuola.

Nel 1669 **Clemente IX** confermò l'autonomia delle religiose, ma nello stesso anno una grossa infiltrazione sul tetto costrinse all'intervento il famoso architetto **Baldassare Longhena** inviato dai **Provveditori Sopra ai Monasteri**.

Baldassare Longhena scriveva ai Provveditori: *"… trasferir mi debi sopra locho dalle Reverende Madri Romite, quale confina con la chiesa di San Marcuola et veder la giesola di dette Reverende Madri, che son in solaro sopra il sottoportico di detta chiesa et veder ogni parte, se son sicure ovvero se minaziase ruvina … ho veduto l'altar in detta chiesola di esse Reverende Madri è fabbricato sopra la travatura molto debole et in diverse parti offesa verso il muro della scala, asende in detta giesola. Visto la piana over lapide che sopra quella si celebra le Santissime Messe, qual è calatta dalla debolezza di detta travatura, onde farebe bisogno di riparar tale pericolo, inspesir detta travatura et poner un fillo con modioni di piera viva sotto per sustentar ancho la travatura vechia, a ciò l'altar non fazi maggior mossa, et chosì si riparerà il pericolo prossimo…"*

Fu così, che nel 1679, quando le **Pie donne Pizzocchere** erano diventate sei, che si chiuse definitivamente il Portico cadente antistante la chiesa di San Marcuola, e le Pizzocchere Romite vennero costrette a trasferirsi in **Contrada di San Trovaso**. Lì, nella bella e spaziosa nuova sede, le Pizzocchere divennero 28 e nel 1740 possedevano una rendita annuale di 40 ducati da beni immobili sparsi in tutta Venezia.

Infine, dall'altra parte di Venezia, a **San Giacomo della Giudecca in Fondamenta del Redentore,** c'erano le *"Terziarie Servite di Santa Maria Vergine"* associate a quelle di San Girolamo di Cannaregio.

Ecco qua ! … ho terminato. Ecco un po' raccontate le *Pizzocchere di Venezia*.

Tutto quest'apparato è sopravvissuto per secoli, ed è stato spazzato via dal solito Napoleone che in fretta e furia ha disperso le persone, in tal caso le Pizzocchere, ha indemaniato tutto, incamerato le risorse finanziarie, venduto gli edifici e saccheggiato ogni cosa e oggetto di valore lasciando scheletri in rovina e abbandono. Circa alla fine del 1800 la maggior parte di questa fitta rete di Istituzioni è stata *"riciclata negli spazi"* e trasformata quasi sempre in abitazioni private cancellando quel poco che era rimasto ancora attivo.

Oggi rimane qualche toponimo, qualche documento e memoria, e poco più … Credo che le Pizzocchere a Venezia e altrove non esistano più. La maggior parte delle loro caxette sono state vendute e riattate, o incorporate dagli Enti assistenziali cittadini, o sono occupate oggi da uomini e donne qualsiasi, spesso soli e autosufficienti ma privi di quell'attitudine caritatevole e di quello spessore interiore che possedevano le Pizzocchere di un tempo.

Sono certo d'aver conosciuto durante le mie precedenti esperienze esistenziali una delle ultime autentiche *Pizzocchere di Venezia.*

Era una donna piccina, minuta e graziosa al confine col fragile, ormai anziana negli anni ma non certamente nell'Animo. Donna di poche parole, riservata ma davvero tosta, aveva interpretato e vissuto per lunghe stagioni della sua vita con assiduità e profonda coerenza i principi Cristiani e anche gli indirizzi politici e sociali del partito politico Democristiano di qualche decenni fa. Una donna salda, depositaria certa di tutta una serie di valori anche semplici che oggi in gran parte sono stati smarriti. Una discendente autentica delle antiche *Pizzocchere,* insomma. Abitava in una delle dieci camerette del *Ramo Cappello* in una Calletta laterale del famoso *Campo Santa Margherita*. Si trattava di una delle ultime serie di caxette ancora attive destinate dall'I.R.E. a *"donne sole di una certa qualità e serietà".*

Quando l'ho conosciuta aveva ormai già *"vissuto e dato generosamente"* a causa di quelle qualità interiori che si portava dentro. Aveva servito, curato, assistito per lunghi anni, e in quei giorni in cui l'ho incontrata s'era ormai quasi fermata per dedicarsi a vivere una tranquilla vecchia. Per capirci era una donna da preghiere più volte al giorno e Messa quotidiana, ma non era per niente bigotta, anzi, era liberalissima su certe tematiche e molto più aperta di tante giovani donne di oggi.

A volte mi stupiva per quanto era lungimirante, critica e spietata nelle sue analisi socioreligiose.

Altre volte mi faceva tenerezza, soprattutto quando mi raccontava delle sue lunghe degenze in ospedale dove trovava allo stesso tempo l'opportunità di servire e accudire chi non aveva nessuno accanto. Una donna da sposare ! Solo che lei non aveva mai sposato nessuno, era rimasta libera ... Guai a dirle Zitella, s'arrabbiava di brutto.

"Quelle sono donne acide, avvizzite, prive di nerbo e sentimenti ... Io sono un'altra cosa ..." mi ripeteva spesso.

Ed era vero ... Non potevo dirglielo neanche per scherzo, anche se mi piaceva stuzzicarla e vederla avvampare e incazzarsi in una maniera che solo lei sapeva interpretare.

La salutavo sottovoce a posta quando la incontravo: ***"Buongiorno Sjora Zitella !"***, e lei immediatamente avvampava ogni volta d'ira bonaria pur sapendo che non la volevo assolutamente offendere.

"E' più forte di me." si giustificava, ***"Solo il pensiero della Zitella mi fa accendere e infastidire."***, ma poi ci ridevamo sopra ogni volta, e dopo un attimo era tutto passato.

"Tènto te ... giovanotto ..." mi ripeteva, ***"Che una volta o l'altra la Zitella te sistema per le feste nella maniera che manco te l'aspetti ..."***

E credo sarebbe stata davvero capace di farmi qualche sorpresa, se le vicende della nostra vita non ci avessero portati entrambi altrove ... Ricordo le sue linde camicette a fioretti, il suo profumo di pulito, il suo scialle invernale, le sue scarpine da bambola, i suoi capelli imbiancati raccolti sulla nuca, gli occhi cisposi e socchiusi sopra un eterno sorriso imbarazzato ma sincero. Era talmente riservata, rispettosa e gentile, che quando rideva si metteva una mano davanti alla bocca per non disturbare soffocando i singulti del ridere.

Una bella figura, una persona squisita in estinzione. Mi ritengo fortunato d'averla incontrata e conosciuta.

"Ha mai avuto un moròso ?" le ho chiesto un giorno indiscreto e provocatorio ma in totale confidenza e apertura.

"Sì. L'ho avuto … e l'ho amato per sempre … anche se non l'ho baciato neanche una volta se non sulla fronte quando è morto." E dicendo questo estrasse dalla scollatura una catenina con un ciondolo che mi aprì davanti. All'interno c'era la foto in bianco e nero di un bel giovanotto sorridente dall'occhio vispo.

"L'ho assistito fino all'ultimo istante … Era tisico, ha vissuto per anni in un sanatorio. Ma mai abbiamo scordato quanto abbiamo provato alla sagra di paese quando ci trovavamo tutte le sere per ballare e guardarci negli occhi…"

A ripensarci sembra una fiaba raccontata … Invece era realtà in carne ed ossa che ho incontrato e conosciuto, e abitava proprio a Venezia. Più di qualche volta l'ho ritrovata incantata davanti a un dipinto o intenta a disporre un mazzo di fiori in un vaso in un modo che solo lei sapeva predisporre. In quei momenti canticchiava qualcosa, e ogni tanto sorrideva e socchiudeva gli occhi.

Chissà a che cosa pensava quella moderna Pizzocchera ?

***

_____*Questo scritto è stato postato su Internet come: "Una curiosità veneziana per volta." - n° 54, e pubblicato su Google nel settembre 2014.*

UN HOSPEDALETO SCOMPARSO … E UNA CIESA DE SUORE

L'Ospedaletto in questione è quello antico e andato perduto di cui avrete sentito certamente parlare: quello dei *"Testori Todeschi dei Pannilani"* di Venezia, mentre la *"ciesetta"*, persa anch'essa dopo un'esistenza storica di ben tre secoli, è stata quella del *"Gesù e Maria e Giuseppe"* soprannominata dai Veneziani *"L'Addolorata delle Monache Eremitane Servite"* o forse meglio delle *"Muneghette Agostiniane"*.

In quella zona della piccola Contrada oggi praticamente inesistente a pochi passi da **San Simeon Piccolo**, vicino ai Tolentini e alla Facoltà Universitaria d'Architettura, esistono ancora certi toponimi di Calle che ricordano all'indifferenza dei più ciò che è stato un tempo quel posto.

Alzando gli occhi si può facilmente leggere: *"Calle e Campiello e Rio delle Muneghette"*, *"Calle del Gesù e Maria"* … così come i *"nizioletti"* dipinti sui muri recitano: *"Campo della Lana"*, *"Campo delle Chiovere"*, *"Calle e Ramo dei Bergamaschi"*, e *"Fondamenta delle Secchere"* dove un tempo l'acqua che si ritirava con la bassa marea lasciava un'ampia area di fangoso asciutto … Era quella infatti una zona popolare e periferica della Venezia di un tempo, chiamata dai Veneziani confidenzialmente: *"al Gesù e Maria"*, tutta dedita e occupata dall'attività degli Artigiani della Lana di Venezia che stendevano ad asciugare appunto nelle loro *"chiovere e chioverette"* i loro preziosi e colorati manufatti.

Prima ancora, quel Campo Veneziano dove sorgevano appunto la chiesa e il Convento del *"Gesù e Maria"* oggi totalmente scomparsi, era chiamato anticamente il *"Businello"*, forse per presenza di una famiglia che portava quel nome poi trasferitasi in un palazzo sul Canal Grande in Contrada Sant'Aponal acquistato dai Giustinian.

Ne esisteva una, infatti, d'origine Padovana o Lombarda di un certo **Marcantonio** che possedeva una prestigiosa collezione con diversi dipinti del Tintoretto. Era una di quelle *"famiglie cittadinesche"*, quindi non Nobili, ma ugualmente tutte dedite alla causa della **Cancelleria Dogale** di cui per ben due volte furono **Cancellieri Grandi**, e per generazioni impegnate nel Senato ricoprendo le cariche di **Segretari della Serenissima**.

Si racconta perfino, quasi al confine con la leggenda, che uno dei **Businello** rappresentante di Venezia a Mantova, catturato dagli Imperiali si sia mangiato il codice cifrato segreto usato per corrispondere con la Serenissima piuttosto che lasciarlo finire nelle mani dei nemici. I Businello erano di certo benestanti, perché ancora nel 1450 figuravano nell'elenco di coloro che possedevano e gestivano almeno 70 campi ciascuno a **Zuanigo presso "la Bastia" di Mirano** ... dove anche i **Dolfin, i Giustinian, e i Falier** avevano dei molini sulla *"Fovea Musonis"* e sulle acque della Tergola. Quei Nobili di Venezia avevano inoltre: case e ville o *"Domus Magnae"*, il controllo dei pascoli e delle *"poste per le pecore"*, delle osterie, delle fornaci, dei boschi residui, fino ad esercitare diritti di Decima sui contadini e su chi risiedeva sul posto.

Tornando all'**Hospealetto Veneziano e alla chiesa del Gesù e Maria** ... Da notizie incerte e un po' confuse, si viene a sapere che solo in seguito la zona divenne la *"Contrada della Lana"* perché iniziarono ad abitarvi alcuni Lanaioli in alcune caxette prima abitate appunto da certe **Monache Agostiniane** che celebravano i Riti in una loro vecchia chiesupola dedicata al *"Gesù e Maria"*.
Già un Decreto della Serenissima del 1272 concedeva alloggio gratuito a tutti quei Lavoranti della Lana che fossero venuti ad esercitare la professione nella città di Venezia ... perciò arrivarono in Laguna molti Lanaioli da vari paesi, fra cui la Germania, stabilendosi ad abitare nelle **Contrade della Croce**, di **San Simeone Grando o Apostolo, San Simeone Piccolo o Profeta, San Giacomo dell'Orio** e **San Pantalon** lavorando sotto il controllo diretto e vigile dei **Magistrati e Lanaioli** della *"Camera del Purgo"*.

Si era, invece, nel 1566, quando **Voltier de Voltier, Gastaldo di Thodeschi dell'Alemagna Alta et della Scuola della Madonna Santa Maria de Carmeni** notificò che la sua Confraternita possedeva *"... in contrà de Sancta Croce in Venetia, in loco detto "il Businello" ... varie casette, ed un locale con tre camere le quali habitemo noi Thodeschi con la nostra famiglia ..."*

Viceversa e controcorrente, invece, la *"Cronaca Veneta Sacra e Profana"* racconta che la chiesa ed il Convento del *Gesù e Maria* furono fondati nel 1620 o 1623: *"… da due Patrizie Venete Angela Maria e Lucia Pasqualigo sorelle reduci da Candia, le quali con altre sedici donzelle pur nobili, si ritirarono in una casa con terreno vacuo, di ragione dell'Ospitale de' Tessitori Tedeschi, posta in contrada della Croce, in Campo della Lana, in un luogo detto il Businello, ch'ebbero ad affitto dalli Procuratori sopra gli Ospitali …"*

Che all'inizio le Monache abbiamo comprato il terreno e le caxette dai Testori o viceversa, poca importa, certo è invece, che il **Patriarca Giovanni Tiepolo** consacrò la chiesuola del *"Gesù e Maria"* nel 1623 ponendovi **Cherubina Balbi**, già tre volte **Badessa al Sant'Andrea della Zirada**, come nuova Badessa del Monastero. Diventate ben presto 20, le Monache, che i Veneziani soprannominarono subito confidenzialmente *"Muneghette"*, non mancarono, come il solito, d'allargare le loro proprietà in direzione del *Rio dei Tolentini* e del *Rio e Rielo della Croxe*, edificando una nuova chiesa, un Convento con Parlatoio, e un bell'orto da coltivare. I **Tessitori di Panni Tedeschi** da parte loro, edificarono un Ospizio per *"Compagni poveri o inabili al lavoro"* riattando alcune loro basse caxette, seguendo le regole e con la sorveglianza dei Magistrati appartenenti ai *"Provveditori Sopra gli Ospedali, Lochi Pii e Riscatto delli Schiavi"*.

Dopo gli anni tristi della peste, le Monache erano rimaste 10, con 6 converse e 3 *"fie a spese"* ossia educande … il Monastero possedeva rendita annua di 40 ducati da beni immobili in Venezia … e nel giro di pochi anni tornarono nuovamente ad essere: 22, con 9 converse, e le solite 2 educande a spese.

Anche nel 1712 il Monastero possedeva una rendita annua di 50 ducati da beni immobili posseduti in Venezia … niente a confronto con le pingui rendite di cui erano dotati tanti altri Monasteri insigni e famosi. Infatti, il Monastero del Gesù e Maria era nella lista di quelli considerati *"miseri"* a cui la Repubblica riservava una fornitura gratuita d'acqua come per gli Ospedali cittadini.

In ogni caso, nel 1775 **Gaetano Callido** costruì uno dei suoi famosi organi per la chiesa delle Monache del Gesù e Maria … che avevano raggiunto l'invidiabile rendita annuale di 82 ducati … perciò non era così ridotto alla fame.

Nel maggio 1784, proprio sul finire della storia della Serenissima Repubblica, l'*Inquisitore alle Arti Andrea Tron*, considerò *"in Pregadi"* a Palazzo Ducale: *"… il **Lanificio è decaduto grandemente fra noi … le fabbriche di lana che nei secoli andati producevano sino a 28.000 pezze di panno, e sino al 1559 si riguardavano come il principale sostentamento di Venezia, sono ora ridotte al segno che nel corso d'un anno di lavori producano al più soltanto 600 pezze di pannilana lavorati …"***

Circa una decina d'anni dopo, quando la Venezia Repubblica cadde, e giunse a visitarci quel certo *"Napoleon Franzese"*, le 23 Monache del *"Gesù e Maria"* non se la passarono di certo bene perché vennero concentrate con quelle del non lontano **Monastero di San Andrea della Zirada** (la chiesa chiusa accanto al People Mover di Piazzale Roma di oggi). Tre anni dopo, nel 1810, a causa della soppressione degli ordini religiosi, le poche Monache rimaste nel Convento vennero secolarizzate e cacciate via senza tante buone maniere. I locali vennero chiusi e venduti a privati che li adattarono a magazzino.

Trascorso più di un decennio, nel 1821, su interessamento del **Piovano di San Cassiano Domenico Bazzana**, il piccolo complesso religioso venne riaperto al culto introducendovi sette **Monache Servite Eremitane** col nuovo titolo della **Madonna Addolorata**.
Le Monache *"raccogliticce"*, fra cui c'erano 2 ex Suore Francescane, 1 ex Suora Domenicana ed 1 ex Monaca Carmelitana disperse dalla bufera napoleonica, ma ancora desiderose di proseguire per quella *"strada"*, decisero che la dote necessaria per monacare eventuali nuove Suore doveva essere di 6.000 lire italiane … Il riacquisto del Monastero dal Demanio dello Stato era costato al Parroco 11.000 lire venete, altre 8.000 lire si dovettero spendere per il rifacimento del muro dell'orto abbattuto da un nubifragio, e ben 31.000 lire per la costruzione d'infermeria, cucina,

refettorio e 18 camere per le Monache ... Tuttavia, più della metà di quelle somme risultarono già pagate in quello stesso anno.

Quando nel 1830 il **Patriarca Monico** visitò il Monastero, ne descrisse *"l'andamento"* nelle sue carte: *"... **Le Monache sono in tutto 36: di cui 15 Professe, 14 Converse, 4 Novizie, la Badessa, la Vicaria e la Maestra delle Novizie. Inoltre ci sono 2 Oblate. Il Monastero, che non accoglie educande, impegna le Monache in una vita corale di preghiera per 10 ore al giorno, lasciando il resto a "Lavori devoti". La dote necessaria per la Professione di una nuova Monaca è di 1.400 lire venete, e le Monache vivono "povere". Se avanza qualcosa in pane ed in denaro si dona ai familiari indigenti ... Le entrate di un semestre sono state di 17.540 lire venete di cui: 9.635 dalla Cassa Pensioni, 2.008 dalle doti, 807 da elemosine di benefattori, 993 per saldo di dote, 1.240 per Professione. Le uscite sono state, invece, di lire 15.830 di cui 3.619 per vestiario ed arredamento, 2.265 per carne e pesce, 2.454 per vino e farina, 2.265 per spese di casolìn e per legna, 171 per medico e medicine ... Nella chiesetta si conserva con decenza il Corpo di Santa Savina Martire, e altre preziose e Sante Reliquie ... e in essa è attiva e si raduna fin dal 1653 la "Compagnia di Devozione della Scala Santa", e dal 1747 anche la "Compagnia di Sant'Adriano del Suffragio per i Morti" che si recava ad Officiare in Laguna nell'isola di Sant'Ariàno la prima domenica di ogni mese di giugno, prima che il Magistrato abolisse nel 1785 le 22 Compagnie interdicendo l'accesso all'isola..."***

Non doveva essere brutta la chiesetta del Gesù e Maria, perché aveva su diversi altari pitture di **Pietra Mera**, un soffitto e altri quadri di **Angelo Venturini**, un quadro *"alla maniera di Giovanni Bellini"*, e una *"Vergine con San Giuseppe, Sant'Anna e San Giovanni Battista"* dipinto da **Domenico Tintoretto**.

Ancora nel 1853 quando le Monache del *"Gesù e Maria"* erano ancora 18, chi visitava in un giorno qualsiasi la povera chiesetta *"recitando un solo Pater e un Ave Maria"*, poteva guadagnare un'indulgenza non plenaria di 50 giorni per se stesso, per i vivi e per i Morti ... mentre se l'avesse visitata devotamente e con elemosina nei Venerdì di Quaresima, l'indulgenza conseguibile sarebbe stata quella totale ossia *"la plenaria"*.

E siamo giunti ai giorni nostri, tanto è vero che possediamo addirittura alcune foto di quella chiesa che non esiste più ... La chiesetta è stata demolita nel 1955 per consentire l'ennesima speculazione edilizia di un certo **Cicogna**, che demolì caxette ed edifici religiosi per sostituirli in quel che resta dell'antico **"Campo della Lana"** con delle *"belle"* (?) abitazioni popolari *"moderne"* visibili tutt'oggi.

E addio senza tanti fronzoli al **"Gesù, Giuseppe e Maria"**, ai **Lanieri** e tutto il resto. Così sono andate le cose in questo spicchietto di Venezia.

***

_____*Questo scritto è stato postato su Internet come: "Una curiosità veneziana per volta." - n° 63, e pubblicato su Google nel gennaio 2015.*

LE AGNESINE

Fra le tante realtà minori e singolari scomparse a Venezia ce n'era un'altra per davvero curiosa. A differenza di molte cancellate, avvilite e depredate dalla mano devastatrice del solito Napoleone all'inizio del 1800, questa si è, invece, *"estinta ed esaurita"* per conto proprio ben molto tempo prima. Si trattava del **Priorato di Sant'Agnesina, o Scuola e Ospizio di Sant'Agnese e delle Agnesine** la cui sede si trovava sull'attuale **Fondamenta Gherardini** sul **Rio di San Barnaba** al civico n° 2829 del Sestiere di Dorsoduro.

Le ultime vicende inerenti a quella particolare realtà, assistenziale per modo di dire, risalgono al 1664 quando per motivi imprecisati l'Ospissio-Ente cessò la sua attività di accoglienza e venne soppresso del tutto. Dieci anni dopo la sede venne data in affitto al **Nobilomo Giuseppe Barbarigo** per la somma annuale di 150 ducati il cui incasso venne devoluto allo scopo iniziale dell'Opera che era stato quello di accudire alcune *"povere garzone dette Agnesine"*.

Povere mica tanto però, visto che si trattava quasi sempre di ragazze **Nobili** e **Cittadinesche**. E allora ?

Allora lo scopo non era meramente il sussidio economico, ma, invece, un certo tipo di *"Educazione esemplare"*, una sorta di formazione umana, civile, religiosa *"di qualità"* impartita alle ragazze. Le **Agnesine** quindi, erano un po' come *"Le Marie"*, delle piccole donne elette, delle *"Putte speciali"* formate dentro al cuore e *"al modo più opportuno confacente alla Serenissima"*.

All'inizio di tutto però, nel lontanissimo 1325 circa, ossia parecchi secoli prima, c'era stata, invece, un'aggregazione cittadina per soli uomini ... Erano 550 per la precisione, mica pochissimi. Non erano una rarità per quei tempi, si trattava di una di quelle associazioni che anche a Venezia si definivano: **Schole**, che riunivano persone con un misto di scopi devozionali, civici, lavorativi, assistenziali e caritatevoli ... e altro ancora.

Il luogo di riferimento dove s'aggrega quell'Associazione o Schola era il portico prospicente la chiesa di **Sant'Agnese** nell'omonima Contrada popolare del Sestiere di Dorsoduro. Oggi quel portico con un quel loro ***"loghetto"*** per il cui uso gli iscritti pagavano un affitto ai Preti di Sant'Agnese di un ducato d'oro annuo con un contratto rinnovabile ogni 29 anni, non esiste più, mentre sussiste ancora la chiesa vetusta gestita oggi dalla Scuola e Congregazione dei Cavanis in fondo alle Zattere accanto ai Gesuati.

Ma oggi è tutta un'altra cosa … e sia di quei *"tizi associati in Schola"* che delle Agnesine non se ne parla proprio più.

Ciò che è curioso, comunque, è l'assiduità, la radicalità d'intenti con cui quegli uomini si radunarono insieme, e soprattutto il codice di vita austero, severo e rigido che abbracciavano. Oggi farebbe gridare al conservatore e al forte bigotto intransigente … Solo che quelli uomini quella volta hanno fatto tremendamente sul serio, non si sono persi solo in etichette, giudizi e chiacchiere.

Se si va a sbirciare un poco dentro alla loro **Mariegola** che raccoglieva ed elencava come uno Statuto i loro regolamenti di vita, si scopre che coloro che s'iscrivevano alla **Schola** lo facevano mettendosi in ginocchio recitando un ***"Pater Noster e un Ave Maria"*** davanti a tutti … Alla Schola si potevano iscrivere anche i Morti !

I defunti ?

Sì. Proprio loro … Ecco perché c'erano tanti iscritti *(forse)*. Infatti una delle prime preoccupazioni della Schola è stata proprio quella di far celebrare ogni mattina per tutti i Morti una Messa Cantata *(ossia di buona qualità)* davanti all'Altare privato della Schola dove ardeva giorno e notte perennemente una lampada pagata e alimentata dai consociati.

Gli iscritti avevano l'obbligo dovunque si trovassero a vivere, quindi anche fuori Venezia o all'estero, di andare a *"caccia"* di poveri Confratelli per visitarli e assisterli. Coltivavano un fortissimo senso d'aggregazione … quasi da setta … Tutti gli iscritti *(Morti compresi che non mancavano mai all'appello)* avevano l'obbligo di presenziare ogni seconda domenica del mese a una Messa-convocazione davanti all'altare di Sant'Agnese nella chiesa omonima … Per chi era assente erano dolori: dopo sei assenze si veniva radiati e cancellati perdendo ogni privilegio e assistenza.

Veniva radiato, ossia *"rassato"*, anche chi litigava, chi non viveva in maniera esemplare rispettando le Regole della Schola scritte ed elencate nel Libro della **Ma-Regola** o **Mariegola** o **Mare delle Regole**, chi incorreva in debiti di gioco e perfino chi tradiva la moglie ... Tutto veniva puntualmente segnato dentro a un'apposita pagina del *"Libro aggiunto dei difetti"*.

Nel 1369 un apposito **Guardiano** passava di casa in casa visitando e informandosi di eventuali Confratelli Morti o Malati, ma soprattutto esigendo che fossero pagati i debiti *"per le Messe e per recitare i 7 Salmi Penitenziali"*. Per chi fosse stato in regola con i pagamenti la Schola si sarebbe fatta carico di recitare *"50 Pater-Ave"* per i loro *"Morti di casa"*. Si sa, ad esempio, che fra 1397 e 1398 il **Lucchese Jacopo Tommasini**, abbiente mercante tessile trapiantato a Venezia da Lucca, ricoprì la carica **Gastaldo** della *"Nobil et Veneranda Schola"*.

Chi veniva cancellato poteva essere riammesso *"per Misericordia"* dopo un anno di sorvegliatissima prova e rimborso dei pagamenti non eseguiti, ma sarebbe stato eternamente *"in ira di Dio"* chi avesse osato *"andar contro e disfàr lo scopo della Schola"*.

Inizialmente, ossia per secoli, le donne vennero accuratamente escluse da quel consesso, salvo permettere loro d'iscriversi dal 1457 quando scesero vertiginosamente le adesioni dei maschi: *"... per evitare la rovina della Schola"* fu la motivazione data ufficialmente.

I Congregati che sapevano tutto di tutti non solo della gente della Contrada ma anche di buona parte di Venezia, si radunavano obbligatoriamente tre volte l'anno: poco prima di Natale, a Pasqua per le elezioni alle cariche interne, e all'inizio di Agosto.

Il giorno della **Festa di Sant'Agnese** si consegnava ad ogni iscritto: *"un pàn et candela"* come era costume offrire anche in altre Schole cittadine.

E siamo giunti finalmente *"al dunque"*.

Nel 1376, precisamente il 21 ottobre, a cinquant'anni circa dalla fondazione della Schola, uno degli iscritti: il **Nobilomo Angelo Condulmer**, padre del futuro Papa Veneziano **Eugenio IV**, offrì alla Schola dei soldi e dei beni con lo scopo iniziale di costruire un Ospissio per dare accoglienza a dodici bambine veneziane orfane, indifferentemente Nobili o Cittadine, assistendole e mantenendole praticamente fino all'età di vent'anni.

Le *"putte"* selezionate accuratamente, dovevano essere di *"buona famiglia"* ed avere: *"non meno di sette e non più di dieci anni"*, e fatalità ... erano quasi sempre figlie di iscritti o affiliati. Venivano affidate alle cure di una **Priora** che le *"allevava"* dando loro una *"sana formazione"* anche qualora fossero venuti a mancare e morire quelli di famiglia ... *(tanto seppure Morti rimanevano parte degli iscritti della Schola ugualmente).*

La gestione delle **Agnesine**, ossia di queste *"figlie e putte della Schola di Sant'Agnese"* accadeva dunque sotto il controllo e l'alto patrocino della **Schola** che con ben 12 **Governadori** gestiva la situazione delle *"povere garzone"* aggiornando puntualmente tutti gli altri *"Confratelli"* sulla condizione e le progressioni di ciascuna: *"... debba esser Agnesine quelle povere garzone abbandonate dal padre, come apparirà più necessitose ... le quali doveranno essere fie de boni homini e bone femine citadine de Venezia nate da legittimo matrimonio ..."*

Ogni tanto, quasi fossero un trofeo, si voleva *"mettere in mostra le putte per Venezia"* che erano tenute a presentarsi con la Priora ai riti sull'**Altare di Sant'Agnese** in chiesa a Sant'Agnese, e per praticità d'uso si fece costruire e finanziare anche un altro altare dentro alla più centrale chiesa di **San Barnaba** poco distante dal complesso dove abitualmente vivevano di fatto le *"putte"*.

Le ragazzine *"messe in mostra"* erano come un avatar, un pubblico e visibile sinonimo e monumento di gentilezza, grazia, educazione, finezza, morigeratezza, stile, cortesia, bontà interiore: *"una somma incarnata delle più belle virtù"*, donne e Veneziane idealizzate seppure in carne e ossa e con i loro pregi e difetti.

Per far *"lievitare"* queste loro doti interiori si concedeva alle *"belle putte Agnesine"* anche una *"dota"* economica personalizzata derivandola dalle copiosissime elemosine che la Schola raccoglieva in giro per tutta Venezia. Il *"Priorato et Schola di Sant'Agnesina"*, infatti, era conosciuto da tutti, ed era una *"Speciale Istituzione"* che provvedeva al sapeva mantenere e fornire educazione ed istruzione di altissima qualità.

Il *Priorato delle Agnesine* provvedeva a: *"... far governare e spesare le Putte et insegnare loro l'Arte sin che avevano 13 o 14 anni e anche più ..."* Terminato il ciclo formativo lo stesso Priorato provvedeva a trovare loro una sistemazione definitiva facendole sposare *"honoratamente"* con Nobili meritevoli, o trovando un qualche posto in qualche illustre Monastero cittadino ... di cui Venezia certamente non difettava.

Nel 1526 il numero delle *"Agnesine ospiti"* era stato ridotto ormai da parecchio tempo a sei, per cui il beneficio dell'ospitalità, educazione e assistenza delle *"putte"* si protraeva quasi sempre oltre l'età prevista del matrimonio o monacazione.

In gennaio il solito **Diarista e Nobile Marin Sanudo** descriveva le **Agnesine** così, quasi come spettacolo da godere: *"... nella sua chiesa di San Barnaba vidi licet sopra un solareto le 6 pute di anno 8 in nove l'una, fiole di quelle de la Schola, qual vestite mezze bianche e mezze rosse, con caveli zo per spala ed una zoia de verdure in testa ... Stanno in caxa a San Barnaba dedicata a questo, con una maestra a la qual se li da ducato 40 all'anno; e a queste vien fatto le spese e insegnatoli lezer e lavorar fino siano a età perfetta de maridar o altro; e vien maridate di danari de la Schola per certo lasso quali Procuratevi scodeva ... ma per parte presa quest'anno in Pregadi, il governo è stato dato a quelli de la scuola ... e dieno tenir 12 pute, ma per adesso tien 6 qual si eleze di quelli de la Schola con certo ordine bellissimo ..."*

Nel 1580 la residenza *"Priorato delle Bambine"* a San Barnaba venne ristrutturata su disegno di **Giacomo Leoncini**, e per coprire le spese dei restauri si riaprirono le iscrizioni alla Schola accogliendo altri *"50 Cittadini honorati"* che avrebbero pagato 1 scudo ciascuno di *"Benintrada"*. I cinquanta posti disponibili vennero occupati subito dai Veneziani, e andarono *"bruciati"* e pagati in pochissimo tempo ... Tutto questo perché le **Agnesine** erano considerate da tutti i Veneziani: *"... come fiore all'occhiello, donne di gran bel garbo, e monumento vivente alla Leggiadria, alla Bellezza e alla Buona e Ottima maniera del vivere"*.

Nel 1590 **Acuzi Camilla quondam Sebastian consorte di Gerardo Cavanis** lasciò morendo dei legati all'Ospedale dei Derelitti, alle povere Zitelle della

Giudecca e all'*Ospedaletto di Sant'Agnesina a San Barnaba* al quale donò anche la casa dei Cavanis in Contrada di Sant'Agnese e diversi beni e terreni a *Cordugno presso Noale*.

Anche nel 1593 le cronache cittadine Veneziane ricordano come le Agnesine, *"Priora et Putte"*, si *"presentarono"* puntualmente *"secondo coscienza"* alla Messa Ordinaria della Schola in Sant'Agnese.
Viceversa, qualche anno prima della soppressione, nel 1637, la Schola inscenò una lite furibonda che finì in tribunale contro la chiesa e *Parrocchia di San Luca di Venezia* dove s'era istituita una *"devozione"* parallela a Sant'Agnese a cui era stata concessa a certe condizioni un'Indulgenza Plenaria da parte di *Papa Paolo V*.

Era la concorrenza ... e i soldi erano soldi ! ... Ma anche un punto d'onore ... Se a Venezia giravano elemosine e lasciti intorno al nome di Sant'Agnese, dovevano per forza confluire a favore delle Agnesine e dei poveri della Schola e non nelle larghe tasche dei Preti di San Luca.
Per mettere fine alla lite dovettero intervenire come sempre il *Doge* e il *Consiglio dei Dieci*, che dicono le cronache: *"... ci misero lo zampino per acquietare gli animi e metter a posto ogni cosa a favore delle Agnesine..."*

Tuttavia nel 1664, non si sa bene come e perché, le **Agnesine** terminarono di comparire in pubblico e d'essere ospitate nel *Priorato di San Barnaba*. C'erano troppi maneggi e giravano troppi soldi in maniera non sempre ortodossa e pulita? ... Chissà ?
A dire il vero, c'erano anche certe voci che giravano per Venezia circa il tenore di vita di certe Agnesine ... Mah ? ... Non si capì mai bene come andò veramente quella faccenda.

Continuò invece l'opera e l'attività della Schola, che nel 1683 per la festa patronale di Sant'Agnese spese ben 74 lire e 8 soldi per pagare dei Musici per allietare la festa ... così come qualche anno dopo pagò ben 6 ducati a *Prete Nicolò Grasselli* perché celebrasse: *"... una bella Messa cantata per la Schola"*, e offrì anche 40 lire al musico e cantore *Pietro Luciani* chiamato dalla prestigiosa Basilica Marciana per esibirsi a Sant'Agnese sempre: *"ad honor della Schola Benedetta"*.

Nonostante la misteriosa soppressione del 1664, ancora nel 1740 il **Priorato di Sant'Agnesina** era attivo, vivo e vegeto, pagava lire 24 e soldi 16 annuali per la Festa Patronale di Sant'Agnese, e possedeva anche una rendita annuale di 346 ducati da beni immobili siti in Venezia.

Pur senza sede e residenza ufficiale, il Priorato di Sant'Agnesina di San Barnaba continuò la sua notevole attività fino a 1806 secondo quanto raccontano bene nel dettaglio 18 registri che ci sono pervenuti. Si conservano, infatti, un antico Catastico iniziato nel 1325 e diversi quaderni e giornali con scritture e parti della Scuola. I **Governadori** tenevano un puntuale registro con l'elenco di tutte le donzelle graziate, e altri libri in cui si registravano i versamenti delle decime, delle affittanze, delle rendite e aggravi, e perfino un ultimo in cui si annotavano tutti *"i ricoveri"* a spese dell'Ente.

Tutto ciò che rimane oggi di quell'attività e di quel complesso curioso è un'unica scritta incisa sull'architrave di uno di quelli che furono gli ingressi dell'antico **Ospissio delle Agnesine** oggi trasformato in accogliente albergo.

Solo un lampo di una Venezia di ieri l'altro scomparsa per sempre … che merita però un'occhiata, un *"buttàr l'ocjo"* almeno una volta.

***

Questo scritto è stato postato su Internet come: "Una curiosità veneziana per volta." - n° 69, e pubblicato su Google nel marzo 2015.

OSPEALERE ... E MELOGRANI

Il **Melograno** è un albero presente in Armenia, Azerbaijan, Iran, Afghanistan, Israele, Palestina, Grecia ed Egitto ... non poteva quindi mancare a Venezia.

Il Doge ne teneva sempre uno nel suo giardino pensile di Palazzo Ducale ... Le scorze e i semi dal gusto amarognolo immersi in acqua affondavano, mentre le membrane galleggiavano, si potevano mangiare e inserire nelle salse piccanti ... e la polvere ottenuta dalle radici e dai frutti si poteva utilizzare come decotto con scopi astringenti e sedativi, talvolta diuretici ... talvolta tossici e pericolosi ... Chissà perché ogni tanto qualcuno a Palazzo Ducale finiva talvolta avvelenato ... La stessa polvere di **Melograno** si poteva anche utilizzare come colorante cosmetico, o come infuso di petali rinfrescante delle gengive ... Il succo viceversa dolciastro o acidulo era buono come bevanda.

Il nome della Pianta probabilmente deriva dal latino *"malum granatum"* ossia *"mela con semi"* ... Ma per gli Inglesi era: *"Apple of Grenada"* ossia *"mela di Granada"*, la città spagnola con nello stemma un frutto di Melograno per i numerosi alberi di quel tipo coltivati e importati dagli Arabi che ne usavano la scorza anche per dipingere arazzi ... Purtroppo, in seguito *"la Melagrana"* è divenuta anche un simbolo Massone, e la bomba: la *"granata"*, ha preso il nome proprio da quel bel *"frutto granato"*. Ma questo non ha nessuna importanza ...

Istituzioni simili a quella dell'*Ospeàl de la Pietà o degli Esposti di Venezia* esistevano già prima del 1218 a **Pisa** dove c'era l'*Ospizio dei Trovatelli*; a **Vicenza** con l'*Ospizio dei Bastardelli*; a **Santa Maria Maddalena di Udine** dove c'era l'*Ospedale degli Esposti detto Ca' di Dio* fin dal 1260, e a **Firenze** dove c'era l'*Ospedale degli Innocenti* per i *"gitatelli"* voluto dalla Repubblica fin dal 1294.

La prima chiesa della Pietà di Venezia sorta sulla destra di quella attuale con lo stesso scopo, è stata inglobata nell'odierno **Hotel Metropole** che era l'antico **Ospedale della Pietà**, com'è visibile nelle cartografie del **Portio** e del **Della Via** del 1686.

Sembra che l'antico **"Spedale"** di Venezia sia stato istituito da **Fra Petruccio d'Assisi** detto **"della Pietà"** perché andava in giro per le Contrade Veneziane ripetendo e gridando: **"Pietà ! ... Pietà"** chiedendo soccorso per i poveri e soprattutto per il grande numero di bambini che giacevano abbandonati per strada.

In seguito tutto andò come in discesa: il primo benefattore fu **Domenico Trevisan della Contrada di San Lio** che dispose: *"Item volo et ordeno che ali garzoni e garzone che viene getadi e vene chiamati la Pietà, per loro nutrimento sia dadhe quattro libre per Dio e per l'anima mia."* ... Poi ci pensò anche **Andrea Malipiero della Contrada di San Severo**: *"... item si lazo a Fra Petruzzo de l'Hospeal de li fantolini de S.Zane Bragola lire zinque."* ... Poi fu la volta di **Giacomina Dolfin** che scrisse nel testamento: *"Pei puoveri fantolini dela pietate ... e alle balie per nutrigar una creatura della Pietà."* ... e di **Maria Altadonna** che donò all'Ospizio un podere ... Solo più tardi si aggiunsero i benefici Ecclesiastici col **Papa Clemente VI** che concesse facoltà, privilegi ed indulgenze a tutti i benefattori della pia opera: *"Papa Climento VI di uno anno XL di de Perdon zanschuno che porce elemusena ai fantolini de la Pietate. Missier lo Patriarcha de Grado, Misier lo Vescovo de Castelo XL di summa lo Perdon de la Piatade uno anno CXX di ed altre gracie molte ..."*

Il **Doge Andrea Dandolo** costituì primo Priore **Fra Pietruzzo della Pietà** approvando la costituzione di due apposite **Confraternite o Schole Maschile e Femminile** ... Fra Pietruccio non perse tempo e prese subito in affitto dalla **Nobildonna Lucrezia Dolfin** diciassette caxette per le Trovatelle in Contrada Santa Giustina poco lontano dal suo convento Francescano. In seguito acquistò anche alcune case in **Contrada di San Zuane in Bragora** trasformandole nell'**Ospizio degli Esposti** collocato fra gli attuali: **Ponte del Sepolcro**, **Calle della Pietà e il Ponte dei Bechi**.

Dopo la morte di Fra Petruzzo entrambi gli Ospizi vennero sottoposti a Juspatronato e sotto la giurisdizione del **Primicerio di San Marco** ... mentre il **Senato** e **Maggior Consiglio** decretarono in continuità consistenti aiuti pubblici, concedendo di questuare per sostenere le balie e il personale del

Pio Luogo della Pietà. La Serenissima inoltre impose di offrire alla Pietà un po' di vino a tutte le barche che lo trasportavano per Venezia ... così come inizialmente s'era concesso a **Fra Pietruccio** di celebrare l'Ufficio Divino nel **Fontego dei Tedeschi** per racimolare qualcos'altro dai ricchi Mercanti Teutonici.

In seguito, come racconta il Ferro: *" ... dal 1400 al 1700 si susseguirono ininterrottamente provvedimenti delle autorità della Repubblica a favore dell'Istituto della Pietà: dalle concessioni di frumento, legna, olio, vino, al diritto del 10% su tutte le somme introitate dallo Stato per confische, contrabbandi, condanne, dalla facoltà di liberare banditi e condannati, al diritto di avere un barcarolo per traghetto, dall'impiego di giovanetti dell'Ospizio nelle sedute del Maggior Consiglio per servizi vari, alle continue sollecitazioni alla Santa Sede per ottenere interventi spirituali e materiali ..."*

Nel 1400: **Lucia del fu Piero Musegheta di Murano**, moglie del Dottore in Medicina e Maestro **Antonio da Osimo nella Marca di Ancona**, lasciò 12 ducati d'oro a una donna del luogo della Pietà ... il **Maggior Consiglio** obbligò con giuramento i **Notai** a ricordare ad ogni testatore *"i poveri putti della Pietà"* ... il **Senato** elesse due Patrizi perché *"uniti ai Procuratori rilevino gli urgenti bisogni."* ... le **Monache di Santa Croce dell'Ordine di Santa Chiara** donarono alla Pietà 201 campi di ragione del soppresso Priorato di San Francesco *(dove oggi ci sono i Giardini Papadopoli a Piazzale Roma)*.

Nel solo 1466 gli ingressi di bimbi alla Pietà furono 460 ... nell'aprile 1488 i trovatelli sparsi per il Dogado e assistiti dalla Pietà erano diventati più di 4.350 ... perciò **Papa Alessandro VI Borgia** su intercessione del **Doge Agostino Barbarigo** concesse alla Pietà nuove indulgenze e privilegi.

Le *"Ospealère della Pietà"* erano, perciò, trovatelle, esposte, illegittime, talvolta orfane educate in quell'Ospizio Veneziano fin da tempi antichi: diversi secoli fa. Si riconoscevano in giro per la città Serenissima per i loro abiti *"rosso granato"* o *"rosso Melograna"*, mentre i colori identificativi dei vestiti degli *"Ospiti"* degli **Incurabili**, delle **Zitelle**, delle **Convertite** e dell'*Ospedaletto di Barbaria de le Tole* erano il bianco, il verde, il turchino e il marrone.

Dal 1500 in poi, Doge, Patrizi e Governatori iniziarono a curare e promuovere con continuità il *Coro della Pietà* che fu sempre diretto da maestri illustri: *Scarlatti, Gasparini, Vivaldi, D'Alessandro, Porpora, Bernasconi, Porta, Latilla, Sarti, Furlanetto ... Benedetto Marcello ...* In *Pregadi* la Pietà fu dichiarata esente dal pagamento delle Decime ... e si decretò: *"... siano riscossi 2 lira di più sopra ogni condanna senza diminuzione alcuna vengano contribuiti all'Ospedale della Pietà ..."* Nello stesso anno fu imposta una tassa su coloro che ricevevano investiture e benefici ecclesiastici ... *Marcorà Costantino quondam Teodoro* istituì doti per le donzelle della Scuola Grande di San Rocco e donò 100 ducati alla Pietà, agli Incurabili e ai Derelitti che nell'insieme ospitavano più di 3.000 persone miserevoli o malate.

Nel 1551 la Pietà riferì al *Senato* di avere ospiti 800 orfani, mentre erano 1.200 quelli affidati *"a bagliatico"* nelle campagne Venete come fonte di reddito extra per famiglie povere ... L'ospedale impiegava per i trovatelli il noto chirurgo *Zuan Francesco Strata* e suo figlio *Zuan Giacomo* e il medico *Girolamo Grattarolo* ... La popolazione di Venezia approfittava dell'Istituto per mandarvi anche i figli nati da unioni legittime e talvolta da famiglie non sprovviste di beni di fortuna. Ci pensò il *Papa Paolo III° Farnese* in persona con una bolla apposita emanata nel novembre 1548 a stigmatizzare e condannare quella situazione incresciosa: *"Strafulmini il Signor Iddio maleditioni e scomuniche contro quelli quali mandano o permettano siano mandati li loro figlioli e figliole si legittimi come naturali in questo Hospedale della Pietà ... havendo il modo e facultà di poterli allevare essendo obbligati al resarcimento di ogni danno e spesa fatta per quelli, né possono essere assolti e perdonati se non soddisfano il loro debito ..."*

Al di là del titolo e della condizione sfortunata, quelle della Pietà erano giovani virtuose, talenti nel cantare e suonare soprattutto durante le *Messe Solenni o Cantate*. Le *"Putte del Coro"* erano famose non solo a Venezia ma internazionalmente, e non solo per il legame col loro celebre maestro e musicista *Antonio Vivaldi*. Le *"Putte"* dette anche *"Figlie del*

Coro", erano conosciute e stimate per la bravura e le esecuzioni che tenevano nella chiesa della Pietà sempre affollata da Veneziani e foresti: *"...musica eccezionale qui è quella degli Ospizi. Ve ne sono quattro tutti formati da fanciulle bastarde od orfanelle, e da quelle che i loro genitori non sono in grado di allevare. Sono educate a spese dello Stato e le istruiscono esclusivamente per farne delle eccellenti musiciste ... Perciò cantano come Angeli e suonano il violino, il flauto, l'organo, l'oboe, il violoncello, il fagotto; insomma non c'è strumento per quanto grosso che sia che possa far loro paura ... Vivono in clausura come le Monache ... Soltanto loro partecipano alle esecuzioni ed ogni concerto può contare su una quarantina di giovincelle ... Le loro voci sono adorabili per la modulazione e la freschezza .... La Zabetta degli Incurabili è la più straordinaria per l'estensione della voce ed i trilli di violino che ha in bocca ... quello dei quattro Ospizi dove vado più spesso e dove mi diverto di più è l'Ospizio della Pietà; è questo anche il primo per la perfezione dell'orchestra ... Che rigore di esecuzione ! ... Vi giuro che niente eguaglia il diletto di vedere una monachella giovane e carina, vestita di bianco (?), con un mazzolino di Melograno all'orecchio, dirigere l'orchestra e battere il tempo con tutta la grazia e la precisione immaginabili ..."*

Scriveva così nell'agosto 1739 il famoso turista francese **Charles de Brosses Conte di Tournay** amico di Antonio Vivaldi, che ebbe a Venezia *"esperienze di fuoco"* con la *"Bagarina"* ... Era ammirato dall'immagine delle *"fantole veneziane"*: dall'**Anzoleta**, la **Chiaretta**, la **Paolina del tenòr** o l'**Anneta del basso**, e **Anna Maria** che suonava il violino, il clavicembalo, il violoncello, la viola d'amore, il liuto, il mandolino e la tiorba.

Sotto la guida di Vivaldi l'**Anna Maria** divenne una delle figure emergenti delle *"Putte"*: fu una delle 5 *"figlie del Coro"* a cui su richiesta della **Nobildonna Marietta Corner** fu concesso il permesso speciale di partecipare nel **Convento di San Francesco della Vigna** come concertiste e strumentiste durante una Disputa della Dottrina Cristiana ... che era un'occasione solenne e considerata importantissima per la città. L'**Anna Maria** ebbe una carriera brillante, fama internazionale e apprezzamenti vari da parte del flautista **Johann Joachim Quantz**, dell'**Ufficiale di Corte di**

Sassonia Joachin Christoph Nemeitz, dal *Barone Carl Ludwig von Poellnitz* ... e di parecchi altri.

"... fra tutte eccelle la Maria, la bolognese Maestra del Coro, che ... può piacere chi l'ascolta ... lunga più di una Quaresima ... rimasta nell'incarico quasi l'intero secolo sino al 1794 ... un'altra è Agata ... dal bel visetto ma con la mano sinistra senza dita ... bellissima nella gonna campanata a fitte piegoline ... Era paragonata agli Angeli la Ospealera violinista Bianca Maria Ella capace di suonare: cembalo, violino, viola d'amore, violoncello, liuto, tiorba e mandolino..."

Ma non era l'unica l'**Anna Maria**, perché c'era anche la *"Capitona"* ossia **Giacomina Stromba**, la preferita di *Tatini* che gli trasmise la sua bravura per il violino che lei suonò più volte davanti ai Dogi. C'erano anche: la *"Polonia"*, *"Gertrude"*, *"Prudenza della tiorba"*, *"Susanna dell'oboe"* e *"Tonina dell'Organo"* ... Il Coro possedeva in media un introito di ducati 1318 dovuti a *"Legati"* compresi gli utili di 200 ducati provenienti dall'affitto degli scanni e dalla vendita dei libretti a stampa che si offrivano ai partecipanti come nei teatri. Nei tempi migliori il **Coro della Pietà** utilizzava: 16 violini, 6 viole, 3 violoncelli, 5 violoni antichi, 5 corni da caccia antichi, 2 timpani piccoli, 2 trombe marine, 2 viole d'amor, 1 mandolin, 1 liuto, 1 tiorba, 2 salterii, 2 cembali a penna, 5 spinette e i 3 organi incassati nelle pareti della chiesa.

A Venezia esisteva una vera e propria *"cura e cultura"* di ospitare ed educare queste *"misere"* al pari di tanti altri tipi di diseredati. Nei quattro *"Ospedali"* pubblici Veneziani ricevevano un'istruzione, un'educazione *"timorata di Dio"*, sussidi, qualche dote, la possibilità d'apprendere un mestiere: filare, cucire, prestar servizio ... e anche la possibilità di *"far Canto et Musica"* che si teneva di solito, come a Teatro, tutti i sabati e domeniche, e nei giorni di festa dalle quattro alle sei circa del pomeriggio.

Nella fattispecie, potevano entrare a far parte del *"Coro dell'Ospeàl de la Pietà"* una quarantina di *"femmine ricoverate"* dopo un'apposita audizione di prova. Fra queste c'erano alcune, fra 8 e 14, considerate *"Le privilegiate"*, di solito le più brave e dotate che fungevano anche da

"Maestre" e coprivano incarichi di tuttoraggio nell' *"Ospedale delle Figlie"* o verso eventuali Educande di provenienza Nobile.

Nel 1619 pervenne all'Ospizio della Pietà l'eredità del **Nobile Lorenzo Cappello** consistente in 8 case a Venezia e 60 ettari di terra a **Cittadella**. Già una parte di Palazzo Cappello contiguo all'istituto era stata inglobata nel complesso … la Pietà mise all'incanto un suo possedimento sito in **Torre di Mosto**, e ne aveva altri anche a **Ca' Moro di Camposampiero** …Tre anni dopo si consacrò la nuova chiesa annessa all'Ospedale: aula centrale a tre porte, lunga circa 20 m e larga 10m, cinque altari col Maggiore *"Privilegiato",* pareti coperte da rivestimenti in legno alti 2 metri con sedile continuo per i fedeli … L'ospedale possedeva anche una rendita annuale di 1.450 ducati provenienti da beni immobili posseduti in Venezia.

Nel 1613 **Giovan Nicolò Doglioni** scriveva: *"… poche città puono eguagliarsi alla città di Venezia nella pietà et nel mantenir con elemosina i poverelli et specialmente che si ritrovano né luoghi dedicati ad opere pie. Che, tralasciando le tanti e tanti Monasteri di Frati e di Monache Mendicanti, ecco i bambini nati di nascosto et abbandonati da padre et madre hanno luogo comodo per allevarsi nell'Hospitale della Pietà … Gl'infermi di mali incurabili con piaghe et tumori han l'Hospitale dell'Incurabili a ciò deputato. Quegli altri poveri, non con tanto male, sono soccorsi nell'Hospital di San Giovanni e Paolo … Li meschini malamente feriti han lor ricovero in San Pietro e San Paolo … Quelle donne che dal mal fare si rimettono e si danno al far bene sono raccolte nel Monasterio delle Convertite … Le giovanette già da marito che stanno in eminente periglio di cadere in peccato son levate da alcune Matrone Primarie della città et anco a forza condotte et chiuse nel luogo delle Citelle. Quelle donne che maritate, non però voglion vivere caste, si conservano ben guardate nel Soccorso … Vi sono anche altri Luoghi Pii et altre Fraterne …"*

Il *"Coro delle Putte"* era un po' un punto d'arrivo per le donne residenti alla Pietà, perché lì dentro la Musica cantata e suonata era di casa, si respirava, si copiava e si tramandava in continuità di *"figlia in figlia"*. Per le Putte della Pietà era il massimo giungere ad esibirsi nel Coro nella chiesa nascoste dietro alle grate delle cantorie.

"Nelle tribune laterali delle cantorie della Pietà ci sono delle grate in ferro battuto con motivo floreale dei fiori di Melograno: firma-logo dell'Ospedale ... Il simbolo iconografico richiama l'Immacolata, modello morale per le ospiti dell'Ospizio ... Frutto delizioso multiproprietà e con un significato e simbolismo arcaico e profondo, il Melograno richiamava e unificava in se due opposti che come sempre s'attraggono e compenetrano nella vita ..."

Come ben si sa, Vita e Morte sono collegati fra loro da un filo sottile: lo splendore e l'energia iperattiva della vita si antagonizzano nel riposo assoluto procurato dalla Signora Nera. Il prezzo del passaggio dal Bianco al Nero, dall'Essere al Non-Essere, dalla Luce al Buio misterioso delle Tenebre è il sacrificio, la fatica del vivere per approdare alla fine alla Rinascita ... Già gli **Egiziani** prima 2.500 anni fa, e i **Greci** dopo raffigurarono sui muri e ponevano dentro alle tombe frutti di Melograna in argilla come corredo funebre e nutrimento per i Defunti ... Le donne di **Atene** durante i riti della fertilità mangiavano Melograne e ne bevevano il succo in onore di Demetra come si faceva anche in Africa e in India dove le donne lo assumevano per combattere la sterilità ... Sempre in **Grecia**, dove la pianta di Melograno era considerata sacra a Venere e Giunone, quando si acquistava una nuova casa si metteva quale primo dono presso l'Iconostasi domestica un frutto di Melograno; si rompeva una Melograna ai matrimoni, si regalava a Capodanno; in **Dalmazia** si piantava un Melograno nel giardino di casa degli sposi come simbolo di abbondanza, fertilità, prosperità e buona fortuna ... a **Roma** le spose s'acconciavano i capelli con rametti di Melograno ... mentre le donne della **Turchia** utilizzavano la Melagrana per la divinazione gettando e rompendo un frutto a terra. Secondo quanti chicchi uscivano, si sapeva il numero dei bimbi che avrebbero partorito.

Per gli **Ebrei** le immagini delle Melograne si applicavano sugli abiti dei Grandi Sacerdoti e sulle colonne del Tempio di Gerusalemme ... Il Melograno o *"Rimon"* era simbolo di produttività e d'unità del Popolo stretto come i grani tra loro ... Si pensava che la Melograna fosse il frutto dell' **"Albero della vita"** del **"Giardino dell'Eden"** ... uno dei sette frutti elencati dalla Bibbia come speciali prodotti della *"Terra Promessa"*: **"Il Signore ti porterà in un'ottima Terra ... Terra da Grano, Orzo e Viti dove prosperano Fichi, Melograni e Ulivi ..."**

Il *Cantico dei Cantici* paragonava l'amata a un giardino lussureggiante pieno di alberi di Melograno ... e l'Amore si poteva consumare proprio quando fiorivano ... Il Melograno era simbolo *"Santo"* di onestà, equità e correttezza: **"... il frutto conterrebbe 613 semi, come sono le 613 prescrizioni scritte nella Torah: 365 divieti e 248 obblighi ..."** In realtà i semi della Melograna sono per davvero circa 600 ... Anche oggi molti rotoli della Torah degli Ebrei quando sono avvolti vengono custoditi dentro a gusci d'argento a forma di Melograno.

In seguito il Cristianesimo non poteva non riprendere il ricco simbolo-tema della Melagrana. Basti pensare alle varie **Madonne della Melograna** ... ai Gesù che tengono in mano un Melograno simbolo anticipatore della Morte e Rissurrezione attraverso la Passione e il sangue della Croce. Nell'iconografia cristiana il *"Rosso melagrana"* sarà assunto come simbolo liturgico utilizzato negli abiti per la Messa intendendolo come colore del Martirio.

Nella Mistica Cristiana, poi, si è arrivati all'eccesso fino ad esagerare: **"San Giovanni della Croce considera i semi del Melograno come simbolo delle Perfezioni Divine ... la rotondità del frutto è espressione dell'Eternità Divina ... il succo godimento dell'Anima che ama e conosce ... Il Melograno rappresenta l'Energia creativa di Dio, l'esuberanza della Vita, la Fecondità, l'Abbondanza, l'Amore ardente, la Carità, l'Umiltà, l'Unione di tutti i figli della Chiesa ..."** e chi più ne ha più ne metta.

Il simbolismo del Melograno, insomma, era ricchissimo e complesso, pieno di significati e di leggende, e il sito della Pietà le incorporava e interpretava in qualche modo tutte: **"Dioniso era un bambino quando Era, gelosa delle avventure extraconiugali del marito Zeus, decise di far rapire il Dio dai Titani ... Dioniso venne perciò messo a bollire in un paiolo e quando il suo sangue fecondò la terra spuntò l'albero del Melograno..."** raccontava un antico mito Greco.

Il Melograno quindi era simbolo di fertilità. La Morte e la sofferenza non saranno inutili ma capaci di accendere la vita. Quel significato si adattava bene alla condizione difficile delle *"Esposte"* abbandonate e ospitate alla Pietà in una dimensione di scarso affetto e ristrettezze.

Un'altra Leggenda degli indoeuropei Frigi che abitavano l'Anatolia Occidentale recitava: *"Agados: la roccia, decise un giorno di prendere le sembianze della Grande Madre ... Una notte il Dio del Cielo riposò sopra di lei e lasciò cadere dentro di lei il suo seme ... Dall'unione di Madre e Padre nacque Agdistis: l'indomito ... ma nessuno volle provare a domare quell'essere androgino ... Ci provò solo Dioniso, Dio dell'Ebrezza, che trasformò in vino una fonte dove beveva. Così il Dio si ubriacò e cadde addormentato, e durante il sonno Dioniso gli legò il membro in modo che quando si fosse alzato la corda glielo avrebbe strappato. Infatti, così avvenne e il sangue di Agdistis andò a fecondare il terreno ... facendo nascere un Melograno ... Più tardi passò di lì la Dea Nana, che colse un frutto dall'albero e se lo posò nel grembo ... Questo sparì, e nove mesi dopo nacque Attis ..."*

E ancora, un'altra leggenda Greco-Romana dice: *"... Mentre Persefone raccoglieva i fiori di un'eterna Primavera* (un Giardino Paradisiaco senza fine) *si aprì sotto i suoi piedi la Terra e venne rapita da Ade e portata nell'Oltretomba ... Demetra adirata impedì che i frutti sulla terra maturassero dando così inizio ad un inverno perpetuo. Zeus preoccupato mandò un messaggero ad Ade chiedendogli Persefone ... Lui ubbidì liberandola, ma le offrì di mangiare il seme del melograno che la costrinse ad accettare di trascorrere sei mesi con la madre sulla Terra e sei mesi come sua sposa negli Inferi ..."*

E' una conferma ... ancora Terra e Inferi, Vita e Morte, eterno ritorno, ciclo senza fine di rinascita come quello delle stagioni ... Il Melograno posto sugli abiti e fra i capelli delle *"Ospealère, le Putte della Pietà"* faceva intendere che ci poteva essere per loro una novità, una speranza feconda di rinascita: *"Il succo del Melograno è rosso come il vino e come il sangue ... come il vestito e le guance delle "Putte Ospedalère della Pietà".*

Peter Andreevic Tolstoj nel 1698 diceva: *"Ci sono a Venezia conventi di donne, dove queste suonano l'organo e altri strumenti, e cantano così meravigliosamente che in nessun'altra parte del mondo si potrebbero trovare canti così dolci e armoniosi ..."*

In quegli stessi anni la Pietà fu di nuovo ampliata: *"... per le fraudi fatte all'Ospedale dalle tenutarie degli Esposti, fu preso che presenti e venturi siano segnati, acciò possano essere conosciuti in ogni tempo per Figlioli della Casa ..."* Gli Esposti perciò vennero marchiati a fuoco sotto al piede sinistro con una *"P" di Pietà* arroventata per riconoscerli, e si ponevano loro cognomi come: *Baracca, Barca, Forca* ...

Nel 1678 nacque in **Contrada alla Bragora** e venne battezzato dalla levatrice **Veronese Margherita** in pericolo di vita per *"strettezza di petto a nativitate"*: **Antonio Lucio Vivaldi**, figlio di Giovanni Battista da Brescia, barbiere e violinista nella Cappella di San Marco e Camilla Calicchio ... Nello stesso anno **Giovanni Giustinian** legò lire 291 a 71 lire annue: *"per ricreare le Figlie del Coro"*.

Lungo i secoli la vita all'*Ospizio-Ospeàl della Pietà* scorreva seguendo le solite regole:

- *Alla comparsa del bambino sulla ruota o nell'Istituto gli si appone un segnale numerato al collo per distinguerlo.*
- *Si spoglia dei vestiti che vengono scrupolosamente registrati e descritti in apposito libro con eventuale nome e cognome e ora del ritrovamento.*
- *Si elencano anche eventuali marche o contrassegni trovategli addosso: mezza immagine sacra, mezza carta da gioco, mezza moneta o altro.*
- *Si elencano imperfezioni o alterazioni, colore dei capelli, età apparente desunta dallo stato del cordone ombelicale, grandezza del corpo, maggiore o minore sviluppo delle parti.*
- *Si appone un cognome adatto a rivelare la sua situazione miserabile.*
- *S'introduce il segnale e marca col ferro arroventato sotto al piede sinistro con la lettera "P".*
- *Si colloca l'Esposto in campagna a "Ruolo del Baliatico" presso: "sane nutrici e onesti allevatori" con regolare contratto o "bollettone". La*

nutrice riceve 9 braccia di fascia di canapa, 2 pannolini di tela e 2 di lana, il certificato di vaccinazione del lattante, il contrassegno d'identificazione e alcuni "ricordi" e istruzioni e raccomandazioni.
- *Gli Esposti possono essere restituiti dai tenutari solo prima del compimento degli 8 anni salvo rare eccezioni.*
- *I Tenutari percepiranno dalla Pietà "un premio" di 36,50 lire per i maschi fino ai 18 anni e 72,50 per le femmine che vanno a marito o fino ai 24 anni, alle quali l'Istituto conferirà una dote di lire 108.*
- *La "dozzina" per ogni Esposto costa: da 7 a 10 lire mensili, cessa con gli anni 12, ma per malattia o casi eccezionali può essere applicata fino ai 14 anni e oltre quando non convenga richiamarlo all'Istituto della Pietà.*
- *Raramente potrà accadere la restituzione dell'Esposto al genitore legittimo che dimostri le prove di appartenenza. Sarà tenuto a indennizzare l'Istituto eccetto i casi di miserabilità.*
- *Verrà anche informato il Parroco del luogo al quale si concederà un premio di lire 36,50 per mantenere correttamente aggiornati i registri parrocchiali al riguardo degli Esposti.*
- *La Direzione della Pietà informerà trimestralmente le Deputazioni Comunali sul movimento degli Esposti nei relativi Comuni.*

Nel corso del 1700 la Pietà ospitava circa 400-500 persone di cui circa 70 ruotavano intorno al Coro ... Più di 138 Legati confluirono a favore dell'Istituto costituendo una rendita annuale di 2.642 ducati ... **Giacomo Tanello** lasciò 25 ducati per ciascuna alle *"Figlie del Coro"* ... **Antonio Vivaldi** divenne il *"Prete Rosso" (il colore della Pietà ! ... non solo dei suoi capelli bizzosi)* e si dedicò all'insegnamento religioso e di Maestro di Violin e Viola Inglese alle *"Figlie del Coro"* aggiungendo al suo onorario altri 40 ducati annui ... **Filippo Dei Rossi Casaro in Contrada di San Gregorio** legò alle figlie del Coro della Pietà: *"... una formaggia piacentina di libbre 70 ad ogni ricorrenza di San Michele ..."*

Nel 1716 s'interpretò alla Pietà la *"Maria Maddalena"* del **Maestro Gasparini** con **Sylvia** che cantò la parte di Cristo, **Barbara** che fece Maria Maddalena, **Miccielina** fece San Pietro e **Polonia** cantò come San Giovanni ... Due anni dopo alla Pietà pervenne l'eredità di **Giacomo Celsi** composta da capitali in Zecca e numerosi immobili in Venezia, Padova, Verona e Treviso con una rendita annuale di ducati 2.277 ... Occorrevano ogni anno più di 70.000 ducati per far funzionare l'Ospedale della Pietà, che possedeva solo una rendita di 24.000 ducati ... il **Consiglio dei Dieci** accordò per 3 anni un'estrazione del **Gioco del Lotto** per incrementare le entrate dell'istituto, mentre i Predicatori nelle chiese di Venezia soprattutto in Quaresima raccomandavano sempre *"abbondante elemosina"* a favore della Pietà: *"... Si raccomanda la carità vostre al miserabilissimo Ospital della Pietà, quale riceve quegl'infelici bambini che vengono scacciati da propri genitori e s'attrovano al numero di 5.500. Per il sostentamento dei quali vi vuole ducati 70.000 annue, né avendo rendite sufficienti per mantenerli, si trova aggravato di gravissimi debiti con aggravi annuali e perciò ridotto in estrema miseria ... Si raccomanda il pagamento de' legati, ed un pane alla settimana ..."*

Sempre in fatto di soldi ... I **Preti del Capitolo di San Giovanni in Bragora** protestarono contro la Pietà per la perdita dei *"Diritti di stola"* provenienti dai numerosi esercizi soppressi in zona inglobati dall'Ospedale: *"... una bottega da Tintoria ... una bottega da Luganeghèr ... una da Marzeria ... una bottega da Beretèr ... una bottega da Spicier da medicine ... una Caneva del Bastiòn ... senza contare cortili, cortiletti, ammezzati, terreni e magazzini corrispondenti alle attività citate ..."*

Nel 1720 **Edmund Wright** scriveva: *"Tutte le domeniche e le altre feste si tengono nelle cappelle di questi ospedali dei concerti sia vocali che strumentali eseguiti dalle fanciulle ... Esse stanno su di una cantoria e una spessa inferriata le cela agli occhi del pubblico. Le loro esecuzioni sono di assoluta eccellenza: parecchie tra di loro sono dotate di voci stupende, e l'essere così nascoste alla vista rende il tutto più attraente ..."*

Quindici anni dopo con bando pubblico vennero presentati i progetti di **Andrea Tirali, Giorgio Massari e Padre Pietro Foresti Francescano della Vigna** per l'ultima riorganizzazione dell'intero complesso. Si scelse con 15 voti a favore quello del **Massari** con due grandi ali laterali per l'Ospedale e in centro la chiesa secondo lo stile del Palladio per le Zitelle della Giudecca ... Intanto Vivaldi ritornò di nuovo alla Pietà come Maestro dei

Concerti, e vi rimase fino al 1740 quando andò a morire a Vienna nel luglio seguente, accompagnato al funerale dallo *"scampanio semplice dei poveri dal costo di soli 2,36 scellini."*

Povero Vivaldi ! ... che fine miserevole dopo tanto successo a Venezia.

Giunto il 1740, la *"Gallinera"* ossia **Angela Trevisana** esercitava *"l'antica professione"* a Sant'Aponal ed era così spudorata da ricevere nella sua casa assieme Cristiani ed Ebrei e perfino le *"Figlie del Pio Ospedale della Pietà"* ... S'iniziarono i lavori di scavo delle fondamenta per la nuova chiesa-ospedale della Pietà con qualche critica sul progetto del Massari da parte del **Francescano Lodoli** che suggerì di alzare di molto il timpano della chiesa. Si consultò anche il matematico **Bernardino Zendrini** ... Si benedisse la prima pietra alla presenza del Doge iniziando i lavori dalla parte del Presbiterio. Il **Proto Domenico Rossi** fu messo a disposizione del Massari e si supplicò il Doge di concedere per i lavori dei *"legni vecchi dell'Arsenale"* ... **Nicolò Porpora** successe a Vivaldi come Maestro del Coro della Pietà, a sua volta succeduto da **Andrea Bernasconi** ... **Salvador Varda** lasciò alla Pietà una consistente eredità con possedimenti a **Mogliano**, stabili e capitali in Zecca e 246 campi .... **Nicolò Pensa**, invece, lasciò alla Pietà 100.000 ducati ... ma la facciata della chiesa rimase quasi nuda e incompleta.

Il celebre svizzero **Jean-Jacques Rousseau** compositore e musicista oltre che scrittore e filosofo, ma anche grande viaggiatore, si spinse fino a Venezia nel 1743. Forse dopo un'epidemia sfortunata, il suo incontro con le *"Pute del Coro"* fu un po' disgraziato: *"Quello che mi dava fastidio erano le grate che lasciavano passare i suoni ma impedivano la vista di quegli Angeli di bellezza ... Il Signor Le Blond che sapeva il mio desiderio mi presentò una dopo l'altra quelle cantanti celebri di cui non conoscevo che la voce e il nome ... "Venite, Sofia ..." era orribile, "Venite, Caterina ...", era guercia. "Venite, Bettina ...", il vaiolo l'aveva sfigurata. Quasi nessuna era priva di qualche difetto. Le Blond rideva crudelmente della mia sorpresa. Ero desolato. Durante il pranzo le ragazze si animarono e diventarono allegre ... La bruttezza non esclude la Grazia, e loro ne avevano. Pensavo: non si può cantare così senz'Anima: e loro ne hanno*

… Infine mi abituai talmente alla loro vista, che uscii di lì che ero innamorato di quasi tutte quelle bruttezze …"

Negli stessi anni **Giambattista Tiepolo** rappresentò sul soffitto della chiesa della Pietà, con le insegne di una confraternita Mariana, il canto dei Cori delle Ospealère. Si disse che la tela inscenava: *"un sontuoso Gloria di Vivaldi"*, ma quando Tiepolo dipingeva Vivaldi era già morto ormai da 15 anni.

"… Al di sotto di un cielo in cui volano gabbiani sullo sfondo di nubi rosacee tipiche dei cieli Tiepoleschi e lagunari, trionfo lagunare del Solarismo con "un sole che non ha forse esempio" … si nota un insieme di concertiste, di violini, fiati, cembali, trombe e Musica interpretata e suonata in compagnia di Angeli acrobatici e sgambettanti, che pregano, ridono, danzano, giocano, cantano e ballano … La Madonna è vestita in raso bianco come una sposa, qualcuno l'ha interpretata come rivalsa di Venezia Immacolata sul Papato (ma anche no) … Le coriste Ospealère sono chine e concentrate sugli spartiti, hanno tutte sulla nuca, fra i capelli, o sulla fronte il fiore distintivo del Melograno …"

Nel 1760, pur essendo ancora incompleta di fuori, fu finalmente riaperta e riconsacrata la chiesa della Pietà da **Pietro Diedo Primicerio di San Marco** … Nel luglio dello stesso anno a *Ca' Rezzonico* 100 figlie coriste dei 4 Ospedali tennero un brillante spettacolo per la venuta di **Giuseppe II** a Venezia. Le Coriste erano disposte in 3 piani separati: di sotto stavano violini, clavicembali, violoncelli e arpe; in mezzo c'erano le virtuose del canto col **Maestro Ferdinando Bertoni**, e nel piano superiore si collocarono: l'oboe, flauti e fagotti, trombe, corni e timpani … Al grande evento concorsero 120 dame in abito nero, gioielli, guardinfante e cuffia di gala, e 600 e più fra Senatori, Nobili e Cavalieri togati … e l'Imperatore delle Russie mandò 220 ongari *"per la ricognizione delle Figlie del Coro"*… Un sabato del seguente agosto: *"… scoppiò una folgore sopra il Pio luogo della Pietà; e benché non facesse danno veruno, pure empiè di spavento tutte le femmine che vi dimoravano …"*

Nel settembre del 1765 una disposizione dell'Ospedale della Pietà: *"... **proibì dopo il tempo del canto ogni sorta di ballo di sua natura sconveniente per il Pio Luogo onde non far entrare dentro estranei e forestieri.**"* ... L'anno dopo per i difetti d'acustica congeniti della chiesa si decise che i due organari addolcissero le sonorità eccessive degli organi ... e per lo stesso motivo si stese un grande telone sotto al soffitto, e due teloni amovibili di tela cinerina sopra alle due cantorie risolvendo parzialmente il problema.

Nell'aprile di tre anni dopo, *"... **per le fraudi fatte all'Ospitale dalle tenutarie degli Esposti, fu preso che presenti e venturi siano segnati, acciò possano essere conosciuti in ogni tempo per figlioli della casa ...**"* Si marchiarono perciò di nuovo a fuoco con una *"P"* sotto al piede sinistro tutte gli *"ospiti"* della Pietà ... e ci si lamentava che *"... **le ragazze della Pietà infarcivano di trilli le cadenze dei duetti ... dove giocavano a chi andava più in alto, più in basso, più veloce ... fino al massimo delle loro possibilità.**"* ... Nello stesso tempo, **Francesco Zinelli Speziale da confetture ai Santi Filippo e Giacomo** chiese di collocare in educazione alla Pietà una propria figlia nel *"privilegio"* di **Maria Meneghina dal Violin**. Alla Pietà, infatti, c'era l'abitudine di ricevere in educandato fino a 24 putte esterne per l'Insegnamento. Perciò in quell'epoca le famose *"Putte del Coro"* potevano essere figlie di nobili o benestanti affidate alle **Maestre del Governatorio** della Pietà ... C'era, ad esempio, una **Maria Elisabetta** figlia dell'avvocato Alcaini sotto *"il privilegio"* della **Maestra Agostina**. Il Pio Luogo manteneva oltre i ragazzi, 800 putte e 4.000 esposti, e delle Putte 70 e più entravano nel Coro ... Per supplire e provvedere a tutto questo servivano non meno di 80.000 ducati annui contro i soli 30.000 d'entrate che possedeva la Pietà. Perciò urgevano sempre iniziative e soprattutto donazioni ...

Nel 1781 il **Maestro di Coro Bertoni dei Mendicanti** allestì un festival degli Oratori con almeno 7 rappresentazioni lavorando gratis all'interno dell'istituto che li ospitava. In gennaio il **Senato** regolò il dispendio del Coro che non doveva sorpassare le entrate ... Il coro spendeva annualmente

1503 ducati: 400 ducati per il Maestro di coro, 150 ducati per il Maestro di maniera, 120 ducati per il Maestro di violin, 80 ducati per il Maestro di violoncello, 80 ducati per il Maestro di corni di caccia, 90 ducati per il Maestro di traversier, 39,2 ducati per il conza spinette ed organi, 80 ducati per altre spese ... "**Troppo !**" disse il Senato Serenissimo ... Quando il figlio di **Caterina la Grande di Russia** erede al trono visitò Venezia il concerto delle figlie dei 4 ospedali fu un evento straordinario. La cantata venne scritta da **Mortellari** e insegnata alle coriste, si spesero per l'allestimento 16.635 lire ossia 2.500 ducati comprese 2000 lire per gli abiti delle fanciulle.

Dal 1783 al 1790 si sospese la marca a fuoco degli Esposti, e quando fu rinnovata l'abitudine invece di bruciare il piede lo s'impresse a fuoco sul braccio sinistro. Solo nel 1807 si abolì quella barbara abitudine sostituendola con un più umano e comodo *"segnale"* appeso al collo con una Madonna da una parte e una *"P"* di Pietà dall'altra.

Nello stesso arco di tempo il **Senato** istituì una: *"Deputazione Straordinaria alla regolazione dell'Ospedale della Pietà"* approvando nel 1791 un relativo nuovo piano economico, l'Ospizio venne restaurato spendendo 37.880 ducati, esentato ancora dal pagamento delle Decime, e sostenuto pubblicamente e in privato con offerte di legna, farina ed elargizioni infinite assicurandogli una rendita annuale di quasi 300 mila ducati. Gli *"Esposti lattanti"* raccolti alla ruota detta *"la scafetta"* erano migliaia *(si trattava di un'apertura-urna seminascosta nelle mura della Pietà dove poteva passarci solo un piccolo neonato).*

"... Alla Scafetta si ricevono tutti quegli infelici che nascono da concubinato, e quelli che vengono esposti dai genitori ... A volte si spingevano dentro neonati troppo grandi con conseguenze anche mortali..."

Gli Esposti venivano mantenuti a distanza ossia *"collocati a dozzina"* presso famiglie in campagna dove rimanevano fino ai 12 anni. Se nel frattempo non venivano addottati tornavano a Venezia per un massimo di 4 anni per i maschi alla Pietà e le femmine fino ai 30 anni presso la succursale aperta a Sant'Alvise. Chi non si sistemava trascorreva alla Pietà il resto della vita. L'Ospedale sempre sottoposto a Jus e protezione Dogale e del Primicerio di San Marco, veniva governato da alcuni Nobili, Cittadini e Mercanti Veneziani ... e la domenica delle Palme dopo aver udito nel dopo pranzo la predica in San Marco il Doge e la Signoria facevano pubblica visita alla chiesa per ascoltare le *"Fantole del Coro"*.

I ricoverati della Pietà venivano divisi e classificati in 6 classi diverse: *"I lattanti o figli da pan"* fino ai 7 anni, *"I figli garzoni maschi"* fino a 13 anni a cui s'impartivano utili cognizioni e un mestiere, *"I maschi lavoranti"* fino a 18 anni che contribuivano al proprio mantenimento, *"Le figlie da lavoro"* dai 7 anni fino al matrimonio, *"Le giubilate"* ossia le non sposate o mantenute dentro alla Pietà fino alla morte perché brutte, menomate, o in condizioni fisiche ed economiche precarie.

Ancora nel 1805 **Baldissera Biffi** testò a favore anche della Pietà lasciandole beni a **Fossalta di Piave e Pressana di Cologna** ... e i **Minello** regalarono un mulino sul **Sile** ... La **Congregazione di Carità** succeduta al **Magistrato Sopra agli Ospedali**, stabilì la separazione delle *"Esposte giovani"* da quelle più attempate che vennero mandate presso Sant'Alvise dalle Canossiane dove rimasero fino al 1832. Da lì dovettero sgomberare entro il 1836 eccetto le 40 vecchie che occupavano una parte vecchia del fabbricato e godevano per mantenersi di un assegno giornaliero di 65 centesimi oltre al combustibile ... In quegli anni la Pietà seguiva ancora con varie modalità 2.269 Esposti ... e le 116 adulte ricoverate a Sant'Alvise *"...con schiamazzi e proteste non intesero ottemperare ai decreti Austriaci di sortita e allontanamento dalla casa di Ricovero."*

Sempre nel 1841 l'Ospedale della Pietà possedeva 34 campi in **Carpenedo** lasciati dal **Nobilhomo Cristoforo Minelli** del 1793 ... Il Governo e la beneficenza privata s'interessano ancora dell'Istituto con lasciti e legati ... Gli Esposti nati da matrimonio legale erano circa 40 annui, le *"dieci balie ordinarie"* venivano mantenute e stipendiate dall'Istituto con cucina propria e alloggio gratuito ... Esistevano anche alcune *"balie straordinarie"* che si recavano in giro per le campagne a cercare Esposti.

Nel 1853 le Coriste della Pietà cantavano ancora negli ultimi giorni di Carnevale da Giovedì grasso fino a Martedì Grasso remunerate da un antico **Legato Foscarini** specifico per il Coro … e anche in Giugno nella Festa solenne di Sant'Antonio da Padova le coriste cantavano Messa Solenne … poi più niente, si spense tutto.

Infine, scorrendo i registri della Pietà del 1857 si evince che *"gli Esposti esistenti"*: erano 62 di cui 36 maschi e 26 femmine … *"gli entrati"*: 489 di cui 255 maschi e 234 femmine … i *"partiti"* 360 di cui 183 maschi e 177 femmine … *"I morti"*: 139 di cui 86 maschi e 53 femmine … *"I rimasti"*: 64 di cui 31 maschi e 33 femmine.
Si spostò più volte la ruota di *"Scafetta"* sulla Riva degli Schiavoni ai piedi del Ponte del Santo Sepolcro, e poi di nuovo nella calle interna più nascosta vicino alla *"Sala dei Lattanti"* … Venne costruita di dimensioni maggiori per consentire l'introduzione anche di bambini più grandi … fino al luglio 1875, quando venne soppressa per sempre.

Del *"Coro gioioso delle Figlie con i Melograni fra i capelli"*: più nessuna traccia … S'era persa perfino la memoria quasi del tutto, forse era sfiorito quel bel Melograno …

***

_____*Questo scritto è stato postato su Internet come: "Una curiosità veneziana per volta." - n° 73, e pubblicato su Google nel maggio 2015.*

LE ORFANELLE TERESE

Terisine, Teresone, Teresiane, Teresane ... le Terese ... si usavano questi epiteti per indicare in qualche maniera tutti coloro che potevano essere condotti e gravitavano attorno alla spiritualità e alle attività connesse con l'entourage **Carmelitano** superpresente per secoli anche a Venezia. Per avere un'idea: esistevano a Venezia e in Laguna Monaci e Monache e Laici Carmelitani e Carmelitane Calzati o senza Calze ... ossia Riformati o di Osservanza Classica. Ancora oggi si possono notare i chiesoni di **Santa Maria dei Carmini**, di **Santa Maria di Nazareth o degli Scalzi** accanto alla Stazione Ferroviaria, e soprattutto la stupenda **Scuola Grande dei Carmini** tappezzata dalle tele mirabili di **Giambattista Tiepolo**. Quella spiritualità era sparsa ovunque a Venezia: anche a **Sant'Aponal, Sant'Antonin, Santi Apostoli** e in molti altri posti e Contrade ... Presenze devozionali capillari molto forti e intense a dire il vero, legate alla tradizione degli *"Scapolari"* e a una sequela spirituale densissima che ha coinvolto per secoli migliaia di persone e Veneziani.

Non cosa da poco, quindi.

Provate solo a pensare a quanti portano il nome di Carmine, Carmelo o Carmelina o Carmela o similari, scoprirete che quasi sempre c'è un collegamento familiare o personale con tale attenzione e tradizione devozionale. Come sempre, Venezia Serenissima ha lasciato ampio spazio a tutte queste espressioni religiose che avevano anche un coinvolgimento e un ritorno pratico, spicciolo, e quotidiano impegnativo.

Venezia è sempre stata aperta a tutto e a tutti dal punto di vista sociale, politico, economico, culturale e religioso: ogni esperienza è sempre stata bene accetta e tollerata ... Bastava che in qualche modo non rompesse le scatole alla Serenissima Repubblica ... altrimenti sarebbero stati *"dolori"* per chiunque. Ma questo già lo sapete ...

Anche oggi, seppure in sordina e con una certa discrezione perché i tempi sono molto cambiati e certe espressioni religiose sono un po' fuori moda,

Venezia è ancora così. Esiste una lunghissima lista di proposte spirituali a tendenza religiosa presenti a Venezia ... ci sono davvero tutti. Piaccia o no, seppure in sordina, a Venezia sono attivi e si sovrappongono e mescolano le iniziative di: NeoCatecumenali, Carismatici, Ciellini, Francescani, Movimenti dello Spirito, Focolarini che s'incrociano con le osservanze e le scadenze di Ebrei, Musulmani, Buddisti, Protestanti, Induisti, Ortodossi, Pacifisti di ogni genere e chi più ne ha più ne metta ... A Venezia non è cambiato nulla nonostante siano trascorsi i secoli, la nostra città rimane sempre un immenso coagulo umano di realtà, abitudini, osservanze e tradizioni a cavallo fra Sacro e Profano, con associazioni di ogni tipo che gravitano nostalgiche ancora oggi attorno a Scuole Grandi e Cavalierati emeriti e di grande prestigio. Queste molteplici associazioni ... e chi lo direbbe mai ancora oggi ? ... sono ancora capaci d'aggregare personaggi illustri e nomi famosi della Finanza, della Giustizia, della Moda e dello Spettacolo, dell'Edilizia, del Bene Pubblico, della Sanità, della Politica e della Cultura e di qualsiasi altra branca e Albo professionale e sociale.

A Venezia ci sono ancora oggi personaggi che contano e faticano a ricordarsi con quale mano ci si fa il segno della Croce, ma sono regolarmente iscritti e partecipano attivamente e assiduamente a ricorrenze e appuntamenti di aggregazioni e associazione che si ispirano a quei contenuti che vi ho appena accennato. Farne parte è conveniente, e aiuta ad accrescere contatti con entourage che di certo torneranno utili a certi livelli.

Insomma, Venezia ancora unifica, induce *"a far squadra"* ... come piace ricordare al nostro *"novello Primo Cittadino sportivo"* ... però non importa come. Sto divagando, me ne rendo conto ... perciò torniamo subito alle nostre **"Terese"** ... che è quello che m'incuriosisce di più quest'oggi.

I luoghi delle Terese sono ancora oggi un posto molto grande e talvolta frequentatissimo, situato proprio di fronte alle famosissime **"Case dei Sette Camini"** in **Contrada di San Nicolà dei Mendicoli** sull'estrema propaggine del Sestiere di Dorsoduro, vicino al Porto e al quartiere di **Santa Marta**. Le **"Terese"** è un altro di quei palazzi e grandi complessi storico-edilizi di cui s'è impossessata progressivamente l'Università di Venezia per riciclarli come proprie sedi d'attività, di rappresentanza o servizi. A Venezia sono ormai moltissimi: oltre la sede centrale e prestigiosa di Ca' Foscari sul Canal Grande, c'è l'ex Macello di San Giobbe, i Tolentini, l'ex Cotonificio a Santa Marta affacciato sul Porto, San Sebastiano, la Celestia a Castello, di recente i Gesuiti sulle Fondamente Nove, e altro ancora.

Parlare delle **Terese** è per me un po' *"giocare in casa"* per almeno due motivi: primo perché abito proprio poco distante dal complesso delle Terese, e secondo perché in una rimanenza di quel grande complesso monumentale c'è ancora la sede della Scuola Materna, l'Asilo appunto detto **"delle Terese"** oggi gestito dal Comune di Venezia. L'hanno frequentato entrambi i miei figli quand'erano minuscoli ed era gestito ancora dalle Suore del Caburlotto, perciò per anni quei posti sono stati meta di un mio andirivieni personale quasi quotidiano.

Nell'Archivio di Stato di Venezia ai Frari si conservano ben 32 buste di documenti che riassumono l'intera vicenda e storia delle **"Terese Carmelitane di Santa Marta"** con antichi documenti risalenti al 1184 e Regesti ed Estratti addirittura del 962. Si conservano inoltre: Inventari e Sommari dal 1877 al 1987, e *"44 pezzi documentali"* dell'epoca: *"1405-1806"*.

Notevole la cosa ! ... sarebbe bello poterci andare a frugare dentro ... ma servirebbe avere a disposizione un'altra vita di scorta che purtroppo non possiedo.

Il complesso quasi invisibile delle **"Terese"**, perché oggi ben mimetizzato fra le case della Contrada, si trova in fondo al Sestiere di Dorsoduro sugli omonimi Fondamenta e Rio, di fronte alla spettacolare chiesa-bijoux di **San Nicolò dei Mendicoli** *(la mia Parrocchia)*, ed è l'ennesima chiesa dimenticata e chiusa al culto ormai praticamente *"da sempre"*.

"Buttandoci addosso l'occhio", si nota un edificio con facciata spoglia e semplicissima, e con un esile portale a timpano sotto un gran finestrone a mezzaluna. E' stata costruita insieme all'adiacente Convento con chiostro

e logge nella seconda metà del 1600 su progetto del **Proto Andrea Cominelli**, collaboratore del famosissimo **Baldassare Longhena** (quello che ha costruito la grande Basilica di Stato della Peste: la Salute in Punta alla Dogana da Mar ... e molto altro ancora di bellissimo.) L'interno delle Terese è un'aula quadrata con altari barocchi come spesso accade in molte chiese *"secondarie"* di Venezia.

Ma come il solito, al di là dell'aspetto prettamente artistico c'è molto di più da raccontare e sapere ... Tutto iniziò nella zona già nel 1475 quando **Bernardo Rusco** lasciò dei locali *"al ponte delle Terese"* da utilizzare come Ospizio per 4 donne povere ***"... e anche più sel porà nella mia casa per amor de nostro Domene Dio ..."***. Nel suo testamento indicò perfino la quantità di frumento e di vino che si sarebbe dovuto distribuire: ***"... per cadauna"*** facendolo arrivare direttamente dai suoi terreni a **Rugoletto d'Oriago**. L'Ospizio accanto alle Terese esiste ancora oggi, ed è funzionato come tale fino a qualche anno fa gestito dall'IRE. Ho avuto occasione *"nella mia vita precedente"* di andare a visitare quasi di nascosto alcune anziane *"ospiti povere"* che risiedevano in quel posto sfidando le ire non molto represse dell'allora Parroco di San Nicolò: **"E' zona mia ! ... Guai a te intrometterti nella mia Parrocchia !"**

Oggi mi sembra sia occupato abusivamente da qualche movimento studentesco o per la casa ... o qualcosa del genere.

Comunque l'epoca di maggior successo delle *"Terese"* vere e proprie si raggiunse con **Maria, figlia di Maddalena Poli** e dell'**Intarsiatore Luigi Ferrazzo**, rimasta orfana di entrambi i genitori a causa della peste del 1630. Decisa a dedicarsi completamente a vita spirituale sotto la direzione del **Frate Carmelitano Bonaventura Pinzoni**, nel 1647 comprò degli ampi spazi lasciati liberi e abbandonati fin dal 1623 dai Padri Carmelitani Riformati che si erano trasferiti nel nuovo Monastero di Sant'Alvise dall'altra parte di Venezia nel Sestiere di Cannaregio. E lì decise, col consenso del Senato della Serenissima ovviamente, di mettere a disposizione chiesa e convento dandoli in uso a delle **Monache Carmelitane Scalze** chiamate dai popolani Veneziani le *"Terese"* essendo devote oltre a tutto il resto soprattutto a

Santa Teresa d'Avila. E lei si aggregò a costoro ... facendosi Monaca anch'essa di conseguenza.

Pietro Gradenigo, cronista curioso e pettegolo del 1700, non ha perso l'occasione, anni dopo, per annotare tutti quei fatti nei suoi meticolosi quanto precisi *"Notatori"*: *"...alcune Pie Donne ottennero licenza del Principe di fabbricare una vasta chiesa e luogo per istituire l'Ordine di Santa Teresa, e finalmente nel 1660 ridussero a perfezione li loro commendabili fini. L'altare che contiene essa Santa fu dipinto da Nicolò Reiniero fiammingo con il ritratto di Giovanni Moro prestantissimo Senatore* (mentore, protettore e finanziatore delle Terese) ..."

Doge e Signoria presero quindi a ben volere quella nuova Istituzione. Infatti il Monastero venne sottoposto a **Jus Dogale** e la Repubblica finanziò e sostenne generosamente anche in seguito le numerose trasformazioni e gli ampliamenti che subirono gli ambienti delle Monache. Tanto che ancora nel 1745 esisteva la tradizione che il complesso delle Terese venisse visitato annualmente dal Doge e dalla Signoria al completo per ascoltare una Messa Solenne cantata dal Coro della Cappella Ducale di San Marco nel giorno della Santa titolare o per praticità: il giorno della **Festa della Madonna del Carmine**.

Inventato il *"Luogo delle Terese"*, la Monaca Maria Ferrazzo Poli non si accontentò di quella sua considerevole impresa, e visto il successo dell'idea si spinse fuori Venezia andando a fondare altre Istituzioni simili sempre col sostegno della Serenissima. Lo fece a **Padova, Vicenza e Verona** prima di tornare anziana a riposarsi a Venezia dove si decise a morire nel 1668.

Le Terese ebbero anche un po' di fortuna al loro inizio, perché quando morì a Venezia nel 1649 il ricchissimo mercante *Jacopo Galli* che aveva bottega in Merceria *"All'insegna della Campana"* in Contrada di San Salvador per andare verso Piazza San Marco, lasciò anche a loro uno *"spicchietto"* delle sue pingui facoltà.

Pensate che quel cittadino Veneziano molto devoto, che non era neanche Nobile per giunta, lasciò al suo esecutore testamentario **Marino Moscheni** un patrimonio immenso per costruire tre facciate di chiesa e istituzioni caritatevoli: 120.000 ducati ! ... Mica bricioline !

60.000 ducati dovevano essere destinati alla costruzione della facciata del **Convento di San Salvador nelle Mercerie,** vicino a Rialto; atri 30.000 ducati si dovevano spendere per edificare quella della **Scuola Granda di San Teodoro** proprio di fronte; altri 30.000 ducati ancora servivano a mettere su la facciata all'**Hospedale di San Lazzaro dei Mendicanti** *(quella incorporata nell'Ospedale dei Santi Giovanni e Paolo ex immenso Convento dei Domenicani, nel canale andando verso le Fondamente Nove).* In cambio di tutti quei soldi, i Frati dovevano celebrare *"una montagna"* di **Mansionerie di Messe in perpetuo** per la sua Anima e per tutte quelle della sua famiglia. Ma il gran ricco mercante non si accontentò solo di questo, e già che c'era lasciò anche 2.000 ducati in Messe-Mansionerie da celebrare anche alle **Convertite della Giudecca** alle quali lasciò anche altri 6.000 ducati per una recita quotidiana di un *"De Profundis"* per lui da parte delle *"ex-peccatrici redente"* (le Convertite erano le ex prostitute di Venezia) ... Lasciò ancora altri 3.000 ducati alla **chiesa-Piovania di San Stae nel Sestiere di Santa Croce** sempre da commutare in Messe-Mansionerie quotidiane da celebrare ... Lasciò 4.000 ducati a **Girolamo Orlandoni suo Travasadore personale da Olio**, e 6.000 ducati a **Maria la sua serva di casa** *(stavolta non legati a Messe da celebrare)* ... A **Giulio Soderini Massaro all'Officio del Sale** della Serenissima e *"compare amorevolissimo"*, lasciò *solo (?)* una rosetta di diamanti con 24 grani legati in oro e tutti i quadri che possedeva in casa ... Al suo Avvocato: **Tommaso Zanfonari**, lasciò la sua casa sita in Contrada di Santa Maria Formosa vicino al famoso Ponte dell'Anzolo e della leggenda del *"Diavolo Scimmia"*. Lasciò anche 4.000 ducati alla **Scuola del Santissimo di San Salvador** perché si occupasse d'amministrare e investire: 20.000 ducati in 4 anni da spendere per favorire il matrimonio di 40 ragazze povere di Venezia, 20.000 ducati per la *"Conversione al Cattolicesimo degli infedeli" (!!!),* 20.000 ducati *per riscattare la libertà dei prigionieri*, e altri 10.000 ducati *per liberare schiavi* ... 20.000 ducati per i poveri ... 4.000 ducati ai **Frati Cappuccini della Giudecca** perché li spendessero per acquistare libri per la loro Biblioteca *(bella questa !)* ... e 6.000 ducati alle **Monache Francescane del Convento del Santo Sepolcro** situato in Riva degli Schiavoni vicino a Piazza San Marco ... 6.000 ducati al Pio **Luogo delle Zitelle alla Giudecca** ... Cavolo ! Ma quanti soldi e beni aveva costui ? Un Paperon de Paperoni Veneziano del 1600.

Dimenticavo di ricordare ciò che c'interessa di più: il **mercante Jacopo Galli** lasciò anche 10.000 ducati alle **Monache di Santa Teresa** associati ad altri 2000 ducati per la celebrazione anche lì di una Messa-Mansioneria quotidiana in perpetuo ... sempre per il bene della sua povera Anima *(almeno quella era povera)*. Chissà che cosa avrà combinato in vita quell'uomo, e come si sarà procurato tutti quei soldi per aver sentito un bisogno così ossessivo di suffragi e preghiere dopo la sua morte ?

Da soldi nascono soldi ... e i documenti raccontano che già nel 1661 *"Le Terese"* possedevano una rendita annua di altri 118 ducati provenienti da immobili che possedevano sparsi in giro per Venezia. Negli anni seguenti si perfezionò ulteriormente la *"situazione"* della **Monache Terese Carmelitane Osservanti** di Venezia. L'intera Congregazione contava in tutto: *"... 63 Dame poste ufficialmente sotto la protezione delle Maria Vergine"*, e **Papa Alessandro VII** inviò molte *"Speciali Indulgenze"* alle 40 Monache che abitavano vicino a San Nicolò dei Mendicoli facendole diventare di stretta e rigorosa clausura. Nel 1677 il **Senato** della Serenissima, sempre ben disposto ad assecondare i disegni del Papa di Roma, strizzando però sempre l'occhio a se stesso, autorizzò l'acquisto di case e terreni adiacenti al *"Luogo delle Terese"* per costruire *"nuove celle"* per le **Monache Carmelitane** ... che si diedero da fare all'interno del loro ampliato Convento costruendo in chiesa un nuovo Altare del Carmelo e ponendo in parete un bel organo nuovo e potente. Nel 1688 l'intera opera di chiesa-convento era già stata completata con grande soddisfazione di tutti ... Doge compreso, che lo esternò pubblicamente ... L'anno dopo, il **Notaio Francesco Olivieri** annotò sul Catastico dei beni del Monastero di Santa Teresa l'acquisizione di circa 500 ettari di terra e di proprietà fondiarie nel distretto Veronese. Bene ! ... le cose per le Terese procedevano a gonfie vele, divennero Monache agiate ... anche se non ai livelli delle potenti **Monache di San Zaccaria** o di quelle di **San Lorenzo di Castello** ... Monasteri imprendibili e inimitabili, di qualità davvero superiore. Le *"Terese"* non saranno state assolutamente assimilabili allo splendore e alla bellezza dorata e magnetica della Basilica di San Marco, ma la loro chiesetta possedeva di certo *"le sue belle cose"*: *"Alle Terese ci sono sette altari tutti ornati di marmi pregiati ... Alle pareti sono collocate opere notevoli. Sull'Altar Maggiore c'è una: "Santa Teresa in Gloria" dipinta dal Genovese Niccolò Renieri, e in giro per la chiesa ci sono una "Madonna del Carmine che consegna l'abito a Simone Stoch con San Giuseppe, Maddalena de Pazzi, un Angelo Carmelitano e San Bonaventura con i profeti Elia ed Eliseo" (tutta l'antologia della devozione Carmelitana, oggi conservata ancora nella chiesa dei Carmini). "E ancora nelle Terese c'è: un'"Annunziata", un "San Cristoforo, San Marco e San Giacomo", e un "Crocefisso con la Maddalena" del Fiammingo Giambattista Langetti; un "San Francesco di Paola con Sant'Andrea Corsino, Sant'Alberto e l'Arcangelo Michele" di Fra Martino Cappuccino ... Il soffitto è decorato con cinque quadri dipinti da Andrea Schiavone prelevati dal Coro della chiesa dei Carmini a cui si è aggiunto un: "Angelo che appare a San Giuseppe" di Antonio Zanchi. In parete sopra al pulpito le Monache hanno fatto collocare un: "Cristo mostrato al popolo da Pilato" dipinto dalla bottega di Paris bordone, e per completare l'opera hanno aggiunto anche "Sant'Orsola, Maria Maddalena e Angeli" e "Madonna, San Francesco, Sant'Antonio da Padova ed un Angelo che suona" realizzati da Francesco Ruschi."*

Un bell'insieme ! ... Non c'è che dire ... Un'altra chiesetta di Venezia ricca di bellezza e di buon gusto. Provate anche solo per un attimo ad immaginare d'entrare dentro a un tesoretto simile. Venezia in quei secoli deve essere stata davvero splendida.

I documenti storici continuano a raccontare che ancora a metà del 1700 le **Monache Terese** prestavano soldi e mutui ad altre Istituzioni meno prospere della città. Il 09 agosto 1755, ad esempio, concessero una somma di 100 ducati alle **Terziarie laiche** residenti nella vicina Contrada di San Barnaba.

Il solito **Pietro Gradenigo** nei suoi *"Notatori"* continuò ancora nel 1772 a parlare e scrivere bene delle Terese tessendone le lodi: *"... **nella chiesa delle Terese molti Nobili e Popolo assistono alla Messa Cantata da quelle Claustrali che nel canto gregoriano sono degne di ogni attenzione ed applauso ... L'organo ad una tastiera di Giuseppe De Benedictis è stato collocato in cantoria nel 1600 ... è stato rifatto nella bella chiesa delle Madri Teresiane con spesa di 2.000 ducati dal rinomato Artefice procedente da Desenzano, e fu subito adoperato e riuscito ...*"

Nella chiesa delle Terese erano ospitate **Tre Scuole di Devozione** frequentate assiduamente dalla gente Veneziana della *"Contrada miserebonda di San Nicolò"*: dal 1704 la *"Compagnia del Crocifisso"*, dal 1724: *"l'Oratorio del Cristo"*, e dal 1735: il *"Suffragio dell'Ottavario dei Morti"* ... i popolani miseri della zona avevano grande stima e simpatia per le Monache Terese.

Detto questo, non vi meraviglierà di certo sentirvi dire che **le Terese** rimasero prospere e attive in quel posto di Venezia fino al 1810 ... quando giunse chi ? ... Il solito Napoleone ovviamente ... il grande devastatore, colui che tanto per cambiare: chiuse, espropriò e saccheggiò ogni cosa anche da quel **Monastero delle Terese** definito di *"2° classe"* mettendo in strada le 46 religiose Carmelitane che trovò residenti e privandole di tutto ... compresi i titoli e le vesti.

Una nota, una lettera storica dell'ottobre 1810 descrive spietatamente la situazione di quei giorni a Venezia: *"...**intanto resta appuntato che le** *chiese di Santa Giustina, Santa Maria della Celestia, San Lorenzo, quella delle Servite, Santa Maria dei Servi, San Bonaventura, le Cappuccine di San Girolamo, Corpus Domini, Terese, San Biagio della Giudecca restano fin d'ora a libera disposizione dell'Intendente, si ritengono come già profanate e a totale sua disposizione: s'incarica però il Signor Intendente di presentare alla Prefettura la nota degli oggetti tanto di Belle Arti, come interessanti le Belle Lettere e l'Antiquaria alla cui scelta vennero delegati il Signor Eduars e Morelli in concorso col Signor Economo Volpi. Sopra queste note il Prefetto si riserva d'indicare il luogo sia provvisorio, sia stabile, in cui gli oggetti stessi dovessero essere trasportati sottoponendosi a sostenere le spese ..."*

Per un amante di *"Cose Veneziane"* è crudele leggere nella sua chiarezza questo documento.

Il destino del complesso delle **Terese** fu quindi segnato: o diventava Caserma per i Militari essendo collocato strategicamente sulla periferia estrema e sul confine di Venezia vicino a dove i soldati andavano ad esercitarsi, tipo *"Campo di Marte"*; o doveva essere demolito dopo averlo spogliato del tutto e venduto il vendibile, perfino le pietre. Si stava già decidendo per la demolizione dell'intero complesso, anche perché le Terese subivano la concorrenza del vicino **Santa Maria Maggiore** e del **Santa Marta** che sorgevano poco distanti, uno anche situato sulla pratica pubblica riva aperta sulla Laguna ... Si tergiversò a lungo, indecisi sul da farsi: distruggo e abbatto tutto o salvo ?

Spacco tutto, demolisco o lascio ? Grande dilemma !

Finchè nel 1811 un certo **Monsignor Caburlotto** si fece avanti e riscattò l'intero Monastero pagandolo in contanti al Governo. Potenza intramontabile del denaro ! ... Quella scelta permise di portare fino ai giorni nostri quel gran complesso.

Il Caburlotto *(fondatore fra l'altro di una nuova Congregazione di Suore)* propose di trasformare **le Terese** in **Orfanatrofio Femminile** per accoglierci **"le Putte"**, le giovani ragazze, che mal vivevano nell'**Ospedale dei Derelitti**, degli *Incurabili* e dei *Mendicanti* trasformati in Casa di Riposo per anziani, mendicanti e gente senza fissa dimora: *"Si tratta di una promiscuità estrema e insopportabile …"* provò ad argomentare.

Il Governo … stranamente … comprese la situazione incresciosa in cui quelle ragazze erano costrette a vivere, perciò con un Ordine apposito della *Congregazione di Carità* cittadina obbligò tutti gli orfani di Venezia che vivevano ammassati nei diversi luoghi di *Beneficenza Pubblica* a trasferirsi al più presto nel nuovo Orfanatrofio delle Terese.

Sette anni dopo per opportunità e per ridurre l'eccesso di *"promiscuità fruttuosa"*, gli orfani maschi vennero *"tradotti"* ai *Gesuati sulla Riva delle Zattere e del Canale della Giudecca*. *(gli Orfanelli accanto alla chiesa dei Gesuati ex Monastero di Santa Maria della Visitazione)*.

L'*Istituto delle Terese* era organizzato e diviso in quattro reparti: il *"Noviziato"* che durava un anno intero e ospitava le educande minori, e le *"Tre Scuole da Lavoro"* dedicato alle *"Mezzane"* dai 15 anni, alle *"Grandi"* dai 18 anni, e una quarta sezione dedicata alle ragazze impegnate nei *"Servizi Domestici"*. In totale le Terese avevano una capacità d'accoglienza di 224 ragazze per *"l'Educazione"* che durava fino ai 24 anni, limite che si voleva ridurre molto presto portandolo ai 18 anni per ridurre l'eccesso di spesa sempre più insostenibile.

Una *Priora* e una *Vicepriora (tremende, vere e propri "sergenti di ferro" a quanto si legge)* gestivano il personale dell'Istituto composto da: 13 Maestre Stabili ed 1 Amovibile coadiuvate da 18 Vicemaestre: *"scelte fra le Figlie più adulte, abili, disciplinate ed esperte nei lavori."*

Quando una *"Figlia"* raggiunta l'età, era pronta a lasciare l'Istituto delle Terese, le veniva fornito un apposito corredo consistente in: **"2 camicie, 2 abiti, 2 paia di calze, 2 grembiali, 1 paio di scarpe e una sovvenzione di 268 lire Austriache"**.

Nel 1826 il *Conte ex Nobile Venier* era il Direttore dell'*Orfanatrofio delle Terese* e presentò un accurato piano economico per disciplinare l'Istituto e le sue economie. Il *Viceré*, però, in visita alla casa rilevò notevoli disordini nella gestione, perciò ordinò al *Governatore* di adottare soluzioni drastiche.

Durante la Visita Ispettiva trovò che: *"... le così dette "ospiti orfanelle" non sono solo adolescenti e bambine, ma sono soprattutto adulte e vecchie con scarsa moralità e prive di qualsiasi educazione, istruzione religiosa, sociale e professionale ... I dormitori sono: "fitti fitti", stracolmi di persone ... Le ricoverate sono troppo numerose, e nelle ricreazioni le più giovani stanno accanto alle più vecchie smaliziate e corrotte ..."*

Per provare a risanare l'ambiente si provò a ridurre il numero delle *"Ricoverate"*, e si fece arrivare da Milano qualche nuova Maestra e un Sacerdote *"per dar ordine alla situazione"*: *"Non si dovrà superare il tetto di spesa delle 78.000 lire annue concesse dal Comune, ma in qualche modo si dovrà provvedere a degli opportuni ampliamenti ... Le Ricoverate devono essere dimesse al compimento del 18 anno con conservazione della loro dote fino a 6 anni dalla loro uscita e non oltre ... Eccetto le donne valide e assunte in servizio con qualche mansione, le adulte e le vecchie dovranno essere trasferite in Casa di Ricovero..."*

Nel 1830 il *Governo Austriaco* provò per ridurre gli sprechi unificando tutte le Direzioni dei vari Istituti sotto il governo dei soli *Conte Venier e Conte Memmo* a cui mantennero inalterato lo stipendio. Si misero sotto due sole amministrazioni: *Gesuati, Terese, Penitenti, Catecumeni, Zitelle e Ca' di Dio* risparmiando ben 8.000 lire.

In quello stesso anno *"Le Terese"* ospitavano ancora 224 orfane di cui 147 da Comunione, e possedevano una rendita stabile di 3.151 lire ... inoltre le orfane lavorando guadagnavano 636 lire ... ma l'Istituto aveva bisogno per sopravvivere di almeno 90.059 lire annue.

"L'Istituto delle Terese ospita orfane fino a 18 anni garantendo loro il necessario alimento, le addestra ai lavori che consentano di procacciarsi il vitto al loro sortire..."

Se però le orfane non trovavano nessuno con cui accasarsi o sistemarsi, potevano rimanere anche a vita lavorando nell'Istituto.

"Le orfano sono divise in "Piccole, Mezzane e Maggiori"... sono ben istruite e provvedute, docili, obbedienti ma povere e sprovviste di conveniente vestiario tanto che vengono trovate coperte di pidocchi ... e spesso turbate da frequenti visite di secolari ... Non essendo permesso il contatto con l'esterno, parlano attraverso grate, ricevono regali attraverso una ruota, e alla fine delle visite possono abbracciare i parenti solo sporgendosi da una finestra .... Nell'Istituto è proibito l'accesso agli uomini eccettuati gli addetti ai lavori accompagnati dalle Maestre. Oltre al Direttore e all'Economo c'è in servizio la preposta Priora Sopraintendente alla disciplina interna: Tagliagambe Natalina da Livorno che percepisce un assegno di 1.000 lire austriache ... (il nome in se è già tutto un programma) *... Inoltre c'è una Vicepriora, 23 Insegnati di cui 11 Maestre, 12 Vicemaestre con stipendio di 500 lire austriache annue ciascuna, 2 Sacerdoti di cui 1 Rettore con onorario di 600 lire annue compresa l'elemosina per celebrare una Messa quotidiana ... Per le orfane è pevisto il Catechismo comune ogni giovedì, Dottrina Cristiana ogni martedì, Orazioni Cristiane anche durante i lavori quotidiani, Messa quotidiana con Comunione ogni 20 giorni ... alcune più volte la settimana. Infine abita nell'Istituto 1 Mansionario: Scarpa Giovanni Luca stipendiato dalla stessa Direzione."*

Dieci anni dopo, a detta della **Priora** non era cambiato niente, e c'erano ancora gli stessi gravi disordini riscontrati dal Viceré già nel 1827.

Nel 1856 il bilancio annuale fu esasperante: *"La Casa-Istituto, valutata in se lire 90.564,24 comprese le mobilie e gli arredi della chiesa, possiede un capitale irrisorio di lire 734,40 ... La spesa annuale totale ammonta a lire 104.336, di cui lire 4664,96 per spese, pensioni e onorari; lire 5929.50 per i salari; lire 55.348,73 per il vitto; lire 12.899,43 per la biancheria e vestiario; lire 4.676 per le doti delle donzelle ..."*

Il **Comune di Venezia** dovette intervenire per sopperire al grave deficit fornendo un sussidio iniziale di lire 12.811,28 ... Non bastò, ovviamente, e fu necessario chiudere tutto al più presto.

"Di giorno e di notte le misere orfanelle si sporgono di fuori dalle finestre sul retro dell'Istituto dove passano in continuità sull'argine e in barca i militari di leva e i giovani "discoli e sfacciati" della zona con le loro avance e proposte amorose ... Servirebbe stare sempre di sentinella, senza abbassare mai la guardia ... perché quello che s'impedisce che entri per la porta passerà regolarmente ogni volta per la finestra ... Non c'è più pudore in quest'epoca, né in città ..." spiegava l'ultima **Priora** delle Terese.

L'ex **Convento delle Terese**, infine, lasciato a se stesso andò in rovina e totale abbandono. Visse ancora stagioni diverse: nel 1926 fu sede di **Scuola Elementare** ... poi divenne **alloggio abusivo per gli sfrattati** dalle baracche della Giudecca ... **asilo per senzatetto** ... e dopo la Seconda Guerra Mondiale **ospizio improvvisato per profughi Dalmati e Giuliani** ... *(corsi e ricorsi storici ... profughi allora come oggi).*

Dal 1962 una piccola parte del Convento abbandonato fu recuperato dalla **Suore del Caburlotto** e divenne **Scuola Materna** che accoglieva 55 maschi e 50 femmine delle popolari Contrade operaie di Santa Marta e dell'Anzolo Raffael. E la tal cosa proseguì fino al 2004 quando le Suore si ritirarono *"per sopraggiunta età"* lasciando la gestione al Comune di Venezia ... proprio mentre l'Università di Ca' Foscari iniziò a recuperare le rimanenze del grande complesso salvandolo dal degrado totale e dalla rovina col proposito di farne *"Cittadella Universitaria per ospitare Studenti"* ... In realtà se ne fecero aule e uffici amministrativi di segreteria della Facoltà di Design e Arti e aule per il *"DADI"* ossia il **Dipartimento d'Arti e Disegno Industriale** ... L'ormai ex-chiesa viene utilizzata saltuariamente come laboratorio teatrale ... Non è proprio quanto si era proposto e comunicato ai Veneziani e all'opinione pubblica circa l'utilizzo di quegli ambienti ... Ma a chi importa per davvero di quale sia il parere dei Veneziani ? ... Almeno gli antichi ambienti delle *"Terese"* in qualche modo sono rimasti ancora in piedi e sopravvivono ancora in qualche maniera.

***

_____*Questo scritto è stato postato su Internet come: "Una curiosità veneziana per volta." - n° 79, e pubblicato su Google nell'ottobre 2015.*

SAN LODOVICO DEI VECCI ... E IL PRETE HA PRESO ANCHE LE BOTTE

Stavolta vi racconto di un posto che difficilmente riuscirete non solo a visitare ma forse anche a trovare. Si tratta di un angolo microscopico di Venezia, quasi invisibile mi verrebbe da dire, ma che possiede una sua microstoria curiosa il cui ultimo atto mi ha sfiorato proprio da vicino ... quasi come un pugno tirato a vuoto.

Il piccolissimo **Oratorio di San Lodovico in Calle e Corte dei Vecchi** è quasi impossibile da individuare, e sorge vicino a **San Sebastiano nel Sestiere di Dorsoduro** in fondo a destra della Corte e Calle a fondo cieco dei Vecchi. Un posto quindi dove devi andarci a posta, perché passando di là non si va da nessuna parte.

Tutto iniziò il 03 maggio 1569, ossia tre anni prima della morte del **Nobile Procuratore di San Marco Ludovico Priuli figlio del Doge Girolamo**. Come si usava all'epoca, costui legò per testamento una buona somma di denaro per edificare in Venezia l'ennesimo **Ospissio-Hospedaètto** costituito da almeno dodici camere, simbolicamente corrispondenti al numero degli Apostoli, con cui garantire il ricovero ad altrettanti vecchi Veneziani poveri: *"...avvertendo de metter persone di bona vita, et senza fiòi ne mugièr, ma che siano Veneziani, over suditi della Serenissima perché in modo alcuno non vògio che siano dati ... a persone di paese alieno, abenchè fossero stati anni trenta e più in Venezia."*

Il Priuli stese anche un apposito regolamento specificando quale sarebbe dovuto essere l'atteggiamento di costumi e vita che dovevano condurre gli ospiti dell'Ospizio, e in aggiunta al lascito garantì a ciascun ospite un'elemosina annuale di dodici ducati associata a un'equa fornitura di legna per scaldarsi e farina per cucinare.

Curiosa era una postilla testamentaria sottolineata dal Priuli. Cioè che: il piccolo complesso caritatevole dell'Ospissio affidato alla protezione della **Procuratia di San Marco de Ultra**, mai sarebbe dovuto passare in gestione e tantomeno in proprietà di enti Religiosi, ma doveva essere mantenuto *"in perpetuum"* dalla gestione laica di un **Priore della famiglia Priuli**.

Questo infatti avvenne puntualmente fino a quando si estinse il Casato dei Priuli: il più anziano della Nobile Famiglia Priuli fece da **Priore e Amministratore dell'Ospizio di San Lodovico** fino al **1903 !!!** ... per quattro lunghissimi secoli.

Tuttavia, non definendosi affatto il Priuli: *"pagàn e senza Dio"* volle che accanto all'Ospizietto venisse edificato anche un piccolo **Oratorio dedicato a San Lodovico di Tolosa**, ossia il suo Santo patronimico, e anche una caxetta destinata ad ospitare il Cappellano della comunità obbligato a celebrare la Messa e le Sacre Funzioni festive per gli ospiti e a presiedere: *"quotidie"*, ossia ogni sera alla recita del **Santo Rosario** ... il tutto per 14 lire al mese più l'utilizzo della caxetta.

Dopo la morte del Priuli si provvide immediatamente alla realizzazione del piccolo complesso che fu essenziale, per non dire poverissima: due piccoli corpi edilizi divisi da un altrettanto piccola corte cieca e promiscua, e il gioco fu fatto. Da una parte l'ala rivolta a sud che comprendeva l'**Oratorietto** in cui *Jacopo Palma il Giovane* rappresentò sull'unico altare: *"San Ludovico di Tolone e San Marco"*, e l'alloggio del Cappellano a piano terra e primo piano; dalla parte opposta rivolta a nord nella calle denominata: *"Calle dei Vecchi"*: quattro alloggi per piano e due piccole corti laterali per ospitare i vecchi come voluto dal benefattore e fondatore Priuli.

La Storia di Venezia di solito sempre ridondante e ricca di contenuti e storie, è, invece, avarissima di notizie circa quel piccolissimo Ospizio. Si sa soltanto che come tutti gli enti d'assistenza e carità di Venezia, caduta la Repubblica l'Ospissio venne incorporato nella famosa **Congregazione di Carità**, anche se i Priuli continuarono a gestirlo e soprattutto finanziarlo indirettamente secondo quanto previsto dalla volontà del fondatore.

Unica nota: in ricordo dell'antica chiesa confinante della **Contrada di San Basegio**, rasa al suolo all'inizio del 1800 dal Signor Napoleone & C., dal 1810 all'Oratorio, i cui ospiti continuavano a percepire ciascuno lire 4,70 mensili, si aggiunse anche il nome di **San Basilio**.

Quindi: **Ospizio ed Oratorio dei Santi Lodovico e Basilio** !

Il resto è storia di oggi. L'Ospissio dopo una sostanziale rifabbrica d'inizio 1900 divenne proprietà *ECA* e poi *IRE*, ed è stato restaurato a fondo di recente nel 1971. Alla data odierna è ancora attivo nel suo antico sito, e ospita ancora non 12, ma bensì 09 anziani maschi e vecchi in camere singole con angolo cottura e servizi igienici comuni.
Ultimo dato utile: le cronache Veneziane raccontano che il vicino **Oratorio di San Ludovico**, ora adibito ad ospitare saltuariamente mostre d'Arte Contemporanea, venne chiuso dopo la morte dell'ultimo Cappellano.

In verità le cose non sono andate proprio così, perché la chiusura definitiva dell'Oratorio è accaduta per un motivo diverso. Non è stato affatto chiuso perché è morto l'ultimo Cappellano, ma è accaduto piuttosto un abbandono dell'incarico, una ritirata un po' alla maniera con cui un pugile sul ring da forfait dopo l'ennesimo round essendo finito malamente a tappeto.

Perché vi racconto questo ? ... Perché l'**ultimo Cappellano dell'Oratorio di San Lodovico** io l'ho conosciuto direttamente e di persona quando ho vissuto quella che alcuni definiscono la mia *"bizzarra esperienza"* come Prete nella **Parrocchia dei Carmini di Venezia** distante pochi metri dall'Ospizio Priuli, che in qualche maniera rientrava nella nostra giurisdizione. Come vi dicevo, l'ultimo Cappellano dell'Ospizio Priuli non era affatto morto ma solamente arreso ... Per questo, vista la modestia del posto, la scarsa significatività Religiosa moderna, e la scarsità di Preti in giro, il Cappellano non venne più sostituito, e il luogo religioso venne chiuso per sempre al pubblico dei fedeli.

E' andata così: eravamo i soliti quattro Preti seduti a pranzo e a tavola nella **Casa Canonica dei Carmini**. Contrariamente a quanto si diceva sempre circa i Preti buongustai, provavamo a spartirci un misero desco con lo stesso entusiasmo che può provare un naufrago in un'isola deserta priva di tutto. La fame c'era, ma non c'era, invece, niente di buono da mangiare sul piatto, che piangeva anche lui perché non era affatto pulito. Una miseria di pranzo, insomma, un convitto ***quaresimale e penitenziale*** ... Ma lasciamo perdere, perché questa è un'altra storia.

Rassegnati lo stesso a far *"buon viso a cattiva sorte"*, fra una chiacchiera e l'altra, mi ritrovai a dire: *"Ho scoperto per sbaglio che in fondo alla Calletta dei Vecchi esiste un piccolissimo Oratorio, un luogo coccolo, scriccioletto, ma chiuso. Che è ? Come funziona ? ... Perché non mi è stato detto niente al riguardo ? ... Essendo così piccolo, incorporato e mimetizzato fra le case, mi piacerebbe molto portarvi dentro i nostri ragazzini e ragazzine per meditare insieme ... come se fosse una chiesetta privata di casa ... una specie di soggiorno allargato, una chiesetta di famiglia ... come dovrebbero essere sempre le chiese."*

"Per carità ! Non toccare questo tasto !" sussultò sulla sedia uno dei tre Preti. *"Mi hai fatto passare la fame ... Tu sei matto ... come il solito ... Vai a ficcanasare e immischiarti dove non dovresti ... Ho un pessimo ricordo di quel posto."* continuò.

"Perché ? Che c'è di strano lì dentro ?" non ho potuto fare a meno di replicare.

Un altro dei Preti sorrise abbassando la testa, e si accese la sigaretta ... Il secondo Prete s'impegnò a ripulirsi la bocca già pulita scomparendo dentro al tovagliolo ed estraniandosi del tutto dal racconto ... Non rimase che il terzo, ossia colui che era stato coinvolto direttamente in quella storia. Perciò a malincuore iniziò a raccontarmi: *"A dire il vero e a voler essere precisini, l'Oratorio si chiamerebbe: Ospissio Priuli o Ospeàl de San Lodovico dei Veci, intitolato di recente anche a San Marco e San Basilio ... Te lo posso indicare con certezza io che ne sono stato l'ultimo Cappellano nominato quando venni destinato e relegato come quiescente in questa zona alla fine della mia "gloriosissima" quanto inutile carriera."*

"Pendo dalle sue labbra ... e dopo ?"

"Dopo ... è semplice ... Ho pensato di fare quello per cui ero stato nominato. All'inizio, giunto qui, sono andato a visitare l'Ospizio e soprattutto l'Oratorio ... Una miseria, un abbandono totale ... C'era il peggio del peggio: macchie d'umidità sui muri, tutto polveroso e abbandonato. Non c'erano neanche gli arredi sacri ... una desolazione di posto.

Però non mi sono perso d'animo ... Mi sono detto: "Sono il Cappellano e farò dunque il Cappellano." ... Perciò, visto che dovevo garantire l'assistenza spirituale a quelli dell'Ospizio ho provato ad andare a trovarli

e salutarli per conoscerli e coinvolgerli in quelle che dovevano essere, almeno sulla carta, le nostre comune devozioni ... Non l'avessi mai fatto! Ho bussato alla porta dell'Ospizio per mezz'ora prima che qualcuno si degnasse di aprirmi ... Poi s'è affacciato uno a una finestra di sopra, e vistomi col mio vestitone nero da Prete mi ha apostrofato:
"Che vuole ? ... Qui non serve niente."
"Ma sono il nuovo Cappellano dell'Ospizio !"
"Che cosa sei ?"
"Il Cappellano."
"E allora ? ... Che vuoi da noi ?"
"Le cose del Cappellano ... Vorrei conoscervi e salutarvi ... Parlare del Rosario serale e delle Messe ..."
"Bisogna proprio ?"
"Non è che bisogni ... Si potrebbe ..."
"Va bèn ... Vi apro ... Però non so se c'è qualcuno." e sentii scattare la serratura della porta.
Perciò entrai nell'andito buio ... ma non mi venne incontro nessuno. C'era silenzio completo, solo in lontananza sentivo qualche passo sopra alla testa, l'acqua che scorreva dentro ai tubi nei muri, e qualche scricchiolio sui pavimenti di legno ... Ma di persone niente.
Provai allora a bussare a una delle porte: niente. Provai con la seconda: ancora niente. Arrivai alla terza: "Chi è ?" rispose una voce da dentro.
"Il nuovo Cappellano ... Sono don ..."
"E che vuole ?"
"Volevo conoscerla e salutarla."
"Non ho tempo adesso ... Ripassi un'altra volta." E poi silenzio di nuovo. Quarta porta: nessuno, così la quinta e la sesta: rumori interni, passi, cose che si spostavano, una radio che suonava ... ma nessuno che s'affacciasse e mi aprisse la porta. Solo alla penultima porta uscì una persona malmessa e panciuta che con fare sbrigativo mi ascoltò un attimo prima di chiudere il discorso dicendo: "A va beh ! ... Avvertirò Piero." E sparì di nuovo chiudendo la porta del suo abituro da cui usciva un profumo di cotto, sudato e stantio che non voglio neanche ricordare."
"Piero ? ... Piero ... E chi era sto Piero ?"
"E che ne so di chi fosse questo Piero ? ... Me ne uscii perciò un po' avvilito, ma non arreso. Il giorno dopo sono tornato all'Oratorio è ho tirato la

campanella del campaniletto microscopico. Mi è quasi venuto in testa un finimondo fra intonaci, sporco e escrementi di colombi e gabbiani: una schifezza, avevo tutta la tonaca imbiancata. Comunque feci la mia scampanata, accesi un paio di moccoli sull'altare e l'unica lampadina pendula, e mi predisposi a iniziare a pregare. La mattina stessa m'ero interessato a far eseguire una bella pulizia a fondo a tutti gli ambienti che sembravano disertati da chissà quanto ... Ho messo all'opera l'intera squadra delle "Babbe fedelissime" della Parrocchia, e a mezzogiorno il posto sembrava un bijoux infiocchettato, quasi rinato.

All'inizio non accadde niente ... e non si presentò nessuno, perciò mi rassegnai a recitare da solo il Rosario pomeridiano sottovoce ... "Boh ? ... Chissà se verrà qualcuno ?" mi sono detto.

Poi dopo una buona mezzoretta si è spalancata la porta e si è presentato lo stesso col pancione del giorno prima. Unica differenza: aveva addosso una maglietta rossa sbiadita medagliata di macchie e di unto come un reduce di guerra, e ai piedi un paio di zoccoli consunti che avevano visto di certo tempi migliori. Il pantalone, viceversa, era larghissimo, un due posti occupatissimo, ma altrettanto decorato e arioso ... Una macchietta di persona, oltre che di abbigliamento!

"Ve serve un zaghetto per le oraziòn, Sjor Prete ?"

"E' venuto a pregare un poco in compagnia ?" gli ho risposto cortesemente.

"Ma neanche per sogno ... Sono Comunista sfegatato fin alla nascita ... Non so neanche il Padre Nostro e l'Ave Maria ... Figurarsi se sono interessato a queste cose ... Non fanno per me ... Però ... Se mi da qualcosa potrei anche aiutarla in queste sue mansioni."

"Come qualcosa ?"

"Ha capito giusto ... Se mi fa un'offerta vengo a farle compagnia e a recitare le preghiere qui dentro insieme a lei."

"Ma guarda questo !"

"Ma dai ! Che vuole che sia ... Un'elemosina ... Non dovete aiutare i poveri e i bisognosi voi Preti ?"

"Sì è vero ... Però ... pensavo che in questa circostanza ..."

"E allora ci sta o no ? ... Altrimenti ho altro da fare che rimanere qui ad ascoltarla per niente."

Pensai: Uno meglio che nessuno ... Perciò gli risposi di sì: "Vada per l'elemosina e le preghiere a pagamento."
E i primi giorni tutto andò bene ... Suonavo la campanella ... Cominciavo ... e dopo un po' arrivava lui. Sentivo il suo passo pesante avvicinarsi zoccolando nella calle, poi scricchiolava e cigolava la porticina, e entrava lui ... Anche se fuori pioveva non mancava mai.
"Però !" pensai ... "Fa proprio sul serio !"
Così andammo avanti per qualche giorno: ogni volta quello entrava, mi si sedeva dietro su una panca, e inevitabilmente dopo un po' iniziava a russare. Solo quando mi sentiva alzarmi alla fine del Rosario, si avvicinava, e facendomi una mezza riverenza mi tendeva la mano ... Per stringere la mia e salutarmi, pensai la prima volta. No. La stendeva aspettandosi che gli mettessi sopra l'elemosina pattuita.
E così accadde ... Finchè un bel giorno non si presentò più nessuno ... "Sarà impegnato o indisposto." pensai.
Il giorno dopo, nessuno ancora ... Stavo quasi per andarmene via, quando si aprì la porta di botto, ed entrò: Piero. Almeno così disse di chiamarsi. Il famoso Piero era un omone maiuscolo, brusco quanto manesco ... che venne difilato fin davanti al mio naso, e senza tanti complimenti mi ha detto: "Sono Piero ... E allora sta elemosina ?"
"Ma non la conosco !" provai a dire.
"Se non mi conosci ... mi conoscerai ... Damme un po' di soldi .... O ti pesto come un tamburo."
"Ma sono un Prete ... Non hai rispetto per la veste ?"
Come risposta mi arrivò uno sganassone in faccia che me lo ricordo ancora oggi: Patapàn ! Una sbrèga a mano aperta che mi ha fatto rintronare tutta la testa."
"Ti ha picchiato ?"
"Esatto ! ... Patatitìn e patatòn ! ... El me ghà petufà do volte de seguito ... perché un attimo dopo mi ha detto: "E allora ? Arrivano sti schèi si o no? ... Ti me da qualcosa ... o te devo copàr de botte ?" e così dicendo me ne tirato un altro con la man roversa e poi mi ha preso per gli stracci e mi ha sbattacchiato su per il muro come si fa con un tappeto da spolverare. Mi sono sentito perso. Perciò ho messo mano al portafogli e gli ho dato quel poco che avevo.

"Così poco ? ... Domani torno." mi ha detto uscendo e sbattendo la porta che pareva volersela portare dietro.

"Domani non tornerò io." ho detto a me stesso lasciandomi afflosciare e cadere sui rivestimenti di legno del muro come se fossi un sacco vuoto lasciato in piedi. Avevo indosso i sudori della morte ... E ho continuato a ripetere inebetito non so per quanto: "El me gha copà de botte ... El me gha copà de botte! ... come l'altro."

"Copà de botte ?"

"Insomma ... El me gha dà do bei stramusòni ... El me gha spintonà e quasi buttà per terra."

"Immagino che l'avrà subito denunciato sto Piero?"

"Macchè ! ... Innanzitutto perché non era affatto Piero ... Il vero Piero era un vecchio malandato e bigotto all'inverosimile ... Il classico basabànchi superdevoto ... Ma in quei giorni il vero Piero era chiuso in casa e a letto con una brutta influenza ... L'altro che pagavo non l'ho più visto ... e il finto Piero non ho la minima idea da dove sia sbucato fuori ... di certo non apparteneva agli ospiti dell'Ospizio."

"Che strazio de storia ! ... Io sarei andato dritto dai Carabinieri."

"Sì ? Ma a denunciare chi ? ... No ... Quell'uomo el me ghà fatto peccà ... (mi ha fatto pena) ... Era di certo un pover'homo pien de dispiaceri ... Un violento alterato ... Forse un delinquente pericoloso incorreggibile e da lasciar perdere ... Però l'ho fatto anche per un altro motivo."

"E sarebbe ?"

"Quel giorno sono rimasto a ripetere a lungo: El me gha copà de botte! ... come l'altro ... Come l'altro. Infatti, m'è venuto in mente un episodio che ho letto nelle memorie dell'Oratorio ... Prima di me era già capitata la stessa cosa in precedenza a Prè Dario Bonviso, Cappellano dell'Ospizio, che venne anche lui malmenato da un ospite prepotente e ubriaco dell'Ospizio Priuli ... anche lui durante la Messa ... anche lui senza motivo ... e anche lui senza presentare denuncia ... Sai come ha commentato quella sua avventura: "Vorrà dire che in questo modo farò penitenza dei miei peccati." Ho pensato perciò la stessa cosa ... Ma ti dirò di più ... Neanche quello è stato l'unico pestato dell'Oratorio ... Sembra che prima di lui sia accaduta la stessa cosa a un altro e a un altro ancora ... Perciò stai attento: è destino dei Cappellani dell'Ospizio Priuli d'essere *malmenati ... Il prossimo potresti essere tu se andrai a mettere il piede lì dentro. Hai capito adesso come è andata la storia ?"*

Secondo voi ci sarò andato nell'Oratorio di fronte all'Ospizio portandomi dietro le ragazzine e i ragazzini della mia Parrocchia dei Carmini ?

***

_____Questo scritto è stato postato su Internet come: "Una curiosità veneziana per volta." - n° 88, e pubblicato su Google nel febbraio 2016.

Preti, Frati, Priori, Monaci e Muneghe

- *Santa Maria del Pianto, la Monaca De Rossi e il Doge Da Molin ... nel 1647.*
- *Accadimenti a Sant'Andrea della Zirada.*
- *La misteriosa Ca' Granda dei Frari.*
- *Il lingotto delle Monache.*
- *Qualche nota e curiosità su Santa Croce della Giudecca.*
- *Le Monache Urbaniste di Santa Chiara della Zirada.*
- *Svamp ! Svamp ! ... Venezia 1800.*
- *Sestiere di Santa Croce 324 ...Santa Maria Maggiore un mondo alieno.*
- *Libreri e Mastini di Dio a San Giovanni e Paolo.*
- *Tremendi e paranoici i Mastini di Dio di San Zanipolo.*
- *San Zanipolo dei Mastini di Dio.*
- *Qualcosa di buono però l'han fatto i Mastini di Dio.*
- *Il campanil del Contrabbando ... e le Vergini del Doge.*
- *Le Monache Nere di San Zan Lateran.*
- *Una biblioteca nascosta dove fioccavano frecce tribali avvelenate al curaro.*

SANTA MARIA DEL PIANTO, LA MONACA DE ROSSI E IL DOGE DA MOLIN ... NEL 1647

Esiste un posto completamente dimenticato e quasi sconosciuto di Venezia dalle sorti un po' oscure e quasi privo di grandi eventi da raccontare. Si trova in una zona discosta del Sestiere di Castello, in fondo e in faccia alla Laguna, verso San Francesco della Vigna, sull'estrema punta finale delle Fondamente Nove.

In quel luogo sito proprio accanto all'Arsenale di Venezia fino al 1800 si ormeggiavano e poi si disfacevano e smontavano le zattere di tronchi che scendevano lungo il *fiume Piave* e dal **Cadore** per diventare legname utile per costruire le famose Galee della Serenissima.

Oggi è rimasto, invece, un posto solitario, a mio parere bellissimo e carico di mestizia perché sembra una capsula rinchiusa del tempo, separata da tutto quello che accade oggi a Venezia. Molti dei Veneziani non sanno neanche che esista quel luogo denominato variamente come: **Santa Maria del Pianto delle Eremite Agostiniane Servite** o delle **Monache Cappuccine delle Fondamente Nove** perché è un sito appartenente alla storia minore di Venezia, povero d'opere d'arte e architettura superba, e quindi tagliato fuori dai grandi flussi turistici che contano.

Come sempre a Venezia, è curiosissima l'origine di questo antico complesso. Per capirci, il voto pubblico del Redentore costruito alla Giudecca era avvenuto nel 1576 ... circa un secolo prima. Al *"Pianto"*, invece, tutto iniziò circa nel 1630 mentre la Repubblica Serenissima era già impegnata nella costruzione del famosissimo **Tempio della Salute** a seguito del *"Voto Antipeste"* che si ricorda tutt'oggi .... **La chiesa del Pianto** alla fine fu *"la brutta copia"* in scala ridotta di quel gran progetto realizzato da Baldassare Longhena in Punta alla Dogana e in faccia al Bacino di San Marco.

Erano trascorsi precisamente appena 17 anni dall'evento pomposissimo della Salute che coinvolse tutti i Veneziani di ogni ceto sociale, e il Senato della Serenissima si ritrovò di nuovo a dover decidere se costruire un altro Santuario dedicato alla Madonna.

Un altro ? ... ma perché ?

Le spiegazioni sono plurime.

Innanzitutto a Venezia non tirava aria buona di successi e vittorie, anzi, i rovesci militari stavano impressionando l'opinione pubblica supertassata e si scaldavano gli animi dei Veneziani, soprattutto dei popolani e dei più facinorosi. Quelli erano anni di concitate alleanze Europee anti Turco, con rimorsi e ripensamenti, grandi spese e sforzi bellici e tanti *"nulla di fatto"* o vittorie e conquiste labili che lasciavano tutti perplessi e con grandi spese e debiti da affrontare e onorare.

In secondo luogo, Venezia e dintorni erano di nuovo diventati per la peste un grande cimitero ...

Allora la pensata Pubblica e dello Stato Serenissimo fu più o meno questa:
"Visto che l'intervento Divino e della Madonna hanno già funzionato una volta, perché non dovrebbero funzionare una seconda? ... E già che ci siamo, perché non chiedere direttamente alla Provvidenza Divina un po' d'aiuto per ottenere finalmente qualche successo contro i Turchi, che in fondo sono i nemici dichiarati della Fede Cristiana e del Mondo Occidentale ?"

Come vedete, sono trascorsi i secoli, ma non sembra essere cambiato quasi niente ... Ne derivò un incrocio di circostanze e personaggi tipici della cultura di Venezia nel 1600.

I protagonisti della vicenda furono soprattutto una Monaca e il Doge che in un certo senso era il suo giusto opposto. Si trattò di una specie di scontro-incontro fra *"Animi diversi"* che alla fine portò alla costruzione dell'intero complesso di **Santa Maria del Pianto**.

La Monaca in questione era la **Badessa Maria Benedetta De Rossi**, Monaca Servita dell'austerissimo **Convento di Santa Maria delle Grazie di Burano:**
"... donna di vivacissima vita intellettuale e spirituale, stigmatizzata, dotata di visioni divine e profezie del futuro ... che riteneva utile questo metodo per placare l'ira celeste concausa delle peste per Venezia ..."

A dire in vero, già in precedenza, durante la peste del 1629, la Monaca aveva avanzato una proposta simile al Senato, che non era stata ascoltata, ma di fronte agli incipienti avvenimenti bellici e alla nuova pestilenza la Monaca rinnovò la richiesta, inviando una lettera autografa al Doge. Scrisse di aver avuto una visione celeste nella quale le erano state rivelate le cause del male che colpiva Venezia. Guerra e peste erano un castigo di Dio per la condotta peccaminosa dei Veneziani, la corruzione dei costumi pubblici e privati, e anche per l'omissione dei Suffragi per i Morti delle guerre e per le Anime del Purgatorio.

La Badessa Maria Benedetta scriveva al Doge: *"… La giusta Ira di Dio è concitata verso di noi …Le Anime di tanti Morti della guerra chiamano e hanno bisogno di tanto suffragio e pacificazione eterna … Sono Anime Penanti dimenticate nel Purgatorio … le Monache offriranno la loro vita in olocausto orante di compensazione, espiazione e riparazione a nome di tutti i Veneziani …"*

La Monaca veggente di origine popolana e vissuta da sempre fra il popolo aveva di certo un caratterino, era intraprendente, e possedeva una fortissima personalità. Anzi, a dire di molti: *"era spiritata e bizzosa"* tanto che volle imporre alla Serenissima oltre la scelta del luogo su cui costruire la sua chiesa e monastero, persino il suo progetto simbolico dell'edificio facendolo costruire a modo suo. In concreto la Monaca mostrò tutta una serie di estrosi ripensamenti e indecisioni: *"… Prima scegliamo questo posto qua … No ! Meglio quello di là … Quella donna è una miscela, un miscuglio esplosivo che fa diventare matti tutti i Procuratori e Senatori cambiando continuamente idea … All'inizio le bastava un conventino accanto alla nuova Basilica della Salute, poi, invece, ha voluto anche una chiesa esclusiva tutta per se e per le sue Monache … e fatta proprio alla sua maniera …"*

Al di là delle *"pretese Sante della Monaca Buranella"*, c'era poco da aspettare e scherzare: la verità era sotto agli occhi di tutti. Non c'era tempo da perdere perché i Turchi nemici per antonomasia della Fede e incarnazione della punizione divina premevano alle porte della Cristianità

Occidentale. Ancora nel 1683, infatti, i Turchi Ottomani assedieranno Vienna, e sarebbe mancato un niente perché potessero dilagare attraverso l'indifesa piana Friulana e la Terraferma fino alle porte della città Serenissima sul bordo della Laguna. Per Venezia sarebbe stata la fine.

La Monaca il 23 maggio 1646 incalzò il Doge scrivendo: *"... adesso vengo la terza volta da parte espressamente di Dio che se vorranno la liberazione della Patria bisogni ricorrere alla Beata Vergine ed un solenne voto che, concedendo la pace e liberatione della persecutione dell'ira Ottomana, costruir si debba un piccolo Monastero overo Romitorio appresso Santa Maria della Salute overo altrove ... Bisogna inoltre istituire 5 Mansionerie perpetue di Messe quotidiane "Pro Defuntibus" pagate dalla Signoria Serenissima per 500 ducati annui ...* (In tutta Venezia se ne celebravano già più di 7.000 all'anno) *... e si debba erigere una chiesa ottagonale con sette altari come i Sette Dolori, le Sette Spade che affliggono la Vergine Addolorata o Madonna del Pianto."*

Alla fine, Doge e Senato di Venezia *(forse non potendone più di quell'assillo, e considerato che non sapevano dove andare a sbattere la testa per risolvere la complicata situazione storico-sociale di Venezia)* incaricarono il **Provveditore Sopra ai Monasteri Giacomo Foscarini** di dialogare con la Monaca, cosa che accadde il 17 giugno dello stesso anno.
Quattro giorni dopo il Foscarini riferì ai Senatori: *"La Monaca vole una chiesola di soli tre altari: Maggiore, uno per la Madonna ed il terzo per le Anime del Purgatorio ... col servizio liturgico delle Mansionerie quotidiane ... il Monastero deve essere umile e basso, "luogo sacro e senza apparenza", non di alta e rilevata architettura e che ella ne averia dato il modello ... per accogliere dodici Vergini con la De Rossi e due converse ..."*

Il 21 giugno seguente con votazione unanime si deliberò in Pregadi di realizzare il desiderio della Monaca affidando il 07 luglio l'incarico esecutivo ai Provveditori Sopra ai Monasteri.

Il 29 agosto si stava ancora discutendo con la Monaca sulla questione del luogo dove edificare il Tempio-Monastero: prima aveva preferito **sul Rio delle Burchielle vicino a San Andrea della Zirada nel Sestiere di Santa**

Croce (dove sorge oggi il People Mover). Poi ci aveva ripensato ritenendo il luogo non adatto, e si pensò allora a **un'area nel Sestiere di Cannaregio**, e a un altro presso l'**Ospedale dei Mendicanti nel Sestiere di Castello**. La Monaca nicchiava ed escluse anche quello perché troppo vicino al **Teatro detto di San Giovanni e Paolo alle Fondamente Nove di Giovanni Grimani** che avrebbe ostacolato la devozione con la sua presenza. Rimase un posto vicino al **Ponte di San Francesco della Vigna alle Fondamente Nove**: un terreno appartenente alla Scuola Grande della Carità dove già un tempo sorgeva un vecchio Lazzaretto ... La Monaca ancora incerta intendeva stavolta preferire il nuovo conventino edificato accanto alla sorgente chiesa della Madonna della Salute ... I Provveditori non ne vollero sapere di collocarla proprio lì.

Alla fine si optò quasi forzatamente per le **Fondamente Nove**, in un'area prossima a quelle già occupate da due potenze Religiose ed economiche Veneziane: quelle dei **Francescani di San Francesco della Vigna** e dei **Predicatori Inquisitori Domenicani di San Giovanni e Paolo** che erano entrambe garanzia di ortodossia e devozione, una presenza costante in città ormai da secoli ... Curioso è notare che a poca distanza in linea d'aria sorgeva accanto all'Arsenale anche il Convento e la chiesa delle **Monache di Santa Maria della Celestia**.

Per inquadrare meglio l'epoca che si viveva allora in Laguna, bisogna ricordare che in quel tempo a Venezia si contavano bel 31 Monasteri e Conventi fra Maschili e Femminili sparsi in città e nelle isole Veneziane. Oggi si calcola che durante il 1600 siano vissuti a Venezia ben 30.000 fra Preti, Frati e Monache con una media di presenze stabile di circa 2500 persone Religiose ed Ecclesiastiche su di una popolazione media Veneziana e lagunare che assommava a 150.000-170.000 persone in tutto.

Bisogna dire, tuttavia, come ha scritto un esimio studioso che: *"Il 1600 Veneziano fu un secolo senza Santi sebbene a Venezia siano sorte più di 100 Confraternite Devozionali, perché quella specie di popolazione nella popolazione era tutt'altro che tranquilla, devota e dedita sempre alle "cose celesti" ... La Storia ricorda che negli stessi anni sono stati processati per diverse "turbolenze" circa 111 fra Preti, Frati e Monache di cui ben 32 dei soli Conventi e Monasteri di Santa Maria della Celestia e del Santo*

Sepolcro in Riva degli Schiavoni poco distanti da Piazza San Marco ..." e dal nostro Monastero di Santa Maria del Pianto.

Comunque alla fine di dicembre dello stesso 1646 si giunse alla conclusione della vicenda e a scegliere definitivamente il posto per il nuovo complesso di **Santa Maria del Pianto**.
Il Senato s'era riproposto di spendere in tutto non più di 5000 ducati, mentre il **Proto Francesco Contin** prevedeva una spesa di 18.791 ducati ossia 8.845 per la chiesa nuda senza altari e 9.946 per il Monastero e tutto il resto.
La *"mitica"* Monaca De Rossi morì però nell'inverno seguente, il 13 gennaio 1647, prima che il suo sogno potesse venire concretizzato. Trascorsero appena dieci giorni ... e si presentò alla Serenissima un nuovo progetto al ribasso portando la somma complessiva della spesa a sole 13.890 ducati ossia 7.048 per la chiesa e 6.842 per il Monastero tagliando via dal progetto: sacrestie, parlatoi, corridoi inutili e sostituendo con *"un semplice tetto di coppi"* la costosa cupola prevista.
Era forse già scemato l'interesse per le Anime del Purgatorio predicato dalla Monaca De Rossi ? ... o forse il Senato voleva spendere i soldi pubblici più opportunamente per allestire l'ennesima bella guerra ?

Trascorse quasi un anno senza che accadesse nulla, e solo il 24 ottobre il Senato sollecitò il vicino Arsenale di consegnare i materiali previsti e i marmi pregiati per la costruzione, così che il sabato 09 novembre come da volontà della Monaca De Rossi si piantò la prima croce del nuovo Monastero e il 13 il **Patriarca Morosini** benedì durante una Messa Solenne, e il **Doge Molin** pose la prima pietra con apposita medaglia commemorativa alla presenza di tutti i Senatori, i Capi dei Dieci, gli Avogadori da Comun, i Censori e un infinito popolo di Veneziani entusiasti come raccontano le cronache dell'epoca.

Servirono undici anni per costruire chiesa e Monastero, e solo nell'aprile 1658 dodici Monache Buranelle, trasportate prima in Burchiella da Burano fino a presentarsi al Vescovo di Torcello, e poi davanti ai Vicari del Patriarca, poterono entrare dentro e prendere possesso del nuovo Monastero fornite di un'adeguata dote annuale di sostentamento di 700 ducati forniti dal Pubblico e guidate dalla **Badessa Maria Innocenza Contarini** succeduta alla **Badessa Maria Benedetta De Rossi**.

Incredibilmente la consacrazione del luogo, solo come *"Oratorio"* e non come vera e propria chiesa, a cura del **Patriarca Sagredo** accadde solo nel 1687: trent'anni dopo !

Qualcosa s'era di certo raffreddato e spento nel cuore, nella mente, e nelle aspettative dei Veneziani.
In definitiva il complesso monastico di Santa Maria del Pianto non suscitò nei Veneziani quell'interesse e non ottenne quel successo tanto da potersi considerare come una *"Salute o Redentore 2"*.

"Il Pianto fu come una ciambella non riuscita col buco ... forse perché da lì non scaturì quell'effetto miracoloso sulla belligeranza che s'aspettavano e auguravano i Veneziani e i Serenissimi."

La chiesa della *"Madonna del Pianto"* non si poté mai considerare un Tempio e un grande Monastero di Venezia, ma semmai *"un tempietto e un conventino lasciati un po' da parte"*, e divenne piano piano un altro di quei luoghi tristi dove la Serenissima andava a leccarsi le ferite di guerra accogliendo orfani e feriti, mutilati, vecchi, miseri, vedove e diseredati come accadeva in tanti Ospizi sparsi per tutte le Contrade della città lagunare.

Una cronaca cittadina descriveva *"Il Pianto"*: *"Sull'Altar maggiore c'è dipinta la "Deposizione del Cristo Morto" ... Ebbe intenzione l'autore Luca Giordano nel 1653 che siccome questa chiesa non è molto frequentata si vedesse questa tavola in passando sulla fondamenta; onde adoprò in essa una maniera assai forte ..."*

Il quadro curioso oggi è conservato nella Galleria dell'Accademia e mostra una Madonna non svenuta e raccolta dalle braccia delle Pie Donne come il solito, ma implorante come lo era Venezia in quei giorni di sconfitta. Infatti **Canea e Retino** erano già cadute dopo un decennio di guerra, **Candia** aveva già subito il primo attacco Turco e l'assedio continuava con innumerevoli lutti. Nel 1669 Venezia subì l'ignobile sconfitta della guerra di Candia in cui la Serenissima perse il possesso dell'intera isola mediterranea. Solo diversi anni dopo si celebrò la vittoria di Venezia che conquistò il **Peloponneso**.

Quando al *"Pianto"* tutto fu fatto e concluso, arrivò come ciliegina sulla torta l'11 novembre 1658 la benedizione e approvazione del **Papa Alessandro VII** con apposito Breve che lodava la bontà *"della cosa"* ... meglio tardi che mai.

E veniamo al Doge, il secondo personaggio della vicenda di Santa Maria del Pianto. Qualcuno a Venezia lo definì nonostante tutto un *"Dogaletto"* perché per certi versi sfigurava a confronto con tante altre personalità insigni dei Dogi suoi predecessori e successori ... Si trattava del gottoso Doge ***Francesco Da Molin del ramo "del Molin Rosso"*** d'ascendenza Mantovana. Figlio di **Marino di Domenico e Paola Barbarigo** divenne dal 20 gennaio 1646 il novantanovesimo Doge della Repubblica di Venezia succedendo a **Francesco Erizzo**. Poco propenso allo studio, il Da Molin venne istruito dai Padri Somaschi beneficiando d'una rendita annua di 1200 ducati, ma fin da giovanissimo preferì dedicarsi alla carriera navale e militare lasciando al fratello Domenico l'impegnò dello Studio e della carriera Pubblico-Politica.

Francesco fu più volte nominato **Capitano di Nave** e **Provveditore** in numerosi porti militari, fino a diventare **Patròn all'Arsenale** e uno degli eventuali 30 **Governatori di Galee Sottili** da mobilitare in caso di guerra. Inizialmente, rimase insomma semplice Capitano intento a pattugliare l'Adriatico contro i pirati Uscocchi.

Nel marzo del 1609 naufragò perdendo uomini e carico nei pressi di **Zara**, e tornò a Venezia da dove ripartì il 6 maggio percorrendo avanti e indietro fino al 1612 le rotte fra **Parenzo-Zara, Spalato-Corfù, Cherso-Chioggia e Lesina-Goro** intimidendo le navi Pontificie, *"coprendo militarmente"* le galee di mercato, perlustrando gli scogli-covi dei pirati, e trasportando somme di denaro e carichi di *"pan biscotto"* per rifornire l'Armata da guerra di Venezia.

Si racconta di lui, che giunto nell'aprile del 1610 in visita di cortesia presso **Carlo Conti Vescovo Cardinale di Ancona**, questi cercò di coinvolgerlo in una discussione sulle *"difficoltà"* esistenti tra il Papa Paolo V e la Repubblica Serenissima soprattutto inerenti al rientro dei Gesuiti a Venezia e sull'opportunità di una buona educazione dei giovani Patrizi Veneziani. Si dice che Francesco Da Molin abbia obiettato: *"... di profession son soldato e marinaro, né giurista né theologo ... ma sono certo che Venezia sa provvedere ottimamente all'educazione della propria gioventù senza delegarla ad altri, specie a Gesuiti cacciati per l'Interdetto inferto dal Papa di Roma ..."*

Trascorso altro tempo, Francesco Da Molin divenne **Provveditore Straordinario a Orzinuovi**; fu scelto nel gruppo dei 41 elettori del nuovo **Doge Bembo**, e dal 2 febbraio 1616 fu **Provveditore sopra il Lago di Garda** con sede a Peschiera, consapevole che: *"Sirmione e Malcesine erano prive d'armi, munizioni, e d'adeguato presidiamento di truppe, per cui non fornivano la benché minima garanzia di qualunque difesa dall'arcigno e bellicoso limitrofo Ducato di Milano."*

In seguito fu nominato **Commissario in Golfo e a Corfù**, poi: **Commissario in Armata** intraprendendo una *"Travagliosissima carica"* affiancato da **Giacomo Lazzari**, perché andò a scontrarsi con tutta una serie di *"disordini fraudolenti e d'infedeltà con enormi e scelerate operazioni e rapacità e ruberie di personale disonesto ..."* perpetrate soprattutto dal **Provveditore Generale da Mar Lorenzo Venier** che divenne suo acerrimo nemico sul campo, forse anche col consenso tacito della Repubblica Serenissima.

All'inizio del 1618 il Venier pretese dal Da Molin d'avallare presso il suo *"ragionato"* e complice **Giovambattista Badoer** alcuni mandati per migliaia di ducati sborsati irregolarmente con speculazioni sul cambio e con favori illeciti concessi a *"particolari"* attraverso ingenti pagamenti senza autorizzazioni, senza giustificative e ricevute di pagamento. Siccome il Da Molin si oppose non volendo ledere le indicazioni e le disposizioni del Senato, il Venier lo considerò un affronto intollerabile e un'insubordinazione di cui vendicarsi, per cui lo costrinse agli arresti nella sua galea che stazionava a Curzola impedendogli anche di sbarcare per curarsi. Venier fu denunciato e accusato dal Da Molin presso il Senato: *"... d'andar procurando a forza d'incomodi, di patimenti, di farlo perire* *miseramente ... Né con l'andar dei giorni, Venier depone la propria ira continuando nello sdegno e non rallentando le persecutioni ... minaccia la morte a lui e pure al Lazzari. Il Da Molin è disposto a dar la vita per la Serenissima ma a dir il vero non in questo modo che gli pesa molto: un conto è morire combattendo per Venezia, un conto soccombere per la perfidia d'un superiore nella revisione delli conti del quale sono emersi debitori di grosse sume, alcuni addirittura suoi congiunti in sangue ... Gli si conceda almeno la tante volte ricercata gratia di ripatriare ..."*

Gli fu perciò concesso il rientro a Venezia, e il 24 agosto 1618 il Da Molin salpò per **Umago** sostituito nella carica dalla Serenissima ... guarda caso, qui gatta ci cova ... proprio da **Bernardo Venier** parente prossimo dell'accusato **Lorenzo Provveditore Generale da Mar** che lo voleva morto.

In seguito, il Da Molin figurò nel 1620 tra i 9 Patrizi eletti alla prestigiosa carica di **Procuratori del potente Convento Domenicano di San Giovanni e Paolo**. Due anni dopo, divenne **Provveditor Generale in Dalmazia e Albania** dove lo attesero: *"oltre due anni di perpetue fatiche dovendo sempre combattere contro abusi e pessime introduttioni de' Preti e Vescovi ..."*

Lì si contrappose a un decreto sulle Monache emanato dall'**Arcivescovo di Spalato Sforza Ponzoni** che: *"... contraveniva alla volontà pubblica, agl'atti de' precessori e alla stessa consuetudine antica."*
Anche questa volta il Senato Veneziano lo sollevò dall'incarico inviando di nuovo al suo posto il solito **Bernardo Venier**.
Poco dopo, il Da Molin divenne **Inquisitore del Regno di Candia e Provveditor Generale dell'Armata e delle Isole del Levante** col controllo di mezzi e navi dirette e provenienti dalla base navale di **Pirano** e delle saline di **Suda e Spinalonga**, dell'amministrazione di **Rettimo e Canea,** della fortezza di **Grabusse e di Castel Chissamo, Bicorno e Urinis**.

Il Senato gli ordinò: *"... d'intimare ai vascelli carichi di grani a servitio di paesi esteri di portarsi con il carico immediatamente a Venezia ..."* e se da una parte esaudì l'**Arcivescovo Latino Luca Stella** che gli fece sequestrare su suggerimento della Santa Sede di Roma i *"Libri Greci polemicamente Anticattolici"* fatti stampare a Costantinopoli dal Patriarca Cirillo Lucaris e diffusi dall'Abate Ortodosso della Canea, dall'altra il Da Molin contrastò duramente il **Domenicano Agostino da Venezia Vicario et Visitatore Apostolico** che: *"... senza autorità di farlo s'è messo a introdur novità pregiudicialissime ..."* e si dimostrò preoccupato: *"... pei disegni de Gesuiti i quali con il sagace ardimento delle loro maniere solite macchinano l'erezione d'un loro Collegio nell'isola di Nixia ..."*

Nel 1634, tornato a Venezia venne nominato **Procuratore e Cassiere di San Marco De Supra** e poi **Deputato alla Basilica di Santa Maria della Salute;** per due volte **Provveditore ai Monasteri; Inquisitore Sopra il Campadego** ... e poi di nuovo **Provveditore Generale da Mar** con autorità suprema di **Capitano Generale** delle operazioni con successi alterni contro il Turco ... E infine divenne Doge, con la Signoria che lo ammonì a non sprecare tempo nel preparare ancora una volta la guerra contro il Turco.
Le casse dello Stato languivano ... ed era tornata *"quella maledetta moria della pestilenza"* ... Servivano aiuti da qualsiasi parte potessero giungere ... Ecco perché oltre a *"vendere"* l'accesso al Patriziato Veneto in cambio di 100.000 ducati a persona *(60.000 ducati come "regalo" ed altri 40.000 come "prestito")* si provò a chiedere aiuto anche alla *"Provvidenza Celeste"* approfittando dei proclami entusiasti della **Monaca De Rossi** che andò a bussare insistentemente alla sua porta.
In realtà durante tutto l'arco di tempo del suo dogado il **Doge Da Molin** proseguì la guerra contro i Turchi, fece fortificare i dintorni di Venezia e della Dalmazia cercando di portare la guerra all'interno del territorio in possesso dei turchi e per il possesso dell'isola di Creta.

Il **Doge Da Molin** morì attorno alle 13 del 27 febbraio 1655 e fu sepolto nel chiostro del convento agostiniano di Santo Stefano dove la sua famiglia aveva fatto erigere un altare di legno dedicato a San Girolamo. I suoi eredi furono alcuni nipoti: **Pietro Molin e Alvise Molin di Alessandro**, appena liberato dal bando per aver assassinato la moglie. Al pari della **Monaca De**

Rossi il Doge morì senza poter vedere terminata l'opera che aveva finanziato che nell'insieme risultò essere una chiesa monca di cupola e piena di nicchie spoglie accanto a un paio di chiostri semplici e funzionali privi d'esteticità artistica sontuosità e qualche pregio.

Le malelingue fecero notare che gran parte del *"merito"* della dipartita del Doge Da Molin fu l'eccesso di vino, di cui il Doge era noto bevitore tanto che, scherzosamente, la gente diceva di lui, usando il suo cognome: ***"L'è un Mulino non da vento, non da acqua, ma da vino!"***, e si dice che a causa delle sue abbondanti libagioni si accentuasse la sua predisposizione devota a prolungate genuflessioni *"pseudodevote"* tanto da ritrarlo inginocchiato in un'Osella al cospetto di San Marco e Sant'Antonio: ***"il Santo dei miracoli impossibili"*** per il quale fece erigere il 29 febbraio 1652 un altare nella neonata Basilica della Salute dove accogliere da Padova una reliquia del Santo, al cui arrivo a Venezia con grandiosa processione il Doge non potè partecipare perché ancora una volta malato di *"podagra"*.

Tornando al complesso di **Santa Maria del Pianto**, dopo la sua edificazione e inaugurazione ci furono diversi interventi pubblici a favore del Monastero e della chiesa: nel 1683, 1.000 ducati nel 1685, e nel maggio 1691 quando il **Proto Francesco Tuzzato** rilasciò una perizia in cui di dichiarava che l'intero complesso aveva bisogno di un restauro per almeno 600 lire.

Nel giugno 1686 il **Monastero del Pianto** s'incendiò e le Monache cercarono di spegnere il fuoco usando inutilmente sulle fiamme le immagini sacre del **"Santo Chiodo"**, della **"Madonna del Carmine"** e del **"Miracolo della Manna procurato da San Nicolò di Bari"**.

Valle a capire le Monache !

Anche nel 1700 le avare cronache Veneziane ricordano in un'insolita lunga lista di scritture i rifacimenti e restauri del **"Pianto"**: nel 1701 il **Proto Andrea Tirali** rilasciò una scrittura per il restauro del Monastero per ducati 380; e altre due nel 1712-1714 per la rifabbrica del coperto della chiesa per una spesa di ducati 350 e 250 ducati.

Nel 1726 a febbraio pioveva ancora dentro alla chiesa e ci furono ben 12 sopraluoghi dei **Provveditori ai Monasteri** con altrettante perizie e scritture dei **Proto Andrea Tirali e Rossi Domenico** per un restauro di altri 500 ducati pagati ad **Antonio Pastori** per la copertura malandata di **Santa Maria in Pianto** ... Anche nel 1738-40 il **Proto Giovanni Scalfurotto** rilasciò un'altra scrittura per nuovi restauri per la spesa di 900 ducati, e *"... il Tagiapjera Piero Fadiga ripristinò l'altar maggiore e il pavimento di Santa Maria del Pianto pieno di buchi e perdente pezzi."*

In Santa Maria del Pianto entrò come Monaca anche **Eleonora Aloissia Contessa di Zinzendorff** nata nel 1677 a Dresda che lasciò le cose terrene per farsi monaca nel 1702 a Venezia professando i voti in **Santa Maria del Pianto delle Cappuccine Servite** ricevendo le *"sacre lane"* dal Patriarca Badoer e assumendo il nome di **Suor Maria Eletta (Cletta) Antonia**. Isabella Piccini, anch'essa Monaca Francescana l'ha ritratta ingioiellata, acconciata, agghindata e ben vestita poco prima di farsi Monaca proprio per evidenziare quanto fosse forte la vocazione di farsi Religiosa lasciando tutte quelle belle cose terrene. Già nel 1710 la Contessa di Zinzendorff divenne Badessa del Convento fino al 1714 quando fece un viaggio con l'amica **Teresa Cunegonda di Polonia Elettrice di Baviera** fino a Monaco dove fondò un nuovo Monastero prima di rientrare in quello di Venezia dove venne nuovamente eletta Abbadessa dal 1733 al 1742 quando morì. Probabilmente fu lei a commissionare e ordinare i lavori di restauro della chiesa e del Monastero del Pianto eseguiti nel 1734-35 a seguito delle perizie del Proto Andrea Tirali spendendo 819 ducati.

Durante l'assenza da Venezia della Zinzedorff, dal 1715, *"... fu Badessa del Pianto illustre per santità, virtù e fama ... Maria Angelica Confortinari"* che fu una delle venti e più Badesse che si susseguirono alla guida del Monastero: 11 in novant'anni fra 1658 e 1748 quando la sera del 5 gennaio si sviluppò un altro violentissimo incendio in **Calle delle Cappuccine** perché un garzone entrò con la pipa accesa dentro a un magazzino di merci d'una compagnia di mercadanti appiccando inavvertitamente il fuoco.

Nel grave incendio che durò fino al giorno dopo bruciando anche quattro case di proprietà della Nobile Famiglia Morosini, morì sepolto sotto alle macerie e soffocato dal fumo un servo del bottegaio **Biagio Alpegher** che perse anche 145 colli di cotone pregiato insieme ad altre merci con rilevantissimo danno. Tutto il complesso di Santa Maria del Pianto compresa la chiesa furono coinvolti nel grande disastro con gravi danni alle strutture e agli ambienti che vennero in seguito riattati.

Di buono c'è ancora da ricordare che le **Cappuccine delle Fondamente Nove** erano conosciute e ricordate ovunque in giro per la Laguna di Venezia e oltre per il loro stile di vita austero e santo, di penitenza e digiuno.

E giungiamo al solito fatidico inizio del 1800 con i Francesi e il *"caro"* Napoleone indiavolato che soppresse tutto e chiuse ovviamente la chiesa cacciando via le 57 Monache Cappuccine Servite che vi abitavano e operavano dentro.
Già che c'era, Napoleone: *"… sequestrò dal Monastero delle Cappuccine delle Fondamente Nove: 7 once e 3 quarti d'argento da cui ricavò fondendole 3 verghe d'argento per suoi scopi …"*

Nel 1814 il Monastero del Pianto fu dato in affitto e poi venduto a tale **Abate Antonio de Martiis** che dirigeva un Istituto privato che s'interessava d'Educazione Maschile. La chiesa fu divisa a metà da impalcature trasformando la parte superiore in teatrino e quella inferiore in fabbrica di pentole e piccole abitazioni private. Per far questo furono abbattuti 4 muri principali, smantellati, tolti e venduti gli 8 altari, distrutti e alienati a poco prezzo: soffitto, pavimento, colonne, archi, croci e opere d'arte.

Il Crocifisso che ornava uno degli altari laterali eretto a spese dei **Nobili Van Axel**, opera rara in legno attribuita ad **Albert Durer**, fu comprato da **Don Giuliano Catullo** che a sua volta lo regalò assieme ai resti dell'Altare Maggiore al neonato Monastero delle Clarisse dell'Adorazione perpetua del Sacramento nella chiesetta del **Nome di Dio** sorto accanto a Sant'Andrea della Zirada vicino a Piazzale Roma *(ora ridotto a Casa per Ferie Sant'Andrea).*

Nel 1841 l'**Abate Daniele Canal** acquistò i fabbricati di chiesa e monastero col poco rimasto e riattivò il Collegio destinandolo all'educazione di povere fanciulle. Contemporaneamente acquistò dal governo austriaco 3 degli 8 altari andati dispersi … Gli riuscì inoltre d'acquistare il pavimento della demolita chiesa di San Biagio della Giudecca *(dove sorge ancora oggi il*

Molino Stucky) e lo collocò in quella di Santa Maria del Pianto con l'intenzione di riaprirla. Vi portò dentro anche alcune reliquie e il *Corpo di San Fausto Martire ...* e, infine, gli riuscì di farla riconsacrare il 21 agosto 1851 riaprendola in settembre dopo aver fatto ridipingere soffitto e ritappezzare di opere le pareti.

Lo stesso Abate collocò sull'Altar Maggiore una Pala col **"Buon pastore"** di Marco Bernardo, e una **"Vergine addolorata"** di Anna Marovich assidua benefattrice dell'istituzione, un **"Sacro cuore"** di Lattanzio Querena che dipinse anche un **"Riposo della Saca famiglia"**, ed altre opere che raccontavano la storia della **Monaca Maria Benedetta De Rossi e del Voto di Venezia Serenissima col Doge Da Molin**.

Infine a completare l'opera di recuperò e quasi di ricostruzione della chiesa che durò ben nove anni, vi collocò anche delle campanelle ottenute dalla fusione di alcuni cannoni di guerra utilizzati a **Forte Marghera** regalatigli da un Maresciallo Austriaco.

L'anno dopo, ossia nel 1852, l'Abate Canal affidò l'Istituto alle **Suore Figlie del Sacro Cuore** che si prestarono moltissimo per far funzionare l'Istituzione caritatevole e benefica. Una cronachetta dell'epoca ricorda le iniziative dell'intenso zelo devozionale delle Suore e dell'Abate durante il 1853 e gli anni seguenti: *"Ogni terza domenica del mese di mattina si celebra la Via Crucis ... Per 7 sabati consecutivi si si prepara alla festa dell'Addolorata della quarta domenica di settembre ... Ogni mercoledì si celebra una Messa con speciali preci all'altare di San Giuseppe ... Nei venerdì di Quaresima si pratica l'Esposizione del Santissimo con la solenne benedizione, così come se si partecipa almeno per 5 giorni nel pomeriggio degli ultimi 10 giorni di Carnevale all'Esposizione del santissimo con benedizione si otterrà l'Indulgenza plenaria di tutti i peccati commessi ... Il Venerdì Santo si celebra la Devozione dell'Addolorata con 3 discorsi, recita di preghiere e dello Stabat Mater ... Il 21 Giugno si celebra la Festa San Luigi Gonzaga: al mattino Messa solenne con panegirico, inno del santo al pomeriggio e spesso prime comunioni alle ore 8 del mattino ripetute nelle 6 domeniche successive dedicate al santo. I giovinetti si presentano con un nastro bianco al braccio e con il velo candido in testa le bimbe e s'iscriveranno alla*

Compagnia di San Luigi impegnandosi nella Comunione frequente e nella pratica della castità e purezza principali virtu' del Santo ..."

Altri tempi ... altri modi ... altre condizioni e convinzioni tradizionali, popolari e sociali ricordati in una lapide ancora presente sul posto che racconta: **"Questo cenobio di Monache Servite eretto per voto del Senato con la annessa chiesa infierendo la peste del 1630 per tristi vicende dal 1810 al 1841 deserto e silente , per la munifica carità di Mons Daniele Canal Patrizio Veneto divenuto casa di educazione, alle figlie del popolo nel 1925 col generoso concorso dei cittadini restaurato ed ammodernato si impreziosiva d'incomparabile gemma accogliendo i resti mortali del venerato benefattore trasportati dal civico cimitero il 18 marzo 1926: 42° anniversario di sua santa morte. Le figlie del sacro cuore riconoscenti."**

Comunque, ancora nel 1866 le **Figlie del Sacro Cuore** erano ancora lì presenti e attive con 21 unità in quello che era divenuto l'*Educandato del Pianto* ... Nel 1881 erano 27 ... e nel 1926 *"prestavano ricovero ed educazione"* a circa 250 fanciulle esterne e 74 interne per la maggior parte orfane di guerra istruendole nei lavori di ricamo, cucito e confezione di scialli.

All'epoca in cui io ero bambino, nel 1962, nell'*Orfanatrofio del Sacro Cuore al Canal del Pianto* erano ospitate 70 orfane, e 5 Suore gestivano una Scuola Materna per 25 maschi e 20 femmine, una Scuola Elementare con 4 insegnanti per 65 femmine, una Scuola post-elementare con 20 alunne, e una Scuola Artigianale con 25 allieve.

Niente male !

Solo nel 1970 Monastero, chiesa e Istituto vennero nuovamente alienati e chiusi per il ritiro definitivo da Venezia delle Suore Figlie del Sacro Cuore diventate anziane e senza ricambi vocazionali. Da allora: accadde un altro buco e abbandono totale degli ambienti per altri trent'anni finchè fra 2001 e 2005 l'*Uls Veneziana e il Comune di Venezia* dedicarono l'ex chiesa *"... chiusa al culto e abbandonata da decenni ..."* all'officiatura dei funerali laici e gli ambienti dell'ex Monastero parzialmente ad uso burocratico ospedaliero.

La Curia Patriarcale si oppose osservando che la chiesa era ancora consacrata e quindi di sua pertinenza, e dichiarò di non avere alcuna intenzione di sconsacrarla per destinarla a funzioni diverse soprattutto di matura laica … Forse avrebbe cambiato idea e posizione se qualcuno inventandosi qualcosa oltre ad informarla e interpellarla le avesse offerto la possibilità di un qualche tornaconto. Ma nel frattempo, visto che non c'era nulla da guadagnare … si preferì lasciare tutto chiuso e che andasse pure in rovina.

Ai giorni nostri l'intera area del complesso di Santa Maria del Pianto ubicata all'interno del perimetro dell'**Ospedale Civile di San Giovanni e Paolo di Venezia** è stata riattata e risanata del tutto a spese dell'ULS locale destinando la parte nord a sede dell'**Archivio dell'Ospedale**, mentre l'area di sud-est è disponibile come zona Universitaria e Laboratorio di ricerca con annessa foresteria. Gli spazi dei chiostri **"dell'ex convento del Pianto"** vengono proposti su Internet a Universitari e ricercatori che si recano a Venezia come: **"Foresteria con 34 stanze con bagno e aria condizionata che s'affacciano su due chiostri la cui atmosfera che si respira è di un silenzio che rievoca altri tempi. Sono disponibili inoltre: aule per lo svolgimento di riunioni e conferenze, e servizi di catering interni ed esterni con: refettorio, lavanderia, spazi comuni e aree di svago …"**

Almeno non si è lasciato tutto in abbandono e in rovina totale … La chiesa, viceversa, infiltrata d'acqua ed erbe è pericolante, perciò rimane ancora oggi chiusa e sbarrata, ed è considerata tra le chiese di Venezia meno conosciute e più inaccessibili.

E domani che accadrà a quest'altro luogo storico che racchiude un altro spicchietto dell'inesauribile e fascinosa Storia di Venezia ? … Chi vivrà vedrà.

***

Il post su Internet è stato scritto in origine come: "Una curiosità veneziana per volta." - n° 75, e pubblicato su Google nell'agosto 2015.

ACCADIMENTI A SANT'ANDREA DELLA ZIRADA

Per un verso o per l'altro, un angolo di Venezia continua a far parlare sottovoce di se nei secoli, con una certa qual continuità … E' di questi giorni la notizia di una rocambolesca rapina eseguita in 30'' nei pressi del **Campo di Sant'Andrea della Zirada**, che ha fatto sparire tutti i soldi dei pensionati Veneziani.

Sempre sullo stesso scenario ormai da qualche tempo sfreccia sui suoi aerei binari il **People Mover**, che ha di fatto trasformato il volto di quest'area veneziana per molto tempo depressa e abbandonata.

Saltando però indietro nel tempo, quando Venezia era più ordinaria e quotidiana, si può andare a rileggere alcune cose nelle antiche cronache dell'epoca. Nel settembre 1798, ad esempio, si leggeva in un proclama gridato e affisso in città: *"… entro il termine perentorio di mesi 8, baccaladi, pesci fumati, salati, cotti e marinati, sbudellami, salamoie e formaggi siano trasportati alla Giudecca o nelle situazioni estreme della città, cioè a San Jobbe, sulle Fondamente Nuove, San Francesco della Vigna, San Andrea e Santa Marta … Gli effetti di chi non avrà effettuato il trasporto nel periodo suddetto siano fiscati e dispensati ai poveri delle rispettive contrade, essendo sani. Muri de' magazzini siano intonacati e seliciati di pietra, abbiano ruota ventilatoria di lata nelle finestre e nel più interno siano costruiti scolatoi e condotti che tramandino in sotteranee cloache le vecchie salamoie ed altre separazioni. Venditori da 1 novembre a tutto aprile non possano tenere nelle loro botteghe maggior quantità dell'occorrente per un mese, e da 1 maggio a tutto ottobre per una settimana. Annualmente siano da periti del Tribunale visitati questi magazzini prima dell'estate per la separazione del sano dal corrotto …. I trasgressori siano soggetti alla pena di ducati 100 grossi, siano accettate denuncie e premiati i denuncianti con la metà della pena suddetta, l'altra metà venga data alla fraterna de poveri della contrada …"*

Rimanendo sempre nella stessa zona di Venezia, ma cambiando prospettiva e *"capriolando"* ulteriormente all'indietro nel tempo, si può continuare a leggere che nel febbraio 1708: **Giovanni Battista Piantella** di anni 45, abitava ai **Tre Ponti**, vicino all'attuale Piazzale Roma di Venezia.

Costui era considerato un buon uomo, di sane dottrine e dal vivere normale. Lavorava come agente venditore nel negozio da **Savoner** (*venditore di sapone*) di un suo compare **Antonio Biondini** sulla **Fondamenta di Sant'Andrea della Zirada**. Sorpreso a rubare, venne per questo prontamente licenziato. Colto da disperazione, il Piantella non trovò di meglio che, in accordo con sua madre, di uccidere a colpi di mazza il suo ex compare di lavoro spingendolo dentro la sua porta di casa, scegliendo la sera del 24 dicembre alle ore 4 della vigilia di Natale. E già che c'era, mascheratosi con i vestiti dell'ucciso, entrò in casa sua e uccise anche la serva **Lucietta** che vi trovò dentro, rubando tutto ciò che c'era di prezioso. In seguito fuggì da Venezia con madre e figlia a seguito. Venezia Serenissima si attivò subito, e fu abbastanza rapida nel perseguirlo e condannarlo al bando per 20 anni dalla città Lagunare e da tutto il suo Dominio.

Due anni dopo, il Piantella si fece *"pizzicare"* a Treviso, dove venne subito catturato *"in contraffazion di bando"* e ricondotto a Venezia. Il **Consiglio dei Quaranta** stavolta non se lo fece sfuggire, e lo condannò definitivamente, come recita la sentenza: *"Sia posto sopra una barca piata e sopra un palo di berlina ... condotto alla contrada di Santa Croce lungo tutto il Canal Grande, dovendo dargli durante il viaggio cinque botte di tanaglia infocata ad ogni traghetto incontrato durante l'itinerario ... Giunto a destinazione, il Ministro di Giustizia (il boia), gli taglierà la mano più valida, finché si separi dal braccio, e con la medesima appesa al collo, sia trascinato a coda di cavallo fino al luogo dove ha commesso il delitto in Fondamenta di San Andrea. Qui, gli sia tagliata l'altra mano, e con la stessa ugualmente appesa al collo, sia trascinato fino alla Piazza San Marco tra le due colonne. Durante il viaggio, il Pubblico Comandador, pubblichi gridando a tutti la sua colpa. E giunto in Piazza, sopra un* *apposito palco, gli sia dallo stesso Ministro di Giustizia tagliata la testa, sicché si separi dal busto e muoia. Poi, venga diviso il cadavere in quattro quarti, che vengano appese ai soliti luoghi sino alla consumazione ... per dare buon esempio di Giustizia."*

A Venezia si disse che la condanna esemplare del **Piantella** finì per impietosire i Veneziani, che si misero a gettare materassi, vecchie coperte e mantelli morbidi lungo la strada per dove sarebbe passato il reo per alleviargli la fatale cavalcata finale.

Maddalena, la vecchia madre, complice del Piantella, venne condannata per il resto della sua vita ai **Camerotti di Palazzo Ducale** ... dove sarebbe stato meglio morire, piuttosto che entrare ... Infatti visse in carcere solo tre mesi e morì presto di febbraio.

Spostando ancora una volta a ritroso l'obiettivo della storia ... Una parte della Fondamenta di Sant'Andrea della Zirada era detta *"della Cereria"*, perché vi sorgeva la *"Fabbrica di Cere Reali"* ... Esiste ancora oggi nei pressi di Sant'Andrea, il *"Rio e Fondamenta delle Burchielle"*, dove sostavano le basse barchette, appunto *"le burchielle"* dell'Arte e Mestiere dei *"Burchieri da Rovinassi (calcinacci) e Cava Fanghi"*, che insieme ai *"Burchieri da Stiore (stoppie)"*, ed ai *"Burchieri da Legne"*, tenevano fin dal 1503, Scuola-Associazione comune, sotto il titolo protettore della Beata Vergine Assunta, proprio nella chiesa di **Sant'Andrea della Zirada**.

Per **Ziràda** s'intende: **Voltàda, girata, curva** ... e s'indicava, ieri come oggi, il luogo di Venezia dove il **Canal Grande** termina o inizia, e il canale gira decisamente piegandosi di direzione della **Scomenzèra** ossia il luogo dove *"inizia-Scomenzia Venezia"*.

Al cadere della Repubblica nel 1797, l'**Arte dei Burcièri e Cavafanghi e Canali** contava ancora 288 lavoratori iscritti, e dipendeva dai controlli del **Magistrato alle Acque** e per *"le pubbliche gravezze"* o tasse varie da pagare, e dal **Collegio Milizia da Mar**.

Ultima informazione ... Nella stessa chiesa di Sant'Andrea della Zirada, aveva sede anche la **Schola dei Muschieri**. L'Associazione riuniva gli artigiani profumieri e i negozianti di oggetti da toeletta che preparavano cosmetici e guanti profumati. Fabbricavano inoltre acque odorose e oli profumati, unguenti e saponi. Vendevano anche polveri di Cipro ossia: *"la cipria"*.

I **Muschieri** che nel 1500 erano numerosissimi e stampavano ricettari e manuali per la composizione di sostanze odorifere, si dovevano distinguere rigorosamente dagli **Unguentari** e dagli **Speziali**, che erano, invece, considerati: **Aromatori**.

Ancora nelle indagini statistiche del 1773, si contavano 18 **Muschieri** ripartiti in 16 botteghe e 2 mezzadi di smercio e lavoro.

La zona di Sant'Andrea della Zirada ha quindi qualcosa ancora da ricordare e raccontare ... e non è tutto, perché ci sarebbe ancora dell'altro da dire.

***

Il post su Internet è stato scritto in origine come: "Una curiosità veneziana per volta." - n° 32, e pubblicato su Google nel luglio 2013.

LA MISTERIOSA CA'GRANDA DEI FRARI

Sapete molto più di me che Venezia non si esaurisce nella sola Piazza San Marco col Ponte dei Sospiri, Palazzo Ducale e il Ponte di Rialto. Venezia è tutta magia spesso nascosta, anche per noi che vi abitiamo da una vita intera. Venezia è magica non solo perché è da visitare e transitarci dentro con gli occhi stanchi per non saperli più dove posare. E'magica per la sua ricchissima tradizione, la sua gente, e la sua stupenda Storia. Ma non è solo magica, è molto di più, ossia un'infinità di cose non dette e nascoste che vanno ben oltre il solito Casanova, il Carnevale, Vivaldi, la Biennale e la Mostra del Cinema. Venezia è una specie di miniera inesauribile di cose da scoprire e conoscere, dette e non dette, che una vita intera forse non basterà per conoscerle ed esaurirle tutte.

Uno dei formidabili complessi edilizi che merita di certo la nostra attenzione è quello che è stato il **Convento dei Frari**, ossia **Santa Maria Graziosa dei Frari** detta in antico e per diversi secoli dai Veneziani: **"La Ca'Granda dei Frari"**.

Una specie di gioiellino, anzi gioiellone, che dominava con la sua presenza uno dei Sestieri della città di Venezia, quello di San Polo. Quel che ne rimane oggi è solo un pallido ricordo parzialmente visitabile di quel che è stato un tempo un luogo e *"un ente"* potente, insigne e prestigioso, oltre che famoso. Innanzitutto si trattava di un luogo fisicamente grande, esteso, tant'è vero che i Veneziani la chiamavano appunto la *"Ca'Granda"* proprio a sottolinearne la grandezza monumentale, l'estensione oltre che lo splendore, la ricchezza, e l'influsso economico e politico sull'intera città.

Oggi la solita marea dei turisti provenienti da tutto il mondo entra nella grande Basilica dei Frari per vedere soprattutto l' *"Assunta" del Tiziano* e altri capolavori, ignorando però gran parte di ciò che è accaduto in quel luogo che percorrono e visitano di sfuggita e in fretta. Oppure s'accontentano di gustare estasiati le sensazioni e la bella atmosfera di uno dei numerosi concerti e manifestazione che spesso vengono organizzati nella stessa chiesa. Solo una piccola parte di fortunati è interessata e riesce a visitare, seppure parzialmente, altri frammenti di quel che è stato l'immenso complesso dei Francescani Conventuali. L'ex Convento della Ca'Granda dei Frari ospita ancora oggi l'**Archivio di Stato di Venezia** che raccoglie fin dai tempi di un certo Napoleone Bonaparte, documenti e archivi di tantissime realtà un tempo presenti a Venezia, da lui meticolosamente depredate e distrutte.

La *"Ca'Granda"* era un Convento immenso, una cittadella, con ben tre chiostri, Biblioteca, Refettori, dormitori, Cappelle, Sala Capitolare e tutta una serie di vasti ambienti tipici delle aree conventuali e monastiche. Nei secoli ha ospitato non solo le attività dei Frati, ma anche alcune sedi delle Arti e Mestieri cittadini, laboratori di lavoro, cartografia, manipolazione, ingegneria, musica, osservazione e ricerca astronomica. Oltre ai Frati, nella Ca'Granda sono passati, hanno vissuto e *"prodotto"*: laici, forestieri, artisti, Ambasciatori, Re, Nobili e religiosi. La Ca'Granda è stata, insomma, una delle fucine del **Rinascimento** veneziano, un luogo d'incontro, di scambio d'idee, di resoconti di viaggi, di convergenza di conoscenze, di raccolta di notizie esotiche portate da Mercanti e Pellegrini provenienti dall'Asia, dall'Africa, Roma, Assisi, San Giacomo di Campostela, Terrasanta, la Via Francigena, San Michele al Gargano ... e da molti altro posti.

Dietro alla Ca'Granda, quasi come corona accessoria a sostentamento di quella cittadella, esisteva tutta una seria di orti con un frutteto confinanti con **"le secchere"**, ossia una zona di palude e canneto dove un tempo terminava Venezia e si apriva la Laguna. Era una zona d'accesso alla Ca'Granda recondita, quasi nascosta, che fu anche teatro di strani accadimenti ...

Un altro aspetto curioso che va ben oltre il puro dato storico e artistico, è che quell'enorme chiesone talvolta un po' cupo e austero, mi ha ospitato più di qualche volta fin dalla mia più tenera infanzia. Da bambino piccolissimo seguivo le Suore della Carità della mia isola perduta in fondo alla Laguna, che mi portavano con loro *"in gita"* nelle loro peregrinazioni da Suore. Per me, microscopico isolano isolato dalle corte vedute, camminare attaccato alla gonna o al lungo cordone del Rosario delle Suore, era un divertimento enorme e un'esperienza piacevolissima, una specie di microesplorazione avventurosa ogni volta. Non vedevo l'ora che mi portassero con loro fuori del paese, soprattutto a Venezia. Mi piaceva un mondo addentrarmi nelle vie strette di quella città fantasmagorica, ed entrare e uscire dai Conventi, dalle chiese, e dai luoghi di convegno delle Suore.

Ebbene, uno dei luoghi in cui spesso mi portavano per celebrare i loro convegni e certe loro ricorrenze, era, fatalità, proprio la **Basilica dei Frari**, ossia l'antica **Ca'Granda**. Ho un ricordo vago e bellissimo di quei tempi. Ricordo chiaramente la tomba piramidale del Canova con la sua porticina buia socchiusa, il grande quadro colorato dell'Assunta e soprattutto il *"Barco intarsiato del Coro dei Frati"*, che mi dava sempre un senso di calda capienza. Mi piaceva tantissimo andarmi a sedere nella penombra scricchiolante dei suoi scanni, troppo grandi per me, dove mi sembrava di perdermi. Ricordo anche un lugubre catafalco nero centrale, intorno al quale si celebravano infinite esequie funebri, anniversari e commemorazioni di chissà quali personaggi che non conoscevo. Le cerimonie erano sempre eterne, e letteralmente m'abbeveravo di quell'incredibile odore intenso dell'incenso, di quei colori e di quelle atmosfere indimenticabili. Da bambino non ne capivo nulla, ma proprio nulla, e come in lontananza avvertivo quanto si dicevano, pregavano, cantavano, celebravano. Non capivo il senso di quel andare avanti e indietro, alzarsi e abbassarsi, girare in tondo per la chiesa, o da una parte all'altra. Mi piacevano invece le statue dei condottieri in armi e a cavallo sospese sulle pareti, i dipinti coloratissimi, i Santi svolazzanti con gli occhi al cielo, le Madonne e gli angioletti paffuti, e le mille altre decorazioni vivissime che rappresentavano Venezia, la Serenissima Repubblica col suo Doge, e i suoi temibilissimi personaggi che paragonavo e confondevo con i *Cavalieri della Tavola Rotonda*. Entrare in quel chiesone, era per me un po' come andare al cinema, uno spettacolo bellissimo, curioso, un mescolare le cose dell'Arte, dello Spirito e della fantasia su Venezia, che cinquant'anni dopo mi porto ancora dentro vivissimo come passione inguaribile.

Per questo, alla fine, ci ho scritto sopra anche un corposo e denso romanzo: *"UN NIDO"*. Rievocare le storie e le vicende della vecchia Ca'Granda dei Frati dei Frari, è stato quasi un obbligo verso me stesso. Raccontare inscenando proprio in quel chiesone della mia infanzia colorata, quelle vicende e curiosità che ho mezze sognate racimolate, mezze rubate alla Storia e alla Tradizione di Venezia, è stata una soddisfazione personale, un'avventura immensa intellettuale e interiore che mi ha ripagato molto.

Ho posto in cima al *"forzuto"* campanile, che svetta su un angolo dell'illustre complesso della Ca'Granda la mia *"Karoulya veneziana"*, strappata e copiata al mistico mondo degli eremi del Monte Athos della Penisola Calcidica della Grecia, e *"ho condito"* tutta quella storia fantasiosa con quanto di più tipico conosco della *"mia"* Venezia.

Proprio qualche giorno fa, a un anno circa di distanza dalla pubblicazione del mio romanzo, sono riuscito a salire fino in cima a quella illustre torre dei Frari, che ho tanto sognato e vagheggiato. Ora, invece, provo a cimentarmi a scrivere qualche nota in queste mie solite **"Una curiosità Veneziana per volta"**.

I veneziani stessi sanno e non sanno … visitano e non visitano, spesso passano accanto e ignorano, nel senso che non s'interessano. Ci sono, invece, stranieri ben più informati di noi, che vengono ed entrano *"a colpo sicuro"*, e sanno gustarsi bene "certe *cose saporite e belle*" che contiene Venezia. Al contrario, noi Veneziani ci portiamo in giro e ci lasciamo come cullare da questo ambiente, che consideriamo "nostro", ma che forse non lo è abbastanza.

***

La **"Ca'Granda dei Frari"** è stata dunque una cittadella, una Venezia dentro alla Venezia Serenissima dei secoli. Oggi vediamo una grande basilica con ben nove absidi posteriori. Si tratta della terza di tre chiese che si sono succedute. Tutto è cominciato tanto tempo fa, nel lontano 1200, quando alcuni **Frati di San Francesco** si presentarono nelle lagune di Venezia pieni di buoni propositi.

I Veneziani di sempre sono di carattere un po' sospettosi, mercanti furbi, avezzi alle trattative e a pesare cose e persone, attenti ai guadagni e alle occasioni, ma anche a chi se la passa male o porta buone idee.

Appena arrivati a Venezia, i Frati vennero ospitati in alcune case e sotto i portici delle **Contrade di San Silvestro e San Lorenzo di Castello**. Vivevano all'inizio di elemosina e praticavano lavori umilissimi. Le cronache dell'epoca li raccontano: *"... faceano fatiche di sua mano, e con quelle e con le limosine viveano ... dando buon esempio a tutti ... et dormivano bene spesso ne' sottoportici delle Chiese...finché cominciavano ad aver notturno alloggio nelle case dei divoti ..."*

Per questo loro atteggiamento genuino ben presto i Frati Francescani ottennero protezioni ed aiuti dai Veneziani più agiati. Già nel 1234 **Giovanni Badoer** proprietario di un terreno acquitrinoso detto *"lacus Badovarius"* (*ossia zona d'acqua di proprietà Badoer*) che si trovava nelle contrade periferiche al confine estremo della Venezia di allora *(ossia San Stin e San Tomà)* donò ai Frati Minori, che già ne possedevano un altro nella stessa zona donato dai **Nobili Tiepolo**, un terreno con casetta costruita sopra. Fu l'inizio.

In quel primitivo luogo acquitrinoso rubato alla Laguna i Frati costruirono una prima chiesuola dedicata a **Santa Maria** e in soli cinque anni bonificarono tutta la zona.

Nel 1236 **Daniele Foscari** Procuratore del primitivo Convento comprò per 150 denari veneti da **Anselmo Rana** una casa con fondo adiacente per allargare ancor più l'abitazione dei Frati che aumentavano sempre più di numero. Da quel momento s'intrecciarono per secoli vicende numerosissime e interessanti su quella che piano piano divenne la **"Ca'Granda dei Frari"**.

Nell' aprile 1250 si costruì la seconda chiesa nella zona adiacente al ponte attuale con i simboli impressi dei Frati Francescani. Fu consacrata nel 1280 e conclusa solo nel 1338. Si trattava di un ambiente spoglio e disadorno, orientato in senso opposto all'attuale, col rimanente spazio davanti alla chiesa a far da orto per sostenere i Frati.

Quella prima chiesa venne demolita nel 1415 quando non era ancora terminata la nuova terza chiesa, che comprendeva la seconda.

Nel marzo 1249 e nel 1252, **Innocenzo IV** promulgò due *"bolle papali"* che concedevano indulgenze di 40 giorni a chi avesse contribuito con elemosine e donazioni alla costruzione della nuova chiesa e Convento dei Frari a Venezia da consacrarsi alla Madonna. Nel giugno dell'anno seguente, **Marco Ziani di Arbe** figlio del **Doge Pietro**, lasciò per testamento ai Frati Minori dei Frari per l'edificazione del Convento, una vigna nelle Contrade di Santa Giustina e di Santa Ternita nel Sestiere di Castello, e stabilì che le rendite di una sua casa presso la Contrada di San Giminiano, vicino a San Marco, dovessero essere impiegate in perpetuo per provvedere alle tonache dei frati che abitavano presso Santa Maria dei Frari.

Nel 1255 e nel 1261, anche **Papa Alessandro IV** indisse diverse nuove *"bolle d'indulgenze"* a favore dei Frati dei Frari di Venezia. Nell'occasione, il Doge **Raniero Zeno** acquistò da **Tommaso Stornato** per 450 lire di denari veneti dei soldi pubblici una proprietà che donò ai Frati per dilatare ulteriormente il nuovo convento. **Andrea Rana**, invece, con soldi propri regalò ai Frati un'altra proprietà *"pro dilatando Monasterio"*.

Nel settembre 1291, **Papa Nicola IV** accordò l'indulgenza di 1 anno e 40 giorni a chi visitasse facendo elemosina e preghiera gli altari di San Marco e della Madonna dei Frari nei rispettivi giorni di festa. Due anni dopo, **Primo da Ronco** istituì nel suo testamento 17 legati perpetui a favore dei Frati che furono pagati annualmente e senza interruzione fino al 1556.

Nel 1330 il **Maggior Consiglio** della Serenissima decretò l'interramento della *"piscina dei Frari"* per favorire l'ulteriore edificazione e allargamento della neonata *"Ca'Granda dei Frari"*. Quando nel 1348 si dedicò una delle nuove Cappelle con l'altare di San Michele, il nobile **Marco Michiel** finanziò il 14 maggio delle Messe da celebrare all'altare dell'Arcangelo. L'anno dopo arrivò dalla TerraSanta il corpo di **Gentile da Mantelica Frate Francescano** martirizzato in Persia nel 1340. Il suo culto fu sempre vivo alla Ca' Granda assieme a quello dei *Cinque Martiri Francescani del Marocco* uccisi nel 1219 e raffigurati ancora nelle pitture del 1535.

Dal 1340 si iniziò a costruire (*in cento anni !*) sul luogo dell'antico cimitero adiacente alla chiesa, uno dei massimi esempi di architettura archiacuta gotica. Si utilizzarono cospicue elargizioni da parte di ricche e potenti famiglie veneziane e di mercanti forestieri, soprattutto *Milanesi* e da *Monza*, che fecero dipingere nella chiesa della Ca'Granda i loro santi protettori: *Sant'Ambrogio* con mitria, pastorale e flagello, simbolo della sua lotta contro l'eresia ariana, e *San Giovanni Battista*.

A cinquant'anni dall'inizio della costruzione della terza chiesa, *Giovanni Corner,* fra 1417 e 1420, fece costruire la *Cappella dei Corner* dedicandola a San Marco Evangelista aggiungendo così un'ottava abside alla costruzione della nuova chiesa. La cappella però venne dedicata nel 1396 a Sant'Andrea su richiesta testamentaria di *Marsilio da Carrara*.

L'importanza del luogo della *"Ca' Granda"*, che divenne prestigiosa fin da subito, indusse Ambasciatori e persone nobili e illustri a desiderare di farsi seppellire proprio lì dentro. Nel 1336 si fece seppellire *Duccio Alberti*, Ambasciatore di Firenze a Venezia, e *Arnoldo d'Este* l'anno dopo.

Incominciati dalle absidi ottagonali, i lavori continuarono lentamente e fu pronto il transetto della chiesa solo nel 1361. Grosse elargizioni da parte delle famiglie: *Gradenigo, Giustiniani*, e del nobile *Paolo Savelli* parente di Papa, finanziarono la copertura della nuova chiesa. Ne derivò un ambiente con pianta a croce latina, a tre navate, divise da 12 pilastri collegati fra loro da catene lignee, e soffitto a volta a crociera archiacuta. Le absidi contenevano 3 cappelle minori per lato, e vennero date ad uso di Confraternite come quella dei *Milanesi* nel 1361, e dei *Fiorentini,* o a nobili famiglie come i *Bernardo* e i *Corner*, che ne comprarono i *"diritti"* e le ornarono a loro spese. Le pareti laterali vennero affrescate, e solo in seguito furono ricoperte da grandi monumenti sepolcrali. Ad un certo punto della costruzione le absidi crollarono, perciò si cambiarono le architetture, e si sovrapposero muri nuovi nascondendo per secoli o per sempre alcune antiche pitture (*riapparse oggi*).

I **Mercanti Fiorentini** fecero infiggere nei muri esterni della loro cappella i **"Gigli"** di Firenze in pendant con i **"Leoni Marciani"**, perché fosse sempre chiaro a tutti chi comandava a Venezia.

Nel 1346 si convocò e si tenne nella Ca'Granda dei Frari il **Capitolo Generale dell'Ordine dei Francescani** con Ministri Provinciali e delegati provenienti da tutta l'Europa, ospitando circa 1.500 persone. Per l'occasione **Papa Clemente VI** concesse molti privilegi per la progressione dell'ordine dei Frati Minori.

Il 12 febbraio 1353 il Nobile **Lion Nicolò Procuratore di San Marco** lasciò tutti suoi averi alla fabbrica dei Minori dei Frari riconosciuti come suoi benefattori per la recuperata salute. Venne così fondato la chiesa e il chiostro di **San Nicoletto della Lattuga** ossia il terzo chiostro della Ca'Granda.

Nel 1361, **Olda** moglie di un Notaio il cui figlio era Frate ai Frari desiderò esservi sepolta, perciò nel testamento lasciò una somma ai Frati perché si occupassero del suo Funerale e dell'acquisto delle necessarie candele.

Secondo l'iscrizione di fondazione in caratteri gotici murata all'esterno, dal 1361 **Jacopo Celega** iniziò, e il figlio **Pierpaolo** nel 1396 terminò di costruire il campanile-torre di 70 metri, secondo in altezza solo a quello di San Marco, alto quasi cento metri. La spesa fu inizialmente sostenuta con 8.000 ducati d'oro dalla famiglia di **Tommaso Viaro** Frate ai Frari e poi Vescovo di Trebisonda. Quando i Frati terminarono i soldi, vennero finanziati nella costruzione dai **Mercanti della Confraternita dei Milanesi.** Del 1395 è l'atto di pagamento e messa in opera dei piombi della copertura piramidale del campanile. Del 1480 è, invece, la notizia del danno di un fulmine che distrusse la cuspide e la parte terminale della torre. Oggi infatti la sommità del Campanile è conclusa da un ottagono con nicchie e copertura a falde.

Procedendo nel tempo ... Nel 1369 un funesto incendio aggredì la neonata **"Magna Domus Venetiarum o Ca'Granda dei Frari"**, in cui morì il **Beato Carissimo da Chioggia**, ma il Convento e la chiesa vennero ricostruiti e ampliati più grandi e magnifici di prima.

Del 28 settembre 1370 è la notizia di una sacra rappresentazione e di una bellissima festa con canti e processione, che da quell'epoca si svolse ogni anno nella Ca'Granda Frari. Si commemorava *"la Donna-Madonna"* nel giorno in cui fu offerta al tempio di Gerusalemme. E' la più antica attestazione della **Festa della Presentazione di Maria al Tempio** introdotta in Occidente e a Venezia da **Philippe de Mezieres**.

A Venezia però accaddero anche episodi di vita qualsiasi. Nel 1373, ad esempio, i giovani artigiani **Pietro Giustiniani** e **Zanino Condulmer** e parecchi ragazzi furono sorpresi mentre tiravano pietre contro il dormitorio dei Frati Minori dalla parte della riva della Contrada di San Stin. Tre anni dopo, il **Maggior Consiglio della Serenissima** destinò 200 lire d'oro di grossi alla ricostruzione del Convento dopo che i 1000 ducati d'oro donati da **Marco Gradenigo** si erano dimostrati insufficienti … In quegli stessi anni il futuro **Papa Francescano Sisto IV** ossia **Francesco Della Rovere** viveva nel Convento dei Frari come *"Lector philosophiae"*.

Nel 1428 il Diarista Veneziano **Marin Sanudo** spiegò che a spese dei Frati fu costruito il nuovo Ponte dei Frari, all'epoca della demolizione della chiesa vecchia, per facilitare l'accesso da San Polo a Rialto e in sostituzione di un altro ponte poco lontano cadente e vetusto. I Frati vollero che il nuovo ponte fosse un luogo d'immunità per i delinquenti e che perciò non si potesse catturarli ed arrestarli sopra. Il ponte doveva essere considerato posto sacro, perché un tempo *"… la chiesa dei Frari era lì, et era lì la capella granda, che adesso è voltada …"*

Tra 1432 e 1434 il Vescovo di Vicenza **Pietro Miani o Emiliani** fece costruire a ridosso del campanile la Cappella Emiliani o di San Pietro. Qui inizialmente venne collocato uno strano Crocifisso in legno del 1200 considerato miracoloso, alto 3m e mezzo e largo 2,36. Era talmente considerevole l'afflusso, le elemosine e l'interesse della gente e dei devoti per quel Crocifisso, che nel gennaio 1489 si dovette incaricare un Frate di occuparsi stabilmente e in esclusiva di quella Cappella e di quella devozione.
Nella stessa **Cappella del Crocifisso Miracoloso**, nel 1579 cominciò a tenere le proprie funzioni la **"Scuola della Passione"**, che divenne una delle più

importanti dell'intera Venezia. Più tardi, nel 1672, il **Guardian Grando Agostino Maffei** commissionò a **Baldassare Longhena** e **Giusto Le Court** un nuovo altare del Crocifisso, posto dove sorge oggi il monumento funebre a Tiziano.

La Sacrestia con la **Sala del Capitolo** sono, invece, le parti più antiche dei Frari. Venne costruita verso la metà del 1400 mentre si stava ancora costruendo la terza chiesa, e comprendeva la **Cappella Pesaro del Ramo di San Benetto**, ossia il monumento funebre di famiglia dei Pesaro, che commissionò per il loro altare un trittico al **Bellini** con *"Vergine in trono e 4 Santi"* eseguito fra 1478 e 1488. La tela del Bellini è ricca di significati e simboli reconditi: i *"Pastophoria"* dorati degli sfondi, *"l'otto della rinascita"* nel piedistallo ottagonale, *"il cinque delle piaghe di cristo"* reso con 5 lumi-luci perpetue, i cinque gradini del piedistallo, e il disegno della firma in 5 parti.
Nella stessa Sacrestia si seppellì in seguito anche **Franceschina Tron**, moglie di **Pietro Pesaro** e madre di **Benedetto, Nicolò e Marco**.
Nello stesso luogo della Ca' Granda veniva conservata una serie impressionante e preziosissima di **Reliquie**, che per secoli ha calamitato la devozione di una folla di fedeli e Pellegrini. La più importante era quella del **Preziosissimo Sangue**. Consisteva in un'ampolla di cristallo contenente del balsamo con frammiste alcune gocce del **Sangue di Cristo** cha sarebbero state raccolte da **Maria Maddalena** ai piedi della **Croce sul Monte Calvario**. Vera o falsa che fosse, la Reliquia si trovava nella chiesa di **Santa Cristina di Costantinopoli** dove era veneratissima. Nel 1479 venne trafugata e venduta al **Capitano da Mar** della flotta veneziana **Melchiorre Trevisan**, che tornato a Venezia l'anno seguente, la donò alla Ca'Granda dei Frari.

Nel settembre 1439, **Graziosa** vedova di **Alvise De Marchi** lasciò una somma per continuare la fabbricazione del Convento dei Frari, che per mancanza di fondi procedeva molto a rilento: la costruzione raggiungeva solo la facciata. Il **Senato** della Repubblica nel 1443 decise allora di devolvere per la fabbrica e i suoi bisogni i frutti d'una grande somma di denaro depositata presso gli *"Imprestidi"* che prima veniva devoluta al mantenimento del Convento dei Minori a Pera presso Costantinopoli distrutta dai Turchi, che espulsero i Francescani andati a rifugiarsi proprio nella Ca'Granda dei Frari a Venezia.

Nel 1440 la *"nuova terza chiesa"* non era stata ancora terminata, nonostante le numerose donazioni dei ricchi benefattori, a cui s'associarono anche i **Mercanti Fiorentini**. A Venezia intanto, stava *"esplodendo"* il **Rinascimento**.

Il 4 luglio 1455, **Papa Callisto III** concesse nuove indulgenze legate alla festa di San Bernardino a favore del grande cantiere della Ca'Granda dei Frari, imitato dal **Patriarca Maffeo Contarini**, che concesse indulgenza a chi avesse visitato l'altare di San Bernardino nella *"Domo Magna dei Frari"*. Anche **Pio II** accordò nuove indulgenze ai Frari in risposta alla supplica del **Cardinale Pietro Barbo,** che vi aveva fatto seppellire lì i propri genitori.

Nel febbraio 1469 la Ca'Granda dei Frari venne scelta per ospitare il **Capitolo Generale dell'Ordine dei Francescani** dall'allora Padre Generale dei Francescani divenuto poi **Papa Della Rovere**. Nell'occasione si decise che chiunque visitasse devotamente e soprattutto elargendo elemosine la Ca'Grande durante le occasioni già stabilite e nelle feste di San Francesco e Santa Caterina fosse premiato con generose indulgenze. Addirittura: nella festa di San Francesco si sarebbe potuto *"guadagnare-lucrare"* il doppio **(!)** delle indulgenze plenarie previste. Il **Senato** di Venezia, per non essere da meno del Papa, decretò che la festa di San Francesco fosse considerata a Venezia festa pubblica da celebrare con solenne cerimonia con la partecipazione di tutta la Signoria e del Doge.
Solo nel 1469 si consacrò l'Altar Maggiore della nuova terza chiesa, completandolo nel 1516 con due colonne scanalate e una ricca trabeazione per ospitare la tela della famosa *"Assunta"* del Tiziano inaugurata il 20 marzo 1518.
Arrivato il 1475, il nobile **Jacopo Morosini** divenne Procuratore della Chiesa della Ca'Granda dei Frari, e decise di aggiungere il rivestimento in pietra scolpita che avvolge tuttora il *"Barco del Coro dei Frati"*.

Nel 1477 il Papa Francescano-Veneziano ex Ca'Granda **Sisto IV** riconobbe come universale il dogma dell'**Immacolata Concezione di Maria**.

Nell'occasione concesse con apposita bolla *"Cum Praecelsa"* speciali indulgenze a coloro che avessero assistito ai riti il giorno della festa. Due anni dopo ne redasse la *"bulla aurea"*, con cui accordava indulgenze a chi avesse contribuito alla manutenzione di chiese e cappelle dei Frati Mendicanti.

L'anno seguente fu anno di peste per Venezia e anche per la Ca'Granda dei Frari ... Di rimbalzo ai macabri esiti dell'epidemia, nella Ca'Granda affluì un fiume d'elemosine, lasciti, donazioni e testamenti ... facendola diventare sempre più *"Magna-Granda"*.

Altra nuova committenza della **Cappella dell'Arcangelo San Michele** avvenne nel 1480 da parte della Nobile Famiglia **Trevisan**. La Cappella venne dedicata anche alla devozione francescana delle ***"Stigmate e delle piaghe di San Francesco"*** considerate prolungamento della ***"Passio Cristi"***. In quella stessa Cappella venne posta anche la Reliquia considerata miracolosa del Sangue di Cristo proveniente da Costantinopoli, molto venerata ufficialmente dalla Serenissima, che veniva portava in **Solenne Processione** annuale per tutta la Contrada e oltre insieme ai **Confratelli di San Rocco** come ricordato da **Sansovino**.

Nel maggio 1483, il **Papa Veneziano Sisto IV** lanciò l'interdetto sui Veneziani a causa dell'assedio di Ferrara. Tutti i Frati presenti a Venezia ricevettero l'ordine di abbandonare la città e in centinaia andarono in esilio abbandonando chiese e Conventi mentre la Serenissima col Patriarca cercava di conservare la *"normalità della religione"*.

Nicolò Pesaro, uno dei grandi nobili protettori, benefattori e committenti della Ca'Granda dei Frari fu costretto dalla Serenissima a coprire l'incarico di **Proveditor della Guerra di Ferrara** e poi di fungere da negoziatore col Papa.

Nel 1486 iniziò la costruzione del secondo chiostro, detto di **Sant'Antonio**, sostenuto da 32 eleganti pilastrini e terminato solo nel 1570 ... Nel 1490 il campanile della Ca'Granda dei Frari venne colpito da un fulmine ... Nel 1487, **Bartolomeo Vivarini** collocò nella **Cappella Bernardo** un suo polittico rappresentante: ***"La Vergine in trono col Bambino e quattro Santi e un'immagine del Cristo Passo"***.

Finalmente: il 27 maggio 1492 la chiesa di Santa Maria Gloriosa dei Frari venne consacrata. Accanto era sorto il Convento della Ca' Granda dei Frari, che divenne uno dei Conventi più grandi di Venezia, capace di ospitare Frati in ben 300 celle e diversi dormitori. Per la Ca'Granda passarono uomini illustri, fra i quali **Francesco Dalla Rovere** che divenne poi **Papa Sisto IV**, e **Felice Peretti di Montalto** che divenne **Papa Sisto V** dopo essere stato il Capo della Santa Inquisizione di Venezia con sede appunto nella Ca' Granda dei Frari, come lo furono: **Lodovico Donato** poi Generale dell'Ordine e **Urbano IV**.

Il 13 agosto 1506 accadde un grosso furto nella Ca' Granda, che indusse **Papa Giulio II** a minacciare di scomunica i ladri che rubarono: calici e animali.

Al tempo della famosa divisione fra **Francescani Osservanti** e **Francescani Conventuali** sancita dalla Bolla di **Leone X**, **Fra' Germano da Casale**, Guardian Grando del convento della Ca'Granda dei Frari era amico ed estimatore di **Tiziano** che aveva solo 26 anni. Gli commissionò il quadro dell' *"Assunta"*.

In quell'epoca c'era in atto anche a Venezia una grande disputa-questione-discussione sull'Immacolata Concezione della Madonna. Tiziano lavorò velocemente, e in soli due anni provò ad esprimere sulla tela quel concetto difficile che avrebbe potuto rappresentare l'Assunzione dell'Immacolata nella chiesa della Santa Maria Immacolata Gloriosa dei Frari.

Una diceria-leggenda racconta che quando venne scoperta la pala era talmente nuovo il modo di proporre le figure degli Apostoli, che si agitavano in posizioni contrapposte e con le braccia alzate, che per prima cosa i Frati chiesero scandalizzati di toglierla dall'altare. L'Assunta veniva rappresentata con un corpo massiccio sinuoso, quasi procace, dentro a un gioco di luce che cambiava passando dalla tiepida luce terrena allo splendore luminoso dell'Infinito di Dio. Dio Padre in alto apriva le braccia ad accogliere *"la donna che sale"*. In diversa gente della Ca' Granda era pressante quella specie di anelito a *"Salire Oltre"*, al di là del solito vivere di sempre, del solito tangibile scontato e concreto reale quotidiano, un cambio di dimensione, di mondi, amato e cercato dagli uomini della Ca'Granda. Perciò la nuova tela vene accettata e rimase sull'Altar Maggiore ... e con quell'opera Tiziano ebbe grande successo e ricevette molte altre nuove commissioni.

E si giunse così al 1519 ... Fra coloro che finanziarono a Tiziano il quadro mistico e misterioso dell' *"Assunta"* ci fu probabilmente anche il **Vescovo Jacopo Pesaro del Ramo Nobiliare di San Stae**, che gli commissionò anche una pala per l'altare di famiglia pagandogliela 96 ducati, più altri sei per il costo del telaio. Fra 1541 e 1568 la Nobile Famiglia **Pesaro** ebbe stabilmente sedici-diciotto membri presenti nel Maggior Consiglio della Serenissima, di cui *Giovanni Pesaro* fu Doge nel 1658-1659. Tiziano stavolta impiegò ben sette anni per dipingere la tela con numerosi ripensamenti. L'altare su cui si doveva porre la pala era quello dedicato all'Immacolata Concezione, ceduto *"in affitto"* dai Frati alla famiglia Pesaro che si impegnò, tra l'altro, a far celebrare una Messa in occasione della Festa dell'Immacolata, a fornire il desinare per i Frati della Ca' Granda la sera della festa, e offrire in quel giorno un grande pranzo a tutti i poveri della Contrada.

Jacopo Pesaro era anche **Ammiraglio** della flotta pontificia di **Papa Borgia** di cui comandò venti galee papali nella battaglia contro i Turchi, vinta a Santa Maura nel 1503. Il Pesaro sapeva vincere quindi sia nelle cose politiche che in quelle dello spirito, essendo anche *Vescovo di Pafo*.

Anche in quella tela Tiziano ci mise secondo i gusti dell'epoca *"del mistero"*. In alto due angioletti, sopra una nuvola, raddrizzano la croce di Cristo. E' *"la nuvola fra Cielo e Terra"* presente anche nell' *"Assunta"*. Rappresenta *"La nube della non conoscenza"*, la nuvola che si frappone tra Dio e gli uomini. Quel frammento di mistero e insignificanza che distingue quotidiano da eterno, l'ombra del vivere e la luce della verità ultraumana e oltre mondana. Non erano per niente banali e stupidi i Veneziani e gli artisti del 1500. Ancora nel 1733 si celebravano su quello stesso altare Messe di Suffragio secondo il testamento di **Gerolamo Pesaro** e dei suoi genitori con l'accensione di un *"torcio-candela"* davanti al suo sepolcro il giorno dei Morti.

Nel 1468, nel bel mezzo della chiesa della Ca'Granda, fra 4° e 6° pilone, i fratelli **Francesco e Marco Cozzi** completarono il *"Barco dei Frati"*, ossia il grande coro ligneo con 124 stalli disposti in tre ordini, che qualche anno dopo verrà circondato da un sontuoso *"septo"* marmoreo in cui sono rappresentati i busti in rilievo di Profeti, Patriarchi, Apostoli e Dottori della Chiesa.

Un'altra diceria a cavallo con la leggenda racconta che in quei volti erano rappresentati i Frati della Ca'Granda, che erano all'epoca più di cento, e i poveri diseredati che spesso venivano ospitati e soccorsi nel grande e ricco Convento. L'ultimo in basso rappresentato a destra è il Procuratore della Ca' Granda **Giacomo Morosini** col suo motto: *"Solo Deo honor et gloria"*. Ai lati estremi non potevano mancare a sinistra Sant'Antonio e a destra la statua di San Francesco: i due *"mostri sacri"* dei Francescani. In mezzo al grande **Barco dei Frati**, sopra l'ingresso centrale, si nota un Crocifisso, forse eseguito da **Andrea Verrocchio**, con la *"Vergine Donna"* e San Giovanni.

Un secolo dopo, nel luglio 1581 il Guardian Grando **Frà Domenico Carli** dichiarò fra le altre cose al **Visitatore Apostolico Lorenzo Campeggio**: *"…Fratres eiusdem monasterii, comprehensis Sacrae Theologiae magistris, baccalaureis, aliis fratribus novitiis, et aliis de familia ipsius conventus centum in totum existere …"*

Da una nota di spesa tratta dai Libri dei Conti della Ca'Granda dei Frari, si evince che fra 1506 e 1520: *"… si spendevano lire 1 e soldi 10 per il vin bianco e il prete che cantava in coro, e lire 10 per vin bianco e nero per la messa e dato ai cantori del coro in più volte …"*

Nel 1514 venne sepolta con tutti gli onori in chiesa ai Frari: *"… una honorata et nominata meretrice"* conosciuta col nome di *"Anzola chaga in calle"*… Nel 1517 ci fu la concessione e committenza di **Nicolò fu Silvestro Valier** per la **Cappella della Purificazione** prima dedicata a San Bernardino … e sul finire dello stesso anno, siccome si riparlava di nuova Crociate, come riporta il diarista della Serenissima Marin Sanudo: *"… in Colegio vennero molti Frati di San Francesco della Cha Granda, per certi danari di la Cruciada …"*

Il 2 di agosto del 1521 la **Badessa di Santa Chiara**, nobildonna di 106 anni accompagnata da 6 monache Francescane Conventuali, apparve di fronte al **Collegio** della Serenissima. Le sorelle protestarono per il fatto, secondo il solito diarista Sanudo: *"… che per le Monache Observanti non li era dato el suo viver e crepavano di fame, cossa da non poter suportar …"* Le Monache erano state accompagnate da alcuni parenti e dal **Guardiano Grando Magister Germano della Ca' Granda dei Frari**.

Otto anni dopo, si destinarono 300 ducati ad alcuni Conventi e Monasteri selezionati dal Collegio Ducale della Serenissima, fra cui la Ca'Granda dei Frari, in cambio di preghiere per tre giorni consecutivi per il benessere dello Stato … Nel 1549, invece, morì **Girolamo Pesaro di Benedetto**, che chiese per testamento la sepoltura nella Cappella di famiglia nella Sacrestia della Ca'Granda con monumento di fronte a quello del padre. Chiese anche il privilegio di essere sepolto con l'abito dell'Ordine dei Frati Mendicanti Francescani e di celebrare delle Messe ad **Assisi** per la sua Anima. Fece dei lasciti a molte chiese francescane di Venezia: oltre alla **Ca' Granda dei Frari**, a **Santa Maria Maggiore**, **Santa Chiara**, **Santa Croce**, **Santo Sepolcro e Santa Maria dei Miracoli** dedicata all'Immacolata Concezione. E già che c'erano … Il figlio di Girolamo: **Benedetto** offrì per gratitudine 25 ducati in elemosina alla solita Ca'Granda dei Frari.

Nel 1550 si registrò la presenza nella Ca'Granda dei Frari di 110 Frati, fra cui **Antonio Barges** come **Maestro di Musica di Cappella**. Solo la Ca'Granda possedeva una Cappella Musicale oltre alla Basilica di San Marco, che era **Chiesa Dogale** … Nel 1564 il Convento della Ca' Granda spendeva 18 ducati annui per l'organista e 12 ducati annui per il Maestro di Cappella per insegnar a cantare ai Frati e ai Fratini, e come *"suo salario di Cantar in chiesa"*. Spendeva inoltre 20 ducati per cantori e strumentisti per le feste dell'Assunta e di San Francesco, Natale, tutta la Quaresima e tutte le feste di Pasqua … Si davano anche 12 ducati annui al campanaro *"… per sonar campane, governar l'orologio e alzar i mantesi dell'organo"*.

Negli anni '70 del 1500, l'Astronomo danese **Tycho Brahe** scoprì in Cielo una nuova Stella. Sorprendentemente l'Universo Celeste non era immutabile come si credeva, ma *"... vivo, mutevole e cangiante"* ... Stava iniziando un'imponente polemica storico-religioso-politica.

Nel frattempo la Ca' Granda dei Frari s'era arricchita di ben tre chiostri lungo il cui perimetro sorsero il Refettorio estivo e quello invernale dei Frati, e una nuova Sala Capitolare. Il chiostro più bello e grandioso era quello della *Trinità*, seguito da quello di *Sant'Antonio*, e da quello piccolo di *San Niccolò della Lattuga* a cui era annesso un vastissimo orto, che vendeva i suoi prodotti anche al mercato di Rialto. Il Chiostro della Trinità era chiamato anche *Chiostro Pubblico o Chiostro dei Morti*, ed era aperto alla popolazione delle vicine Contrade che attingeva l'acqua dal pozzo. Quell'acqua venne utilizzata per uso domestico fino a dopo la Seconda Guerra Mondiale. Negli stessi Chiostri si iniziò ad ospitare le sedi di alcune delle numerosissime Scuole di Arti e Mestieri o Confraternite di Devozione sparse per tutta Venezia. Fin dal 1261 vi trovò spazio la *Scuola della Madonna e di San Francesco dei Mercanti*. Dal 1435 la *Scuola della Beata Vergine e di San Giovanni Battista* riservata ai *Mercanti Fiorentini* e quella di *Sant'Ambrogio e San Giovanni Battista dei Mercanti Milanesi*. Quattro anni dopo i Frati ospitarono la *Scuola di Sant'Antonio da Padova*, che divenne con la *Scuola della Passione*, una delle più importanti e famose Confraternite dell'intero Veneto. Nel 1443 arrivò la *Confraternita di San Lodovico*, e dieci anni dopo la *Scuola di San Bernardino*. Nel 1498 fu il turno della *Scuola dell'Immacolata Concezione*, nel 1563 quello della *Scuola e Sovvegno di Santa Maria della Neve* e della *Scuola del Salvatore dell'Arte degli Spezieri da Medicine*. A metà del 1600 la Ca'Grande ospitò il *Collegio dei Medici di Venezia*, dal 1660 il *Sovvegno dell'Immacolata Concezione dei Lavoranti Pistori*, e nel 1666 il *Suffragio degli Agonizzanti del Santo Nome di Gesù*. Dal 1728 trovò sede la *Scuola dei Chirurgi*, mentre l'anno prima giunse la *Compagnia di Ognissanti dei Cassellanti*, e si ospitò pure la *Corporazione di Mestiere di San Michele dei Pignatteri, Vasai e Boccaleri* ... Insomma: un andirivieni formidabile di usi, costumi, persone, lavoro, socialità, soccorso pubblico e devozione.

In quei chiostri passò intorno al 1592 anche *Galileo Galilei, "Il Messaggero delle stelle"*, proveniente da Pisa e residente a Padova dove insegnò

Matematica, Meccanica, Astronomia e Architettura militare. In Venezia e soprattutto fra le mura della Ca'Granda ferveva la curiosità e la passione per la conoscenza *"dei mondi ulteriori delle Stelle"*, che si scopriva essere ben diversi da quanto si era fino ad allora creduto. Esisteva *"un Oltre e dell'Altro"* da scoprire e conoscere al di là delle conoscenze classiche ufficiali e limitate.

Si trattava di una sorta di sfida che si giocava nelle menti degli intellettuali e fin su in cima al campanile della Ca'Granda. L'Inquisizione di Venezia e soprattutto di Roma non gradirono tutto quel pensare che rivoluzionava il *"sapere certo"* di cui la Chiesa si considerava l'unica depositaria incontestabile. Per difendere quella *"sua verità"*, la Chiesa non badò a spese, e soprattutto non lesinò denunce, processi, torture, condanne e roghi.

Ma ormai era cosa certa e fatta ... Il mondo era cambiato e non si poteva più tornare indietro ... Dai giorni del **Rinascimento**, l'uomo non fu più considerato centro del mondo, né si credette più che tutto l'Universo ruotasse intorno a lui e alla Terra. L'immagine cosmica della Terra immobile circondata dall'aria e dal fuoco, con Sole, Luna e Pianeti che le giravano intorno non contò più nulla. Il mondo delle Stelle non fu più considerato immutabile, e di certo non conteneva più *"quell'Aldilà"* in cui si doveva trovare *"la dimora di Dio e dei Santi Beati"*. La terra girava su se stessa, e girava anche intorno al Sole.

Erano di certo idee rivoluzionarie oltre che nuove, perciò vennero considerate insieme blasfeme e capaci di procurare rovina e morte a chi le professava apertamente. **Copernico**, infatti, pubblicò le sue idee solo nel 1543, anno della sua morte, presentandole solo come semplice ipotesi ... **Galileo Galilei** presente a Venezia, confermò, invece, ampiamente con le sue osservazioni le intuizioni scoperte di Copernico, rivoluzionando le certezze di una tradizione millenaria seguita fin dai tempi dell'antico Aristotele.

Così scrisse Galileo all'Astronomo tedesco Kepkero: *"Da qualche anno mi sono convertito alla dottrina di Copernico. Grazie a questa, ho scoperto le cause di un grande numero di effetti naturali che confermano le sue ipotesi. Ho scritto su questa materia molte considerazioni che fino ad oggi non ho osato pubblicare ..."*

La storia racconta che a Venezia l'*Inquisizione*, con sede proprio nella Ca'Granda dei Frari, arrestò il **Filosofo Domenicano Giordano Bruno**, che estradò a Roma dal Papa e dal Cardinale Bellarmino. Questi gli imposero di abiurare le sue affermazioni, e di fronte al suo rifiuto lo dichiararono eretico e lo bruciarono giusto nell'anno 1.600. La sua colpa principale fu quella di considerare Dio come l'intelligenza dell'Universo inteso come mondo infinito in cui le Stelle erano tanti Sole circondati da Pianeti abitati come la Terra.

Nel 1604 apparve un'altra nuova Stella nella Costellazione del Sagittario, che attirò l'attenzione degli Astronomi di tutto il mondo. **Galileo** osservò e studiò a Venezia la nuova stella, e manifestò le sue idee incontrando personalità e amici di tutta Europa durante le feste e i ricevimenti tipici del mondo della Serenissima. L'*Inquisizione di Venezia* lo denunciò subito, accusandolo di non frequentare la chiesa, di avere una vita dissoluta, di non vivere da sposato convivendo con una veneziana da cui aveva avuto tre figli. Galileo Galilei stava diventando un buon candidato per i processi e il rogo, ma la Repubblica di Venezia lo protesse efficacemente dall'Inquisizione, anche perché il Senato intuiva l'utilità militare delle sue scoperte.
Nel 1609 sempre a Venezia, e probabilmente *"... nei luoghi dei circoli sapienti e curiosi della Ca'Granda dei Frari ..."*, lo stesso **Galileo** scrisse: "
... Da circa dieci mesi si è sparsa a Venezia la notizia, che era stato presentato in Fiandra un occhiale fabbricato in modo tale che faceva sembrare molto ravvicinati gli oggetti più lontani. Questo effetto mi sembrò così meraviglioso che ne feci il soggetto delle mie riflessioni: l'apparecchio doveva fondarsi sulla scienza della rifrazione. Dopo diverse prove, non guardando né alla fatica né alla spesa, sono arrivato a costruire uno strumento che ingrandisce di otto volte gli oggetti. Al

profondo stupore di Sua Signoria e del Senato di Venezia tutto intero, ho fatto la dimostrazione del mio occhiale. Numerosi senatori, malgrado la loro età, sono saliti sui più alti campanili di Venezia. Attraverso l'occhiale, hanno scoperto dei vascelli che non sono apparsi ad occhio nudo che due ore più tardi. Applicando un occhio contro l'occhiale e chiudendo l'altro, ciascuno di noi ha visto distintamente le cupole e la facciata della chiesa di Santa Giustina di Padova ..."

L'anno dopo, ancora **Galileo Galilei** definito *"lo Studioso della verità"*, continuò a scrivere rimanendo al sicuro a Venezia: *"... La Via Lattea non è nient'altro che un ammasso di Stelle innumerevoli raggruppate in piccoli mucchi ... Il sette gennaio del corrente anno 1610, alla prima ora della notte, mi si presentò Giove ... Mi sono accorto che c'erano quattro stelline poste vicino a Giove, quattro pianeti che dall'inizio del mondo fino ai nostri giorni non erano mai state visti. Il giorno seguente trovai le stesse stelle disposte in maniera assai differente ... Nessuno può dubitare che esse descrivano un'orbita intorno a Giove ..."*

Intanto continuò a dimostrare la presenza nel Cielo di *"... stelle, strade e vie inimmaginabili ... perché il Cosmo non ha confini ... "*, e pubblicò le sue scoperte nel libro-studio: *"Sidereus Nuncius"*, che vendette in pochi giorni cinquecento esemplari: *"Abbandonando le cose della terra, mi sono portato verso l'esplorazione del cielo. Sono stato sorpreso di vedere che sulla Luna il limite tra l'ombra e la luce è molto irregolare. Il suolo lunare è, come la superficie della terra, disuguale e accidentato. Contrariamente a ciò che ha creduto una armata di filosofi, la Luna non è un corpo celeste perfetto ..."*

I Filosofi della vecchia scuola negavano l'esistenza di montagne sulla Luna, perché contraddicevano la sua natura perfetta, tipica di ogni corpo celeste. Giunsero perfino a mettere in discussione *"la verità"* mostrata dal cannocchiale di Galileo Galilei: *" ... Che questi signori possano credere che c'è nel mio occhiale qualche trappola ingannatrice, mi pare veramente una cosa sorprendente. La fabbricazione e la teoria di questo occhiale dipendono dalla conoscenza Matematica delle leggi di rifrazione che io insegno"*.

Alla fine, Galileo Galilei lasciò Venezia e l'Università di Padova perdendo la preziosa protezione della Repubblica Serenissima di Venezia. Proseguì le sue osservazioni a **Firenze** scoprendo anche le fasi di Venere, simili a quelle della Luna. Neanche immaginava che cosa lo aspettava a Roma, e quali traversie e umiliazioni personali e intellettuali avrebbe dovuto affrontare a causa del Papa, del Cardinale Bellarmino e dell'Inquisizione. Trovò un po' di quiete solo in età tardissima, sopravvivendo a minacce di tortura, angherie, ritrattazioni, sequestro dei suoi libri, processi e tutto il resto.

Tornando alla **Ca' Granda dei Frari** a Venezia ... Il 6 maggio 1631, venne condannato un Frate al bando a vita, e in seguito detenuto nelle prigioni dei Capi dei Dieci della Serenissima, e ancora: espulso in perpetuo dall'Ordine dei Francescani dal **Commissario della Provincia di Sant'Antonio**. Secondo la denuncia presentata da alcuni Frati Conventuali della Ca' Granda dei Frari: *"...il Frate per compiere un furto sacrilego aveva rotto un muro nella chiesa dei Frari, ed era entrato in Sacrestia, dove aveva rubato tre calici di gran valore. In seguito li aveva battuti e fusi e tentato di venderli per soddisfare i suoi immoderati piaceri. L'aveva aiutato un diacono, che portava armi sotto l'abito da prete, e avevano svaligiato anche tutte le stanze del Convento, e rotto la cassetta delle offerte della Madonna del Pianto ... Inoltre, i due convivevano con meretrici e spesso assaltavano armati gente secolare per soddisfare le loro diaboliche intenzioni, procurando uno scandalo enorme ..."*

Nell'agosto 1635 il **Generale dei Frati Conventuali** supplicò la Signoria Serenissima di provvedere alla riduzione del numero degli studenti e dei lettori residenti nella Ca'Granda dei Frari, perché erano eccedenti alle possibilità di mantenerli nel Convento.

Fra 1650 e 1718, fra i 106 Frati presenti negli spazi della Ca'Granda, visse il **Frate Conventuale Vincenzo Coronelli**: **Cosmografo ufficiale della Repubblica**, autore di atlanti, carte, globi, ideatore dei Murazzi del Lido e di Pellestrina, storico con in mente di redigere un'Enciclopedia Universale in 45 volumi di cui editò solo i primi sette. Verso il 1708 pubblicò una serie di quindici immagini della Ca'Granda, che furono inserite nel volume **"Singolarità di Venezia"**. Coronelli fu anche Generale dell'Ordine dei

Minori Francescani, oltre che Guardian Grando della Ca'Granda dei Frari, dove fondò l'**Accademia degli Argonauti**, e attivò un atelier tipografico e d'incisione.

Giunto il 1660, **Padre Nuti** scrisse per la Ca' Granda dei Frari: **"Diario veneto o storia della Magna Domus dalla fondazione al 1660"** di cui una copia all'inizio del 1800 si conservava ancora nella Biblioteca dei Camaldolesi di San Michele di Murano. L'anno dopo, secondo le **"Redecime del Monasterio de Santa Maria di Fra Minori della Ca' Grande dei Frari"**, il Convento possedeva una rendita annua di 197 ducati provenienti da soli immobili posseduti in Venezia ... Nel dicembre 1665, Padre **Agostino Maffei** lasciò ducati 1.333 dei suoi averi di famiglia per eseguire lavori in chiesa e restaurare l'organo della Ca'Granda dei Frari ... Nel 1689 venne fatto erigere da **Fra Giuseppe Cesena** il pozzo, con la statua di Sant'Antonio nell'omonimo secondo chiostro.

Saltando fino al 1712, il Convento della Ca' Granda dei Frari possedeva una rendita annua di 520 ducati da immobili posseduti in Venezia ... **Fra Antonio Pittoni** fece innalzare nel Chiostro della Trinità da **Giovanni Trognon** il pozzo monumentale ornato da varie statue scolpite da **Francesco Penso detto Cabianca.** Fu forse l'ultimo gesto artistico prestigioso realizzato nel grande complesso della Ca'Granda. Poi iniziò una lenta stagione di declino scandito da mille dettagli curiosi *"al ribasso"*, che sfociò infine nello sfacelo della trista stagione Napoleonica.

Il 22 luglio del 1732, un Religioso si offrì di imbiancare tutta la chiesa a sue spese e nell'occasione di togliere tutte le numerose tombe pensili rimuovendo un vecchio organo inoperoso e prominente ... Allo stesso proposito, fra 1732 e 1796, si costruirono due organi ai lati del **Barco del Coro** della Ca' Granda: quello di **Giovanni Battista Piaggia** a sinistra, e quello dell'estense **Gaetano Callido** a destra ... Alla fine del decennio, il Convento possedeva ancora una rendita annua di 707 ducati provenienti da soli beni immobili posseduti in Venezia.

Fu tra 1750 e 1754, dopo che il Convento subì dei grossi danni, che gli edifici che circondavano i due chiostri vennero rifatti o restaurati dall'architetto **Bernardino Maccaruzzi**, che nell'occasione restaurò anche il campanile.

Aria di novità ci fu, invece, il 24 aprile 1754: *"... termine 30 giorni, possessori delle arche e depositi esistenti né plaustri del convento di Santa Maria de' Frari, presentino li loro titoli al nodaro del Magistrato. Spirato detto tempo, e non comparso alcuno, siseno terrate le arche e levati li depositi. Né muri sieno poste piccole lapidi con le antiche iscrizioni incise ne' depositi ... arche suddette sieno otturate, li depositi levati, sieno poste nel muro le lapidi ..."*

A seguire, nel 1778 vennero atterrate altre arche e depositi nel chiostro dei Frari dalla parte della chiesa, e della chiesetta della **Madonna del Pianto**. Il 9 aprile ed il 25 maggio il **Murer Mazzoni Giuseppe** rilasciò due perizie per la traslazione di arche tombali per la spesa di 1.030 ducati, e per il restauro del Refettorio e dei locali adiacenti per la spesa di 2.430 ducati. Per lo stesso motivo l'architetto **Maccaruzzi Bernardino** rilasciò una perizia e una scrittura per una spesa di 2.600 ducati.
Del 1778-1783 sono una serie di scritture del Perito **Caccia Ignazio** per un altro restauro del Convento dei Frari ... del Proto **Maccaruzzi Antonio** per il restauro di Convento, campanile e chiesa per ducati 18.800 e ducati 11.000 ... del Perito **Cerato Domenico** per il restauro di Convento e campanile per ducati 20.470.
Ne derivò un mare di debiti ... perciò i Frati della Ca'Granda sollecitarono **Girolamo Corner** a pagare le rate e le pendenze di un legato del suo antenato **Pietro Marcello** stipulato nel 1533 ... Negli stessi anni, **Francesco Merlini** si offrì di restaurare i due organi del *"Barco dei Frati"*, ma il Capitolo decise: *"...per ora accordarli, spolverarli ed accomodare i mantici e niente piu'..."* e questo perché i Frati mancavano incredibilmente di fondi ... Negli stessi anni, comunque, la Ca' Granda detta anche **Santa Maria Maggiore dei Frari** ospitava ancora 80 frati, e nella Chiesa si contavano 18 altari compresi quelli del Chiostro e della Sacrestia.

Il 18 luglio 1779, **Elena Querini** raccontò nelle sue lettere: *"... questa mattina cadette dall'alto al basso il Refettorio de'Padri dei Frari della*

Ca'Granda ... Fortunatamente non morì persona ad anzi prodigiosamente si salvarono tutte le maestranze che vi lavoravano perché un manovale vidde a cadere una tavela, si accorse del precipizio, averti' i lavoranti che tutti si allertarono ed incontinente precipitò tutta quella parte ..."

Il Senato incaricò subito l'architetto **Maccaruzzi** di restaurare la sala per destinarla però ad altre funzioni, compreso l'affittarla a terzi per finanziare il Convento in piena crisi economica ... E arrivò la fine di Venezia Serenissima con l'arrivo della disgrazia dei Francesi e Napoleone.

Nel 1796, per non destar sospetto e mantenere un certo riserbo, il **Procuratore Francesco Pesaro** fece funzioni di Conferente cioè d'intermediario fra la **Legazione Francese** ed il **Governo Veneziano** assieme a **Pietro Zen** che aveva la stessa carica presso il Ministero Imperiale, ritrovandosi nella portineria del **Convento degli Scalzi** o in una stanza del **Convento della Ca' Granda dei Frari**.

Nel 1797, la Biblioteca di Santa Maria dei Frari contava più di 5.000 volumi. Una delle Guide di Venezia dell'epoca: *"Il Forestiere Illuminato"* descriveva così la Ca'Granda dei Frari: *"... Il Convento della Ca'Granda dei Frari è molto ampio, e questi Padri hanno di fresco eretta una libreria ricca di ottimi e squisiti libri ..."*

Sembra inoltre che la **Biblioteca della Ca'Grande dei Frari** possedesse 6.000 volumi in gran folio legati quasi tutti in pergamena alla olandese.

Nel saccheggio Napoleonico del 1810, le biblioteche dei Conventi e Monasteri passarono in proprietà al Demanio. Alla **Ca' Granda dei Frari**, i Francesi devastatori trovarono 4.231 libri. I migliori 151 finirono alla **Biblioteca Marciana** insieme a un manoscritto ... Ma molti libri e manoscritti famosi e di pregio erano già stati rubati, nascosti o venduti dagli stessi Frati della Ca' Granda per non darli in mano ai Francesi ... Altri 85 libri furono donati al **Collegio di Marina di Venezia**, 24 libri alla **Società Medica di Venezia**, 89 libri alla **Direzione Generale della Pubblica Istruzione di Milano sezione di Storia d'Italia**, 24 libri alla **Direzione Generale della Pubblica Istruzione di Milano sezione di Lettere,** 9 libri alla **Direzione Generale della Pubblica Istruzione di Milano sezione di Filosofia**, 159 libri al *Seminario di Venezia*, 10 libri al *Seminario di Concordia*, 60 libri al *Seminario di Chioggia*, 19 libri al *Seminario di Comacchio* ... Infine, l'8 aprile 1814, 3.600 libri vennero venduti come scarti assieme ad altri 14.000 della Salute e 3.111 di San Clemente in isola, a un certo *Vianello* per stimati 9.745 lire poi pagate 13.000 per volumi 20.611 ... Altri 59 e poi 22 libri dei Frari in Francese e Latino furono venduti in precedenza a un certo *Giovanbattista Cavallini*.

Che scempio ! ... nella Biblioteca della Ca' Granda dei Frari andarono a *"far spesa"* un po' tutti.
Il 16 maggio 1797, con la capitolazione della Repubblica di Venezia, entrarono in città le truppe Francesi. Tutti gli ambienti del Convento della Ca' Granda dei Frari vennero occupati dai soldati che vi si accamparono dopo aver cacciato i Frati. Qualche anno dopo, durante la seconda occupazione francese di Venezia, tutto il complesso della Ca' Granda dei Frari fu definitivamente incamerato dal Demanio con tutto quanto conteneva. L'antica elegante sala gotica del Capitolo dei Frati della Ca' Granda venne intaccata: la tomba del *Doge Giovanni Gradenigo* del 1356 venne distrutta, e le spoglie gettate alla rinfusa nell'isola ossario di *Sant'Ariano* dietro all'isole di Torcello, assieme ad altre ossa provenienti da altre chiese soppresse, depredate e distrutte. L'urna vuota del *Doge Francesco Dandolo* e la lunetta dipinta da *Paolo Veneziano* andarono a finire al Museo del Seminario della Salute. La sala venne trasformata e resa irriconoscibile, divisa in tre locali e tagliata a metà da un solaio in legno per ricavare altri spazi per il nuovo *Archivio di Stato*, che la destinò a *Sala dei Testamenti*.

Fra 1801 e 1808 quell'area del Sestiere di San Polo subì notevoli trasformazioni. Venne interrato il *Rio di San Tomà*, che separava il complesso dei Frari dalla Contrada di San Stin e da San Giovanni Evangelista, e sulla strada sorta dall'interramento del canale sul fianco della Ca' Granda, si costruì la facciata monumentale d'accesso all'Archivio di Stato.

Il 25 aprile 1810 un decreto Napoleonico soppresse altri 14 Conventi e Monasteri: i *Gesuati sulle Zattere*, i *Cappuccini del Redentore* alla

Giudecca, i *Somaschi della Salute*, i *Camaldolesi a San Michele di Murano*, i *Serviti a San Giacomo alla Giudecca*, i *Minori Conventuali della Ca'Granda dei Frari*, i *Filippini della Fava*, i *Carmelitani Scalzi*, i *Teatini di San Nicola da Tolentino*, i *Riformati di San Bonaventura a San Alvise*, gli *Eremitani di San Clemente* in isola, i *Domenicani di San Giovanni e Paolo*, i *Camaldolesi di San Mattia di Murano*, e i *Girolamini di San Sebastiano*. Le loro biblioteche passarono al Demanio, si salvarono solo gli **Armeni** dell'isola di **San Lazzaro** che innalzarono e fecero sventolare sull'isola la bandiera Turca *(temuta ancora un poco da Napoleone & C)* ... Poco dopo, fra 1810 e 1813 si abbatté anche la vicina chiesa di **San Stin Prete** nel Campo omonimo, proprio accanto alla Ca' Grande dei Frari ... Sotto le nove imponenti absidi della Ca'Granda dei Frari si estendeva parte del cimitero della Ca' Granda: Napoleone istituì il *"Nuovo Cimitero Generale di Venezia nell'isola di San Michele"* nel quale dovevano essere sepolti i nuovi morti e raccolti tutti quelli inumati in precedenza nelle chiese della città. Perciò dal 1826, su quel terreno liberato dai morti, il Demanio fece costruire alcune modeste casette a ridosso di tre absidi e della Sacrestia della Ca'Grande. All'Archivio di Stato servivano ulteriori spazi, perciò si sfrattò mettendoli in quelle casupole, il Parroco dell'epoca: **Don Pietro Pernion** e i vecchi **Fabbriceri** della Ca' Granda. *(Fortunatamente quei brutti casotti vennero demoliti negli anni 1901-02.)*

Nel febbraio del 1807, il Guardiano Grande della Ca' Granda **Angelo Maria Ridolfi** scrisse così al Prefetto di Venezia: *"... i Frati Conventuali dei Frari sono senza sostanze e senza beni, senza assegnamento pel culto e più senza pensione per il necessario quotidiano vitto ..."*

Come risposta, qualche anno dopo la comunità religiosa dei 40 Frati venne sciolta, e il Convento adibito a caserma. La chiesa divenne Parrocchia affidata a Preti diocesani del Patriarca, raggruppando e unificando il territorio e le Anime delle vecchie soppresse Parrocchie delle antiche Contrade vicine di **San Stin** con 980 persone, **San Tomà** con 900 persone, **San Polo** con 2.000, **Sant'Agostin** con 800, e **San Boldo** con 500 ... Nell'occasione si voleva anche smantellare il *"Barco del Coro dei Frati"*: *"... volendola Parrocchia converrebbe demolire il Coro che sta in centro della chiesa ..."*

La popolazione della Parrocchia dei Frari diventò così di 5.200 persone, e usufruì di lire 1639,17 fra redditi fondiali e redditi di stola.
Nel 1815, quel che restava dello sconquassato ex Convento della Ca'Granda dei Frari, venne trasformato ufficialmente in **Archivio di Stato**, dove si concentrò l'enorme raccolta di documenti dell'antica storia della Serenissima Venezia da prima dell'anno 1000 fino alla sua caduta alla fine del 1700.

Alla visita del **Patriarca Pirker** nel 1821 si notò che la neoparrocchia dei Frari aveva una popolazione fra le 5.200 e 6.000 Anime di diversa condizione, le vicine chiese di San Stin e Sant'Agostino erano state chiuse e quasi demolite, esistevano alcuni Oratori di privati: presso il **Vicario**, presso le **Monache Corner, Gradenigo e Briati** ed alcune Cappuccine, presso le famiglie **Barbarigo, Del Tull, Donà, Grimani, Molin, Persico, Pisani, Renier, Sanduo, Tiepolo, Zen, Antippa, Fontana, Gariboldi, Imberbi, Ransanicci e Revedin.**
Ciò nonostante, ruotavano intorno a quel che restava dell'antica Ca'Granda: 42 Sacerdoti e 3 Chierici ... Le rendite della *"Fabbrica"* erano in grave sbilancio con entrate per 15.187 franchi ed uscite molto superiori ... Si celebravano comunque 4.029 Messe Perpetue di cui 2.160 di pubblica sovvenzione, 5 Esequie-Anniversari e 5.000 Messe avventizie l'anno.

Trascorsi e cambiati i tempi, nel 1825 il **Crocifisso Miracoloso**, mutilato e ridipinto, fu collocato in disparte sopra una porta laterale della chiesa ... Nel 1836 la popolazione della Parrocchia dei Frari totalizzò 5.800 persone ... Quattro anni dopo un fulmine colpì la copertura del campanile, che venne rifatta, mentre si restaurò numerose volte la **Cappella Corner**.
Nell'ottobre 1861 Venezia venne frammentata in **Decanie**. Quella di San Silvestro, guidata dal **Parroco Tessarin dell'ex Ca'Granda**, detta ora solo *"Frari"*, comprendeva tutta una serie di antiche Contrade e Parrocchie coagulate e unificate fra loro, cancellando la loro tipicità, autonomia, autosufficienza e originalità. Si trattava delle ex contrade di **San Silvestro, San Simeon, San Cassian, Santa Maria Graziosa dei Frari, San Jacopo dell'Orio e San Nicola da Tolentino.**

Il 4 aprile 1867, al parroco **Antonio Tessarin dei Frari** vennero sequestrati tutti i beni residui della Ca'Granda in cambio di una Congrua-assegno annuale di 700 lire. Dovette rinunciare alla proprietà di 4 case con botteghe nella zona di San Polo, e alla proprietà di altre 3 case sempre in zona San Polo-Sant'Agostin. In seguito, sempre lo stesso don Antonio Tessarin Parroco dei Frari, fu fra i firmatari di una petizione all'Austria per far abolire la Commissione per la gestione degli ex beni Capitolari ed ecclesiastici ridotti ormai ad un terzo dell'originale ... Dieci anni dopo, cedettero le fondazioni del campanile, che venne restaurato in fretta e furia.

Nel 1885 il Parroco informò il Patriarca che fra i 5.000 abitanti dei Frari si notavano 2.100 inconfessi e 4.000 anime da Comunione.
Nel corso dell'ultimo secolo e l'inizio del seguente, chiesa e campanile vennero più volte sottoposte a radicali interventi di restauro per garantire staticità e ripristino dello splendore artistico ... Nel 1922 ritornarono i **Frati Minori Conventuali.**

Dal 1962 al 2006 gli abitanti e il numero delle famiglie dei Frari scesero progressivamente sotto le 5.000 unità, poi 3.800 e fin sotto le 2.757, distribuite fra le 1.459, e poi 1.000 e ancor meno famiglie ... Oggi anche la Parrocchia dei Frari langue e si spopola insieme a tutto il resto della nostra città lagunare.
Dell'antica **Ca'Granda dei Frari** si sono perse le tracce e la memoria ... Quasi come un sussulto dal passato, nel 2012, un certo Stefano Dei Rossi ha pubblicato un romanzo: *"UN NIDO"* sulle numerose vicende misteriose e fantasiose accadute un tempo nella illustre Ca' Granda dei Frari di cui si va perdendo passato e ricordo ... Si tratta però solo di *"un fragile sussulto quasi silenzioso ... un fremito proveniente dal tempo andato ... che non riesce neanche ad avere eco propria."* ... Su tutto vince il silenzio e l'anonima coltre della Storia che appiana tutto e tutti.

***

Il post su Internet è stato scritto in origine come: "Una curiosità veneziana per volta." - n° 37, e pubblicato su Google nel settembre 2013.

IL LINGOTTO DELLE MONACHE

Si chiamava **Leòn** … come *"el leòn de San Marco"* … e affermava d'essere Spagnolo. Era apparso dal nulla nella folla eterogenea e variopinta della sontuosa Corte di Spagna. Lì si trovava anche l'Ambasciatore di Venezia in compagnia della sua figlia maggiore.

Si era verso la fine del XVI secolo.

E' importante ricordare che quella figlia aveva raggiunto il nobile padre in quel luogo lontano dalle lagune veneziane viaggiando per conto proprio e tutto a sue spese. Non si dovevano confondere a Venezia affetti e politica, spendere *"del pubblico"* per convenienze private. Si poteva invece mescolare politica ed economia, viaggi per il governo con affari e mercandia privata, perché Venezia Serenissima era fondata soprattutto sui commerci e il vendere e comprare.

A giochi fatti, ed esaurite le *"… cose che contano per il Governo Serenissimo della Repubblica di San Marco …"*, il padre aveva introdotto la figlia nel luccicante mondo delle feste della Corte di Spagna. E fu in quel contesto, che la giovane donna venne a conoscenza nel mare di gente che ruotava intorno ai sovrani, di quel cavaliere pomposo e solitario. Uno dei tanti, caratterizzato però da un'affabile presenza e maniera.

Le raccontò che era stanco di viaggiare e rincorrere l'avventura in giro per i mondi, correndo per terre e solcando i mari. Con una delicatezza galante aveva espresso il desiderio di scendere da quella giostra dorata e faticosa per mettere su famiglia e riempire l'incipiente vecchiaia.

"Il Cavaliere aveva familiarizzato molto con la bella e giovane ragazza-dama veneziana, e in breve se ne invaghì compiacendosene non poco…"

Poi lei era ripartita col padre per le lagune Venete, e lui era rimasto nella Spagna, però con quel desiderio acceso, e il bel ricordo di quella donna italica e Veneziana.

"Per lungo tempo i due intrattennero un intenso e prolungato scambio epistolare, che via nave correva dalla Spagna a Venezia e viceversa..."

Poi accadde qualcosa, e le lettere del Cavaliere non ottennero più risposta. Senza motivazione di quell'assenza inattesa, passato un certo tempo, il Cavaliere si determinò di partire per andare a vedere di persona che fine potesse aver fatto quell'amore corrisposto e interrotto. Decise di recarsi a Venezia e di concretizzare lì i propri sogni chiedendo la donna in sposa al patrizio nobile Ambasciatore. Sperava così di ritornare in Spagna portandosela dietro come moglie.

Il Cavaliere spagnolo giunse perciò a Venezia in compagnia di un suo fido servitore dopo più di un mese di viaggio per mare. Fu grandissima per lui la meraviglia nel sbarcare sul **Molo di San Marco.**

"Una città bella e fascinosa quanto le sue donne ..." esclamò.

Era autunno inoltrato, e in città lo notarono subito tutti per la sua affabilità e per il modo gentile, oltre che per il portamento solenne e gli abiti sgargianti e originali.

"El par un orso vestito di peli !" commentava la gente per le strade di Venezia notando il suo grosso giubbone di pelliccia lavorata.

Fu una mazzata quasi mortale per lui scoprire che la donna per cui aveva attraversato l'Europa e il mare non c'era più. La peste se l'era portata via con la madre e altri componenti della nobile famiglia, al pari di tante altre donne e uomini veneziani. Il dolore e la confusione per quella perdita immane aveva impedito al padre Ambasciatore di darne notizia a quell'amato lontano di cui praticamente ignorava l'esistenza. Il giorno in cui il Cavaliere andò a bussare alla porta del Palazzo e del Fontego di famiglia dell'Ambasciatore che dava su uno dei canali più navigati e trafficati di Venezia, fu un giorno di grande mestizia. Quella visita andò a riaprire una ferita mai chiusa, rinnovando ancor di più il dolore della famiglia per quelle perdite recenti.

Perciò il Cavaliere si ritrovò presto per strada con un unico indizio utile: l'indirizzo del Monastero in cui viveva una delle giovani sorelle della dama che lui aveva conosciuto alla Corte di Spagna.

Accadde perciò che il Cavaliere si spinse fino all'isola di **Mazzorbo** in un angolo discreto della Laguna di Venezia, per andare a far visita a quel che restava dei suoi sogni, e per provare a ritrovare almeno nei lineamenti di un'altra donna quelli della dama che aveva irrimediabilmente perduto.

Fu grandissima la meraviglia delle Monache del piccolo Convento lagunare nel ritrovarsi di fronte quel personaggio particolare. La Monaca **Maria Elisabetta Bon** Canevera, che anni dopo raccontò la vicenda in una sua lunghissima lettera alla nipote **Eufemia**, scrisse che il Cavaliere non nascose la sua grande delusione nell'incontrare la sorella Monaca della sua *"amata perduta"*. Era una donna completamente diversa da quella che aveva conosciuto alla Corte di Spagna. Non possedeva nulla della brillantezza e dell'esuberanza cordiale della sorella maggiore. La Monaca era una donna dimessa, semplice, anche bruttina nei lineamenti, oltre che poco dedita e scarsamente abile nelle *"cose del mondo"*. Era una figlia di Nobili sì, ma a quella maniera cadeta che era come l'ombra vaga dello splendore vissuto e dimostrato dai fratelli e figli primogeniti che contavano per davvero.

Gli orizzonti della vita della donna erano ristretti. La Monaca figlia Nobile non era mai uscita dal ristretto mondo veneziano se non per recarsi saltuariamente alla villa di campagna di famiglia.

Il Cavaliere fece buon viso a cattiva sorte, e vista l'amenità e la bellezza dei luoghi decise di rimanere ospite delle Monache per un certo periodo. Le Monache accettarono di buon grado l'ospite facoltoso e di pregio, oltre che simpatico, e gli misero a disposizione l'appartamento dell'abituale Confessore del Monastero, che in quel periodo era disabitato.

Il Cavaliere riempì le sue giornate girovagando per tutta la Laguna di Venezia scrutandola fin nei suoi luoghi più reconditi e spersi. Partiva in barca con suo fido servitore silenzioso al mattino presto, andava a caccia e a pescare, e ritornava al Monastero solamente al tramonto per cenare sontuosamente in compagnia delle Monache, sempre accompagnato dalla sua gentile e bonaria allegria. Per un lungo periodo le Monache videro di buon viso quell'uomo che sembrava davvero cordiale e innocuo, a tratti anche devoto, e s'intrattenevano volentieri nei giorni di brutto tempo e di pioggia ad ascoltare i racconti delle sue gesta avventurose che raccontava per ore con un fiume di dettagli nel piccolo ma elegante Parlatorio del Monastero.

Più della metà delle Monache non era mai uscita dalla Laguna di Venezia durante tutta la loro vita, e una grossa parte sapeva a malapena leggere e scrivere. Perciò stupirono non poco nel sentire raccontare dal Cavaliere delle meraviglie del **Nuovo Mondo**, che lui aveva raggiunto e visitato a suo dire in lungo e in largo.

Raccontò di un posto in cui aveva visto con i suoi occhi una miniera d'argento. Un posto infernale, un antro in cui uomini vecchi e giovani dalla pelle scura vivevano come bestie schiavi del lavoro. Trascorrevano l'intera esistenza a grattare sotto terra in budelli stretti e fetidi con un lume legato sulla fronte della testa. Molti di loro morivano come api e mosche in autunno a causa dei miasmi e dei veleni che si liberavano dal cuore della terra in quegli ambienti sotterranei asfissianti e bui. Era fortunato chi sopravviveva dalla primavera all'autunno, ma si portava dentro un'oppressione senza fine del respiro, che portava a veloce morte con grandi febbri, dolore, gonfiore e pena. Vite distrutte di miseria, tutte dedite ad estrarre quella ricchezza per le casse del **Re Cattolico di Spagna**.

Chi alla fine entrava in possesso di quelle pietre argentee diventava davvero ricco e potente, perché quell'argento diventava alla fine moneta sonante. Prima però bisognava lavare e raffinare quelle pietre col mercurio che bruciava e intossicava anche lui la vita della gente.

"Il Cavaliere raccontò con raccapriccio estremo delle Monache, che qualcuno di quegli uomini che raspavano il ventre delle terra, morendo e putrefacendosi lasciava per terra una piccola pozza di liquido di puro mercurio, tanto era diventato pregno il loro corpo di quella materia velenosa ... Il Re Sovrano Cattolico di Spagna era valente credente ma era

anche affamato insaziabile d'oro e d'argento per amore dei quali non si faceva scrupoli di utilizzare i modi e i metodi più crudi, perfidi per procurarselo... "

In altre giornate il Cavaliere raccontò: *"... del mare immenso e burrascoso da attraversare per arrivare al Nuovo Mondo, dove i legni più grandi e potenti si dimostravano essere come fragili pagliuzze in balia delle onde alte come montagne e fragorose come il tuono. Gli uomini venivano sballottati come cartocci vuoti e più di metà di quelli che partivano non facevano più ritorno scomparendo nel fondo del mare oceano... "*

"Per me l'è un fanfaròn ... uno che racconta faccezie e storie ... Chissà se saranno tutte vere le cose che va raccontando ?" commentò una delle Monache anziane storcendo la bocca incredula. Ma intanto il Cavaliere era capace di tenerle tutte un intero pomeriggio soggiogate ad ascoltare i suoi racconti curiosi.

Poi accadde l'imprevisto.

Il servitore silenzioso, che serviva il Cavaliere come un'ombra giorno e notte, ne combinò una davvero notevole. A dire il vero, più che un premuroso domestico sembrava un temibile sicario. Dall'aspetto ispido e incolto s'intendeva col suo padrone col solo sguardo o con piccoli cenni della mano. Non parlava quasi mai, era silenziosissimo e si muoveva leggero come un gatto, ma fu lestissimo di mano e con tutto il resto nel violare senza scrupoli, nottetempo e ripetutamente una giovane e formosa massera che lavorava per le Monache del Convento.

" Appena la cosa fu palesata fu grande l'imbarazzo sia del Cavaliere Leòn che delle Monache tutte, e prima delle feste di Natale il Cavaliere fu perciò indotto a ripartire in fretta e furia interrompendo il suo pigro girovagare in Laguna ... Era un'alba gelida il giorno in cui lasciò il Monastero verso la fine di dicembre ... La barca dei barcaroli venuti a prenderlo era tutta bianca ricoperta di brina ... In piedi in mezzo al battello il Cavaliere sorrideva mentre si allontanava sulle acque placide e lisce della Laguna. Rimase nella memoria di tutte le Monache il suo

indugiare a salutare prima scuotendo un guanto e poi sventolando in aria sempre più da lontano il suo cappello piumato come fosse una bandiera..."

Fu grande la meraviglia delle Monache quando entrando nella stanza che era stata a lungo occupata dal Cavaliere, scoprirono posto in bella mostra sul tavolo, un luccicante lingotto pesante d'argento grezzo. Di certo valeva una fortuna, ed era evidentemente l'elemosina e il compenso riconoscente del Cavaliere lasciato alle Monache per il disturbo recato dal suo prolungato soggiorno nell'isola.

Accanto al lingotto c'era un biglietto: *"Orate pro anima mea !"*

E c'era anche un nome: *"Leòn Cavalier Servente di Spagna."*

Non ci mise molto la Serenissima dalle orecchie lunghe e dagli occhi che sanno guardare molto lontano, a scoprire che: *"... Missier Leòn dalla Hispana è un brigante, omicida, imbroglione, ladro, schiavista sfruttatore infame, provocatore di piazza e attaccabrighe indomito, duellante equivoco, bandito e fuggitivo ..."*

La **Madre Badessa** del Monastero fu presa da grandissimo imbarazzo per ritrovarsi in possesso di quell'argento prezioso ma macchiato del sangue di tanti delitti e soprusi. Perciò fu gioco forza per lei chiedere e ottenere dai **Magistrati** e dai **Provveditori della Zecca** della Serenissima di accogliere in custodia quel piccolo tesoro scomodo.

Fu così che il grosso e pesante lingotto d'argento stimato purissimo proveniente dalle terre del Nuovo Mondo oltremare rimase depositato per secoli nei forzieri della Repubblica di Venezia in attesa di eventi che mai accaddero.

Ci pensò infine un certo Napoleone all'inizio del 1800 ad alleggerire le casse già semivuote del moribondo Stato Veneziano facendo scomparire per sempre quel poco che rimaneva depositato nei forzieri della sua Zecca in Piazza San Marco ... compreso il lingotto d'argento delle Monache di Mazzorbo.

Del **Cavaliere Leòn** col suo truce servitore non si seppe più nulla.

Oggi dove sorgeva il Monastero col suo piccolo chiostro e la sua bassa chiesetta, c'è solo una vigna rigogliosa e ben curata. Un angolo ameno e silenzioso sperso negli spazi aperti della Laguna di Venezia.

***

Il post su Internet è stato scritto in origine come: "Una curiosità veneziana per volta." - n° 42, e pubblicato su Google nel dicembre 2013.

QUALCHE NOTA E CURIOSITA' SU SANTA CROCE DELLA GIUDECCA

Come ben si sa, la maggior parte dei Monasteri di Venezia era in qualche maniera gestita a distanza e protetta dalle più ricche e prestigiose famiglie nobili di Venezia. Il motivo era semplice: ci mettevano dentro le proprie figlie che non andavano in mogli ad altre grandi famiglie della Serenissima. Primo fra tutti, il **Monastero di San Zaccaria** oltre ad ospitare spesso qualche figlia del Doge, manteneva fra le sue mura le Monache dei clan nobiliari dei **Foscarini, Querini, Gradenigo e Morosini**. Nel chiostro di **Ognissanti** nel Sestiere di Dorsoduro *(l'ex Ospedale Giustinian)*, invece, aveva pieno controllo e protettorato economico il clan patrizio dei **Barbarigo**, così come alla Giudecca, nella fattispecie del **Monastero Benedettino di Santa Croce** la prevalenza nobile era quella delle figlie dei Nobili **Da Molin**.

Il complesso di **Santa Croce della Giudecca** era vecchissimo: le sue prime notizie risalivano addirittura a prima dell'anno mille ossia parecchio distante nel Tempo. Cento anni dopo era ormai riconosciuto come stabile Monastero di Benedettine e chiamato: *"**Monasterium de Scopolo o dello Scoglio**"* perché sembra occupasse un'isoletta minore incastonata dentro alla Giudecca.

Fra 1303 e 1309, il Monastero congiuntamente alla chiesa apparivano sulla lista di coloro che dovevano pagare la tassa di *"Diritto di Catedrattico"* al Vescovo **Ramberto Polo**, cosa che le Monache facevano puntualmente ogni anno a maggio: nel giorno della Festa dell' *"L'invenzione della Santa Croce"*.

Circa trent'anni dopo, il Senato della Serenissima concesse in usufrutto alla **Badessa Giacomina Paoni** una palude antistante con l'obbligo di bonificarla in 3 anni di 50 passi inglobando così l'isoletta con tutto il resto della Giudecca. In cambio le Monache dovevano omaggiare annualmente il Doge con un paio di guanti di camoscio ... cosa che puntualmente le Monache esaudirono per secoli.

Negli Atti di **Prè Nicolò Nodaro Pubblico della chiesa de Sant'Agostin** alla data 20 luglio 1330 si legge: *"...Concessione fatta dall'Officiali et Giudici al Magistrato del Piovego, Ser Marco Da Mula, Ser Marco Boxio et Ser Pietro Marcello al NH ser Canotto Loredan della contrà di Sant'Aponal o San Silvestro de passa 50 per lunghezza et altri passa 50 per larghezza di velma, posta tra il Monasterio de Sancta Croxe alla Zuecca et il Monasterio de San Zorzi Maggior, in esecution di dover palificar et atterrar detta velma nel termine d'anni tre et obbligatione di contribuire ogn'anno al Ser.mo Doxe un paro de guanti de camozza..."*

Ma già nell'agosto 1395 *"capitò sconquasso a Santa Croce della Giudecca"* come spesso sempre accadeva nei Monasteri lagunari. Venne giudicato **Antonio Vianaro** entrato più volte nel Monastero della Santa Croce avendo rapporti sessuali con **Suor Ursia Tressa**.

Per pareggiare le sorti, nel giugno 1426 a soli 17 anni, entrò Monaca alla Santa Croce **Eufemia Giustiniani** *(futura Beata Eufemia)* nipote del futuro San Lorenzo Giustiniani, che per l'occasione scrisse e le dedicò il suo famoso: *"De Vita Monastica"*. Qualche anno dopo, morta la vecchia Badessa Paola, il Giustiniani pensò bene per riordinare i costumi della vita delle Monache, di eleggere la nipote nuova Badessa nonostante le contrarietà delle consorelle che s'appellarono subito e inutilmente direttamente al Papa di turno.

La scelta oculata del Giustiniani portò bene, perché le Monache diventate esemplari furono inviate in giro per i Monasteri a riformarli, iniziando da **San Secondo in isola** e da **Sant'Angelo di Contorta**, ma spingendosi in seguito fino a **Cipro** per fondare anche lì un nuovo Monastero.

Dieci anni dopo, siccome l'economia del Monastero un po' languiva, le Monache ottennero da **Papa Eugenio IV** di usufruire delle rendite del **Monastero Benedettino di San Giorgio di Fossone** appena fuori Chioggia, e in seguito di quelle di **Sant'Angelo di Contorta**, del Convento caduto in rovina di **San Domenico in Fuscolano**, e della chiesa parrocchiale di **Nono** vicino a Padova ... e già che c'erano ... i Papi aggiunsero con speciali bolle apposite l'usufrutto dei beni di **San Cipriano di Sarzàn,** di **Santa Felicita di Romano**, e di **San Giorgio di Calstelfranco**.

Come altri hanno già spiegato molto bene, durante lo stesso secolo crebbe non poco l'importanza del Monastero che s'arricchì di preziosissime Reliquie e Corpi di Santi pervenutegli direttamente da Costantinopoli e dall'Oriente.

Nel 1464 anno di peste a Venezia le **Monache del Santa Croce della Giudecca** si prodigarono parecchio per confortare e accompagnare a morte serena ... Fu in quella circostanza che si verificò il famoso miracolo raccontato dalla leggenda.

Ovviamente fu **Suor Eufemia Giustiniani** la coprotagonista, e accadde che mentre la Monaca stava seppellendo la quinta consorella deceduta la raggiunse **Suor Scolastica** la portinaia riferendole che s'era presentato alla porta e alle grate del Parlatorio della clausura del Monastero un certo Cavaliere per domandare una tazza d'acqua. Era **San Sebastiano** in persona vestito in velluto nero, Santo Protettore contro la peste, che venne a posta per lodare l'opera santa della Badessa e delle sue Monache. Già che c'era, il Santo assicurò che non sarebbe più morta di peste nessuna Monaca, e come suo gesto di omaggio toccò il pozzo del Monastero infondendo alle acque una virtu' miracolosa.

Niente di che direte ... Uno dei tanti miracoli ... Mica tanto, perché la Storia racconta che a distanza di più di un secolo, nel 1576, la gente di Venezia e Veneta accorreva ancora a quel pozzo di San Sebastiano per bere l'acqua miracolosa che li poteva salvare dalla peste. Esisteva perfino uno stampato apposito che invitava a bere *"l'acqua antipeste"* recitando una particolare orazione a San Sebastiano scritta dalle Monache della Santa Croce.

Era l'anno della peste del Redentore... e a fine estate si sparse la voce che mentre tutti morivano alla Giudecca nel Monastero non era morta neanche una Monaca. Accadde tutto un inutile accorrere fin da **Treviso**, dalle campagne del **Padovano**, e perfino da **Verona**. Le Monache del Santa Croce erano talmente assediate dall'afflusso della gente che furono costrette a far scorrere l'acqua del pozzo attraverso una lunga grondaia facendola uscire fuori dal recinto del Monastero … *"potendo così vivere in santa pace…"*

Nel marzo dell'anno dopo il **Doge Alvise Mocenigo** e il **Patriarca Giovanni Trevisan** andarono in processione proprio fino alla chiesa della Santa Croce della Giudecca per partecipare alla Messa Solenne del Voto e benedire e porre la prima pietra del futuro **Tempio del Redentore**.

Durante lo stesso 1500 le cento (!) Monache del Monastero della Santa Croce della Giudecca litigarono non poco con quelle di **San Zaccaria** per la proprietà e gestione di certi possedimenti di terra a **Monselice**, e contemporaneamente decisero di rifabbricare chiesa e Monastero. Tutto fu fatto in soli sette anni, tanto che il **Patriarca di Venezia Antonio Contarini** andò a benedire e consacrare tutto nel 1508 consacrando nell'occasione altre venti nuove Monache che offrirono ciascuna un ducato e due candelotti di pregio. Come dicevamo prima, alle spalle delle Monache c'erano i ricchi capitali dei Nobili Veneziani, e in questo caso fu il **Nobil Homo Francesco figlio di Pietro Pizzamano** arricchitosi non poco con la gestione del **Dazio del Vino** a Venezia, che contribuì all'opera fornendo 5.000 ducati d'oro.

Per far sentire e mai mancare il suo potente appoggio, la Serenissima beneficò *"le proprie figlie"* anche nel 1515 fornendo un quantitativo di 10 stara di frumento obbligando un banchiere Ebreo che aveva diffamato un Medico Ebreo a procurarlo a proprie spese; e con l'intervento dei Fanti della sua Quarantia al Criminal espulse dal Monastero **Zuan Andea Pizzamano** nipote del nobile benefattore che procurò i restauri di chiesa e Convento, perché voleva spadroneggiare nelle cose delle Monache.

Due o tre anni dopo, le Monache del Santa Croce concessero in gestione il Convento di **Sant'Angelo in Caotorta** ai **Carmelitani di Mantova** che avevano messo residenza a Venezia, e ogni anno ottennero in cambio come gesto simbolico il giorno della Solennità dell'Invenzione e dell'Esaltazione della Croce una candela di cera bianca del peso di due libbre.

Raccontano le cronache veneziane, che nel 1521: *"... in questa terra è assai malattie, maxime in Monasteri; a Santa Croce della Giudecca dove tutte le Monache son ammalate ... et fu per li caldi stati di quest'inverno..."*

Nel dicembre di tre anni dopo, **Sjer Zorzi Pisani Dotor e Cavalier**, Savio del Maggior Consiglio venne sepolto vestito d'oro nel Monastero della Santa Croce dove aveva fatto preparare le sue arche o tombe. Lasciò una veste d'oro al Monastero della Santa Croce e un'altra a quello di Sant'Angelo di Concordia ... Il Monastero pagava ogni anno 8 ducati annui a un suo provetto organista, e pagava altri 115 ducati per offrire 15 pasti ai Sacerdoti Mansionari che celebravano per le Feste principali e la Settimana Santa ... Non a caso quindi, il Monastero venne tassato dallo Stato Serenissimo con 30 ducati e il suo Cappellano privato di altri 10 ducati ... Ma era tutto un **"Do ut des" fra Monache e Governo** perché qualche anno dopo il **Consiglio dei Quaranta** regalò alle Monache *" ... una galea sottil da demolire per conzar la Fondamenta del Monastero che ruinava ..."*

Perfino la famosissima e antica **Compagnia della Calza** e degli **Accesi** ricamava lì la sua calza nel maggio 1562, e faceva celebrare una Messa Solenne e Cantata presso le Monache della Santa Croce alla Giudecca, che nel frattempo erano cresciute di numero diventando 150.

A fine secolo, nel 1595, **Bozza Francesco** figlio di **Giacomo Mercante Veneto** abitante in Contrada di San Gregorio giusto oltre il Canale della Giudecca, fu pugnalato a morte da **Zorzi De Masi** Scrivano di nave per una questione di alcuni sacchi di carrube caricate a Cipro e vendute in Istria. Dopo la sua morte, la moglie usufruttuaria di cospicue rendite e magazzini in Venezia regalò alle Monache della Santa Croce una preziosissima **Reliquia di Santa Marina** ... ma allo stesso tempo, il **Patriarca Priuli** che visitò il Monastero condannò la passione smodata di alcune Monache che stavano sempre a specchiare la propria immagine su certi specchi e vetri di lusso mancando di presenziare alle prediche. Ordinò perciò che fosse aperto nel Coro delle Monache una finestrella attraverso la quale il predicatore potesse contare le Monache presenti.

Ma le Monache, figlie soprattutto dei **Nobili Dal Molin**, erano furbe … perciò si muovevano nel Coro dentro all'oscurità per cui dalla finestrella non si capiva niente.

La cosa non piacque non solo al Patriarca, ma ancora meno alla Serenissima: *"…non piace il governo temporale del monastero che è nelle mani di alcune scrivane, che sono in effetto già molti anni cioè le Molline, le quali senza consenso del Capitolo hanno affittato alcune case a suoi parenti per buon mercato ne si sa quello che pagano…"*

All'inizio del 1600, **Zuane di Mascheroni** mercante analfabeta di vini, lasciò per testamento alle 130 Monache del Santa Croce della Giudecca, forse sue clienti, e alle **Ospiti delle Convertite** vicino a Sant'Eufemia, ben 12 barili di vino ciascuna precisando che la donazione era: *"… per l'Anima sua, et in remission de suoi peccati, dichiarando che a questi Monasterii ghe sia datto buon vin…"*

Il 18 agosto 1605 **Viena Bianchi** nominò proprie esecutrici testamentarie le Monache di Santa Croce e Santa Giustina con i Procuratori di ciascun Convento. Scriveva: *"…Voglio esser sepulta dentro del Monastero delle ditte Reverende Monache della Croce di Venezia vestita del suo habito et accompagnata dalle Monache Converse … alle quali Monache voglio siano datto ducati 5 per l'habito soperlirmi…"*

Alla fine della sua Visita il **Patriarca Vendramin** nel 1611 commentò: *"… le giovani Monache sono troppo gagliarde di cervello et poco obbedienti alla Badessa…"*, mentre qualche anno dopo la **Badessa Suor Lucrezia Morosini** supplicò di rimuovere il **Confessore delle Monache** perché era: *"… vecchio malsano e pelagroso, et malamente può soddisfare al debito suo…"* Richiedeva che al suo posto fosse nominato un certo **Prete Zorzi Polacco** energico riformatore, e che fosse permesso a un Frate Francescano di visitare e offrire guida spirituale a una certa **Suor Dionora** che rifiutava di ricevere i Sacramenti cercando di suicidarsi.

Nel 1660 la rendita annuale dei beni immobili del Monastero della Santa Croce della Giudecca, dove vivevano 110 Monache, assommava a 2.573

ducati sui quali pagava una tassa alla Serenissima di 9 lire, 19 soldi e 2 denari.

Nel 1700 le Monache erano ancora 130, e la rendita annuale dai beni immobili posseduti in Venezia era di 1.542 ducati sui quali pagava soldi 3 e denari 6 di tassa ... Il Monastero della Croce della Giudecca restaurato con la chiesa spendendo la somma di 425 ducati, era autorizzato dalla Serenissima a vendere medicinali e riceveva dal Governo gratuitamente la fornitura di un *"burcio"* d'acqua da bere ... Le Monache fornirono la loro chiesa di un organo nuovo a 60 registri ... e il **Principe Elettore poi Re di Polonia** in visita a Venezia prese lezioni di caccia in valle da **Gian Battista Minozzi** Sacrestano delle Monache di Santa Croce della Giudecca.

Ancora nell'aprile del 1782 il **Murer Michieletti Antonio** rilasciò una scrittura di ricevuta per una demolizione fatta dentro al Monastero della Santa Croce alla Giudecca per una spesa di lire 482, mentre il **Murer Mazzon Giuseppe** ne rilasciò un'altra per il pagamento di una demolizione costata lire 1.074.

All'inizio del 1800 **Papa Pio VII** visitò diverse volte il Monastero ricevendo in dono dalle Monache un Messale coperto d'argento, un libro che raccontava la vita di Sant'Eufemia, una stola ricamata in oro, e un *"Rocchetto"* finissimo da indossare cucito con asola d'oro e guarnito a merletto ... Durante la Quaresima si predicava quotidianamente il **Quaresimale** come in altre 37 chiese di Venezia ... e il 3 maggio di ogni anno, Festa della Santa Croce si celebravano riti molto solenni con esposizione di tutte le preziosissime reliquie.

"Poi fu la fine di tutto ... e ogni cosa andò storta e a remengo ..." scrisse in una sua lettera **Suor Paola** una delle ultime Monache residenti nel Santa Croce.

Nel luglio 1806 il Monastero della Croce della Giudecca venne soppresso e le 35 Monache Benedettine rimaste furono concentrate assieme a quelle di San Zaccaria. Lo **Speziale Giampaolo Baldissera** rivendicò presso il Magistrato un credito dalle Monache, ma *"... **Vista la condizione** *economica miserevole delle Monache, ... s'invita lo Speziere creditore a soprassedere o a rivolgersi direttamente al Direttore del Pubblico Demanio che aveva preso tutto e ogni risorsa in carico ..."*

Infatti, il **Perito Demaniale Pietro Edwards** aveva elencato e requisito dal Monastero e Chiesa della Croce alla Giudecca a nome del Governo: 226 quadri, 51 sculture di cui 16 lignee e 8 teste di cherubini. Le numerose e preziose Reliquie vennero portate provvisoriamente a **Palazzo Pisani Moretta**, e si misero all'asta in diversi lotti 20 parapetti d'altare ceduti per lire 364 a **Nicola Brazzoduro**; un baldacchino ricamato in oro ceduto ad un **Frate Fontanotto** per lire 54, vari arredi venduti per lire 312 a un certo **Prete Antonio Pappini** fra cui si elencavano: *"Careghe di noghera, un organo, Christi in avorio e molto altro ..."*

Infine, come sapete, chiesa e Monastero divennero sede carceraria e dell'Archivio di Stato ... e in piccola parte magazzino per le carriole della spazzatura dell'AMAV.

"Sic transit gloria mundi !" concluse sconsolata e malinconica la stessa **Suor Paola** rimasta senza il suo Monastero della Croce ... e poco dopo anche cacciata da Monaca togliendole l'abito, e relegata di nuovo a lavorare presso i suoi parenti di campagna.

***

Il post su Internet è stato scritto in origine come: "Una curiosità veneziana per volta." - n° 57, e pubblicato su Google nel novembre 2014.

LE MONACHE URBANISTE DI SANTA CJARA DELLA ZIRADA

"Isola, chiesa e convento delle Monache Francescane Osservanti dette Urbaniste" … così c'è scritto sulle mappe e i documenti storici veneziani. Se guardate le carte antiche e nuove di Venezia: è quell'ultima isoletta collocata vicino a **Piazzale Roma** all'incrocio del famoso **Canal Grande** col più piccolo **Canale di Santa Chiara** appena dopo la **Zirada**, ossia la svolta che diventa subito dopo di **Sant'Andrea**, dove sorge ancora oggi l'omonima chiesa col campanilotto a cipolla accanto al People Mover in fondo al Sestiere di Santa Croce.

Dai ! … La caserma della Polizia di Piazzale Roma, insomma.

Dall'altra parte, oltre il *"paludo"* appartenente alle stesse Monache un tempo si navigava a sinistra per il **Canale di Bottenigo** portandosi a remi fino all'Isola delle **Monache Benedettine di San Secondo**, mentre a destra si poteva percorrere agevolmente il **Canale delle Beccarie**.

Oggi l'isoletta è ancora là, anche se quasi irriconoscibile, trasformata in caserma e senza la chiesetta che caratterizzava un tempo il Complesso Conventuale. Ancora oggi è l'ultima propaggine estrema di Venezia, proprio adesa all'inizio del **Ponte Translagunare**, e conserva ancora, seppure rifatto di recente, il ponticello che come unico cordone ombelicale un tempo la collegava e univa al resto dello sparso arcipelago veneziano.

Nella complessa suddivisione degli Ordini Monastici in Istituti, Famiglie e classi varie, le Monache seguaci di San Francesco e Santa Chiara o Clara d'Assisi si distinguevano e suddividevano anche nel quasi sconosciuto **Ordine delle Clarisse Urbaniste** riformate da un certo **Cardinale Gaetano Orsini** e approvate appunto dal **Papa Urbano IV**, da cui il nome, nel lontanissimo 1263.

Le **Clarisse**, almeno in teoria, sarebbero dovute essere pacifiche Monache di un *Ordine Claustrale* dedicato alla vita penitente di preghiera e contemplazione … ma si sa bene come sono andate certe cose a Venezia e altrove lungo il trascorrere dei secoli.

Un'antica leggenda raccontata dalle *"Madri vecchie delle Clarisse Urbaniste"* diceva che nel 1262 **Ludovico Re di Francia** di passaggio per Venezia vestito da Pellegrino diretto in TerraSanta, abbia consegnato alle *"Monache Rodiere"* del Monastero *(nelle clausure le Monache s'interfacciavano con l'esterno attraverso una ruota girevole per non mostrarsi in volto)* una cassetta di rame con dentro un anello preziosissimo pregandole di conservare gelosamente *"quel tramesso"* e non consegnarlo a nessuno se non a chi avrebbe presentato in seguito un anello simile. Trascorsi gli anni, e non presentandosi nessuno, la cassetta si salvò da incendi e acque alte, e un bel giorno *"alcune pure Monache fantoline e zaghete"* videro sprigionarsi più volte dal suo interno una strana luce accompagnata da una musica dolcissima armoniosa e celestiale. Incuriosite, le Monache aprirono la cassetta e trovarono un Chiodo strano che un manoscritto deposto sul fondo qualificava come quello che aveva trafitto i **piedi di Cristo** sulla famosa Croce. Da quel giorno … e questa è Storia vera e non leggenda … ogni anno fino al 1805 nella terza domenica dopo Pasqua i Veneziani si sono recati in pellegrinaggio a vedere l'ostentazione da parte delle Monache di Santa Chiara di quel *"Santo Chiodo"* ricevendo in cambio *"l'Acqua Benedetta del Santo Chiodo"*, ovviamente dopo versamento d'opportuna elemosina e recita di adatta orazione.

E che credete ! … che i miracoli e le *"cose Sante"* si facciano e si diano sempre gratis e senza trarre di tasca almeno qualche spicciolo ?

La storia dell'isoletta di **Santa Chiara** è quella tipica di quasi tutti i piccoli siti veneziani. Sembra che inizialmente, intorno all'anno mille, le Nobili famiglie Patrizie Veneziane dei **Polani e Bernardo** abbiano innalzato in quel luogo paludoso e acquitrinoso un piccolo Oratorio intitolato a **Santa Maria Mater Domini** in seguito lasciato a se stesso e abbandonato da tutti … e da questa notizia trascorsero pressappoco duecentotrenta anni.

Solo dopo, le Nobili sorelle **Maria e Lavinia Badoer** col fratello **Giovanni** figli tutti di **Pietro Badoer** dalla Contrada di San Pantalòn regalarono quel terreno paludoso presso la *"Zirada del Canal Grande"* di cui erano entrate in possesso a una certa **Costanza Calbo** e alle sue figlie **Maria e Onorabile** perché vi fabbricassero sopra una chiesetta e un nuovo Monastero.

Quando le nuove Monache dette di **San Damiano** iniziarono a praticare la Regola di Vita Religiosa dettata da **Santa Chiara d'Assisi**, chiesa, Monastero e intera isoletta assunsero il nome di **Santa Chiara o Cjara**, detto alla veneziana, che si conserva ancora oggi.

E iniziò subito il subbuglio … Già nel giugno dell'anno seguente, il Papa **Gregorio IX** scrisse preoccupatissimo al Vescovo Veneziano di Castello **Pietro Pino** perché intervenisse per frenare e spegnere certe molestie che venivano arrecate alle Monache del nuovo **Monastero di Santa Chiara** … così come nel gennaio del 1260 il Papa **Alessandro IV** dovette ordinare al nuovo Vescovo di Castello: **Gualtiero** della famiglia Nobile veneziana degli **Agnus Dei** di far restituire immediatamente al Monastero di Santa Cjara alcuni beni che gli erano stati ingiustamente tolti. E non è finita … anche due anni dopo un altro Papa, stavolta **Urbano IV** ordinò a **Tommaso II Franco**: Vescovo Veneziano di Castello, di costringere coloro che molestavano le Monache di Santa Chiara di desistere da qualunque ingiuria pena una scomunica sempiterna immediata e fulminante.

Cominciamo bene … Se questo fu l'inizio …

In un mese di giugno di circa vent'anni dopo il Monastero di Santa Chiara venne solennemente consacrato dall'**Arcivescovo di Ragusa Aleardo** dei Frati Minori Francescani, dal Vescovo dei Frati Predicatori di Treviso **Valterio** e dallo stesso Vescovo di Castello **Pietro Pino** *(il primo Vescovo ad già contattato in precedenza dal Papa)*.
Le Monache dovevano essere simpatiche al Sommo Pontefice di Roma, perché anche stavolta il nuovo Papa **Giovanni XXII** concesse loro la facoltà di trattenersi qualsiasi bene mobile e immobile e qualsiasi donazione o successione testamentaria avessero ricevuto … senza pagare alcuna imposta a Roma ! … Che fortuna !

Di solito non si *"muoveva foglia"* che Roma e il Papa non ci mettessero lo zampino pretendendo qualcosa … soldi di solito … ma anche dando in cambio un fiume o una cascata d'indulgenze, benedizioni, incoraggiamenti, protezioni, approvazioni e cose del genere … Così giravano i tempi …

Cinquant'anni dopo, iniziò un'enorme baruffa e un contenzioso senza fine fra le Monache del Santa Chiara e le Monache Agostiniane del vicino **Monastero di Sant'Andrea della Zirada** *(residenti appena al di là del Canale della Zirada)* per il possesso di certe case nel Sestiere di Santa Croce che fra proteste e processi durò per 350 anni (!) fino al 1677 ripetendosi con ben 4 appelli e relative sentenze giudiziarie.

E che diamine ! Non penserete mica che le Monache fossero delle sprovvedute dedite soltanto a pregare dalla mattina alla sera ?

"Accanto alla minestra … a volte non guasta un buon companadego …" ripetevano le Monache indicando i loro due compiti di natura spirituale ma anche economica e temporale.

A metà del 1383, le Monache di Santa Chiara iniziarono a diventare famose per la loro *"disinvoltura"*, tanto che il **Senato** della Serenissima dovette ordinare loro che non tenessero *"… **Fratres Minores propinquos Monasterio suo…**"* … troppi Frati Maschi vicini … troppi casini … e si sa bene che la Serenissima era molto tollerante … Significò quindi che le *"**Monachellas erant vispe et birbantelle …**"*

Nel 1406 il Nobile **Pietro Pisano** abitante nei pressi del Monastero di Santa Chiara venne accusato di aver partecipato di nascosto nel Monastero a un colloquio segreto con alcuni individui del nemico **Carrarese**. Venne condannato a cinque anni di carcere per aver complottato contro lo Stato Serenissimo, e qualora fosse fuggito da Venezia gli sarebbero stati confiscati tutti i beni e avrebbe perso per sempre l'Onore, la Nobiltà e qualsiasi incarico di Governo dentro all'intera Repubblica di Venezia.

Circa vent'anni, quando economicamente il Monastero viveva *"alla grande"* perchè era considerato per introiti e redditi al decimo posto fra tutti quelli che sorgevano nella Laguna di Venezia … e nel Monastero si radunavano periodicamente e con continuità gli uomini dell'**Arte dei Filacanevo** sotto la protezione del **Patrono Sant'Ubaldo** … le Monache del Santa Chiara si scatenarono letteralmente, tanto che il **Consiglio dei Dieci** della Serenissima fu costretto a informare immediatamente il Papa di Roma e a indagare su uno strano caso accaduto nel Monastero che coinvolgeva i Frati Francescani e le stesse Monache del Santa Chiara: *"...vengono compiuti atti orribili da parecchi Fratelli ... cerimonie orrende contro la razza umana, e l'immagine di Gesù Cristo fu calpestata ... Altri Frati sono colpevoli di sodomia ... Altri ancora commettono incesto con le Monache del Santa Chiara ed altri Conventi vicini dello stesso Ordine Francescano..."*

Un'altra bufera ... che fece tuonare non poco il Pontefice di Roma ... e costrinse anche la Serenissima a fare la sua parte cacciando in prigione un bel po' di gente ... ossia un bel gruppo di Frati e Monache. E si sentenziò anche contro costoro: *"... i vicini Frati di San Francesco della Cha Granda, i quali avean un suo luogo a confin della giexia et Monasterio de dicte donne di Sancta Cjara..."*, sono interdetti dal frequentare lo stesso Monastero di Sancta Cjara col pretesto di celebrare Messe e Confessioni.

E non finì qui ... perché di nuovo nel 1494, il nuovo Papa **Alessandro VI** fu costretto a richiamare le Monache del Santa Chiara revocando loro ogni permesso di uscire dal Monastero in giro per Venezia. L'avevano informato che molte Monache con la scusa di uscire dal Monastero per recarsi a casa di familiari, abusavano di quella libertà: *"... per recarsi anche a casa di estranei a far feste e discorsi poco onesti e in obbrobrio alla Religione, et in pericolo per l'Anima loro, e altri esempi et cose malvagie ..."*

Tremende le Monache ! ... incontenibili ... e d'altra parte erano facoltose, giovani, e soprattutto costrette a quel genere di vita reclusa ... Scusabili ? ... Forse sì ... o forse no ... Ma erano quelli i modi e i costumi di Venezia in quell'epoca ... e non solo a Venezia, ma per l'Europa intera.

Passarono i decenni, e Papa o non Papa, Serenissima o non Serenissima, le cose non cambiarono affatto.
Nel novembre 1519 il **Patriarca Contarini** non ne potè più delle denunce e delle proteste riguardo al comportamento della Monache di Santa Chiara. Entrò con forza nel Monastero, e diede ordine di riformarlo del tutto. Trasferì d'ufficio dentro al Santa Chiara nove Monache austere e

osservanti della Regola provenienti dal **Monastero del Santo Sepolcro** sito accanto al molo di San Marco, e le costrinse a vivere insieme alle ricche quaranta Monache che possedevano ciascuna rendite ed entrate annue per 600 ducati.

Altro che povere Monache penitenti e austere !

Il **Consiglio dei Dieci** della Serenissima da parte sua stanziò ben 200 ducati per sopperire alle spese di ristrutturazione del Monastero che era stato trasformato dalle Monache in un bel palazzo di lusso.
Inoltre il **Patriarca Contarini** si recò di persona a criticare e minacciare aspramente i Frati Francescani della Ca' Granda dei Frari che continuavano ad abitare vicino al Monastero delle Monache nonostante gli ordini che erano stati dati di allontanarsi.

Finita lì ? ... Risolto tutto ? ... Macchè ! ... le Nobili Monache erano tostissime, tignose, ingovernabili ...

Di nuovo nell'agosto 1521, ossia appena due anni dopo i fatti appena detti, la **Nobildonna e Badessa** ultracentenaria *(106 anni !)* del Santa Chiara, accompagnata da altre sei Monache Conventuali di Nobile Famiglia protette dal potente **Cardinale Grimani** di Venezia, si presentarono a Palazzo Ducale dal **Doge e in Collegio** accompagnate dal **Padre Germano** Guardiano della Ca' Granda dei Frati Minori Conventuali dei Frari e da diversi parenti imbufaliti.
Il solito diarista veneziano **Marin Sanudo** racconta che le Monache protestarono solennemente per il fatto che: *"... secondo le Monache Observanti non li era dato el suo viver e crepàvano di fame, cossa da non poter più suportar ..."*

Morivano di fame ? ... Falsissimo ! ... Erano ricchissime, stavano benone ! ... Era che volevano essere libere del tutto di fare quello che volevano ... anche col permesso e l'approvazione Dogale ... e Papale magari.

Il Monastero di Santa Chiara di Venezia, infatti, possedeva diverse proprietà a **Scorzè, Piove di Sacco e in Villa di Cendòn nel Trevigiano** presso il fiume

Sile ... Inoltre sessanta campi in **Villa di Cappella di Noale** affittati prima a **Pellegrino Vidal** e poi ai fratelli **Gesso** ... Affittanze di beni e botteghe in Venezia e Terraferma ... Partite di Capitali nel Deposito Novissimo in Zecca al 9% ... Riceveri vari da Mansionerie e riceveri da molti Legati da 1000 ducati ciascuno, e uno da 2.000 ducati a credito a favore del Monastero ... Si spendeva ogni anno 25 ducati per la Festa patronale di Santa Chiara ... Ma nel 1574 un violento incendio distrusse quasi completamente chiesa, campanile e Monastero ... *"Castigo Divino sulle Monache Urbaniste !"* esclamarono i Veneziani ... le Monache, invece, raccontano le cronache veneziane: *"non si scomposero di un pelo soltanto"*, e in brevissimo tempo ricostruirono tutto com'era ... e senza chiedere aiuto a nessuno.

Anche se la loro chiesetta esternamente sembrava modesta, all'interno si potevano contare non meno di cinquanta opere d'arte di prestigio appese ad adornare le pareti: **Paolo Veneziano, Matteo Ingoli, Jacopo Palma il Giovane, Pietro Vecchia, Antonio Aliense, Matteo Scaligero, Bernardino Prudenti, Pietro Malombra, Giovanbattista Lorenzetti ... Tizianello, Petrelli** ... non erano di certo scarabocchiatori, né artistucoli da strada che producevano *"croste"* pagabili due soldi.

Le Monache del Santa Chiara erano tutt'altro che indigenti e povere ... Anzi, erano proprio l'opposto, per davvero ricche e benestanti.

Il forte tentativo di riforma del Monastero di Santa Chiara durò per ben 36 anni ... ossia fino alla morte delle Monache *"dalla vita allegra"* ... e fino a quando venne eletta nuova Badessa la Monaca **Gabriela Molin**, quando tutte le Monache si dichiararono Osservanti.

Tornata la quiete finalmente ? ... Non ancora.

Nel luglio 1568 le Monache *"ancora furibonde e indomabili"* continuarono ancora nei loro intrallazzi e disordini inventandoli e spartendoli con quelle del vicino Monastero di Sant'Andrea della Zirada ... Dopo due anni di serrate indagini dei **Provveditori Sopra ai Monasteri** furono interdette 8 donne e 3 uomini dal recarsi nei due Conventi di Santa Chiara e Sant'Andrea della Zirada, di parlare con Monache e d'avvicinarsi al Parlatorio degli stessi Conventi, pena il bando da Venezia e l'espulsione dai due Monasteri.

Vennero condannati rispettivamente: "... *Zuana Gagliarda che stà sula fondamenta di Sant'Andrea in calesela et sua fia ... Pasqua Furlana che stà al Santa Chiara ... Lucretia Zotta che stà a San Polo, e Franceschina vedoa che stà al ponte de legno in chavo del Campo omonimo ... Anzola Sartora al Santa Chiara ... Madalena stà al Santa Chiara ... Donado Fachin stà alli Frari ... Donna Andreina filachanevo stà per mezzo la chiesia delli stessi Frari ... Alvise fio de Donna Felicita già bandito dal convento un anno prima .. e Zan Francesco sartor al ponte di legno in cavo al campo delli stessi Frari ...*"

Alla fine del 1500 finalmente le cose sembrarono cambiare dentro al Santa Chiara ... Il **Patriarca Priuli** durante una sua visita di controllo sperimentò di persona l'estrema scomodità e austerità con cui si viveva dentro al Convento: "... *prese talmente freddo per le correnti d'aria fredda e gli spifferi pungenti presenti negli edifici da essere costretto ad interrompere la visita e mettersi a letto ... Tornato dopo Natale, notò che il Coro in cui le Monache si recavano notte e giorno era anch'esso freddo e ventoso, per cui propose che i sedili delle Monache venissero sollevati e foderati per essere messi al riparo dalle correnti d'aria ... Il Convento sembrava povero, anche se scoprì la deprecabile abitudine delle Monache di sprecare risorse della comunità comprando dolciumi e frittelle da donare: "...che le monache a tavola si fanno dar le ove crude, e non le mangiano, ma le salvano per far frittole, e torte per donar via...*"

Nel 1611 alla visita del **Patriarca Vendramin** le Monache da Coro del Santa Chiara erano ancora quaranta di cui undici erano Nobili Patrizie Veneziane ... Sembravano essersi messe tranquille ... facevano finalmente cose da Monache.
Nel marzo 1634: il ricavato della vendita degli effetti personali di una persona morta di peste in Contrada di San Paternian fu concesso all'agente del Monastero di Santa Chiara che avanzava le spese d'affitto da molti anni ... Nel 1645 nell'isola di Santa Chiara esisteva un cimitero dove si tumulava e coprivano con *"pietre cotte"* i cadaveri di appestati ... Nel 1650 il

Monastero di Santa Chiara con 43 **Monache Professe da Coro** ricevette simbolicamente dalla Serenissima solo 2 staia di grano come elemosina simbolica, segno che era in condizione economica rispettabile anche se non prospera ... possedeva, infatti, 1.177 ducati di rendite annue provenienti da immobili posseduti in Venezia ... Nel 1692 in settembre, il Monastero di Santa Chiara voleva spendere 6.000 ducati per restaurare gli edifici, ma la perizia del Proto dell'Ufficio per i Monasteri attestò che non esisteva alcuna necessità di lavori d'urgenti, e che sarebbe bastato spendere solo 500 ducati.

Ancora nel 1711, secondo un inventario redatto durante le visite del **Patriarca Barbarigo**, nel Santa Chiara esisteva una *"Madonna Vestita con un guardaroba di 16 abiti di cui 3 solenni e preziosi da Nobildonna sposa"*, un *"Crocefisso con le scarpette"* e statue di *"Sante vestite con sei abiti"* come c'erano d'altronde anche nei Conventi Femminili Veneziani di **Santa Marta, Sant'Alvise, Santo Sepolcro e Spirito Santo delle Zattere** ... Nel 1747 il Monastero di Santa Chiara acquistò alcuni beni stabili dalla Scuola Grande di San Rocco pagandoli 890 ducati ... cinque anni dopo, trasgredendo apertamente alcune leggi emesse dal Senato vendettero arredi sacri ... rifabbricarono il Tabernacolo della chiesa ... commissionarono allo scultore **Giovanni Maria Morlaiter** due statue per 500 ducati rappresentanti la Vergine e Santa Chiara ... e poi fatturarono al pittore **Gaetano Zompini** lire 886 soldi 2 per 4 quadri ... e lire 33 di piccoli e lire 1.514 di piccoli al **Tagiapjera Corbetto Borlolo** e al **Murer Folin Battista** per ristrutturare l'Altar Maggiore ... e una spesa di lire 627 all'**Intagliatore Rocco Antonio** ... 420 ducati all'**Architetto Giorgio Massari** per il restauro dei dormitori ... e nel 1778 circa **Grazioli** musicò due solenni cerimonie di vestizione di due nuove Monache nel monastero di Santa Chiara.

Tutte cose tranquille ... tutte cose da Monache benestanti ... Non c'era più alcun dubbio: le Monache del Santa Chiara s'erano definitivamente calmate.

Accadde un ultimo sussulto della Cronaca cittadina di Venezia riguardante la zona: *"Il 12 gennaio 1780, Veneranda Porto da Sacil di anni 43 e*

Stefano Fantini da Udine di anni 32, furono entrambi decapitati per ordine del Consiglio dei Quaranta della Serenissima. L'uomo fu squartato per aver ucciso con colpi di maglio insieme alla donna: Porto Francesco Centenari suo marito mentre dormiva ... e poi lo gittò in calesella del letto e lo divisero in varie parti. La mattina del 14 si ritrovò nel pozzo del campo in Contrada di San Trovaso metà di un cadavere aperto e sventrato, e poche ore dopo fu ritrovata l'altra metà in un altro pozzo nella Contrada di Santa Margherita sopra la fondamenta di Casa Angaran ... Il 15 seguente, è stata ritrovata anche la testa nel canale di Santa Chiara, vicino alla zattera del Tintor, come pure si ritrovarono le interiora verso mezzogiorno nel suddetto canal di Santa Chiara ..."

Fatto di cronaca nerissima ... ma le Monache del Santa Chiara non c'entravano nulla. Erano diventate esemplari, quasi assenti dalla scena cittadina Veneziana.

Infine, ovviamente nel 1805, giunse a Venezia quel famoso e solito Napoleone che spazzò via tutto, e anche il Monastero di Santa Cjàra in isola venne chiuso e l'Ordine delle Monache Clarisse soppresso del tutto. Il famoso **Santo Chiodo** dell'antica leggenda racchiuso in un'elegante teca barocca dorata venne salvato e trasferito nella chiesa di **San Pantalòn** nel Sestiere di Dorsoduro dove venne a lungo venerato dalla devozione spicciola popolare finchè in questi ultimi decenni sembra sia stato inspiegabilmente trafugato andando disperso. *(Non ho trovato notizie aggiornate e sicure al riguardo).*

1806 la Badessa del Monastero di Santa Chiara **Vittoria Lucatelli** provò a scrivere *"rincresciuta quanto avvilita"* al **Magistrato Civile**: *"... il decreto del 28 luglio ha portato la costernazione negli animi delle Monache del Santa Chiara ... tranquille di terminare i loro giorni in quel recinto dove la loro vocazione le aveva chiamate ... Ciò che aggrava è il fatto che le si vuole concentrare nel vicino Monastero della Santa Croce Grande delle Clarisse Damianiste Osservanti che nel tempo hanno ottenuto la dispensa dall'alzarsi di notte per il mattutino, la riduzione dei giorni di digiuno, le deroghe all'obbligo della vita comune cosicchè si lascia a*

ciascuna Monaca l'uso dei suoi lavori e l'usufrutto di qualche poco livello se ne ha.
Il Monastero somministra: pane, vino, minestra, una pietanza, fuoco e olio, infermeria, medico e medicine. Qui le monache di Santa Chiara non vogliono trasferirsi non perché si sia perso l'antico fervore, ma perché esse godono di superiori privilegi: loro sono Francescane Possidenti !
Grande è l'amarezza di dover abbandonare il proprio ricetto, ma grandissima insostenibile ella è invero quando non siavi compenso di ritrovare nella sostituzione gli stessi vantaggi dei quali si godeva nel primo naturale asilo ... Si assunsero doveri per non essere turbate nel loro asilo, meno poi costrette di abbandonarlo per passare in un altro tanto diverso ed inferiore ... Eventualmente potevano ospitare loro le consorelle di Santa Croce o meglio ancora le Francescane del Santo Sepolcro che non potevano passare ai Miracoli perché di non sufficiente capienza ..."

Il Monastero di Santa Chiara era messo bene: vi risiedevano trenta Monache non più giovanissime e di salute malferma assieme a sette educande e due Sorelle Laiche di servizio ... Essendo Monache ricche e possidenti e non questuanti come quelle degli altri Conventi cittadini, potevano avrebbe potuto accogliere facilmente più di sessanta persone e accordare a ciascuno l'uso di singole celle mentre gli altri Monasteri disponevano solo di cadenti dormitori pregiudicati dal tempo o mal riparati.

Niente da fare ... I Francesi furono irremovibili, e dopo aver atteso che morissero due Monache anziane, trasferirono le rimanenti Monache nel vicino Monastero rovinoso di **Santa Croce Grande** permettendo loro solo di portarsi dietro la famosa *"...reliquia del Santo Chiodo Sacro, deposito lasciato dal Santo Re di Francia Ludovico IX."*

Nel 1819 si demolì la chiesetta di Santa Chiara, e tutta l'isola e il Convento divenne **Ospedale Militare** rimanendo tale fino a quando venne trasferito in un altro complesso Conventuale, ossia a **Sant'Anna** nel Sestiere di Castello ... Dal 1960 la **Polizia di Stato** ha preso possesso di quanto rimaneva dell'antico complesso delle Monache di Santa Chiara.

Ufficialmente l'ordine e la disciplina si sono instaurati del tutto e definitivamente nell'isoletta di Venezia la cui storia ha toccato il suo apice al tempo delle scatenate **Monache Urbaniste di Venezia**.

***

Il post su Internet è stato scritto in origine come: "Una curiosità veneziana per volta." - n° 76, e pubblicato su Google nel settembre 2015.

SVAMP ! SVAMP ! ... VENEZIA 1800

Chiudi gli occhi ! ... Immagina il posto diversamente da com'è adesso.

Quale posto ? L'intera zona di Piazzale Roma a Venezia ... l'entrata automobilistica odierna della città Lagunare. Però immaginala dall'alto, più in grande, l'intera zona vista *"a volo d'uccello"* ... come se tu fossi uno di quei droni moderni che volteggiano telecomandati in cielo osservando e filmando tutto dall'alto.

Fatto ? ... Bravo.

Adesso, però, continuando ad osservare e immaginare, fai un salto enorme indietro nel tempo ... diciamo un paio di centinaia d'anni pressappoco ... anno più o anno meno.

Ci siamo ! ... è semplice no ? Il posto cambierà quasi del tutto.

Svamp ! Svamp ! ... in un attimo scomparirà un po' più avanti *(perchè non esisteva ancora):* l'ampia isola del Tronchetto con i suoi parcheggi monumentali, i capannoni, il mercato delle erbe e del pesce e tutte le palazzine moderne. Al loro posto si vedrà soltanto l'acqua, canneti e basse paludi barenose che cingevano come una collana la fine di Venezia.

Osserva ancora, e di nuovo: Svamp ! Svamp ! ... E' scomparso per intero anche il lungo Ponte Translagunare: niente treni, niente tram e autobus, niente automobili, moto e biciclette. Da e per Venezia si andava e arriva soltanto a piedi, camminando sulle acque se si era capaci, o soprattutto spingendo i remi in barca lungo le vie acquee che costeggiano tutt'ora l'isola di **San Giorgio in Alga** da una parte, oppure il canale che da **San Giuliano della Palada** dall'altra, passando accanto all'isoletta delle Monache di **San Secondo**, portava infine alla **Contrada di San Giobbe** e al **Macello** del Sestiere di Cannaregio.

Un tempo esistevano mille maniere e strade diverse per approcciarsi a Venezia, tutte rigorosamente vigilate e attentamente controllate dagli uomini del Dazio e della Gabella della mitica Serenissima ... o perlomeno di quel che ne rimaneva un paio di secoli fa.

Si poteva giungere a Venezia, per esempio, scendendo dai boschi del Cadore con le zattere di tronchi lungo il fiume Piave. Dopo lunghe e aspre peripezie intercorse nelle zone ripide dei monti, e dopo aver seguito il fiume ampio e pigro nella pianura, si sbucava finalmente in Laguna non lontani da Venezia ... Si affiancavano le isole di **San Giacomo in Paludo, Murano** e le isole gemelle di **San Michele e San Cristoforo della Pace** *(l'attuale cimitero)* per poi giungere ad attraccare in **Barbaria delle Tole, Contrada della Celestia** e sulle **Fondamente Nove** poco distanti dall'Arsenale, o viceversa sulle **Zattere** dalla parte opposta di Venezia di fronte alla Giudecca.

Torniamo però alla nostra zona iniziale: Svamp ! Svamp ! ... di nuovo. Via tutto !

In quell'epoca, due secoli fa, non c'erano neanche i pattini, figuriamoci i primi motori e gli aerei in arrivo o decollo dall'Aeroporto Marco Polo. Anche lì c'erano solo paludi e magri campi infestati dalla malaria, e in giro c'erano solo carretti, carrozze e cavalli per chi se lo poteva permettere ... o i piedi, come dicevano prima, i muscoli delle braccia per vogare, o il passaggio a pagamento servendosi di **barcaroli** e delle **"burchielle"**.

Svamp ! Svamp ! ... ancora una volta: niente Porto e zona della Marittima di Venezia ... Niente banchine d'approdo e ormeggio, niente Grandi Navi, niente alte gru possenti, silos e magazzini di stoccaggio, depositi di carbone e merci, rotaie e vagoni. Il porto di Venezia si trovava da tutt'altra parte, sul **Molo di San Marco**, dove velieri, galee a remi, cocche e navigli a vela di ogni genere approdavano sulle rive, oppure risalivano lungo il **Canal Grande** fino al ricco Emporio Internazionale di **Rialto**.

Dove esiste il Porto di Venezia oggi: fra San Basilio, Santa Marta, Piazzale Roma e il Tronchetto c'era solo una lunga spiaggia e una bassa riva soggetta alla marea. Lì approdavano e venivano spiaggiate le barche dei pescatori che abitavano nelle miserrime Contrade di **San Nicolò dei Mendicoli** e dell'*Anzolo Raffael*. Non dobbiamo immaginare casupole, ma proprio bicocche, casette posticce, rovinose, un po' *"da presepio"*, proprio modeste, abitate soprattutto da gente poverissima ai limiti della sopravvivenza, e da famiglie numerosissime che vivevano di stenti e spesso d'espedienti.

Quindi: via tutto anche da quella parte!

Al posto delle ampie zone cementate e delle rive del Porto: solo un altro mare di fango, pozze putride, acquitrini e canali morti rifugio di uccelli palustri e animali selvatici ... quasi come la gente che abitava i posti. Quei luoghi erano come una specie di zona cuscinetto, infestata da zanzare e miasmi che fungeva da protezione intorno alla Venezia storica e gloriosa di sempre. Da quelle parti chi non era pratico finiva con l'impantanarsi e rimanere bloccato in mezzo al niente.

Svamp ! Svamp ! ... Allora: niente **Venezianagas** con i suoi gasometri tondi e le sue torri tozze ... niente **Quartiere dei Ferrovieri a Santa Marta** costruito solo al tempo del Fascismo ... Niente **Cotonificio** e area attuale dell'Università ... solo quelle poche catapecchie miserevoli, qualche osteria o lupanare improvvisato, e due Conventi isolati molto chiacchierati com'erano quelli delle **Monache di Santa Marta** e quello delle **Terese** di fronte alla splendida chiesa di San Nicolò dei Mendicoli: ultimo gioiello al confine estremo e periferico della magnifica Venezia.

Tornando ancora al nostro Piazzale Roma iniziale visto dall'alto: ... Svamp ! Svamp ! ... senza stancarsi d'immaginare.

Via il cemento e i bus in sosta ! ... Via gli approdi dei motoscafi e taxi, la biglietteria ACTV ... Via perfino l'improbabile quanto infelice Ponte di Calatrava o della Costituzione ... Via le grandi e tozze costruzioni dei Garage Comunale e di San Marco ... Via il nuovo Palazzo tetro del Tribunale ricavato dove sorgeva il vecchio **Tabacchificio** delle famose bellicose e industriose **Tabacchine** Veneziane ... Via tutto ! ... Anche il neonato tram !

E già che ci siamo, vista l'epoca a cui mi riferisco: Svamp ! Svamp ! ... Via anche l'asfalto, la corrente elettrica, il telefono, le antenne e le paraboliche sui tetti e la televisione dentro alle case. Niente riscaldamento, né acqua corrente … l'acqua calda poi ? Ma come facevano in quei tempi ? … Era forse la forza dell'abitudine … non ti può mancare quello che non hai mai avuto.

Al posto di tutto quello che si può vedere oggi immaginate solo un'ampia area quasi spoglia, occupata quasi per intero da orti, broli, vigne e tante basse casupole e magazzini senza alcuna estetica. Nella zona che c'interessa non c'erano affatto i bei palazzi del Canal Grande, né le ordinate rughe di case delle altre Contrade cittadine, niente: calli, corti, sottoportici e campielli che di solito riempiono il resto della città lagunare.

Da quella parte terminava Venezia … sorgevano le ultime realtà commerciali, e soprattutto gli ultimi ricchi e potenti insediamenti religiosi di Frati e Monache della città. Infatti, sempre continuando ad osservare la zona *"a volo d'uccello"* disponendosi a guardare verso la Terraferma e oltre la Laguna, si potranno vedere a destra alla fine e chiusura del lussuoso Canal Grande: i due Monasteri di **Santa Lucia della Monache Agostiniane** da una parte e quello di **Santa Croce delle Monache Francescane Damianiste** dall'altra collegati da un animatissimo quanto efficientissimo **Traghetto**. Non esisteva il taglio del Rio Novo che porta oggi a San Pantalòn, Ca'Foscari e al Canal Grando sbucando a San Tomà.

Subito dopo, come a chiusura di quella scena mirabile aperta, quando il Canal Grande svolta a sinistra e s'infila dentro a quello che è oggi il Canale della Scomenzera … c'erano e ci sono ancora oggi i **due Monasteri della Zirada: Santa Chiara delle Monache Francescane dette Urbaniste**, e **Sant'Andrea delle Monache Agostiniane** … altri due siti pieni di storia, dicerie, arte, vita vissuta e tanti pettegolezzi.

Terminava così Venezia … con quello scenario per noi oggi surreale e difficilmente immaginabile.

Sostiamo qui, allora, fermi in aria sopra a quel che era, o meglio non era, l'attuale zona di Piazzale Roma, Garage vari, People Mover e Tronchetto.

Continuiamo a tenere gli occhi chiusi e a immaginare ! ... Tanto non costa nulla e può essere anche in qualche modo divertente.

Concentriamoci sulla zona più precisa e limitata, quella specifica di **Sant'Andrea della Zirada**, quella specie di corridoio dove corre sopraelevato il People Mover diretto al Porto e al Tronchetto ... E' l'area dell'Acquedotto per intenderci, quella intorno alla chiesetta chiusa e abbandonata col campanilotto dalla cuspide a forma di cipollotto ... quella dove di recente la Biennale hanno messo in mostra: *"L'Arte racchiusa nei Frigoriferi"*.

Due secoli fa, lì era tutto molto diverso da oggi. Innanzitutto esistevano molti più canali e rii che in seguito sono stati interrati. Se passeggiate accanto alla chiesa oggi, potrete vedere il marciapiedi diviso e segnato in due parti: uno era il canale di un tempo. Così se passate accanto all'ex Tabacchificio ora Tribunale, è platealmente visibile il canale che è stato imbonito ... Ancora oggi non è stato pavimentato.

L'intera zona era quindi tutta trapuntata e frammentata da Rii e Rielli: **Rio di Sant'Andrea** e **Rio delle Burchielle**, e in mezzo e ovunque: terreni incolti, tante vigne, orti e piccoli giardini divisi e cinti da bassi muretti dove c'era anche qualche piccola attività artigiana: una cereria, ad esempio, e un saponificio ... forse. Si conoscono anche i nomi dei proprietari di quel mosaico di piccoli appezzamenti giustapposti: i Nobili di Ca' **Barbaro**, quelli di Ca' **Zucolo**, di Ca' **Memmo**, i **Bontempi**, **Cortivo**, **Tinto**, il mercante **Marin dalla Nave**, ovviamente le **Monache di Sant'Andrea**, e la ricchissima **Scuola Grande di San Rocco** che possedeva ovunque immobili e terreni di ogni genere sparsi per tutta Venezia.

Entrando ancor più nei dettagli della Storia, le cronache d'inizio milleottocento ci raccontano anche che quella zona era nel suo insieme poverissima per non dire squallida. Oltre le mura dei Conventi, vere e proprie oasi di benessere e di ricchezza in quanto ospitavano le figlie dei Nobili e dei più ricchi Mercanti che non facevano loro mancare nessun agio; fuori da quelli e dalle loro ricche chiese bellissime simili a bomboniere dorate, capaci di farti rimanere a bocca aperta per la meraviglia; fuori in giro per l'intera Contrada ... c'era solo miseria nerissima ... **"la morte in vacanza"** di diceva per via delle condizioni davvero infime e drammatiche di chi viveva in quei posti.

Tuttavia, il posto era vivissimo, e da secoli vi accadeva un po' di tutto.

Fin dal 1400 nel Barco del Coro sopraelevato della chiesa di Sant'Andrea c'era una statua lignea policrona di un **"Cristo Morto"** che le Monache vestivano e svestivano secondo le ricorrenze dell'anno, e veneravano portandolo a spalle solennemente in processione lungo le rive scabre e scoscese della Contrada semidimenticata e periferica di Venezia. Quelli che le accompagnavano fino a girare tutta la zona **"dei Tre Ponti"**, erano appunto da secoli, la stessa accozzaglia di gente popolana e poveraccia, che s'entusiasmava per le performance colorate e sontuose delle Monache di solito rinchiuse ufficialmente nel loro pingue Monastero ... roccaforte inespugnabile, mondo inarrivabile e precluso ai più.

Ai **"Tre Ponti"** abitava **GiovanBattista Piantella** di professione: **"Saonèr"**. Costui, essendo stato licenziato per furto dalla **"Savoneria"** di **Antonio Biondini** in cui lavorava, venne condannato a bando di 20 anni da tutta Venezia.

Un po' arrabbiato per la sentenza ... aspettò che il Biondini passasse per tornare a casa per vendicarsi. Lo spinse, allora, contro la porta di casa, e lo massacrò semplicemente a colpi di mazza. Poi, siccome gli sembrava di non aver fatto ancora abbastanza, indossò gli abiti dell'ucciso, e andò a suonare alla sua abitazione, dove entrò uccidendo l'innocente e ignara serva **Lucietta**, s'impadronì di tutte le cose preziose che trovò a disposizione, e se ne fuggì infine da Venezia facendo perdere le proprie tracce.
Impunito ?
Macchè ! ... Sapete bene com'era e come funzionava la Serenissima che oltre agli occhi e agli orecchi, aveva anche la memoria lunga ... Dopo un certo tempo, il Piantella venne riconosciuto a Treviso, e giustiziato il 01 febbraio 1710 a Venezia in applicazione d'apposita sentenza che recitava testualmente: **"Sia posto sopra una piata e sopra il palo di berlina, e condotto a Santa Croce, dovendo nel viaggio esserli dato cinque botte di tanaglia infocata in Traghetto per Traghetto ... Ivi giunto, per il Ministro**

di Giustizia, li sia tagliata la mano più valida, sicché si separi dal braccio, e con la medesima appesa al collo, sia trascinato a coda di cavallo al luoco del commesso delitto a Sant'Andrea, dove parimente li sia tagliata l'altra mano, et con la medesima parimente al collo, sia trascinato in Piazza tra le due colonne di San Marco, dovendo nel viaggio, per pubblico Comandador, essere pubblicata la sua colpa, et poi sopra un emminente solaro dal detto Ministro di Giustizia li sia tagliata la testa, sicché si separi dal busto e muora, e diviso il suo cadavere in quattro quarti, siano li medesimi appesi ai luochi soliti sino alla consumazione..."

Perfino **Maddalena**, la madre del Piantella, sua complice, fu condannata a prigione a vita, dove ammalatasi di febbre morì entro tre mesi. Si racconta curiosamente, inoltre, che il *"buon cuore"* dei Veneziani dell'epoca fece in modo di gettare per strada materassi e altre cose soffici quando il reo Piantella passò trascinato a coda di cavallo: *"... perché gli fosse meno dura la fatale traversata."*

Ma non è tutto ... dentro al quel Monastero di Sant'Andrea della Zirada accadde ben di più.

Dipendevano dal Monastero ed erano ospitate nello stesso fin dal 1347 pagando apposito affitto: la **Scuola di Sant'Andrea dei Pescatori**, e quella dei **"Burceri da stiore, legna e rovinassi e dei Cavacanali o Cavafanghi della Beata Vergine Assunta"** che stanziavano le loro *"Burchielle"* nell'omonimo Rio: *"... portando in giro: paltàn, ruinazzi et sabiòn".*
Il Maggior Consiglio temendo epidemie a causa delle acque fetide, chiedeva di continuo ai Signori di Notte di segnalare i canali bisognosi di drenaggio. Quelli allora facevano intervenire *"l'Arte dei Burceri-Cavacanali"* che *"... dragava pro sanitate et bono terrae".*

Nel 1622 venne intimato al **Gastaldo dei Burcieri-Cavanacali**, che accompagnavano il Doge con le loro peate il giorno della Festa della Sensa, e facevano celebrare una Messa mensile a Sant'Andrea per la *"Sanezza dell'Arte tutta"*, di consegnare assolutamente ogni volta le chiavi della loro sede nelle mani della **Badessa di Sant'Andrea de la Zirada**. Questo perchè nella sala dove si tenevano le riunioni del Capitolo della Schola c'erano molte Arche *(tombe)* che dovevano essere assolutamente accudite dalle Monache.

Per più di cento anni i Burchieri litigarono finendo a processo con le Monache di Sant'Andrea per l'uso dei locali della Schola, e soprattutto per debiti d'affitto delle 7 case prospicenti il Rio delle Burchielle appartenenti alle stesse Monache. Famoso fu il contrasto con la **Badessa Concordia Fieramonti da Brescia** e i suoi fratelli che di mestiere facevano anch'essi i *"Burchieri"*. Fu un caso di aspra concorrenza estera nei riguardi dei Burchieri Veneziani, ma alla fine per la Badessa stessa sembrò più conveniente e prudente trasferirsi da Venezia andando nel **Monastero di Santa Maria delle Grazie di Mestre.**

"Se la troviamo da sola per strada ..." avevano minacciato i Burcieri-Cavacanali di Venezia.

Ancora al cadere della Repubblica Serenissima, l'***"Arte dei Burchieri-Cavacanali"*** dipendeva direttamente dal **Magistrato alle Acque**, e per le tassazioni dal **Collegio della Milizia da Mar** ai quali giuravano: *"onestà nelle transizioni"*. In realtà il lavoro era monopolio privato di alcune famiglie, che si servivano di manodopera rigorosamente Veneziana: *"... per andar a molini per Fontego, et servir Merchatanti, et asportare dalla città: fanghi, macerie e immondizie d'ogni tipo trasportandole in luoghi appositamente destinati ..."* Per far parte dei 300 addetti **"Burchieri da Rovinassi e Cavafanghi"** si doveva dimostrare la propria cittadinanza, ed aver servito nel ruolo per almeno 4 anni continuativi.

Oltre alla *"Schola dell'Arte dei Burchieri e Cavacanali",* con 638 iscritti nel 1773, fra cui 600 Garzoni e Lavoranti, e 38 Capimastri, il Monastero di Sant'Andrea ospitava anche il **Suffragio della Santa Croce** e dal 1764 l'**Arte dei Muschieri** che erano dei Profumieri o Negozianti di oggetti da toeletta, cosmetici, polveri di Cipro *(ossia la Cipria)*, e guanti profumati. Erano degli Speziali particolari detti anche **Aromatari o Unguentari**, e fabbricavano acque odorose, olii profumati e saponi. Pur non essendo tutti iscritti all'Arte apposita, a Venezia erano numerosissimi, e stampavano vari ricettari e manuali per la composizione di sostanze odorifere.

Per quella proposta commerciale a Venezia non mancavano di certo i clienti e soprattutto le clienti. Le principali erano le Nobildonne, seguite a ruota dalla folla numerosissima delle Cortigiane e delle Meretrici. Per tutte l'**Arte dei Muschieri** metteva a disposizione un ricchissimo e variegato catalogo comprendente: *"Varii liscii et belletti ... Blacca ... Solimado ... Lume di Scaiola ... Lume Zuccarino ... Fior di Cristallo ... Fior di Boraso raffinato ... Molle di pane ... Aceto lambicato ... Acqua di Fava ... Acqua di sterco di Bue ... Acqua di Amandole di Persico ... Sugo di Limoni ... Rose ... Vino ... Lume di Rocca ... Draganti per indurire la carne ... Semenze di Codogni ... Penuria nel lume di feccia ... e Calcina viva per liscia e farsi i capelli biondi."* ... e molto altro ancora.

Nel 1773, a Venezia si contavano ancora 18 Muschieri che lavoravano in 16 botteghe occupando anche 2 mezzadi.
Il simbolo dell'Arte associata sotto la protezione della *"Natività della Vergine"*, era una *"Croce di Malta con una pomata"*. L'**Arte dei Muschieri** ha goduto poche volte nella storia della Serenissima di autonomia propria essendo spesso accomunata di volta in volta con l'**Arte dei Marzeri** o con l'**Arte degli Stazionieri Venditori di Vetri**.
Comunque nella fornitissima Biblioteca dei Muschieri si poteva trovare e leggere cose incredibili: *"Secreti Medicinali"* del Magistro Guasparino da Vinexia Medico in Cirologia ... la ristampa del *"De Naturali Hystoria"* di Caius Plinius Secundus ... il *"De Pirotecnica"* di Biringucci Vannocchio ... la prima traduzione in volgare da parte di Pier Andrea Mattioli, Medico Botanico, dell'opera di Dioscoride: *"Commentarii a Dioscoride"* ... il famosissimo all'epoca: *"Notandissimi Secreti de l'Arte Profumatoria con oltre 300 segreti utili per fare olii, acque, paste, balle, moscardini, uccelletti et paternostri."* del 1555 di Giovanventura Rosetti.
Nel 1551-1555 l'Arte dei Muschieri consigliava anche di leggere e studiare: *"Opera Nova piacevole per la quale insegna di far Composizioni Odorifere per far bella ciaschuna donna"* di Eustachio Celebrino, e i *"Secreti nuovamente posti in luce"* scritti da Don Alessio Piemontese.
A quelli si doveva aggiungere: il *"Tesoro della Vita Humana"* di Leonardo Fioravanti Medico Bolognese stampato nel 1570, mentre il *"Trattato con tavole di piante esotiche"* di Cistoforo Acosta Africano Medico Chirurgo era del 1585.

Infine, a completare la propria cultura e preparazione, si poteva leggere anche l' *"Historya dei Semplici Aromati"* del Medico spagnolo Don Gorcia dall'Horto e del medico Nicola Monardes contenente le piante medicinali provenienti dall'America, assieme al *"Tesoro della Sanità"* di Castor Durante.

Niente male come profilo e credenziali di serietà e qualità del mestiere, vero ?

Sempre secondo i consigli dei Muschieri di Venezia, i rimedi ampiamente descritti da Eustachio Celebrino nella sua opera del 1551, servivano rispettivamente ed efficacemente per: *"Cavar le macchie dal volto … Cazar le cotture dal sole … A cazar via le voladeghe … A guarir li gossi de ogni sorte … A saldar zenzive e a far bianchi li denti … A far il fiato odirifero … A far che li peli nasceranno … A cazar li peli che non vi nascano più … A guarir li calli dalli piedi … A far che li capelli non diventeranno canuti … A far acqua de bionda per capelli perfettissima e A far nascere la barba a un giovene avanti tempo …"*

Mentre secondo i *"Secreti Medicinali"* del Magistro Guasparino da Vienexia habitante però in Verona in Castel de San Felice, si potevano eseguire ricette per produrre: *"Polvere di Zibetto … Polvere di Muschio … A far polvere di Cipro …Moscardini eletti per bocca …Tintura negra per li capelli et barba … Belletto e Ballottine per donne … Oglio odorifero … Ballotte da barbieri notabile e buon Profumo da uccelletti."*

oppure comporre manufatti adatti a: *"A strenzere le lacrime de gli occhi … A fare andare via le lentizine … A far fare colorita e bella … A far Pirole finissime contro il puzore de la bocha … Acqua per far lustro il viso … Per far lo volto colorito … Unguento da viso qual usava la regina d'Ungaria … e perfino ad restringendum vulva."*

E questo in riferimento ad alcuni degli *"ospiti consuetudinari"* del Monastero di Sant'Andrea.
Ma al di là dell'ospitalità, furono in molti in epoche diverse a Venezia, a testare a favore delle Monache del Sant'Andrea della Zirada. Furono

persone le più disparate, a significare che le Monache, tutto compreso, godevano anche di buona fama nell'ambito cittadino e della Serenissima in genere.

Se sbirciamo frettolosamente i testamenti e i lasciti inerenti al Sant'Andrea della Zirada, innanzitutto si noterà un mucchio di Preti, Frati e Monache: **Marco De Gusmerii** Vescovo Argolicense e di Napoli di Romania … **Giovanni Giustinian** Piovano di San Maurizio … **Antonio David** Presbiter di Santa Maria Zobenigo … **Pre Angelo Dei Rossi** … **Angelo** Presbiter da Macalo' da Gravina Cappellano di Sant'Andrea della Zirada … **Presbiter Eustachio** detto Angelum da Rua … **Cristina Barbarigo** e **Barbarella Zenta**, **Samaritana Contarini** quondam Marino quondam Antonio, Maria, Caterina … tutte Monache in Sant'Andrea della Zirada … **Tommaso Moro** Frate in San Pietro di Murano … **Eustachio Calderoni** Presbiter da Gravina Confessore di Sant'Andrea della Zirada.

Oltre a questi, si riscontrerà una lunga serie di persone Nobili e di prestigio come il **Doge Antonio Venier** … **Antonio Contarini** Procuratore di San Marco … **Girolamo Donà** quondam Marco di Andrea Procuratore … **Francesca della Fontana** sorella del **Doge Michiel Steno** … **Orsato Giustinian** Milite e Procuratore di San Marco … **Agnesina Soranzo** e **Marino Corner** quondam Cornelio della Contrada di Santa Marina … **Lorenzo Dolfin** del Confinio di Santa Giustina … **Marino Michiel** del Confinio di San Marcuola … **Bartolomeo Verde** quondam Marco Capitano alle Carceri di Padova … **Andrea Dandolo** Dottore … **Lisa Redolfi** moglie del Fisico **Pantaleone Quaian**.

Ancora accanto a queste c'erano persone agiate, dedite ai commerci e attive sull'intero bacino del Mediterraneo e sullo scenario Europeo come **Giovanni di Costantino** Mercante in Contrada di San Silvestro e **Paolo di Gualtiero di Alemagna** … oppure semplici artigiani e affiliati alle Arti Cittadine e alle Scuole di Devozione come *Simone Scortega* battioro … **Michele quondam Giorgio** calafato … **Bartolomeo di Francesco** detto *Bertazi* fante alla stimaria del vino … **Fiorina quondam Buona** fruttivendolo … **Alvise Spin** drappiere e **Vincenzo di Lorenzo** cimatore … o ancora tanta gente qualsiasi, nomi senza volto e privi di storie particolari come **Maria moglie di Federico** barcarolo in Contrada di San Basilio ... **Antonia quondam Bartolomeo** samitario moglie di Pietro pittore ... **Maddalena Degli Scrovegni** del Confinio di Santa Margherita ... **Agnese vedova di Giovanni** filatore ... **Maria Barbarigo** moglie di *Paolo* e **Chiara Papason** del Confinio di San Geremia ... **Botto Caterina** vedova di *Mastro Giovanni delle Armi* del Confinio di San Zulian ... **Rizzo Dorotea, Costanza Emo Barozzi Luci** abitanti in Sant'Andrea ... **Antonia** vedova di *Leonardo* peltriner ... **Franco Filippa** vedova di **Giosafat Rosso** e **Francesco Nani** quondam Andrea del Confinio di Santa Croce ... **Chiara Doelai** vedova di *Antonio* del Confinio di Santo Stefano di Murano ... **Angela** moglie di *Giovanni* portator di pietre ... assieme a **Giovanni Busato** da Maerne.

Questo immenso patrimonio pervenuto alle Monache di Sant'Andrea le fece diventare molto litigiose e afferrate in affari economici. Nei vari Archivi di Venezia esistono più di duemila fra pergamene e atti che le riguardano. Già dal 1268 iniziarono a litigare con le famiglie **Pozzer e Papacizza** e contro il vicino **Monastero di Santa Chiara** di Venezia per il possesso di alcune case in zona Santa Croce.

Alcuni litigi con processi, indagini, sentenze e continui ricorsi durarono: secoli !

Alla fine le Monache del Sant'Andrea finirono col litigare un po' con tutti: contro i **Provveditori dell'Ufficio alle Acque** per la gestione del Rio di Capo d'Argere e i terreni acquistati dall'Ufficio presso il campo e la Sacca e la palude pubblica di Sant'Andrea ... contro i **Nobili Mocenigo** per alcune case in Contrada di Sant'Agnese ... contro **Zanetto Bianchi** per un livello su una delle casette del Monastero ... contro **Nicolò Donà e Zanco Barcarolo** per un'altra casetta sul solito Rio delle Burchielle.

Le Monache di Sant'Andrea piano piano misero insieme lungo i secoli una vera e propria *"fortuna economica"*, un tesoretto importantissimo. Alla proprietà delle prime casette del vicino Rio delle Burchielle ne aggiunsero molte altre sparse un po' ovunque per le Contrade di Venezia: a **San Paternian, Calle della Testa, San Pantalon, San Agnese e San Nicolò** ... Alcune case vennero comprate fra 1316 e 1340 dai Nobili **Nicola Zuccato** e *Garzoni* ... altre vennero acquisite nella vicina zona dell'Arzere accanto alla chiesa di San Nicolò dei Mendicoli, o in luoghi poco lontani come: *Anzolo Raffael, San Barnaba, San Trovaso, Santa Margherita e San Vio* nel Sestiere di Dorsoduro; *Sant'Aponal e San Rocco* in quello di San Polo; *Santa Marina, San Giovanni in Bragora, San Severo* nel Sestiere di Castello lasciati per testamento nel 1426 da Agnese vedova di Giovanni Filatore del Confinio di Santi Apostoli; al *Giglio o Santa Maria Zobenigo, San Luca, Sant'Angelo, Calle delle Ballotte, San Salvador e San Samuele* nel Sestiere di San Marco; *San Marcuola, San Giobbe, San Geremia, Santa Caterina, San Marcilian* eredità Maddalena Stella, *Birri di San Canciano* nel Sestiere di Cannaregio assieme ai beni dei fratelli Ridolfi in Confinio di *Santa Sofia* ereditati dalla Monaca Anna de Ridolfi nel 1422.

Niente male come patrimonio Monastico in Venezia ! ... e anche tutto questo fu soggetto a cause, litigi e processi senza fine.

E non è ancora tutto, perché oltre ai possedimenti in Venezia, le Monache ricevettero da *Bona vedova di Odorico di Leonardo* e tramite eredità da *Grana Paruta e Suordamore vedova di Marino Contarini* diversi beni patrimoniali siti in *Comello di Fontana-Bojòn-Preganziol-Spinea-Villa della Madonna sotto Mestre, Argere di Cavalli sotto Padova* pervenuti al monastero anche da Zane Catterizza nel 1615 ... e altre terre e campi e fattorie a: *Martellago, Peseggia, Carpenedo, Marcon, Villorba, Villa Nova, Zero, Scorzan, Formiga e Villa sotto Mirano, Zero, Chirignago, Scaltenigo sotto Mirano, San Nicolò di Bosco sotto Treviso* lasciati al monastero da Agnese Tagliapietra nata De vecchi nel 1448, *Rovato presso Brescia, Val Brembana contrada di Gromolto, San Zulian, Favaro e Altivole* regolarmente e puntualmente perticati e affittati insieme a quelli pervenuti al Monastero con la donazione del 1520 da parte di *Elena vedova di Valentino Marangoni*, o acquistati con atto del 1596 e situati in: *Maerne-Padernello- San Prosdocimo-Polesine località Bosco Vecchio*, oppure a *Villanova sotto Camposampiero* lasciati per testamento da *Paolo Contarini* dal Confinio di San Fantin.

Che ve ne pare ?

Sempre dello stesso secolo sono alcune pergamene che raccontano d'affrancazioni e **compravendite di schiavi** da parte delle Monache di Sant'Andrea, e in un caso le Monache litigarono per 4 secoli (!) dal 1362 al 1722, contro la famiglia **Ceccato**, contro **Lionello Folco da Villafuora di Ferrara** e i suoi eredi, **Giovanni Francesco da Villafuora, Lorenzo da Arquada** per beni in località **Saletta, Copparo, Ruina e Villa Fuori nel Ferrarese** ereditati da Paolo Contarini.
Litigarono perfino per venticinque anni consecutivi contro la **Podesteria di Mestre** per dei terreni e dei molini che le Monache possedevano là.

Toste le Monachelle ! … il Monastero di Sant'Andrea era agguerritissimo contro tutti ! … e finiva spesso incredibilmente per vincere perseverando e non mollando mai. Le Monache compravano, dismettevano e vendevano beni immobili in continuità: **Altivole, Bojòn, Carpenedo, Bergamasca, Spinea, Chioggia, Lancenigo, Murano, Dolo, Peseggia** …

Erano sicure di se, potenti, non avevano paura di nessuno … neanche dei Nobili Veneziani, perché convocarono a processo i **Widmann** per una casa a Santa Croce, **Lorenzo e Giovanni Cappello** per beni a Massanzago, i **Morosini** per una casa a San Geremia, **Bernardo Piazza** per una casa a Santa Croce … e i **Ranzanici** per altri beni a Santa Croce, gli **Zambler** per fitto case nella stessa zona, i **Marin** per una casa in calle delle Rasse, i **Bollani** per la restituzione della dote di Chiara Bollani, i **Civran** per mansionaria Marietta Da Molin, **Fuolis e Grioni** circa una casa a Santa Margherita, **Piero Zanardi e fratelli** per una casa a Santa Caterina …

Per non risparmiarsi, coinvolsero in controversie senza fine anche i Confratelli della **Scuola del Santissimo di Santa Croce** per un *"livello passivo"* a carico di Sant'Andrea … e **Piero Squerariol** per lo squero situato in Campazzo Sant'Andrea poco distante dal Monastero.

Non guardavano in faccia a nessuno, neanche ai Correligionari e agli Ecclesiastici preminenti di Venezia: litigarono col Monastero dei **Benedetti di San Giorgio Maggiore** per un'eredità Curti, istituirono un processo contro **Prete Nicolò Farusso** per una casa in Contrada di San Giobbe … i **Carmelitani Scalzi** per credito di somma … e dal **Piovano di San Barnaba** pretesero e ottennero 1 miro d'olio come pagamento di un livello di cui era loro debitore.

Ce l'avevano proprio con tutti … Erano una *"macchina da guerra"* … Soldi erano soldi, anzi: soldi richiamavano altri soldi … allora come oggi.

Nel 1564-65 era **Prè Vincenzo dalla Torre** Cappellano di Sant'Andrea della Zirada a rappresentare le Monache e tenere il *"Libro dei Conti"* di tutto quell'ingente patrimonio: curava le spese e stime di Pistoria, i campatici di acque, bandi e quietanze, spese di luganegher, polizze di spese per il campanile, contratti di vendita delle case, gestiva *"Entrade et Uscide"* e pagamenti e riscossioni di tasse e decime presso le Cazude e la Zecca di Stato … Insieme a lui, il Gastaldo del Monastero gestiva un'azienda di commercio di vestiario e merci … e **Maria Diana Monaca Camerlenga** del Monastero di Sant'Andrea provvedeva alla filza delle varie riscossioni tenendo un apposito *"Libro delle Spese e Rendite"*.

Le Monache del Sant'Andrea possedevano una vigna affittata accanto al Monastero, e un'altra al **Bosco di Sacco** … Erano proprietarie della vicina **Cereria** sita in Contrada di Santa Croce sulla Fondamenta che dai due ponti portava al Monastero … di una bottega da fruttivendolo in Campo San Barnaba affittata insieme alla casa accanto a **Nicolò Giustinian** … acquistavano legname, e comprarono stabilmente dal 1697 al 1736 una delle *"Libertà"*, ossia una delle concessioni a numero chiuso per esercitare il mestiere di barcarolo-gondoliere del **Traghetto di Santa Maria Zobenigo**.

Differenziare gli investimenti era importante e redditizio … come erano importanti e redditizi i diversi Livelli depositati all'*Offitio ai Pro di in Zecca*, ai *Monti*, alla *Camera degli Imprestidi* e alle *Procuratie, Offitio del Vin, Offitio del Sal, Offitio della Ternaria dell'Oglio, Offitio Intrade Casse Bastioni, Offitio Uscida, Bancogiro Pubblico, Offitio Governatori Intrade, Offitio Tre Savi sopra Offitii Cassa Decime, Cinque Savi alla Mercantia, Offitio Revisori e Regolatori Intrade Pubbliche in Zecca, Offitio d'Argenti in Zecca alla Masena*, e un Livello dovuto dai Cavacanali e Burchieri.

L'Archivio del Monastero trabocca di documenti che attestano il finanziamento di molte Doti Spirituali depositate in contanti presso la Scuola Grande di San Rocco, Procure, Mansionarie di Messe e numerosissime Commissarie di esecuzione testamentaria.

Basta così ! ... Mi fermo. Altrimenti rompo e annoio del tutto.

Il Sant'Andrea della Zirada era per tradizione il Monastero in cui si collocavano le figlie dei Nobili **Balbi e Corner**, una specie di Monastero di famiglia, protetto dal Casato che fungeva da benefattore e protettore, spesso gestore più o meno diretto delle sorti economiche. In qualche maniera questi Juspatronati Nobiliari determinavano anche lo stile, e spesso anche la storia dei *"Monasteri di Famiglia"* che proteggevano. A Venezia quella era un'usanza molto diffusa e frequente, perché visto che i Nobili doveva provvedere a rinchiudere e monacare le figlie, allora lo facevano in modo conveniente, così che quel reclusorio fosse il più possibile comodo e dorato ... una specie di dependance di famiglia.

Il *Santa Caterina delle Monache Agostiniane*, ad esempio, sulle estreme rive delle Fondamente Nove nel Sestiere di Cannaregio era Jupastronato della Famiglia nobile dei **Contarini**; quello di **Ognissanti delle Benedettine** nel Sestiere di Dorsoduro, era, invece, retaggio della famiglia **Barbarigo**; *San Giovanni in Laterano sempre delle Benedettine* era protetto dalla famiglia **Cappello** che abitava nel palazzo poco distante; e il *San Lorenzo di Castello* apparteneva di fatto all'antica famiglia dei **Partecipazio**. Il *Monastero di San Zaccaria* a poca distanza da Palazzo Ducale era il luogo dove andavano a risiedere e monacare le figlie del Doge e dei Senatori più prestigiosi e potenti come i **Foscarini, Querini, Gradenigo e Morosini**, quindi immaginatevi da chi poteva essere protetto e guidato quel luogo. La lista sarebbe lunghissima, praticamente ogni Monastero di Venezia e dell'intera Laguna aveva i suoi *"Santi Protettori ... i Santoli"*, e, come si dice ancora oggi a Venezia: *"Chi gha sàntoli ... gha bussolài ..."* ossia chi ha protettori ha sempre regali, buone soprese e aiuti ... non gli manca niente.

In conclusione, mi piace ricordarvi le vicende di una donna che si aggirava in quei tempi proprio fra le stradine, le calli, gli orti e le Fondamente di quella zona di Sant'Andrea della Zirada.

Si tratta della **"Doda"** ... un *"nome d'arte"* l'avete già capito.

Secondo gli atti delle denunce conservate dalla Polizia: si trattava di una meretrice, una prostituta girovaga senza fissa dimora. In realtà era solo una povera donna.

Svamp ! Svamp ! ... era accaduto anche dentro alla testa della **"Doda"** in quei giorni, nei primi anni del 1800 a Venezia.

Nella città lagunare era accaduto tutto quello che sembrava impossibile e mai e poi mai sarebbe potuto capitare divenendo realtà dentro l'antico sistema Lagunare e Serenissimo. Era giunto quel Bonaparte che aveva cambiato tutto e fatto sparire, e incredibilmente *"svampare"* l'antica Repubblica Dogale. Come un incantatore, un cantastorie fantasioso, un miracoloso burattinaio della Storia, Napoleone con le sue armate scalcinate ma selvagge e potenti aveva tarpato tutti i fili della Nazione lasciandola come una marionetta inanimata e spogliata per terra.

Era accaduto tutto in fretta, ed era sembrato anche altrettanto facile: **"Svamp ! ... Svamp !"** ... e la grande Venezia Serenissima s'era spenta per sempre ... Era stato come spegnere con due dita inumidite il fragile *"pavèro"* di una candela ormai consumata. Tutto quel mondo che fino a ieri pareva intramontabile era scomparso **"di botto"**. Fino a poco prima sembrava che non fosse possibile far esistere una realtà diversa ... invece ... era successo.

Svamp ! Svamp ! ... In un attimo: via il Doge, il temibile Consiglio dei Dieci, i pomposi Senatori e i Procuratori, i Giudici al Criminal, i Signori di Notte, gli Avogadori da Comun ... Via tutti ! Sbattuti giù nella polvere !

Tutti i potenti e ricchi Nobili erano stati gettati a terra facendoli scendere malamente dai loro piedistalli di splendore e ricchezza. Via tutti ... fuggiti, privati dei titoli, soldi, palazzi, ville, terre e di tutte quelle facoltà potentissime quasi da Dio.

Per certi aspetti ... sembrava quasi un sogno. Un po' dispiaceva alla *"Doda"* tutto quel cambiamento perché in fondo quello era stato fino a ieri anche il mondo che la conteneva in cui aveva sempre vissuto. S'era come pareggiata e livellata ogni cosa, svincolato tutto e tutti da una pesante catena secolare ... Addirittura sembravano invertite tante parti: tutti uguali e liberi ... Pareva che i piccoli fossero diventati grandi e viceversa. Il galeotto incatenato ai remi era diventato Capitano e Nocchiero della nave ... Podestà, Vescovo e Patrizio Nobile s'erano trasformati in forestieri confusi e avviliti, ignari di dove sarebbero dovuti andare. Erano cadute figure orgogliose, impavidi comandanti, autorità dispotiche e arroganti di fronte alle quali chinare la testa timorosi.

Alla **Doda** sembrava quasi impossibile che fosse accaduto tutto quel rinnovamento ... Tanto era caduto come foglie in autunno, era passata come una potente alta marea, un'alluvione che aveva svuotato tutte le case e anche travolto la gente lasciando alla fine solo una piatta distesa di fango liscio e compatto. Con quella furia devastante s'era gettato in strada e fuori dai loro Castelli, Chiese, Cappelle, Palazzi, Conventi e Monasteri anche la numerosa folla dei Preti, Frati e Monache.

Via tutti ! Svamp ! Svamp ! ... Spariti tutti, soppressi e cancellati ! ... Era stato stravolto il mondo intero.

La vecchia Venezia non c'era più.

Per la *"Doda"* era stato difficile capacitarsi e assimilare in fretta tutte quelle novità. Serviva tempo per abituarsi al fatto che: Abati, Badesse, Piovani, Priori, Monache e alti Prelati non contassero quasi più niente. Perfino il Patriarca e il Primicerio di San Marco erano stati deposti e sostituiti con personaggi più accondiscendenti e moderni, favorevoli ai Francesi e poi agli Austriaci Imperiali.

Eppure era accaduto proprio così: tutte le Monache, comprese quelle di **Sant'Andrea e di Santa Chiara della Zirada** erano state ridotte alla miseria, strappate dai loro ricchi Monasteri e Conventi e buttate mezze nude in strada. Erano diventate donne povere e ridotte a chiedere *"la carità"* come la **Doda**. Tutti i beni dei Nobili, della Serenissima e del Clero erano diventati patrimonio comune e condiviso, appartenente a tutti s'era detto.

In realtà non s'era visto un soldo in giro … Il nuovo Governo S'era incamerato tutto. Era stata un'immane illusione che tutto fosse di tutti … Era cambiato solo il nome del grande proprietario, il Signore e padrone di tutto. S'erano cambiate le bandiere e i vessilli, s'era innalzato in piazza l'Albero della Libertà, sui vecchi altari s'era messa a ballare una donna nuda … ma in fondo era solo apparenza, per i poveri e i diseredati non era cambiato niente.

Per certi versi tutto quello stravolgimento era stato anche un bene: molti erano stati costretti a rinunciare ai loro privilegi secolari, erano dovuti uscire da quella maniera piena di se e prepotente d'imporsi sugli altri per principio. Sembrava tramontato e cancellato, messo un potente freno a un intero sistema ricco anche d'ipocrisia, falsità, finte verità Celesti inventate per comodo, Santità fasulle create di sana pianta per favorire i propri interessi … Ma la grande miseria diffusa ovunque era rimasta sovrana come prima.

"Quella non è affatto cambiata !" rimuginò la *"Doda"* per strada.

Quel che era paradossale e incredibile in quei giorni, era che veniva a mancare anche la vecchia minestra fornita gratuitamente ogni giorno dalle Monache e dai Conventi. Buttando in strada le Monache, chiudendo Chiese, Ospizi e Ospedaletti, e spegnendo soprattutto le cucine dei Monasteri, s'era privato tutti quelli che vivevano nell'assoluta indigenza di un rifugio, un piatto caldo e un tetto dove rifugiarsi nei giorni peggiori.

"E' stato giusto rinsecchire un poco i Nobili, ma non è stato affatto un bene per tutti ! … Ora nell'intera Venezia manca tutto a tutti e del tutto…" si commentava per strada e nelle antiche Contrade diventate fantasmi di se stesse.

"Ci sono rimaste come certezze solo le Stelle in testa … gelide, lontane, mute e misteriose … le foglie sugli alberi che spuntano e marciscono seguendo la loro religione naturale, e le acque salmastre, marine e amare

di cui è imbevuta la Laguna e la nostra città bagnata. Di tutta l'antica Gloria non è rimasto più nulla ... Solo fango polveroso che connota la nostra triste miseria ..."

Svamp ! Svamp ! ... Venezia s'era spopolata di Autorità e di Nobili possidenti autoritari, ma s'era riempita di caserme, milizia, e soldati prepotenti e dalle mani lunghe e svelte. Tanti militari ... giovani forzuti e arrapati ... Non sempre stretti dentro alle loro divise immacolate e aderenti ... Spesso oltre le parate e le comparse ufficiali erano solo uomini straccioni, volgari, ubriaconi e a caccia di piaceri e di facili guadagni ... o meglio: di saccheggio delle cose, e anche delle persone che incontravano.

Questo in fondo per la *"Doda"* era stato un bene, perché le si era presentata davanti una fonte pressoché inesauribile di guadagno. Lei era ormai una meretrice, una prostituta pubblica ... Era stata perfino iscritta in un apposito registro tenuto dal nuovo Governo. La sua era una vita da sopravvissuta ... ma almeno in quella maniera riusciva a mangiare e continuare ad esistere.

Il grande cambiamento doloroso e distruttivo imposto a Venezia Serenissima, era quello che era sempre accaduto dentro alla sua esistenza. Nella sua vita era sempre stato così: un continuo trovare per poi subito disfare, distruggere e perdere. Pareva che per lei la primavera e l'estate durassero sempre un giorno e che, invece, avrebbe dovuto sempre vivere dentro l'appassimento dell'autunno e al rigore crudo dell'inverno.

Svamp ! Svamp ! ... dentro alla sua vita era sempre crollato tutto. Così che in quei giorni a Venezia, in realtà non era cambiato niente, s'era ripetuta la regola di sempre, la costante naturale di tutte le cose della vita della *"Doda"*.

Anzi ... era andata ancora peggio perché s'era aggiunta anche quella difficoltà di reperire facilmente un po' di pane e minestra.

Per la *"Doda"* le chiese quasi sempre aperte di Santa Chiara e Sant'Andrea della Zirada erano state a lungo un ricovero ideale perfetto: un riparo durante le giornate più brutte, un posto dove andare a gustarsi almeno gli occhi nei momenti di tristezza … Bastava gironzolarci dentro a quei posti: erano zeppi, foderati di belle opere d'Arte, di scene mirabili dorate e colorate appesi ai muri e alle colonne. Erano scene piene di storie affascinanti e deliziose, piene di luce … Giusto il contrario di quanto accadeva nella sua vita … Era come ammirare un modello di vita alternativa, Paradisiaca, che s'era perso … ma poteva ancora ritornare, o forse capitare a ciascuno.

E poi c'erano la Monache dalla cui tavola sempre imbandita poteva cadere spesso qualcosa. In fondo le Monache erano donne, femmine … sebbene speciali, dorate e appartenenti a un mondo diverso. Quindi ogni tanto erano capaci di lasciar cadere le briciole … di spruzzare un po' di Carità in giro per annacquare quel mare di miseria totale che avvolgeva tanti a Venezia.

Le briciole delle Monache per molti erano il corrispettivo dell'Abbondanza … Un piatto caldo di minestra corrispondeva a una biblica Manna, se poi c'era anche un po' di companatico era proprio festa.

Con le Monache bastava dimostrarsi disponibili e servizievoli, disposte un po' a tutto … e allora ogni tanto accadeva qualcosa di *"buono"*. A volte era poco: le regalavano un mozzicone di candela per rompere il buio della notte, un ciocco di legno per lottare contro il gelo … Ma in altri momenti le avevano offerto anche di meglio: l'avevano presa a lavorare come serva dentro all'**Ospedaletto dei Samiteri** che sorgeva accanto al Monastero di Sant'Andrea.

Quello era stato di certo un periodo felice della sua vita a Venezia. Era stato *"tempo di Cuccagna"* perché nell'Ospizio non le mancava niente: oltre a un tetto sopra alla testa, riceveva ogni giorno pane, cibo, vino, letto e fuoco per riscaldarsi.

Aveva tutto ! Che cosa le poteva ancora mancare ? … il denaro forse ? Quello non glielo davano … La pagavano solo con un soldo simbolico ogni tanto, ma era tutto il resto che era più che sufficiente per permetterle di vivere e continuare ad andare avanti. Avanti per dove ? … Forse non aveva importanza. Bastava *"andare"* in qualche maniera ... non morirci sopra di stenti, fame e malattia come era già capitato a tanti.

La Morte Nera ogni tanto continuava a passare e mietere per Venezia con la sua falce invisibile ma implacabile. Quella che stava accadendo ora non era la solita Pestilenza ... ma era sempre lei, la stessa, sebbene indossasse le sembianze della miseria.

La vita della **"Doda"** era stata sempre un continuo rinunciare e spogliarsi e sciogliersi di tutto come neve al sole. Ma in una maniera o nell'altra, come dopo la violenta bufera di un temporale, tornava sempre a splendere il solito sole tiepido e luminoso. Si ritrovava sempre sbrindellata e inzuppata fino alle midolla. Il suo corpo e la sua mente era di volta in volta più segnati e provati, ma riprendeva a vivere una nuova stagione e una nuova storia o avventura.

Era sempre accaduto così. Era stato così all'inizio quando da bambina aveva perso suo padre. Erano in quattro donne sorelle nella sua famiglia, e poi suo fratello, l'ultimogenito, e sua madre ... Come avrebbero potuto affrontare l'esistenza senza la forza e la presenza di almeno un uomo valido? Tutto era ricaduto sulle giovani spalle gracili del fratello che si era dannato l'esistenza lavorando sui magri campi di famiglia ogni giorno dall'alba fin dopo al tramonto. Lavorava senza fine e interruzione e a poco servivano le braccia fragili delle sorelle.

"Eravamo improduttive e considerate da nessuno ..."

Ci aveva pensato poi la carestia, la siccità e la tempesta a far precipitare tutto: s'era perso l'intero raccolto, e allora erano piovuti i debiti sulla famiglia come la grandine dopo la pioggia, e suo fratello s'era abbruttito ed era diventato violento e sempre ubriaco. S'era presentato quell'aguzzino del padrone, che in cambio di un poco di clemenza e pazienza s'era preso e goduto tutte le sorelle compresa l'anziana madre ... Non era stato più possibile vivere lì e in quella maniera, perciò erano fuggite tutte e s'erano disperse andando a Treviso o spingendosi fino alla Laguna e a Venezia.

Sua madre non avvezza a muoversi e a vivere di stenti s'era presto ammalata ed era morta. Erano rimaste da sole e senza l'aiuto di nessuno ... S'erano perfino allontanate e perse fra loro. Non s'erano più riviste.

Giunta a Venezia, quindi, c'erano stati due uomini che avevano segnato la sua vita.

Il primo era stato l' **"uomo, l'Amore"** della sua esistenza: un giovane soldato che l'aveva presa in ogni senso e le aveva promesso una certa speranza di cambiare. L'aveva fatta sognare mille esistenze diverse, mille modi alternativi e migliori di vivere. Poi era scomparso nel nulla, partito improvvisamente ... Non era neanche riuscita a scoprire per dove, non l'aveva più rivisto per sempre. Forse aveva attraversato il mare, era andato alla guerra col suo esercito ... Non aveva alcuna importanza saperlo ... tanto la realtà rimaneva la stessa.

Il secondo uomo della sua vita sembrò all'inizio capace di prometterle di meglio. Era un uomo maritato e con famiglia e figli, un Mercante abbastanza agiato di Venezia. Per un colpo di fortuna era riuscita ad essere accolta come domestica nella sua casa. All'inizio era andato tutto bene, finchè col trascorrere del tempo s'erano destate le voglie prima del figlio grande della casata e poi del padrone stesso. Tutto era diventato più difficile e complicato. Alla fine la moglie aveva scoperto tutto e l'aveva gettata in strada buttandola via come un vecchio cappotto.

S'era ritrovata sola e gravida ... ed era andata a sgravarsi e partorire una figliola gracile che aveva abbandonata sulla ruota degli **Esposti di Treviso**. La sua piccola bambina sembrava un frutto roseo, una pesca matura, ma non aveva scelta: o l'abbandonava lì o le avrebbe potuto dare solo la morte. Non ci aveva più pensato, o meglio, s'era sforzata sempre di non pensare più a quella sua piccola creatura ... Anche se ogni volta che rivedeva quella mezza moneta che portava legata al collo, non poteva fare a meno di ripensarla viva da qualche parte ... almeno nutrita, e chissà ? ... forse anche un po'felice.

In seguito la *"Doda"* era tornata a Venezia perché non sapeva proprio dove andare. Dove c'è da mangiare per molti, aveva pensato, ce ne sarà anche per una in più. Ed era tornata a vivere faticosamente nella città lagunare prostituendosi, perchè non era riuscita a trovare nessuno che l'aiutasse a lavorare e vivere. E poi ormai la sua fama e nomea la seguiva ovunque si presentava o compariva. Non sapeva fare che quello, e non poteva essere se non quella.

Non le era rimasto che allargare le gambe e offrirsi al miglior offerente in un gesto che le veniva sempre più naturale e spontaneo. Era una faccenda squallida, questo l'aveva saputo da sempre, ma almeno le permetteva di sopravvivere. Non era comunque riuscita neanche in quella maniera a porsi un tetto stabile sopra la testa, né a dotarsi di una qualche stabilità economica ... Era stata identificata come: *"meretrice vagabonda e itinerante"* ... il che significava che non sapeva mai dove andare a nascondersi, e girava di lupanare in lupanare a giornata, anzi, nottata, trovandosi poi di nuovo buttata in strada. Le donne e gli uomini che gestivano i tantissimi lupanari di Venezia non volevano tenere sempre le stesse femmine, amavano cambiarle per offrire ai loro clienti sempre *"merce nuova e fresca"* ... e poi non volevano affatto curarsi di donne malate perché si trattava d'ingenti spese, e non erano gradite ai clienti.

Alla *"Doda"* capitava spesso d'essere malata.

Non poteva permettersi il lusso continuo dei medicinali e degli ospedali. Ogni tanto ci finiva dentro per forza quando la catturavano e arrestavano per strada e l'obbligavano alla degenza ... Altre volte si affidava a qualche mammana improvvisata, che si poteva reperire facilmente e ovunque nelle Contrade cittadine, o alla bontà caritatevole di qualche vecchia Monaca, che ricordandosi d'essere donna anch'essa, provava finalmente un po' pietà di lei.

Così era sopravvissuta giorno dopo giorno, e s'era abituata a vivere convergendo e rimanendo soprattutto in quella Contrada terminale e periferica dove finiva Venezia. Viveva fra **Sant'Andrea e Santa Chiara della Zirada**, e s'aggirava elemosinando un pasto dalle Monache e spartendo il niente con la gente della Contrada in attesa di qualche raro cliente. Di notte andava a dormire dentro a un casotto che sorgeva in fondo a un orto che apparteneva alla Nobile famiglia **Memmo**. Non li aveva neanche mai visti i Nobili Memmo. Forse possedevano talmente tante cose e terreni che neanche sapevano di possedere anche quello. Avevano affittato l'orto insieme a una adiacente casupola a un ortolano **Ildebrando** che fingeva ogni volta di non vederla e di sapere che andava a rifugiarsi lì dentro al casotto.

"Doda" sapeva bene perché quell'uomo faceva quel gesto di permettergli di rimanere nella bicocca. Nel breve periodo in cui le era riuscito di lavorare presso l'***Ospedaletto dei Samitteri*** accanto al Monastero delle Monache di Sant'Andrea, lei aveva accudito a lungo anche sua moglie morente. Era perciò per una forma di riconoscenza che l'ortolano le permetteva di rifugiarsi lì durante la notte.

Al mattino, quando la *"Doda"* usciva, l'osservava spesso guardandola immobile mentre lasciava il catapecchio umido e sporco, nera e brulla come la terra del campo che aveva davanti. Non le diceva mai nulla, la salutava solo con un cenno muto del capo e basta, ma ogni tanto si dimostrava gentile nei suoi confronti facendole trovare un ciocco di legna nelle giornate più fredde, o cambiandole la paglia della capanna che copriva il pavimento in terra battuta. Era lì dentro che la *"Doda"* riceveva i suoi clienti, soprattutto i soldati acquartierati nelle vicine caserme appena allestite negli ex Conventi dagli invasori Francesi.

"Il cielo è da neve questa sera ... L'aria è tagliente e secca ... C'è un pulviscolo bianco leggero che volteggia e aleggia nell'aria ... Gli anni scorsi in tempo di Natale nelle chiese aperte delle Monache e dei Preti erano esposti sull'altare i Bambinelli ... Erano il simbolo che era tornato a rinascere e rivivere il Christo Santo, che sarebbe significato speranza per tutti ... anche quella impossibile, perché ci avrebbe pensato Dio in qualche maniera inventandosi la sua Provvidenza per tutti.

Erano belli come il sole quei Bambinelli delle chiese esposti alla Devozione davanti agli occhi di tutti ... Sembravano la mia piccola bambina che ho lasciato esposta a Treviso.

Quest'anno, invece, tutto è chiuso e spento ... Le chiese delle Monache sono barricate e non ci sono più Bambinelli per nessuno ... Non si può neanche entrare per rubare qualche moccolo di candela. Niente Bambinelli illuminati da mille candele e contornati da mille drappi di velluti preziosi e dorati ... C'è solo ovunque questo freddo intenso e buio per tutti ... e tanta fame insieme a una soverchiante miseria ancora più trista e intensa di prima.

A che è valso a rovesciare l'intero mondo ? Forse a nulla ... "Si stava meglio, quando si stava peggio sotto la Serenissima"... si dice spesso per strada in questi giorni. Me ne sto stracciata, torva e unta a ricoverarmi e a scrivere rinchiusa dentro a questo mio loculo. Mi sembro quasi una bestia corsa a leccarsi le ferite e a rifugiarsi nel fondo più profondo della sua tana.

Stanotte per combattere questo gelo intenso mi sono coperta tutta di paglia. Ho lasciato fuori solo la bocca e gli occhi ... e ho provato a proteggere queste mie carni martoriate anche dentro fino alle più profonde midolla. Sono malata, il "Mal Francese Celtico" mi sta divorando fin nel mio più intimo interno ... il mio corpo è come "cotto", ormai invaso da quel fetente morbo che mi hanno messo dentro i soldati. L'ha detto anche il medico dell'ospedale che ha curato le mie ulcere e quel pendagli fuoriuscenti ... Ormai mi dovrò covare dentro per sempre questa malattia infame.

Di certo vi chiederete: "Ma come mai una meretrice pulciosa analfabeta e illetterata come me sta scrivendo ? Com'è possibile un fenomeno del genere ... Non sarà mai forse lei a farlo ? ... Sarà forse qualcun altro che si diletta a raccontare e scrivere seduto comodo dentro al suo tiepido benessere ? ... No. Sono proprio io a farlo, a scrivere. Me l'ha insegnato di nascosto la figlia di quell'uomo Nobile che mi ha usato e poi buttata via per strada come un cencio inutile. Vi garantisco che sono stata una scolara attenta quanto esemplare.

Il mio nuovo giovane amante di questi giorni mi dice che possiedo la dolcezza di un poeta ... che il mio parlare è leggiadro, tenero e caldo come il sapore delle mie labbra ... So di non essere ancora sfiorita del tutto ... So di poter essere ancora bella, o perlomeno una donna piacente ... Anche se temo sia spesso la famelica voglia e gli impulsi carnali e incontrollati degli uomini a far ritenere bello quel che non lo è affatto o non lo è quasi più.

Ancora oggi sono passata accanto alla lapide infissa sulla porta dell'orto delle Monache. Sembrava anacronistica, inutile, quasi irrisoria ... Fino a ieri era sinonimo del prestigio e della rispettabilità del Monastero e del totale riguardo che meritavano quelle rinchiuse lì dentro. S'era scomodato perfino il Doge con i suo Illustrissimi a promuovere quel riguardo ... Oggi è rimasta solo la lapide adesa al muro. Tutto dietro di lei è diventato vuoto, spento e abbandonato. Le Monache del Sant'Andrea sono state cacciate ... e tutto quel rispetto riverente non c'è più e non vale più niente. Che strane sono a volte le vicende della vita ! Sono vere sorprese ... anche per i potenti che si ritrovano col culo all'aria e col trono rovesciato ..."

Sopra alla porta dell'orto delle Monache del Sant'Andrea della Zirada la Serenissima aveva fatto porre una lapide di marmo visibile e leggibile ancora oggi:

"IL SER PRINCIPE FA SAPER ET PER DELIBERA DELL'ECCELENTISSIMO CONTRO LA BESTEMMIA. CHE NON SIA PERSONA ALCUNA SIA DI QUESTO STATO E GRADO COME DIR SI VOGLIA SENZA ALCUNA ECCEZIONE CHE ARDISCA DI GIOCAR A CARTE DA DI BALLA PANDOLO ET ALTRI GIOCHI IN QUESTO LOCO VICINO ALLA CHIESA DELLE MONACHE DI SANT'ANDREA E FANCO IL GIOCO DI BALON ... E LONTANO DALLA CHIESA FERMARSI PER TUMULTUAR ET BIASTEMAR O PROFERI PAROLE OSCENE NE FAR ATTI SCANDALOSI, NE STERNDER LANE PER MEZZO ESSA CHIESA ET ALTRE ROBBE CHE IMPEDISCANO IL TRANSITO A QUELLA SOTTO PENA AI TRASGRESSORI DI BANDO, GALIA, FRUSTA, BERLINA,

PREGION A DAL 3 DI SUE EC ONTA ALL'ACCUSATOR IL QUAL SARA'
TENUTO SECRETO DI LIRE 200 DI PICCOLI DEI BENI DI TRASGRESSORI
CONVENTI ET CASTIGATI CHE SARANNO. PUB LI X 71640 OPBONAMIN
CON PUB PUB NEL LOCO SORAD ..."
ANTONIO CANAL
ALVISE MOCENIGO E CLB
PIERO SAGREDO PRO
TOMMASO EMO NODARO

"Una delle ultime Leggi della Serenissima impone di non chiedere più l'elemosina per la strada importunando i Nobili e i passanti, né di andare a bussare e suonare nelle case e nei palazzi per questuare. All'immane folla dei miseri disastrati e bisognosi che formavano quasi la metà della popolazione di Venezia, è stato concesso solo di potere domandare sussidi ed elemosine alla porta delle chiese e dei Monasteri. Ma adesso, che è stato chiuso tutto ... Dove andremo a chiedere ? ... e da chi ?

Sono tornata inutilmente a bussare all'Ospedale dei Poveri Sartori ... Non mi hanno neanche aperto ... Fino a pochi giorni fa facevo il giro per trovare una minestra ... Santa Chiara, San Andrea, e il neonato Ospizio-Monastero del Nome di Gesù ... Ora le Monache sono state spazzate via e ci sono solo caserme.

Gli uomini di notte ... fra orti e sterpaglie ... non mancano mai. Basta sceglierli come da un mazzo ... a piacimento, anche se la concorrenza non manca. Una cenciosa come me non è molto appetibile, anche se la fame dei maschi è sempre insaziabile ... soprattutto se mi offro a buon mercato ... La gonorrea e l'ospedale sono sempre onnipresenti come fantasmi tenebrosi e incombenti, così come i birri che mi cercano e inseguono chiamati dagli stessi soldati del Santa Chiara mai sazi e a volte prepotenti e vendicativi ... Febbre, mancanza di sussidi e denaro mi sono compagne ... come la solitudine e la non remissione della malattia ... Non è uno scherzo vivere così.

Chi leggerà questa mia uscita, queste mie parole ? Probabilmente nessuno ... Questa non è neanche una vera e propria lettera, sono solo pallide memorie scritte al lume di una smoccolante candela sulle pagine bianche dell'unico libro che possiedo.

Scrivo per dire che mi riesce ancora di amare e sperare nonostante tutto ... In questi ultimi giorni il bel giovane soldato che mi ammira tanto non s'accontenta di sussultarmi sopra sul mio pagliericcio misero. Mi ha detto che desidera inseguire una carriera dentro all'esercito, e che un giorno prossimo mi strapperà di qui, mi porterà con se e mi sposerà ... Mi ha anche detto che mi presenterà presto a suo zio che lavora da impresario di un teatro a Padova ...

Stanotte il Canale di Sant'Andrea e di Santa Chiara della Zirada si sono ghiacciati ... Sono diventati una lunga lastra liscia e scintillante di ghiaccio dove si rispecchia un Cielo opaco di stelle ... Non c'è più minestra ... e neanche moccoli di candela da rubare dentro alle chiese ... Per il freddo pungente mi sono di nuovo coperta tutta di paglia ... Ho lasciato liberi solo la bocca e gli occhi ... Sto tremando come una foglia anche se è acceso il camino ... Ho una gran paura dentro che finisca ancora una volta tutto ... Come sempre temo che accada il solito triste risveglio ... Ho timore che questa vita e questo mondo finisca col schiacciarmi del tutto ... Penso sempre che sia fatto solo di pensieri, sensazioni e fatti che si susseguono sciogliendosi uno dopo l'altro come neve al sole ... Cambierà mai il mio destino ?

Vorrei solo che certi momenti continuassero a ripetersi con la stessa puntualità con cui tornano a brillare le Stelle in Cielo, o come il ritorno della nuova Primavera dopo tutto il marciume tristo delle foglie d'inverno ... Allora non ci sarebbero soltanto fine e morte, e tutto questo dissipamento assoluto ... Ci potrebbe essere ancora e forse un po' di Speranza ... Un po' di tepore utile a sopravvivere ...

Che potrà ancora dire una puttana inutile come me ? Nulla di certo ... Comunque sogno possa esistere ancora per me un piccolo barlume di luce ... Sognare non guasta, aiuta a continuare a vivere ... finchè potrò ..."

Le cronache Giudiziarie di Venezia raccontano che ancora nel 1851 la **"Doda"** continuava a vivere, *"lavorare"* e risiedere nella zona di **Sant'Andrea della Zirada** nel Sestiere di Santa Croce, dove venne pizzicata nuovamente dalla Polizia insieme a una sua giovane *"discepola"* zoppa scappata dall'**Istituto degli Esposti di Belluno**. Entrambe erano state segnalate e denunciate alla Sicurezza Pubblica per il loro **"vivere disordinato da prostitute della zona"**. Costrette a visita medica: la *"Doda"* venne trovata ammalata e quindi rinviata subito in ospedale per poi finire nella Casa di Correzione della Giudecca, mentre la giovane fu trovata ancora **"pulita e sana da malattia venerea"**, e quindi rispedita alla sua patria d'origine.

Dov'erano finite le speranze e i sogni di quel Natale raccolte e scritte in quell'insolita lettera di diversi anni prima ?

Ripensare ai tempi di quella donna mi ha procurato un certo effetto ... La intravedo ancora oggi passare in trasparenza per gli stessi luoghi molto cambiati rispetto a un tempo. Oggi a Sant'Andrea della Zirada sembra tutto fermo, uguale, morto e abbandonato ... Non sembra neanche Natale ... Solo più in là ci sono i soliti festoni colorati e le luminarie pendule accese che si rincorrono scintillanti a ricordarmelo. Negli angoli del piazzale del tram e degli autobus ci sono scintillii, luccichii coinvolgenti che infondono un senso di tepore festaiolo ... Anche i giubboni dei portabagagli notturni risaltano nel buio.

Stamattina passavano due portabagagli del turno di notte tutti arruffati, stretti dentro ai loro giubboni gialli catarinfrangenti. Si sono infilati, bavero alzato e mani in tasca, dentro al primo bar aperto del mattino, col la vetrina illuminata che guarda verso il Piazzale degli autobus. Li ho visti gesticolare e animarsi in lontananza mentre sorseggiavano la loro bevanda calda. La vetrina del localetto era traslucida e mezza appannata, s'intravvedeva appena sotto al bordo rialzato del piazzale dove rumoreggiava una folla sgangherata di bus in sosta. Ogni tanto ne è partito uno semivuoto con pochi lavoranti come me che vanno a inseguire il lavoro oltre la Laguna e nella Terraferma, oppure ne è arrivato un altro stracarico di pendolari assonnati che si sono subito sparsi e spersi in giro per Venezia.

"Sotto ai miei piedi un tempo qui c'era l'orto dove abitava "la Doda" … e oggi è quasi Natale … come quella volta … Tutto continua ad accadere e ruotare … come quella volta … S'incrociano i destini, si suicida il mondo furibondo inseguendo ideale o fatui colpi di testa … Che resterà di tutto questo domani ? "

Svamp ! Svamp ! … Qualcuno lo vedrà di certo dopo di me.

***

Il post su Internet è stato scritto in origine come: "Una curiosità veneziana per volta." - n° 82, e pubblicato su Google nel dicembre 2015.

SESTIERE DI SANTA CROCE 324 ... SANTA MARIA MAGGIORE: UN MONDO ALIENO

Non scrivo per via del Carcere che esiste oggi a quell'indirizzo di Venezia, ma piuttosto per quello che c'è stato ed è accaduto ieri in quello stesso posto.
La realtà della prigione non avete di certo bisogno che ve la descriva io: sapete meglio di me cos'è, com'è, dov'è e perché. In ogni caso è un mondo alieno e tenebroso, d'attesa, simile a crisalide, da cui almeno nell'intenzione si sogna di vedere uscire la novità diversa di una colorata farfalla ... Non datemi dell'ingenuo però, come voi so come vanno le cose. E non devo neanche spiegarvi la Giustizia ... Al massimo potrò dirvi che Venezia Serenissima il concetto di Giustizia l'ha sempre sentito molto forte. Vi ricordate le anonime *"Bocche della Verità"* di pietra in cui si andava a denunciare crimini e delitti ?

Così come non si potranno dimenticare le note che appaiono spesso nelle cronache processuali e nelle condanne Veneziane di un tempo: *"... dopo averlo tenagliato mani e occhi, venne tratto a coda di cavallo da Santa Croce fino a Piazza San Marco su ordine del Consiglio dei Dieci con un cartello al collo in cui stava scritta la sua colpa ... poi venne impiccato (o gli venne spiccata la testa) fra le due colonne in Piazza, e il corpo diviso in quattro pezzi venne inviato agli estremi confini della Repubblica come monito per tutti."*

Oppure, come non ricordare di quanto i Fanti della Serenissima certe volte entravano nelle Prigioni di Palazzo Ducale all'alba, prendevano dai Piombi o dalle Segrete di sotto qualcuno reo di tradimento, e cacciatolo in barca lo portavano fino al *Canale dell'Orfano* nei pressi dell'*isola di Poveglia*, e lì, messagli una pietra al collo, lo calavano nell'acqua lasciandolo calare a picco finchè andava a toccare il fondo ?
Altri tempi, altri modi, storie antiche della Serenissima ... oggi la Giustizia è un'altra cosa.

Ma tornando a **Santa Maria Maggiore** a Venezia, ammesso e non concesso che riusciste ad entrarci dentro, vedreste oggi un'altra cosa rispetto a ciò che è stata un tempo. Già da fuori noterete piccoli mucchi di mattoni caduti e staccati ... Vedrete pietre mangiate, sgretolate e corrose dall'umido e dalla salsedine. Quando piove l'acqua *"canta"* lanciandosi giù e gocciolando dalle grondaie sfondate o mancanti ... alcune porte e finestre sono state murate. **Santa Maria Maggiore** è oggi una chiesa *"morta"* come lo sono diventate diverse altre di Venezia. Non l'aiuta poi la sua posizione topografica: di certo non si trova in Piazza San Marco, anzi, sorge in uno di quei posti quasi dimenticati in cui passano soltanto turisti che si sono persi, quelli che lavorano dentro al Penitenziario, e i pochi Veneziani costretti a passare di là per inseguire gli affari propri.

Insomma: Santa Maria Maggiore è un fantasma, lo scheletro irriconoscibile di quel che è stata un tempo.
Entrando poi, potreste vedere di peggio: ossia il pochissimo lasciato dal *"nostro solito amico"* Napoleone & C ... ossia quasi niente: quattro muri spogli e qualche resto di soppalco di quando la chiesa è stata trasformata in magazzino di legname e del tabacco, e forse in comodo fienile e stalla.

Per intuire, invece, che cosa è stata Santa Maria Maggiore, dovrete intraprendere il solito sforzo della mente.
Innanzitutto, lì davanti alla porta della chiesa e del Convento, un tempo finiva, terminava Venezia. Non è banale pensarlo perché cambia un po' tutto. Non a caso proprio accanto alla chiesa scorreva il **Rio, oggi Terrà dei Pensieri**. Il sito di Santa Maria Maggiore possedeva un'amenità e una bellezza ricca di ombre e riflessi tutta sua che induceva i Veneziani ad andare fino a lì per passeggiare, meditare e riflettere ... Doveva essere ancora più bello che andare oggi lungo la camminata *"superba"* delle **Zattere**.
Non esisteva ancora la Sacca e la zona del Porto, quindi lì lo sguardo spaziava sulla Laguna aperta, e doveva essere davvero un gran bello spettacolo ... visto che sullo sfondo non esisteva neanche la linea ottusa e trista della zona industriale di **Porto Marghera**. Solo in seguito, alla fine del 1600, come si può notare sulla pianta di Venezia di **Giovanni Merlo**, la zona è diventata un'isola rettangolare bonificata e protetta da un muro. Con le

macerie, i *"rovinazzi"* e il fango scavato dai canali si era formato lì una vasta area solida e selvatica alta fino al livello delle strade che si utilizzava per le esercitazioni dei militari. Infatti, ancora nel 1828 la si usava col titolo di *"Campo di Marte" (per intenderci, oggi è la zona della Venezianagas, della Marittina del Porto e di Santa Marta).*

La Contrada come molte altre di Venezia possedeva una sua singolarità: sorgevano qui 40 case appartenenti alla famosa e potentissima **Scuola Grande di San Rocco** padrona di mezza Venezia, e sempre qui c'erano le altre 30 case di legno che la stessa Scuola Grande dava in uso gratuito *"Amore dei"* a Galeotti e poveri spiantati di Venezia.
La Contrada poi era zona di **Tintorie e Tintori**, di **Cererie e Cereri**. L'**Arte dei Cereri**, era "colonnello", ossia dipendenza, di quella degli **Spezieri da Grosso**, importava cera vergine dal Levante, dalla Moldavia e dalla Valacchia, e la depurava in città producendo candele in ben 24 fabbriche che venivano esportate fino a Napoli, in Toscana e Lombardia, e fino in Germania. Soprattutto a Venezia, ma anche altrove, c'era un altissimo consumo di cera che generava un commercio per almeno tre milioni e mezzo di ducati annui. In palazzi, chiese, case, Associazioni e Schole c'era un consumo sproporzionato di luminarie e cere usate per Sacre Funzioni, Funerali e Feste, tanto che la gente si autotassava periodicamente pagando la tassa della **Luminaria**. Nel 1700 a Venezia viveva **GiovanBattista Talamini** con bottega da Speziale a Rialto *"All'insegna della Fonte"*. Era capace di colorare, tirare, e lavorare le cere con certi suoi particolari segreti e ferri inventati, creando e imitando con essa ogni qualità di forma di Piante, Fiori, Frutti, e Animali dandole durezza tale da poter essere usate anche come tazze e vasi con cui assumere bevande e liquori. Questo *"Mercato delle Cere Veneziane"* durò per secoli, fino a quando nacque una sfacciata concorrenza da parte della **Cereria Grande di Trieste** che possedeva oltre a grossi capitali, anche un gran numero di lavoranti e speciali esenzioni dai Dazi.
Beh, insomma ... nella zona di Santa Maria Maggiore a Venezia, c'era attivissima una di queste Cererie.

Nella stessa Contrada abitavano pochissimi Nobili: i **Dolce**, i **Rizzi di Santa Maria Maggiore** di V Classe rintanati nel loro Palazzo del 1600, e i **Gritti** nel palazzone del *Rio delle Burchielle* ... ma non provate neanche a pensare che la zona di Santa Maria Maggiore sia stata un posto di Venezia decrepito e morto. Nel *"Supplimento al Giornale delle cose del mondo avvenute negli anni 1621-1623 a Venezia"*, precisamente alla data 12 febbraio 1621 *"anno di pestilenza"*, si legge: *"Domenica sera sopra una festa a Santa Maria Maggiore fu ferito da tre ferite il Clarissimo Ser Polo Morosini fo de Ser Gerolamo dicesi da un altro nobile, col quale venne a contesa"*.

La zona quindi ... era vispissima ... E poi ... c'erano anche le Monache.

Santa Maria Maggiore, infatti, pur essendo in tutto e per tutto una chiesa molto simile per fattura e modello a diverse altre di Venezia, non è stata affatto una chiesupola insignificante e povera d'Arte e Storia ... Anzi ! Proprio il contrario, e sapete meglio di me come Venezia nasconda spesso fra le sue pieghe vicende e storie curiose davvero interessanti.
Per misure generali: larghezza, lunghezza e altezza della facciata Santa Maria Maggiore sembra quasi uguale alla chiesa di **Ognissanti**, o a quella dei **Santi Cosma e Damiano**, o di **Santa Croce della Giudecca**, oppure simile a quella di **San Giuseppe di Castello** ... ma *"pietre simili"* ... e Storia del tutto diversa.
La chiesetta pur essendo piccola era ricchissima d'opere d'Arte, aveva ben 11 altari, e grandi possibilità di lucrare Indulgenze tanto che i Veneziani e i Frati, Preti e Monache delle altre parti della città accorrevano spesso in massa per visitarla e partecipare alle sue solenni funzioni. A suon di addobbarla ed abbellirla sempre più, era diventata una specie di Galleria-Museo delle Monache che la usavano per sfoggiare tutto il loro prestigio e la loro ricchezza. E non solo la gente andava a vedere e godere di quel gioiellino da tutta Venezia, ma anche Nobili e Mercanti facevano a gara per arricchirla ulteriormente.

Ordinava **Simon Lando** nel suo testamento del 1584: *"... lasso a detto Monasterio di Sancta Maria Maggiore ad adornamento della Cappella Grande di detta chiesa tutti li miei quadri di casa de noti cioè: "Ecce Homo" di Paris Bordone, "La nostra Dona con San Piero" del Bonifacio, et il mio ritratto quando era d'anni 40 circa, quello di "San Tomas et delli altri Apostoli serati", quello "delli filioli nater Zebedei" di Carletto Caliari* *figlio del Veronese, quello del "Centurion" del Veronese, quello "dell'Adultera" del Veronese, "L'Arca di Noè" del Bassano, "La Maddalena", "Le quattro tempi dell'anno" del Bassano, quello del "Cristo in Agonia nell'Orto" del Veronese et un altro con "Historia del Testamento Vecchio", et mio ritratto di piera cotta et mio scudo, et mio fanò et di altri miei ritratti uno da jovane ed uno da vecchio ..."*

Tutti i quadri di questo lascito Lando vennero appesi in esposizione stabile all'interno della chiesa sulle colonne assieme a un altro dipinto di Giovanni Bellini: **"Maria col bambino e molti cherubini"** *(oggi alla Galleria dell'Accademia)* oppure dentro alla Sacrestia.
Inoltre c'era l'antico organo *(opera 222)*, sostituito da **Gaetano Callido** nel 1786, che aveva portelle dipinte da Palma il Giovane ora appese nella chiesa di San Basso vicino a San Marco ... Si poteva anche vedere un gruppo di puttini con simboli della Beata Vergine Maria dipinti da Alessandro Varottari detto il Padovanino che aveva dipinto anche un: **"Miracolo della Beata Vergine Maria"** e **"Pittore salvato dalla Vergine"**, una **"Madonna con Bambino e San Giovanni e San Marco inginocchiati con diversi personaggi della famiglia Marcello in abiti ducali"** di Francesco Alberti, e due quadri di Palma il Giovane: **"Madonna Coronata dal Padre e Figlio con Quattro Evangelisti che sostengono il Mondo"** e **"Annunziata"** *(oggi si trova nella Scuola Grande di San Teodoro)*.
Sulla porta della chiesa che immetteva nel Convento delle Monache c'era appeso un: **"Miracolo della Madonna con una donna che partorisce in mare"** *(oggi a San Giorgio di Nogaro in Friuli)*, e **"La Madonna ridà la vista ad un Diacono"** entrambi del Varotari-Padovanino *(oggi all'Accademia di Venezia)*.

Sempre sulle pareti della stessa chiesa esisteva già da prima del lascito Lando un intero tripudio d'opere d'Arte: un' **"Ascensione di Cristo con gli Apostoli adoranti"** del Bonifacio, una **"Battaglia dei Camocesi con la Madonna"** sempre del Varotari-Padovanino *(oggi alla Pinacoteca di Brera di Milano)*, un **"Gioacchino muto cacciato dal Tempio"** e un' **"Adorazione dei Re Magi"** entrambe di Domenico Tintoretto *(oggi tutte e due nella chiesa di San Trovaso a Venezia)*, e uno **"Sposalizio della Vergine con San**

Giuseppe" ancora di Domenico Tintoretto *(oggi alla Fondazione Cini di San Giorgio Maggiore).*

C'era da ammirare inoltre: un *"Giudizio Universale"* di Antonio Foller, un *"San Sebastiano"* alla maniera del Giorgione, un *"San Giovanni Battista"* del Tiziano, una *"Madonna con Bambino, San Giuseppe, Santa Caterina e un'altra Santa"* del 1599 dipinto da Palma il Vecchio, una *"Processione a Roma con Santa Maria Maggiore"*, un *"Miracolo con tre Angeli e tre Vergini con ghirlande"*, una *"Madonna che fa risorgere un Vescovo per fargli dire chi gli ha dato il veleno"* del Ponzone con una figura in chiaroscuro di Francesco Ruschi.

Infine ancora dentro alla stessa Sacrestia si potevano ammirare oltre a tutto il resto anche un prezioso gonfalone dipinto dal Santa Croce con: *"Maria che ascende al cielo"* insieme a un *"San Giuseppe con ritratto d'uomo"* del Polidoro e quattro quadretti della scuola del Bordone fra cui *"Cristo appare agli Apostoli"*.

Che ve ne pare ? ... Una chiesupola, una delle tante chiesette di Venezia ... dove Veneziani e Foresti fluivano a flotte per visitarla.
A Venezia lo sapevano bene tutti: **Santa Maria Maggiore** era chiesa e Convento di **Monache Francescane Osservanti**.

A cavallo fra Storia e Leggenda, nel 1300 si raccontava di un eremita che abitava in quel posto remoto di Venezia dicendo che aveva visto più di una volta una misteriosa Matrona di grande bellezza passeggiare inquieta con un bambino in braccio lungo il bordo estremo della Laguna misurando a grandi passi il posto. Anche alcuni pescatori della Contrada confermarono quello strano prodigio. Il **Beato Bernardino da Feltre** poi, passando da quella parte di Venezia, aveva predetto che lì sarebbe sorto un bel Convento di Monache Francescane. Conquistata quindi da tutte queste *"voci"*, **Caterina, una Romita della Contrada di Sant'Agnese** dello stesso Sestiere di Dorsoduro, chiese al Senato nel 1440 che le fosse concesso *"un tratto di terreno degli arzeri novi a Sant'Andrea della Zirada per fabbricarvi sopra una piccola chiesetta in legno dedicata a Santa Maria Vergine e a San Vincenzo a cui era devota"*. Solo durante il secolo seguente su intervento e finanziamento del Patrizio **Alvise Mocenigo** venne collocata lì una Madonna *"importante"*, Maggiore appunto, cambiando il nome del posto, e s'iniziò a costruire accanto un grande Monastero capace di ospitare più di 100 Monache.

Una cronaca veneziana del 1502 racconta ancora oggi: *"Alcune Pizzocchere di Santa Maria Maggiore o Scuola o similari ... hanno principiato questa ditta fraterna et za hanno zenti a fino a 200 dell'uno et altro sesso a laude de dio et intemerata Vergine Maria...aiutati dal prudente et egregio homo Sier Piero De Franzin da Bressa, homo certamente pietissimo e devoto, il quale con il operar, fatiche, solitudini et industria ha proseguito tanto in far ditto monasterio con elemosine et per lui trovate e scosse che in breve tempo, concedendo il signor et la beata vergine che la chiesa et il monasterio la principiato di tavolle et legnami si faria di muri alti et pietre vive..."*

E il solito puntuale Diarista Veneziano **Marin Sanudo** precisava: *"... perché quasi tutto Treviso di done e robe era svuotato, alcune Monache observanti di Sancta Chiara fuora di Treviso, di l'hordine di San Francesco, viveno d'intrada, di numero 52, con la loro roba, con licenza di superiori, venero in questa terra e introno in Monasterio di Sancta Maria Mazor e steteno fin poteno ritornar secure ..."*

Vendendo Indulgenze in gran quantità, si completò ben presto la chiesa, e nel 1523 il Doge in persona si recò a visitarla completata, mentre Papa *Alessandro VI* da parte sua concesse alle Monache il permesso di abbandonare la primitiva regola di San Benedetto per abbracciare quella più desiderata di San Francesco e Santa Chiara.

Il sito di Venezia iniziò a godere di un certo prestigio e di una buona fama, tanto che di fronte al Convento sorse anche la **Schola di Santa Maria Assunta degli Strazzaroli o Rigattieri o Rivendigoli Straccivendoli Strazzaioli o Rigattieri o Robivecchi**. L'edificio occupava *(e occupa ancora oggi)* l'angolo sud del Campo di Santa Maria Mazor fra il Rio de le Procuratie e il Rio de Santa Maria Mazor e accolse gli iscritti a quell'Arte unita a quella dei *"Greghi Capoteri"*, provenienti dalla Contrada di San Zulian dopo essere stati in precedenza in quella di San Basso accanto a San Marco.

"MCCCCVII DEL MEXE DE MARZO FU FATA QUESTA SCOLA IN TEMPO DE HI DISCRETI HOMENI S ALEXANDRO STRAZAROL VARDIAN ET S BERNARDI N.DA LA IUSTI CIA SPICIER AVICHARIO ET DE HI SVI COMPAGNI." recita una lapide sbiadita e quasi consumata ancora visibile in loco.

A Venezia era severamente proibito il commercio degli stracci che era invece riservato agli **Ebrei**, ma dal 1419 il **Mazor Consiglio** deliberò che esistesse quell'Arte che doveva essere esercitata da soli cittadini originari e dalle loro mogli, ribadendo che la stessa non doveva in alcun modo passare in mano a forestieri che trafficavano troppo spesso in maniera illegale con drappi, velluti, panni di lana e seta di provenienza estera.

Inoltre al Maggior Consiglio non parve onorevole che fossero messe in pubblico le robe e le miserie dei cittadini di Venezia perciò ne permise la vendita solo all'incanto in luoghi autorizzati proibendone la libera vendita nei campi della città: *"… gli Straccivendoli non hanno alcun riguardo di recarsi nelle case ed acquistarne tutta la masserizia e gli arnesi, asportarla occultamente per venderla poi sui campi "cum verecundia generaliter omnium" ma ricevuto il denaro scompaiono. Nessun straccivendolo perciò ardisca comprar letti, coltri, lenzuoli, masserizie, arnesi non intendendo in ciò compresi "pannos a dorso ab homine vel muliere" altrove che all'incanto pubblico."*

Ancora nel 1773, prima che Napoleone sopprimesse tutto e la sede dalla Schola divenisse prima stalla e corpo di guardia militare, e poi Casa del Boia di Venezia, i Capimastri degli **Artieri Stracciaioli** erano 57 attivi in altrettante botteghe e aiutati nel lavoro da 42 garzoni.

Altri tempi … altra sensibilità civica e lavorativa.

Tornando però al Monastero e alle Monache di Santa Maria Maggiore, all'inizio tutto sembrò procedere bene e per il meglio, tanto che le Monache crescevano di numero e il Monastero s'allargava sempre più: *"…nui done de Sancta Maria Mazor avemo tolto dal magnifico misier Marco Michiel presente el padre Fra Marco Orso e Pre' fra Andrea al presente nostro Confessore, legname per l'andeo delle celle nuove verso i parlatori ..."*

Ma ben presto, visto come andavano i costumi e i modi di vivere di quell'epoca, nel Monastero nacque un bel casino o per lo meno una gran confusione d'intenti e soprattutto di regole ... di vita.

Già fin dal 1510 la **Priora Suor Maria** e altre due Monache se l'intendevano col **Prete Francesco da San Stae** nella casa del quale si rivennero costosi regali della Monaca Maria pagati a spese del Convento. La Serenissima **"dall'occhio e dall'orecchio lungo e attento"**, provvide subito a vendere tutto all'incanto per rimpinguare le finanze del Monastero e confinò la Priora *"a pane et acqua"* imbarcandola e spedendola nella lontana isola di Cipro.

L'immancabile quanto quasi pettegolo Marin Sanudo ricordava: *"... In questi giorni fo retenuta per il Patriarca con li Avogadori Suor Maria, Priora di Santa Maria Mazor, con do altre monache, le qual se impazavano con un prete Francesco, stava a S. Stai, bel compagnon, et etiam lui retenuto. Hanno confessato "uterque" quello che facevano; "ergo sub specie sanctitatis multa mala fiunt"; et fo tolte molte robe in casa di prè Francesco che ditta suor Maria ge l'haveva donate, et fo vendute al incanto, e li denari dati alli procuratori di la chiesa predicta. Or fo condannà p. Franc.o a X anni in prexon, e suor Maria confinata in Cypro a pan et aqua, et questo per sententia dil patriarca, et cussì la fu mandata".*

Ma non fu tutto ... perché ancora nel 1565 fu interrogato dai Magistrati un Tessitor chiedendogli perché si ostinasse a perdere tempo dedicandosi alle Monache. Costui rispose candidamente: *"... qualche volta quel che faccio è per carità et devotion che ho a quel luogo benedito all'honor di Dio ... in compenso di ... qualche pignatta di panna, qualche pezzo di pan in menestra anche aggua ..."*

Nel 1594 il **Patriarca Priuli** *(incazzatissimo)* andò di nuovo a visitare Monastero, Chiesa e Monache, e nell'occasione approvò la nomina di più di 50 monache a mansioni interne del Monastero che andavano dalla: **Speziale, Giardiniera, Infermiera, Bibliotecaria, Sacrestana, Maestra di Coro, Tessitrice, Fornaia, Maestra delle Novizie,** e soprattutto confermò nella loro carica di **Consigliere Capitolari** sei Monache fra le più discrete, vecchie e prudenti in quanto provenienti anche dalle migliori Famiglie dei Nobili di Venezia.

A produrre nuovi scandali ci pensarono stavolta le **Monache Converse Serventi**, una specie di figura ibrida intermedia fra le importanti e sontuose Monache Promesse o da Coro e le umili donne che servivano nel Monastero: *"... che le Converse vivono con troppa libertà andando fuori sulle fiere et feste ... che le Converse alcune volte fare voti al Cristo di Poveggia et alla Madonna di Chioggia per andare a spasso, e questo sono: Suor Michiela, Suor Giustina, Suor Ludovica, Suor Chiara le quali sono le più presuntuose. Che le 4 sopradette vanno spesso fuor di casa insieme e che ciò è male. Che alcuna volta vanno a mangiar fuori Monasterio in casa di loro parenti che sogliono andar in cerca fuori della terra, cioè a Udine, a Porto, in che suol apportar qualche disordine. Che le Converse sono troppe e però bisogneria star senza vestirne per qualche tempo ..."* tuonò il Patriarca inviperito per il comportamento sconveniente delle Monache che facevano spettegolare e parlare di loro tutta Venezia ... e non solo quella.

Il Monastero era ricco, anzi pingue, ben foraggiato e arricchito da benefattori e lasciti. Fra tutti primeggiò il Nobile **Alvise Malipiero** che volle perfino apporre il suo stemma di famiglia sul campanile e sulla facciata della chiesa, e venne sepolto dentro di essa nel mausoleo di famiglia di fronte a quello dei **Mocenigo** altra famiglia affezionatissima alle Monache di Santa Maria Maggiore.

Finalmente durante il 1600, *"... fors'anche per le terribili bordate inferte a tutta la Venezia Serenissima e al duo Dominio dal "castigo della Peste" ... le Monache Clarisse di Santa Maria Maggiore si chetarono alquanto ..."*

Racconta una cronaca-relazione cittadina: *"In relazione ai sepolcri esistenti nelle chiese del Sestier di Santa Croce, né quali nell'ultima peste furono tumulati cadaveri infetti, esser necessario di ben chiuderli et inarpesarli. In Santa Maria Maggiore ne esiste uno: con nuova terra sia coperto quel cimiterio, lastricato con pietre cotte un pezzo di terreno nel campo in cui esistono eminenze che coprono cadaveri."*

La fama in giro per Venezia circa le **Monache Clarisse di Santa Maria Maggiore** diceva che erano diventate povere, dormivano sulla paglia, dietro regolare compenso curavano e vestivano come una sposa ingioiellata la Madonna in legno che avevano ricevuto in dono dalla chiesa del Carmine, ed eccellevano per santità e bontà tanto quanto era grande la loro miseria.

I Veneziani si commossero di fronte a quello che era diventato un bell'esempio, e nei testamenti lasciarono al Monastero di Santa Maria Maggiore oltre a denaro contante, anche pane, vino, legna da ardere e carne in perpetuo.

Le Monache erano diventate esemplari, tanto che nel febbraio 1612 si lamentarono: *"… perchè due prostitute: Laura Todeschini e la Signora Grana Furno s'erano introdotte in chiesa il giorno della Festa della Madonna Candelora ascoltando due messe all'altare del Cristo e all'altare del Santissimo pur senza disturbare."* Entrambe le donne vennero processate per direttissima dalla Serenissima perché non venisse turbato il buon nome e la serenità del *"posto Santo delle Monache"*.

Nel novembre 1528 una parte del Maggior Consiglio destinò alla vendita il legname di una Galia Grossa dismessa il cui ricavato andò utilizzato per la sussistenza del Monastero di Santa Maria Maggiore, così che *"… le Monache dovranno pregare Dio per il felice stato della Repubblica nostra."*

Nel 1632 la **NobilDonna Giulia Fontana** chiese: *"… d'essere sepolta in chiesa nell'Arca delle monache di Santa Maria Mazor col vestito della Madonna ed il cordone di San Francesco"*, raccomandando che prima d'inumarla si celebrassero almeno 100 messe *"pro Anima soa"* lasciando per tale scopo 10 ducati e una Mansioneria perpetua da celebrare a pagamento ogni giorno. Esattamente dieci anni dopo, la **NobilDonna Zanetta Balbi** fece altrettanto, e volle essere sepolta in chiesa assegnando e pagando alle Monache una Mansioneria da 12 ducati annui con obbligo di dire 2 Messe alla settimana in perpetuo … sempre *"pro Anima soa"*.

Nel 1657 un potente uragano colpì Venezia intera atterrando 24 case, distruggendo 3.000 camini, facendo crollare la cella campanaria con tutte le campane del campanile di Santi Apostoli, e recando gravi danni anche al Monastero di Santa Maria Maggiore.

Il **Patriarca Vendramin** tornò a visitare le Monache del Santa Maria Maggiore, e trovò tutto a posto e in ordine.
I suoi attentissimi segretari e covisitatori stesero nell'occasione un'accurata relazione: *"... Tutto è ben tenuto, Sacrestia, Confessorio, Parlatorio, et hanno un organo bellissimo, et la Cappella Centrale possiede un Assunta del Veronese, la Cappella di San Francesco dei Malipiero con statua del Santo possiede una Mansioneria da 30 ducati e del 1532, la Cappella di San Giovanni Battista della famiglia Nobili dei Polani con la pala dipinta dal Tiziano (oggi all'Accademia) è dotata, invece, di 2 Mansionerie da 35 ducati, mentre la Cappella dei Gradenigo è legata a 10 ducati annui per celebrare Messe.*
Il primo Altare a sinistra entrando, ossia quello col dipinto della "Madonna dell'Albero" del Veronese (oggi all'Accademia), appartiene alla Nobile Famiglia dei Marcello. Non è consacrato ma possiede una Manionreria da 20 ducati non officiata, e un'altra da 10 ducati della figlia dei Marcello.
Il secondo a sinistra è l'altare ancora non finito appartenente a Ca' Giustinian di Cardasco o Carpas chè avrà una pala con "L'Incoronazione della Vergine" di Palma il Giovane.
Il terzo altare è quello del Cristo o degli Odoni, consacrato e con una Mansioneria da 24 ducati offerta dai Cittadini di Ca' Budini nel 1545. Possiede un dipinto che rappresenta la Beata Vergine Maria con San Giovanni Battista.
Il quarto altare è quello di San Pietro con i mausolei di famiglia dei Mocenigo e Morosini, consacrato e con Mansioneria da 24 ducati e pala del Bonifacio del 1543 rappresentante "Madonna e Santi".
Viceversa, il primo altare a destra entrando è quello di San Nicolò o dei Nobili Marini del 1560 con un dipinto della "Presentazione al Tempio". E' consacrato ma non ancora officiato perché la Mansioneria non è stata ancora pagata da nessuno.

Il secondo altare a destra entrando è quello di Sant'Antonio: consacrato e con Mansioneria della casa del Cappellano che celebra obbligatoriamente 1 Messa alla settimana. (Il dipinto con "Pisbolica-Ascensione" del 1568 è finito oggi a San Giobbe).
Segue l'altare di Santa Chiara e San Francesco, il terzo entrando a destra, consacrato e con Mansioneria da 10 ducati (dal 1829 è stato trasferito a Santa Maria Materdomini). Poi come quarto e ultimo altare c'è quello della Pietà o dei Nobili Tron, consacrato e con Mansioneria da ducati 24, arricchito da bella pala con "Deposizione del Cristo" del 1530.
(almeno tre di questi altari dal 1829 vennero traslocati nella chiesa di Santa Maria del Pianto sulle Fondamente Nove.)

Sempre accompagnando il Patriarca come ombre, passo dopo passo durante tutta la Visita, i segretari continuarono a scrivere: *"... si visitò anco la Sagrestia esteriore, ritrovata ben tenuta con quello che bisogna alla giornata, nella quale vi è una porta che passa al luogo del Confessorio, ben tenuti ... il corpo della chiesa si è trovato magnificamente fabricato con bellissimo organo, con decenti finestre et parete ... fu passato a visitare il Parlatorio unico ma grande, ben tenuto: nel quale vi è una porta che passa al luogo delle Converse visitato in ogni parte, cioè dormitorio a campi et letti, con alcuni oratorii, uno per ogni Monaca, lavoratorio, forestaria, et da basso luogo da lissà, cusina, refettorio, corte et orticello con muri alti: et per essere sua Santità Illustrissima lontano dal suo palazzo patriarcale si fece portare da casa da disnare et se desnì nella casella del Reverendo Cappellano, et disnato che hebbe fece la visita oculare del Monasterio entando in esso con le solite solennità: dove fu incontrada da tutte le Monache processionalmente, alle quali dato la benedizione, s'incammino' verso il luogo del Capitolo, nel quale sua Santità Illustrissima fece quel ragionamento spirituale intorno il buon governo si delle cose spirituali come temporali, qual finito furono licenziate le Monache, con ordine che si riducessero in Choro a prigare al Santo Dio per il felice successo della visita, tenendo la Madre Abbadessa con quattro a se delle più vecchie con le quali andò et accompagnato il Patriarca dalli Sacerdoti si fece il Ufficio per le Anime Defunte, et poi salì de supra e visitò la Sagrestia interiore, la qual trovò fornita de arredi et argenti, come de altri suppellettili della chiesa. Passò a visitare il dormitorio, lavatorio, et altri loghi alti del Monasterio, quali visitati venne da basso et visitò refettorio, lavandaria, et altri luoghi del ditto Monasterio, et il tutto viene decentemente tenuto, visitando anco l'horto et riva, cole terre circondate de buoni et alti muri ..."*

Secondo il Cicogna nel 1695 dentro al Convento abitavano 122 Monache di cui 73 Professe ... ma col secolo seguente iniziò il declino e la veloce decadenza del Monastero che divenne presto desueto e cadente.
Nel 1703 i **Provveditori** dovettero impedire la vendita degli arredi sacri per provvedere ai restauri ... Nel 1721 il Monastero era nella lista di quelli più bisognosi della città, considerato fra i quattro più miseri, ai quali la Serenissima Repubblica regalava: *"distribuzioni di burci d'acqua e un sussidio di stara di grano a Pasqua come facevasi con gli Ospedali e gli Ospizi cittadini più poveri come le Convertite, il Soccorso, le Citelle, li Catecumeni, le Eremite, le Capucine della Grazia, le Monache del Gesu' e Maria, li Miracoli e le Penitenti di San Job."*

Nel maggio 1724 il **Proto Andrea Tirali** rilasciò una scrittura per un restauro di 160 ducati del coperto della chiesa di Santa Maria Maggiore perché vi pioveva dentro ... nel luglio 1731 si spesero 2.916 ducati per riparare la chiesa dove entravano anche i gatti ... nel 1736 il **Proto Bettinzani Bernardo** rilasciò una perizia per il rifacimento dei muri perimetrali del Monastero riparati dal **Murer Domenico Tentato** a rate per una spesa di 1489 ducati ... Nel gennaio dell'anno seguente si riparò anche il Parlatorio tramite il **Muradòr Folin Andrea**, e poi ancora di nuovo il Monastero, e nel 1739 l'infermeria spendendo altri 230 ducati.

E' dell'agosto 1770 una curiosissima registrazione dell'**Inglese Charles Burney** Musicofilo e Viaggiatore presente a Venezia. Fra le altre cose, passò per la chiesa di Santa Maria Maggiore per vedere alcuni quadri, e descrisse così la musica ascoltata: *"... vi capitai mentre si suonava musica così scadente che non avrei creduto possibile che gli Italiani potessero sopportare. L'organo era scordato, gli altri strumenti andavano fuori tempo e le voci avevano entrambi i difetti; la Musica poteva paragonarsi ai primi tentativi di un allievo che avesse appena avuto due o tre lezioni di contrappunto ..."*

Si era ormai agli sgoccioli, alle ultime pagine della Storia di quel sito che era stato così pregiato e ammirato da molti. Come ben sapete, nel 1805 ci pensò Napoleone ad azzerare tutto: nell'agosto ordinò la soppressione di tutte le Corporazioni Ecclesiastiche, e le Monache Clarisse Francescane di Santa Maria Maggiore vennero concentrate assieme a quelle del **Santa Croce Grande** *(Piazzale Roma attuali Giardini di Papadopoli)*, consegnando i luoghi del Monastero alle truppe di terra.
Inutilmente la **Badessa Maria Cherubina:** *"... impetrò il soccorso dell'Imperatore per le Monache nel maggiore bisogno".* Napoleone non le rispose neanche.
L'anno seguente il Monastero di Santa Maria Maggiore divenuto caserma prese fuoco, si salvò solo la chiesa, ma continuò ad ospitare militari per altri 100 anni fino a quando nel 1914 si costruirono le **Carceri Nuove** in sostituzioni di quelle in Riva degli Schiavoni e di quelle Politiche formate nel 1829 dagli Austriaci nella ex chiesa di San Severo. La chiesa di Santa Maria Maggiore venne ridotta a **magazzino della Manifattura Tabacchi** dividendola tutta in capienti soppalchi che rimasero fino al 1961.

Mi piace concludere questa mia *"Curiosità Veneziana"* ricordando un mio vecchio professore di Teologia di quando negli anni 1970 studiavo da Prete nel Seminario della Salute, la *"Fucina dei Preti"*. Fra le altre cose era **Prete e Cappellano del Carcere di Santa Maria Maggiore** ... e quasi live ci raccontava a scuola delle sue salite dentro agli abbaini delle Prigioni e fin sul tetto delle Carceri per convincere i Carcerati in subbuglio a rientrare di sotto dalle loro manifestazioni di protesta.

"Avete famiglia, figli a casa che vi aspettano ... Fatelo per loro se non per altro." Aveva provato a dire ai Carcerati. *"Desistete da questa bravata, così eviterete d'aggiungere ulteriori danni alla vostra situazione."*
I Carcerati in rivolta non diedero ascolto a nessuno se non a lui.
Perciò nella mia mente fu facile assimilare quell'**uomo-Prete saggio** arrampicato sui tetti a quegli antichi Patriarchi di un tempo che accorrevano negli stessi luoghi per cercare di contenere le stravaganze e le intemperanze delle turbolente Monache di Santa Maria Maggiore. Erano

cambiati i tempi e le persone, ma le storie che accadevano negli stessi luoghi erano quasi le stesse.

Peccato che quell'ultimo **bravuomo Prete** sia stato ingrippato e aggirato in seguito dalle astuzie furbastre di alcuni reclusi delle Brigate Rosse … Non meritava affatto di uscirne malamente dopo tanto suo generoso e sincero prodigarsi nei confronti di quegli *"ospiti speciali"*.

Comunque è inutile recriminare … è così che è andata la Storia, che piaccia o no.

Concludendo, io passo molto spesso per recarmi a lavorare nella Casa di Cura di Mestre per il Campo e davanti a Santa Maria Maggiore, anche questa mattina. Entro ogni volta dentro alla scena surreale color arancione illuminata dai vapori di sodio delle luci. A sinistra supero e lascio sempre la ex **Schola degli Stracciaoli** avvolta nell'ombra, osservo più avanti le barche del trasporto dei Carcerati ormeggiate nel canale dall'acqua immota. Pochi passi oltre cammino davanti al pesante portone chiuso del Carcere un tempo **Monastero di Santa Maria Maggiore**. Vedo i pacchi dei giornali avvolti nel cellophane appoggiati per terra saturi delle notizie del giorno, qualche metro più avanti noto anche la montagna delle patate, delle erbe, la frutta e i rifornimenti per la cucina del Penitenziario … Osservo gli alberi stecchiti e neri che riempiono il centro della scena, sparati verso il cielo saturo di infinite stelle lontane e indifferenti … infine ascolto i merli nascosti invisibili nel buio che stanno raccontandosi le loro storie impossibili rompendo il tristo e pesante silenzio che domina su tutto.

Santa Maria Maggiore non esiste più … e non solo quella. Sono mondi, storie aliene divorate dal Tempo … mentre io continuo a mettere un passo davanti all'altro dentro al mio microscopico oggi Veneziano.

***

Il post su Internet è stato scritto in origine come: "Una curiosità veneziana per volta." - n° 89, e pubblicato su Google nel febbraio 2016.

LIBRERI E MASTINI DI DIO A SAN GIOVANNI E PAOLO

"Ocio ai Libri ! ... Qualcuno saria da brusarlo insieme a chi lo lexe ... Perché certe pagine sono pericolose, segrete e a volte proibite ... Qualche libro xe capace de farte voltàr la testa, sviàr la mente, capovolgere e accartocciare i pensieri ... Certe opere sono del Maligno in persona: vanno distrutte, disintegrate e cancellate nel fuoco prima che feriscano, e la loro cenere andrà dispersa in mezzo al mare o sopra alle acque della Laguna." diceva a metà del 1500 **Fra Tommaso da Vicenza** uno dei Frati Domenicani Inquisitori e Predicatori di Venezia.

Fu il primo **Inquisitore dei Domenicani di Venezia**, e fu con lui che s'iniziò il 29 aprile di ogni anno a bruciare sopra il ponte che attraversava il Rio di Castello fra le chiese dei **Paolotti di San Bartolomeo** e quella degli **Inquisitori di San Domenico** tutti i libri proibiti raccolti in giro per Venezia durante le perquisizioni effettuate durante l'anno.
Gli ormai potentissimi **Frati Domenicani** erano soprannominati da tutti per il loro zelo deciso e per la loro *"feroce"* dottrina: **"I Domini Canes"** ossia i **Cani, i Mastini di Dio**.
E quella non era solo una diceria o una canzonatura nei loro riguardi, perché quei Frati residenti anche nel cuore dell'Arcipelago Veneziano della Serenissima erano proprio così: determinatissimi e tremendi. Non scherzavano per niente, e con i loro uomini s'intrufolavano dappertutto, ascoltavano tutto e tutti, e non perdevano occasione per controllare e valutare chiunque fino a portarlo davanti al **Tribunale della Fede** per poi processarli e condannarli ... Serenissima permettendo. Perché a Venezia l'Inquisizione ha sempre dovuto darsi una grande contenuta e calmata: per la Serenissima la Religione era importantissima, ma prima veniva sempre la **"Ragion di Stato",** che significava anche tolleranza e rispetto della diversità e della libertà di pensiero ed espressione di ogni persona ... oltre che strenua difesa di qualsiasi interesse economico, mercantile, diplomatico e commerciale.

Il trascorrere del Tempo di solito obnubila, confonde, stende su tutto e soprattutto su certi posti una patina grigiastra di silenzio e dimenticanza, ma non per questo le cose che nasconde non sono mai capitate: sono, invece, accadute realmente e meritano d'essere ricordate. Sempre lo stesso Tempo, *"che è galantomo"*, cala un velo pietoso sopra a tante miserie, ma qualche volta vale la pena sollevarlo almeno un poco e curiosarci sotto scoprendo ogni volta cose interessantissime e per davvero curiose.

Lì, all'interno del loro *"piccolo Regno Veneziano di San Zanipolo"*, quello che noi Veneziani di oggi chiamiamo e vediamo come **Ospedale Civile dei Santi Giovanni e Paolo**, i Frati Domenicani possedevano una Biblioteca stupenda davvero speciale, una Libraria bellissima e molto famosa, tanto che fino agli inizi del 1800 esisteva gente che veniva a visitarla e consultarla da tutta l'Europa e anche oltre.
Ci sono rimaste poche stampe a ricordarcela rivelandocene i dettagli, ma in ogni caso sappiamo che era una Biblioteca fornitissima di volumi di pregio, incunaboli, manoscritti, pergamene e libri di ogni sorta, compresi quelli proibiti a cui era destinata una sezione intera. La *"Biblioteca Nuova di San Zanipolo"* conteneva perfino una raccolta di *"libri antichi e segreti"* provenienti da ogni parte del mondo.
La decorazione della Biblioteca era meravigliosa: era stata del tutto tappezzata da arredi e scaffalature intagliate che andavano dal soffitto al pavimento. Un'opera monumentale eseguita da **Giacomo Piazzetta**, padre del famoso Giambattista e pensata nei più minimi dettagli, perché solo al vederla potesse da sola: *"Raccontare la Storia e ispirare la vera Sapienza."*
Il progetto era complesso: si trattava di una numerosa serie di statue lignee intagliate spesso *"a Telamonio"*, ossia cave all'interno per non pesare troppo sull'architettura dell'edificio. Il manufatto doveva abbellire ma non pesare troppo per non far *"imbarcare e sprofondare il pavimento"*.
A Venezia e altrove quello dei Telamoni era un accorgimento molto utilizzato da artisti come **Sansovino, Baldassare Longhena e Palladio** soprattutto nella costruzione di facciate, fontane, mausolei di famiglia e monumenti funebri. Per intenderci, si tratta di quei giganti tozzi che a volte sostengono altre figure, oppure fungono da piedistalli di colonne, cornici e sarcofagi. Sono spesso figure simboliche rappresentanti personaggi mitici o allegorici che vanno a integrare, dar sostegno e accompagnare la vicenda che sostengono.

Per farcene un'idea precisa basti pensare al **monumento funebre della famiglia Nobile dei Pesaro** inaugurato nel 1665 nella **Basilica di Santa Maria Graziosa dei Frari**. Lì i Telamoni sono evidentissimi come dei Mori enormi e muscolosi il cui significato meriterebbe tutto un discorso a parte. Altri Telamoni sono riconoscibili sui camini interni di **Palazzo Ducale**, sugli ingressi della **Zecca** e della **Biblioteca Marciana**, oppure intagliati mirabilmente da **Francesco Pianta** nei dossali della **Sala Superiore della Scuola Grande di San Rocco**; o in quelli eseguiti da **Pietro Morando** per la **Scuola di San Giovanni Battista nell'isola di Murano**. Sono Telamoni in legno tutta la serie dei Profeti col cartiglio in mano collocati in alto e dentro alla cupola grande della chiesa della **Madonna della Salute**, e sono *"Telamoni di Pellegrini e Dolenti"* quelli osservabili sulla facciata della chiesa dell'**Ospedaletto** in Barbaria delle Tole a Castello, il cui vero nome sarebbe: **Santa Maria dei Derelitti**.

Telamoni in legno sono stati utilizzati nella **Biblioteca Monastica dei Benedettini di San Giorgio Maggiore in Isola** collocandoli sopra gli scaffali delle librerie per indicare gli argomenti, e infine, alti Telamoni di legno, vuoti all'interno, vennero scolpiti e intagliati per allestire la **"Biblioteca Nuova dei Frati Domenicani dei Santi Giovanni e Paolo a Venezia detta di San Zanipolo"** aperta al pubblico di Venezia e a quello foresto fin dal 1683.

Dove un tempo sorgeva la *"Libraria Vecchia dei Santi Giovanni e Paolo"*, s'era fatta ideare e costruire da **Baldassare Longhena** *(lo stesso progettista esecutore della famosa Basilica della Salute in punta alla Dogana sul Bacino di San Marco ... la chiesa del voto della Peste)* la **"Grande Nuova Biblioteca di San Zanipolo"**, e il **Priore Frate Giacomo Maria Gianvizio** commissionò a **Giacomo Piazzetta**, padre del famoso Giambattista, un lavoro d'arredo e intaglio che venne curato dalla sua bottega per ben dieci anni realizzando un'idea e uno scenario memorabile secondo quanto avevano in mente i Frati Domenicani Inquisitori esperti di Diritto, Teologia, e Dottrina della Fede della Chiesa Cattolica Romana considerati *"Il top"* della conoscenza e sapienza dell'epoca.

Fra 1678 e 1681, venne realizzata perciò una serie di **ventotto Telamoni intarsiati** inseriti nel grande arredo ligneo della Biblioteca che copriva la grande sala dal soffitto al pavimento. Erano i tempi della Controriforma post Tridentina e della lotta contro gli Eretici di tutta Europa. Gli Inquisitori Domenicani erano strenuamente impegnati a combattere usando: Tribunale, prigionia, rogo e tutti gli altri mezzi contro: *"il poderoso calderone dei pericolosi Protestanti e Calvinisti d'origine ultramontana"*. I Telamoni della *"Biblioteca Nuova di San Zanipolo"* dovevano perciò rappresentare un'intera serie di figure d'Eretici sottomessi dalla Dottrina della giusta Religione.

La Nuova Biblioteca foderata di Libri preziosissimi risultò da subito un capolavoro invidiabile, un gioiellino che metteva insieme sculture, pitture e scenografiche soluzioni oltre alla cosa principale che erano ovviamente i **Libri:** numerosi, preziosi e rari. Quell'ambiente divenne l'emblema, il capolavoro più rappresentativo di quella stagione *"culturale e storica felice"* vissuta dai **Frati Domenicani Inquisitori e Predicatori di Venezia** ... che in realtà non erano affatto soli nel condividere e credere in certe *"convinzioni"*. Infatti trovarono adesione religiosa, sostegno politico e soprattutto contribuzione economa da parte di alcuni facoltosi Nobili e Patrizi Veneziani appartenenti alle Famiglie dei **Pesaro**, **Rezzonico**, **Pasqualigo** e **Basadonna**, solo per citarne alcune.

"Nella decorazione della Biblioteca si dovrà riassumere in maniera artistica quelle che sono le certezze dei Padri Domenicani e della nostra Fede Cristiana e Cattolica ..." raccomandò per scritto il Priore Giacomo Maria Gianvizio all'architetto incaricato ossia Baldassare Longhena.

Chiunque entrava nella Biblioteca rimaneva estasiato e a bocca aperta, perché si trovava davanti plasticamente riassunti e rappresentati insieme tutti i **Santi Padri della Chiesa**, **Personaggi e Autori Cattolici**, **Filosofi** e ogni riferimento inerente alla **Santa Dottrina**. C'erano visibilmente elencate e scolpite nel legno tutte le **Virtù**, i **Vizi**, le **Allegorie** insieme a numerosi episodi e mirabili richiami delle Sacre Scritture, e non potevano mancare d'essere rappresentati anche gli **Eretici** che erano considerati: *"... i servi, i* *vinti, i nemici assoluti della Verità rivelata che i Frati di San Domenico perseguono accanitamente ... Sono coloro che sono sopraffatti, incatenati, pestati sotto ai piedi dai Padri, e schiacciati dal peso inesorabile e vincente della Buona Dottrina."*

Ancora nel 1726, il **Benedettino Bernard de Montfaucon** descriveva entusiasta in un suo diario la sublime **Biblioteca dei Frati Domenicani di San Zanipolo** lodandone la bellezza durante un suo viaggio fino a Venezia.

Erano numerosissime le copie delle incisioni circolanti per l'Europa intera prodotte dal **Generale Francescano Vincenzo Maria Coronelli dei Frari** che illustrarono l'interno e gli arredi originali di quel mirabile *"Locus Divinae Sapientiae"*.

Il Monaco Benedettino **De Montfaucon** scrisse: *"... a dir di tutti, non trattasi dei soliti scaffali ordinari, degli armadi a griglie in legno e ottone che dividono i tomi per materia e disciplina. La Sala Granda della Biblioteca Nuova di San Zanipolo mostra un insieme originalissimo e composto di paraste e capitelli e soprattutto di statue lignee intagliatissime che foderano l'intero ambiente dal pavimento alle pareti e fino al soffitto. Trattasi delle figure dei Riformatori Protestanti e degli Eretici che reggono gli scaffali con i libri. Sono resi come Telamoni tutti incatenati, in vari atteggiamenti di rabbia e stizza, e fungono da piedistallo ai loro vincitori depositari della "Vera Sapienza"... Illuminano il locale una grande porta-finestra che da sul giardino e diverse finestre a lunetta inquadrate dalle unghie delle volte che stanno sopra alle scaffalature. Sta inserita nel soffitto una grande cornice con all'interno dipinti dei Padri Conciliari dell'Ordine dei Predicatori, mentre in corrispondenza delle finestre, dentro ad alcuni medaglioni in legno, sono ritratti scolpiti i volti dei Domenicani Inquisitori: ossia i "Vincitori degli Eretici".*
Sopra alla testa di ogni mirabile Telamone sta scolpito un uccello che simboleggia le pecche dell'Eretico a cui è associato ... Diversi sono uccelli del malaugurio: Gufo, Nibbio, Pappagallo, ma mostransi anche altri uccelli il cui significato positivo è stato mutato in negativo come la

Cicogna e il Pellicano. Si aggiungono poi, motti e frasi illuminanti della Scrittura che spiegano ciascun simbolo e caso.

L'ispirazione è tratta di certo da alcuni testi di Emblematica e Geroglifici Simbolici tra cui il volume di Pierio Veleriano che sa fondere sapientemente: Simbolismo, Bestiari medioevali e contenuti del Physiologus attribuito all'Epifanio ... Gran mirabile è quella Sala di Venezia !"

Insomma n'era derivata un'opera superba, invidiabile, presto cinta da un'area di arcana quanto struggente atmosfera e fama. Addirittura sono nate delle leggende su quel posto, tanto che si diceva che dietro a quei Telamoni e a quelle Cariatidi di legno si fossero nascosti dei pertugi segreti e degli spazi da dentro i quali la Serenissima e i Frati Inquisitori si nascondevano ad ascoltare le persone a volte provocandole e tirandole in lingua convinte di non essere ascoltate né viste da nessuno. Più di qualche volta qualche sprovveduto Capitano di Galea o ricco Nobile Mercante si ritrovò torturato nelle Prigioni di Palazzo Ducale dopo una cordiale chiacchierata con qualche Frate dentro alla loro sontuosa Biblioteca.

I poveri malcapitati inizialmente erano incapaci di rendersi conto su come fosse potuto accadere d'essere stati smascherati e scoperti nelle loro losche trame tenute segrete. Solo più tardi, e a volte mai, si capacitavano che quella Biblioteca che pareva silenziosa come un sepolcro, era, invece, finita per diventare la loro tomba per davvero a causa delle loro esternazioni ingenue.

I Frati Domenicani poi, non erano affatto **"stinchi di Santo"** ... anzi. Le cronache di Venezia raccontano che alcuni di loro **"presi dalle loro incombenze e necessità"**, strappavano le miniature artistiche dai libri e dai manoscritti e se le vendevano sul mercato di nascosto. A poco valsero a fermarli le severe pene in cui incorsero: c'erano Libri che apparivano di qua, scomparivano di là, per riapparire poi altrove dove neanche te l'aspettavi. Il Priore dei Domenicani fu costretto in certi periodi a incatenare i libri agli scaffali e ai muri delle Biblioteca. Ma anche questo non fu sufficiente perché accadde che nottetempo si presentassero dei ladri inviati lì su commissione per appropriarsi di opere considerate uniche, copie rarissime, o di un certo valore.

"La Cultura e la Dottrina non sono incatenabili !" si diceva ironicamente in giro per Venezia.

Inoltre, siccome non solo i Frati Domenicani, ma soprattutto i Letterati Veneziani, i Nobili, e il Doge con la Signoria tutta, erano convintissimi della potenza contenuta nei Libri, ne ebbero sempre non solo un gran rispetto, ma fecero di tutto per favorirne l'edizione, la stampa, l'espansione, la diffusione, la vendita e l'uso.
Come ben sapete Venezia è stata un po' la *"Patria dell'Editoria del Rinascimento"* in quanto era uno dei pochi posti al mondo in cui era possibile stampare quasi liberamente un po' di tutto, anche ciò che era rigorosamente proibito altrove.
Immaginate quindi il gran da fare che aveva l'*Inquisizione Veneziana* per tenere sotto controllo e a freno tutto quel movimento e quella grande agitazione di carta spesso incontenibile.

"I Libri sono armi più potenti delle parole delle persone, perché viaggiano, attraversano monti e mari, sanno giungere ovunque... Sono come la Pestilenza, riescono a lievitare e crescere spandendo conoscenza e sapienza di quantità e consistenza non sempre felice." spiegava uno dei Frati Domenicani Inquisitori.

Non fu di certo un caso, se i Domenicani di Venezia si premurarono di ospitare al più presto dentro al loro Convento la Sede della *Corporazione o Arte o Schola degli Stampadori o Libreri di Venezia*. Fin dalla sua fondazione l'Arte fu oggetto di particolare attenzione da parte del Governo della Serenissima che comminava pene severe a chiunque stampasse senza licenza. In quella maniera anche i Frati Domenicani Inquisitori erano certi di avere tutto sotto controllo e a portata *"d'occhio e mano"*, in modo da vigilare attentamente su tutto quanto poteva uscire dai torchi dell'Editoria Veneziana.

La *Schola di San Tommaso dei Libreri e Stampadori* prese accordi con i *Padri Domenicani Inquisitori di San Zanipolo* che concessero loro un locale in muratura nel *Primo Chiostro sotto al Noviziato* per un canone annuo d'affitto di 30 ducati per la stanza, e ulteriori 6 ducati per celebrare per i Librai 24 messe l'anno. A parte si doveva pagare per l'organizzazione della Festa del Patrono ossia San Tommaso d'Aquino, celebrata il 7 marzo o nel primo giorno festivo utile successivo.

Ancora nel 1773 si contavano attivi in Venezia: 131 **Capimastri Librai** con 18 garzoni e 318 lavoranti compositori e torcolanti *(lavoratori al torchio)*, e 51 impiegati in librerie. In Venezia esistevano: 35 tipografie e 42 botteghe da **Stampadori e Libreri** che non potevano rimanere aperte nei giorni festivi e di domenica. All'ombra dei Libreri e Stampadori, inoltre, esistevano anche 23 capimastri **Ligadori** da libri con 5 garzoni, e 24 lavoranti attivi in 32 botteghe.

Una grande produzione insomma, che iniziò in Laguna probabilmente nel 1469 quando il Senato concesse il privilegio per l'esercizio della stampa di libri con caratteri mobili al Tedesco **Giovanni da Spira**. Già prima del 1500 uscirono dalle 154 officine veneziane circa 3000 edizioni per più di 2 milioni di copie di libri, mentre durante il 1500 ci fu un enorme diffusione di Stamperie e Libri con 493 ditte che stampavano una media di 3 libri alla settimana. Più della metà di queste ditte erano modeste, ossia in grado di pubblicare una sola edizione in tutto. Accanto a queste però ce n'erano almeno 50 che pubblicarono in pochi anni più di 20 edizioni di alcuni libri, 10 edizioni superarono le 40 riedizioni, e una arrivò ad essere ristampata per ben 140 edizioni.

Gli **Stampadori** ottenevano dalla Repubblica Serenissima il *"Privilegio di Stampa"*, ossia l'esclusiva per la riproduzione di un'opera valida per 20, 10 e infine 15 anni, mentre dall'Inquisizione ottenevano la *"Censura"* o *"l'Imprimatur"* sul contenuto del Libro, ossia il permesso di pubblicare: *"cose consone e secondo i sani principi della Religione"*.

"I Libri stanno rinchiusi nelle camere, e non si conosce il danno che fanno, se non quando si trova poi che li animi infetti danno fuori il veneno, e la

peste contratta da questi libri ..." considerava **Antonio Maria Graziani Nunzio del Papa** residente a Venezia nel 1596.

A Venezia come sempre c'era un gran mercato di tutto, anche di Libri, ed è documentata la presenza di letterati, rappresentanti di editori, e appassionati compratori e cultori dei libri provenienti dalla lontana *Germania*, ma anche da: *Padova, Asti, Firenze e Siena, Napoli e Salerno, Trento, Pesaro, Brescia, Bergamo, Milano, Pavia, Vercelli con Trino Vercellese e Lago Maggiore.* Come sempre la Serenissima dovette più volte intervenire per sanare abusi economici, e il mondo del commercio dei Libri subì il controllo del **Magistrato contro la Bestemmia**, degli **Inquisitori di stato**, della **Santa Inquisizione**, e dei **Riformatori dello Studio di Padova**.

Ogni libro per essere pubblicato a Venezia doveva avere il permesso del *"Revisore alle Stampe"* e del **Priore dell'Arte dei Libreri e Stampadori**.

Solo l'introduzione dell'**Indice Romano dei Libri Proibiti** riuscì a rallentare la produzione di quella fiumana di libri, che tuttavia riuscì a diffondere ugualmente *"libera cultura"* in tutta Europa: **Spagna, Francia, Germania, Danimarca, Svizzera e Ungheria**, e perfino in **America**.

In ogni caso il libro veneziano veniva considerato un prodotto pregiato sia per la carta sempre di ottima qualità, a volte persino dorata, inargentata e miniata, per i caratteri eleganti, il testo corretto, l'inchiostrazione misurata, le illustrazioni sempre molto curate, e le rilegature ricche e fastose talvolta ricoperte di damasco o velluto. Si giunse a pubblicare ben 4.416 edizioni con una media di 90 edizioni annue.

Nello Stato Veneto esistevano circa 90 cartiere a volte piccolissime che davano lavoro a migliaia di persone. Spesso le cartiere presenti soprattutto sulla *Riviera di Salò sul Lago di Garda*, ma anche nel **Bellunese, Trevigiano, Vicentino, Padovano e Pordenonese** si trovavano in perenne crisi economica per mancanza di stracci da trasformare in carta, perciò la Serenissima intervenne molte volte per aiutarle con apposite esenzioni sui numerosissimi dazi imposti sui libri e la carta, e mettendo al bando la carta estera che doveva essere bruciata se rinvenuta in circolazione.

Il controllo asfissiante dei Domenicani non fu comunque efficace, perché spesso esistevano dei *"liberi battitori"* che sparsi per Venezia stampavano anche una copia soltanto, o un'edizione di qualche libro interessante e pericoloso. E fatta una copia, il gioco era fatto: **"Quando un libro prende il volo è difficile estirparlo … è come la gramigna: ne strappi una e ne ricrescono cento … e spesso non c'è peggior modo di quello di proibire i libri per ottenere l'effetto che in molti desiderino e accorrano a procurarsi copia di quanto è più biasimevole e incerto e profano. Così funziona l'animo umano … Anche il rogo del fuoco non è sufficiente a cancellare certe "Male Verità" … e forse non sarebbe neanche sufficiente bruciare con la carta quelli che hanno avuto l'ardire di pensarla e riempirla."** spiegavano i soliti Frati Inquisitori.

A Venezia nel 1588 il **Libraio Pietro Longo** venne condannato a morte, mentre **Salvatore de Negri Libraio a San Rocco** venne denunciato più volte dai suoi stessi clienti all'Inquisizione che lo inquisì e processò dal 1628 al 1661, anche se lui continuò tranquillamente nei suoi traffici incurante dell'attività dell'Inquisizione.

Insomma: gli Inquisitori di Venezia si scagliarono senza sosta e con poco successo contro: **"… Luterani, Calvinisti, Eretici e Miscredenti in genere, ogni forma di Strigaria e Magia, ogni tipo di libertinaggio, novità scientifica deviante, e mancanza di disciplina morale."**

Tremendi quei Frati Predicatori e Inquisitori !

Infine, storicamente si sa per certo, che i Francesi Napoleonici distrussero del tutto barbaramente quel pregevole monumento della **"Biblioteca Nuova Granda di San Zanipolo"** trasformandola in legna da ardere.

Avete capito giusto: legna da ardere ! … Che scempio inutile e meschino !

Sembra che in seguito, nello *stesso* *"luogo liberato"* i Francesi abbiano collocato comodamente l'armeria della loro caserma e ospedale militare che era divenuto l'ex Convento dei Domenicani di San Giovanni e Paolo ossia San Zanipolo.

Venduti, trafugati e dispersi i Libri preziosi, di tutte quelle pregevoli sculture lignee intarsiate, rimase solo un mucchio di legname ammassato in un angolo dei chiostri su cui andò a posare lo sguardo un certo *"Sir Inglese"* di passaggio a Venezia rimasto anonimo.

Al *"Sir"* misterioso riuscì di comperare dai Francese tutti quei *"rottami ammassati"* in cambio di pochissimo denaro, e provò a caricare tutto dentro a un brigantino in partenza dal Molo di San Marco di Venezia diretto in Inghilterra. Intendeva portarseli tutti a casa per arredare bellamente il suo studiolo e dare loro ancora una volta la collocazione che meritavano.

Il *"Sir"* pagò profumatamente alcuni barcaroli Veneziani che trasportarono tutto il materiale di legno dal chiostro di San Zanipolo fino ad ammucchiarlo sul **Molo di San Marco** nei pressi dell'imbarco sulla **Riva di San Biagio**.

Quando venne però il momento di caricare la nave e salpare, il Capitano del brigantino sollevò mille problemi e difficoltà per imbarcare quel carico un po' *"particolare"*. Non gli era mai capitato di viaggiare per mare con la nave ingombra di statue di legno fracassate, perciò faticò non poco a concedere e sacrificare lo spazio utile della nave **"buono per gli affari"** occupandolo con quell'ingombro così poco redditizio e forse inutile.

Perciò di nuovo, dopo un *"tira e molla, e molla e tira sul prezzo"*, si contrattò alla fine a suon di denari di accettare a bordo buona parte e non tutta quella montagna di statue e pezzi di legno intagliato. Inutilmente il *"Sir"* cercò di ritornare indietro ai Francesi qualcuna delle statue e i pezzi rimasti sul molo. Non gli rimase che venderle ai barcaroli e ai marinai curiosi fermi sulla riva come legna da ardere per cucinare e scaldarsi, e alla fine il *"Sir Inglese"* salpò con la nave e fece rotta come previsto per l'Atlantico e poi per l'Inghilterra.

Comprò quasi tutto quel *"legname rimasto"* uno dei barcaroli, che a sua volta prese accordi con della gente della **Contrada di San Jseppo di Castello** che provvide a ridurre a pezzi il tutto rifornendo le loro misere legnaie per la cucina e per l'inverno.

Degli arredi intagliati e lavorati dalla Bottega di Giacomo Piazzetta e pagati a caro prezzo dal Priore Giacomo Maria Gianvizio non rimase più niente …

Forse solo quei pezzi di statue che alla fine riuscirono a sbarcare in Inghilterra, e dopo varie traversie, raggiunsero intatti la casa di quel misterioso Sir Inglese di cui oggi non si sa neanche più il nome.

(Negli ultimi anni è spuntato sul mercato internazionale "un pezzo" appartenente alla Libraria di San Zanipolo.)

Dalla metà del 1700, quando **Francesco Storti Priore dell'Università dei Librai e Stampadori** per il: "*...pericolo dell'acqua e del fuoco che guastano i Libri e le onerose spese di trasporto*" ottenne da parte di **Ser Pietro Foscari de' Carmini** *(futuro Doge)* e **Procuratore Cassiere della Procuratia de Supra**, la dispensa: *"... dall'obbligo di comparire in Piazza con una bottega di Libri e Stampe per maggior decoro durante la Fiera della Sensa a spese dei Librai più benestanti."*, la produzione dell'Arte dei Libri e della Carta a Venezia era già in aperta crisi.

Se da una parte era cresciuto il numero delle cartiere, dall'altra era scesa la domanda del prodotto perché ne era scaduta troppo la qualità. Da Costantinopoli la Cancelleria dei Turchi faceva sapere e contestava le forniture di carta veneziana perché era: "*... cruda, giallastra, difettosa nelle misure, nella massa e mancante di almeno 1/3 del peso promesso..."* Alla fine del secolo delle **455.880 risme di carta** prodotte nello Stato Veneto per un valore di **911.760 ducati**, si riuscì ad esportarne dalle dogane della Serenissima della **Stadella di Verona** e della **Marittima di Venezia verso il Levante** solo 127.227 risme per un controvalore di **254.454 ducati**.

La perdita era più che evidente ... era terminata un'epoca e un modo di **"sentire le cose"**, così com'era sfumata l'epoca famosa in cui primeggiarono i **Frati Domenicani Predicatori e Inquisitori di San Zanipolo di Venezia**.
Ma vi racconterò dell'altro su di loro ...

***

Il post su Internet è stato scritto in origine come: "Una curiosità veneziana per volta." - n° 90, e pubblicato su Google nel marzo 2016.

TREMENTI E PARANOICI I MASTINI DI DIO DI SAN ZANIPOLO

Come ben sapete, i Veneziani avevano la mania di sintetizzare abilmente i nomi: così **San Trovaso**, ad esempio, era la sintesi di **San Gervasio e Protasio**, mentre dicendo **San Marcuola** s'intendeva indicare **San Ermagora e Fortunato**. **San Zanipolo** perciò era **San Zuane e Polo**, cioè **San Giovanni + San Paolo**, che da **ZuanePolo** è diventato: **Zanipolo**, San Zanipolo.
Basilica e Convento di San Zanipolo dei Frati Domenicani Mendicanti, Predicatori e Inquisitori … Semplice no ?

Da parte mia, ho sempre chiamato il posto di Venezia dei Santi Giovanni e Paolo, cioè San Zanipolo, confidenzialmente e per praticità: **San G & P**. Per me quel chiesone e quei posti di Venezia, sono sempre stati un complesso edilizio favoloso che mi ha sempre attratto fin dal mio giovanile vagabondare mattutino per i meandri e i luoghi nascosti di Venezia.
San G & P è sempre stata una delle mie mete preferite, un posto dove tornare volentieri per capirlo e conoscerlo sempre di più.

Quello che però mi ha sempre attratto maggiormente oltre alle ardite architetture gotiche della chiesa innalzate sul fango con tutto l'ingente numero d'opere d'Arte conservate lì dentro, è stata la Storia che è accaduta non solo lì dentro, ma soprattutto accanto: nel vicino grande ex Convento divenuto poi **Ospedale Civile di Venezia**. Mi è sempre piaciuto andare a frugare e sbirciare dentro alle vicende antiche di quell'immenso posto diventato in seguito quasi del tutto solo di significato sanitario.
Mi ha talmente affascinato quel luogo che ho perfino inscenato lì dentro le vicende di un mio libro-romanzo: *"Uno strano Ospizio."*

Comunque, prima … ormai un paio di secoli fa, l'attuale Ospedale dei Santi Giovanni e Paolo è stato la residenza dei potentissimi **Frati Domenicani: i Domini Canes, i Mastini, i Segugi di Dio dell'Inquisizione Veneziana !** … i cui *"discendenti"* sono rimasti ancora oggi ad officiare la sola chiesa.

Se passiamo adesso dentro ai luoghi che sono stati dei temibili Frati Predicatori e Inquisitori, si vedranno solo ovvie indicazioni e si sentirà parlare di Medicina II°, Farmacia, Pronto Soccorso, Padiglione Gaggia, Astanteria, Ambulatori, Rianimazione e tutto il resto … Non è rimasto quasi niente di quanto ha caratterizzato la vita e il posto degli antichi Padri Inquisitori, e quel poco rimasto è stato a lungo gelosamente precluso e interdetto ai più che fino a poco tempo fa potevano avventurarsi solo a rubare qualche scatto fotografico quasi di nascosto.
Oggi nei chiostri al posto dei Frati passeggiano persone pigiamate e arruffate in preda ai loro malanni, qualcuno trascina la sua flebo a rotelle, qualche altro mostra controvoglia la sua testa o il suo occhio e orecchio vistosamente fasciati e bendati. Ospedale insomma … e se non sono questi i personaggi, sono quelli in camice bianco che ogni tanto si vanno a *"ingrippare"* dentro al baretto, oppure quelli *"un po' aspri e temprati"* che spingono carrozzine sgangherate e barelle da e verso i Reparti attraversando pertugi vetusti, o ancora altri *"scafandrati e coperti come marziani"* che portano odorosi carrelli portavivande del pranzo o della cena.
Per fortuna ultimamente l'Ospedale si è riciclato e rifatto un po' il lifting: oggi si presenta migliorato e più accogliente, ha recuperato gli spazi dell'antica **Scuola Grande di San Marco**, ha racconciato passaggi e mura, e offre una sensazione di migliore accesso e recettività … anche se Ospedale rimane Ospedale, e quindi non certo luogo di felicità.
Tornando ai **Frati di San Zanipolo** e al loro formidabile complesso architettonico e storico, c'è da aggiungere che oltre alla sontuosa e preziosissima **Biblioteca Granda di San Zanipolo**, lì c'era anche il famoso **Refettorio dei Frati Domenicani e Inquisitori**.
Chiudete gli occhi … e provate a immaginarlo solo per un attimo.

Nel Convento abitavano stabilmente circa 100 **Frati o Padri Domenicani** con i loro Conversi, i Novizi o Fantoli della Scuola, e una miriade di ospiti di ogni sorta, cultura e prestigio, che andavano e venivano in ogni tempo e stagione per i più svariati motivi. Quel luogo non era di certo una stamberga, ma un posto capace d'accoglienza e convivialità dove potevano svilupparsi anche confidenza e cordiale condivisione sociale, religiosa e culturale.

Un grande capolavoro decorava per intero la parete di fondo di quel Refettorio di San Zanipolo. Si trattava dell' *"Ultima Cena"* dipinta da **Paolo Caliari detto il Veronese**, il cui titolo venne convertito a seguito del processo subito dal pittore da parte dell'Inquisizione in: *"Cena a Casa di Levi."*
Vi racconto questo perché intorno a quel dipinto si generò *"una storia"* proprio da *"Mastini di Dio"*, tipica di provetti Inquisitori.

Nell'aprile 1573, **Paolo Veronese** terminò di dipingere il grande telero per il Refettorio dei Domenicani, ossia *"Ultima Cena del Cristo"*, che gli era stato commissionato e pagato di tasca propria dal **Priore Domenicano del Convento: Fra Andrea de' Buoni,** in sostituzione dell'*"Ultima Cena"* di Tiziano andata distrutta dal fuoco.
Si raccontava che nel quadro del Tiziano c'erano dipinti in quelli degli Apostoli seduti a tavola accanto al Cristo i volti di alcuni Frati Domenicani di San Zanipolo, tanto che chi entrava diceva: *"Vedi Fra Antonio ! ... Guarda Fra Vincenzo e Fra Nuccio ! ... Osserva lì il Nobile Venier e l'Illustrissimo Foscarini seduto alla Divina Tavola Eucaristica del Figliol di Dio !"*
Perciò anche nella nuova tela del Veronese il **Priore** s'era fatto ritratto *"in un canto con la salvietta sopra alla spalla"*.
Quel quadro tuttavia non piacque affatto agli altri **Domenicani Inquisitori,** se non altro perché c'erano troppi cani rappresentati sul dipinto. Sapeva di raffinata presa in giro: *"Nel quadro del Refettorio il Veronese ha messo i Domini Canes, i Mastini di Dio invitati a Cena sotto alla tavola del Cristo"* si ripeteva ridacchiando in giro per il Convento e per tutta la Contrada.

Paolo Caliari detto il Veronese di 45 anni, residente in **Contrada di San Samuele** a Venezia, marito della figlia del Tiziano, uomo di successo al culmine della sua carriera, con beni in Terraferma, **sabato 18 luglio 1573** venne convocato in San Zanipolo dove subì ufficialmente un interrogatorio da parte dell'**Inquisizione di Venezia** sui contenuti e la realizzazione della sua tela per il Refettorio degli stessi Padri Inquisitori, definita: *"un'Ultima Cena profana e offensiva"*.

Eppure Veronese non era un pittorucolo e un imbrattatele qualsiasi: aveva dipinto per i **Dogi e a Palazzo Ducale**, aveva foderato e tappezzato di opere d'Arte insigni dal pavimento sino al soffitto l'intera chiesa di **San Sebastiano dei Frati Gerolimini**, aveva dipinto un Ciclo mirabile di **Storie di Santa Cristina per le Monache di Torcello**, e molto, molto altro ancora di splendido e apprezzato da tutti. Veronese era insomma una garanzia di garbo ed estetica, e anche d'ortodossia delle immagini … eppure andò così.

Il giorno del Processo dell'Inquisizione contro il pittore, mentre in giro per Venezia non si faceva altro che parlare di quella strana vicenda, si presentarono nell'aula del Tribunale Inquisitorio del Convento di San Zanipolo: **Aurelio Schellino** che era **Padre Inquisitore**: *"Homo di buone e polite lettere, zelante nelle cose del Santo Ufficio"* accompagnato dal compagno **Domenicano Ludovico da Rimini**. A Venezia aveva organizzato una campagna di controlli a tappeto di tutte le botteghe dei Libreri eseguendo una vera e propria prima purga controriformistica dei titoli secondo le indicazioni dell'**Indice Romano dei Libri Proibiti** da distruggere. Nel 1570-1571 lo stesso Frate Inquisitore istituì anche un clamoroso processo contro **Vincenzo Valgrisi** commerciante di Libri imprudentemente *"al segno dell'Erasmo"*, e contro un buon numero di venditori e librai Veneziani, applicando su tutti la censura libraria.
Un uomo e Frate tosto insomma, un Inquisitore provetto … e anche parecchio tremendo.

Era presente inoltre al processo: il Romano **Giovani Battista detto Dei Nunzio Pontificio a Venezia e Arcivescovo di Rossano**. In realtà si tratta di **Giovanni Battista Castagna**, nipote del **Cardinale Girolamo Verallo**, presente al Concilio di Trento fino alla fine dei lavori, Nunzio Papale prima in Spagna e poi a Venezia. Era un uomo di vasta cultura civile e canonica, aveva studiato a Bologna e Padova, ed era stato inviato a Venezia dal Papa per promuovere una nuova alleanza per combattere contro i Turchi. Quell'uomo divenne in seguito **Papa Urbano VII** che governò la Chiesa nel 1590 per soli 12 giorni *(il Papato più breve della storia)*.
Non mancò di presenziare a quell'inusuale processo anche il **Patriarca di Venezia Giovanni Trevisan** fautore entusiasta della Controriforma e della lotta contro l'Eresia. Anche lui era *"uomo tutto di un pezzo"*: Abate del

famoso Monastero di San Cipriano di Murano, istitutore del Seminario Patriarcale, difensore della classe nobiliare Veneziana che doveva sistemare figli e figlie nei Monasteri, oppositore insieme alla Serenissima alla Visita Apostolica Papale di controllo su Venezia del 1581 progettata dal **Nunzio Alberto Bolognetti** che per ben due volte non riuscì a trovarlo nella sua sede di San Pietro di Castello.

Accanto a costoro, sedeva a processo anche il Nobile **Giacomo Foscarini** Savio all'Eresia, Dottore in Filosofia e Greco della Scuola di Rialto, Riformatore dello Studio di Padova, fra i fondatori dei Catecumeni, incaricato nella Zonta e nel Consiglio dei Dieci, Consigliere del Doge, Savio Grande, Deputato Laico, e assiduo presenziatore nei tribunali nei processi contro i Librai di Venezia.

C'era poi lo scapolo **Nicolò Venier** figlio del Nobilhomo **Agostino** e della Nobildonna **Maria Priuli**: Savio all'Eresia, incaricato nella Zonta e nel Consiglio dei Dieci, Consigliere Dogale, Procuratore di San Marco, grande estimatore dei Frati Domenicani Inquisitori ai quali in morte lasciò una Mansioneria di Messe da celebrare per 20 ducati annui da officiarsi all'altare del Crocefisso nella chiesa di San Zanipolo.

C'era ancora un altro *"pezzo grosso da novanta"* ossia il Nobile **Alvise Zorzi** figlio di Benedetto e di Maria Corner: *"… Senatore di grandissima autorità e molto favorevole alle cose di Chiesa …"*, Savio all'Eresia, seduto in Zonta per 6 volte, Consigliere Dogale per 4 anni, Savio Grande per 12 anni, Procuratore di San Marco, Provveditore Generale di Corfù, Capitano a Padova.

Infine erano presenti anche i due Nobili **Vincenzo Contarini**: Savio all'Eresia, due volte nel Consiglio dei Dieci e **Giovanni di Bernardo Donà** anch'esso Savio all'Eresia, ed eletto Savio Grande dal luglio 1573.

Una sfilza di personaggi agguerritissimi e decisi da cui c'era ben poco da sperare … C'era già chi in giro per Venezia pensava il peggio per il povero pittore.

Alla fine, invece, il processo tanto propagandato e nominato si risolse senza particolari conseguenze per il Veronese: gli fu ordinato di emendare il quadro entro tre mesi, secondo le indicazioni del Santo Tribunale: *"Sostituire la figura dei cani con quella della Maddalena, e apporre una scritta sotto al dipinto: "FECIT DOMINO CONVIVIUM MAGNUM LEVI*

LUCAE CAPITULUM V" ... ossia quella non era affatto un' *"Ultima Cena"* col Cristo perché troppo blasfema, ma solo la rappresentazione di *"Una Cena a casa di Levi il Pubblicano peccatore"* ... Un Cristo perciò in mezzo a gentaglia piuttosto che in mezzo a gente Santa, Onesta e Buona come potevano intendersi i Frati di San Zanipolo.

In realtà era vero proprio in contrario: i **Frati Domenicani Predicatori e Inquisitori** di Venezia non erano affatto così Santi come volevano far credere e intendere ... Anzi ! Erano quasi l'opposto ... come vi dirò la prossima volta.

Comunque nel 1697 il **Refettorio di San Zanipolo** venne distrutto dal fuoco per l'incendio del deposito dell'olio sottostante. In quella circostanza la tela del Veronese venne in fretta e furia tagliata grossolanamente in tre parti per salvarla dal fuoco, e poi venne ricucita. Nel recente 1984 è stata infine restaurata, e oggi dopo le traversie Napoleoniche campeggia bellamente nelle sale delle **Gallerie dell'Accademia di Venezia**.

Tornate a vederla ... Di certo l'apprezzerete un po' più del solito.

Quel che volevo sottolineare in conclusione, è che quei *"Frati Domincicanes"* erano proprio tremendi! ... dei veri **Mastini di Dio** nei confronti degli altri ... C'era come un'ossessione, una paranoia che albergava nelle loro menti e nei loro modi. Esisteva una specie di tarlo raffinato e perverso, una smania insaziabile e inarrestabile di perseguire, smascherare, condannare e punire in maniera esemplare in ogni circostanza.

Ripensandoli si prova una sensazione inquietante di persone suscettibili e permalose: *"Bastava un niente per infiammarli ... come gettare una scintilla dentro a un pagliaio secco ... ed era fuoco e rovina garantita per tutti ... Sembrava quasi ce l'avessero con tutti, anche con se stessi, con i propri simili e consociati, come se niente e nessuno potesse sfuggire fuoriuscendo da quell'ispirazione deteriore proveniente dal Maligno e diffusa ovunque ..."*

Verrebbe da dire oggi senza timore: gente con una visione patologica del Mondo, delle persone, dei fatti e delle cose ... ma queste sono considerazioni che potrete fare da voi stessi.

**

Il post su Internet è stato scritto in origine come: "Una curiosità veneziana per volta." - n° 91, e pubblicato su Google nel marzo 2016.

SAN ZANIPOLO DEI MASTINI DI DIO

Fra l'aprile 1533 e agosto 1534, **Nicolò Pisani di Zuanne** fu **Podestà Veneziano di Asolo** dove esercitò la sua propaganda religiosa anche dopo la scadenza del suo mandato. Lo testimoniò in cella il Frate Francescano Minore Conventuale di Asolo **Stefano Boscaia**, incarcerato come eretico nel 1547. Nella stessa cella aveva letto la *"Tragedia del Libero Arbitrio"* scritta dal Bassanese **Francesco Negri** e pubblicata nel 1546, *"… in cui si affermava che la Grazia aveva tagliato la testa al Libero Arbitrio."* Era un libro antiromano e filo Calvinista che metteva in ridicolo l'Autorità Pontificia, portato ai Frati di Asolo da **Benedetto Del Borgo**, giustiziato a Rovigo nel 1551 come Anabattista e Antitrinitario, che a sua volta riferì che a introdurlo ad Asolo era stato il Podestà Veneziano **Nicolò Zuanne Pisani**. Nel suo testamento presentato al **Notaio Cesare Ziliol** nel marzo 1568, l'ex Podestà si dichiarò però fervido Cattolico, iscritto alla Scuola Grande di San Giovanni Evangelista, benefattore degli Incurabili e anche del **Convento e dei Padri di San Zanipolo sede dei Frati Domenicani Predicatori e Inquisitori di Venezia**.

Vi scrivo questo per ricordarvi di tempi in cui le convinzioni religiose e politiche a Venezia *"giravano"* in maniera molto diversa da oggi, e le autorità Civili e Religiose della Serenissima esercitavano il loro potere in un contesto storico del tutto particolare.

Il Convento di San Zanipolo di Venezia è stato il luogo in cui hanno abitato per secoli i temibili **Frati Domenicani Predicatori Mendicanti** in seguito divenuti **Inquisitori**: ossia i potenti **Domini Canes**, i soprannominati *"Segugi e Mastini di Dio"* per la loro tenacia, fermezza e assiduità nel difendere e propugnare le cose della Fede, della Dottrina, della Morale e della Tradizione Cattolica Romana anche in Laguna e nei luoghi del Dominio della Repubblica Serenissima.

"San Zanipolo a Venezia ? … E dove sarebbe ? … dove si trova ?", mi dirà ci certo qualcuno a ragione.

Giusto … Come dicevo di recente, San Zanipolo di Venezia corrisponde ai **Santi Giovanni e Paolo** di oggi, così come l'ex Convento dei Frati Domenicani coincide con l'area dell'attuale **Ospedale Civile di Venezia**.

Evitando attentamente *"d'imbarcarmi"* in storie e spiegazioni circa la grande Basilica dei Santi Giovanni e Paolo in quanto esistono esaustive visite guidate settimanali a cui ci si può facilmente aggregare, così come ci sono a disposizione sull'argomento stupende pubblicazioni con magnifiche spiegazioni e bellissime fotografie, volumi a volte grandi e grossi e pesanti diversi chili … intendo dire che su San Giovanni e Paolo, ossia San Zanipolo, è già stato detto molto e anche bene, perciò mi accontento di raccogliere qualche briciola sparsa caduta per strada trasformandola in ennesima piccola Curiosità che oso proporvi da assumere un po' per volta.

Per diversi Veneziani di oggi **San Zanipolo** è uno dei tanti posti da ignorare … Altri, invece, ricordano d'avere trascorso l'infanzia a *"sparare"* addosso ogni giorno il pallone sulle pareti del chiesone.

In ogni caso, l'ex Convento di San Zanipolo è quel formidabile complesso nel Sestiere di Castello verso la **Barbaria delle Tole** e le **Fondamente Nove**, un mastodonte di posto perché occupa quasi per intero una Contrada Veneziana che va dal Campo omonimo fino in faccia alla Laguna aperta di Venezia da una parte, e fino a quella che è stata *"la Cavallerizza"* di un tempo dall'altra.

"Cavallerizza ?"

La Cavallerizza è stato l'orto, il brolo, il terreno e il cortile, le stalle dei Frati Domenicani di San Zanipolo. Una zona *"tutta roba dei Frati"*, che veniva utilizzata anche come luogo per i Nobili di Venezia dove andare a *"cavalcare in giostre e trastullarsi tirando con l'arco e la balestra al Bressaglio"* come si faceva anche in altri posti simili di Venezia: in Contrada di **San Vidal**, a **Sant'Alvise**, a **San Polo** e **San Tomà** … Quello accanto ai Frati di San Zanipolo divenne però il Bressaglio più importante, quello più *"in"*, il più prestigioso e alla moda che la Serenissima favorì e abbellì in diverse occasioni.

Lì, infatti, c'erano anche due *"Tezoni a palchetti con pozzo e pilastri affittate dai Padri a Carnevale per quattrocento ducati e tre soldi in tre ratte, dove si tenevano anche Teatro e Opere Eroiche e non Buffonesche in Canto e Musica."*

In realtà la Contrada intorno a San Zanipolo raccoglieva un consistente agglomerato sanitario Veneziano tutt'altro che giocoso e divertente. Proprio di fronte alla *"Cavallerizza"* sorgeva e sorge tuttora l'**Hospealetto dei Vecci** ossia: **Santa Maria dei Derelitti**, così come dall'altra parte dell'area del Convento sorge ancora oggi: **San Lazzaro dei Mendicanti** cioè un altro Ospedale-Ospizio. Erano vicini, e alla fine risultarono essere uno dentro e accanto all'altro, come una specie di scatola cinese sanitaria veneziana.

Sapete meglio di me che per via delle pestilenze frequenti, ed essendo un porto di mare aperto a tutti, la Serenissima è sempre stata particolarmente soggetta alle epidemie e sensibile all'argomento sanitario e della prevenzione. In giro per le Contrade di Venezia c'erano sparsi ovunque Ospedali, Ospizi e Ospedaletti di ogni tipo, misura e categoria. Nel Sestiere di Dorsoduro sulle Zattere esisteva anche l'**Ospedale degli Incurabili** usato espressamente per le *"malattie veneree"* ossia il *"Mal franzoso, gallico"*, poi c'erano tutti i posti per l'ospitalità degli orfani, gli abbandonati, le prostitute e le giovani pericolanti come: la **Pietà**, le **Zitelle**, le **Penitenti**, il **Soccorso**, le **Convertite** e tutto il cordone sanitario delle Isole e dei Lazzaretti della contumacia e delle quarantene come: **Poveglia**, **San Lazzaro degli Armeni**, il **Lazzaretto Nuovo** e il **Lazzaretto Vecchio**, **Santa Maria delle Grazie**, **Sacca Sessola**, **San Clemente**, **San Servolo**, e in antico anche: **Santa Maria e San Marco in Boccalama** e altro ancora.

Venezia insomma era specialista efficiente in Sanità, tanto che venivano da ogni parte dell'Europa e del Mediterraneo per vederla, copiarla e imitarla.

Tornando però a **San Zanipolo**, accontentiamoci di precisare che la grande Basilica dei Santi Giovanni e Paolo è di dimensioni veramente grandiose: 101,60 di lunghezza, 45,80 di larghezza nel transetto, e 32.20 di altezza, tre navate suddivise da enormi colonne cilindriche e pilastri collegati fra loro da tiranti lignei per sostenere le altissime volte e gli archi gotici.

San Zanipolo è un'altra delle famose *"Foreste di Pietra o Boschi Mistici"* di Venezia secondo il sentire religioso dell'epoca Gotica, come **Santa Maria Graziosa dei Frari, Santo Stefano**, la **Madonna dell'Orto** e **Santa Maria del Carmelo ossia i Carmini**. Nell'idea degli architetti quelle immense colonne e quelle volte erano assimilabili a una grande radura Naturale dove abitava e si poteva incontrare Dio.

Non si è molto lontani dal concetto di culto e Religione di quelli che venivano chiamati pagani e celebravano i loro riti e assemblee dentro e in mezzo alle radure dei boschi e delle foreste.

Infatti, In mezzo al grandioso edificio costruito dai Frati Architetti Domenicani: **Nicola da Imola e Benvenuto da Bologna**, esisteva un tempo anche il **Barco del Coro** ligneo e di marmo *(rimosso, simile a quello che si può ancora vedere dentro alla Basilica dei Frari)* ossia **"una radura dentro al Bosco Mistico dove ai Frati accadeva il mistero quotidiano dell'incontro mistico con l'Altro Divino"**.

Infine, intorno alla Chiesa in quello che oggi è il **Campo Veneziano di San Giovanni e Paolo** sorgeva l'ampio **Cimitero di Sant'Orsola** che circondava quasi tutto il perimetro del complesso Domenicano.

Per costruirlo del tutto ai Frati Domenicani Mendicanti sono serviti quasi due secoli fino alla consacrazione avvenuta nel 1430.
Un gran bel posto, insomma, non c'è che dire !

San Zanipolo è stata anche **Phanteon** e sepoltura monumentale di ben **25 Dogi**, e ai lati e lungo le pareti della chiesa esiste ancora oggi una folla di Cappelle e Cappelline volute e finanziate dalle più illustri e ricche famiglie Nobili di Venezia come: **Bragadin, Mocenigo, Pisani, Michiel, Loredan, Morosini, Vendramin, Cavalli, Malipiero, Marcello, Soranzo, Contarini, Barbarigo, Dandolo e Venier** a cui apparteneva anche il **Doge Sebastiano Venier** per citarne uno solo.

Costui, figlio di Mosè ed Elena Donà, è stato l'ottantaseiesimo Doge della Repubblica. Da giovanissimo fu Avvocato, poi Amministratore del governo della Serenissima, Governatore di Candia, Procuratore di San Marco e

Capitano General da Mar della flotta Veneziana impegnata contro i Turchi. Si racconta di lui che sia stato uno dei protagonisti della famosa **Battaglia di Lepanto** a cui prese parte in prima persona a settantacinque anni uccidendo numerosi Turchi con una balestra che un aiutante gli ricaricava perché a lui mancava la forza delle braccia per farlo. Si dice ancora di lui che sia stato anche ferito a un piede da una freccia che si strappò via da solo, e che in battaglia calzava pantofole invece di stivali perché secondo lui facevano miglior presa sul ponte della nave bagnato. In realtà sembra che la vera motivazione sia stata il fatto che soffriva di calli e indossare gli stivali gli faceva male ai piedi. Tornato dopo la pace a Venezia, venne eletto Doge all'unanimità all'età di 81 anni, e di lì a poco morì d'infarto durante l'incendio di Palazzo Ducale.

Ricordato anche questo, vi ho già detto che mi è sempre interessato quanto è accaduto accanto e dentro all'immenso Convento dei Frati, sede anche della **Scuola Grande di San Marco** oltre che di altre venti Schole d'Arte, Mestiere e Devozione di Venezia di cui vi dirò magari in un'altra occasione.

L'**Ordine dei Frati Domenicani Mendicanti e Predicatori** era stimatissimo dalla Serenissima e dai Veneziani che vedevano di buon grado quei Frati tutti dediti alla Dottrina della Fede, alla Tradizione, ai Dogmi e al Diritto della Chiesa Cattolica. In seguito tuttavia i Padri divennero anche Inquisitori, perciò si considerarono figure maiuscole, temibili e anche sinistre che vivevano dentro a una culla di Cultura, Letteratura, Filosofia, Religione, Arte, buon gusto e molto altro ancora: cioè il **Convento di San Zanipolo**.

Il Convento era a Venezia uno dei più belli, andati per secoli *"per la Maggiore"*, come quello delle Monache Benedettine di **San Zaccaria**, quello di **Santa Maria Graziosa dei Frari** dei Francescani, o quello di **San Giorgio Maggiore** in isola dei Benedettini.

Là dentro sono accadute un'infinità di storia di storie, il posto è stato un luogo formidabile, un grande alveo che ha ospitato parte della cultura e delle vicende dell'intera nostra Venezia Serenissima.

San Zanipolo dei Domenicani Predicatori e Inquisitori era il top insomma: una potenza in tutti i sensi. Il Convento era un bijoux: **Refettorio con dipinto chiacchieratissimo del Veronese,** celle sontuose che s'affacciavano su corridoi solenni, chiesa stupenda, bellissima, da sballo, ogni tipo di struttura utile per la vita comunitaria ... e quell'immensa e famosissima quanto decoratissima e fornitissima Biblioteca.

Come vi ho già raccontato in altra occasione, la **Biblioteca dei Domenicani di San Zanipolo** era talmente bella che venivano da tutta Europa per visitarla e apprezzarla. Molti dei testi che conteneva erano delle rarità, più di qualche volta opere uniche, tomi di bellezza e contenuto invidiabile e interessantissimi che meritavano un lungo viaggio solo per potervi mettere gli occhi sopra ... o per rubarli !

Il Monaco Benedettino Montfaucon visitando entusiasta la Biblioteca nel 1698 accompagnato da Apostolo Zeno, scrisse fra l'altro: *"... si annota con soddisfazione la presenza di numerosi Codici Greci tra cui scritti di Tucidide, Plutarco, Esopo, Polibio, Pindaro e latini ... mentre la maggioranza dei libri sono di Scrittori Scolastici ad eccezione di qualche testo di Classici e di Padri. La Biblioteca è ornata da una duplice fila di statue lignee raffiguranti Autori Cattolici da accogliere ed Eretici da respingere tra i quali si trova la statua di Guglielmo di San Amorfe avversario dell'Ordine dei Mendicanti e di Erasmo da Rotterdam considerato colui che ha covato le uova a Lutero ..."*

La **Libraria Nuova Granda di San Zanipolo** valeva da sola una visita perché il suo arredamento d'intaglio pregevolissimo era una rappresentazione unica, davvero singolare e originale di quelle che erano le certezze dell'Inquisizione e delle Categorie mentali e di Fede dei Domenicani di quel tempo. Un capolavoro unico: *"... non si trattava dei soliti scaffali ordinati e degli armadi con le griglie in legno e ottone, divisi per materia e disciplina, ma di un insieme originalissimo e composto di paraste e capitelli e soprattutto di statue lignee intagliatissime che foderavano l'intero ambiente dalle pareti al soffitto. Si trattava dei Riformatori Protestanti e degli Eretici che reggevano gli scaffali con i libri ... Resi come Telamoni in vari atteggiamenti di rabbia, di stizza, tutti incatenati,* *fungevano da piedistallo ai loro vincitori depositari della Vera Sapienza ... Illuminava il locale una portafinestra che dava sul giardino e le finestre a lunetta inquadrate dalle unghie delle volte che stavano sopra alle scaffalature. Inserite nel soffitto stavano una grande cornice e cornici minori con all'interno dipinti dei Padri Conciliari dell'Ordine dei Predicatori, mentre in corrispondenza delle finestre dentro ad alcuni medaglioni in legno si ritraevano scolpiti i volti dei Domenicani Inquisitori: ossia i Vincitori degli Eretici ... Sopra alla testa di ogni Telamone ligneo era scolpito un uccello che simboleggiavano le pecche degli Eretici a cui erano associati. Diversi erano uccelli del malaugurio come il Gufo, il Nibbio e il Pappagallo, ma c'erano anche altri uccelli come la Cicogna e il Pellicano il cui significato positivo era stato mutato in negativo. Inoltre c'erano ovunque c'erano motti e frasi della Scrittura che spiegavano simboli e casi dentro ad appositi cartigli ..."*

Era quindi impressionante nel suo insieme quella realtà dei Frati Domenicani di Venezia, ma la cosa secondo me più curiosa era che quei Frati-Padri diventati anche Inquisitori non *"brillavano affatto di luce propria"*.
Come succedeva spesso nei Conventi di quel tempo e quindi anche a Venezia, per il loro *"modus vivendi"* i Frati *"predicavano bene ma razzolavano male".* Non è una novità mi direte ... Sì. Ma fu per davvero un peccato perché i Domenicani a Venezia avevano iniziato davvero molto bene.

Tutto era iniziato, infatti, nel 1226 sotto i migliori auspici, e i Veneziani con l'intera Serenissima avevano preso a ben volere quei **Padri Predicatori Mendicanti** giunti a Venezia perchè sembravano per davvero entusiasti, sinceri e convinti del loro ruolo di Religiosi. Erano trascorsi appena 13 anni dalla morte del loro fondatore: **San Domenico di Guzman**, e quegli uomini sembravano credibili negli intenti e degni d'ogni attenzione.
Il **Doge Giacomo Tiepolo**, infatti, regalò subito ai Domenicani *"una palude d'acqua superlabente"* fra le Contrade di **Santa Marina e Santa Maria Formosa** per bonificarla, imbonirla e costruirvi sopra un bel Tempio con annesso Convento dedicato a San Daniele. Addirittura si diceva in giro che il Doge in persona aveva fatto un sogno speciale: *"Aveva visto in visione il*

nuovo Oratorio dei Frati in una piazza vicina coperta d'olezzanti fiori, e con bianche colombe che vi svolazzavano sopra, mentre due Angeli profumavano l'aere con turiboli d'oro, e si sentivano dal Cielo le seguenti parole: "Questo è il luogo che scelsi a' miei Predicatori".

Ma siccome per far le cose anche allora servivano soldi e i lavori andavano a rilento, anche il successivo **Doge Raniero Zen** dispose per testamento un lascito di 1.000 ducati per costruire campanile e portale della nuova chiesa. Pure il **Maggior Consiglio** fece la sua parte, e decretò di allargare il Monastero e il suo terreno verso l'Isola di **Murano** mettendo a disposizione appositi ulteriori fondi.

Giunti i primi decenni del 1300, anche **Giovanni delle Boccole** per testamento lasciò di Domenicani proprietà a Venezia e nelle campagne intorno a Treviso e Ferrara assieme a 3.000 ducati in contanti per continuare l'ampliamento di San Zanipolo dove volle essere seppellito. Per tutta risposta a queste nuove risorse: i Domenicani si presero un'altra aerea da bonificare, *"una piscina" in Barbaria delle Tole*, che interraron del tutto. I Frati insomma si diedero da fare, e in soli due secoli *(solo ?)* riuscirono a portare a compimento la loro formidabile residenza.

E lì iniziarono subito i tempi dei casini e dei problemi, perchè i Frati Domenicani di San Zanipolo decisero di passare alla **Fazione Religiosa dell'Osservanza radicale**.

A noi di oggi questa cosa dirà poco o niente e potrà sembrare anche futile, ma invece a Venezia in quel tempo non fu affatto così: venne considerata per davvero come una *"cosa grossa"*. Accadde concretamente che dopo qualche anno si presentarono a Venezia in gran corteo, chiasso e manifestazione un gruppo di **150 "Bianchi"** guidati dal **Frate Domenicano Giovanni Dominici**.

"Beh ... Un corteo, che c'è di strano ?" direte e penserete.

A dire il vero in quei tempi certe manifestazioni non erano molto ammesse e considerate, anzi: erano un azzardo, una provocazione e un'intemperanza che andava a stuzzicare direttamente gli interessi dell'intera Serenissima.

Sta di fatto che i *"Bianchi, Uomini e Donne"* arrivarono da Chioggia bianco vestiti, con cappuccio e faccia velata-mascherata, gridando: *"Misericordia andiam gridando … Misericordia a Dio clamando … Misericordia ai peccator! … Misericordia, o Dio verace … Misericordia, e manda pace … Misericordia alto Signor!"*
Lo stesso gruppo era abituato a passare processionalmente di città in città, cantando a squarciagola lo *"Stabat Mater"* e contestando apertamente le autorità cittadine e Religiose ree d'essere conservatrici e poco Cattoliche.

Figuriamoci allora la Serenissima !

Già non vedeva i *"Bianchi"* di buon occhio considerandoli una setta fastidiosissima e tediosa. Appena venne a sapere che si trovavano a Chioggia mandò ad avvertirli: *"che era meglio se andavano per i fatti loro"*. Ritrovandoseli, invece, proprio in casa, in città a Venezia, la Serenissima non se lo fece dire due volte, e intervenne pesantemente disperdendoli tutti quando giunsero proprio in Campo San Giovanni e Paolo ossia San Zanipolo.

Non essendosi tuttavia spaventato più di tanto, il **Frate Dominici** *(che poi diventò Cardinale e perfino Beato)* andò la domenica dopo a cantare Messa Solenne in chiesa a **San Geremia**, e dopo la Messa si mise a capo di una nuova schiera di molte persone marciando un'altra volta verso il Campo di San Giovanni e Paolo.
La Serenissima perse la pazienza, e i **Capi del Consiglio dei Dieci** fecero trovare i soldati ad aspettare i **Bianchi**. Giunta che fu la manifestazione in Campo San Zanipolo, i soldati fermarono il **Nobile Antonio Soranzo** che guidava la testa della processione dei Bianchi: gli strapparono bruscamente di mano il Crocefisso rompendolo, e di nuovo dispersero *"con le buone maniere e qualche botta"* l'intera brigata.

"I soldati sono segno della Collera Celeste nei nostri riguardi !" commentò il Frate Dominici, che venne condannato a 5 anni di Bando da Venezia e da tutti i territori della Serenissima. Un anno di Bando si prese pure il Prete **Leonardo Pisani**, e uno anche il **Nobile Antonio Soranzo** a cui vennero

sequestrati tutto i beni. Tutti i Bianchi identificati vennero ammoniti severamente invitandoli: *"… a non mettere più su Processioni e scorrerie soprattutto in Venezia …"* Inoltre il Consiglio dei Dieci respinse più volte la richiesta di formare nuovi **Terzordini Domenicani** definendoli: *"Scolae non patentes"* ossia pericolose e indesiderate.

Perfino il **Papa Bonifacio IX** dovette scendere in campo a rimproverare e trattenere i Bianchi perché procuravano disordini in giro per l'Italia agglomerando tante persone di sesso diverso, dormendo nelle chiese e nei Monasteri alla rinfusa sopra la nuda terra … e perchè stavano ormai marciando anche su Roma.

Ciò nonostante, bisogna dire che la Serenissima continuò ad avere lo stesso grandissimo riguardo, simpatia e rispetto per i Domenicani di Venezia, tanto che scelse la loro grande chiesa per celebrare i funerali dei Dogi, e ogni anno Doge e Signoria visitavano solennemente chiesa e Monastero il giorno **26 di giugno** sacro ai Santi Titolari. Ci fu addirittura un tempo in cui la Serenissima voleva fare diventare San Zanipolo la Cattedrale di Venezia al posto di San Pietro di Castello … e la Storia continuò a scorrere.

Nel 1502 i **Signori di Notte** sentenziarono: *"… contra Alvise Benedetto popular che stava a San Zanipolo, il qual costringeva la propria sposa a prestarsi per prezzo alle altrui voglie … et il guadagno teneva scripto in libro et con chi. Decretossi ch'el detto becco sia vestido de zalo, e con una corona con corne in testa, su un aseno, sia menà per la terra a noticia di tutti, e cossì fu fatto."* mentre nel gennaio di tre anni dopo, facendo gran freddo a Venezia e morendo molti poveri per strada, si eresse un fabbricato di tavole presso il **Bressaglio dei Frati di San Zanipolo** dando ricovero e paglia e legna gratuita ai miserevoli.

Qualche anno dopo, i Frati Domenicani si misero di nuovo in subbuglio sempre per la questione del **ritorno del Convento all'Osservanza** propugnata stavolta da **Frà Tommaso De Vio Maestro Generale dell'Ordine di tutti i Domenicani**. Costui decretò che chiunque partecipasse degli utili delle casse comuni dei Frati fosse tenuto a versare a queste la metà di tutti gli introiti ed elemosine percepiti, mentre coloro che non volevano averne parte in ogni caso erano tenuti a versare lo stesso la terza parte dei loro guadagni.

Ricevuta questa notizia, i Frati Domenicani di Venezia che erano spesso Nobili e diventati ricchissimi andarono fuori di testa: *"**Grande esempio di Frati Perfettissimi Conventuali urbani, caratterizzata dal rallentamento delle Discipline, delle Regole, della Predicazione e Assistenza ... Nei casi limite si giunse alla dispensa dalla mensa comune, dal Coro, dal dormitorio e alle deroghe dai voti fondamentali, con relativo rilassamento dei costumi e secolarizzazione, fino alla licenziosità, eccessi e corruzione ..."*

Marcantonio Michiel nei suoi **Diari** manoscritti racconta che nell'ottobre 1516 scoppiarono veri e propri disordini tra i Frati del Convento di San Zanipolo: *"**A dì 6 detto era venuto el General delli Frati Conventuali di San Domenico mandato a chiamar, ovver sollicitato dalli Signori Capi del Consejo dei Diese, però che li Frati di San Zanipolo erano in gran risse tra loro, et haveano date diverse querele un contra l'altro alli Capi, et massime Fra Francesco Colonna havea querelato contro 4 o 5 de li Primarii, et accusavali inter cetera de sodomia e altro ancora ... Il General dei Frati Caietano perciò venne et cominciò ad inquisir.
Fra Francesco Colonna, o ch'el dubitasse non esser scoperto, et che fusse conosciuta la mano sua, essendo venuta la querela in le man del General, o per conscientia essendo essi accusati innocenti, andò a confessar et scoprir la calunnia facendosi reo, et chiedendo perdono al General el qual volse ch'el dimandasse perdono al Capitolo. Li Frati accusati intendendo l'autor della loro accusatione fulminarono diverse querele contro di lui, et massime ch'el avesse sverginata una putta, et provorno il tutto. Al che il Generale el bandì de Venetia, et lo confinò a Treviso in vita, e ch'el non potesse più dir Messa, né confessar, et bandì molti altri chi per anni 5, chi per 10; fra gli altri c'erano anche Frà Zanfior, et Frà Martin dal Naso ..."*

Trascorse solo un anno, e di nuovo il neoeletto **Maestro Generale dei Domenicani Garcia De Loaysa** fu costretto a richiamare all'ordine e all'Osservanza i Frati recalcitranti di San Zanipolo che per nulla intimoriti si rivolsero a chiedere aiuto e supplicare il Collegio e la Signoria, chiedendo di essere mantenuti al loro posto e con le loro abitudini, pur promettendo di: *"fare bona vita"*.

Passarono altri dieci anni … e ci rifummo di nuovo !
Stavolta fu **Papa Clemente VII** con un *"breve papale"* apposito che unificò la Provincia Osservante dei Domenicani di Lombardia sfavorendo e desautorando di fatto i Domenicani Conventuali di Venezia. Questi allora si presentano in massa dalla Signoria Serenissima per lamentare la destituzione del loro Maestro Provinciale e la pretesa di Roma di ridurli all'Osservanza. Davanti al Doge gridarono arrabbiatissimi: *"… per niente voleno soportàr, più presto se fariano Lutherani …"*
Il Doge fu perfino costretto a rimproverarli per il linguaggio poco da Frati, ma mandò un Ambasciatore di Venezia a Roma per difendere i loro interessi economici e i loro *"Studi o Residenze"*.
Il Papa allora finse di cedere, dando facoltà ai Domenicani di scegliersi i propri Vicari, ma impose loro che i prescelti dovevano essere confermati dal Maestro Generale che avrebbe privilegiato solo gli Osservanti, e in ogni caso: … tutti i Frati Domenicani entro due anni dovevano diventare per forza Osservanti.

I Domenicani di Venezia insorsero divenendo furibondi … e la Signoria di Venezia dovette attivarsi ancora una volta rimandando il proprio Ambasciatore a Roma e chiedendo un Vicario Provvisorio per i Frati di San Giovanni e Paolo precisando che c'era solo qualche Frate *"un po' discolo, mentre gli altri sono honesti"*.

Come risposta il Papa inviò a Venezia come **Vicario il Domenicano Frà Leonardo da Udine** col compito di ridurre tutti i Domenicani all'Osservanza forzando i Frati riottosi. La Serenissima reagì subito difendendo i propri Frati, e costringendo Leonardo da Udine ad abbandonare il proprio incarico.
Alla fine fu il Papa a cedere lasciando una certa libertà d'azione e di comportamento ai Frati Veneziani.
Intanto anche a Venezia s'era attivata l'*Inquisizione* gestita proprio dai Frati Domenicani dopo l'insuccesso inziale dei **Frati Francescani** considerati troppo deboli e remissivi: nel 1533 a Venezia venne arrestato e

processato come Eretico **Antonio Mastro Marangòn,** ossia falegname, della **Contrada di San Giacomo dell'Orio**: l'Inquisizione aveva incominciato a fare sul serio.

"Dallo stesso processo risultano anche delle predicazioni sospette di due Frati Domenicani: Fra Zaccaria e Fra Damiano tenute nelle chiese della Trinità in Punta alla Salute, alla Fava e nello stesso San Giovanni e Paolo. Inoltre risultò che alcuni aderenti alle Dottrine Eretiche: un maestro di scuola, un forestiero di 25 anni "Gran Luteran", alcuni Tedeschi e alcuni Toscani, erano in possesso di scritti di Lutero, dei "Gravamina Nationis Germanicae", e di Bibbie in volgare (la prima traduzione Italiana in volgare è stata stampata a venezia nel 1471 a cura di un Monaco Camaldolese di Murano: Nicolò Malerbi) ... Costoro avevano fondato una comunità clandestina in cui vigeva una forte solidarietà sociale e reciproca, e all'interno di essa si trattavano temi delicatissimi e sospetti come: Confessione, Purgatorio, Libero Arbitrio, Papa, Giustificazione, Quaresima, Culto dei Santi e altro ancora ..."

Il processo si concluse con la condanna del Falegname a carcere perpetuo.

Nel 1534 a Carnevale una maschera urtò in Piazza San Marco un **Frate Domenicano di San Zanipolo** che bighellonava e si divertiva in giro per Venezia in compagnia di **"bone femmine".** Ne seguì una rissa e un parapiglia in Piazza perché sotto alla maschera venne fuori che c'era un altro Confratello, ossia un altro Frate Domenicano di San Zanipolo. Il Nunzio del Papa a Venezia: **Girolamo Varallo** che aveva provato a quietarli e mettere inutilmente un po' d'ordine, alla fine denunciò tutti al Papa di Roma affermando che il Convento di San Zanipolo di Venezia viveva ai limiti della legalità: *"… donnacce albergano intra moenia … i Frati non obbediscono ai superiori … si batteno fra loro et voglian cavar gli occhi, et fino a tendersi agguati notturni per ammazzarsi fra loro, a tal punto che sarebbero più sicuri in un bosco che lì dentro al Convento…Quelli sono veri Diavoli di Frati … che vivono da perfetti mondani … anche se la maggior parte dei Frati sono virtuosi…"*

Da Roma dove le vicende del Convento erano già note *"... anche per qualche lutheranità ..."*, gli pervenne l'ordine di lasciar fare e di non impicciarsi.

Comunque la faccenda non finì lì, perché la riduzione all'ordine del Convento Veneziano di San Zanipolo divenne a Roma un affare di Stato, e **Papa Paolo III** con un breve apposito affidò la riforma dei Frati Veneziani al **Domenicano Agostino Recuperati da Faenza** nominato per l'occasione **Commissario Apostolico**. Costui partì immediatamente per Venezia, dove l'operazione andò in porto solo a metà, in quanto il Convento si divise in due fazioni: una favorevole alla Riforma cappeggiata dal **Priore Sisto Medici** col sostegno del Maestro Generale e del Nunzio di Venezia, l'altra tradizionalista con a capo **Niccolò Biriano già Priore** in precedenza in più di un'occasione. Con Sisto Medici si schieravano anche i Frati **Giulio Alberghetto, Niccolò Croce, Arcangelo Sagredo**.
Lo scontro ideologico e disciplinare fra gli 85 Frati di San Zanipolo degenerò di nuovo in tumulti: i Frati si menarono e picchiarono alla grande, e iniziò una lunga sequela d'azioni legali ... **Fra Sisto Medici e Fra Niccolò Biriano**, i più esagitati di tutti, vennero convocati in giudizio a Roma davanti al Cardinale di Santa Croce Marcello Cervini, e vennero entrambi allontanati per punizione non solo dal Convento di Venezia ma anche dalla Vicaria del Veneto Dominio.

Di nuovo nel giugno 1544 il Papa inviò a Venezia **Ludovico Beccadelli** per stigmatizzare e risolvere la situazione del Convento che non era affatto cambiato, e finalmente a luglio si riuscì a ricomporre le discordie chiedendo alla Signoria Serenissima di esercitare sul Convento un protettorato attento eventualmente riscrivendo e chiamando a intervenire il Papa di Roma in persona.

"Roma con Papa e Cardinali definiscono incurabile la piaga Veneziana." riferì al Doge l'Ambasciatore di Venezia presso il Pontefice di Roma ... Infatti lo era.

Nel 1564, tornata apparentemente la calma, nel Convento di San Zanipolo abitavano 100 Frati Domenicani che pagavano 20 ducati annui per l'Organista, 50 ducati per i Cantori del Canto figurato delle Liturgie in chiesa, 50 ducati per il Maestro di Musica e quello di Grammatica per i Fratini del Noviziato. Il Convento di San Zanipolo possedeva anche 40 campi a **Ronchi di Loreggia sotto Camposampiero** dati in affitto a **Mastro Antonio Gardane** che era anche Libraro in Venezia. Costui pagava in tutto ai Frati: 36 stara di frumento e nient'altro, mente il Convento affittava anche *"il luogo del fumo"* a **Mastro Tommaso e Zammaria Zonta**; e un magazzino sotto al Refettorio a **Mastro Ottavian Scoto** che era anche lui Libraio e pagava ai Frati Domenicani 14 ducati annui.

Due anni dopo, cercando di dare una conclusione alla lunga stagione dei conflitti e delle lotte interne al Convento dei Frati di San Domenico, si iniziò una vera e propria epurazione *"dei Frati Cattivi soggetti o Frati incorreggibili e apostati"*. Vennero considerati dai Frati Domenicani Osservanti come morti, e iscritti nel *"Libro dell'Emortuale"* compilato dal Domenicano **Padre Urbano Urbani**, come se fossero deceduti per davvero, anche se in realtà lo erano solo metaforicamente.

Fra 1567 e 1576 si dichiararono morti ben 30 Frati Domenicani fra cui **Fra Domenico Luciano**, considerato morto, ricercato dall'Inquisizione, e trovato nel 1579 che faceva di nascosto il Piovano in territorio di Treviso.

Ancora nel 1569, quando **Fra Pierino Lauretti da Venezia era Priore di San Giovanni e Paolo**, il Convento di Venezia era l'unico dell'intero Ordine Domenicano d'Italia e di tutta Europa a disattendere la Riforma dell'Ordine voluta dal Papa di Roma. Perciò il **Cattolicissimo Nobile Vincenzo Giustiniani** andò a lamentarsi con Doge e la Signoria, perché non s'impedisse la Riforma dei Frati Veneziani: *"... per favorir qualche uno ... essendo fra quelli Frati di San Zuanne Polo molto discoli et vitiosi ... gran vituperio della Religione et disonor di quella nostra inclita Città ... che quel Convento sia come un antro de homeni scelerati et di mala vita ..."*

Solo alla fine dell'anno i Domenicani accettarono le risoluzioni del Capitolo Romano degli Osservanti, tranne due Frati appoggiati dalla Signoria di Venezia: fra cui **Fra Tommaso Pellegrini** protagonista d'insubordinazione d'ogni tipo che si rifiutò anche di scendere a Roma a Capitolo. Chissà perché ... non volevano saperne del divieto di accettare in Convento Novizi

ossia Fratini inferiori ai 16 anni, né volevano assolutamente che fosse un Frate Osservante a comandare la Vicaria di San Domenico di Venezia.
Ancora nel 1570 venne nominato dai Frati Veneziani come nuovo Priore di San Zanipolo: **Camillo Spera** da Venezia, *"figlio del convento"*, Teologo esemplare a Padova, stimatissimo dalla Serenissima. Immediatamente i vertici dell'Ordine Domenicano di Roma invalidarono l'elezione, e l'Ambasciatore di Venezia il **Nobile Surian** dovette correre a Roma a difenderne la causa presso il Papa che era arrabbiatissimo con la Serenissima perché era appena accaduto l'omicidio di un Frate per questioni di donne presso il Convento di Sant'Agostino di Padova.
Giovanni Antonio Facchinetti Nunzio del Papa a Venezia si presentò in Collegio rimproverando la Signoria di non favorire la Riforma voluta da Roma, e chiese a nome del Papa al **Doge Alvise Mocenigo** l'intervento entro 4 giorni del braccio secolare della Repubblica Serenissima per ridurre del tutto all'Osservanza i Domenicani di San Giovanni e Paolo prevedendo anche l'uso di **Scomunica e Interdetto.** Inoltre propose come Priore il candidato Osservante: **Tommaso da Murano** in sostituzione di **Fra Camillo Spera**, e nello stesso giorno informò del suo presunto successo il Papa. Come risposta, Doge e Collegio fornirono al Nunzio una loro lista-poliza di 20 nomi di Domenicani Conventuali graditi e secondo loro adatti alla carica di Vicario di San Domenico e Priore di San Zanipolo.

"Era un "tira-molla" senza fine, un "batti e ribatti continuo" fra Venezia e Roma senza né vinti né vincitori, mentre i Frati Domenicani di Venezia continuavano a passarsela bellamente e liberamente ..."

I problemi dei Frati Domenicani durarono fino all'incendio del Convento accaduto nel 1571 quando ebbero altre urgenze e altre cose a cui pensare.
"La notte del 14 febbraio 1571 andò in fumo il Refettorio con l'"Ultima Cena" del Tiziano e della sua bottega, insieme al granaio e la cantina di San Zanipolo ... per causa delli soldati che alloggiavano et stanziavano in esso ..."

Il Capitolo dei Frati Inquisitori sollecitò subito la ricostruzione chiedendo contributi straordinari anche all'**Editore di Libri Luca Antonio Giunta** e ai fratelli **Giulio e Girolamo Croce** ai quali condonarono il debito della

Mansioneria annuale di Messe da celebrare di 6 ducati istituita dai loro avi in cambio della donazione *"una tantum"* di 100 ducati: *"...per fabrichar quella parte del Monasterio che si ha brusato ultimamente ..."*

Approfittando del subbuglio dell'incendio, partì un altro colpo col sapore di compromesso da parte di Roma ! ... Nell'agosto 1571 il nuovo **Maestro Generale dell'Ordine dei Domenicani Serafino Cavalli** istituì d'ufficio come Vicario della Vicaria di San Domenico e Priore di San Zanipolo il **Frate Domenicano Osservante Eliseo Capys**, *"figlio del convento Osservante di San Domenico di Castello"*, Priore, Teologo al Concilio di Trento, Rettore e Inquisitore dello Studio di Bologna e Ferrara con sentenze esemplari e durissime. In seguito fu il turno di Remigio Nannini da Firenze, detto Remigio Fiorentino: Poeta, Scrittore, Editore, Traduttore, Studioso nello Studio di Padova, Allievo di Sisto de Medici, autore dell'unico volgarizzamento della Bibbia autorizzato da Roma e scampato ai roghi dell'Indice Clementino del 1596, stampato, letto e utilizzato ovunque fino al 1863 dopo l'unità d'Italia.

In seguito fu il turno del **Priore Inquisitoriale Giacomo Maria Gianvizio** che ideò con Baldassare Longhena la Biblioteca in chiave antieretica, ma diede anche ulteriore impulso allo sviluppo artistico, economico ed edilizio dell'intero complesso di San Zanipolo. Fu inoltre Cassiere, sovraintendente della ricostruzione della Farmacia, e viaggiò fino a Roma dove ottenne privilegi per il Convento pagandoli alla **Dataria Vaticana** presieduta dal Cardinale veneziano **Pietro Vito Ottoboni** *(futuro Alessandro VIII)*, e speciali patenti che lo riconoscevano come **Commissario** con l'autorità di punire e reprimere con precetti, censure e carcere: *"... i Frati dell'Ordine fuggitivi, vagabondi et che vanno soli nelle hostarie, camere, locande overo case de secolari così in Venetia come nelle isole adiacenti ..."*

Nel 1637 morì il **Conte di San Donà di Piave Domenico Trevisan** che aveva progettato di collocare 16 statue di suoi antenati nelle nicchie della facciata di San Zanipolo finanziandole con rendite di due poderi nell'isola di Torcello che i Trevisan lasciarono in eredità ai Frati Domenicani nominati Commissari Testamentari insieme a Fiorenza primogenita del Trevisan. Lo stesso Trevisan aveva lasciato alla moglie **Donata Tiepolo**: *"... 4.000 ducati annui a vita per se e per mantenere sua madre e la casa, 25.000 ducati ciascuna alle figlie per sposarsi, e 15 quadri dei suoi antenati da donare ai Frati Domenicani per appenderli fino al Barco in chiesa dai quali ricavare l'immagine per le statue della facciata ed altri 3 quadri personali da appendersi dove volevano i Frati ... dispose inoltre di suffragarlo con 100 Messe in qualsivoglia chiesa di Venezia, donò 25 ducati a ciascuno dei 4 ospedali cittadini; una Mansioneria a Santa Maria delle Grazie in San Donà di Piave e una alla Chiesa Ducale di San Marco al Capitello, infine di donare 10 ducati a ciascuno dei servitori che dovevano vestirsi a lutto..."*

Ovviamente i Frati Domenicani tramite il **Priore Marco Cerchiari** concessero il permesso di costruire la nuova facciata della chiesa a spese del Trevisan, ma cinque giorni dopo la moglie **Donata Tiepolo** contestò e impugnò tramite Notaio le volontà del marito revocandone le concessioni e la gestione del suo patrimonio. Moglie, figlie ed eredi si rivolsero agli **Auditori Vecchi** tramite l'***Avvocato Giovanni Salvioni*** chiedendo d'annullare il testamento del Trevisan accusandolo d'aver testato secondo i suoi scopi dimenticandosi della sua famiglia. Il testamento, infatti, venne annullato anche dalla **Quarantia Civil Vecchia** con 25 voti contro 1, definendolo *"malefatto e dannoso per moglie e figlie"* ... e i Domenicani di rimando non apportarono alcuna modifica alla facciata della loro chiesa che rimase spoglia come si può notare ancora oggi nonostante in seguito il **Nobile Francesco Maria Zen**, fattosi seppellire nella tomba di famiglia a San Giovanni e Paolo, avesse promesso di spendere 5.000 ducati e altri 300 ducati annui per 7 anni ponendoli nel Banco Pubblico con lo scopo d'abbellire la stessa facciata dove c'era anche il sepolcro di suo padre. Suo padre **Reniero Zen** aveva lasciato la bellezza di 120.000 ducati di debiti da pagare per aver giocato a Bassetta durante un'Ambasceria all'estero, perciò il Nobile invitò i figli e i suoi discendenti a non giocare *"per non dannarsi e perdere l'Anima."*

Potremmo continuare fino a domani mattina e oltre a raccontarci di altri episodi cha hanno caratterizzato la vita e le stagioni di quel spettacolare **Convento dei Frati Domenicani Inquisitori e Predicatori di San Zanipolo** ... ma questo non è un saggio di Storia, perciò mi fermo qui.

I Veneziani Nobili e non facevano a gara per farsi seppellire dentro alla chiesa dei Frati Domenicani, o almeno nel vicino cimiterietto di Sant'Orsola ... mentre i Domenicani che possedevano rendite annuali da immobili siti in diverse Contrade di Venezia continuavano ad affittare case, botteghe, un inviamento da Forner ... e a rivestire con abiti e collane d'oro la Madonna del Rosario che stava in chiesa. Restaurano: soffitto, finestre, tavole, spalliere, arredi e pavimento del gran Refettorio, spesero 400 ducati per restaurare anche il dormitorio superiore del Convento, lastricarono di macigni i Chiostri e a proprie spese anche l'intero **Campo di San Zanipolo** ... ma durante l'ennesima ispezione vennero trovati inadempienti della celebrazione non eseguita di 16.400 Messe già pagate dai devoti fedeli di Venezia.

Nel 1770 Charles Burney, viaggiatore musicofilo inglese di passaggio a Venezia raccontò: *"... lunedì 6 agosto. Stamane il doge si recava in processione alla chiesa di San Giovanni e Paolo, seguito da tutti i nobili validi che si trovavano in città... Vi fu una Messa cantata a quattro parti accompagnata solo dall'organo ma fu così perfetta che non ricordo d'aver mai provato tanto piacere in questo genere di musica ..."*

Nel 1782, il giorno di Pentecoste, proprio in mezzo al Campo dei Santi Giovanni e Paolo, il **Papa Pio VI,** assiso sopra una loggia maestosa costruita per l'occasione, benedì tutto il popolo di Venezia concedendo in quella circostanza un **"Giubileo di quindici giorni"** ... corsi e ricorsi storici: ancora Giubileo come quest'anno.

Concludo ricordando come di tutti quei capolavori non è rimasto quasi più nulla: i Francesi col loro buon dannato Napoleone hanno soppresso, chiuso, depredato e sfasciato tutto facendone mucchi di pietre e legna da ardere. I 43 Frati Domenicani rimasti vennero progressivamente espulsi dal Convento e dispersi per Venezia sostituendoli con i militari e le loro famiglie, finchè rimase un unico Frate Domenicano a custodire la chiesa di San Zanipolo e tutto il resto divenne **Ospedale Militare e Caserma.**

Come ultimo colpo di coda storico, essendo morto nel 1813 il **Nobile Zaccaria Valier**, venne sepolto in chiesa di San Zanipolo nell'arca monumentale dei **Dogi Valier** architettato da **Andrea Tirali** nel 1708. Nell'occasione i sacrestani-nonzoli della chiesa aprendo la tomba trovarono vari oggetti dorati fra cui un leone, una Madonna e una Croce che corsero immediatamente a vendere di nascosto, *"... ma scoperto l'affare, i nonzoli passarono dalle loro abitazioni che avevano in quello stesso circondario a vedere il sole a scacchi in prigione."*

Nell'ottobre 1916, quando in zona abitavano circa 4000 persone divise in 960 famiglie, una *"bomba barbarica causò danni e guasti per 35 lire sopra San Zanipolo"*, mentre un esercito di 75 Suore continuava a prestare servizio nell'Ospizio-Ospedale Civile con 780 malati e 550 vecchi.

Dei temibili **Mastidi di Dio e Inquisitori**: più nessuna traccia ... Non si sono più visti nè risentiti ... o quasi.

***

Il post su Internet è stato scritto in origine come: "Una curiosità veneziana per volta." - n° 92, e pubblicato su Google nel marzo 2016.

QUALCOSA DI BUONO PERO' L'HAN FATTO I MASTINI DI DIO

In certi secoli a Venezia si contavano fino a 70.000 poveri veri, ossia quasi un terzo dell'intera popolazione della città lagunare e Serenissima. Erano miseri autentici non come quelli finti e di professione di oggi che per mestiere girano elemosinando e facendo anche di peggio. Quella volta trovavi intere famiglie intente a morire di freddo e fame sotto ai ponti e ai portici delle chiese, o dentro a qualche barca ormeggiata nei canali.

Le cronache veneziane raccontano: *"... ti s'aggrampavano addosso e ai vestiti ... e non si poteva trascorrere per strada senza che qualcuno ti prendesse gridandoti: "Ho fame ! ... Muoio di fame ! ... Abbi pietà ! ... ed era vero."*

Intorno e dentro ai luoghi di San Zanipolo, ossia dei Santi Giovanni e Paolo, esisteva un'intera serie di iniziative caritatevoli efficienti che si premuravano d'assistere e farsi prossimi a quell'immensa folla di diseredati e sfortunati. Il *"buon cuore"* dei Veneziani di quei tempi associandosi e affidandosi alla direzione dei **Frati Domenicani di San Zanipolo** riuscì nell'impresa ardua di arginare quel fenomeno così disastroso e incontenibile. Perciò i **Frati Predicatori e Inquisitori, i famosi Segugi e Mastini di Dio**, pareggiarono e controbilanciarono in quella maniera la fama di alcuni di loro, che a detta di tutti i Veneziani erano: *"... Padri strapazzoni, libertini e arroganti, dediti solo alla loro smania inquisitoria."*

Già vi ho detto delle tese o tettoie del **Bressaglio della Cavallerizza di San Zanipolo** messe a disposizione dai Frati regalando: *"... riparo, pane e legna da ardere per i più miseri."*

Bisogna aggiungere che le venti e più **Schole d'Arti e Mestiere e Devozione** ospitate nei luoghi e nei chiostri di San Zanipolo, oltre a regolare, difendere e propugnare i loro interessi, si occuparono *"alla grande"* di quella triste realtà sparsa cittadina. Oltre a quelle, e prima fra tutte, c'era incorporata dentro al Convento di San Zanipolo, incastonata proprio in facciata, la famosa **Scuola Grande di San Marco**, una delle otto Scuole Grandi di Venezia. Era una realtà cittadina munifica e gloriosa, ricchissima e potente, che faceva a gara per primeggiare anche in Carità con le altre Scuole Grandi, soprattutto con quella di **San Rocco** che fra tutte è stata forse la maggiore.

Fu variegatissima la qualità delle Schole che vennero ospitate a pagamento dai Frati Domenicani Inquisitori di San Zanipolo. Si andava dalla semplice e modesta **Schola dei Ligadori del Fontego dei Tedeschi**, alla celeberrima **Scuola del Rosario** che divenne per un certo tempo la nona Scuola Grande di Venezia, e alle semisconosciute **Schola di Sant'Orsola o delle Undicimila Vergini**, la **Schola del Santissimo Nome di Dio** contro i bestemmiatori, la **Milizia Angelica** e altre ancora.

Curiosa per davvero in mezzo a tutto quel grandore la presenza della **Schola degli Artieri della Santissima Trinità dei Ligadori e Imballadori del Fontego dei Tedeschi**. Era una delle **Associazioni o Schole Piccole di Venezia** che riuniva i **Facchini o Bastazi di Nazionalità Tedesca** impiegati per l'imballaggio delle merci dei Mercanti Allemanni e forestieri in genere presso il Fondaco dei Tedeschi di Rialto. Un lavoro che oggi non esiste più, o perlomeno è stato trasformato del tutto, ma che allora a Venezia aveva una sua precisa identità e valenza anche pratica. L'attività degli imballaggi era regolata da un tariffario del 1424, ed era diretta da un **Gastaldo** che ricopriva il ruolo di **Direttore dei lavori o Protomagistro** dei 18 Ligadori che in seguito divennero 25 e poi 38. I **Bastazi** esercitavano il monopolio *"sotto bolletta di carico"* anche fuori dal Fontego, e avevano il compito di: *"...imbottar, imbarilar, insaccar polvere de zucharo, legname, fighe, allume, mandorle di proprietari Tedeschi."* Non potevano esercitare al di fuori del commercio che gravitava sul Fontego dei Tedeschi, e operavano a due per volta alla presenza di un **Messeta o Sensale**.

Tutti erano sotto l'attento controllo quotidiano dei **Tre Visdomini del Fontego**, e nel 1421: *"... la tariffa andava da un max di lire 5 e soldi 6 per balla, da lire 2.800 a 3.000 a barile di polvere di zucchero, a un minimo di soldi 2 per una cassa di Cannella "a cusir intorno alla canevaxa ..."*

Un'altra presenza modesta ma assidua dentro a San Zanipolo, era quella degli uomini della **Scuola del Traghetto di San Giovanni e Paolo o dei Barcaroli della Beata Maria Vergine**.

La Fraglia era composta solo dagli uomini del **Tragheto in Rio dei Mendicanti** con *"sedici Libertà" (ossia permessi, licenze di esercitare la professione di Gondoliere e Traghettatore)* che prestava *"servizio da parada per le isole di Murano, Torcello, Burano e le altre isole lagunari, ma non teneva barche in servizio durante la notte."* Si trattava perciò di uno dei *"Traghetti de Dentro"* di Venezia, ossia uno dei tanti servizi di trasporto interno alla città che offriva anche collegamenti col resto della Laguna.

Un frammento malconcio rimasto dell'antica Mariegola della **Schola del Traghetto di San Zanipolo** andata rubata insieme alla gondola di **Giacomo chiamato Andrea Gastaldo della Schola**, raccomandava d'imporre una giusta pena o multa ai compagni che avessero *"bestemmiato o pronunciato parole nefande o male parole"*, mentre un altro ordinava che il primo *"Compagno"* del turno del mattino aveva il compito di provvedere a rifornire d'olio *"il cesendelo"* che ardeva notte e giorno davanti al *"Capitello della Madonna del ponte"*.

I Barcaroli Gondolieri stabilirono che dal primo di agosto 1637 si dovevano celebrare per loro dodici Messe annue all'Altare della Croce nella chiesa di San Zanipolo, e fu per questo che: *"… anche i Gondolieri dello Stazio di San Zanipolo giravano scalzi, col cappello in mano, e segnandosi frettolosamente il volto per i Chiostri dei Frati Domenicani a levare, prendere e riaccompagnare i Padri che necessitavano dei loro servizi …"*

Piccole realtà lavorative quelle dei **Ligadori del Fontego e dei Gondolieri Traghettatori**, quasi microscopiche direi, che però ruotavano anch'esse dentro e intorno al grande complesso e ai luoghi dei Frati Domenicani di San Zanipolo. Immaginate il contrasto fra certi *"papaveri illustrissimi"* di grande pregio e nome che frequentavano i Chiostri dell'Inquisizione, e la presenza umile, quasi trasparente, dei semplici lavoratori devoti di questo tipo: un abisso ! … ma convivevano e s'incrociavano sotto le stesse volte dei Chiostri di San Zanipolo.

Di spessore artistico, culturale, religioso, sociale, devozionale e caritatevole ben diverso era, invece, la presenza di altre realtà inglobate dentro ai luoghi dei Domenicani, come quella della **Scuola Granda del Rosario**.
A considerarla dal solo nome potrebbe sembrare una semplice Frataria bigotta, o una Congrega di vecchiette intente a pregare dalla mattina alla sera non sapendo che altro fare. In realtà non è stato affatto così.

La Schola in onore di **Santa Maria del Santissimo Rosario** venne istituita con apposito decreto del **Consiglio dei Dieci** del 17 ottobre 1575 a ricordo della vittoria della **Battaglia di Lepanto e alle Curzolari** ricostruendo gli spazi della Cappella già nel 1582 sotto la direzione del **Vittoria**. Nel 1765 verso gli ultimi anni della Repubblica, la Schola che possedeva tra beni mobili e immobili un capitale di mezzo milione di ducati e usufruiva di numerose Commissarie: **Girardi, Gherardo Wahemans, Grassi e Pietro Negri** *(per testamento in tempo di peste lasciò tutti i suoi beni alla Scuola del Rosario di San Zanipolo dove viveva come Frate Domenicano suo nipote Fra Pietro Martire Degna)* venne ascritta fra le Scuole Grandi di Venezia assumendone tutte le prerogative e ottenendo speciali privilegi e indulgenze da **Papa Pio VI**.

In quell'occasione l'edificio incluso nella grande Basilica dei Santi Giovanni e Paolo venne ricostruito su disegno di **David e Filippo Rossi**, e **Jacopo Guarana** dipinse per arredarla il soffitto, **Jacopo Tintoretto** realizzò: *"I trionfi dell'armi cristiane sopra il Turco"*, e **Tiziano Vecellio** un: *"San Pietro Martire"*.
Di certo meglio di me ha descritto la **Cappella del Rosario** il **Gradenigo** nel 1761 nei suoi *"Notatori"* su Venezia: *"... ottenuta la grande e memorabile vittoria contro i Turchi del 1571, crebbe in maniera la devozione del sacro Rosario in San Giovanni e Paolo che i signori confratelli di esso rinnovarono la loro cappella et altare adornandolo di rare sculture formate da Alessandro Vittoria che fu allora anco l'architetto e da Girolamo Campagna; così di eccellenti pitture; poiché Giacomo Tintoretto nell'ovato del soffitto dipinse la vergine in atto di porgere rosari a San Domenico et a Santa Caterina da Siena con il pontefice, imperatore, re e doge della repubblica che in quell'età fiorivano alleati. Vi sono inoltre quadri del Tintoretto, del Corona, del Palma che tra le altre cose*

spiegarono la Lega Cristiana, anziché Tintoretto fece li ritratti al naturale di Pio V, Filippo II e Luigi Mocenigo, dietro a quali annicchiò le sembianze de vittoriosi Generale Marcantonio Colonna, Giovanni d'Austria e Sebastiano Venier et inoltre graziosamente fu posto il Guardiano della Scuola medesima..."

La Schola Grande del Rosario venne soppressa dal *"caro"* Napoleone nel 1806, e andò bruciata, quasi distrutta del tutto perdendo gran parte delle opere che conteneva il 16 agosto 1867.

Accanto alla **Scuola del Rosario**, lasciando perdere per questa volta la Storia avvincente e più che raccontata della **Scuola Grande di San Marco**, una delle più splendide e ricche di Venezia, c'è da notare, invece, la presenza di un'altra realtà spazzata via ancora dal solito Napoleone: la **Scuola di Sant'Orsola delle Undicimila Vergini e Martiri** che sorgeva addossata alle pareti del chiesone di San Zanipolo *(l'attuale Canonica di oggi dei pochi Frati Domenicani rimasti)* dando nome anche a tutto il cimitero che contornava la grande chiesa.

Quella di **Sant'Orsola e delle undicimila amiche Vergini e Martiri** era una leggenda amata e diffusissima in tutta Europa fin dal Medioevo a cui erano affezionati tutti i devoti Cristiani, e quindi anche i Veneziani.
Secondo la leggenda, **Orsola** era una bella principessa undicenne figlia di Re cristiano d'Inghilterra. Chiesta in sposa da un Principe pagano, Orsola già consacratasi segretamente a Dio, chiese tre anni di tempo per pensarci, e per rendere la cosa ancora più difficile chiese la conversione del futuro sposo, e anche mille compagne per sé e per ciascuna delle sue dieci ancelle al suo seguito: ossia undicimila fanciulle in tutto, ovviamente Vergini.

Mica uno scherzo ... un piccolo stadio di gente.

Fate salire tutte su undici navi, Orsola attraversò il mare, risalì il corso del fiume **Reno** fino in Svizzera, e poi proseguì per **Roma** in devoto pellegrinaggio. Tornando però a casa per la stessa strada, le undicimila fanciulle incapparono negli **Unni** che nel 385 d.C. stavano assediando **Colonia**, perciò vennero prese in ogni senso senza tanti complimenti, e infine uccise nello stesso giorno. Si salvò solo **Orsola** di cui s'innamorò perdutamente **Attila capo degli Unni** che le chiese di sposarlo in cambio della vita. Orsola, donna e credente tutta di un pezzo nonostante la giovanissima età rifiutò, perciò Attila annoiato in quanto aveva altro a cui pensare, la fece uccidere da una squadra dei suoi arcieri.

A **Colonia** effettivamente si conservano tuttora le Reliquie di *"certe Donne Vergini e Martiri"* fra cui una certa **Orsola**, ma probabilmente la Leggenda confuse gli undici anni d'età della ragazzina facendoli diventare undicimila donne.

Trattasi di Leggenda infatti … ma andate a guardare gli otto grandissimi teleri del **Ciclo delle Storie di Sant'Orsola** dipinti da **Vittore Carpaccio** tra 1489 e 1498 e finiti oggi all'**Accademia di Venezia** (*l'altare e le balaustre di pietra della Schola di Sant'Orsola sono stati venduti e acquistati dalla chiesa di Santa Maria Formosa dove stanno ancora adesso*).

Alle Gallerie dell'Accademia potrete ammirare stipati dentro a uno stanzone: *"Arrivo e partenza degli Ambasciatori"*, *"La città del Re Inglese"*, *"La partenza degli Sposi"*, *"L'Apoteosi di Sant'Orsola"*, *"Arrivo a Roma"*, *"Il sogno del Martirio"*, *"Arrivo a Colonia"* e il *"Martirio e Funerali di Sant'Orsola"*. Teleri amabili … capolavori sublimi.

Vedrete che spettacolo, che splendore, e che dovizia di particolari e colori! Non voglio neanche pensare a quanto bello doveva essere quel ciclo pittorico quando stava inserito nel suo contesto originario tappezzando la **Schola di Sant'Orsola** dal pavimento al soffitto … Doveva essere una chicca, un godibile bijoux accanto alla già bellissima chiesa di San Zanipolo.

Le cronache Veneziane ricordano che fin dal 1300 intorno alla **Leggenda di Sant'Orsola** si coagulò una notevole folla di Devoti tanto che col consenso del **Doge Piero Gradenigo** e del **Minor Consiglio della Serenissima** si costituì un'apposita Schola che pose la sua sede presso la chiesa dei **Frati Domenicani di San Zanipolo**. Precisamente oltre a un generoso lascito testamentario lasciato inizialmente da un ricco **Confratello Mercante Pollini**, fu la Nobile Famiglia dei **Loredan di San Cassiano** che fece della sede della Schola la propria Cappella mortuaria di famiglia, perciò per più di un secolo finanziò e controllò direttamente l'attività e le espressioni di devozione di tutta la Schola di Sant'Orsola con tutti i suoi numerosissimi Devoti.

La costruzione gotica della Schola di Sant'Orsola era un edificio rettangolare preceduto da un portico, con a piano terra le stanze ad uso della Schola e l'**Oratorio dipinto della Santa**, mentre al piano superiore, ossia *"a soler"*, stava la **Sala dell'Albergo della Schola**.

I **Confratelli di Sant'Orsola** stabilirono che non potevano appartenere e iscriversi alla Schola chi provocava danni allo Stato, chi dimostrava **"despresio"** per il Doge, e chi aveva subito qualche condanna. Ogni nuovo Confratello doveva promettere davanti all'Altare di Sant'Orsola d'osservare le indicazioni contenute nella **Mariegola** *(la Madre di tutte le Regole)*. In cambio riceveva *"il bacio di pace e benvenuto"* da parte del **Gastaldo** rappresentante di tutta la Schola. Chi rifiutava di assumere le cariche interne d'amministrazione della Schola a cui era stato eletto veniva espulso, e … questo è interessante … la Schola beneficiava ampiamente i poveri di Venezia che però dovevano essere iscritti alla Schola da almeno cinque anni.

Si stabilì anche di dare: *"… 36 lire l'anno ai Frati di San Zanipolo comprensivi delle Messe della Seconda domenica di ogni mese e di quelle del lunedì con l'impegno per i Domenicani di non cambiare la cifra al rialzo, e per la Schola al ribasso x la scuola … Ai Frati Domenicani doveva venire corrisposto 720 soldi l'anno in totale."*

I Frati Domenicani di San Zanipolo tenevano moltissimo alla Schola di Sant'Orsola, tanto che ogni volta che c'era da celebrare per essa una delle **"Messe Ordinate per le Aneme Nostre"** pagate con i ricchi lasciti dei Defunti e con i fondi della Schola intervenivano processionalmente in dodici portando ciascuno un cero acceso in mano … Nei cinque giorni precedenti la **Festa di Sant'Orsola** la Schola inviava dei suonatori di flauto e tromba con le insegne, i simboli e gli stendardi della Schola di Sant'Orsola a bordo d'imbarcazioni lungo tutto il **Canal Grande da San Marco fino a Rialto** per annunciare le solenni celebrazioni cantate che avvenivano a San Zanipolo nella vigilia e nel successivo giorno della Festa quando sarebbero state esposte grandi immagini della Santa da baciare, regalate altre da custodire, e dato un *"pane et candela benedetti"* ad ogni Confratello iscritto.

Nel 1488 i Confratelli che avevano l'obbligo di partecipare a un Messa mensile, di confessarsi a Natale e Pasqua, di partecipare alla Festa Patronale, e di presenziare al Capitolo della Schola due volte l'anno per eleggere i *"Quindici Ufficiali della Banca di Sant'Orsola"*, decisero di autotassarsi severamente per abbellire l'interno dell'Oratorio con *"le istorie di Madonna Orsola"*, perciò commissionarono la decorazione a **Vittore Carpaccio** che la eseguì impiegandovi cinque anni per dipingerla.

I quindici uomini eletti annualmente come *"Ufficiali della Banca di Sant'Orsola"* coprivano le cariche di: **Gastaldo, Vicario, Scrivano**, di due **Masseri** per tenere i libri contabili della Schola, due **Bagnadori** per andare a lavare i Confratelli morti e prepararli per i *"Corpi o Funerali"* organizzati dalla Schola, e dodici **Degani** *(due per Sestiere di Venezia)* con i compiti obbligati di: *"… partecipare alla Messa cantata dello Spirito Santo prima delle elezioni annuali, di presenziare alla Messa del lunedì di suffragio (almeno due Degani al mese), visitare a domicilio gli infermi iscritti alla Schola, partecipare in Processione con la Cappa Bianca della Schola e con Croce e Pennello recitando 25 Pater e 25 Ave ai Corpi o Funerali pagando 4 soldi di piccoli, selezionare e ricevere nuovi affiliati, cercare n giro per Venezia dove fosse stato necessario che la Schola esercitasse la Carità".*

Per i poveri era prevista: *"Sepoltura onorevole e gratuita"* e celebrazioni in Rito Greco se qualche Albanese si fosse fatto seppellire nel **Cimitero di Sant'Orsola** che veniva gestito dalla stessa Schola.

I Veneziani che s'iscrivevano alla Schola di Sant'Orsola pagavano la **Tassa di Benintrada** di 12 grossi subito e 20 soldi annui per i maschi, mentre le donne pagavano 12 grossi subito e 12 soldi annui, oltre che 6 soldi a parte il giorno della Festa della Presentazione per la **Tassa della Luminaria**: *"…ancora volemo che sempre di e note arder debbia un cesendelo in la gliexia de Madonna Santa Orsola ale spexe dela Schola e a loro honor santisimo e per Aneme de tuti le Frari et dele Soror che andrà alturio (aiuto) e conseio a questa Benedetta Schola."*

Inoltre ogni Confratello maschio era tenuto a pagare altri 2 grossi *(gratuite le femmine)* ogni prima domenica del mese quando i consociati dovevano *"Levar Toleta o Tolella"* cioè ritirare una targhetta personale che provava i loro pagamenti, una specie di tessera personale per poter accedere alle riunioni e alle votazioni del **Capitolo della Schola**.

Chi non pagava secondo i tempi stabiliti veniva multato, e se recidivo: *"era fuori"* ... Comunque si sa che la Schola provvedeva ogni anno alla dote di molte ragazze povere, e sosteneva economicamente fino al giorno della morte 12 sorelle e 8 fratelli che vivevano in condizioni indigenti, estratti a sorte con un ballottaggio fra coloro che erano in situazione peggiore.

All'inizio del 1500 la **Schola di Sant'Orsola** frequentatissima e sovvenzionata *"alla grande"* dai Veneziani funzionava benissimo ... anche per via del flusso costante delle sepolture nel prospicente **Cimitero di Sant'Orsola**. Le offerte ed elemosine per le sepolture generavano un afflusso di reddito ingentissimo, tanto che scoppiarono come il solito liti e dissidi fra i Confratelli e i Frati Domenicani di San Zanipolo che volevano gestire i soldi della Schola e le Reliquie di Sant'Orsola.
Gli stessi Frati Domenicani non volevano avere l'obbligo di fornire e pagare i **"Sonadori e Cantori"** per far la Messa Solenne e la Processione il giorno della Festa della Schola, mentre viceversa la Schola, considerato quanto dava e pagava ai Domenicani, ovviamente desiderava il contrario.
Sempre come il solito, lotta dopo baruffa, dovettero intervenire il **Doge** e il **Minor Consejo**, e la Serenissima stabilì per calmare gli animi che la Reliquia della testa di Sant'Orsola non apparteneva né ai Frati né ai Confratelli ma alla stessa **Signoria Serenissima** che l'affidava in pura custodia ai Frati Domenicani perchè l'esponessero dentro alla Schola nei giorni della Vigilia e della Festa della Santa. Le generose offerte che si raccoglievano ogni anno in quell'occasione dovevano servire per costruire un *"degno tabernacolo"* dove ostendere la Reliquia, e solo le rimanenze delle offerte dovevano essere suddivise in parti uguali fra i Frati Domenicani e i Confratelli della Schola ... con pace e tranquillità di tutti ... altrimenti sarebbero di nuovo intervenuti la Serenissima e il Doge privando tutti della Reliquia che sarebbe passata in custodia ad altri.

Nel 1551 **Gerolamo Santacroce** per 25 ducati dipinse per la **Schola di Sant'Orsola**: **"un grande penelo da campo"** *(gonfalone)* ... mentre i **Provedadori alla Sanità** concessero che la Schola avesse un proprio questuante vestito con **"un gabàn de griso, una vesta in tela rossa e un cappello da piova"** che girava per la città raccogliendo a favore della

Schola: olio da bruciare per le lampade dentro ad apposito recipiente sigillato.

Inspiegabilmente però all'inizio del 1700 la Schola di Sant'Orsola, nonostante possedesse rendite annuali di 40 ducati da beni immobili siti in varie Contrade di Venezia, subì un grave declino, tanto che fu costretta a chiedere aiuto economico e sovvenzioni a tutti i Guardiani delle altre Schole. La Serenissima s'insospettì subito come sempre temendo inciuci, imbrogli e loschi guadagni, perciò intervenne con i suoi **Provveditori da Comun** precisando: *"Non si dovranno dare alla Schola di Sant'Orsola più di 5 ducati ciascuno !"* … Allora i Frati Domenicani s'accontentarono di far porre una campanella all'esterno della Schola per avvisare i fedeli, i vicini della Contrada, e i presenti nel Cimitero, che nell'Oratorio di sant'Orsola stavano per iniziare delle Funzioni … e che perciò era necessario accorrere per presenziare … e *"produrre buona elemosina"*.

Infine, per concludere, ricordo un'altra realtà secondo me curiosissima presente in San Zanipolo: la misteriosa quanto microspica **Cappella della Madonna della Pace**.
A vederla oggi come ieri sembrava quasi un bugigattolo insignificante, un cantuccio povero di significato a confronto con tutte quelle costruzioni monumentali immense sparse intorno. La **Cappella della Pace** era inglobata, completamente inserita e incassata nel mezzo della facciata del Convento di San Zanipolo, dove c'era fino a qualche anno fa la **Farmacia dell'Ospedale Civile di Venezia** *(uno dei pochi resti di ciò che conteneva è finito chissà come infisso in muro in uno dei sottoportici dei chiostri dell'Ospedale).*
Forse a noi di oggi il nome della **Cappelletta della Pace** non dirà niente, ma per tutti i Veneziani dei secoli passati quel posto era una *"calamita potente"*, un luogo che attirava l'attenzione in maniera particolarissima. Si trattava di una specie di Santuarietto potentissimo, che si diceva essere sorto sopra a un antichissimo tempio pagano a cui convergevano le genti di tutta la Laguna di Venezia. Vero o non vero che fosse, sta di fatto che i Veneziani accorrevano lì di sovente fiduciosi che quella *"Madonna fra le Madonne"* fosse capace di *"fare loro la grazia di cui avevano bisogno in quel momento"*: c'erano fidanzati e mariti da sposare o non perdere, figli

da riuscire a generare e partorire, e poi da mantenere, far crescere e sistemare, salute malferma, fortune economiche scarse, i cari Defunti da ricordare e raccomandare, sogni e desideri reconditi … e molto altro ancora che sapete bene far parte della vita delle persone qualsiasi.

"Dalla Madonna della Pace dei Domenicani si può ottenere di tutto !" dicevano i Veneziani … e questo i Frati Domenicani lo sapevano molto bene. Perciò presero la **Madonna Miracolosa della Pace**, e la incorporarono rendendola parte integrante del loro immane Convento … Era meglio tenere anche quel fenomeno sottocchio … anche dal punto di vista del fiume non indifferente degli introiti e delle elemosine che ne derivavano ogni giorno.
Che fossero un tantino interessati ed esosi i Frati Domenicani? … Ma no, dai … sono io che sto esagerando … o forse no.

Curiosità fra le curiosità: nell'atrio della stessa Cappella della Madonna della Pace con le pareti dipinte da **Giulio dal Moro, Leandro Bassano** e dal **Celesti**, e col soffitto realizzato dal **Litterini** trovò sepoltura nel 1355 dentro a un anonimo sarcofago di marmo il **Doge traditore Marin Faliero** decapitato per aver tramato contro la Repubblica Serenissima di Venezia. I resti del suo corpo sono stati rinvenuti con la testa tagliata posta fra le ginocchia e sono stati trasposti nell'ossario dell'**Isola di Sant'Ariano** al tempo del *"riordino Napoleonico"*.

Basta … Ho terminato di dire circa le vicende e i luoghi dei **Mastini di Dio dei Santi Giovanni e Paolo ossia San Zanipolo**.

Quel *(bip)* di Napoleone ovviamente ha sbriciolato, devastato e cancellato quasi tutto, e quel che non ha fatto lui con i suoi soldati l'ha fatto il fuoco o l'impalpabile capacità del Tempo di superare e far dimenticare ogni cosa. Comunque non è scomparso proprio tutto del tutto … Nell'area dell'**Ospedale Civile di Venezia e della Basilica dei Santi Giovanni e Paolo**, la mia **San G & P**, rimane come un eco, una memoria storica che aleggia ovunque nei luoghi, capace di calamitare ogni volta la mia e spero nostra curiosità di Veneziani generando sempre emozioni diverse … e forse un po' di nostalgia per quei tempi ormai andati del tutto.

Non è un caso se ho provato a imprigionare i luoghi di **San Zanipolo e dei Mastini di Dio Inquisitori** dentro al mio nuovo libro-romanzo: **"UNO STRANO OSPIZIO"**.

Quel posto mi avvince e impressiona sempre: è un altro di quei luoghi magici e curiosi, saturo d'opere d'Arte e soprattutto di tantissima Storia che rendono grande e magica Venezia ... Come resistergli ?

***

Il post su Internet è stato scritto in origine come: "Una curiosità veneziana per volta." - n° 93, e pubblicato su Google nel marzo 2016.

IL CAMPANIL DEL CONTRABBANDO ... E LE VERGINI DEL DOGE

Il contrabbando esiste da quando esiste l'uomo come esiste la necessità irrinunciabile di certi beni come il sale, il grano e la farina. E' sempre accaduto che proibendo socialmente qualcosa gravandola di monopolio si è subito attivato il traffico inarrestabile del contrabbando illegale a caccia di profitti più o meno facili.

State pur certi che se ci sarà qualcosa d'interdetto ci sarà sempre qualcuno che si farà in quattro per inventarsi il modo di procurarlo saziando ed esaudendo la corrispettiva *"fame proibita"*.

E dove abita il proibito è altrettanto solito che accadano: intensi traffici, truffe, raggiri, corruzioni, contraffazioni, soprusi, abusi fiscali, violenze, alterchi, delitti e rogne di ogni tipo ... Così come quasi ogni volta la liberalizzazione di certi prodotti ha provocato la caduta e l'arginazione di tutti quei fenomeni correlati.

Immaginate solo per un attimo, così tanto per farsi un'idea, che cosa accadrebbe oggi se si liberalizzasse l'uso della droga vendendola a un centesimo al quintale insieme a tutte le altre Spezie dentro a ogni rivendugolo o pizzicagnolo o negli ipermercati ? Probabilmente si decreterebbe la fine del grande epifenomeno di coercizione, soprusi e delinquenze che stanno segnando per questo motivo la società di quest'ultimo nostro secolo.

E' comunque solo una mia opinione, per farci tornare, invece, alla nostra Venezia curiosa di ieri. I documenti antichi Veneziani sul contrabbando sono ricchissimi di notizie, e fra questi ce n'è uno che cita esplicitamente il nome e il sito del *"Campanil del Contrabbando"*. Ve lo dico subito: era quello della **Contrada del Vescovo**, ossia quello di **San Pietro nel Sestiere di Castello** ovviamente a Venezia.

Non fraintendetemi pensando subito malignamente ! Non andate a pensare che il Reverendissimo Ecclesiastico che abitava la Cattedrale di San Piero di Castello fosse coinvolto in prima persona e direttamente in certi loschi traffici *(anche se non sarebbe affatto da meravigliarsi)*. Il Campanile del Contrabbando era di certo sua proprietà e competenza, ma in cima e dentro allo stesso accadevano tante cose che lui probabilmente ignorava, o circa le quali era indotto a sopportarne passivamente l'accadimento.

Questo non si sa, non è rilevabile dai documenti.

Sta di fatto, che proprio lì in cima a quella torre, forse utilizzata anche come faro portuale, presente ancora oggi sul confine estremo e periferico di Venezia e prospicente sulla Laguna e su una delle **"bocche di Porto"** aperte sul Mare Adriatico, accaddero a lungo azioni e traffici proibiti e di certo non legali.

L'entrata del Porto di Venezia interessata è quella di **San Nicoletto del Lido**, quella più importante e utilizzata dai traffici mercantili in arrivo e partenza da e verso l'attivissimo **Emporio di Rialto**. Di solito la Serenissima stendeva una grossa catena su zatteroni sopra alle acque del tratto di Laguna fra **San Nicolò del Lido** e il **Forte di Sant'Andrea** dalla parte opposta per controllare i traffici di cose, natanti e persone che entravano e uscivano via mare dal cuore della Repubblica.

Nel **Forte di Sant'Andrea** c'era istallata una bella serie di bocche da fuoco: **42 cannoniere** quasi sempre pronte all'uso oltre ad altre artiglierie più grosse ospitate sulle terrazze, sul torrione e lungo le cortine laterali capaci di tenere sotto tiro incrociato tutto il Porto del Lido fino al mare aperto e le isole vicine. Per ricordarvene una, fu proprio sparando da una di quelle cannoniere che nel 1797 il **Capitano e Comandante Domenico Pizzamano** centrò e affondò con un'unica bordata il primo veliero Francese, il **"Liberatore d'Italia"** che osò varcare i confini della Laguna senza il permesso previo del Doge e della Signoria. Peccato che con quel gesto il *"povero"* Napoleone si sentì aggredito, e trovò la scusa valida per prendere subito possesso dell'ormai decadente e indifesa Venezia Serenissima.

Come potete immaginare, nella **Contrada del Vescovo o di San Piero di Castello** abitavano in gran parte Marinai, Arsenalotti, Bastazi e Artieri di ogni tipo avezzi e abili a trattare familiarente col mare e con tutto ciò che lo concerneva ... affari e traffici illeciti compresi: **"... il campanile di San**

Pietro di Castello era la torre di gestione, guardia ed avvistamento di tutto il contrabbando organizzato del mercato veneziano che riusciva ad evadere sistematicamente i Dazi e i controlli della Serenissima. Con le proprie peote andavano a scaricare e caricare le navi contraddistinte da specifiche vele colorate avvistate al largo nel mare. Da quei traffici fuorilegge si otteneva un netto guadagno del 30% su tutto quello che si riversava o usciva via mare dai Fondaci e dalle Mercerie di Rialto. Spesso la Serenissima non entrava neanche in quella zona difesa dalla fama di uomini armati di archibugi ... Venezia in ogni caso ne guadagnava ugualmente ... e anche tanto."

Comunque nella **Contrada del Vescovo o di San Piero di Castello** non esisteva solo il contrabbando, perché era soprattutto una tipica e vivissima Contrada popolare di Venezia: *"Fin dal 1612 Daniel Campanato viveva da Marangon dell'Arsenal, e come Piero fio de Stefano Campanato faceva il Calafato in Contrada di San Piero di Castello morendo di peste nel 1621 ... mentre il 25 giugno 1771 Lorenzo Campanato anche lui Marangon dell'Arsenal, s'impiccò nella sua casa posta nello stesso posto di Castello dove un tempo sorgeva una "palus o palude Plombiola" ... Nella stessa zona in Corte Coltrera abitava Cristoforo quondam* (ossia figlio del defunto) *Domenico di Benedetti ricco Coltrèr che possedeva parecchie case in parrocchia di San Piero e diversi beni in Mestrina ... Il Campazzo e Campiello delle Erbe poco distanti, e sempre in Contrada di San Piero, ancora nel 1713 erano un orto lasciato libero per pascolare cavalli e altro bestiame ... Poco distante da quel posto abitava un Sartor da Calze, e in Calle delle Ole, ossia delle pentole o "pignatte", sempre in fondo a Castello esisteva una bottega diroccata da pentolajo accanto ad alcune case poste dietro al Campiello della Vigna in Quintavalle appartenenti al Patriarcato ... Bonavisa Marangon e Mastro Zonta da Ferrara ottennero con un prestito del Doge di poter costruire 4 mulini "su sandoni" nel vicino Canale di Castello ... e Antonio Coppo dal Confinio di San Piero di Castello Confratello della Scuola Grande della Misericordia venne condannato a 300 lire di multa per aver ferito in faccia Albertino di Verga Priore dell'Hospedal de San Vio al Traghetto di San Gregorio."*

Tutte cose normalissime insomma, anche se mi tocca ricordarlo, oltre a tanta gente qualsiasi nella Contrada di San Piero vivevano anche i **Canonici del Vescovo di Olivolo o Castello** da cui l'intera zona aveva preso il nome. Il chiesone-Cattedrale di San Piero era un po' il fulcro di tutta la Contrada, ed era circondato da un cimitero non ancora delimitato e recintato nel 1500 che finì per diventare: *"piazzetta pubblica spatiosa"*.

Da una nota della **Mariegola dei Casselleri** del 1449 *(quelli che facevano i cassoni dipinti e decorati per metterci i corredi delle doti nuziali)* sembra che anticamente tutte le *"novize"*, ossia le promesse spose di Venezia, andassero a maritarsi dal Vescovo di San Pietro di Castello, o che almeno si siano recate lì le dodici povere donzelle, *"quelle famose Marie"* dotate a spese del Comune e rapite leggendariamente dai pirati.

L'istituzione Ecclesiastica del Vescovo di Castello era una fra le più antiche di Venezia, in quanto la Cattedrale di San Piero veniva considerata una delle otto *"Protochiese"* fondate secondo la leggenda da **San Magno Vescovo** transfuga da **Altino**. San Piero era perciò **Chiesa Matrice**, ossia di riferimento obbligato, per ben 26 *"Parrocchie filiali"* sparse per tutta Venezia. In quei tempi non esisteva come oggi la giurisdizione unica del **Patriarcato di San Marco**, perciò chiese, Monasteri e fedeli di Venezia venivano spartiti fra la **Chiesa Dogale di San Marco**, il **Vescovo di Olivolo**, e l'influenza e controllo del **Patriarca di Grado** che risiedeva a **San Silvestro** accanto a Rialto.

Nella fattispecie la Chiesa di San Piero esercitava controllo e giurisdizione sulle vicine chiese e Contrade del Sestiere di Castello: **Sant'Antonin, San Giovanni in Bragora, San Biagio, SantaTernita, Santa Giustina, San Severo e San Martino**, ma anche sulle più lontane chiese collocate nel **Sestiere di San Polo e Rialto** come: **San Giovanni Elemosinario, Santa Maria Materdomini, San Zan Degolà e Sant'Aponal.**

La stessa giurisdizione poi si allargava a comprendere nel **Sestiere di Dorsoduro** anche le Parrocchie di **San Basilio, San Nicolò dei Mendicoli e Sant'Eufemia della Giudecca**, mentre nel **Sestiere di Santa Croce** gestiva e controllava *"le Anime"* di **Santa Croce de Luprio, San Stàe** ossia Sant'Eustachio e dei due **San Simeone Grando e Piccolo**. Nel **Sestiere di Cannaregio**, invece, lo stesso Vescovo di Olivolo *"governava"* le chieseparrocchiali di *San Marcuola, Santa Fosca, San Geremia, San Leonardo, Santa Maria Maddalena, San Marziale* e sul *Monastero di Santa Lucia* per spingersi infine a controllare da lontano anche le genti di *Santa Maria Elisabetta del Lido*.

Niente male come influsso e controllo sul territorio Veneziano, vero ?

Praticamente più di metà Venezia stava sotto il controllo dell'occhio e orecchio vigile e attento del Vescovo di Olivolo ... mentre la Serenissima a sua volta vigilava ancor più attentamente supervisionando tutto e tutti ... Vescovo e Canonici di San Piero di Castello compresi.

Secondo la storia antica, sembra che la prima piccola chiesetta dedicata ai *Santi Sergio e Bacco* sia stata voluta e costruita in quella stessa zona della neonata Venezia dalla ricca famiglia dei *Sammacali* detti poi *Caotorta*. E proprio lì è accaduto che il *Vescovo di Olivolo-Castello* abbia voluto porre la propria sede circa cento anni dopo sul *Castrum (Castello)* alla foce del *Flumen ossia il futuro Canal Grande*, mentre il centro commerciale di Venezia era già attivo nel nuovo *Emporio di Rialto* proveniente da *Malamocco* abbandonato perché scomodo, piccolo e già sommerso dall'acqua.
Arrivato il Vescovo, si ricostruì la Chiesetta intitolandola a *San Pietro Apostolo* ... e da chiesetta divenne ovviamente chiesona.

Nel Campo di San Piero di Castello la famiglia *Mastelizia poi Basegio* assalì il *Doge Giovanni Partecipazio*, gli rase i capelli e la barba, e lo condusse vestito da Monaco in un Monastero di *Grado* facendo eleggere come suo successore *Pietro Tradonico* ... Nello stesso Campo de San Piero de Castèo *Stefano Caloprini* uccise per ragione di donne il Nobile *Domenico Morosini* fuggendo poi da Venezia ... In seguito toccò ai *Morosini* uccidere tre *Caloprini* mentre ritornavano in barca dal Palazzo Ducale continuando la faida fra Nobili Famiglie di Venezia ... Ne fece le spese il debole *Doge Tribuno Memmo* incapace di mantenere l'ordine in città e fra i Nobili, che perciò venne a sua volta deposto e costretto a farsi Monaco nel più vicino *Monastero di San Zaccaria* rimanendo così a Venezia.

Poco dopo questi antichi fatti, iniziò la lunga catena degli affari e delle azioni del Vescovo e dei Canonici di Castello sempre più in crescita di prestigio socio-religioso e di capacità economica. Prima ottennero dal Doge di vendere una terra e un *"paludo Sancti Petri"* adatto per pescare di proprietà dell'Episcopato di Olivolo, poi diedero in concessione un Livello a **Chioggia**, e ottennero l'obbedienza e sudditanza di ben 8 Monasteri Veneziani fra cui il potentissimo **Monastero di San Giorgio Maggiore** mai stato soggetto a nessuno fino ad allora ... infine prese fuoco la chiesa di San Piero ancora in costruzione e bruciò tutto crollando anche il campanile facendo morire di crepacuore il povero **Vescovo Michiel Vidal**.

Al successore fu concesso che tutti coloro che abitavano in zona e che lui *"amministrava in Spiritualia"* gli pagassero *"la decima"* (una tassa dovuta solo in base alla residenza sul territorio) assegnandone però un quarto alla chiesa di **San Salvador** come dovette ricordargli il **Papa Eugenio III** in quanto il Vescovo s'era tenuto tutto per se stesso: *"... pars Episcopo, alias Clero, III pauperibus, IV vero Ecclesiae sartetectis deputata esse dinoscitur."*

Già nel lontanissimo 1186 dovette intervenire **Papa Urbano III** per una lite sorta fra i **Canonici di San Piero** e i **Piovani-Plebani di San Pantalon, San Giovanni Crisostomo, San Silvestro e Sant'Aponal** che si consideravano defraudati delle loro *"Decime"* che percepivano per antica consuetudine. I Canonici di San Piero volevano arrogarsele perchè secondo loro la dotazione economica canonicale era troppo povera. Inoltre gli stessi Canonici volevano ottenere il diritto d'eleggersi un Vescovo di loro gradimento, alcuni divennero *"Notai e Dottori in utriusque Leges"* ... e a dimostrazione del loro prestigio anche economico fecero costruire dentro alla chiesa di San Piero una Pala tutta d'argento pesante 1364 once e con 26 figure: *"... in due parti divisa quale si chiude continuamente e s'apre solo nei giorni delle festività principali et in essa appariscono molte figure d'argento indorate di diversi santi che rendono molta vaghezza ..."*

Trascorsi secoli più o meno tranquilli, nel 1420, **Marco III Lando Vescovo di Castello** cercò d'irregimentare e ordinare il *"comportamento esuberante"* dei Canonici di San Piero indicendo un apposito Sinodo Diocesano. Sotto pena di scomunica i Canonici della Cattedrale furono invitati a cambiare registro di vita: *"... somministrare i Sacramenti per lo scopo per cui furono istituiti e non per denaro ... andare in Coro cum bireto Almutia sive Zanfarda et cotta ... si dovevano puntare e segnare le loro assenze, erano obbligati a risiedere in zona, dovevano vestire da Ecclesiastici anche quando uscivano dalla chiesa di San Piero usando un apposito anello di riconoscimento, portare obbligatoriamente la tonsura, non frequentare taverne sotto pena il carcere, non organizzare rappresentazioni in chiesa, non tenere concubine in casa pena la perdita definitiva del Beneficio economico."*

Tutto quel riordono non servì molto, tanto che una trentina d'anni dopo, siccome non tutto nelle isole di Venezia andava per il verso giusto, **Papa Nicolò V** si vide costretto a mettere a posto molte cose nominando il **Nobile Lorenzo Giustiniani** come primo **Patriarca di Venezia** unificando in lui le cariche di **Vescovo di Olivolo, Malamocco, Caorle, Jesolo o Equilio, Eraclea** e di **Patriarca di Grado e Aquileia** a cui si aggiunsero in seguito anche la titolarità sulla **Diocesi di Murano e Torcello**, il **Primariato della Dalmazia**, e l'autorità sul **Campardo Trevigiano**.
Quel **Lorenzo Giustiniani**, che poi diventerà Santo, s'era già dato molto da fare in Laguna inventandosi un'esperienza particolarissima e intensissima insieme ad altri giovani Nobili di Venezia. Fra costoro c'era anche un certo **Gabriele Condulmer** che finì per diventare in seguito addirittura Papa *(Eugenio IV)*. Si è trattato dell'esperienza eremitica e mistica degli entusiasti **Canonici Regolari dell'isola di San Giorgio in Alga** vestiti d'azzurro ... Ma questa è un'altra storia di cui racconterò forse un'altra volta.

Tornando comunque a **San Piero de Castèo**, fu proprio in quegli stessi anni, fra 1464 e 1474, che si fece cotruire in pietra d'Istria da **Mauro Codussi** quello che divenne *"Il campanile del contrabbando"* ... Già che c'erano riattarono anche la Cattedrale buttando via il vecchio Battistero a cupola e colonne collocato davanti alla Chiesa, e aggiunsero un paio di Cappelle al suo interno ... E perchè no ? Negli stessi anni si aumentò anche il salario dell'organista della Cattedrale ... dandogli di più farina come compenso !

In Contrada di San Piero di Castello s'istituì anche una **Scuola Sestierale** collocata dentro agli stessi luoghi del Patriarcato. Purtroppo era una scuola riservata solo ai Chierici, e il Patriarca fu determinato nel chiedere a tutti i Canonici e ai Preti della zona di mantenerla a proprie spese pagando il **Maestro Don Bartolomeo Boni "pro docendo Clericos ipsius Sexterii"** ai quali s'insegnava: *"... a lezar et a scrivar, ... la Tavola, el Salterio, el Donado, Fior de Virtù, le Trasformation de Ovidio, le Metamorfosi, l'Ariosto et Evangelii vulgari con le Regule della Dottrina Cristiana".*

Voltando ancora la pagina del Tempo, nei primi decenni del 1500 venne improvvisamente a mancare la quiete di quella stessa zona Veneziana. Accadde un gran subbuglio perchè avvenne che proprio là **Ballabio Domenico** morì di peste di ritorno da un viaggio in Oriente con la nave *"Salvagna"* carica di cotone. Venezia era abituata ad affrontare le pestilenze, e anche quella volta tutto riprese a scorrere e succedere come il solito ... con qualche migliaio di tombe in più.

Nel secolo seguente, infatti, in Contrada di San Piero c'erano 150 **Botteghe** e tre **Speziarie da Medicine**, e vivevano circa 9.000 Veneziani per la maggior parte poveri, soprattutto: **Calafati, Marangoni, Marineri, Sabionanti, Squeraroli, Remeri, Pescadori, Merlettaie e Impiraperle, e Galeotti** liberi o forzati che andavano a morire nell'**Hospedal delli Sforzadi** ... In Ruga di San Piero di Castello abitavano anche alcuni Nobili anche se non appartenevano ai rami delle Casade più ricche e illustri di Venezia. C'erano: **Priuli, Balbi** e **Dolfin in Rio della Tana**, i **Donà** abitavano un poco più dietro, i **Giustiniani in Riello**, i **Querini e Marcello** in **Calle del Caparozolo**, i **Boldu'in Calle di San Gerolamo, Erizzo** presso la chiesa di **San Domenico**, i **Badoer**, invece, di fronte e al di là del ponte: nei pressi di **San Francesco dei Paolotti** mentre i **Contarini** stavano in **Corte del Soldà**.
In quegli stessi anni il **Consiglio dei Dieci** della Serenissima ordinò la condanna capitale per impiccagione di **Adamo e Alvise Dragona** entrambi da Castel Guglielmo e di **Mario Camin da Este** perchè avevano ferito in Campo di San Piero di Castello un **Nobile Bernardi** ... e lo stesso Consiglio Serenissimo intimò di nuovo ai soliti Canonici di San Piero di smetterla di lamentarsi e di pretendere anche la precedenza nelle Processioni tra le

Congregazioni del Clero Veneziane creando scontento e agitazioni di continuo.

A dire il vero, i Canonici di San Piero non se la passavano poi così male da quanto comunicò l'*Arcidiacono Benedetto Cappis* in una sua relazione scritta al *Patriarca Morosini*: *"... le Rendite del Capitolo dei Canonici prevedono per ciascuno: la casa di residenza, 170 ducati, gli introiti della vendita del formento dei 200 campi posseduti e affittati a Dosson di Terraglio dai quali ricevono anche: 70 scudi di vino e regalie di pollastri, caponi, ovi e galline ... Molto meno ricavano dal Bosco di Giovera del Montello dove si hanno 18-20 campi che producono solo l'affitto e poco vino perchè la casa colonica è rovinosa e necessita d'essere riparata ... Oltre le rendite di Marcujaco e Miran, da Biancade di Treviso ricavano 18 stara di affitto e 200 lire per il vino, mentre dalla Zecca di Venezia ottengono 110-115 ducati usati in parte per le distribuzioni quotidiane, ed altri per pagare a chi le celebra le 39 Mansionarie di Messe ed Esequie ... Oltre a tutto questo, i Canonici percepiscono le Decime Mortuarie, le Offerte degli Altari e degli Oratori della Parrocchia, le Offerte dei fedeli e degli ex voto provenienti dall'Altare di San Piero di cui si fa a metà annualmente col Patriarca. Inoltre per Diritto Canonico ricevono pranzi dal Patriarca in alcuni giorni segnati, e dai Parroci neoletti in Venezia che sono tenuti a mettere a disposizione due barche per andarli a prendere e riportare di nuovo fino a San Piero."*

Insomma il Capitolo dei Canonici *"poveretto"* non guadagnava poche briciole.
Ma ora basta con i *Canonici di San Piero*, e parliamo, invece, delle *Vergini del Doge*.

Le *Vergini del Doge* erano Monache che abitavano nella stessa Contrada di San Piero, poco distante, anzi, proprio di fronte al *Campanìl del Contrabbando della Contrada del Vescovo*, un solo ponte più in là rispetto alla chiesa. Per secoli il loro Monastero-Convento ospitò le intricate e intriganti vicende delle *"Vergini di Santa Maria Nascente di Castello o Santa Maria in Gerusalemme dette le Monache Canonichesse di Sant'Agostino o le Vergini del Doge"*.

"Le Vergini" è un altro di quei luoghi Veneziani scomparsi densi di Storia e non solo, di cui oggi rimane solo il sentore e il nome, un segnale sospeso in aria infisso in un muro di cinta dell'Arsenale, qualche scarno reperto, e il *"Nobile Giardino delle Vergini"* utilizzato saltuariamente dalla Biennale d'Arte di Venezia per qualche esposizione temporanea.

Ma perché: *"Vergini del Doge"* ?
Non me la sono inventata io quest'etichetta, ma proviene dai dati storici che raccontano le vicende e la Storia di quel particolare Monastero oggi scomparso.

Il *Monastero delle Vergini* era a Venezia uno di quei Monasteri in cui Doge, Senatori e ricchissimi Nobili Patrizi e Mercanti erano abituati a rinchiudere doratamente le loro figlie che non riuscivano o volevano piazzare in pomposi e splendidi matrimoni di convenienza. I matrimoni si sa, erano più di oggi un costo … a certi livelli sociali poi ? I ricchi Veneziani erano notoriamente furbi e taccagni, perciò prima d'impegnare un ingente capitale nella dote delle figlie ci pensavano non una, ma mille volte. Nel frattempo era di certo più conveniente richiuderle dentro a qualche Monastero, magari in attesa dell'occasione giusta, e spendendo per monacarle *"una dota"* di certo più contenuta e modesta rispetto a un pomposo *"maridarse de Casada"*.
Non che la dote per finanziare una Monaca fosse di quattro soldi in tutto ! Per diventare *Monaca alle Vergini*, come al *San Zaccaria* o al *San Lorenzo di Castello* altre piazzaforti dove piazzare figlie Nobili, servivavano parecchi ducatelli: anche 5.000-6.000 di media … a secondo della stagione storico-economica che stava vivendo il Monastero interessato.

Per capire meglio, nel Monastero Claustrale delle Vergini vennero rinchiuse a più riprese le figlie di diverse prestigiosissime Famiglie Nobili di Venezia: *Condulmer, Giustinian, Navagero, Badoer, Morosini, Contarini, Malipiero, Zane, Bondumier, Zorzi, Querini* e molti altri … *"la crème de la noblesse de Venise"* insomma.
Rinchiuse ? … Sì, ma per modo di dire, perché quel che non entrava ufficialmente nei Monasteri di Clausura per la porta, entrava alla grande e

molto di più dalle finestre che erano non solo spalancate, ma praticamente inesistenti.

La vita del **Monastero delle Vergini** ufficialmente di **Regola Benedettina Agostiniana** era, infatti, tutt'altro che religiosa e dedita soprattutto alle incombenze e scadenze spirituali e liturgiche. C'era sì qualcosa, in quanto: *"s'ufficiava la chiesa, si celebravano i Sacri Riti, Processioni, Devozioni e le Funzioni"* … il solito menage conventuale … ma anche no, perché lì dentro per secoli accadde per davvero un po' di tutto.

E'intuibile il perché.

Per il fatto di rinchiudere lì dentro le proprie Nobili figlie *(dimenticando a bella posta la porta aperta)*, non è che venissero private per davvero del loro *"status"* felice e potente di **Nobildonne**, anzi. Molto spesso si finiva per trasporre e prolungare dentro alle mura del Monastero quelle che erano le condizioni agiate e le abitudini economiche, culturali, gastronomiche, ludiche … nonché le tendenze amorose della famiglia che continuava a vivere nei sontuosi Palazzi di Venezia.

Lo sapete meglio di me, quelle Monache era costrette a quel genere di vita per il quale non dimostravano alcuna vocazione salvo qualche raro caso isolato e significativo. Perciò nella maggior parte dei casi quelle *"Nobili Figlie"* facevano buon viso a cattiva sorte … ma molto spesso anche no.

Le tradizioni e le vicende di quel singolare **Monastero delle Vergini**, infatti, confermano proprio quell'intenso legame esistente, quel cordone ombelicale permanente con le famiglie Nobili d'appartenenza e non solo, perché il Monastero delle Vergini esprimeva anche una fortissima *"figliolanza maritale"* col Doge in persona.

Quando annualmente, il primo di maggio, il Doge di Venezia con la Signoria al gran completo andavano a trovare ufficialmente le Monache Agostiniane del Monastero delle Vergini *"per fruire dell'Indulgenza della Porziuncola"* concessa alle Monache da **Bonifacio IX**, il Doge baciava la Badessa del Monastero sulla bocca, nel senso vero e proprio della parola.

Come mai ?

Semplice, perché la **Badessa delle Vergini** veniva considerata a Venezia come una specie di *"moglie supplementare e adottiva del Doge"*, tale era il legame intenso che legava il Monastero alla Signoria Serenissima. Si voleva così e in quel modo dichiarare e mostrare quel senso d'affettività

particolare e intensa, e riconoscere e motivare quella protezione strettissima del Dogado e dello Stato su quell'Ente Religioso di Monache davvero particolari e considerate preziose.
Nella stessa occasione la Badessa recitava un forbito discorso sfoggio di cultura innanzi al Principe, e gli regalava un mazzetto di fiori con manico d'oro e guarnito di merletti di Burano.

"Dai non farla grande col bacetto del Doge alla Badessa delle Vergini ... Non era mica un bacio passionale ! ... era solo un bacetto simbolico."
"Hai ragione ... Infatti, quando giunse Napoleone a Venezia all'inizio del 1800, ovviamente fece: "Raaasp !" e livellò e spazzò via tutto e tutti ... Doge, Badessa, Vergini e bacetto compreso ..."

C'è dell'altro però da aggiungere prima di quell'evento napoleonico colclusivo ... Visti i presupposti, e come potete bene immaginare, le **Monache delle Vergini** furono storicamente alquanto *"birichine"*.

Nel Monastero delle Vergini, ad esempio, venne rinchiusa **"provveduta d'annua pensione"** la moglie del **Carmagnola** dopo la decollazione subita dal marito, che però vista la situazione pensò bene di lasciarsi sedurre e indurre a fuga da *"alcune donne di Lombardia"*.
Non si sa bene se a fondare il Monastero delle Vergini sia stato nel 1124 il **Cardinale Ugolino Vescovo di Ostia** *(poi Papa Gregorio IX)* inviato da **Onorio III** a venezia per trattare con **Federico Barbarossa**. Sembra che in quell'occasione l'Alto Prelato abbia persuaso il **Doge Pietro Ziani** ad erigere una chiesa intitolata a **Santa Maria Nuova in Gerusalemme** omonimi di quella occupata dai Saraceni in Terrasanta. Un'altra tradizione, invece, racconta che la fondazione delle *"Vergini"* sia da attribuire al **Doge Sebastiano Ziani** ispirato dal **Papa Alessandro III** venuto a Venezia per far pace con lo stesso **Barbarossa**.
Cambia poco ... La chiesa venne edificata sopra a un basso isolotto paludoso a nord della chiesa di **San Daniele** dove c'era ovviamente già una primitiva chiesetta ... Poi accadde la solita trafila storica che ben conosciamo circa le entità ecclesiastiche di Venezia: prima **Pietro Pino Vescovo di Castello** per interessamento dello stesso **Cardinale Ugolino**

diventato Papa Gregorio IX regalò una vasta palude per ampliare il Monastero per la quale le Monache litigarono a lungo con gli **Ufficiali del Piovego della Serenissima** … Poi le Monache come i Mercanti ottennero conferme e privilegi particolari dai *Carraresi* a tutela del proprio diritto di esportare e importare in Venezia … Ancora, per testamento **Maria vedova Giacomo Gradenigo** dispose cospicui legati e denari soprattutto a favore delle "*Vergini*" dove volle essere sepolta … Infine, durante il 1300 anche le Monache delle Vergini avevano proprietà di circa 100 campi anche a *Selvana* e lungo i corsi dei fiumi *Sile*, *Zero* e *Dese* a sud di Treviso per i quali esigevano un censo in frumento annuo impegnando un esercito di Fattori, Gastaldi e personale addetto alla conversione e gestione del loro ricco patrimonio agrario.

Insomma, via via le Monache delle Vergini misero insieme il solito mega-patrimonio che caratterizzava gran parte dei Monasteri Veneziani. E fin qui … niente di straordinario e particolare … All'inizio sembra anche che le Monache si comportassero anche benino … o quasi.

Già nel 1295, infatti, il **Piovano di San Bartolomeo Leonardo Faliero** venne incaricato da **Papa Bonifacio VIII** d'intimare al **Priore e ai Religiosi della Congregazione di San Marco di Mantova** di allontanarsi e non più ritornare al **Monastero delle Vergini** in cui abitavano insieme alle Monache procurando intemperanze, scandali, discordie e liti. Alle Monache venne assegnato d'ufficio un "*Confessore Prete*" e si stabilì che non potessero gestire direttamente le loro rendite, nè eleggere la loro Badessa se non con la conferma Apostolica del Papa di Roma. I Canonici di San Marco di Mantova se ne andarono, ma non mancarono di sottoporre periodicamente il Monastero delle Vergini ad accurate visite pastorali e non solo … Tanto che: nel marzo di tre anni dopo, lo stesso **Papa Bonifacio VIII** dovette intervenire di nuovo tramite il **Primicerio di San Marco** per allontanare ancora il **Priore e Frati di Mantova** che erano andati ad abitare in una casa contigua al monastero e *"… qui inhonestae conversationis erant cum Monachae Virginorum."*

Qualche pecca, quindi, le Monache ce l'avevano … Nel 1363 infatti, il **Procuratore e padre di Madonna Cecilia Zustinian Maestra del Coro delle Monache** le lasciò 200 ducati così che lei potesse pagare di tasca propria il

"Messal per el canto", mentre **Agnes Justinian Priora** delle Vergini completò *"le historie della Madonna che ornano il Capitolo pagando del proprio"* … e quando due anni dopo il Monastero venne distrutto del tutto da un incendio, da allora i Papi fecero a gara per accordare molte indulgenze alle *"Vergini"* per favorirne la riedificazione … **Papa Urbano V** concesse: *"Cento giorni d'indulgenza dalla permanenza in Purgatorio"* per chi avesse soccorso le **Nobili Vergini Veneziane**, e regalò alle angustiate Monache il **Priorato Benedettino di Santa Maria o Santa Maddalena o Santa Margherita di Polverara o Polverosa nel Padovano** con tutte le sue *(scarse)* rendite e pertinenze … mentre il **Doge Michele Steno** concesse il permesso alle Monache di vendere una parte dei loro beni immobili per ultimare i lavori di restauro.

Il Monastero delle Vergini di Venezia si collocava all'ottavo posto fra gli Enti Monastici Veneziani più ricchi e illustri … Le cronache Veneziane dell'epoca raccontano che le Monache arrivarono perfino a privarsi del vino quotidiano per contribuire alla ricostruzione del loro nuovo Monastero.

Grandissime !

Al di là di questo, fra 1381 e 1486 il Monastero delle Vergini subì ben 15 processi per gli abusi sessuali delle Monache con la nascita di cinque bambini dentro al Monastero … Si condannò il **Nobile Gerolamo Da Molin** a un mese di *"Carcere Inferiore"* per inonestà e lascivie commesse nel Monastero delle Vergini … Si condannaro per lo stesso motivo e alla stessa pena i **Nobili Benedetto Barbarigo, Matteo Contarini e Girolamo Nani** e si assolsero invece **Lorenzo Foscari figlio del Doge e Francesco Lombardo** altro Nobile. Erano entrati con violenza nel **Chiostro delle Vergini** aggredendo e sputando in faccia ai custodi che volevano impedirglielo … Negli stessi anni la **Badessa delle Vergini** pose il veto all'entrata in Monastero di alcuni Chierici inviati dal **Patriarca Lorenzo Giustiniani** pretendendo di scegliersi i Preti che consideravano più adatti a loro. Il Patriarca non la prese bene, e ordinò che le Monache rimanessero senza Sacramenti per tutta la Quaresima.
La Badessa non si scompose affatto, e si rivolse direttamente al Papa di Roma che di rimando ricordò al **Patriarca Giustiniani** la diretta dipendenza

delle Monache dalla Sede Apostolica di Roma. Perciò gli vietò d'interferire sul governo delle Monache delle Vergini ... il **Senato** a sua volta condannò a due anni di carcere e pena pecuniaria *Francesco Campanato* per essere entrato in Monastero ed aver *"conosciuto carnaliter"* la *Monaca Franceschina Giustinian* ... Si giudicarono *"i monachini" Giovanni Frescobaldi e Francesco Spizzica* fiorentini, e i Nobili Veneziani *Giorgio Contarini e Giovan Francesco Giustiniani* accusati di entrare di notte nel Monastero delle Vergini usando sacrilegio con le Monache e provocando una rissa col vicinato sempre riguardo le stesse Monache.

Nel 1455 la *Badessa Pantasilea Contarini*, e le *Monache Cristina e Bianca Zorzi, Lucrezia Zustinian ed Elena Zane, Orsa Bondumier e Bianca Querini* donarono fornimenti di gran prezzo con oro, gioie e perle ad ornamento *"della loro Chiesa delle Verzeni"* ... per l'investitura a nuova Badessa delle Vergini di *Margarita Badoer* furono invitati 500 ospiti al banchetto, e le Monache delle Vergini uscivano dal Monastero in abiti secolari per andare a visitare parenti e conoscenti o per far *"listòn in Piazza San Marco"*.

Nell'aprile 1518 s'inasprì la lotta contro i Monasteri troppo libertini, e il *Patriarca Contarini* e il *Vescovo di Torcello* chiesero al Senato della Serenissima provvedimenti contro *"i Muneghini"*. Il Senato si attivò in merito il 21 dello stesso mese, e nel frattempo giunse da Roma il *Nunzio Apostolico Altobello Averoldo* che ottenuta la lista dei Monasteri più turbolenti inziò nel maggio seguente proprio dal Monastero delle Vergini intimando alle Monache di ritornare all'ordine.

Fu un grande e inutile buco nell'acqua.

Siccome i tentativi di riordino non ebbero alcun esito, il Patriarca deliberò di dividere il Monastero in due parti: una in cui ospitare alcune *"Monache Osservanti"* provenienti e immesse dal vicino *Convento di Santa Giustina*, mente l'altra parte doveva ospitare le *"Monache Conventuali ribelli delle Vergini"*.
La cosa non piacque affatto alle Conventuali delle Vergini, che risposero subito: *"... qua comenza una opera dolorosa chiamata luctus di tutte le Monache dei Conventi di venezia, per le novità volute da Patriarca*

Contarini ... e da quel figlio d'un giudeo, asino, e artefice diabolico del Vicario Generale Ottaviano Brittonio attuatore di riforme."

In giugno iniziarono i lavori di separazione del Monastero distinguendo perfino le entrate delle *"Monache Osservanti"* a cui andò in mano l'economia di tutto il Monastero, da quelle delle *"Monache Conventuali"* a cui si lasciò poco o niente per vivere per indurle all'Osservanza.

Le *"Conventuali delle Vergini"* però non si persero d'animo, ci voleva ben altro per fermarle. Infatti gridando e strepitando demolirono il muro di separazione ancora fresco, rubarono il grano delle *"Osservanti"*, e s'appellarono di nuovo direttamente al Papa che finì col citare in giudizio non le Monache ma il Patriarca stesso che venne invitato a presentarsi davanti al **Tribunale della Sacra Rota di Roma**. Le *"Conventuali"* quella volta suonarono le campane tutta la notte in segno di vittoria, ma il giorno dopo il Patriarca andò dritto davanti al **Doge** e al **Collegio** per segnalare quell'atteggiamento conciliante del Papa che sapeva di derisione.

Alla fine fu il Papa a doversi adeguare alle intenzioni riformatrici del **Doge** e del **Patriarca Contarini** che non perse un attimo per ordinare ai Confessori delle Vergini di non abitare più nel Monastero insieme alle Monache. Poi ordinò perentorio: *"... le Conventuali non dovranno possedere più nulla di proprio, dovranno mangiare e dormire e vivere in comune con tutte le altre Monache ..."*

Per tutta risposta le *"Conventuali"* fuggirono inviando tutti i loro beni fuori dal Monastero presso parenti e amici, e inviarono le **Badesse delle Vergini, San Zaccaria, Santa Maria della Celestia e Santa Marta** insieme a molti parenti in delegazione a supplicare il Doge di difenderle dal Patriarca trovando anche il consenso e appoggio di alcuni **Savi del Collegio** che avevano figlie e sorelle nei Monasteri. Il pericolo e il danno della Riforma non incombeva solo sulle *"Vergini"* ma su tutti i Monasteri delle *"Figlie Nobili di Venezia"*.

Le Monache si gettarono platealmente ai piedi del Doge, e la Badessa delle Vergini pronunciò un discorso-orazione in latino a difesa della loro situazione monastica ed economica. *"... Al San Zaccaria dove le Monache erano tutte Nobili, ora sono poste Monache di un altro Ordine ed altra Regola ed abito, et bastarde Greche e popolari ... qual anni 760 è sta cussì, le Monache hanno speso ducati 46.000 nel far la Chiesa e Monasterio e nel Refettorio bellissimo e li è stato tolto ..."*

Doge e Nobili cercarono di trovare una mediazione e un'intesa mettendo tutto a tacere, ma il **Patriarca Contarini** fortemente indignato rispose con la scomunica delle **Monache Conventuali** e contro tutti coloro che le avessero aiutate nei loro intenti ribelli. Il **Consiglio dei Dieci** disapprovò l'operato del Patriarca ma si ridusse ad appendere sui muri di Piazza San Marco e in altri luoghi della città i manifesti della scomunica che vennero presto strappati via da ignoti in segno di protesta.
Infine si arrivò al compromesso vero e proprio, e un'apposita comissione di tre delegati trattò col Patriarca arrivando: *"... a equa spartizione dei beni fra le ricche, Nobili e illustri Monache Conventuali e le povere quanto insignificanti Monache Osservanti"* ... mentre il nuovo **Papa Adriano VI**, venuto a sapere tutto, si schierò apertamente a favore delle **Conventuali** inviando a Venezia **Tommaso Campeggio Vescovo di Feltre** come **Legato Apostolico** per accusare il Patriarca di voler spogliare le Monache delle Vergini dei loro beni legittimi.

Nell'agosto 1525, ossia sette anni dopo, poco o niente era cambiato nel Monastero delle Vergini nonostante i tentativi delle azioni della Riforma. Il nuovo **Patriarca Gerolamo Querini** intervenne in quanto le **Conventuali** vestivano ancora: *"mondanamente, tutte scollacciate, immerlettate, ingioiellate ed eleganti come Nobildonne qualsiasi, e prive di vero e proprio abito monastico"*. Persa ogni remora e controllo, il Patriarca entrò di mattina presto nel Monastero delle Vergini, prese la **Monaca Tagliapietra** per i capelli, e le tagliò di persona le treccie mettendogliele in mano. Ordinò poi di mettere in prigione altre due Monache, e allora tutte le altre impaurite gli gridarono: *"di aver clemenza e perdonarle, e tutto si risolse quella volta in una severa ammonizione paterna."*
Stavolta gli effetti dell'azione del Patriarca si videro, e negli anni seguenti le **Conventuali** rimasero solo in quattro, tre delle quali alla fine decisero di abbracciare anch'esse le **Regole dell'Osservanza**.

Ancora nel maggio del 1559 il **Consiglio dei Dieci** dovette occuparsi dei fratelli **Scipione e Aurelio Porcellaga di Brescia** abituati a frequentare il

Monastero delle Vergini. I Dieci stavolta intervennero tempestivamente e se la sbrigarono presto: alcune Monache compresa la Badessa vennero allontanate, trasferite in altri Monasteri e consegnate al Nunzio Pontificio per farle processare, mente i due arrestati vennero rilasciati e banditi fuori dal territorio della Serenissima Repubblica.

Nel gennaio 1572 dopo la sua Visita Pastorale e ispettiva a tutti i Monasteri di Venezia il *Patriarca Giovanni Trevisan* fu categorico nell'ordinare: *"…del mandato del Patriarca di Venezia sia commesso a tutte le Madre Abbadesse, Prioresse et Monache di cadaun Monasterio … che in virtu' de Sancta Obbedienza et sotto pena de escomunicatione debbino obbedir al mandato del Patriarca del 11 gen 1565 altre volte intimidatori, di non ammetter né permetter che nelli parlatori si habbi a disnar, né mangiar per alcuna persona sii di che condizion e grado si voglia, né padre, né madre, né fratelli, né sorelle, né admetter maschere, buffoni, cantori, sonadori et de simili sorte persone sotto niuno pretesto, né modo, che immaginar si possa, né permetter che in essi parlatori si balli, né si canti né si soni per alcuna persona sii che si voglia …"*

Nel luglio 1596 alla successiva Visita al Monastero delle Vergini da parte del *Patriarca Priuli* si relazionò così: *"il Monastero delle Verzeni ha debiti per 3.000 ducati pur avendo grosse entrate … Che Mastro Paulo organista prattica troppo spesso e con troppa familiarità nei parlatori e che sempre che viene a Castello va alle Vergini si fa dar da mangiare et anco porta via de la robba doppo che ha mangiato …"*
Nella stessa occasione le *Monache da Coro delle Vergini* riferirono al Patriarca: *"… l'Abbadessa non si sa far ubbidir a dette Converse, le quali quando sono state cinque o sei anni nei Monasteri pretendono tanto quanto quelle da Officio rovesciando le gerarchie del Monasterio."*
Si considerava una delle cause del lassismo comunitario il fatto che le Monache mangiassero nelle proprie celle e non nel Refettorio comune: *"…che l'estate la sera non si va a Compieta perché le Monache cenano a cinque e sei in cella e lo fanno spesso … che si consumano 600 e più stara di frumento all'anno essendo solamente 68 Monache … che si consuma gran farina in far bozzolai, fugazze e altre robbe quando si fa pane … che vi sono debiti di 3.000 ducati, e pure le entrate sono grosse …"*

Il Patriarca spazientito ordinò che si facesse il pane fuori dal Monastero con un risparmio di 200 stara di frumento e che si pagassero gli operai solo in denaro e non con donazioni ... mentre il Doge in persona intimò alla **Badessa e alla Monaca Portonera** del Monastero delle Verzene: *"... di non permettere ad alcuno di cantare o far cantare musiche sacre o profane nel parlatorio o nella chiesa, ed erano in obbligo di deferire allo stesso Doge i nomi dei cantanti e denunciare chi avesse eseguito musiche per acqua nei contorni del Monasterio delle Verzene ..."*

Nel 1647 su commissione della **Badessa Grazia Contarini**, l'architetto **Baldassare Longhena** *(lo stesso che costruì la Madonna della Salute)* e **Andrea Caminelli** eressero l'Altar Maggiore delle Vergini sormontato da uno splendido tabernacolo adornato con marmi di Carrara, pietre finissime e grandi statue, mentre **Joust Le Court** *(l'autore delle statue con la Serenissima e la Peste poste sopra l'Altare della chiesa della Madonna della Salute)* s'impegnò a costruire altre due figure, dei puttini con un festone nel parapetto, due *"Vittorie"* e due *"Angioli negli angoli"* che dovevano sostenere il baldacchino ... **Prè Giovanni Battista Rovetta Maestro della Cappella Marciana** chiese licenza al Doge per poter insegnare musica per quattro mesi alla **NobilDonna Elena Pisani Monaca alle Vergini**. L'ottenne e poi gli fu anche rinnovata ... il **Nobile Benetto di Valerio Soranzo della Contrada di San Antonin** fece educare le sue figlie da zie e prozie che erano Monache nel *"Nobilissimo Monastero di Santa Maria delle Vergini"*... Nello stesso tempo, i beni che possedevano le Monache delle Vergini a **Zimella** furono dati in affitto a **Giovanni e Marco Sacchiero**, mentre il bosco a **Santa Caterina di Musestre** in cui era proibito tagliare i Roveri apparteneva al Monastero delle Vergini di Venezia, e il guardiano era autorizzato e pagato dalle Monache per usare a tal proposito anche lo schioppo ... **Baldassare Galuppi** e **Giovan Battista Grazioli** musicarono più volte la cerimonia di vestizione di una *"Nuova Professa"* del Monastero delle Vergini come si faveva già in molte altre occasioni.

A metà del 1700 nei *"Notatori"* del **Gradenigo** si leggeva: *"... grata di molto costo fu introdotta nella chiesa delle Monache Vergini penetrate da certa animosa e divota rivalità a confronto di altre grate modernamente* *apprestate in questi ultimi tempi dalle Monache di Sant'Anna e San Daniele nel Sestiere di Castello, con elaborate manifatture di ferro et altre eleganze indorate da primari artefici della dominante nostra. L'anno seguente poi con marmi rossi e verdi hanno reso il tutto più speciosi nei laterali ... Un famoso e sontuoso mosaico con immagine di San Giorgio possiedono le Nobilissime Monache dette le Vergini di questa Dominante. In essa la Nazione Greca si esibì d'acquistarlo con esborso di 200 scudi, ma gli fu negate ..."*

E proseguiva ancora: *"... festa di ballo alquanto numerosa che duro fino alle nove ore della scorsa notte nel parlatorio delle Vergini a divertimento di quelle Monache, stante che danzarono più Gentildonne, più Cittadine, più Nobili ed alquanti della Signoria a suono d'ogni sorte di competenti strumenti e illuminazione, non senza distribuzione generosa di cose dolci..."*

Ancora nel 1806, con Napoleone, le 23 **Monache Agostiniane delle Vergini** avrebbero voluto *"... rimanere al loro posto sino al termine dei loro logori giorni"*, ma dopo aver ospitato le **Monache dello Spirito Santo** andarono ridistribuite e ricollocate in parte nel **Monastero cadente di San Girolamo** e in parte in quello stretto e angusto di **Santa Giustina**.
Il loro tempo era scaduto, e invano si offrirono d'ospitare altre comunità di Monache ... Era giunto il tempo di far spazio alle truppe della **Marina Napoleonica** che presero possesso dell'intero complesso delle **Vergini di Castello**.
In breve tempo **l'ex Monastero delle Vergini** divenne **Bagno Penale Marittimo dei Forzati**, il ricco **Oratorio della Visitazione** *(di cui non vi ho detto, ma ci sarebbe da dire)* divenne **Corpo di Guardia**, l'artistico **Barco pensile intagliato del Coro delle Monache delle Vergini** che girava tutto attorno alla Chiesa raggiungendo l'Altar Maggiore divenne prima **Infermeria dei Forzati**, e poi venne demolito perchè considerato troppo scomodo e ingombrante.
Infine fra 1844 e 1869 vennero rasi al suolo tutti gli edifici rimasti per scavare un nuovo **Bacino di Carenaggio** annesso all'Arsenale, mentre *"Giardino e luoghi delle Vergini"* vennero utilizzati come area di deposito di carbone e cisterne di combustibile per le navi.

Oggi delle **Vergini** rimane solo una parte di portale quasi invisibile infisso sui muri esterni dell'Arsenale a metà del ***Rio de le Verzene***. Forse quel pezzo artistico stava un tempo all'entrata dei Chiostri del Monastero, e finchè non verra cancellato del tutto dalle intemperie, si può ancora notare raffigurato un *"**Dio Padre benedicente**"* e una *"**Madonna fra San Marco e Sant'Agostino**"* con sotto un'iscrizione che dice:
"MDLVIII ADI II MA[r]ZO - SPES ET AMOR GRATO - CARCERE NOS RETINET - S. M. DELE VERZENE."

Concludo ... Ancora oggi esistono zone di Venezia non calpestate dall'orda dei turisti perché troppo distanti dalle fermate dei vaporetti, o perché troppo lontane per essere raggiunte camminando. Vengono considerate a torto posti poco significanti con poco da mostrare, aree *"un po' così"* d'estrema periferia, dove è anche meglio non recarsi da soli a certe ore.

Sono Contrade estreme di Venezia dove è facile trovare una lavatrice posta a scaricare in un Campiello fuori dalla porta della casa troppo piccola per contenerla ... Sempre lì si potranno notare case con finestre rotte e rattoppate da cartone e compensato, muri scrostati e senza dipintura e intonaci. Altre volte si vedranno pareti, callette strette e volte basse mangiate giorno dopo giorno dalla salsedine, ridotte a mucchietti polverosi sgretolati per terra e slavati via dalla pioggia.

Sono posti in cui l'acqua alta della marea torna e ritorna ogni giorno da sempre: la vedi salire, ristagnare come sospesa e poi scendere lentamente scivolando via in fondo al portichetto che poi si fa riva e infine basso canale.

Sono zone talmente periferiche dove certe parti non sono state mai neanche pavimentate ... Ci sono mattoni infilati in terra tenuti insieme dalla stessa terra battuta, fognature che ogni tanto o spesso invadono gli spazi andando a grondare nel vicino canale, come le grondaie contorte e divelte dai tetti che vanno a scaricare dentro a un bidone dimenticato lì provvisoriamente ... da decenni. I tubi del gas s'arrampicano sui muri come quelli dell'acqua capaci di diventare improvvisamente canna di gomma buona per innaffiare tutte le piante e il verzume posto negli angoli comuni della piccola Corte.

Sopra ai tetti bassi c'è un'unica antenna della televisione flagellata e incurvata dal vento a cui sono allacciati un po' tutti, e come segno della modernità c'è anche saltuariamente una parabolica appoggiata per terra accanto allo stendino della biancheria multicolorata di qualche studente alloggiato in un pianterreno scuro e umido.

"Esistono ancora angoli del genere qui a Venezia ?"

"Certo ! Esistono eccome … Andate a vedere ! … Provate ad avventuravi fino a lì in fondo alla fine del Sestiere di Castello … Piazza San Marco, Palazzo Ducale e Rialto sono solo eco lontane … Lì è tutta un'altra cosa … Luoghi curiosi …"

La gente che potrete incontrare assomiglierà un po' ai posti … Ci sarà la vecchierella senza tempo, zitella o vedova **"ab multos annos"**, che pioggia o sole, neve o acqua alta, uscirà sempre fuori dalla sua casupola in ciabatte e consunta vestaglia da camera per ramazzare, capelli radi **"sparati in aria o inbigodinati"**, i pochi metri quadri *"di sua pertinenza"* davanti alla porta di casa. Non mancherà di parlare con i Geranei e con i vari vasi di Piante e Fiori che collocherà ogni mattina all'aria e in mostra … le sembrano quasi sue creature, come sarà normale vederla familiarizzare con i Gatti: veri padroni di quelle Contrade solitarie.

Sempre la stessa nonnetta socchiuderà *"a libro"* gli scuri sgangherati delle sue finestre nelle ore più torride del giorno per proteggersi gli occhi acquosi e stanchi … e accenderà la luce dentro alla casa solo all'ultimo istante, quando le luci della sera saranno talmente flebili da obbligarla a procedere a tentoni nei suoi spazi ridottissimi.

E' una Venezia che c'è e non c'è, o che forse non c'è quasi più. Frammenti di una Venezia che finirà col scomparire del tutto insieme a quelle sempre più rare vecchiette … Le Cronache di ieri descrivevano la Contrada di San Piero: ***"Zona de miseria, masene e scoazzere, un grumo de case grezze, basse e scure … Posti da prostitute, pescatori e nullatenenti che***

s'industriano ogni giorno tentando in qualche maniera di sopravvivere ..."
Ma abbiamo visto che era anche il posto dei **Canonici di San Piero**, del **Campanil del Contrabbando** e delle interessantissime **Monache delle Vergini**.

***

Il post su Internet è stato scritto in origine come: "Una curiosità veneziana per volta." - n° 94, e pubblicato su Google nel marzo 2016.

LE MONACHE NERE DI SAN ZAN LATERAN

Ci sono posti a Venezia che non esistono ... ma ci sono. Li hai sotto gli occhi, ci passi davanti e accanto mille volte, eppure non li vedi. Forse perché sono offuscati dal tanto fulgore e dalla bellezza di tanti altri luoghi più celebri, o forse perché di loro sono rimaste poche tracce, qualche segno sbiadito, qualche muro quasi insignificante ... Eppure sono ancora là, sono quelli, quasi gli stessi, e hanno tantissime cose nascoste da svelare e raccontare ... se solo si volesse ascoltare un poco e soffermarsi ad osservare in maniera diversa ... forse curiosa.

Fra tutti quei posti di Venezia diciamo *"un po' speciali"*, ce n'è uno che ufficialmente non esiste più ed è solo un luogo, un nome posto su una Fondamenta affacciata su un Canale che porta lo stesso titolo. E' un posto che c'è e non c'è, perché se andrete lì ad osservare con attenzione vi accorgerete subito che c'è qualcosa che non torna. Lì deve essere accaduto qualcosa di diverso, e quei *"muri strani di palazzo non qualsiasi"* devono avere di certo qualcosa da rivelare e raccontare, anche se non molto da mostrare.

Fuori in nome subito ! ... Qual'è e dov'è questo posto ?

Si tratta di un canale del Sestiere di Castello, parallelo alla **Barbaria delle Tole**, poco prima del Palazzo dei famosi e ricchi potenti **Nobili Cappello**, e proprio di fronte a quello che è stato dei fieri e ricchi **Nobili Morosini**. Si trova sulla **Fondamenta e Rio di San Giovanni in Laterano**, dove un tempo esistevano: *"Ciesa e Monastiero dele Muneghe Nere"* che oggi non ci sono più.

Se troverete tempo e voglia di vagabondare per Venezia fino a spingervi in quella zona remota e solitaria, scoprirete una riva che va a finire nel niente, un vecchio portale massiccio murato, e un basso edificio tagliato dalle fondamenta in pietra possenti dentro a una stretta calletta ... Quella era la chiesa delle **Monache Nere di San Zàn Lateràn**.

Contornando lo strano palazzo, noterete anche i resti di un giardinetto *"morto"* che trasbordano fuori oltre un alto muro: quello era il ***"Giardino delle Muneghe"*** ... e guardando ancora meglio vedrete anche che la Fondamenta ha una pavimentazione insolita e differente, e che è tutta occupata da un alto palazzone con grosse sbarre poste su file sovrapposte di tozze finestre tutte uguali e squadrate, davvero insolite per un palazzo Veneziano qualsiasi. Quello era infatti l'antico **Monastero di San Giovanni in Laterano**, oggi perfettamente mimetizzato fra le case di quel che è stata quell'antica Contrada.

Il nome di **Monastero di San Giovanni Battista in Laterano** venne presto sintetizzato dai pratici Veneziani in: **San Zan Lateràn**, e come quasi tutti gli altri Monasteri di Venezia era *"patrocinato"*, sovvenzionato e protetto dalle antiche Famiglie Veneziane ricche, nobili e potenti dei **Nani** e dei **Cappello** che vivevano proprio lì accanto, distanti pochi passi.

Vien da se ripensando al nome, che il sito s'ispirasse alla Basilica dei noti **Canonici Lateranensi di Roma.** Infatti è stato proprio così, i Canonici Romani erano padroni del posto a Venezia, ed eleggevano a vita e a loro piacimento un **Priore** che gestiva il **Beneficio-Monastero** ricevendo 21 ducati annui pagati dalla **Nobile Famiglia Patrizia Veneziana dei Da Lezze.** **Domenico Da Lezze**, infatti, aveva fatto antiche donazioni al Capitolo dei Canonici Lateranensi di Roma, fra cui anche due campi di terra nel Trevigiano oltre all'appezzamento Veneziano nel Sestiere di Castello.

Fa un po' confusione, quindi, e forse sbaglia lo storico **Galliccioli** quando riferisce che il posto di Venezia si chiamava **San Giovanni Terràn o Terrato** per via di un'antica tomba di terra detta *"teràn"*.

Ma tornando alle ***"Muneghe Nere"***, all'inizio di tutto come spesso accadeva a Venezia, c'era stato in zona una specie di primitivo *"catapecchio Sacro"* di tavole, un **Oratorietto** mezzo impaludato in questo caso dedicato alla **Madonna dell'Umiltà** ... Qualcun altro in seguito ha parlato di *"altarolo"* leggendario inserito ***"sotto al Barco dell'Oratorio"*** dove in passato avrebbe celebrato Messa **Papa Alessandro III** di passaggio per Venezia.

Di reale esiste solo un accordo in data 11 ottobre 1216, fra il **Capitolo dei Canonici Lateranensi di Roma** ed il Rettore di una chiesa Veneziana: **Don Stefano Gaspare**.

Vero o no che fosse tutta quell'antica leggenda … sembra insomma, che ancora che nel 1488 in una casa vicina all'Oratorietto vivessero delle: *"…vecchie donne decrepite dette Romite di San Agostino, forse le Eremite più vecchie dell'intera Laguna Veneziana …"* già ospitate come Monache nel **Convento di San Rocco e Santa Margherita** esistente vicino al chiesone di **Santo Stefano**, e poi messe lì a vivere per conto proprio accanto a quell'Oratorietto vecchio come loro.

Qualche anno dopo quando ormai le Monache godevano anche dell'appoggio dell'**Ambasciatore Veneziano a Roma**, un tale **Frate Gerolamo** dell'Ordine dei Domenicani Predicatori di Venezia *(i "Mastini di Dio", che vivevano distanti solo pochi passi)* ottenne dal Papa indulgenze pontificie per i benefattori dell'Oratorietto con la condizione che le elemosine raccolte fossero impiegate per risanare i poveri edifici in degrado dove vivevano le vecchierelle similMonache.

Poi accadde *"a ruota"* quello che spesso è accaduto a Venezia per le Nobili Monache: alle porte del nuovo secolo 1500 venne donato alle Eremite da parte di **Don Benedetto di Monte Fiascone** abitante a Venezia un terreno in parte paludoso confinante coi beni di **Giuliano De la Palada** e delle vicine Monache ricche e potenti di **San Lorenzo di Castello**. Al Capitolo Lateranense di Roma, invece, s'iniziò a pagare un affitto annuo perpetuo di *"un censo di 12 libbra di cera bianca la vigilia della Natività di San Giovanni Battista in giugno"*, e in cambio si potè iniziare a costruire in quel posto una nuova *"chiesa con convento"* col titolo di **Santa Maria e San Giovanni Battista in Lateràn**.

Nel dicembre 1504 dopo la solita girandola di donazioni e lasciti, tutto era ormai pronto, e le ex *"Eremite vecchierelle"* nominarono entusiaste la loro prima nuova Badessa: **Mattia di San Servilio**. Da Roma i Canonici Lateranensi approvarono, e replicarono dicendo pressappoco: *"Bene ! Brave ! … Ma da adesso, visto che navigate in buone acque, inizierete a pagarci un censo annuo doppio, ossia 24 libbre di cera bianca, o se preferite 4 libbre di perfetto Zafferano … mentre il Signor Sebastiano de*

Pezzati godrà il Beneficio col titolo di Priore dell'ex Oratorietto percependo i soliti 22 ducati che gli verranno versati come sempre dalla Nobile Famiglia Da Lezze di Venezia".

Una classica storia Veneziana mi direte ... Una delle tante. Vero, è andata proprio così !

Infatti, all'inizio in quel posto non accadde nulla di speciale se non qualche baruffa e contenzioso con i vicini **Nobili Morosini** che abitavano *"al di là dell'acqua, di fronte alle Monache"*, ai quali le Monache dovevano 170 ducati d'affitto arretrato e mai pagato per un pezzetto di terra dato in uso.
Il **Nobile Sjor Antonio Morosini figlio di Michiel del Ramo della Schiavina** che doveva essere un tipetto focoso, spazientito per l'attesa degli arretrati dell'affitto, andò giù pesante con le Monache buttando giù un muro che avevano costruito sopra quello che era il suo terreno. Perciò le donne furono costrette a rattoppare il loro Monastero con tavolacci di legno *"per non trovarsi spalancate verso la pubblica strada"*.
Ordinarie beghe Veneziane ... Senonchè, come capitava spesso a Venezia, prese fuoco tutto e le vecchie Monache dovettero andare a cercare rifugio in giro per gli altri Conventi e Monasteri di Venezia, mentre di **San Zan Lateràn** rimase solo un cumulo di macerie e rovine fumanti.
E come nelle fiabe: passarono anni su anni, e quando venne il momento di rientrare nel Monastero rimesso a posto, gran parte delle Monache o perché troppo vecchie per spostarsi ancora, o perché si trovavano bene a vivere altrove dov'erano, non vollero più tornare nel **San Zan Lateràn**.
Ne ritornarono solo due: **Clementina Corona** che divenne Badessa per la maggiore età, e la **Monaca Ottavia Zorzi** l'unica a sopravvivere alla fine della fine. Non si sa bene come, in breve tempo la Monaca riuscì quasi dal nulla con l'aiuto spirituale e materiale del **Patriarca Antonio Surian** a rinnovare e allargare gli ambienti annettendo diverse caxette vicine, e a mettere insieme ben cinquanta nuove Monache giovani e pimpanti ... anche fin troppo.
In realtà **Ottavia Zorzi** morì quasi subito di febbre maligna in 7 giorni a 60 anni lasciando nel Monastero le prime 5 nuove Monache che non erano apparse dal nulla, ma si trattava di due Monache Professe e due Converse trasferitesi lì dal **Monastero Benedettino dell'isola di San Servolo in**

Laguna. Da lì proveniva la **Monaca Scolastica ossia Nicolosa Borsa di Modone** che era già stata Badessa, e costei divenne perciò la nuova Badessa del Monastero di San Zan Lateràn che dalla Regola Agostiniana iniziò a seguire la Regola Benedettina.

Ecco allora spiegato l'epiteto di *"Monache Nere di San Zan Lateràn"* affibbiato dai Veneziani delle vicine Contrade ... Si riferivano all'abito nero da Monache Benedettine delle nuove arrivate, e non chissà a quali altre astrusità, stravaganze e malignità fantasiose e *"noir"* che si andavano già raccontando in giro per Venezia su quelle donne.
Infatti le nuove Monache all'inizio vissero in maniera esemplare, tanto che il **Patriarca Marco Antonio Contarini** prese qualcuna di loro dalla *"vita Santa"*, e le mandò a riformare il Monastero *"scapestrato e ribelle"* di **Sant'Anna di Castello.** Questo anche perché le Monache di San Zan Lateran cresciute ormai di numero non ci stavano più dentro nello stretto Monastero: *"... l'anderà parte che attrovandose in questa nostra città un Monasterio de donne Observante quale de vita religiosa ma povera de canto a San Zuane Laterano che abitano in un loco incomodo et piccolo del qual pagano fitto, et è Convento attrovandose un altro Monasterio amplo, di donne di Sant'Anna Conventuale, le Monache di Sant'Anna con questa conditione che sia facoltà de quelle donne di Sant'Anna che vorranno intràr in quella Religione de San Zuane Laterano poter farlo ..."*

Comunque, sapete bene come vanno le cose: capita quasi sempre che se si fa del bene e ci si *"comporta a modo"* non si fa notizia, e tale comportamento viene considerato da tutti normalità e cosa dovuta. Il fatto che le Monache di San Zàn Lateràn fossero buone e brave, e primeggiassero per coerenza e interiorità in realtà non interessava più di tanto ai Veneziani e alla Serenissima ... almeno finchè la fama delle *"Monache Nere di Venezia"* divenne per davvero *"nera"* attirando l'attenzione di tutti.

Nel marzo e aprile del 1555 i **Provveditori Sopra i Monasteri** della Serenissima dovettero intervenire a causa di alcuni episodi di *"scarsa morigeratezza"* accaduti presso le Monache di San Zàn Lateràn che

vennero così inquisite. Dai verbali dell'indagine risultò che: *"... un secolare fu trovato a letto con una Monaca e poscia fuggito insieme a lei ..."*
Si trattava della **Monaca Faustina** figlia illegittima di **Francesco Polo** fuggita per la terza volta dallo stesso Monastero e sospettata anche d'essere incinta. Secondo il padre interrogato dai Magistrati, era stata inizialmente la *zia Tadia Monaca al San Teonisto di Treviso* a indurre la nipote a convivere con lei nel Monastero come educanda. Il patrigno riferì d'averla più volte dissuasa dal seguire quel tipo di vita, cercando anche di distrarla portandola persino al **Carnevale di Venezia**. Ma Faustina aveva pianto e aveva voluto tornare al Convento a tutti i costi, perciò a lui non era rimasto nient'altro da fare che versare al Monastero una dote di 200 ducati e far vestire alla figliastra l'abito nero da Monaca di San Benedetto.

Morta la zia Monaca però, Faustina diventata ormai Monaca Professa da Coro, iniziò ad avere liti e contrasti con tutte le altre Monache del Monastero di Treviso che secondo lei la perseguitavano. Per questo un giorno Faustina fuggì con un cugino a casa di una zia materna, perciò il patrigno fu costretto ad andarla a prendere e trasferirla nel **Monastero di San Zàn Lateràn di Venezia**.

Altro che perseguitata dalle altre Monache ! ... Qui poco dopo Faustina ebbe una relazione con un dipendente del Monastero: **Francesco delle Crosette** con quale fu scoperta a letto anche qualche anno più tardi.
Le Monache di San Zàn Lateràn interrogate dai Magistrati della Serenissima testimoniarono che il Crosette era *"figlio del Convento"*, una specie d'impiegato tuttofare del Monastero con mansioni diverse a seconda delle necessità: *"... trasportava acqua e materiali edili aiutando i Mureri per i restauri del Monastero, aiutava le Monache a fare il pane ... e andava in giro per Venezia anche dieci volte al dì quando le Monache chiedevano per i loro bisogni ..."*
Suor Zuana di Tomasi testimoniò agli Inquisitori: *"... veniva qualche volta a far qualche servizio per il Monastier, perché l'aveva anche una sua ameda nominata la Mare Suor Serpahina, che è la Priora di questo Monasterio ... Et così el prese poi amicitia con la detta Monaca Faustina ... el parlava spesso con la ditta, et steva purassai qua in Parlatorio, et diceva a noi altre che essa lo mandava in diversi suoi servizi ..."*

Entrambi erano già fuggiti per i tetti due anni prima, appena arrivata la Monaca Faustina presso San Zàn Lateran. I vicini testimoniarono che furono costretti ad aprire una botola sui tetti per farla scendere, e la Monaca li supplicò dicendo: *"... aiuteme per Amor di Dio, che se voi non mi aprivi così presto, me voleva gettar giù dai coppi perochè son stata mesi sei in prigion sotto la scala del Monastero di San Zàn Lateràn ..."*
La Monaca in fuga spiegò ai vicini della Contrada Veneziana che aveva un posto dove andare a rifugiarsi e anche un marito che la stava aspettando. Un'altra Monaca di San Zàn Lateràn, infatti, confermò durante l'indagine che la Monaca Faustina aveva effettivamente ricevuto una promessa di matrimonio da parte di un uomo che successivamente venne per questo bandito da tutto il Territorio della Serenissima.
Francesco delle Crosette, infine, testimoniò a sua volta che il patrigno di Faustina l'aveva strappata al marito, e lei stessa finì col dichiarare che il padre e la matrigna l'avevano costretta a monacarsi controvoglia imprigionandola in quella vita di supplizio.

Però ! ... Che storia ! ... e non fu tutto, perché nel gennaio e marzo 1556 accadde un'altra: *"... tresca scandalosa di un Prete coll'Abbadessa ed altre Suore di San Zàn Lateràn con testimonianza di una tale Suor Vittoria presente in tale Monastero da 40 anni ..."*

Finchè nel febbraio 1573 più di qualche Veneziano andò in giro gridando *"di un segno della Provvidenza e castigo delle Monache da parte della Giustizia Divina"*, perché un fulmine a ciel sereno e fuori stagione si abbatté sul Monastero incendiandolo e facendo ardere tutto, rovinando tutti gli edifici, incenerendo l'Archivio, i documenti e le scritture e costringendo le Monache a rifugiarsi in parte a **Sant'Anna di Castello**, in parte ad **Ognissanti di Dorsoduro** e a **San Biagio della Giudecca**. Nell'incendio morirono ben 7 Monache compresa la **Badessa Serafina Molin**: *"... a seguito dell'incendio dei giorni passati si era verificata la compassionevole morte di molte monache, et dal qual sono scampate fino al numero di sei, le quali per fuggir la morte si sono precipitate nude dalli tetti d'esso Monasterio con manifesto pericolo ..."*

Passata l'ennesima burrasca ... per il San Zàn Lateràn fu di nuovo un *"crescendo fortunato"* perché elemosine e donazioni permisero al **Procuratore del Monastero Vincenzo Datis Senser de Biave** di acquistare dai **Savi ed Esecutori alle Acque** nuovo terreno di risulta dalla realizzazione delle **Fondamente Nuove** spendendo 2.240 ducati e grossi 10 ... All'inizio del 1600 le Monache affidarono al banchiere **Antonio Strozzi** altri 6.436 ducati *"da farli girare sopra i cambi"*, e il capitale venne restituito alle Monache qualche anno dopo maggiorato di 800 ducati liquidi d'interesse ... Alla fine del 1612 la nuova fabbrica del Monastero era terminata spendendo 14.200 ducati ... *"Ruggeri Ruggero figlio quondam Bortolomio, Mercante Drappier insieme a suo fratello Alessandro nella bottega in Drapperia "All'Insegna dei Tre San Marchi", per testamento lasciò una casa in Contrada di Sant'Aponal affittata al Libraio e Stampatore Gasparo Bindoni, alcuni Livelli su campi di Maerne di proprietà di Franceschina degli Accesi Pizzocchera a San Francesco della Vigna, e un quadro "dell'Annunciata" al Monastero di San Giovanni in Laterano."*

Anche il **Consiglio dei Dieci** decretò nel maggio 1663 che *"... alle Monache fossero dati in elemosina 509 legni del Montello ... portati e contati entro il 29 agosto da Toedoro Zanetti onde possano servire per pali in una fondamenta della fabbrica che vanno costruendo."*... e il **Murer Andrea Fanelo,** il **Marangon Giorgio Fossati,** il **Scalpellino Giacomo da Par Gastaldo dell'Arte dei Tagjepiera** demolirono tetti e scale e infissero 5.255 pali per le fondazioni, e continuarono alzando di tre piani tutta la costruzione costruendo il chiostro con portici e terrazza, travature portanti, solai e centine del quadriportico, colonnette, elementi lapidei e balaustre ... *"il Fravo Plati All'Insegna della Madonna del Carmine procurò la ferramenta per la scalla in bovolo per le Reverende Muneghe de San Zan Teràn ... Antonio Moreschi percepì 9.000 lire per archi e chiavi, colonne, peducci, stipiti, soglie ed architravi per finestre, porte e portoni, e Luca di Bianchi realizzò il pozzo con vera con colonne e scalini ... il Terrazzer Giovanni Longo suddivise fra terzi, pavimenti interni e terze sopra il quadriportico e lavori minori ... Zanne Cavazà pavimentò in cotto il Refettorio in bianco e rosso a 14 lire al passo, e gli ambienti al pianterreno e le ali del chiostro ..."*

Il *Senato* inoltre, autorizzò le Monache ad entrare in possesso di 6.400 ducati offerti da *Gerolamo di fu Tommaso dei Nobili Morosini* … e il Monastero continuò a ingrandirsi ed espandersi fino al 1728 acquistando tutto l'acquistabile degli edifici confinanti comprese alcune casette contermini rovinose per passi otto di lunghezza e per passi dieci in larghezza sopra le quali si poteva fabbricare ulteriormente … le Monache attraverso la *Badessa Chiara Garzari* acquistano per 4500 ducati alcune case vicine al Monastero di proprietà di *Piero fu Zuanne Minotto* e altre case circonvicine … Il *Nobilissimo Vincenzo di Gerolamo Cappello* presentò una supplica al Serenissimo Doge per poter acquistare una casa contigua al Monastero che sarebbe pervenuta alle Benedettine per fabbricare delle nuove celle e altri luoghi necessari tramite la Monacazione delle figlie Maria e Laura … Antonio di Zanne dalla Malvasia *"… per agiutare esso Monasterio nel presente bisogno della fabbrica che fanno dette Rev.de Madri … ha sborsato ducati 200."* … La *Monaca Franceschina Zon* lasciò al Monastero diversi stabili in città, beni alla *Badia* et *Bottenigo*, depositi al Sal, al Dacio del Vino e capitali in Zecca valutati 11.200 ducati e contanti e preziosi per altri 478,14 ducati. In cambio chiese d'essere sepolta nel Monastero, e che si rileggesse il suo testamento ad ogni elezione di nuova Badessa, scrivendo una lapide e facendo officiare diverse Mansionerie di Messe pagate in perpetuo.

Il Monastero di San Giovanni in Laterano divenne insomma uno splendore, e continuò ad ospitare come educande il fior fiore fra le figlie della Nobiltà Veneziana che contava: *Zorzi, Nani, Avanzago, Bragadin, Basegio, Crotta, Donà, Tiepolo, Dandolo, Flangini, Pisani, Soranzo, Contarini, Cappello, Da Lezze, Baglioni, Corner della Regina, Mocenigo, Corner Piscopia e Ruzzini.*
Per ben 63 volte le figlie di questi Nobili coprirono la carica di Badessa fra 1578 e 1797. Entravano nell'Educandato tra gli 8 e 12 anni pagando una retta annuale di circa 100 ducati ciascuna, e i Nobili rinsaldavano i legami fra loro con matrimoni incrociati delle ragazze che erano state educande in San Zàn Lateràn.

Si stava bene in San Zàn Lateran, come raccontò e scrisse la *Monaca Lucrezia Baritta*: *"… habbiamo pane, vino, manestra e fuogo dal*

Monasterio, e tre volte la settimana un poco di carne eccetto che nell'Avvento e nella Quaresima ... Così anco in tempo di malattia, il Monastero non paga Medico, né medicine, né altro... e il Monasterio ha fatto ampliamento della Spicieria per levar l'aggravio considerabile di pigliar medicine da altre spezie fuori del monastero ... una Monaca si mise a distillar acque medicinali e far altre composizioni di solievo delle inferme ..."

Infatti, il **Mercante da Colori Zaccaria Perini** ci mise dentro come educande le figlie **Isabetta e Chiara** che visse nel Monastero fino a 82 anni ... I **Conti Sceriman** che abitavano a ridosso del Monastero le figlie **Regina ed Elena** ... **Antonio Cavagnis Mercante da Bergamo** mandò educande **Bortola** con le sorelle **Angela e Regina** ... **Martino Moscheni Mercante** mandò le tre figlie di 8, 9 e 10 anni ... il **Nobile Tommaso di Nicolò Morosini della Sbarra** le 3 figlie **Adriana, Maria e Chiara** ... Andarono educande anche **Chiara e Pisana Da Lezze** che entrarono a 5 e 7 anni vestendo l'abito delle Monache insieme alle zie e Consorelle **Maria Chiara Celeste e Maria Fortunata** mentre il fratello **Andrea Da Lezze** sposò a sua volta un'altra delle educande ospite del Monastero di San Zàn Lateràn.

Ancora fra 1717 e 1728, quando nel Monastero vivevano 80 donne fra Monache ed Educande, le Monache acquisirono ulteriori case vicine e parti dell'isola comprandole dagli eredi **Molin, Franceschi e Calbo Minotto** allargando l'area del **Monastero Nuovo**. Nel giugno 1728: *"... si spesero ancora 16.892 ducati per restaurare il Monastero di ogni sorta di materialli, compresi li materialli vecchi di ogni genere, pagando compreso il disfacimento: Tagjapiera, Mureri, Fravi, Terrazzeri, Verieri, Burcieri per condur via rovinassi, far fori de armadure, far pallade nelli due canali occorendo pur le nuove fondamente ..."*

Verso metà del 1700 però si ruppe e bloccò qualcosa, cambiarono i tempi, e i modi di vivere e *"sentire"* anche dei Veneziani.
Quando **Pietro Trevisan detto Vettorello barcarol dalla Zuecca** di anni 44 venne impiccato per ordine del Consiglio dei Dieci perchè aveva strangolato un altro **barcarol detto Tombola** sotto il **Ponte di San Giovanni in Laterano** rubandogli tutto, le educande del Monastero di San Zàn

Lateràn s'erano ormai ridotte a circa sette in tutto contro le usuali 16, mentre iniziarono anche a diminuire le vocazioni e le monacazioni ... Le Monache lamentavano sempre più penuria d'elemosine che annualmente riscuotevano da benefattori sempre più scarsi di numero: *"... al cantone ove ora è il ponte di San Zàn Lateran già pochi hanni v'era un Immagine sotto a cui era posta una cassella scrittovi sopra elemosina per il Povero Monastero ..."*

Il Monastero un tempo illustre versava quasi in miseria, e nonostante le ancora *"Nobili Monache"* si autotassassero per provvedere ai necessari e sempre costosi restauri, il Monastero versava in situazione finanziaria scadente, e la situazione debitoria lo costrinse a vendere alcune argenterie sacre considerate superflue, e si vendettero anche alcuni *"fili di perle e i manini antichi della Vergine"* per pagare *"la facitura"* di certi quadri, e *"il servizio"* della chiesa.

L'8 maggio 1797 **Maria Luigia Ruzzini** iniziò il suo mandato triennale di Badessa di San Zàn Lateran con 7 voti a favore delle Monache: **Pisani, le due sorelle Frari, Valatelli e Morosini** succedendo alla zia **Maria Teresa Ruzzini** che aveva governato il Monastero per ben sei mandati consecutivi e ininterrotti dal 1779 fino alla morte del 1797.

Nel mese seguente avvenne l'ultimo Capitolo della Storia del Monastero durante il quale si decise per la prima volta d'accettare come Monaca la *"non Nobile e Cittadina Antonia Giorda"* ... Si era ormai al declino definitivo.

In luglio dello stesso anno, infatti, la Badessa fu costretta a consegnare controvoglia biancheria per rifornire gli alloggi delle **Truppe Francesi** giunte in Venezia e dislocate nel **Monastero di Santa Maria dei Servi di Cannaregio.** Offrirono costrette: 6 paia di lenzuola, 12 intimèle, 12 sugamani e 24 tovaglioli ricamati.

In ottobre le 8 Monache Professe e 14 Converse *"da scàfa"* di San Zàn Lateràn erano ormai ridotte alla fame, tanto che la **Deputazione alla Istituzione della Casa Patria** inviò loro 620 lire per scaldarsi e comprarsi da mangiare. Un'anziana Monaca di 83 anni morì di tubercolosi polmonare e venne sepolta dentro al Monastero ... Finchè alla porta di San Zàn Lateran giunse a bussare un certo *"Sjor"* Napoleone.

San Zàn Lateràn delle Monache Nere, infatti, vantò il triste record d'essere stato il primo Monastero di Venezia ad essere chiuso e soppresso dai Napoleonici: le Monache vennero trasferite al ***Sant'Anna di Castello*** dove c'erano ad attenderle le poche Consorelle rimaste, così che divennero: 18 Monache Professe e 27 Converse ossia 45 donne in tutto.
San Zan Lateràn divenne caserma … e molto tempo dopo Archivio Notarile … e poi finì in grande, tristo e totale abbandono e rovina.

Oggi San Zàn Lateran non esiste più … è luogo di scuola risistemato, tranquillo liceo di studenti e studentesse chini più o meno sui libri. Non ci sono più le Monache che *"fuggono per i tetti"* o *"imprigionate sotto alla scala a bovolo"* del Monastero. San Zàn Lateràn è solo un posto di Venezia quasi anonimo, che nasconde segreti assopiti, vecchie storie sussurrate al vento colte da chi è disposto a tendere l'orecchio e strizzare l'occhio della mente per ascoltare e individuare qualche fantasma trasparente, qualche monito e ricordo nascosto fra le inesauribili pieghe traboccanti della Storia della Serenissima.

Sàn Zàn Lateràn è muri e ombre che stanno ancora là … Se solo potessero parlare e raccontare …

***

Il post su Internet è stato scritto in origine come: "Una curiosità veneziana per volta." - n° 95, e pubblicato su Google nel marzo 2016.

UNA BIBLIOTECA NASCOSTA DOVE FIOCCAVANO FRECCE TRIBALI AVVELENATE AL CURARO

Ve lo anticipo dai ! ... Intendevo inserire questo episodio dentro al prossimo volume della mia Trilogia autobiografica che sto tentando di partorire ormai da tempo. Dopo aver scritto *"Il Pifferaio"* riferito alle esperienze *"singolari"* che ho vissuto come Prete a Venezia negli anni 1982-1987, sto pensando di guardare indietro e far scorrere il film della mia vita raccontando quando mi è accaduto prima: ossia durante la mia infanzia e giovinezza quando vivevo nella mia isoletta di Burano spersa in fondo alla Laguna, e quando stavo nel Seminario della Salute di Venezia *"impastandomi e lievitando e crescendo"* per diventare un Prete Cattolico ... cosa che poi è accaduta nell'ormai lontano 1982.

Quello della *"**Biblioteca nascosta in cui fioccavano sui Seminaristi frecce tribali avvelenate al curaro**"* è un episodio reale che fa parte del mio vissuto di un tempo, però per gustarlo meglio è necessario prima comprendere almeno un poco che cos'era quel posto davvero speciale in cui è accaduto quell'episodio. Quella che è stata la **Biblioteca dei Somaschi della Salute** è un luogo che c'è ed esiste ancora a Venezia, ed è un altro di quei bijoux e scrigni nascosti quasi sconosciuti per gran parte dei Veneziani, molti dei quali non hanno mai avuto la fortuna di poterci entrare anche solo per visitarlo un attimo.

A tutt'oggi rimane per vari motivi un posto recondito e precluso ai più, ma conserva tuttavia tutta la sua precipua bellezza e la sua microstoria interessante perfettamente integrato con tutto il resto che forma la Storia della nostra Venezia Serenissima.

Per farla breve, posso riassumervi che un tempo la **Libraria dei Somaschi** residenti accanto alla Basilica della **Madonna della Salute** di Venezia è stata un'antica Biblioteca con più di 30.000 preziosi volumi, una fra le tante belle e fornite che punteggiavano la Venezia del 1500-1600. In quanto a valore e consistenza non era proprio fra le ultime in quanto anche il famoso incisore Coronnelli la ritenne degna d'essere illustrarla e rappresentarla nelle sue celebri stampe su Venezia.

Veniva chiamata anche **Libraria Zanchi** dal nome del Fondatore dei Convento di Venezia il **Preposito Generale dei Somaschi Geronimo Zanchi** e conteneva al suo interno oltre ai libri, anche intarsi e decorazioni lignee preziose degli scaffali, e opere pittoriche di **Girolamo Brusaferro**, **Sebastiano Ricci** e del **Bambini**, oltre a una preziosa decorazione del soffitto ricoperto da tele di **Antonio Zanchi**.

Come vi ho già detto poco fa, era insomma: un bijoux, un luogo coccolo di Sapienza, Cultura e Bellezza che meritava grande considerazione da parte di Veneziani e Foresti.

A volte non ci rendiamo conto a sufficienza dello scempio prodotto dai Francesi Napoleonici con il loro passaggio distruttivo a Venezia ... C'è perfino qualcuno che si ostina a minimizzarlo apprezzando, invece, la ventata di modernità liberalizzante e innovatrice portata dai Napoleonici in Laguna. Ben vengano la libertà, la modernità e le nuove idee ... ma rimane il fatto che i Francesi giungendo a Venezia hanno depredato, saccheggiato e distrutto più che innovato e valorizzato. Provate a leggere un attimo qui di seguito, e ditemi poi se per caso ho torto.

Un recente articolo presente su Internet elenca quanto è rimasto oggi dell'antica Biblioteca Monumentale dei Padri Somaschi: *"... **nella Biblioteca Monumentale si contano attualmente oltre 200.000 volumi e opuscoli a stampa, 72 incunaboli, 1637 edizioni cinquecentine e 1350 manoscritti.**"*

Il saccheggio di quella Biblioteca mirabile iniziò già nel 1797, ma ad essere precisi, molti libri e manoscritti famosi e di pregio erano già stati rubati, tenuti per se, nascosti o venduti in antecedenza dagli stessi Frati. Si sa, ad esempio, che i **Padri Somaschi della Salute** per procacciarsi vitto e denaro per sopravvivere vendettero al libraio **Adolfo Cesare** 1.000 libri rari per 1 ducato ciascuno a sua scelta, e che in precedenza ne avevano spostati altri altrettanto pregiati altrove, forse a Roma o a Somasca. Altri libri di minore

valore provenienti dalla stessa Biblioteca vennero utilizzati sempre dagli stessi Frati per pagare pescivendoli, venditori di pepe e bottegai.
Ma al di là di tutto questo furono Napoleone & C a fare le cose per davvero in grande.

La lista dei *"Libri asportati dai Commissari Francesi dalla Libreria dei Reverendi Padri Somaschi di Santa Maria della Salute di Venezia l'anno 1797."* è lunghissima: *"I Francesi prelevarono innanzitutto 122 libri preziosissimi: soprattutto ricche riproduzioni eleganti illustrate e arricchite da incisioni di opere di Classici Antichi Latini e Greci come Aristotele, Demostene, Isocrate, Omero, Cicerone, Seneca, Lucano, Orazio, Quintilliano, Plauto ma anche appartenenti alla Letteratura Italiana come: Petrarca, Dante Alighieri, Boccaccio, Tasso, Ariosto. S'impossessarono poi di diverse "Aldine" di Aldo Manuzio del 1400-1500, di diversi erbari e illustrazioni minuziosissime d'animali, e di una sfilza lunghissima di eccellenti stampe, miniature e incisioni in carta o in rame riproducenti alcuni Dogi di Venezia, opere di Michelangelo, Canaletto, Durer, Vandyck, Ricci ... Fra tutto il resto, i Francesi s'impossessarono anche dell' "Hypnerotomachia, cioè pugna d'amore in sogno" di Francesco Colonna ossia Polifilo, edita in folio a Venezia da Aldo Manuzio nel 1499 ... Oltre a questo, non disdegnarono di appropriarsi di una nutrita Raccolta di volumi di Opere di Musica scritte da: Benedetto Marcello, di moltissimi Madrigali di Claudio Monteverdi, Andrea Gabrielli, Nasco, Monte, Cipriano, Rabbini, Balbi, Mazzoni, Lauro, Jacques, Archadelt, Tardini, Bontempi, Postena, Augerio, Crossi e altri ancora senza ricordarli tutti ... Asportarono inoltre 20 volumi in folio di Stampe e Libri rappresentanti la statuaria e la pittura delle Scuole antiche e moderna: Romana, Veneziana, Fiorentina, Bolognese, Fiamminga, Tedesca e Francese ..."*

Un'altra fonte del 1800 precisa: *"In tutti li venti volumi esistevano stampe n. 6.175 ...e in aggiunta alle sopra riferite stampe e libri, sono passati in possesso dè suddetti Francesi, volumi XI di Disegni, parte de quali erano originali, e parte delle diverse scuole, in tutto N. 3.000 ... Nell'insieme mancarono nella libreria de Padri Somaschi della Salute di Venetia, levati dà Francesi, volumi N. 325."*

Che ve ne pare ?

Poi, come sapete meglio di me, il decreto Napoleonico del 25 aprile 1810 sancì la soppressione di altri 14 Conventi e Monasteri di Venezia fra i quali nel Sestiere di Dorsoduro quello dei **Gesuati**, il **Redentore dei Frati Cappuccini**, la **Salute dei Padri Somaschi** e i quello dei **Girolamini di San Sebastiano**. Tutte le loro biblioteche insieme al loro patrimonio passarono al Demanio, e si salvarono solo gli **Armeni dell'Isola di San Lazzaro** dove sventolava la bandiera Turca-Ottomana di cui Napoleone & C avevano ancora un qualche rispetto ... se non timore.

E non fu tutto, perché dopo la soppressione e le ruberie del 1810 si distribuirono ancora altri **16.129** libri e manoscritti prelevati dalla stessa Biblioteca dei Somaschi distribuendoli alla **Biblioteca Marciana**, al **Collegio di Marina** di Venezia, alla **Società Medica** di Venezia, alla **Direzione Generale della Pubblica Istruzione di Milano** sezioni: Storia d'Italia, Lettere e Filosofia, e ai **Seminari di Venezia** *(per fortuna)* che allora risiedeva ancora a San Cipriano nell'Isola di Murano, e a quelli di: **Concordia, Chioggia, Comacchio, Rovigo e Ceneda** *(Vittorio Veneto)*. Alla fine per completare l'opera si vendettero alla rinfusa *"come scarti"* altri **14.100** libri.

Un vero scempio ! Una disgrazia ! ... Credo siate tutti d'accordo.

Sette anni dopo, nel 1817, il Demanio rinvenne a casa di **Giovanni Bianchi**, laico che operava dentro al Monastero dei Somaschi della Salute, ben **1.835** volumi sottratti di nascosto dalla stessa **Biblioteca dei Somaschi** che vennero assegnati 315 alla Biblioteca Marciana, 1.198 al Seminario Patriarcale, 80 alla Direzione Provinciale di Venezia, e 6 ... chissà perché ... al Protocollo della Direzione Generale. E già che c'erano, ancora una volta furono venduti *"come scarti"* altri 236 libri.

Si sa inoltre che numerosi disegni dei Somaschi, fra cui 54 figure del Tiepolo, vennero vendute dal Demanio al **Conte Leopoldo Cicognara** e poi al **Canova**, e ora sono proprietà del **Conte Alessandro Contini di Roma**.

Ecco fatto ! Vi ho riassunto brevemente le cose importanti e storiche che contano, quelle che vale la pena di conoscere e sapere per davvero. La **Biblioteca dei Somaschi della Salute** è stata quindi un luogo davvero speciale, una bomboniera di squisita bellezza e fattura ... un altro spicchietto recondito della nostra meravigliosa Venezia.

Detto questo veniamo all'altra storia secondo me curiosa, quella anticipata nel titolo di questo post, sempre strettamente connessa con quella mirabile Biblioteca Antica. Si tratta di una serie di episodi per me preziosi, perché in quella Biblioteca ho personalmente vissuto per parecchi anni *(undici)* frequentandola in una maniera o nell'altra durante buona parte della mia giovinezza.

Quella che ho incontrato e visto io, è stata però una Biblioteca diventata parecchio diversa da quel che è stata al tempo dei Padri Somaschi. Era quel che rimaneva di quel prestigioso luogo dopo il travagliato passaggio di Napoleone prima, la devastazione di altri dopo, l'incuria e il disinteresse di molti altri in seguito, e l'inesorabile danno del tempo che appiana, livella, consuma e distrugge inesorabilmente tutto e tutti ... Ma ciò nonostante la Biblioteca era bellissima !

Inizio col dirvi che mentre vivevo e crescevo in Seminario, il Rettore di tutto e tutti mi conferì l'ennesimo suo incarico di fiducia *(cosa frequente nei miei riguardi)*. Un giorno mentre me ne zufolavo tranquillo per i fatti miei, mi richiamò nel suo studio e dopo tutta *"una delle sue paterne pappardelle indagatrici e valutatrici"*, mi disse in conclusione prima di *"rilasciarmi al mio destino di Chierico-Seminarista di nuovo libero sulla parola"*: **"Ah ! ... dimenticavo ... Avrei bisogno che tu ogni mattina, visto che la Biblioteca Granda Antica soffre per l'umidità e le infiltrazioni, passassi ad arieggiarla un poco aprendo alcune finestre ... Mi servirebbe poi che ogni sera tu ripassassi nuovamente per richiudere tutto ... Durante il giorno, invece, provvederò io in caso di maltempo e temporali ... Siamo d'accordo? ... Guarda che è un incarico di fiducia ! Non combinar danni ... mi raccomando. La Biblioteca non è un giocattolo ... Abbine cura ... Ma so già che l'avrai."**

Così iniziò il mio nuovo incarico: ogni mattina andando a scuola: scendevo, aprivo e arieggiavo ... e ogni sera prima di salire nella chiesetta per recitare Compieta e finire la giornata: tornavo in Biblioteca, controllavo, chiudevo, e spegnevo tutto riponendo la chiave sotto al solito posto segreto. Ogni santo giorno, per anni: scendevo, aprivo e arieggiavo ... tornavo, controllavo, chiudevo, spegnevo e riponevo ... per migliaia di volte, con costanza e puntualità ... estate, autunno, inverno e primavera ... e poi di nuovo ancora.

La fiducia è una cosa seria ... e credo che il Rettore l'abbia bene riposta in me ... almeno abbastanza. E fu così che con quella Biblioteca finii col diventare: amico e simpatizzante accanito. Ero contento di aver avuto l'opportunità di metterci il naso dentro di frequente.

Già a quei tempi la Biblioteca veniva tenuta rigorosamente chiusa, ufficialmente perché aveva dei problemi statici. In realtà i tecnici che erano venuti in sopralluogo a valutarla dopo meticolose indagini e controlli soprattutto sui tiranti antichi e sulle travi affossate dentro al pavimento conclusero: *"Bah ! Sembra che la Biblioteca tutto compreso sia in buona salute ... e che il pavimento sia ballerino come tutti quelli dei palazzi di Venezia ... Certo non si dovrà farvi sopra le gare di corsa, né caricarlo più di tanto ... Però con una certa cura e delicatezza si potrà continuare a conservarla senza essere costretti a grandi interventi urgenti."*

"In verità," mi spiegò il solito Prete ricercatore saggio e anche Bibliotecario, *"La Biblioteca ha subito numerosi danni dopo i famosi saccheggi del 1800. Anche in anni relativamente recenti si sono avvicendate orde di Chierici campagnoli, famelici quanto ignoranti, che hanno strappato, asportato e rubacchiato molto rivendendo per conto proprio ... Gentaglia, che è andata perfino a rubare le lenti del telescopio della Specola del Seminario, e che per fortuna è stata poi allontanata e cacciata via ... Però i danni sono rimasti, e anche questa Biblioteca ne ha vistosamente sofferto ... Per questo si è deciso di tenerla chiusa ... Ci vengo io ogni tanto a inventariare e compiere qualche ricerca, e vi*

accompagno eventuali studiosi e ricercatori in visita … Per il resto teniamo tutti fuori cercando di preservarla in attesa di tempi migliori."

"Va beh !" commentai, *"Io mi accontenterò di aprire e chiudere … e anche un po' guardare."*

"E ce n'è qui da guardare se vorrai ! … Mi raccomando: fanne buon uso."

Infatti così accadde per un bel pezzo: andavo, aprivo, *"scannocchiavo"* in giro … tornavo, chiudevo, e curiosavo ancora.

Una meraviglia ! … e già che c'ero, dopo un po' di tempo e dopo averci pensato sopra, decisi di coinvolgere liberamente in quella mansione particolare i miei due più fidi amici e compagni di avventura e vita: **Paolo** e **Walter**. Furono subito entrambi entusiasti di potere accedere anche loro, seppure in punta di piedi come me, in quello scrigno formidabile.

Dovete però sapere un'altra cosa.

Ogni tanto capitava che morendo qualche anziano Prete Monsignore o qualche Canonico di San Marco, costoro lasciassero gran parte dei loro averi a favore del Seminario. Capitava perciò che sfuggendo alle rivendicazioni e alle grinfie rapaci di nipoti e familiari del deceduto spesso in agguato, arrivassero nel Seminario della Salute veri e propri *"carichi"* di materiale e oggetti donati appartenuti a quei testatori più o meno illustri.

"Un altro carico di carabattole e cianfrusaglie!" commentava quasi ogni volta sconsolato il Rettore, *"Dove metteremo tutte queste cose anche questa volta ? … Dovrò fare la consueta cernita a caccia di qualcosa di valido, e poi si dovrà cercare di collocare il tutto sparpagliandolo per il Seminario in adatte sistemazioni … Nel frattempo faremo depositare tutto … nella Biblioteca Granda."*

Ed era così, che molto spesso, l'andito della Biblioteca Antica si riempiva di *"un'imbarcata"* di cose, un'infinità di oggetti curiosissimi da sistemare. Le cose più preziose il Rettore riusciva a farle stimare e vendere sul mercato antiquario di Venezia sempre vispissimo e disponibile. Rimanevano però le solite pendole capaci di suonare tutti i tipi di Ave Maria del Mondo, cucù barocchi col povero uccelletto metallico che penzolava a testa in giù dalla sua molla stirata fuori dalla porticina della sua casetta ... Mobili su mobili di ogni foggia e tipo e capienza, sedie, sgabelli, tavoli, lampade, poltrone, pianoforti sgangherati, e ogni altro tipo di soprammobili immaginabili. C'erano poi libri su libri di ogni tipo, alcuni di pregio e rari, e molti altri comunissimi per cui il Seminario si ritrovava a possedere la copia della copia della copia di qualche testo ... Gira e rigira, volta e rivolta, i Preti di Venezia leggevano sempre le stesse cose.

Inoltre arrivavano bauli su bauli pieni di biancherie fuori moda d'altro secolo, e di abiti da Prete, da cerimonia e da comparsa liturgica e ufficiale. Cappelli tondi neri e rossi **"a disco volante"**, berretti da Monsignore pieni di fiocchi colorati, umili baschi e baschetti, scuffiotti da notte, fasce, cotte, rocchetti, mantelline, abiti talari neri, rossi, paonazzi, violacei con i cordoni e i bottoni rossi o bordati dello stesso colore ... e poi cappotti lunghi, e palandrane inverosimili passate di mano in mano, di Prete in Prete, insieme ad ampi tabarri, sciarpe e sciarponi, scarpe e scarponi e molto altro ancora.

Il Rettore del Seminario era letteralmente terrorizzato dal fatto che noi giovani potessimo mettere le mani sopra a tutto quel bendidio di vestiario e costumi ... perché sapeva bene che quegli aggeggi avrebbero scatenato le nostre goliardate e le nostre smanie teatrali ... cosa che accadeva puntualmente. Mi sono divertito anch'io tantissimo in quella maniera ... Per certi versi era sempre teatro fra noi ... e ogni occasione era buona per inventarci ed inscenare situazione inverosimili divertentissime. Sapete meglio di me quanto si presta l'ambiente preteresco a certe parodie ... Standoci e vivendoci dentro quotidianamente poi !

Eravamo dei veri e propri esperti della materia. C'erano poi un deposito del vecchio teatrino, e un particolare armadio ... guardati a vista da una Suora preoccupatissima, che ogni volta che riuscivamo ad entrarci dentro e metterci mano: era immediatamente Festa e grandi Carnevalate !

Ma di questo vi dirò un'altra volta.

Ancora nella stessa **Biblioteca Grande** un bel giorno finì *"provvisoriamente"* in deposito anche tutta una serie di oggetti portati dall'Africa da un nostro amatissimo Monsignore e Professore responsabile dell'**Ufficio Missionario di Venezia**. Uomo intelligentissimo ma molto alla mano, recatosi in Kenya aveva raggiunto alcuni villaggi davvero sperduti dove i Capi Villaggio l'avevano accolto con grande onore, facendogli tanta festa e riempendolo di numerosi regali dal valore altamente simbolico. Se n'era tornato a Venezia pieno di copricapi piumati, sgabelli simbolo dell'autorità perché tutti si sedevano di solito per terra, vasellame vario, utensili per il fuoco, mortai rudimentali per ridurre in farina semi, zucche e otri per l'acqua, pettorali decorati con segni dell'autorità e del potere, e tutto il necessario per cacciare: lance, e faretre in pelle piene di frecce ... comprese micidiali frecce coperte di altrettanto velenoso **curaro mortale**.

Un insieme bellissimo, singolare e anche prezioso, che in seguito finì con l'essere collocato e sistemato in un apposito museetto etnico.

"Mi raccomando," ci suggerirono il Monsignore e il Rettore all'unisono, **"Non toccate nulla, anche perché queste frecce e lance sono pericolosissime !"**

"Si ... Si ..." ci affrettammo a dire tutti in coro dopo aver visto e toccato tutti quei bei oggetti curiosi. E la Biblioteca venne richiusa come il solito ... ma non per me.

Nei giorni seguenti, anzi fin dalla sera stessa, tornai numerose volte a osservare, soppesare e guardare tutti quei bei oggetti curiosissimi e per davvero interessanti per un Veneziano come me che non era mai uscito dall'Italia.

"Questi sono parte di un altro Mondo ... Sono pezzi di una cultura completamente diversa dalla nostra ... Bellissimi !" commentavo coi miei amici durante le nostre abituali visite serali alla Biblioteca.

Erano le armi però a incuriosirmi di più, soprattutto gli archi e le frecce. Perciò da solo e in gran segreto, nei giorni seguenti iniziai prima a soppesare quegli oggetti con un certo timore vista la presenza del nero curaro, e poi sempre con maggiore dimestichezza e disinvoltura.

Arco e frecce divennero un mio nuovo divertimento. Prima iniziai a tendere gli archi e scagliare qualche freccia a livello del pavimento, poi via via, giorno dopo giorno, acquisii una vera e propria abilità nel maneggiare quelle vere e proprie armi micidiali. Recuperai e portai nella Biblioteca una vecchia sedia sfondata, e per un bel po' di tempo ho trascorso diversi minuti ogni sera allenandomi a tirarvi contro con l'arco e frecce sempre da maggiore distanza e con maggior precisione.

Funzionava ... perché dopo un po' di tempo riuscivo a centrare discretamente la vecchia sedia, a differenza di oggi che credo rischierei di *"spararmi"* una freccia sui piedi. Finchè venne *"il gran giorno"* in cui mi sentii talmente abile e sicuro da poter alzare lo sguardo più in alto mirando a bersagli differenti.

"Svusss !" facevano le frecce più grosse volando via, e poi *"Tònf !"* quando andavano a infiggersi su qualcosa.

"Ssssshhh!" facevano invece le frecce più leggere sfrigolando in aria con le loro alette piumate, e poi *"Stàk !"* seccamente quando andavano a trafiggere qualcosa violentemente impiantandosi in profondità. Facevano impressione ... erano vere armi micidiali.

Sullo sfondo e in alto nella Biblioteca, sopra a tutte le scaffalature dei ballatoi superiori riempite di libri, c'era e c'è ancora oggi un grande Leone Marciano in legno. Il Bibliotecario mi aveva spiegato che era una copia senza valore di un originale collocato là in cima dopo il passaggio devastante dei Francesi che avevano sbricciolato il Leone dorato che stava sullo stesso posto.

Posizionandomi davanti alla porta d'ingresso della Biblioteca, a una quarantina di passi di distanza, alzavo l'arco imbracciato tendendolo accanto al naso, prendevo accuratamente la mira, e rilasciavo la corda tesa: *"Sssssshhh !"* faceva la freccia sottile come il solito, e poi un attimo dopo udivo: *"Stàk !"* come sempre. La freccia era andata a impiantarsi esattamente sulla pancia del Leone Marciano che sorvegliava ignaro dall'alto tutta la Biblioteca.

"Colpito !" dissi a me stesso soddisfatto dell'abilità che avevo acquisito. Era divertentissimo ! ... *(follie incomprensibili di gioventù!)*

Ma quel che è peggio, nacque in me in quel momento la voglia d'inscenare uno scherzo coi fiocchi a discapito dei miei due compari di sempre: **Paolo** e **Walter**.

Una sera qualsiasi dopo cena non mi feci più trovare da loro per il solito appuntamento serale della ricognizione e chiusura della **Biblioteca Granda**. Walter e Paolo mi aspettarono per un po', poi visto che non arrivavo, pensarono bene di raggiungere per conto loro la Biblioteca dove di certo sarei dovuto passare a breve. Salirono perciò lo scalone solenne del **Longhena**, attraversarono tutto il **Corridoio Rosso** silenzioso e avvolto nella penombra notturna, e raggiunta dietro l'angolo l'entrata della **Biblioteca Granda** notarono che la porta era già aperta e socchiusa, anche se all'interno c'era buio pesto e totale.

Nei giorni e mesi precedenti avevo messo al corrente i miei amici dei piccoli segreti che conteneva la Biblioteca, perciò sapevano anche loro dove si nascondevano le chiavi, dove si accendevano le luci, come si poteva salire sui ballatoi superiori per la porticina segreta, come si poteva accedere di nascosto all'**Indice Superiore della Biblioteca,** e altre cose ancora molto interessanti. Perciò spinsero la porta della Biblioteca ed entrarono ignari di quanto li attendeva, e raggiunto al buio il quadro elettrico delle luci le accesero come facevo io ogni sera.

"Il Rosso deve ancora arrivare (sarei stato io, che a quei tempi ero "pel di carota" coi capelli rossissimi) ... Guarda là Paolo ! Ci sono ancora tutte le finestre spalancate ... Vedrai che arriverà fra poco." sentii dire Walter, mentre Paolo armeggiava ancora sul quadro elettrico completando di sollevare i singoli pulsanti delle luci.

"Strano." aggiunse Paolo, *"Di solito a quest'ora è già qui."*

In effetti ero già lì ad aspettarli ... e me ne stavo appostato sopra al ballatoio superiore della Biblioteca con a tracolla la faretra di pelle odorosissima che sapeva da animale selvatico, piena di frecce comprese quelle avvelenate al curaro, e il mio bel arco pronto in mano.

"Sssssshhh !" fece la prima freccia partendo dal mio arco, e poi subito dopo: *"Stàk !"* fece infilandosi vibrando sulla vecchia sedia che avevo collocato di sotto accanto a un tavolo.

"Ssssshhh ! ... e poi Stàk !" fecero anche la seconda e la terza freccia.

"Ecco dov'era il Rosso!" gridò Paolo.

"Ha in mano le frecce avvelenate al curaro !" gridò Walter. *"E ce le sta tirando addosso !"*

"Ma sei matto Rosso ? ... Fermati ! ... Che fai ?" urlò Paolo.

"Sono pericolose !" aggiunse Walter.

"Stàk ! ... Stàk !" fecero altre due frecce finendo a qualche metro di distanza da Paolo e Walter.

"Scappiamo !" disse uno dei due. *"Mettiamoci al riparo !"*

"Ma dove ?" gridò l'altro.

"Lì ! ... Sotto ai tavoli ! ... Presto !" gridò Walter ... e in pochi secondi scomparvero entrambi del tutto alla mia vista infilandosi sotto a un robustissimo quanto ampio tavolo vecchissimo. Lì erano al sicuro, non avrei mai potuto colpirli.

"Rosso ! Attento ! Le frecce hanno il curaro ... Se ci prendi ci ammazzi avvelenati !"

"Stàk ! Staàk ! Stàk !" fecero altre frecce vibrando e infilandosi di precisione sopra al tavolaccio.

"Se esco fuori vivo da qua ... Te còpo !" fece Walter ... Paolo, invece, rideva, ma anche no.

"Ma guarda in che situazione inverosimile ci siamo cacciati !" commentò incredulo ... *"El Rosso ci sta tirando dietro le frecce ... Sembra un incubo !"*

"E' realtà, invece !" sospirò Walter, *"Purtroppo quelle sono frecce vere !"*

"Smettila Rosso ! ... Fai il bravo ! Che non finiamo col farci male ..."

Ogni scherzo è bello se dura poco ... Infatti, ho smesso subito dopo, e sono sceso visibilmente divertito per quella che consideravo una goliardata scherzosa quanto originale. Paolo e Walter erano un po' meno divertiti ovviamente, erano intimoriti, per non dire impauriti ... ma sorridenti come sempre. Ci voleva ben altro per alterare e incrinare la nostra intesa e salda amicizia.

"Ma sei matto ? Ci hai fatto prendere uno spavento ... Ti sembrano scherzi da fare ?" si limitò a borbottare Paolo, mentre Walter si lasciò andare in una risata continuativa e liberatoria continuando a ripetere: *"Non ci posso credere ... Non ci posso credere ... Le frecce col curaro ... Ci piovevano addosso le frecce mortali col curaro ... In Seminario ! ... Vedo già l'articolo sui giornali: "Seminaristi infilzati come tordi da frecce avvelenate !"*

In verità, non gliel'ho mai detto: non ho usato affatto le frecce col curaro ... ma solo le frecce normali, non avvelenate ... Però erano frecce vere.

Finimmo col ridere insieme anche quella sera, come moltissime altre volte immemorabili accadute non a causa di frecce e similari.

Abbiamo vissuto insieme grandi esperienze indimenticabili !

E trascorsero ancora altri giorni che non erano per noi quasi mai qualsiasi, finchè una sera capitò a me di non vedere più dopo cena Paolo e Walter.

Era quasi l'ora consueta di salire di sopra nella **Biblioteca Granda** per chiudere tutto ... Nell'attesa gironzolai un poco intorno al grande chiostro in cui si sovrapponeva lo schiamazzare allegro dei più giovani che rientravano dalla partita a Calcio, e poi non vedendo arrivare Paolo e Walter, salii da solo al piano di sopra dirigendomi verso la Biblioteca.

"Tanto sanno bene dove vado a quest'ora ... Se ne avranno voglia mi raggiungeranno là." dissi a me stesso.

Non era rara quella passeggiata serale insieme, e anche Paolo e Walter avevano preso a benvolere come me quella **"*nostra*"** Biblioteca. Più di una volta ci soffermavamo qualche minuto a sbirciare i libri antichi, a sfogliare delicatamente qualche pagina, o a frugare dentro fra i cartellini pignolissimi dei cassettini dell'Indice. Altre volte osservavamo curiosi i dipinti incorniciati vistosamente sul soffitto, oppure gli oggetti custoditi dentro alla Biblioteca: i grossi mappamondi, i cimeli antichi ... e le tante carabattole di turno che venivano depositate lì *"provvisoriamente"*.

Si viveva insieme anche così ... Passai quindi davanti al nascondiglio segreto della chiave della Biblioteca, e mi accorsi che lì la chiave non c'era. Giunto davanti alla porta della Biblioteca la trovai con la chiave infilata nella toppa della serratura, ma con la porta chiusa e l'interno totalmente buio. Capitava spesso che il Bibliotecario entrasse per le sue ricerche e le sue visite e poi se ne andasse per ritornare ancora una volta.

Feci ruotare la chiave nella serratura cigolante, e poi spinsi come sempre il portone per entrare. Dovevo aggirarlo e dirigermi al quadro elettrico per illuminare tutta la sala.

Non l'avessi mai fatto !

Percorsi pochi passi, mi ritrovai di fronte a due ombre nere perfettamente mimetizzate nel buio della sala che inaspettatamente mi grugnirono contro qualcosa d'incomprensibile. Credo sia stato lo spavento più grande della mia intera esistenza.

Non ho mai temuto di camminare in giro al buio ... ma quella volta lo spavento fu tantissimo, un vero e proprio colpo di terrore, tanto che feci un balzo all'indietro capitombolando per terra sul pavimento ritrovandomi ansimante e tremante per l'abbondante paura che avevo addosso.

Qualche istante dopo si accesero miracolosamente tutte le luci della Biblioteca, e c'erano sia Paolo che Walter che se la ridevano divertiti con le lacrime agli occhi.

"Chi la fa l'aspetti ! ... si dice del solito ... Ecco pareggiato il conto !" esclamò Walter.

"Come ti senti adesso ?" aggiunse Paolo, *"Piaciuto lo scherzetto ? ... Non sarà come le frecce ... Ma mi sembra buono anche questo."*

"Lo è ... Lo è !" borbottai risollevandomi da terra e spolverando la mia tonacona talare nera dai mille bottoni impolverata.

Era giusto così ... e mi aggiunsi a Paolo e Walter a ridere di me stesso, e di quella sorta di rivincita ben orchestrata. Credo che anche gli spiriti dei vecchi **Padri Somaschi** presenti nella loro Biblioteca Granda intenti a frugare quel poco che era rimasto delle loro antiche carte, se la siano risa di grosso e a crepapelle, divertiti di fronte a quell'ennesima nostra scenata.

Anche il Leone Marciano in legno collocato in alto, mi sembrò per un istante ghignasse sorridente, in qualche modo partecipe di quella rivalsa accaduta nei miei riguardi.

E il Rettore, il Bibliotecario e gli altri ?

Queste cose non le vennero mai a sapere, erano solo patrimonio mio ... anzi nostro: di **me, Paolo e Walter**, che oggi sono entrambi illustri Prelati della Diocesi e Patriarcato di Venezia: uno è insigne Piovano e successore del mitico Monsignore che ha portato dall'Africa quelle frecce al curaro, l'altro, invece, è *"mezzo Patriarca di Venezia"* e altrettanto illustre Sacerdote ...

Accade spesso quando c'incontriamo fra noi di ricordare con nostalgia e affetto quei bei momenti lontani condivisi, e quelle presenze assidue in quell'antica **Biblioteca dei Padri Somaschi**: ... attimi curiosi, storie davvero speciali, che ci fanno ancora ridere, e che ricordo sempre volentieri con una certa nostalgia e tenerezza.

***

Il post su Internet è stato scritto in origine come: "Una curiosità veneziana per volta." - n° 103, e pubblicato su Google nell'aprile 2016.

Rialto: fra Mercanti e Pellegrini

- *San Giacometto di Rialto e il Voto Oltremarino.*
- *Un Mercante in crisi a venezia nel 1510.*
- *Incroci fra uomini e donne a Venezia nel 1786.*
- *Sotto ai portici di Rialto.*
- *Di passaggio per Venezia.*
- *Un vispo casotto grando a San Mattio di Rialto.*
- *Accadimenti Fiorentini al Banco Giro di Rialto ... nel 1621.*

SAN GIACOMETTO DI RIALTO ... E IL VOTO OLTREMARINO

Si potrebbero raccontare come il solito mille cose curiose sul magnifico **Emporio di Rialto** e i suoi dintorni. Mai si finirebbe di perdersi nei dettagli di tante storie che solo Venezia sa suggerire. Le vicende della chiesa di **San Giacometto**, quella proprio ai piedi del magnifico Ponte meriterebbero un lunghissimo racconto.

Ma questa volta non la tiro per le lunghe ... e mi soffermo solo su un brandello di storia, solo un lampo tratto dal tempo andato che però non mancherà d'illuminarci con le sue vicende curiose.

Venezia era uno snodo internazionale importantissimo sulla strada per la **Terrasanta** e anche per i Pellegrini diretti a **Roma** o lungo la **Via Michaelica** che conduceva in fondo al **Gargano di Puglia**. Inoltre Venezia era talmente ricca di proposte, spiritualità e concessioni di *"Grazia"* tanto da riuscire a sostituirsi e mettere se stessa al posto di un vero e proprio Pellegrinaggio in Terrasanta. Non si trattava solo di un'idea e di una furbata Veneziana che induceva i Pellegrini Europei ad arenarsi in laguna invece di proseguire attraversando il Mediterraneo fino a Gerusalemme. Esistevano a Venezia i veri e propri presupposti per rinunciare felicemente a quel voto impegnativo, dispendioso e a volte anche letale.

Come ben sapete, non è che in quei tempi di andasse Pellegrini in giro per il mondo solo per spasso e per voglia di viaggiare. Pellegrinare era cosa seria, gravissima, molto sentita e importante ... e non solo per la spesa e per il tempo che s'impiegava a pellegrinare. *(Per andare e tornare, ad esempio, dall'Italia fino a San Jacopo di Campostela nella Galizia Spagnola s'impiegava fino a un anno ... Non era uno scherzo.)*

C'era di più. Molte volte si andava in Pellegrinaggio anche per condanna. Ossia pellegrinare non era solo una pulsione devota dello Spirito, ma spesso veniva imposto da un qualche Giudice Ecclesiastico di città o di Paese che imponeva il *"grande viaggio"* lontano dalla propria terra come espiazione di un danno compiuto. Significava partire, abbandonare gli affetti, il lavoro, le proprie cose ... Tanto è vero che prima di partire si faceva anche testamento, si consegnavano i propri beni ... ed effettivamente molto spesso non si era certi di tornare vivi.

Mandare qualcuno in Pellegrinaggio era perciò una maniera di liberarsi **"santamente"** di personaggi scomodi, e non è che i Pellegrini fossero tutti **"santi uomini"** e **"bianca farina per far ostie".** Qualche volta i Pellegrini erano veri e propri criminali, ladri, malviventi destinati a percorrere strade su cui speravano d'incappare in *"colleghi"* e affini a loro ben disposti per poter far loro *"la festa"*.

Di solito non si poteva facilmente fingere di partire, magari spostandosi in un paese poco lontano. Quel che decideva il Giudice Ecclesiastico veniva messo in atto dal potere Civile che era armato e usava i suoi mezzi spesso persuasivi.

Pellegrinare era quindi anche una specie di "bando" elegante, un ostracismo mascherato da sentimento religioso.

E chi non ne avrebbe immediatamente approfittato se ci fosse stato un modo di scansare quell'ostacolo e liberarsi da quel **"peso santo"**?

Ebbene, a Venezia esisteva anche quello. In città c'era la possibilità concreta di farsi sciogliere da certi voti, imposizioni e condanne imposte da Giudici residenti altrove, anche lontanissimo.

Venezia era Venezia, no ? Non è che in giro per il Mondo ce ne fossero tante di Serenissime. Capite quindi perché i Pellegrini amavano molto passare per Venezia.

Per essere precisi, accade per esempio nell'agosto 1516, che il **Papa "Medici" Leone X** concedesse privilegi ed Indulgenza Plenaria a chiunque visitasse la chiesa di **San Giacometto di Rialto il Giovedì Santo** di ogni anno. Si era al tempo del **Doge Lorenzo Loredan**, del **Patriarca Antonio Contarini**, e di **Marino Georgio "Doctore clarissimo illustrissimo e oratore del Senato Veneto"** che aveva procurato dal Papa quella **"Grazia speciale"** attraverso la supplica del Piovano della stessa chiesa di San Giacometto nonchè Canonico e Protonotario Apostolico: **Natale Regia**.

La tradizione diceva che proprio nel giorno di San Giacomo il 25 luglio era stato sancito a Venezia il trattato tra l'*Imperatore Federico Barbarossa* e la Lega Lombarda capeggiata dal *Papa Alessandro III*. La Festa di San Giacomo era quindi a Venezia una ricorrenza importante ... buona anche per ottenere *"Grazie speciali"*.

Infatti, a rincarare la dose, nel marzo 1520 un nuovo Breve di Leone X concesse facoltà al *Pievano di San Giacometto* e ai suoi successori di poter deputare alcuni sacerdoti nel *Giovedì Santo* e nei tre giorni anteriori e posteriori per le confessioni dei fedeli che **potevano essere assolti anche dai peccati riservati alla Santa Sede**. Rimanevano esclusi soli i casi contemplati dalla bolla *"in Cena Domini"* con le censure riservate al Papa. Detti sacerdoti **potevano anche commutare i voti, fra questi anche quello** *"Oltremarino"* cioè quello di andare in Terra Santa.

Bingo ! Ecco qua !

Bastava quindi per i Pellegrini condannati al *"Santo Viaggio"* recarsi fino a Venezia e il gioco era praticamente fatto, a San Giacometto di Rialto si poteva venire *"liberati"* da quell'imposizione e condanna durante la Settimana Santa ... anche se non è che quell'Indulgenza Plenaria te la tirassero dietro gratuitamente dalla porta della chiesa. Diciamo che c'era un certo *"iter"* di ravvedimento anche economico, nonché *"spirituale"* da percorrere. Ma non era una cosa impossibile ... Bastava darsi da fare in maniera giusta e conveniente ... partecipare, confessarsi ... fare le giuste elemosine ... e: puff ! ... l'obbligo, condanna, pena e il legame del Voto e del *Viaggio in Terrasanta* veniva sciolto ... o meglio, si diceva: *"commutato"*.

A conferma di quella *"specialità eccezionale"* della situazione Veneziana di San Giacometto di Rialto, nel dicembre dello stesso 1520, un ulteriore *"Breve Papale"* sempre di *Leone X* concesse anche di poter celebrare una Messa in quella stessa chiesa anche la mattina del *Sabato Santo*: l'unico giorno dell'anno in cui la Messa veniva sospesa dappertutto fino alla mezzanotte della notte santa di Pasqua.

E come se non fosse bastato, in San Giacometto si poteva celebrare una Messa ogni giorno, anche nelle *"ore antelucane"* ossia prima del sorgere del sole: cosa assolutamente proibita altrove e per tutta Venezia.

E' curiosissimo notare che quelle *"facoltà e privilegi"* sono rimaste attive in San Giacometto fino al 1866 ... quando Pellegrinaggi & Affini erano passati e dimenticati ormai da diversi secoli ... Però quella strana possibilità di farsi sciogliere dai Voti era rimasta ... e non fu di certo un caso se a Rettore di quella chiesa sia sempre stato nominato dal Patriarca di Venezia un Prete abbastanza avveduto, e magari particolarmente afferrato in **Diritto e Cause Ecclesiastiche**.

Ah ! Dimenticavo ... La chiesa di San Giacometto di Rialto non era una chiesa qualsiasi anche per altri motivi. Infatti, era una delle poche chiese Veneziane a non essere Parrocchia pur non essendo chiesa Monastica o Convento.
San Giacometto era ufficialmente una chiesa senza parrocchiani, o meglio: aveva come fedeli tutti i Veneziani, a partire dal Doge in persona al cui diretto controllo era affidata. San Giacometto era, infatti, chiesa di **Jurisdizione Dogale**, soggetta al controllo diretto del **Primicerio di San Marco ossia il Cappellano del Doge**. A San Giacometto di Rialto anche il Patriarca comandava poco ... visto quanto c'era in ballo dentro a quella chiesetta *"strategica e così speciale"*.

Chissà perché ... c'erano sempre Pellegrini che veniva da tutta Europa per visitarla, e ne uscivano quasi sempre sollevati e rasserenati ... sia nello Spirito, che nel portafoglio.
Non meraviglia allora sapere che quella chiesetta se la passasse economicamente abbastanza bene ... Nel 1531 lo stesso **Piovano Natale Regia**, quello delle suppliche al Papa per ottenere le *"Bolle dei privilegi e delle Indulgenze"*, provvide a un restauro radicale della chiesa che finiva troppo spesso inondata dall'alta marea del Canal Grande.
Quel Piovano era già di suo un ricco **Cittadino Originario**, ma venne *"autorizzato e sostenuto nella sua opera meritoria"* dal suo amico il **Doge Gritti** in persona.

Nel dicembre 1542 la Signoria decretò anche l'erezione d'un pulpito di legno nella piazzetta di San Giacometto di Rialto ad imitazione di quello che già esisteva in Piazza San Marco. Si stabilì che lì doveva salire un Religioso, a tale scopo stipendiato dal Doge, per predicare al popolo nel dopo pranzo. In seguito quell'usanza del pulpito voluta dal Doge continuò solo in Piazza San Marco dove si racconta che durante la baldoria del **Carnevale** le maschere prendevano il pulpito con le ruote e lo tiravano avanti e indietro in giro per la Piazza burlandosi e satireggiando *"di tutto e di tutti"* fino al suono del campanone di San Marco che metteva fine alle Feste e decretava l'inizio dell'austerità della **Quaresima**.

Come avete ben capito, Venezia è sempre stata festaiola, trasgressiva, aperta e anche un po' furbetta e interessata. Diciamo anche diplomatica e lungimirante ... un po' a modo suo, capace di vedere e valutare *"i risvolti e le complessità"* delle cose, degli eventi e delle persone.

Per dirne un'altra. Pochi anni dopo, nel 1571, le cronache cittadine raccontano delle feste che i **Tedeschi del Fontego** organizzarono per solennizzare la vittoria di **Lepanto** contro i Turchi. Si era sempre lì, accanto a San Giacometto, di fronte, appena al di là del **Canal Grande e del Ponte di Rialto**: *"... i Tedeschi per tre sere continue acconciarono il Fontego di razzi, e accomodarono di dentro e di fuori per diversi gradi, lumiere, dal primo corridore fino alla sommità del tetto, che rendevano dalla lunga una veduta quasi di un cielo stellato. La prima sera fino alle 5 hore di notte, si udì di continuo suono di tamburi, di piffèri e di trombe squarciate, e sopra i pergoli del Fontego, si fecero diversi e rari concerti di musica, con spessi tiri d'artiglierie. Et attorno a tutte le fabbriche nuove della piazza di Rialto, cominciandosi dal Ponte fino alla ruga predetta, furono tirati panni finissimi di scarlatto: e vi si attaccarono di sopra con uguali distantie, bellissimi quadri di pitture, di imprese, di ritratti, e d'altre diverse historie ... Quadri meravigliosi del Giambellino, di Giorgione da Castelfranco, di Bastiano del Piombo e d'altri eccellenti pittori. La prima mattina si cantò la Messa Solenne sopra un palco dinanzi alla chiesa di San Giacometto con musiche meravigliose. Dopo terza si fece la processione col Crocefisso innanzi, precedendo piffari, trombe squarciate e tamburi. Dopo mangiare si dissero i Vespri con le* *musiche medesime e cominciatisi tardi finirono alle due hore di notte. Il restante del tempo si consumò in harmonie con variati concerti ..."*

Niente male come festeggiamenti !

Termino ricordando che chissà perché, il Doge *"di turno"* era sempre sensibile a quanto accadeva in San Giacometto di Rialto. Più che sensibile, era interessato a tutto quel manovrare d'Indulgenze, Perdonanze, Riti, Liberazioni da Voti e Condanne ed elemosine.

Che avesse anche lui qualcosa da farsi perdonare o qualche voto da sciogliere ? ... Sta di fatto che il Doge in persona con tutta la Signoria al seguito si recava annualmente in visita a San Giacometto di Rialto, proprio in quei giorni d'applicazione del *"Condono e del Perdono"* previsti dalle famose *"Bolle Papali"* d'Indulgenza Plenaria.
Dai non esageriamo ! ... era solo una coincidenza, una casualità.
Racconta, infatti, **Giovanni Nicolò Doglioni** nel 1603 scrivendo nella sua opera: *"Le cose meravigliose dell'inclita città di Venezia".*

"... et così terminati gli Officii di questa mattina (ogni annuale Mercoledì Santo)*, se ne và subito il Doge co' piatti* (sulle peate, le barche piatte) *a visitar la chiesa di San Giacomo di Rialto per ricever il gran tesoro dell'Indulgenza Plenaria lasciata già tanti anni sono alla detta chiesa in simil giorno da Alessandro III Sommo Pontefice quando fu a Venezia ..."*

Al Doge serviva ricevere il *"gran Tesoro dell'Indulgenza e della Perdonanza"* ... Chissà perché ?

***

_____Il post su Internet è stato scritto in origine come: *"Una curiosità veneziana per volta."* - n° 70, e pubblicato su Google nel marzo 2015.

UN MERCANTE IN CRISI A VENEZIA ... NEL 1510

Erano mercanti Veneziani, ma non di quelli ricchi e potenti dal grande blasone familiare. S'erano creati un po' per volta, da soli e senza strafare, raggiungendo anche una certa agiatezza.

Si chiamava **Matteo Merlini**, e nel 1509, il mercante voleva comprare casa a **Marghera**: *"... che mejo non se poria domandar a bocha dove che la xe'..."* In seguito acquistò anche dei terreni a **Piove di Sacco e Martellago**.

Aveva viaggiato per la **Siria** a soli 18 anni continuando a farlo per tutta la vita. Fin dall'inizio aveva fatto un po' di tutto, anche i servizi più umili, guadagnandosi un salario, che era via via cresciuto nel tempo.

Dopo grandi fatiche, *"... che gli costò gran ducati"*, era riuscito finalmente ad avviare una *"Bottega di Compagnia di Mercato"* assieme a **Ser Francesco Da Monte**, perciò spinse come agente il fratello **Giambattista** ad **Aleppo e a Tripoli di Siria** provvedendolo di spese perché fosse *"Marchadante"*.

All'inizio il fratello tornò dall'Oriente a Venezia senza aver fatto fortuna. Martino lo incoraggiò dicendogli: *"Devi aver pazienza, perché col tempo e con la paja se maturano anche le nespole ..."* Infatti, in seguito le cose andarono molto meglio.

Il 04 marzo 1509 **Giambattista** assunse alcuni affari di panni nell'interesse di **Pietro Diedo**, di cui Martino raccomandò un veloce disbrigo: *"... quando morirà lo zio di sua moglie, e tutto andrà a lui, Diedo sarà un uomo ricco da 25-30 mila ducati ... Pur essendo giovane, marcia bene, è oramai Savio agli Ordini, il più bel Ufficio che può avere un giovane alla sua età, va in Pregadi e nei Consigli, la ghe va ben forte ... Se farai presto i suoi interessi, ingrosserà il suo conto, e speriamo che ti mandi a Aleppo in Siria per conto suo ..."*

Il 19 dello stesso mese, i due fratelli avevano buone speranze di concludere un buon affare trafficando salnistro. Giambattista scriveva a Martino: *"... mi dicesti che a Tripoli, fuori della terra di San Jacopo e Santa Marina, c'è una grotta o chava, dove mi ha condotto un cristiano, e c'è del salnitro molto bello. Chi lo toglierà da lì farà molti denari ..."*

Martino, da Venezia, gli rispose: *"... Vorrei che potessi trarne del salnitro in qualche modo, magari accordandoti con Messer Beneto Contarini che con qualche bella maniera potesse fare in modo che il Signore del posto te ne dia l'appalto ... Non dirgli dove si trova il salnitro finchè non ti prometterà di prenderti in compagnia con lui con almeno la metà del profitto. Essendo grande la quantità, come tu dici da caricarne una nave, potrai farne qualche guadagno ... Ma sta attento che altri non ti portino via l'affare. Il prezzo del salnitro a Venezia, di quello meno buono, è al grezzo da ducati 24 a 25 al "mièr", mentre quello refatto è a 35 ducati. Tutto quello che arriva si compera per conto di San Marco, e non se ne trova più in giro ... Ricordati che serve una mostra per valutare la merce ... Mandamene un sacco da 25-100 libre, e si farà il prezzo ..."*

Martino scrisse a Giambattista di nuovo in settembre: *"...per conservare e spedire cuoio di bue o di vitello, dall'Oriente a Venezia per la magnifica industria dei cuoi veneziani, serve insalare il cuoio, piegare le pelli, e lasciale per 15-20 giorni chiuse. Poi si distendono, si toglie il sale, e si lasciano asciugare. A Venezia i cuoi si comprano freschi per 2 lire all'ingrosso, mentre insalati e seccati, scorlato via el sal, a soldi 4 la lira ... Per le informazioni che ho avuto, si possono piazzare presto ..."*

I **Merlini** commerciavano di frequente anche in ceneri, che servivano per fabbricare sapone e vetri. Martino spediva a Giambattista piccole partite di stoffe di media qualità, e vetri di Murano, forniti da certi **Alvise e Vettore Biondo**, informando il fratello sui prezzi delle spezierie e di altre merci della Dominante. Giambattista, in cambio, spediva a Venezia *"... oltre che ceneri, zambelotti fini di belle sete paesane, e cotoni ..."*

Martino comprò a Venezia qualche *"mièr"* di stagno da pagare in 2 anni, spendendo 110 ducati. Li rivendette subito a Venezia per 95 ducati, che voleva mandare al fratello per investirli. Ma l'inizio della guerra gli impedì l'invio.

Il 10 dicembre 1508, si era formata, sotto la guida del Papa, la **Lega di Cambrai** contro Venezia. Si scioglierà nel 1510 per la defezione dello stesso pontefice. Ad essa aderirono, oltre al Papa Giulio II, Luigi XII di Francia, l'Imperatore Massimiliano I, Ferdinando II d'Aragona Re di Spagna, Napoli e Sicilia, Alfonso I d'Este Duca di Ferrara, Carlo III Duca di Savoia e Francesco II Gonzaga Marchese di Mantova.

La situazione difficile e incresciosa fece finire il Mercante Veneziano in un contesto economico davvero difficile, che raccontò nelle sue lettere al fratello: *"Non prevedo grandi guadagni con questa nuova Muda in partenza da Venezia ... Siamo in anni di commerci decadenti ... Causa la guerra contro Venezia, le strade internazionali sono chiuse, e sono aumentati e aggiunti i balzelli ... Incalzano tasse incredibili, si vuole tassare 1 ducato per ogni camino (famiglia), e 1 marcello per "staro" di frumento di cui ogni casa ha bisogno. A Venezia non si trova chi voglia comprare, ma solo vendere. Oppure c'è chi vuol pagare depositando denaro al Magistrato del Sale, riscuotibile in 15 anni ... Si vende addirittura a baratto di denaro depositato al Monte Nuovo e Monte Nuovissimo, o dai Capi dei Dieci. Sono denari da scontare in tasse e decime, e in parte da riscuotere in 25-30 anni ... Gli uomini validi sono distratti dalle occupazioni industriali, quelli non fortunati, che traevano guadagno dai traffici, sono impoveriti sempre di più ... Se si volesse vendere le cose tenute in magazzino, non si troverebbe da guadagnare neanche metà guadagno di quel che valgono ... Chi avrà qualche bella scorta di filati da vela per fustagni, riuscirà facilmente a vendere per l'Arsenale, perché si sta allestendo un'armata grande, e varranno molto ... Saranno profitti di guerra ... Tu cerca almeno di andare a pareggio ..."*

In un'altra lettera al fratello Giambattista, continuava: *"Questa volta, son de pocha alegreza, mezo choto ... Siamo assediati da terra, che Dio ci liberi ... Tutto quel che si manda a Venezia va in decime e tasse ... Le tasse ci stanno soffocando. Ne sono state imposte 6 sui depositi al Monte Novissimo. Non ne ho pagata neanche una. Andranno tutte al Magistrato delle Cazude ...* (Magistrato de cadutis: che esigeva i debiti scaduti non soddisfatti nei tempi legali dell'erario). *Si pagheranno al 40-50% perciò con una decima se ne pagheranno due ... Nei prossimi anni a Venezia non si pagherà nulla ... e quanto sarà dato ai Monti di Deposito sarà perso. In giro non si trova argento, perchè è andato tutto in Zecca, e così l'oro ... Valgono gioie, rubini, diamanti, turchesi, basta che siano buoni ... Se hai occasione spendi fino a 50 ducati all'avventura ... Oppure prendi qualche buona busta di "rabarbaro o schamonea fina", da dare a qualche patron di nave da portare a Venezia "foravia a suo rischio" ... A Venezia comunque si richiedono cose per cui si dispone presto denaro ..."*

Martino trasmise i prezzi di altre stoffe e spezierie: "*... Ma i Mercanti sono tutti a fondo, con poco da fare ... Io stesso e la famiglia siamo in crisi economica ... Raccomando anche a te di stare attento ... Risparmio su tutto, non ho un giubbone per l'inverno, né un paio di calze buone ... Divido con te il magro corredo di 6 camicie nuove, e me ne rimangono altre 5 rimesse, "che ride da ogni banda"... Si stenta a far tessere una pezza di tela per camicie, né se ne trova a comprarla di grezza né di bianchizà, perché non arriva da nessuna parte. Tutti i lavoranti che tessevano a Venezia sono tornanti a casa loro: chi è al campo, chi è morto. Un maestro che ne aveva 8 ora ne ha solo 1-2 ... I frumenti in meno di 15 giorni sono passati da 3 a 6 lire "staio" ... A casa si trascorre più di metà settimana senza carne, e battezziamo il vino nel barile ... Non ho più vino, perché il più tristo che si trova costa lire 4 e 1/2 la "quarta". Se non fosse, che già 4 mesi fa, ho riscosso dal Banco dei Pisani e Priuli 120 ducati di nostro nipote Pietro ... credo sarei morto ... Sono riuscito a chiudere alcuni buchi, pagato tasse e decime, fornito di legna e frumento la casa, ma non per tutto l'anno. Di quanto mi hai richiesto, ti mando zero, per non aver più crediti nè denaro. Abbi pazienza fino a quando piacerà a Dio. Non vorrei compiere qualche sbaglio che mi rovini del tutto. Se Dio non ci aiuta, non riusciremo a supplire alle spese che ho con quel poco che guadagno ... Mandami una busta di candele di sego, perché a Venezia non ce n'è più. Non si vende più candele a nessun prezzo. Solo sul Ponte di Rialto c'è qualche garzone con 25 candele, e le da 2 a 1 soldo ... sembrano oro ... Se non ne trovi, manda almeno del "sego di becco", per farne fare candele a Venezia. Lascerò in dogana i cotoni arrivati più che potrò,* *perché è meglio per me che rimangano lì piuttosto che in magazzino, perché non ho al presente danari da spendere … Non si vede e non si ragiona d'altro che di guerra, morbo e carestia, ma la guerra passa davanti a tutto, e fa dimenticare anche il morbo. E' venuto quel tempo che dicevano i nostri avi, in cui il vivo avrà invidia del morto. Credo sia questo il nostro tempo presente …"*

Dopo Cambrai, quella di Venezia fu grandezza di riverbero, effetto di potenza passata e non più. Ieri come oggi le situazioni si ripetono in giro per il mondo. Seppure a distanza di molto tempo … la vita continua ad essere sempre una ruota.

***

_____*Questo scritto è stato postato su Internet come: "Una curiosità veneziana per volta." - n° 18, e pubblicato su Google nell'aprile 2013.*

INCROCI FRA UOMINI E DONNE ... VENEZIA 1786

Cattaruzza era figlia di *Zuanne e di Caterina Foscarini del Ramo III dei Grimani di San Boldo*. Ramo III: significava che il livello economico della famiglia era notevole, davvero importante. Era nata nel 1758, quinta figlia, sorella di altre già tutte maritate.

Il *Patrizio Tommaso Giuseppe Farsetti del Ramo II di San Luca* era nato nel 1720, aveva quindi 66 anni nel 1786. Era del Ramo II, ossia ancora più benestante e ricco della famiglia di Cattaruzza.

Cattaruzza nello stesso anno, aveva 27 anni, ed era stata indotta a sposarsi per accedere al consistente patrimonio del Farsetti, che era uno spirito libero, un bibliofilo, amava viaggiare, ed era riluttante verso le cariche, gli impegni e la vita di società dei Patrizi Veneziani. Si era fatto perciò *Monaco Gerolosolimitano*, non disdegnando però di frequentare il bel sesso, tanto da litigare a Parigi con lo stesso *Casanova* per ottenere i favori di una certa belladonna: *Giustiniana Wynne*.

Giunto però ad età avanzata, e temendo l'estinzione della sua famiglia, decise di ottenere dispensa dall'*Ordine di Malta*, e di sposarsi per avere un erede di famiglia.

Così si sposarono nella chiesa di *San Gimignano*, proprio in mezzo a Piazza San Marco, e si registrò il matrimonio regolarmente l'11 giugno 1786.

A poco più di un anno dalle nozze, Cataruzza aveva già presentato il monitorio di richiesta di divorzio al *Patriarcato*, e ottenuto dagli *Avogadori da Comun* il permesso di uscire dalla casa del marito e collocarsi in uno degli istituti femminili che accoglievano a Venezia donne in difficoltà a vario titolo.

Si trattava delle *Pizzocchere di San Gioacchino di Castello*.

Cattaruzza si era inoltre già impegnata sentimentalmente, forse già da prima del matrimonio, con *Vincenzo Medici* che si recava puntualmente a visitarla presso le Pizzocchere.

Nell'autunno 1787, la madre di Cattaruzza: la Nobildonna Caterina Foscarini fu Alvise, scrisse amareggiata e offesa agli **Inquisitori di Stato**: *"...vedendo la minore delle mie figlie sedotta dalle mali arti di certo Vincenzo Medici che visita le Pizzoccare di San Gioacchino di Castello..."*

Gli Inquisitori di Stato ordinarono subito a un Fante del Tribunale d'interrompere il dialogo fra i due, arrestare il Medici, e imbarcarlo per **Zara in Croazia**, dove gli sarebbe stato consegnato l'ordine di rimanere.

In ottobre 1787, gli Inquisitori di Stato, ottenendo informazioni dalla Nobildonna Caterina Foscarini, diedero ordine al Capitano Grande dei Fanti di controllare se il Medici fosse rientrato a Venezia, e nel caso, di rispedirlo subito a Zara.

Il 16 gennaio 1788 la madre Nobildonna, tornò alla carica con gli Inquisitori, informandoli di nuovo, che aveva notizia certa che il padre del Medici stesse giungendo a Venezia per dare man forte al figlio e organizzare la fuga di Cattaruzza, che secondo le ultime voci era incinta. Chiedeva ovviamente agli Inquisitori di impedire che Cattaruzza s'allontanasse dalle Pizzocchere di Castello.

Gli Inquisitori si mossero di nuovo, e il Fante intimò a Cattaruzza di non uscire più dal San Gioacchino di Castello se non con la madre o le sorelle. Il Capitano Grande dei Fanti, fu incaricato espressamente di vigilare sulla particolare situazione.

Il mese dopo era febbraio, e Caterina Nobildonna tremenda, scrisse ancora agli Inquisitori. Stavolta aveva in mano una prova concreta del progetto di fuga di Cattaruzza. Aveva intercettato una lettera del Medici inviata a Cattaruzza. Inoltre la Nobildonna informava gli Inquisitori, che il Medici stava nascosto a Venezia a casa di una certa **Bettina in Corte Pedrocchi a Castello**. Che non lo sapessero già ?

Il Medici scriveva *(fra le altre cose)* a Cattaruzza: *"Cara ed amata anima mia fedelissima, mia unica felicità, mia vera sposa, mia cara moglie ... Vivi certa che il caro tuo sposo ti adora, e che più non può viverti lontano, prima per l'amore che ti professo, e poi perché mi sento un desiderio d'abbracciarti al mio petto ... mia coccola ... In brevi giorni sarai felice e contenta ... ti prego di darti animo ... Vedrai quanto il sarò infallibile nell'esecuzione del mio dovere e della mia parola data ... Vivi tranquilla e contenta, che con la direzione del tuo cocolo ogni cosa anderà bene ..."*

Caspita, che parole !

Medici stava preparando un piano con il suo servo e suo padre che stavano arrivando a Venezia.

Gli Inquisitori *(stranamente pazienti e attendisti)* inviarono un Fante a contattare la donna che ospitava il Medici, invitandola a non importunare indirettamente col suo comportamento la Nobildonna Grimani. Il Fante aveva anche l'incarico di cercare di conoscere dove abitava Vincenzo, e se ci fossero oggetti utili *(come un cappello, un mantello, o un baule)* atti a far fuggire di notte Cattaruzza dal Convento. Il Fante andò anche fino al Convento di San Gioacchino di Castello a intimare alla **Madre Ministra delle Pizzocchere** di non permettere a Cattaruzza di uscire e ricevere visite.

Il 03 aprile: altra supplica agli Inquisitori dell'indomita Nobildonna Caterina Grimani, la madre tremenda. Si chiedeva un pluriconsulto da parte di più medici sulla gravidanza di Cataruzza. Si voleva una certificazione da parte del **dottor Varvè, del dottor Guelfi, e del dottor Rizzo**: professore d'ostetricia.

Cattaruzza stavolta reagì, si ribellò e resistette, lasciando tutti nell'incertezza, inducendo i medici a ritrattare certificazioni e attestati di gravidanza.

Gli Inquisitori di Stato stavolta tacquero, si astennero dall'intervenire, e apposero alla richiesta del consulto la scritta: *"rifiuta"*.

Ed eravamo alla primavera del 1788.

Cattaruzza era stanca e si mise a scrivere agli **Inquisitori** anche lei. La lettera di supplica fu recapitata agli stessi Inquisitori di Stato tramite un suo amico: il **Patrizio Giuseppe Gradenigo**.

Così scrisse Cattaruzza: *"... la morte potrebbe facilmente liberarmi dall'insoffribile peso di tanti crudeli affanni e dall'infamia che mi sovrasta ... Non ne posso più ormai di questa tirannia ..."*

Riponeva però speranza di Giustizia nel suo Principe, il **Doge**, la **Signoria Serenissima**, da cui sperava protezione e capacità di ridarle onore, vita e libertà.

"... Sciolta dal precedente vincolo matrimoniale, sono ora libera di disporre del mio cuore come meglio posso ... Fosse per me, sarei stata già da sei mesi sposa e fra pochi madre ... Se la tirannia dei miei congiunti non mi avesse assolutamente impedito ..."

Nella stessa primavera 1788: **Cattaruzza** sposò **Vincenzo Medici** con rito segreto ... **Inquisitori di Stato** consenzienti.

***

_____*Questo scritto è stato postato su Internet come: "Una curiosità veneziana per volta." - n° 26, e pubblicato su Google nel maggio 2013.*

SOTTO AI PORTICI E ALLE VOLTE DI RIALTO

Nel 1459 si ricordava che sotto ai portici di **San Giacometto di Rialto**, sul nuovo muro costruito per separare la Pescaria dalla Piazza per lo sbarco dei Nobili, c'era un **Mappamondo dipinto** con le mappe marittime del Mediterraneo e anche oltre dove s'inventavano e programmavano gli itinerari delle spedizioni e dei viaggi commerciali, e si pattuivano i *"Contratti di Sicurtà"*. Era una specie di **grande Portolano** inscenato all'aperto, a disposizione e sotto gli occhi di tutti. Lì mettevano insieme i capitali e le somme da spendere, contattavano Notai, Banchieri e Assicuratori, si consorziavano le alleanze commerciali delle *"Maone di Viaggio"*, e si progettavano i carichi delle Galee delle Mude di Stato fornite e protette dalla Serenissima scovandone e investendone il **Capitano da Mar** che le guidava. Proprio là sotto si decidevano e calcolavano gli investimenti e i ritorni economici, si decidevano le rotte e le regole del viaggio, si calcolavano rischi, spese e guadagni, si sceglievano e differenziavano uomini e merci per quelle imprese redditizie ma altamente rischiose.

In un certo senso confluiva a Venezia tutto quanto si scambiava, vendeva e contrattava nelle **Fiere e nei Mercati dell'Europa e del Nord dall'autunno e fino alla Quaresima e Pasqua**. Tutti il meglio dei prodotti confluiva via terra o mare a Venezia soprattutto in Primavera per la grande **Fiera della Sensa**, e da qui prendeva la via del mare e dell'Oriente e dell'Africa. Viceversa, in **Autunno e prima di Natale** da Venezia partiva e s'espandeva il **prezioso commercio contrario che si riversava sull'intero mondo Europeo e Transalpino**. E così via … in un'andata e ritorno redditizia e senza fine … Ciò che all'origine nelle terre lontane costava 10 spesso giungeva e poteva quasi centuplicare di valore sulla piazza di Venezia: erano affari ! … E che affari !

Nel 1460, ossia l'anno dopo, al **Mercato di Rialto** 2 libbre di cacio dolce costavano lire 8, e 1 forma di cacio tenero e fresco costava 10 lire, mentre 1 libbra di cacio spugnoso, fresco, tenerino e bianco valeva 4 lire … Una formella di cacio Cretese costava, invece, 10 lire, e una pezza di formaggio Morlacco veniva soldi 2 e piccoli 8 la libbra. Te li poteva vendere **Benassuto** *detto "il rosso" della Contrada di San Barnaba*, oppure li potevi comprare da *Marino* entrambi appartenenti all'*Arte dei Pestrineri*.

Per riuscire ad entrare a far parte di quell'Arte selettiva e chiusa, avevano dovuto attendere i 4 anni dell'apprendistato, e altri 12-16 da *Lavorante* prima di poter superare davanti al *Gastaldo dell'Arte* e ai *Bancali dei Pestrinai* la prova di: *"Cucinare una caldiera di capodilatte, e far un capodilatte cotto, tagliando nella caldiera una coperta che venga a coprir un piatto imperial ..."*

Vendevano *"la latte"*, il siero o *"scolo"*, formaggio magro da colla, onti e burri sottili freschi manipolati da loro come la panna, il capo di latte cotto e la puina.

Il *Pestrinaio* era un'Arte prestigiosa, tanto che veniva raffigurata fra i Mestieri importanti di Venezia scolpiti sugli Arconi esterni della Basilica di San Marco. Il nome derivava dal *"pestrìn"* che era un piccolo mulino in cui di solito una mucca girava la macina. I Mastri Pestrineri o Venditori di latte di Venezia erano circa una cinquantina con una decina di garzoni, e commerciavano e lavoravano in circa 28 botteghe, radunandosi in Congrega a numero chiuso nella chiesetta di *San Mattio di Rialto* davanti all'Altare di San Giuseppe preso in affitto dal Piovano, dove celebravano ogni anno una festa patronale il giorno 19 gennaio.

Dal 1769 la Schola deliberò di unirsi assieme a quella de devozion del *Cristo e dei Morti*, anch'essa ospitata nella chiesa di San Mattio. In una nota contenuta nella loro Mariegola rivestita *" ... con broche e passetti d'argento."* si racconta che fra Pasqua e giugno a Sant'Antonio, ci fossero più di 1.000 mucche pascolanti nei campi posti a ridosso della gronda lagunare di Venezia, nel tratto fra il *Canal de l'Oselìn* e le località di *Campalto e Texera*.

I prodotti dei Prestinai venivano venduti a Venezia tutti i giorni compresi quelli festivi da dodici Lavoranti estratti a sorte, ed esisteva anche una vendita porta a porta fatta da donne che possedevano una mucca, per la quale pagavano una tassa alla Corporazione.

Questi sono solo due scenari isolati del vispissimo **Emporio di Rialto**. Ma andiamo per ordine ... c'era molto di più.

Già nel 976 il cronista **Giovanni Diacono** accennava che i corpi di **Candiano IV e di suo figlio** furono gettati senza sepoltura tra i resti delle carni macellate in un luogo paludoso *"oltre canale"* dove c'era una **Beccaria o *"macelli forum"***.

Nel 1051, negli atti per la divisione fra gli eredi di **Giovanni e Pietro Gradenigo**, si descriveva l'area fra il **Canale di Rivoalto** e il **Rio di San Giovanni** accanto alle proprietà degli **Orio**. Lì c'erano: approdi, depositi o solarii, botteghe o staciones con terreni pertinenti, accessi diretti sui canali, possibilità di scolo delle acque, calli larghe 3 piedi e stazi di Beccaria ... Qualche anno dopo, **Tiso e Pietro figli di Stefano Orio** donarono alla Serenissima un *"ordine di botteghe"* con terreni di loro proprietà contigui a quelli dei **Gradenigo**, posti dove già sorgeva il **Mercato coperto e scoperto di Rialto**. Circa nello stesso periodo, **Stefano Coronario** consegnò a **Enrico Dandolo Patriarca di Grado** *"... per la salvezza della sua anima e dei suoi eredi ..."*, un pezzo di terra di 70 metri x 45 sito in *"capite Rivoalti"* per costruire una nuova chiesa di San Mattio ... poco distante da dove nel 1071 cadde per la prima volta il campanile di **San Zuàn de Rialto**.

Già nel maggio 1164 un gruppo di 12 proprietari sottoscrisse un prestito volontario a favore della Repubblica consistente nel cederle i redditi del *"Provento Rivolatini Fori o Mercatum Rivoalti"* per le necessità del *"Commune Veneciarum"* impegnato nel sedare una rivolta a **Zara** e a combattere contro gli **Ungari** ... mentre due anni dopo la **Nobildonna Sidiana Sanudo** pensò bene d'investire una parte dei suoi soldi per costruire una casa-canonica al povero **Piovan di San Mattio** che era ancora senza tetto.

Era nato l'**Emporio di Rivoalto o Rialto**, luogo di osterie e taverne, contrattazioni e prezzi, Giustizia cause e processi, merci e misure, Assicurazioni, Dazi e prestiti pubblici. Quando le Nobili Famiglie: **Gradenigo, Sanudo e Zorzi** si trasferirono ad abitare altrove, il luogo divenne sede degli **Ufficiali sopra Rialto,** dell'**Ufficio Pesi e Misure,** della **Giustizia Nuova** e dell'**Ufficio dei Cinque alla Pace** per deliberare su torti e ragioni relative a ferite d'arma, e in seguito dei **Provveditori al Sale** della Serenissima e del Doge, che vigilavano e decidevano sui **Dazi del Vino**, la **Ternaria dell'Olio** e le **Beccarie**.

Dopo la metà del 1200 s'interrò una zona paludosa presso San Mattio di Rialto, e i *"Visdomini"* controllavano che il **Dazio del Carbone e del Legname** fosse pagato alla **Tavola dei Lombardi sulle Rive di Rialto**, e il Maggior Consiglio varò norme relative a **Dazi sui Panni e Fustagni** che entravano nella **Drapperia** di Venezia dal Nord, Tarvisio e Portogruaro.

Si perde nell'incertezza delle cronache antiche la data della costruzione del primo ponte in legno che cavalcò le due sponde del **Canale Grande** veneziano dilatando a dismisura l'area cittadina della primitiva area di Rialto dedicata al mercato. **Andrea Dandolo** disse e scrisse che accadde per merito del **Doge Renier Zeno** nel lontano 1264. Altri cronisti veneziani, come **Antonio Vitturi, Giorgio Dolfin e Marin Sanudo** lo fanno addirittura risalire al 1173 o 1190.

Sta di fatto, che circa intorno a quegli anni il **Maggior Consiglio** vietò a chiunque di sostare e vendere liberamente in barca, sulle rive e a terra nella zona compresa fra il **Ponte, la Loggia dei Mercanti e Camerlenghi** e la casa di **Paolo Gradenigo** che sorgeva sulla **Riva del Vino**. Era nato l'**Emporio Mediterraneo Realtino** di cui la Serenissima in persona rivendicava e gestiva diritti, guadagni, movimenti ed esclusiva. *Si trattava di una vasta area di Venezia che andava ben oltre Rialto stessa* allargandosi in diverse Contrade poste di qua e di là del Ponte sul Canal Grande. Fra Fondaci, botteghe, stazi, volte e magazzini l'Emporio arrivava fino a dopo la **Contrada di San Giovanni Crisostomo, San Bortolo, San Lio e le Mercerie di San Salvador verso San Marco** da una parte, mentre dall'altra giungeva grossomodo fino a **Campo di San Polo e alla Contrada di San Cassian**.

Un microcosmo coloratissimo e laborioso, insomma, in cui all'ordine del giorno c'era tutto l'anno la compravendita di mille spezie, perle, oro, sete preziose, stoffe e lana, avori, incenso, nardo, zucchero, ebano e legni preziosi, fustagni, cotone, vino, olio e qualsiasi altro bene prezioso e di prestigio proveniente da qualsiasi posto del Mondo. Intorno al grande **Emporio Realtino** ruotava un grande circo di **Notai, Mercanti, Banchieri,**

Sensali, Faccendieri, Marinai, Nobili, Bastazi-Facchini, Pesatori, Procuratori e Artigiani ... e accanto a questo grande movimento di respiro internazionale i cui protagonisti venivano ospitati e accolti in una miriadi di **Osterie e Locande**, esisteva anche il non indifferente commercio spicciolo e quotidiano di quanto era necessario per sostentare la città: quindi la **Pescheria**, l'**Erbaria** e tutto il **Mercato della frutta, pollame, verdure e tutti i prodotti caseari e da cortile** nonché quello della **Macelleria o Beccaria** che comprendeva anche i prodotti della Caccia e soprattutto le copiose manifatture delle numerose **Arti e Mestieri** della città.

Una kasbah immensa, spettacolare e inenarrabile, di cui oggi rimane solo l'idea e scarsissime, quasi infime tracce.

La Serenissima istituì degli appositi **Ufficiali Sopra Rialto** con l'ordine di controllare l'intera zona e tenere il ponte sgombro e normalmente chiuso al passaggio delle navi. Chi richiedeva l'apertura temporanea del *"Ponte dei Ponti"* era tenuto a versare agli Ufficiali una somma di denaro che veniva poi utilizzato per le riparazioni.

Inizialmente era permesso il commercio al minuto sopra al Ponte solo ai forestieri, agli ambulanti, e a una speciale categoria di poveri riconosciuti da apposito permesso rilasciato dagli stessi Ufficiali. Ma visto il successo dell'iniziativa, si aprì la vendita e la sosta anche al commercio di tutti i Veneziani ... C'era talmente *"movimento"* a Rialto, che nel 1288 un **Nobile Da Canal** si fece dispensare da una prestigiosa carica di Ufficiale Pubblico per poter attendere ai numerosi affari che aveva in corso alla vigilia della partenza della nuova Muda delle Galee.

Nel marzo 1224, **Gerardo da Parma** del Confinio o Contrada di San Zuan di Rialto, presentò fidejussione per Jacopo de Caxapicata de Verona per l'acquisto di 2 miliara di olio, e per **Aleardo de Ugone Molese de Verona** per ½ miliara d'olio e 10 miliara de fichi diretti a Verona. Nello stesso giorno, **Martino Auriolo** dello stesso Confinio, presentò un'altra fidejussione per **Ragaciano da Mantova** e il socio **Gilio** per l'acquisto di 20 miliara di fichi diretti a Mantova; e per **Belacato da Brixia o Brescia** per acquistare 8 miliara di formaggio.

A Rialto, per comodità e utilità comune, **Prete Johannes Rolando** di San Giovanni di Rialto era **Pubblico Notaio**, come in seguito lo fu **Paolus** sempre Prete di **"Sancti Johannis de Rivolato"**, ossia la stessa chiesa ... Lo furono anche **Antonio e Bartolomeo Preti in San Bartolomeo**, appena giù dei gradini dall'altra parte del Ponte di Rialto ... che era stato costruito in legno ... in sostituzione di uno più antico fatto di barche.

Nel 1239, invece, **Filippo Bacari da Malamocco** pagò 4 ½ lire Veronesi l'anno, 2 paia di anitre selvatiche a Natale e qualche regalia di pesce nelle grandi feste a certi **Ottone e Giovanni di fu Gradalòn Gradenigo** di San Giovanni di Rialto, per gestire 1/8 di una certa **"Pescaria detta Cancto Grosso"** dove si pescava ed uccellava.

L'anno seguente, **Marco Gradenigo** del Confinio di San Giovanni Evangelista fece testamento a Rialto costituendo esecutore testamentario e usufruttuaria del suo patrimonio sua moglie **Tommasina**. Del tanto che possedeva, lasciò a suo figlio **Giovanni** lire 300 di denaro Veneto per sanare un debito che aveva lasciato scoperto; alla figlia **Marchesina** lasciò la rendita di una bottega a San Zuan di Rialto affittata agli **Orefici Benedetto e Simone** per lire 12 sempre di buon denaro Veneto; al figlio **Giacomo** ch'era Prete lasciò invece: acque e peschiere nella zona di **"Laguna Alta e Canneto Grosso"** presso **Malamocco e Poveglia**. Infine, lasciò agli altri figli: **Giovanni, Marino, Enrico, Paolo e Michele**, tutti i beni che possedeva nella zona di Rialto e altrove.

Nel 1310 i congiurati **Marco e Pietro Querini e Tiepolo** attaccarono la **"Domus Comunis qui est in capite Pontis Rivoalti"** dove abitava il Me**dico Pietro**, distrussero e bruciarono l'**Ufficio dei Cinque alla Pace** strappando tutte **"le scritture"** lì conservate, e devastarono il F**ondaco della Farina** rubando tutto il denaro che vi si trovava *"... non in piccola quantità ..."*

I **Querini** possedevano molte attività a Rialto, ed erano *"Juspatroni"* di gran parte della zona del Mercato dove avevano la loro **"Ca' Granda o Mazor" in Contrada San Matteo**. Dopo la congiura, lo Stato requisì tutte le loro proprietà tramite i **Magistrati al Sale**, e trasformò il **Palazzo dei Querini in Stalòn e Beccaria Nuova** demolendo le vicine botteghe del sale. Alcune cronache dicono che, non rinvenendo gli strumenti divisionali delle proprietà del palazzo dei Querini, il Governo compensò **Giovanni Querini**, che era innocente non avendo partecipato alla congiura, pagandogli il terzo del palazzo che gli apparteneva. Gli 80 banchetti delle nuove botteghe della **Beccheria di Rialto**, delimitata da selciato, coperta e chiusa da portoni in larice, erano allineate e divise a gruppi per taglio, esposizione e vendita della carne.

A Rialto risiedeva anche *"l'**Uffizio dei Provveditori Sopra le Beccarie e Pubblici Macelli**"* gestito da tre Nobili. I **Beccai** tenevano Confraternita di Devozione sotto il patrono San Mattio nella chiesa omonima della quale per *"breve"* del **Papa Eugenio IV**, avevano il diritto di eleggere il Piovano. Nell'ultima domenica di Carnevale nella Corte di Palazzo Ducale i Beccai si mascheravano *"...all'Europea, all'Asiatica, all'Africana, ed all'Americana ..."*, e si segnalavano particolarmente attivi specialmente nelle *"**Cacce dei tori molài**"*. Nello stesso giorno gli stessi Beccai godevano del privilegio per la fedeltà dimostrata alla Repubblica, di montare con venti persone la guardia del **Palazzo Ducale** dall'ora di terza fino al termine dei pubblici spettacoli.

Anche i Beccai erano rappresentati sugli **Arconi della Basilica di San Marco** fra le Arti e Mestieri indispensabili alla vita della Serenissima. A testimonianza di questo, già dal 1306 il Maggior Consiglio stabilì che i Beccai di Venezia non dovessero avere né Gastaldo né Decano proprio, ma fossero direttamente sottoposti al controllo dei **Giustizieri Vecchi** ... I Magistrati Veneziani in un certo senso compravano la carne per la città dai Beccai prestando loro denaro pubblico. I Beccai avrebbero pagato una multa e restituito i soldi se non tenevano ben rifornite le 60 banche di Rialto affittate all'incanto una volta all'anno.

Sempre i **Beccai** avevano anche l'obbligo di mantenere la chiesa di **San Mattio di Rialto** contribuendo per 26 ducati annui, ed esponevano ad ogni festa in **Campo delle Beccarie** il loro gonfalone della **Scuola dei Macellai** con il loro Patrono: l'Apostolo San Matteo dipinto da **Pietro Negri**. Di solito, nei secoli, la Corporazione veneziana contava un'ottantina d'iscritti e appartenenti, di cui 60 erano Mastri attivi e abili al lavoro, e altri 20 circa erano inabili e solo dediti alle vendite, alle scritture e a insegnare l'Arte.

Nell'agosto 1314, **Giovannino Beccaio** di Venezia denunciò alla Serenissima d'aver subito un furto di bestiame chiedendo congruo risarcimento, mentre in realtà aveva venduto al **Comune di Treviso** i 200 capi di bestiame che teneva a **Ca' di Mezzo presso Marghera**. La Serenissima ovviamente lo *"smascherò e ricompensò"* a modo suo … Vent'anni dopo circa, i **Provveditori alle Beccarie** multarono un Beccaio di Rialto facendogli pagare l'ammenda a rate, per aver condotto da Mestre molti animali, tra cui agnelli, senza pagare il Dazio agli Ufficiali di Venezia. Di solito il **Cancelliere di Mestre** doveva rilasciare un permesso per i Beccai inviandone copia all'Ufficio delle Beccarie di Venezia … Perfino lo **Scrivano di San Giuliano**, che controllava i prati da pascolo da **San Zulian fino a Tombello**, affittati ai Beccai di Mestre e Venezia, poteva perdere il lavoro se lasciava passare gli animali di contrabbando.

L'intero mercato delle pelli di Venezia era controllato dai Beccheri che fornivano materia prima ai **Conciatori di Pelli** dei laboratori della **Giudecca**. Ai Becheri appartenevano anche i *"Partitanti dei manzi"* ossia dei mercanti di bestiame che s'impegnavano con la Serenissima a fare arrivare ogni mese a Venezia a prezzo calmierato un determinato numero di bovini da Turchia, Ungheria e Stiria.

Siccome il commercio delle pelli degli animali costituiva il 10% del valore dell'animale, nel 1460 per ordine del Senato s'istituì in Contrada di San Silvestro il *"Fondaco del Cuoio da suola"*, dove **Partitanti dei manzi**, **Scorzeri** e **Beccheri** avevano l'obbligo di riporre tutte le pelli da acconciare e da vendere soprattutto ai **Calegheri** e **Zavateri** di Venezia.

In seguito, la Serenissima sempre bisognosa di soldi, appaltò a privati per 4.000-6.000 ducati annui sia la riscossione dei **Dazi sulle Carni**, che quello della **Vendita del Cuoio da Suola** raccolto nel *"Fondaco del Curame"*.

A Venezia si pagavano due tipi di Dazi diversi sulla carne macellata: quello d'entrata sul mercato, e quello del consumo con la vendita al minuto. Inoltre si pagava un Dazio a parte sulla **Concia delle Pelli**. I Beccai per ammazzare, scorticare e sventrare percepivano 12 soldi per ogni bove di peso non superiore a 100 libre, 16 soldi per quelli da 100 a 200 libre, e 20 soldi per quelli che le superavano. Trattare un Maiale costava 6 soldi, 2 soldi per un Castrato, 1 soldo per manipolare un Agnello.

Sotto il controllo di 15 **Fanti della Magistratura** pagati 45 lire ciascuno, la carne che usciva dalle **Pubbliche Beccarie** veniva bollata e pesata con la **Stadera di Rialto o di San Marco** ... Di notte nell'Emporio di Rialto e quindi nelle Beccarie Pubbliche tutto era spento e chiuso, e le chiavi erano tenute da un Massaro che guadagnava 1 ducato al mese, e sorvegliava che non si vendesse carne di notte.

Accanto allo *"Stallone delle Beccarie"* sorgeva, fino al cadere della Repubblica, anche la *"Panateria"* dell'**Arte dei Pistori** con 25 botteghe di pane o *"Paniceas tabernas"* stabilite lì con apposita delibera fin dal 1341 per poter essere viste meglio.

Quindici anni dopo circa, il **Doge Giovanni Soranzo** avviò i commerci e la Mercatura di Venezia sulle piazze musulmane del Levante col consenso diretto del Papa ... mentre a Rialto coi ricavi della **Camera del Dazio sul Vino** si scavavano canali e s'allestivano *"palate"* e approdi sulla Riva sinistra del Vino contigua alla **Riva del Ferro** e si costruiva **Rialto Novo** allargando il Mercato ... La Quarantia impose agli Ufficiali di Rialto di tenere sgombri gli accessi all'Emporio dell'**Inxula Realtina** impedendo ad ambulanti, viandanti e forestieri di sostare per vendite di galline, capponi e uova ... Si poteva vendere: formaggio, carni di porco e olio solo nelle botteghe autorizzate e negli stazi pubblici ... Parallela al Ponte sorse la **Ruga dei Varoteri** con relative botteghe, e due nuove strade con la **Casaria** e la **Corderia** ... Ai piedi del Ponte sulla Riva del Vin e del Ferro stazionavano i *burci* col vino, olio, ferro, piombo, stagno, metalli, farine, pepe, panni lana, sete e sale in partenza per la Terraferma o in arrivo dal Levante e Ponente.

Il **Mercante Fiorentino Duccio di Banchello** presente e attivo a Venezia fra 1330 e 1375, ricordava che a Rialto erano attivi 8-10 **Banchieri** con i quali si poteva trattare e sui quali si poteva certamente contare.

Il **Doge Antonio Venier** fece nobilitare la *"Merceria di Rialto"* facendo tagliare alberi e rimuovendo gli antiestetici *"reveteni o pozzuoli"* che sostenevano le case pericolanti ... Fece anche lastricare con grandissima spesa sia la Piazza di San Marco che l'Emporio di Rialto ... Il Clero dell'antica Parrocchiale di **San Giacometto**, inglobata nel Mercato e rimasta senza abitanti, percepiva un reddito di 36 ducati annui fornito dalla Signoria, mentre il Vescovo di Castello cedette in cambio ai **Provveditori al Sal** proprietà, stazi e volte nei pressi della chiesa per eventuali nuovi allargamenti del Mercato ad uso pubblico ... Attraverso la *"Merceria di Rialto"* facevano il loro *"Ingresso Pubblico"* con grande sfarzo: **Patriarchi, Procuratori e Cancellieri Grandi** regalando a tutti: *"pan di zucchero"*. Per l'occasione i Mercanti sfoggiavano ricchezza e mettevano in mostra i loro oggetti preziosi, gli Artigiani addobbavano le botteghe ed esponevano i loro lavori e manufatti, gli Artisti i propri quadri, sculture e intagli ... mentre nel 1389 **Piero di fu Zane Benedetto**, padrone di uno dei **Banchi di Scrittura** più attivi a Rialto, fece rogare dal **Notaio Pietro de Compostellis** l'Atto di Emancipazione dalla Patria Potestà di suo figlio **Zannino** dandogli *"in mera libertà"* 200 lire di grossi ossia 2.000 ducati d'oro con cui iniziare a commerciare. Due giorni dopo, padre e figlio presso lo stesso Notaio formarono una compagnia commerciale con altri due giovani coetanei ed amici: **Marco** figlio di **Andrea Condulmer** della Contrada di Santa Maria Maddalena anche lui neoemancipato, e **Jacobello quondam Lorenzo Zane** della Contrada di Santa Maria Materdomini. Ciascuno dei tre giovani fornì una somma di 2.000 ducati in *"pecunia numerata"* o in merci approvate con lo scopo di investire il capitale in Venezia o altrove, per terra e per mare, per il periodo di almeno un anno o finchè uno non disdicesse la sua adesione, dividendo tutto in parti uguali: sia danni che lucro e guadagno. Un tale zio **Benedetto** avrebbe supervisionato *"il corretto agire"* della Nuova Compagnia.

A metà circa del 1300 il **Maggior Consiglio** condonò all'**Oste Corozato da Modena** della Contrada di San Mattio la pena di 3 lire inflittagli dai **Giustizieri Nuovi** perché gli avevano trovato nel locale una quantità di pane non autorizzata ... Lo stesso Consiglio, ridusse a 40 soldi di piccoli la multa di 10 lire di piccoli inflitta all'**Oste Rosso Bon** sempre di San Mattio di Rialto per aver tenuto 28 letti invece di 30: e concesse a **Giovanni Sacharola** di condurre una Taverna nella stessa Contrada con sala da ballo e 8 letti ... **Papa Eugenio IV**, invece, concesse Juspatronato sulla chiesa di San Mattio con facoltà di eleggerne il Piovano all'**Arte dei Macellai** di Venezia, che da sempre già provvedevano al sostentamento del **Piovano di San Mattio** e alla manutenzione degli edifici religiosi versando annualmente almeno 26 ducati.

Nel 1379, al tempo del **Doge Andrea Contarini** e della guerra contro i Genovesi, i **Calegheri, Spezieri, Becheri, Orefici e Notai di San Zuanne di Rialto** contribuirono alle spese della Serenissima Repubblica con prestiti volontari per la cifra di lire 141.853 ... In Contrada abitavano 21 Nobili, fra cui **Sjer Antonio Corner** che contribuì per 15.000 lire, **Sjer Marin Lion** che contribuì per 40.000 lire, e **Sier Marco Zacaria** che contribuì per 12.500 lire.

Viceversa, la piccolissima Contrada di San Mattio, dove abitavano 2 Nobil Homeni e 1 Nobil Donna, fra cui **Sier Maffio Minio** che contribuì con 15.000 lire, offrì nel suo insieme alla Serenissima: lire 23.900 ... Anche il Piovan della stessa Contrada, a causa delle rendite che possedeva su alcune case, fu costretto ed *"entusiasta"* di offrire 1.000 lire ... Fin dal 1383, la chiesetta di San Mattio appena rifabbricata ospitava i **Devoti della Scuola di San Gottardo**. Dal 1436, invece, ospitò anche quelli della **Scuola di San Michele dell'Arte dei Becheri**, a cui seguì la **Scuola di San Giovanni Battista dell'Arte dei Caneveri** di Rialto e di San Marco.

Le case di **San Zuan** contribuirono alle spese di Stato della Serenissima con 3.500 lire, e sempre in Contrada di San Zuan risiedevano 7 contribuenti abbienti fra cui **Nicolò Scandolèr** che offrì lire 600, e **Stefano de Bezi** che diede lire 1.000.

Verso la fine del secolo cadde di nuovo il campanile di San Giovanni Elemosinario il cui Piovano era **Prete Omobon Notaio Veneziano**, che diventò in seguito Arciprete del Capitolo di San Pietro di Castello ... Gli **Ufficiali Sopra Rialto** chiesero l'allontanamento dei Bastazi dalle aree prossime alla chiesa per evitare l'eccessivo disordine ... Fra 1397 e 1399, grazie ad un lascito testamentario di **Tommaso Talenti** s'istituì per i Patrizi e Nobili di Venezia, ovviamente nella **Ruga Vecchia degli Oresi** presso la chiesa di San Zuan di Rialto, il **Gimnasium Rivoaltinum** che pur considerando "... **la Logica, l'Uomo e la Filosofia Aristotelica e Naturale**", non disdegnava di far Politica, Teologia, Matematica e soprattutto teoria e pratica mercantile influendo su tutta la città. Era un luogo di pubblica lettura con Maestri d'abaco, Mistica dei Numeri, e Pratica delle Arti ... che il **Piovano Paolo della Pergola** Lettore d'Aristotele e Peripatetico cercò di trasformare in Università senza riuscirci. Nel **Gimnasium di Rialto** s'insegnava *"... mattina e dopopranzo ... stipendiati dal Governo ..."*, quando **Francesco e Domenico Bragadin** figlio di Marco, **Antonio Corner e Luca Pacioli** aggiunsero Geometria ed Astronomia a quanto già si apprendeva.

Nel 1448 al **Piovano di San Zuan Paolo Dalla Pergola** fu proposto l'incarico prestigioso di Vescovo di Capodistria, ma lo rifiutò per continuare a svolgere il suo incarico d'insegnamento a Rialto fino alla morte nel 1488.

Pressappoco negli stessi anni, nel 1396, **Simone e Gabriele Condulmer** *(confondatori futuri del Monastero di San Giorgio in Alga e poi Papa il secondo nel 1431)* si unirono in Compagnia investendo un capitale di 20.000 ducati d'oro lasciati dal padre Angelo nel **Banco di Rialto di Pietro Benedetto**. Una corrispondenza commerciale di sette lettere con la filiale pisana di **Francesco di Marco Datini** riferisce di una partita di 15 balle di 223 panni pregiati provenienti dalle Fiandre del valore di quasi 5.000 ducati. Dovevano essere piazzati e venduti a Maiorca, ma a causa dei pirati la **cocca Bemba** li scaricò a Livorno incerti se commerciarli a Pisa per 18-20 fiorini ciascuno, o se spedirli a Venezia presso il **Fondaco dei Condulmer** dove il valore era di 20-22 ducati. Alla fine i Condulmer decisero per **Pisa**. Ancora nel 1423 Simone col figlio Angelo continuavano a commerciare ad **Ancona** con l'appoggio di **Gabriele Condulmer** divenuto Cardinale e Legato Papale delle Marche. Acquistarono 23 botti d'olio d'oliva con destinazione Romania, e il Cardinale, spazientito per i tempi lunghi della consegna, fece anche arrestare il Capitano della nave.

E questi sono due soltanto fra gli infiniti esempi di ciò che accadeva a Rialto ...

In quello stesso tempo, si costruì presso San Giacometto di Rialto *"l'Orologio Pubblico"* per regolare il tempo del Mercato e dei Mercanti sul luogo dove c'era anche la *"Pietra del Bando"* per le comunicazioni di Giustizia, Pubblica utilità e Politica che si davano *"Infra duas scalas"* presso le volte dei Toscani sopra la **Drapperia** ... Viceversa la campana di San Giovanni Elemosinario di Rialto scandiva l'ora dell'inizio delle attività degli artigiani e del mercato, e la chiusura ed apertura di botteghe, volte, uffici, chiavi e cancelli col coprifuoco serale e notturno in cui ogni fuoco, lume e candela dovevano essere spenti per paura della devastazione degli incendi.

Nello stesso tozzo campanile quadrato e gotico si pose anche un famoso e spettacolare orologio a congegno fabbricato da **Gasparo Ubaldini Maestro d'Orologi** da Siena *"...che sonava le ore, et veniva fora uno gallo, el qual canta tre volte per ora ..."*

Il controllo delle merci in arrivo, del peso ed imballaggio non poteva più essere gestito da privati o direttamente nel Fondaco dei Tedeschi, ma si doveva effettuare solo sotto le volte dei **Visdomini delle Tre Tavole di Rialto** dove andava tutto il vino, olio, grassa, legno e ferro in Entrata, eccetto quanto portato dalle Galee delle Fiandre e da quelle esenti dai Dazi ... A Rialto si aggiunse la *"Messetteria"* per le operazioni di compravendita effettuate direttamente in Dogana, e si autorizzò l'apertura della **Banca di Ser Andrea Barbarigo Brocca** al posto di quella di **Bernardo Ciera** appena fallita.

In quel secolo a Venezia, ogni anno si esportava per 10 milioni di ducati d'oro, e s'importava per altrettanti con un guadagno di 4 milioni e incremento del capitale del 20%. In certe occasioni, si giunse a guadagni del 35-50% sul capitale investito commerciando in chiodi di garofano, noce moscata, gomma lacca e cotone grezzo. Si muovevano sull'Adriatico chiamato Golfo, e sull'intero Mediterraneo 3.000 bastimenti con 17.000 uomini, e altre 300 navi più grosse con 8.000 uomini. Soprattutto navigavano 45 Galee di Stato con 11.000 Marinai. Venezia e le Lagune limitrofe erano abitate da 190.000 abitanti di cui più di 1.000 erano Patrizi e Nobili con rendite di 200-500.000 lire annui. La città Serenissima annoverava 3.000 fra costruttori di navi e Squeraioli e 3.000 Calafati, e la sua Zecca coniava ogni anno 1 milione di ducati d'oro, 200.000 monete d'argento, 80.000 di rame. Fioriva il contrabbando da parte di uomini armati su barche che passavano e sfondavano le **Palificate o Palade**

Confinarie della Repubblica ferendo e uccidendo i Gabellieri e i Fanti della Serenissima.

Nel 1413 il ***Doge Tommaso Mocenigo*** fu costretto a tenere aperto ai navigli mercantili solo la bocca di porto di San Nicolò del Lido per permettere un'adatta vigilanza ai suoi Gabellieri del Dazio ... Un decreto della Serenissima prevedeva il taglio delle mani per il capo del contrabbando e cavato un occhio e taglio della mano per tutti gli altri complici, conniventi e sottoposti. Inoltre i contrabbandieri venivano banditi per almeno 10 anni da Venezia, e se recidivi sottoposti a un anno di prigione con rinnovo del bando e 500 lire di multa.

Secondo il solito diarista **Marin Sanudo**, fra 1496 e 1533 le banche veneziane ad attività limitata locale sorsero come funghi dopo la pioggia. La loro attività condizionate dal valore internazionale fluttuante del mercato dell'oro e argento acquistato soprattutto da importatori tedeschi, comprendevano ambiziose avventure commerciali, prestiti ai Mercanti e allo Stato che era sempre affamato per le sue interminabili attività guerresche. Nel 1499 Venezia manteneva attivi ben due eserciti contemporaneamente: uno in Lombardia e la flotta contro i Turchi. Chi contribuiva con i propri capitali alle spese della Serenissima riceveva in cambio Obbligazioni di Stato con l'appetibile interesse del 4-5%. Il problema era che Venezia emetteva più Obbligazioni di quante poteva realmente permettersi di pagare l'interesse promesso, quindi quelle azioni decrescevano progressivamente finché Venezia decideva unilateralmente d'incamerare il capitale originario ... e fine del discorso.

A Venezia, a disposizione di tutto quanto accadeva sotto ai portici e alle volte di Rialto, erano attive almeno 10 grosse Banche di pegno e commerciali dette ***"Banche di Scritta"*** con circa 4.000 depositanti che tenevano aperti conti in banche diverse, e muovevano qualcosa come 1.000.000 di ducati.

Una delle principali Banche era quella del **Nobilissimo Andrea Garzoni** fondata nel 1430 e fallita nel febbraio 1498 con un debito fra 96.000 e 250.000 ducati. Riaperta e fallita nuovamente nel marzo1500 con 518 creditori. Al momento del fallimento il Banco possedeva un attivo fra 128.000 e 155.000 ducati in prestiti, gioielli, argenti, titoli di Stato e proprietà immobiliari. I Garzoni, che facevano anche prestiti su pegno al Duca di Mantova, fallirono subendo pesanti perdite per l'acquisto d'argento a un prezzo superiore al tasso di conio per aumentare le loro riserve.

Un'altra grossa Banca era quella dei **Nobili Lippomano** fondata nel 1488 in società tra **Tommaso Lippomano e Andrea Cappello**. Fallì nel 1498 diretta da Girolamo Lippomano con un debito di 120.000 ducati forse dopo averne già saldato un altro di circa 300.000 ducati. Al momento del fallimento aveva 1.248 depositanti fra cui 700 Nobili di Venezia, ma più di 600 conti avevano meno di 20 ducati in deposito ... e avanzava prestiti da orafi e argentieri, e soprattutto interessi dallo Stato e dall'Ufficio del Sale.

La **Banca Pisani**, invece, fu fondata nel 1475 e liquidata senza fallire chiudendo nel 1500 con ancora più di 95.000 ducati in deposito. Riaperta nel 1504, chiuse di nuovo nel 1528 dopo la morte del direttore *Alvise Pisani*. I Pisani furono i maggiori acquirenti dell'argento dei **Mercanti Fugger** tedeschi, e avevano 40.000 ducati investiti su Galee mercantili in Viaggio nel Ponente in Fiandra e Barberia con lane e stoffe. Nel 1519 la Serenissima aveva con la Banca Pisani un debito di 150.000 ducati, perciò il *Mercante Alvise Pisani,* che in un certo modo governava l'economia dello Stato, divenne uno dei Capi del Consiglio dei Dieci.

La *Banca di Agostini Matteo* aveva un giro di depositi nettamente inferiore alle altre 3 grosse banche cittadine, e fallì nel 1508 con un passivo di 110.000 ducati a causa si disse della loro disonestà, esosità e incapacità. Sier Agostini prestò denaro a un Capitano dell'esercito esigendo in pegno l'anello nuziale della moglie ... Sempre Agostini stesso aveva un debito con la sua banca per 65.000 ducati ... e i mercanti d'argento Tedeschi andarono a protestare col Doge perché gli Agostini volevano comperare solo alle loro condizioni ... La Zecca Veneziana quindi non ricevette più argento ... e ancora Sier Agostini mise in salvo a Mantova un mese prima di fallire moglie, figli e beni tutti.

Sulla Piazza di Rialto esisteva anche la **Banca di Gerolamo Priuli** che deteneva numerosissime cariche di Stato. Fu Ufficiale della Marina di Venezia, Comandante delle Galee di Mercato per Beirut, e importava lana dall'Inghilterra. Fu costretta a liquidare e chiudere nel 1513 soprattutto a causa dei prestiti in perdita fatti allo Stato.

Oltre alla banca secondaria di un banchiere ebreo **Anselmo**, e a numerosi cambiavalute sparsi per Rialto e la città, c'erano anche i **Banchi dei Cappello e Vendramin**, la **Banca di Bernardo Matteo** grande mercante ad Alessandria d'Egitto, che fece perfino prestiti al Papa su pegno di gioielli; la **Banca di Antonio Priuli** anche lui Mercante ad Alessandria e alleato stretto del Banco Pisani; la Banca dei mercanti *Andrea e Piero Molin* costretta a liquidare con una grande calca a Rialto nel 1526 quando in luglio la moneta di banca possedeva una differenza del 15% sul valore reale ... Durante la grande crisi economica del 1526 che fece chiudere a quasi tutti i Banchieri, fallì anche la piccola **Banca di Andrea Arimondo** che morì *"da melinconia del banco"* con un passivo di 27.000 ducati e un attivo per soli 6.000 ducati.

Intanto, i soliti **Ufficiali Sopra Rialto** ricordavano che il Ponte in legno di Rialto era marcio e da ricostruire ... e infatti, trent'anni dopo tra febbraio e agosto fu demolito e rifatto ad unico arco, ponendo in opera 12.000 pali, e spendendo 2.323 ducati.

Si chiuse la Dogana in Riva di San Biagio, e si aprì la nuova **Tavola dei Lombardi** o **Dogana de Terra di Rialto** sulla Riva del Ferro detta poi del Vin, e la **Dogana da Mar alla Punta del Sal** per le merci provenienti via mare dove si pagava il Dazio dell'Entrata e dell'Uscita ossia dell'***Insida***. Esisteva inoltre una **Tavola della Ternaria** che si occupava principalmente del commercio dei grassi e degli olii e saltuariamente di legname ed altro percependo i relativi Dazi e Gabelle per lo Stato Serenissimo.

Venezia non scherzava per niente sull'applicazione di Dazi, Tasse e Balzelli su tutto quando arrivava e partiva o veniva comprato e venduto in Laguna.

Applicava una tassa del 2,5% detta ***"Quarantesimo"*** pagata dai commercianti stranieri per merci importate o esportate via terra e dalla parte settentrionale del Golfo dell'Adriatico. Un'altra tassa importante del

20% chiamata il *"Quinto"* veniva pagata per le merci lucrative che giungevano via mare dal Levante, mentre l' *"Octuagesimo"* del 1,25% era riservato ai soli veneziani su qualsiasi merce che vendevano o compravano.

La gabella più importante era la *"Messetaria"* detta così perché ogni affare veniva contratto alla presenza del *"Messeta" o "Sanser" o "Sensale"* ossia un intermediario Ufficiale di Stato che fungeva spesso anche da interprete col diritto di riscuotere il 0,25% del valore dell'affare trattato sia dal compratore che dal venditore. Di tale imposizione solo il 30% andava al Sensale mentre il resto entrava nelle casse statali.

In una notte del dicembre 1511 la **Dogana da Terra** sulla Riva del Vin bruciò. Il Diarista **Marin Sanudo** puntualissimo raccontò tutto nei suoi *"Diari"*: *"… voglio scriver come in questa notte a hore 8 se impiò fuogo, non si sa il modo, perché lì non vi sta niuno, in la Doana di Terra, et brusòe quella et alcune volte in la Calle dil Hostaria olim di Storion, appresso il Dazio del Vin in Rialto, et fo gran fuogo, et vi era asà brigata, e mercadanti che attendeano a svodar li loro magazeni, sichè tutta sta notte Rialto fo piena di zente, e merchantie si portavano a refuso fuori di magazeni, et fo gran danno … Pur questa mattina fo stuà. Si dixe à principià il fuogo in un magazen dove li Provedadori di Comun tenevano la munitione per il fuogo, sichè per la terra si andava gridando: "Zentilomeni leveve suso! … Andé a svodar li vostri magazeni! … Si brusa al Fontego di la Farina!..."*

Nicolò Trevisan raccontò, invece, che esistevano già due ordini di botteghe sui bordi e da una parte e dall'altra del Ponte di Rialto. Si trattava di botteghe che smerciavano prodotti di lusso: **Mandoleri, Merzeri, Muschieri, Stringheri e Varoteri, Merzeri.** La Serenissima era furba e accorta: metteva all'incanto per 9.000 ducati e 400 di deposito la gestione delle singole botteghe, che rendevano ciascuna fra 8 e 40 ducati circa l'anno. Le 8 botteghe più importanti messe insieme guadagnavano più o meno 235 ducati ossia il costo di un intero restauro del Ponte.

Infatti, ogni tanto si provvedeva a ritoccare e rifare alcune parti del Ponte spendendo 200-400 ducati, e si prosciugava mezzo canale per non interrompere il traffico controllando e rinforzando la palificazione sotto al ponte.

Nel 1421, il **Doge Tommaso Mocenigo** in assemblea con i Nobili in Maggior Consiglio, riferì sullo *"... stato della salute della Serenissima"*, tutto pomposo, gratificato ed entusiasta ... *"impongato"* si direbbe alla Veneziana.

"...Ogni settimana vengono solo da Milano ducati 17.000 – 18.000 ... Viceversa, introduciamo merci nel Ducato di Milano per 1.610.000 ducati d'oro l'anno ... Di là vengono 90.000 pezze di panni l'anno che valgono ducati 900.000; e per l'entrata, magazzinaggio ed uscita a ducati 1 per pezza, abbiamo ducati 200.000, che montano con le merci a 28.800.000 ducati ... Ancora vengono canovacci per ducati 100.000 l'anno, ed altre assai cose i Lombardi traggono da noi ogni anno; per modo che fatta stima di tutto, verrebbero ad esser 2.800.000 ducati ... Assai si vantaggia pure coi sali la cui tratta è cagione di far navigare tante navi in Soria, tante galere in Romania, tante in Catalogna, tante in Fiandra, in Cipro, in Sicilia e in altre parti del mondo; per modo che Venezia riceve tra provigioni e noli, 2 ½ - 3 %; Sensali, tintori, noli di navi e galere, pesatori, imballatori, barche, marinai, galeotti e messeterie procacciano altri 600.000 ducati ai nostri di Venezia senz'alcuna spesa e ne vivono migliaia di persone grassamente ... Verona compra ogni anno 200 pezze di broccato d'oro, d'argento e di seta; Vicenza 120, Padova 200, Treviso 120, il Friuli 50, Feltre e Cividal di Belluno 12; carichi 400 di pepe; fardi 120 di cannella; zenzeri di tutte sorta molte migliaia e altre spezie assai; migliaia 100 di zuccari, 200 pani di cera ... Per la pace la nostra città manda 10 milioni di capitale ogni anno pel mondo con navi e galere per modo che guadagnano tra mettere e trarre: 4 milioni.

Abbiamo navigli 3000, d'anfore da 10 tonnellate fino a 200, con marinai 19.000, navi 300, che portano uomini 8.000; fra galere grosse e sottili ogni anno 45, con marinai 11.000, abbiamo 16.000 marangoni... La stima delle case somma a 7 milioni di ducati, gli affitti delle case a 500.000, 1000 gentiluomini hanno di rendita annua da ducati 70.000 fino a 4.000. Voi avete 8 Capitani da governar 60 galere e più, e così le navi ... Avete tra balestrieri, gentiluomini che sarebbero sufficienti padroni di galere e navi, e saprebole guidare, avete 100 uomini usi a governar armate, pratici per togliere un'impresa; e compagni assai per 100 galere, periti e savj, galeotti assai per 100 galere ... La nostra Zecca batte ogni anno ducati d'oro 1 milione e d'argento 200.000 tra grossetti e mezzanini e soldi 800.000 all'anno.

I Fiorentini mandano ogni anno panni 16.000 finissimi, fini e mezzani in questa terra; e noi li mandiamo nell'Apulia pel reame di Sicilia, per la barberia; Soria, Cipro, Rodi, Egitto, Romania, Candia per la Morea, Istria ... Ed ogni settimana i Fiorentini conducono qui 7000 ducati, cioè 364.000 all'anno per comprar lane francesi, catalane, cremisi e grana, sete, oro, argento, filati, cere, zuccheri e gjoie con beneficio della nostra terra: così tutte le nazioni fanno ..."

Fu una relazione sullo stato economico della Venezia di allora a dir poco: spettacolare. E ce n'era ben motivo perché nel 1400 molte città italiane vendevano e compravano attraverso, da e per Venezia.

Tortona, Novara ed Alessandria spedivano a Venezia 6000 pezze di panno l'anno per un valore di 90.000 zecchini acquistando Tortona e Novara merci per 56.000, e Alessandria per 150,000 zecchini. **Pavia** inviava 3000 panni per 45.000 zecchini e acquistava per 104.000 zecchini. **Milano** mandava 4000 panni per 120.000 zecchini e ne spendeva annualmente 90.000 per acquistare merci, mentre **Monza** forniva 6000 panni per 90.000 zecchini e comprava per 56.000 zecchini. **Brescia** 5000 panni per 30.000 zecchini, **Bergamo** 10.000 pezze di panni per 140.000 zecchini, **Cremona** fustagni per 30.000 zecchini e spendeva 140.000 zecchini per acquistare merci. **Parma** 4000 pezze di panni per 60.000 zecchini, **Como** dava 100.000 zecchini per acquisto merci, e **Piacenza** ne dava 102.000 annui per lo stesso motivo.

Tutte queste città compravano da Venezia: cotone per 200.000 zecchini annui, filati per 30.000, lana catalana per 3000, lana francese per 120.000, panni d'oro e di seta per 250.000, pepe per 300.000, cannella per 64.000, zenzero per 80.000, indaco e grana per 50.000, saponi per 250.000, schiavi per 30.000 e sale per 1.000.000 sempre di zecchini.

La zona di San Mattio e di San Zuan Elemosinario, giù dal ponte di Rialto era Contrada ricca di Locande e Ostarie molto frequentate e malfamate … delle cui memorie a volte rimane solamente il nome.

Fino dal 1355 le Osterie in Venezia erano 24 con 960 letti sempre pronti … La *"Locanda Ospizio allo Sturiòn"* apparteneva al Comune di Venezia, ed è ricordata dal Sanudo in Riva del Vin a Rialto dove abitavano alcuni Procuratori di San Marco, con alterne vicende di chiusura e riapertura fin dal 1343. La sua insegna è anche visibile nei quadri di Vittore Carpaccio come il *"Miracolo della Reliquia della Croce"*. La Cronaca Dolfin ricorda *"lo Sturiòn"* ospitò i 7 Ambasciatori del Friuli con un seguito di 50 persone.

Nel luglio 1398 si condannò il suo **Oste Gugliemo** con altri per aver venduto vino di minor qualità del prescritto, così come nel 1414 si condannò **Antonia** moglie dell'**Oste Pasqualino Bonmatheo** per aver sposato senza il permesso dei tutori i *"Signori di Notte"*, la figlia **Chiara** avuta dal primo marito **Meneghino Tubetà** ammazzato in pubblico servizio.

Nel 1516, invece, un Decreto del Collegio imponeva ai **Provveditori al Sale** di spendere 50 ducati *"…per far le volte del Sturiòn per poterle afittar aut meter tre uffici a ciò non vadano de mal …"*, e cinque anni dopo il Comune tentò di vendere l'osteria all'incanto, ma non riuscendovi, si decise di: *"…fabricar la Doana di Terra dove era l'Hostaria del Sturiòn per metter gli Uffizii Messetteria, Insida, et Intrade …"*

Fra 1339 e 1409 era segnalata attiva in zona di Rialto l' *"Osteria all'Agnus Dei"* con almeno altre 9 locande: *"Osteria al Pavone"* frequentata da intellettuali, e ricordata nella commedia rinascimentale *"La Venexiana"* e dall'Aretino nei suoi *"Ragionamenti"*. L' *"Osteria allo Specchio"* ospitò, invece, con tutto un suo seguito di compagni tedeschi il Pellegrino Stephan Von Gumperberg che raccontò di un elefante addomesticato che si aggirava per la locanda e *"…colloquiava con l'Oste come se avesse avuto intelligenza umana…"*. Della serie delle 9 osterie antiche, facevano parte anche l' *"Osteria al Popone"*, l' *"Osteria del Cammello"*, l' *" Osteria del Pizzo"*, l' *"Osteria alla Cicogna"*, l' *"Osteria del Vaso"*, l' *"Osteria dell'Orso"* … e altre ancora.

Negli stessi anni, il Maggior Consiglio graziò **Antonio Pisani**, Oste dell' *"Osteria del Gallo"* multato per aver contravvenuto, e ridusse a 8 lire la pena di 20 lire di piccoli inferta ad **Anastasia** ostessa dell' *"Osteria alla Zucca"* in Rialto, rea di aver ospitato stabilmente due prostitute; a 100 soldi ridusse la pena di 30 lire imposta dai Giustizieri Nuovi a **Bilantelmo** Oste dell' *"Osteria della Serpa"*, per aver alloggiato anche lui 3 meretrici; graziò **Gerardo Faurino** Oste dell' *"Osteria alla Stoppa"* multato in 25 lire di piccoli per aver contravvenuto alle norme di chiusura; e concesse a **Gunido** ancora Oste *"…a pluri o all'ingrosso"* e conduttore della stessa *"Osteria alla Stoppa"* di ridurre ad uso di Taverna la sua Osteria.

Anche l' *"Osteria al Gambero"* era attiva dal 1399 al 1725 nell'omonimo Campiello. Un Oste **Venturino** dell' *"Hospitio Gambari in Rivoalto"* venne ucciso con molte ferite da un certo **Armano cappellaio**, e da un **Angelino e Leonardo** tutti tedeschi. Furono condannati in contumacia a perpetuo bando, e ad avere tagliata la mano destra nel luogo del delitto, e con essa appesa al collo essere condotti fino in mezzo alle due colonne di San Marco dove essere decapitati … qualora avessero osato rimettere un solo piede a Venezia. La stessa sorte fu promessa anche a **Francesco Pincarella, Giovanni Gallina e Giacomo ab Azalibus**, mezzani d'amore, per aver ferito *"…cum uno gladio panesco …"* e derubato **Fioravante, Girolamo da Brescia** e altri compagni che stavano giocando a carte *"… in hospitio Gambari in Rivoalto"*.

L' *"Osteria del Bò o del Bue"*, retta già da **Rolandino** fin dal 1372, era con l' *"Osteria del Melon"*, il *"Saracin"* e *"l'Anzolo"* detta *"il Lupanare di Rialto"*, e l' *"Osteria della Stella"* proprietà dei **Nobili Foscari e Soranzo**, e come *"Le Spade"* e *"Il Gambero"* erano osterie di Rialto davanti alle quali sostavano prostitute tutto il giorno a caccia di clienti.

Una Legge del 1460, infatti, invitava tutte le meretrici della zona a concentrarsi nelle *"8 case d'ospitalità"* di **Priamo Malipiero** in Contrada di San Matteo di Rialto poste: *"… in quadam rugam post Hospitium Bovis"*

Il Maggior Consiglio ridusse della metà la multa di 25 lire di piccoli inflitta dai Giustizieri Nuovi all'Oste **Guglielmo** dell'*"Osteria Al Sarasin"* per aver trasgredito agli ordini di chiusura. La locanda osteria era vecchissima, perché retta già fin dal 1361 prima dall'*Oste Giovanni Boneto* e poi dall'*Oste Gambarla*.
L'*"Osteria all'insegna della Torre"*, invece, apparteneva ai **Nobili Bartolomeo Vendramin e Caterina Foscolo** e solitamente ospitava Turchi e Levantini fino a quando furono concentrati nel Fondaco dei Turchi nel 1621.

Ancora, la rinomata *"Osteria de la Scimmia"*, risultava attiva a Rialto dal 1398 al 1725, e si trovava a San Zuan Elemosinario di Rialto presso la *"Pescheria Grande"* sulla riva del Canal Grande. Sorgeva in uno stabile donato alle Monache di San Lorenzo di Castello da **Giovanni Venier** con un atto notarile presso il Prete e Notajo Pietro Bonvicini. Le Monache lo destinarono ad affitto come Osteria, e fu un'altra delle *"Osterie a pluri"* pubbliche veneziane.
Nel gennaio 1513 l'osteria appena rifatta andò in fumo nel terribile incendio che coinvolse mezzo Emporio di Rialto … e lì dentro morì di peste l'Oste **Piero di Zuanne di Bernardini** a 23 anni.
Ancora nel 1713, Simon Mascaroni *"… hosto alla Scimia sul Rio delle Beccherie … pagava pigione alle Monache di San Lorenzo …"*

Nel maggio 1354 il Maggior Consiglio concesse a **Giovanni** Oste della *"Campana"* di tenere solo 12 letto al posto dei 40 previsti … mentre sei anni dopo, lo stesso Consiglio graziò della pena di 10 lire di piccoli il precedente Oste **Martino** *"dell'Ospizio dei Varoti"* condannato per aver trasgredito le norme relative alla vendita del vino, mentre la locanda era gestita da **Donato da Treviso**, e in seguito da **Leone Cavola**.
Nel gennaio 1361 ancora il Maggior Consiglio concesse a **Giovanni della Pigagnola** di gestire a Rialto una *"Caneva"* denominata *"Alla Colonna"* momentaneamente vacante, e nel 1415 autorizzò *"l'Osteria della Croce"*

ad ospitare per non più di 24 ore: Veronesi, Vicentini e Padovani a cui erano state revocate le case di permanenza in città.

Gli anni fra il 1431 e il 1451 furono i più prosperi del commercio Veneziano col Levante e precedettero un'epoca di ristagno commerciale e crisi economica in cui iniziarono anche a fallire tutte le famose Banche di Venezia. Il solito Diarista **Marin Sanudo**, infatti, ricordava: *"Le grandi lotte politiche nascondono una lotta fra magazzini pieni e vuoti, tra necessità di vendere e comprare..."*

I Nobili Mercanti Patrizi e investitori iniziarono a gestire il loro patrimonio rimanendo fermi nel Fondaco di casa a Venezia, e consideravano disonorevole vendere e comprare al minuto, e di grande prestigio e utilità commerciare all'ingrosso, così come consideravano vile e spregevole commerciare in legna, carbone e cenere. L'enorme capitale accumulato veniva *"fatto girare"* ossia reinvestito nuovamente, oppure serviva a finanziare opere d'arte, palazzi, ville, oggetti preziosi o pingui depositi nella Zecca o prestiti allo Stato che procuravano grosse rendite e interessi senza spostarsi da Venezia ... e gironzolando solo un poco sotto alle volte e i portici di Rialto.

Nel 1471 venne eletto Doge il **Mercante Nicolò Tron** che si era arricchito praticando la *"Mercandia"* per 15 anni a Rodi dove aveva investito ¼ del suo grande patrimonio in palazzi e immobili.

Anche cinque anni dopo si elesse Doge un Mercante inizialmente sopranominato per spregio e invidia: *"el casaruòl"*. Si trattava di **Andrea Vendramin** che in gioventù aveva commerciato ampiamente *"in fraterna"* col fratello Luca e molti altri nobili assumendo anche il carico di due intere Galee commerciali in rotta da e per Alessandria d'Egitto.

Il chirurgo di Bologna **Leonardo Fioravanti** assiduo frequentatore di Venezia descriveva così i suoi mercanti dell'epoca: *"... il Mercante di Venezia deve conoscere il tipo e la qualità delle merci ... La cannella non vuole essere troppo grossa, né manco troppo sottile, et di soave odore, et essere di sapor dolce al gusto, et un poco piccante alla lingua ... I tappeti* vogliono essere belli al disegno, et haver vaghi colori, et bassi di pelo. I panni di lana debbono essere pastosi, et haver bei colori, et lustri ... Le rasse vogliono essere alte, et ben tessute, che non habbino falli dentro, ma che stiene ben distese ... Si devono conoscere le merci tipiche di ogni paese: A Cipro si caricano formenti, sale bianchissimo, cotoni et carrube ... In Candia si carica malvasie, vini, formaggi, corami ed aceto ... A Zante si carica formenti, vini, naranze, limoni, olive, olio, lana et pelle, et uve passe in quantità, zibibi et altre cose ... Dell'Istria si cavano bonissimi vini, agnelli, capretti et tutte sorti di frutti ... Del Friuli, bonissimi vini, et in gran quantità, farine, legumi, et frutti d'ogni sorte ... Di Brescia si cava ferramenti lavorati d'ogni sorte, et archibugi, et ogni altra sorte di arme miracolose ... Di Polonia si cava gran copia di gibellini, martori, foine, dossi et vari: tutte pelli di grandissima importanza ... Di Fiandra si cavano gran copia di tapezerie, panni fini, carisee, fustagni, figure di tela et pesci salati ... Dell'Allemagna si cava ottoni lavorati, stagni, coltelli, aghi da pomo, sonagli et una infinità di diverse merci come tele, frisetti di seta fina, flauti e simil cose ... Di Franza si cava lane finissime, tele, tovaglie, tovaglioli et un mar di libri di tutte le scienze ... Di Spagna si cava tonina o salume di tonno, arenghe, vini, seta, lane e pellami assai ..."

Nel 1495 prese fuoco la casa-fondaco del **Nobile e Mercante Antonio Diedo** piena di ricchezze, mobili preziosi, e giacenze di olio, spezie, lane e merci varie ... Nello stesso anno il **Nobile Mercante Pietro Bragadìn** *(che in seguito diventò ViceDoge)*, che commerciava da tempo pepe da Alessandria si trovò implicato in una vertenza col fisco perché aveva importato sotto falso nome per conto del padre Andrea anch'egli mercante. Commerciava fra Levante e Ponente in preziosi di cui era esperto conoscitore, e continuò i suoi affari anche quando divenne Bailo a Costantinopoli concludendo operazioni sul Mar Nero in cui guadagnava fino al 100%. Suo figlio **Zuan Francesco Bragadin** nel 1519 era presente ad Alessandria in attesa di carovane dall'interno dell'Africa e dal Mare Arabico, e trattava di spezie ed altri generi importanti inviando Galee cariche a Venezia.

Due anni dopo ancora, il **Nobile Mercante Marco Bollani** naufragò nelle acque vicine all'isola di Cherso con due Galee cariche di merci orientali, e morì annegato e trascinato a fondo da una cintura che indossava contenente 1500 ducati *(più di un kg di oro puro)*.

Ben presto, sempre nell'Emporio di Rialto, la Serenissima fece costruire i Palazzi adatti ad ospitare le sue principali *Magistrature* commerciali ed economiche di Comune, nonché i propri **Tribunali**. Erano tutte sedi e Uffici di prestigio, con pareti e soffitti riccamente decorati e abbelliti da pitture di artisti che facevano a gara per far ospitare le loro opere. Quei luoghi riguardevoli e giornalmente iperfrequentati da persone *"di conto e riguardo"* traboccavano ed erano un tripudio di Madonne, Crocifissi, Pietà, episodi Biblici ed Evangelici, Santi, Paesaggi, rappresentazioni delle Virtù e del Buon Governo, e ritratti di Personaggi che coprivano cariche insigni.

La lista contenente i nomi d'artisti insigni e famosi ed altri meno illustri sarebbe lunghissima: *Domenico Tintoretto, Rocco Marconi, Bernardino Prudenti, Bernardo Licini, Paolo Veronese, Giovambattista Lorenzetti, l'Aliense, Giovanni Bonconsigli, Marco Tiziano, Giacomo Bello, Donatello, Pietro Mera, Marco Basaiti, Bonifacio. Bartolomeo Vivarini, Stefano Carneto, Vitrulio. Pietro Malombra, Paolo De Freschi, Odoardo Fialetti, Baldissera d'Anna, Matteo Ingoli, Alvise Dal Friso* ... per non elencarli proprio tutti.

Tutti quei posti erano occupati e frequentati da Senatori, Giudici, Camerlenghi, Notai, Banchieri, Cassieri, Segretari, Avvocati e dai *"... Sjori illustrissimi della finanza di Venezia e dell'Europa tutta ..."*

A Rialto risiedevano almeno una decina delle principali Magistrature Civiche: i *Dieci Savi alle Decime*; i *Provveditori sopra la Revisione dei Conti* istituiti dal Doge Leonardo Loredan per la contabilità degli Ambasciatori, Capitani Generali da Mar e i Provveditori d'Armata; i *Provveditori sopra gli Uffici* istituiti dal Doge Giovanni Mocenigo come Revisori sui conti di Cipro; i *Sindaci di Rialto* con autorità su Notai, Scrivani e Commendatori; gli *Ufficiali ai Dieci* per le contese relative al noleggio di navi e le ragioni dei padroni di Galea; gli *Ufficiali e i Provveditori alle Cazzude* che prendevano decisioni l'amministrazione dei beni e dei debiti verso lo Stato; i *Sopra*

Consoli per la vendita all'incanto dei pegni dei Banchieri e degli Ebrei a Rialto; gli **Ufficiali alla Tocca** dell'argento per bollare il metallo lavorato; l'**Ufficio sopra le merci del Levante**; e i **Giudici del Piovego** responsabili per strade, edifici e questioni confinarie pubbliche e private, oltre che ai diritti e doveri per lo scavo dei canali.

E non finisce qui, perché al piano superiore dei Palazzi che sorgevano accanto al Ponte di Rialto, sopra alle volte del mercato, erano ospitate *"di sopra ... in solaro"*, come si diceva allora: il **Magistrato della camera dell'Imprestiti**, il **Magistrato del Monte Novissimo** e quello del **Monte di Sussidio**.

Sempre a Rialto risiedevano le **Tre Tavole dei Dazi**: quella dell' *"Entrata o Intrada o dei Visdomini"*, quella dell' *"Uscita o Insida"* prima detta dei Lombardi, la *"Ternaria"* per l'olio, legnami e ferro ... e la **Dogana da Terra** con relativi uffici del **Dazio del Vino, Provveditori sopra i Dazi** e i **Provveditori al Sale** con un Proto e relativa cassa. Riscuotevano i soldi del monopolio del sale; erano responsabili dell'affitto delle botteghe, volte, stazi, magazzini e rive; deputati all'amministrazione delle fabbriche pubbliche con relativa manutenzione; e incaricati di polizia, sorveglianza e ordine pubblico.

C'erano inoltre i luoghi della *"Messeteria"* e *"Stimaria"* per la valutazione e la tassazione sugli scambi, e il *"Farinarium emporium"* ossia il, **Fondaco della Farina** e dei **Pesatori del Frumento** istituito per la prima volta nel 1178 sotto il Doge Orio Mastropiero accanto alle case Contarini. Consisteva in 30 *"fontegharie pubbliche coi loro magazzini"* dai larghi guadagni, condotte da privati a cui erano state affittate per un determinato numero d'anni al miglior offerente in cambio del versamento anticipato del canone. Su biade e granaglie scaricate sotto un porticato che dava sul Canal Grande, e sul Fontego e Fontegharie vigilavano al piano superiore gli **Ufficiali al Frumento** che seguivano l'andamento internazionale e interno del mercato della farina. Alla fine del 1500 le botteghe o mude di vendita erano 73 con altrettanti anditi di deposito, e una serie di volte sotto il muro maestro sostenuto da colonne a capitello.

Saccheggiato dai congiurati di **Baiamonte Tiepolo** nel 1310, il Fontego della Farina, ora Ufficio del Catasto, venne ricostruito più volte a seguito d'incendi come quello del gennaio 1513 descritto ancora una volta nei Diari del Sanudo: *"... s'apprese il fuoco anche a questo Fondaco ... et poi entroe in caxa di s. Zuan Sanuto lì appresso, qual si bruxoe. Et prima era bruxata quella di Sjer Hieronimo Tiepolo cao di X, che era contigua al Fontego predetto ..."*

L'**Arte dei Fonticai o Fontegheri** teneva Scuola di Devozione prima in chiesa di San Silvestro e poi a Sant'Aponàl intorno ad un altare dedicato alla *"Natività di Maria Vergine"*.
Poco distante sorgeva accanto alla *"Piazza di Rialto"* la **Calle del Parangòn** dove si producevano e soprattutto vendevano panni di lana e drappi di seta perfetti, fini e di qualità tale da essere presi come riferimento e *"paragone"* per gli affari. Nel luogo *"...del parangòn de la seda ..."* **Domenico Loredan** possedeva due volte nel 1582, e negli *"Annali"* del Malipiero si legge che il 5 marzo 1492: *"... è zonto qua do Ambassadori del re di Polonia con 60 boche per andar a Roma e Napoli, et ha alozà in Corte del Parangon a spese della Signoria ..."*

Dall'altro lato del Ponte di Rialto stava una loggia aperta per le contrattazioni e gli affari dei nobili e mercanti, e d'estate per i **Consoli sulla Mercanzia** e i **Savi** che redimevano controversie e litigi. C'era inoltre l'edificio delle **Rason Vecchie** che sopraintendeva sulle spese degli Ambasciatori e stranieri ospiti a Venezia e sull'arredo delle case del Comune. Controllavano anche l'affitto del **Dazio sul pesce o Dazio del palo** presente nella Pescaria di Rialto. Accanto a loro stavano i **Camerlenghi da Comun** responsabili delle casse dello Stato, dei *"Banchi di Scrittura"* e controllori dei creditori della Repubblica. Gli **Ufficiali Extraordinari** verificavano i libretti delle merci in arrivo via mare a Venezia, mentre i **Giudici all'Esaminatore** creati dal Doge Reniero Zen sorvegliavano i pegni, le vendite al pubblico incanto, e la regolarità dei testamenti.
Infine in una terza loggia stavano gli **Ufficiali alle Razon Nove** che revisionavano i conti degli Ambasciatori di Venezia inviati all'estero, ed erano responsabili della gestione della chiesa di San Giacometto di Rialto che era diventata di Juspatronato Dogale.

Nel 1469, sul resoconto delle Entrate e delle Spese della Repubblica, c'era scritto che il gettito dell'Emporio di Rialto, considerato: *"sacrario della città"*, arrivava a quasi 500.000 ducati sui 650.000 totali, ossia il 90% del reddito dello Stato. Si tenga conto che nello stesso anno l'imposta sulle case dell'intera città rilevata e raccolta dai **Dieci Savi alle Decime** ammontava a 54.000 ducati … Durante la peste del 1478 le botteghe e le volte di Rialto rimasero incustodite, e un controllo acqueo con barche della Serenissima circumnavigava di continuo i luoghi.

I **Provveditori al Sale** minacciano pene corporali e grosse multe per chi: *"…ruinava banchi, stazi di frutta e d'erbe, o alimentari lungo le rive della Pescaria Vecchia le cui rive devon essere lasciate sempre libere …"*

Presso la chiesa di San Giovanni Elemosinario avevano sede la **Scuola di Santa Croce dell'Arte dei Mercanti da Tela o Telaroli**, la **Scuola di Santa Caterina d'Alessandria dell'Arte dei Corrieri Veneti**, e in seguito quella di **San Nicolò dell'Arte dei Cimadori o Cimolini e Sopressadori de panilani**. Accanto a queste c'era anche la **Scuola dell'Annunciazione che associava Galineri e Butiranti**, e quella della **Madonna del Carmine per le devozioni dei Biavaroli**.
Nel 1484 si sospesero per 2 anni tutti i convogli delle Galee diretti nelle Fiandre e in Inghilterra a causa delle scorrerie incontenibili del pirata e corsaro **Colombo** che catturò le Galee capitanate da **Ser Bartolomeo Minio**.

Nel 1491 si costruì la **Pescaria Nuova** con un fondaco per il taglio e la vendita delle carni. I banchi di vendita, che non dovevano superare gli 8 piedi, venivano affittati periodicamente a privati per 15 ducati annui con obbligo di deposito anticipato variabile fra 4 e 8% … Le botteghe e volte di Rialto non affittate venivano utilizzate come magazzini …L'anno seguente si pose sotto al portico di Rialto ai piedi del Ponte ligneo la *"Stagiera Pubblica"* … La famiglia **Bianchi** della contrada di Sant'Aponàl teneva sopra al Ponte bottega da piombi e ferramenta *"all'Insegna della Madonna"* … e si autorizzò l'apertura della *"Naranzeria"* posta sotto e fra il **Palazzo dei Camerlenghi** e la chiesa di San Giacometto. L'**Arte dei Naranzeri** era un *"Colonnello"* riservato ai soli Veneziani che dipendeva dall'**Arte dei Fruttaroli**.

Nel Mercato di Rialto, come a San Marco sul Ponte dietro alla Zecca, sorgeva la *"Casarìa"* dove si vendevano *"cacio e grassina"* in 30 *"inviamenti"* venduti ai Casaroli dalla Repubblica per 62 mila ducati. Nella **"Mariegola de l'Arte o Consorzio de Casaroli"**, che si radunava nella chiesa di San Giacomo di Rialto dove gestiva l'altar maggiore, si legge nel 1436: *"… nessuna persona, sì casarol come altra persona, non osi comperar caseo, né carne, né altra grassa per rivender per sé né per altri, se non ha botega del Comun di Venezia, cioè in Rialto, dentro la Ruga di Casaria, o in San Marco; che in quella vender possino e non in altro luoco, sotto pena di Lire 10 de piccoli per cadauna volta contrafaranno …"*

A pianoterra del Palazzo dei Camerlenghi dove risiedevano: Consoli, Sopraconsoli e Magistrati, c'erano le *"Prigioni dei debiti"*. Si trattava di tre stanze con basse finestre inferriate prospicienti la fondamenta, visibili ancora oggi. Sulla facciata del palazzo c'è scolpito ancora oggi un capitello con un uomo seduto con un pene fatto ad unghia, mentre più sopra una donna seduta mostra la *"sua natura"* arsa dalle fiamme. Secondo tradizione popolana si raccontava che era talmente improbabile che il Ponte di Rialto venisse costruito in pietra, che si diceva: ***"Voglio che se ciò si farà, mi nasca un'unghia fra le coscie!"***, oppure: ***"Voglio che le fiamme m'abbrucino la natura!"*** … Nello stesso palazzo, nel giorno di San Giacomo del 1560, **Giovan Battista dalla Terra di Lavoro** entrò con chiavi false e rubò uno scrigno con 8.000 ducati. Catturato e processato, gli fu tagliata la mano destra davanti allo stesso palazzo e poi fu impiccato sempre sulla Piazza di Rialto.

Nel 1500 secondo il *Cronista Garzoni*, il gestore dell' *"Osteria del Gambero"* era un *"… ladro …"*, mentre quello dell' *"Osteria al Moro"* era *"… un infedel saracino …"*, quello della locanda *"Al Sole"* era *"… un che si scotta sul vivo senza toccarsi punto …"*, quello delle *"Tre Spade"*: *"… un Briareo che non perdona alcuno…"*. L'Oste dell' *"Osteria del Corno"* era: *"… un vero cornuto …"*, mentre il gestore dell' *"Osteria all'Angelo"*: *" … era un autentico Diavolo"*, e quello della *"Campana"*: *"… un morgante pronto ad accopparti …"*

L' *"Osteria al Sol"* fu attiva a Rialto fra 1514 e 1799, e si trovava verso la Contrada di Sant'Aponal in direzione del Campiello delle Scoazze. Inizialmente apparteneva alle **Monache di San Servolo** che la vendettero ai **Nobili Venier** che la ingrandirono inglobandovi un Botteghin e casa affittato a **Bortolo Lioni**, e delle piccole case adiacenti affittate a **Giacomo Miotti, Francesco Zanga e Zuane Casarini**. L'Osteria era segnalata come quella *"Alla Scoa"*, come una delle pubbliche *"Osterie a pluri"* veneziane, che avevano l'esclusiva di offrire vini puri di Romania, Candia, Malvasia, Ribolla e Trebbiano. Le altre *"osterie a minori"* offrivano, invece, vini terrani a basso prezzo e si rivolgevano a clientela popolare di bassa condizione.

Carlo de Zuane Oste dell'antica *"Osteria all'insegna delle Spade al ponte in legno sul rio delle Beccherie"* nel 1488 era Gastaldo della Confraternita degli Osti, solita radunarsi nella chiesa di San Mattio.

Il catasto del 1566 ricordava: *"... l'Osteria delle do Spade a San Mattio con due botteghe sottoposte appartiene alla Nobile Famiglia dei Foscari, ed è appigionata ad un Oste di nome Battista ..."*

Infine, esisteva già a Rialto la rinomata *"Osteria a pluri de la Donzella"*, di ragione del **Monastero di Santa Maria dell'Umiltà** in fondo alle Zattere del Sestiere Dorsoduro ... Nel 1506, quando in Contrada di San Mattio vivevano 370 persone e solo il 15% delle case erano abitazioni, un violento incendio distrusse la locanda **Osteria del Bo'** coinvolgendo solo in parte le vicine *"Fruttaria"* e *"Casaria"* dove accaddero furti di beni e pietre.

Nel censimento del 1509 ordinato dal Consiglio dei Dieci e condotto da 2 Commissari per Sestiere, le *"persone utili"* registrate nelle Contrade di San Giovanni e San Matteo di Rialto erano solo 89 su un totale di 8.339 persone residenti nelle 4 Contrade del Sestiere di San Polo ... Le botteghe di Rialto messe all'incanto procuravano allo Stato 107.000 ducati, più altri 30.000 ducati per lo scarso numero di acquirenti, a cui si aggiunsero ancora 70.000 ducati provenienti dalle botteghe concesse ai Giudei-Ebrei.

Nella chiesa di San Mattio di Rialto aveva sede la **Scuola di Devozione dell'Arte degli Osti** sotto il patrocinio di San Giovanni Battista. Una legge del 1318 obbligava gli Osti a tenere sempre preparate due camere a quattro letti *"...honorifice et decenter fornitis pro qualibet camera ..."* dove la Serenissima potesse ospitare Ambasciatori, Ecclesiastici importanti, e altre persone di rango che potessero capitare a Venezia meritando d'essere ospitate decentemente. Fino dal 1355 le Osterie a Venezia erano 24 con 960 letti, ma il Senato le ridusse a 13 nella zona di San Marco e San Giovanni in Oleo, e 8 a Rialto. In tutte le Osterie si potevano trovare stalle e cavalli, perché la Legge prevedeva che gli Osti dovevano percepire: *"... 6 soldi di piccoli al giorno per ogni cavallo ospitato, fornendo fieno, paglia, servizio di stallaggio e un quartarolo di biada..."*

All'inizio del 1500 Venezia movimentava almeno 22 Galee commerciali di cui almeno 16 erano d'investitori privati. Era inoltre diventata anche un centro manifatturiero perché possedeva 20.000 telai attivi per la seta, produceva 20.000 pezze di lana annue, assieme a rasi, velluti e scarlatti che esportava sia in Levante che in Ponente. Ma c'era crisi nell'aria e novità sorprendenti da oltre i mari che facevano traballare i monopoli e il successo commerciale di Venezia ... La Mercatura forniva ancora ampli guadagni, l'aumento del prezzo delle Spezie fruttò a Venezia un utile di 200.000 ducati dei quali 40.000 andarono ai soli Nobili Grimani ... il **Banco dei Pisani** aveva 40.000 ducati investiti nei viaggi di Ponente ... mentre **Donato Da Lezze** raccontava che in uno scontro con i Turchi alcuni comandanti di Galee da mercato si rifiutarono di attaccare per non rischiare i soldi e le merci che trasportavano a bordo ... Il **Banchiere Andrea Garzoni** aveva investito 85.000 ducati non rientrati ritrovandosi con un debito complessivo di 200.000 ducati ... e i **Nobili Lippomano** erano indebitati per altri 119.000 ducati ... Un operaio addetto alle riparazioni di Palazzo Ducale percepiva in quegli stessi anni circa 100 ducati annui.

Nell'agosto 1498 una delle Galee di Venezia dirette in Fiandra e Inghilterra aveva caricato da Rialto oltre 100 balle di spezie, 280 botti di vino, 328 coffe di rami lavorati destinati alla Sicilia, 160 casse di sapone, qualche balla di panni per la Sicilia ed altre cose minute. Venezia esportava: spezie, panni di seta, camelotti, cotoni filati, fustagni veneziani e cremonesi, bassette, uva passa greca, zafferano, galla e guado e allume di rocca, sapone. Di passaggio per la Sicilia aggiungeva ancora: zuccheri, coralli, cotone, seta greggia e zolfo.

Nel 1501 **Girolamo Priuli** raccontava delle novità giunte a Venezia, e dell'arrivo a Lisbona in Portogallo del primo carico di pepe dalle Indie circumnavigando l'Africa, e tralasciando il Mediterraneo e le classiche vie carovaniere.

"... E'il principio di la ruina del Stato Veneto..." commentava.

Siviglia in Spagna divenne il centro commerciale più importante della Castiglia dove affluivano Genovesi e Fiorentini per partecipare al commercio con le nuove colonie Americane e imbarcare merci per la nuova rotta delle Indie e di Malacca servite ormai annualmente da ben 4-5 navi ... In seguito il controllo dei traffici e dei commerci passò quasi del tutto a Cadice in Portogallo.

Tempo indietro il pepe costituiva in certi anni i 9 decimi del totale delle spezie importate dai Veneziani a Rialto, e il suo prezzo oscillava dai 22 ducati *"al Cantaro"* (60kg) con apici nei momenti d'oro di 45-70 ducati.

Fu l'inizio della crisi per Venezia ... anche se ancora nel 1506 un corsaro napoletano catturò la nave da 200 botti di **Matteo Priuli** diretta a Costantinopoli trasportando stagni, panni di seta, lana e merci per un valore approssimativo di 30.000-40.000 ducati ... Nello stesso tempo, il **Nobile Pietro Bragadin** impegnato in una carica ufficiale della Repubblica Serenissima ricordava al figlio che curava i beni di famiglia a Venezia: *"...De uno ducato fanne due si tu poi...che ne senti beneficio et honor, et io contento ..."*

Nel 1504 la Galea *"Contarina"* fu allestita in Arsenale spendendo 516 ducati per realizzare un viaggio in Fiandra ed Inghilterra per poi ritornare carica all'Emporio di Rialto. Si era appena stipulata la pace col Turco, e quindi era un momento propizio per le spedizioni e i commerci.
A febbraio le Galee della Muda-convoglio di Alessandria erano rientrate a Venezia senza carico di spezie, cosa mai successa a memoria d'uomo. In

precedenza erano partite da Venezia con 40.000 ducati in moneta, 268 coffe di rami e poche altre merci, e in Egitto avevano trovato pochissime spezie a prezzo troppo alto. Fra gli appaltatori di quel viaggio sfortunato c'era anche **Francesco Contarini**, che fingendosi esasperato, implorò il Senato d'essere esentato dall'obbligo di pagare all'Arsenale un sospeso di 500 ducati a causa di quella spedizione che l'aveva *"rovinato"* ... Anche a marzo le Galee dalla Siria avevano portato solo seta greggia e grano dopo essere partite senza contanti e con un solo carico di panni lana ... A Venezia, dove Mercanti e Nobili Senatori avevano magazzini pieni o mezzi vuoti, s'era sparsa la notizia che a gennaio erano arrivate in Inghilterra da Calicut 5 carichi Portoghesi che avevano provocato forti ribassi.

A maggio la nuova Galea *"Contarina"* era pronta, e dopo vari tentativi andati a vuoto perché la Serenissima esigeva troppo, fu presa all'incanto a ribasso per 800 ducati da **Francesco Contarini di Alvise** a nome di **Piero Pesaro** che era *"caratista"* per 1/6 della spedizione, mentre altri 8 carati appartenevano a **Nicolò da Pesaro**, 8 ad **Alvise Priuli** e 4 ad **Alvise, Bernardo e Zuan Priuli** tutti Nobili Mercanti di Venezia. Il Contarini, quindi, era solo il Patròn e appaltatore della Galea, e per questo ottenne un compenso di 200 ducati.
Nello stesso giorno si appaltarono anche altre 2 navi ad **Antonio Leoni** per 1.100, e al fratello **Giovanni** per 910 ducati a cui subentrò **Federico Morosini** in quanto la legge proibiva affari in società fra fratelli.

Nello stesso mese arrivarono notizie contrastanti dall'Inghilterra dove c'era una nave in partenza, e un carico di 300 balloni di lana greggia rimasto invenduto a terra. Imperversava carenza di grano, tanto che il convoglio trasportò barili pieni di granaglie invece che di vino siciliano ... Il Portogallo esportava in Fiandra 2.000 cantera di meleghetta e altrettanti di pepe dalla Guinea ... Il mercato veneziano delle spezie sopravviveva solo perché vendeva pepe di qualità migliore rispetto a quella portoghese, così come lo zenzero dei Veneziani importato da Beirut era migliore di quello venduto a Lisbona.

La *"Contarina"* partì in convoglio ai primi di agosto 1504, e fece subito una sosta a Pola per spalmare gli alberi di sego ... Alla partenza da Venezia, aveva registrato le merci trasportate, e pagato Dazio per 17 sacchetti di denaro, e 12 casse di libri a stampa ... Dell'equipaggio facevano parte: **Dalmati**, una decina di **Veneziani** e 8 di **Terraferma**, alcuni **Greci**, **Albanesi**, **Montenegrini, Turchi**, 1 **Serbo** e 1 **Saraceno** reclutati tutti a Venezia per 4 ducati a quadrimestre, tramite un banco d'arruolamento in Piazza San Marco pagando trombettieri, pifferi, bandierine, mance ed elemosine, e mandando anche un vessillo in giro per le chiese per attirare volontari.

La paga poteva essere integrata dalla *"portata"* ossia dalla possibilità di caricare in esenzione di nolo una quantità di merci proprie di ½ quintale per i rematori, fino a più di 6 quintali per l'Ammiraglio, Uomini del Consiglio, Comito, Scrivani e Patron.

Quel che è davvero curioso, è che a bordo della *"Contarina"* era imbarcato un gruppo davvero eterogeneo di *"periti di mare"*. Al Patròn, i 4 Ufficiali e 1 Scrivano, seguivano: 1 Marangon o Mastro d'ascia, i Calafato, un Remer o Mastro Remaio con 8 Compagni per 137 Rematori, 2 Pennesi per le vele, 6 Prodieri e 6 Portolatti, 8 Bombardieri e 14 Balestrieri per la difesa, 1 Cuoco e 1 Scalco, 1 Cantiniere, 1 Barbiere, 1 Pescatore.

In settembre la Galea Veneziana arrivò a **Messina** dopo aver caricato a Palermo *"pan biscotto"* venduto da un veneziano, e aver perso vele, antenne e merci caricate in coperta durante una tempesta. Sempre a Messina incontrò le Galee partite l'anno prima di ritorno a Venezia, e imbarcò un pilota esperto di navigazione del Tirreno che la portò per **Maiorca e Gibilterra** fino a **Cadice** ... Lì salirono a bordo altri due piloti per il **Mar di Spagna**, e il 7 novembre la *"Contarina"* arrivò a **Southampton in Inghilterra** dopo 3 mesi di navigazione, raggiunta dalle Galee *"Charity"* e *"Julian"* che scaricarono 436 botti di Malvasia creando problemi con i traffici e gli affari locali.

Da Southampton con l'aiuto di uno speciale pilota per superare il banco di Santa Catarina, si proseguì per **Flessinga** alla foce della Scheda occidentale, da dove con l'ennesimo pilota locale si giunse per Natale ad **Anversa** dove la Galea si fermò affittando per 2 mesi ed 8 giorni un magazzino per attrezzi e gli Ufficiali, raddobbando lo scafo, e acquistando per la ciurma 16.500 pagnotte di pane fresco usate 2 al giorno per i suoi 128 rematori. Si pagò anche un Cappellano e dei cantori che si presentarono a cantare il giorno degli Innocenti secondo l'usanza locale ... Durante tutto il viaggio la

"Contarina" pagò 306 ducati fra Dazi e tasse pagate nei vari passaggi, pilotaggio, porti e canali.

La **Fiera di Anversa** di quell'anno non fu una delle migliori occasioni per far affari, e la *"Contarina"* ripartì con poco carico, anche se qualcuno caricò in proprio merci proibite, come tele di lino, che gli inglesi in seguito sequestrarono. A **Remua** presso **Middemburgo** la *"Contarina"* caricò 2 battelli di zavorra e fece sosta, mentre a Flessinga salirono i soliti piloti per la Schelda ed il banco di Santa Caterina, e il 1 aprile era di nuovo a Southampton sede del Console della Repubblica di Venezia.

Lì s'affittò dal 4 aprile al 5 giugno un magazzino e casa e camere per gli Ufficiali e la ciurma di 128 uomini che consumò stavolta 17.000 pagnotte fresche. La *"Contarina"* fu riparata e spalmata di sego e sapone nero, e le stive vennero finalmente riempite di merci per 17.000 ducati. Si caricarono: 9.000 pezze di panni di lana pagando Dazi e Tasse per 5.000 ducati.

Regalando ai doganieri Inglesi: acqua di rose, susine e altre regalie, i marinai della *"Contarina"* ottennero la restituzione delle tele contrabbandate, e partirono, ma tornarono presto indietro nel porto di **Huie o Wight** a causa di forti venti e correnti contrarie nel Canale della Manica e sull'Atlantico.

Solo alla fine di luglio, la *"Contarina"* arrivò e si fermò 6 giorni a **Cadice** dopo aver fatto spese a **Villa Bruxà, Torres in Galizia**, e si assoldò il pilota del Mar di Lion che portò la Galea fino a **Messina** dove si fece un grosso rifornimento di biscotto rimanendo fermi 4 giorni. Ripreso il mare, e dopo aver sostato altri 12 giorni a Palermo, la *"Contarina"* finì dispersa da una tempesta nelle acque della Sicilia, così che alla fine di ottobre le atre due Galee giunsero a Venezia da sole. La *"Contarina"* però riapparve, e arrivò a portare il suo carico all'Emporio di Rialto solo dopo 4 giorni dopo aver fatto scalo a **Corfù, Curzola, Lesina e Parenzo**.

La spesa del viaggio di 14 mesi della *"Contarina"* per la Fiandra costò 9.254 ducati fra allestimento, incanto, paga del Patron, Nobili, Ufficiali, Rematori, Piloti, Portolatti, tasse portuali, riparazioni, manutenzione, *"panatico"* dell'equipaggio e aceto per disinfettare l'acqua di bordo. Inoltre, a Sounaphton si comprarono 8 botti di vino di Romania, 1 botte di Malvasia e 3 pipe di Guascogna ... Di solito una spedizione simile costava molto di più.

Giunta a Venezia la *"Contarina"* fu soggetta a contestazione e controversie perché aveva caricato merci sotto e sopra coperta in parti della nave proibite dalla legge. Inutilmente in dicembre **Marcantonio Contarini** provò a giustificarsi davanti al Doge. I 3 Patroni della Galea *"Contarina"* furono condannati a 10 anni di esclusione dalle funzioni di Capitano di nave *(poi ritirata)*, e ammenda di 300 ducati con versamento di noli indebitamente percepiti per il carico irregolare.

In parallelo al movimento mercantile di Rialto, a Venezia imperversava ancora il contrabbando anche del Sale, soprattutto al confine con Padova ossia al **Bottenigo e Gambarare**. Ma si contrabbandava fino a **Caorle, Burano, Mestre e Cannaregio e San Piero di Castello** a Venezia anche provenendo da **Pirano, Capodistria, Pago** e risalendo perfino i fiumi **Livenza e Piave** ... La pena per i contrabbandieri era la confisca di barche, carri e cavalli, la multa di lire 400 di piccoli + 8 mesi di prigione e 3 scassi di corda in pubblico, cavato un occhio e fino all'impiccagione nei casi più gravi. Per contrabbandi minori la pena era di lire 100 di piccoli e 2 mesi prigione e se non si pagava si veniva frustati e condannati da 4 a 6 mesi di prigione ... ma il contrabbando fioriva ugualmente incontrollabile.

Le cronache raccontano che già nel 1515, quando quel ricchissimo mondo commerciale di successo sembrava all'apice del suo *"grandore"*, i Veneziani andarono a rifornirsi di Spezie direttamente nella relativamente vicina Lisbona in Portogallo e non più attraversato il mare in Oriente, nel Levante o in Siria, Costantinopoli e Alessandria d'Egitto. Era terminato il monopolio marittimo dei Veneziani su quei preziosi prodotti, e finito il controllo assiduo che esercitava sui commerci del chiuso mondo del Mediterraneo, e su tutto ciò che da Venezia si spandeva a macchia d'olio per tutto il resto dell'Europa ripartendo per nave o risalendola con zattere e un nugolo di carri e carretti, via fiume o via terra per l'intrico infinito delle strade e dei canali.

Non si può non ricordare la presenza degli **Orefici o Oresi** nell'Emporio di Rialto dove il Maggior Consiglio con Deliberazione del 23 marzo 1331 li costrinse ad operare, mercanteggiare in oro e argento ed aver bottega nella *"Ruga Vecchia di San Giovanni"* chiamata appunto: *"Ruga degli Oresi o degli Anelli"*. Agli Oresi, associati in Corporazione nella chiesa di San Giacomo di Rialto con i *"Gioiellieri"* e *"Diamanteri"* sotto la protezione di Sant'Antonio Abbate, fu concesso il raro privilegio di avere in chiesa un sepolcro-arca o tomba privata, per il quale offrivano ogni anno due pernici al Doge nel giorno di Santo Stefano.

In Ruga degli Oresi a Rialto, gli Orefici organizzavano varie volte all'anno, ma specialmente il Giovedì Grasso, una *"Caccia dei tori"*, e lavoravano *"Armille o Manini"* che un tempo si chiamavano *"Entrecosei o intrigosi"* perché fatti di sottilissime pagliuzze d'oro intrecciate insieme. Per poter essere ammessi all'Arte, da cui erano esclusi gli Ebrei, si doveva superare una prova apposita di abilità ... distinguendo l'Arte nei rami di: *"legature di gioje alla Veneziana o alla Francese"*, *"catenelle d'oro"*, *"filigrani"*, *"catene d'oro massiccio"*, *"argento alla grossa"*, *"coppe e bacini"*, *"calici e arredi sacri"*, *"posate"*, *"minuterie"*, *"bottoni di filo"*, *"sbalzo a ceselli"*. Inoltre *"Oresi"* e *"Diamanteri"* sfaccettavano diamanti, cristallo di monte, rubini, smeraldo, granati, fondevano a luto ed a staffa, dipingevano a smalto, e intagliavano a bolino.

Nella Ruga degli Orefici a Rialto, nel gennaio 1340, fu condotto legato con gioielli falsi al collo l'orefice **Leonardo Rosso**, che fabbricò oreficerie e argenterie false di bassa lega, vendendole e spacciandole per metallo buono. Reo confesso, fu trascinato da San Marco a Rialto, e costretto a proclamare pubblicamente le sue colpe. In seguito non poté più esercitare la professione di orefice in Venezia e in tutto il territorio Veneto, e fu messo in prigione per un anno.

A Rialto, inoltre, c'erano *"l'Erberia"* e la *"Cordaria"*. L' *"Erberia"* esisteva fin dal 1200 e fu tutta selciata in pietra dal 1398. Era una Fondamenta dove approdavano erbaggi e frutta provenienti dalle isole e dalla Terraferma, che venivano vendute all'ingrosso dall' *"Arte degli Erbaiuoli"*, *"Colonnello"* dell'**Arte dei Fruttarioli**, che operava in 122 botteghe, 11 posti chiusi, ed 89 inviamenti, ritrovandosi per le devozioni e le decisioni dell'Arte accanto all'altare loro concesso nella chiesa dei Santi Filippo e Giacomo, vicino a San Marco.

La *"Cordaria"* dei fabbricatori di corde, invece, occupava 17 piccole botteghe presso Rialto. I *Cordaroli* erano consociati dal 1450 con l'Arte riservata ai soli Veneziani dei *"Filacanevi"* o filatori di canapa, e si radunavano per devozione nella chiesa di Santa Chiara sotto il patrocinio di Sant'Ubaldo. Per non danneggiare gli affari dei Cordaroli, i *"Venditori di Tele"* non potevano vendere in proprio corde e spago, perciò i Venditori di Tele **Agostin Casson**, **Giacomo Nascimben** e il figlio **Gerolamo** dovettero chiedere e ottenere una speciale licenza da parte della Giustizia Vecchia per poter vendere *"corde e spago"* nel Fondaco dei Tedeschi, alla condizione di comperare tali merci dai *"Filacanevi"*. Ancora nel 1773 l'Arte contava 210 botteghe in città con 300 capi maestri, e 42 garzoni attivi.

La chiesa di San Giacometto racchiusa dai portici di Rialto era un formicaio di gente disparata raccolta e congregata in Scuole, Confraternite e Compagnie d'Arte, Mestiere e Devozione ... e fin dal 1310 presso la stessa chiesa patrocinata direttamente dal Doge, c'era una scuola pubblica di Filosofia.

Sempre in quella chiesa, dove esisteva fin dal 1382 la *Scuola di Devozione dedicata a Sant'Antonio Abate dell'Arte degli Oresi, Zogielieri e Diamanteri*, dal 1414 si ospitò anche la *Fraglia dei Bastazi della Dogana de Terra*, e dal 1436 la *Scuola di San Giacomo dell'Arte dei Ternieri e Casaroli*. Cinquant'anni dopo circa, s'aggregò la *Scuola di Sant'Antonio Abate dei Luganegheri* trasferitasi dalla vicina chiesa di San Salvador, e la nuova *Fraglia del Traghetto della Loggia dei Camerlenghi*.
Dal 1538 s'aggiunse la *Scuola di San Giacomo dell'Arte dei Pesadori dell'Ufficio della Pubblica Stadera*, e pochi anni dopo s'aggregò la *Scuola dell'Assunta "della Sendrina" riservata agli oriundi della Val Cedrina*. Nel 1529 arrivarono gli uomini consociati del *Traghetto dei Barileri*, e poi quelli del *Traghetto al Ponte di Rialto*. All'inizio del 1600 s'inaugurò la *Scuola dell'Annunziata dei Garbeladori o Criveladori, Ligadori e Bolladori de Comun*, a cui s'aggiunse nel 1609 la *Scuola della Madonna del Carmine dell'Arte dei Biavaroli*. A seguire giunse quella di *Sant'Antonio da Padova dell'Arte dei Travasadori da Ogio*, la *Fraglia dei Bastazi della Dogana da Mar*, e il *Sovvegno della Concezione dei lavoranti Pistori* ... Insomma, era

tutto un andirivieni senza sosta che movimentava migliaia di Veneziani sotto le volte e i portici di Rialto.

Nel gennaio 1514 un violento incendio spinto dal vento, scoppiato forse nella bottega da Corderia di **Antonio Zuliani e Zuan Maria Malipiero** o forse in quella di Telerie detta *"Del diamante"*, distrusse in meno di sei ore gran parte dell'Emporio di Rialto e ben trenta **Uffici della Giudicatura**, il **Fondaco della Farina**, e la chiesa di **San Giovanni Elemosinario** arrivando fino alla Contrada di San Silvestro.

"Se non fosse stato spento dalle Maestranza accorse dall'Arsenale, sarebbe andato fino a Sant'Aponal e saria andato fino a San Polo ... Il quale incendio fu di tanto danno ... si persero molti libri pubblici, denari, e robe di mercadanti ch'erano nelle volte ... oltre che si aveva dubbio di qualche suscitatione di qualche ghiotto, talché furono istituite guardie, e per li sestieri, e attorno Rialto, e massime acciocché le robe dalle ruine non venissero tolte ..."

La perdita si quantificò in ricavi persi per almeno 35.000 ducati fra le botteghe affittate da 1 a 20 ducati ch'erano il 43% del totale, e quelle con l'affitto superiore ai 40 ducati, che erano il 20%. La ricostruzione iniziò due giorni dopo guidata dal **Provveditore Daniele Renier** e su disegno dello **Scarpagnino** ... il Piovano di San Giovanni Elemosinario cedette alla Signoria alcune botteghe nei pressi del campanile, la Drapperia fu rifatta in forma bellissima, il Senato effettuò tutta una serie di risarcimenti aiutando chi non era in grado di riedificare per conto proprio e cacciando chi aveva occupato abusivamente i posti ... Tuttavia, ancora a 18 anni dall'incendio, la rifabbrica di Rialto era ancora da ultimare e continuò fino al 1537.

Nel censimento dell'area dello stesso anno, la **Contrada di San Giovanni Elemosinario** contava 219 unità in totale, fra cui 17 case ridotte a 6 dopo l'incendio, 98 botteghe, 104 volte con magazzini. La **Contrada di San Mattio**, invece, constava in 166 unità in totale, fra cui 24 case, 97 botteghe e 45 volte con magazzini ... I Nobili **Contarini, Dandolo, Da Canale e Querini** supplicarono lo Stato di clemenza, disposti a rinunciare persino al titolo nobiliare, in quanto oppressi dai debiti contratti con la perdita di 12.000

ducati di una loro nave affondata carica di botti, e soprattutto a causa delle perdite dovute all'incendio di Rialto.

Gli eredi di **Zuan Paolo Gradenigo** erano ancora i massimi proprietari della zona di Rialto Novo, Casaria, Corderia e Fruttaria dove possedevano botteghe, volte e magazzini con rendite tra 18 e 98 ducati ciascuna ... I **Morosini** conservano proprietà in Riva del Ferro e a Rialto Novo, i **Sanudo** possedevano *"l'Osteria della Campana"* e 3 botteghe sottostanti salvatesi dall'incendio per le quali percepivano 290 ducati come nel 1514 ... In quegli anni aumentarono per tutti gli affitti delle botteghe.

Fino dal 1341 si faceva memoria dell' *"Osteria della Campana o delle Varote"* in Pescharia Nova detta anche Ospizio dei Varotieri retta da Zanino di Lorenzo ed in seguito da Antonio a Varotis. Era nominata come l' **"Osteria del Cavalletto"**, l' **"Osteria alla Colonna"**, l' **"Osteria alla Corona"** come uno dei lupanari di Rialto, ed era un'altra delle *"Osterie a pluri"* pubbliche di Venezia, di proprietà dei Nobili Sanudo che con il famoso Diarista Marino la descrivevano così: *"... **El stabele qui è molto caro ... Testi siamo noi Sanuti che in Pescharia nova habiamo un'Hostaria chiamata di la Campana. Sotto tutte botteghe, ed è picciol luogo, e tamen di quel coverto si cava più di ducati 800 di fitto ogni anno, che è cossa maravigliosa del grande afitto, e questo è per esser in bon sito l'hostaria; paga ducati 250 che paga più chel primo palazzo della terra ...**"*

Racconta ancora, che nell'Osteria, all'epoca di Cambrai, furono trattenuti come ostaggi alcuni cittadini di Cremona, che poi fuggirono ... e che il 26 gennaio 1507 essendosi contratto matrimonio di una figlia di **Leonardo Grimani** con **Alvise Morosini**, ascritto alla *"Compagnia della Calza detta degli Eterni"*, ed avendo il Grimani dimostrato poca splendidezza nell'allestire il banchetto nuziale, gli Eterni si vendicarono andando a Rialto dopo aver fatto danni in casa Grimani e prelevati due bacini d'argento da parte di Stefano e Domenico Tagliacalze.

"... Questi andarono gridando d'essere stati maltrattati nel pranzare, e per altro senza aver incontrato donne invitate ... Perciò volevano impegnare quei due bacini d'argento per cenare in allegrezza

vendendone uno per illuminare con torce, e l'altro per mangiare bene presso l'Osteria della Campana ..."

Circa cinquant'anni dopo, tutta l'isola di Rialto venne *"risalizzada"* ossia pavimentata dal Traghetto di Ca' da Mosto alla Calle dei Toscani, e dalla Riva del Canal Grande fino a San Mattio ... In autunno il Consiglio Dieci emise un bando per costruire le **Fabbriche Nuove di Rialto** su di un'area di 254 piedi veneziani e 31 di profondità, liberata abbattendo stazi, volte provvisorie e ripari in legno sulla Riva del Canal Grande. Il progetto prescelto di **Jacopo Sansovino** prevedeva un edificio in 25 campate con 28 volte affittabili a 8-10 ducati annui, e 4 botteghe la cui rendita si prevedeva essere almeno di 150 ducati annui, per un totale di 380 ducati annui circa a favore dello Stato. Se poi si fossero venduti al 4%, se ne potevano ricavare 9000 ducati.

Nell'agosto del 1524 crollò per intero la rampa del Ponte verso Rialto provocando due vittime. Le preziose botteghe subirono ingenti danni e furono tutte sgomberate ... Immediatamente i Provveditori al Sale presentarono in Collegio un nuovo modello di ponte in pietra, seguito da un secondo e da un terzo.

E vennero gli anni del 1527 e 1528 che furono storicamente difficilissimi per Venezia. Le possibilità d'importare grano dai soliti paesi si ridussero drasticamente, e il prezzo crebbe fino a 4 volte ... A Venezia si era alla fame. Drammaticamente **Marin Sanudo** descrive nel dicembre 1527, a meno di una settimana dal Natale, la scena della gente affamata che convergeva a Venezia in cerca di cibo ed espedienti per vivere: *"... ogni sera in piazza San Marco, sulle vie della città, su Rialto è pieno di bambini che gridano ai passanti: "Pane ! Pane ! ... Muoio di fame e freddo !" E' terribile ... Al mattino, sotto ai portici dei palazzi vengono trovati cadaveri ..."*

Sempre il diarista **Marin Sanudo** continuò a descrivere la città all'inizio del febbraio seguente, in tempo di Carnevale: *"... La città è in festa, sono stati organizzati molti balli in maschera e al tempo stesso, di giorno e di notte, è immensa la folla dei poveri ... A causa della gran fame che regna nel paese, molti vagabondi si sono decisi di giungere qui, insieme ai bambini, in cerca di cibo..."*

A fine mese le cose non erano cambiate: *"... **Devo annotare qualcosa che rammenti che in questa città regna continuamente una gran fame ... Oltre ai poveri di Venezia che si lamentano per le strade, ci sono anche i miserabili dell'isola di Burano, con i loro fazzoletti in testa ed i bimbi in braccio a chiedere l'elemosina ... Molti arrivano anche dai dintorni di Vicenza e Brescia, il che è sorprendente ... Non si può assistere in pace ad una messa, senza che una dozzina di mendicanti non ti circondi e chieda aiuto ... Non si può aprire la borsa, senza che subito un poveraccio non ti avvicini, chiedendo un denaro ... Girano per le strade persino a tarda sera, bussando alle porte e gridando: "Muoio di fame !"***

Fra 1535 e 1569 nessuna Galea da Mercato partì più da Venezia per Beirut o per Alessandria, mentre i Francesi di Marsiglia stipularono un accordo commerciale diretto con **Solimano il Magnifico**, saltando la mediazione di Veneziani e Ragusei, e prendendo residenza ad Aleppo in Siria antico capolinea della Via della Seta.

Nel 1545 a San Giovanni Elemosinario era sorta una **Scuola d'abaco** *"... a costa del muro della giesia ...",* e si pagava 12-15 ducati annui per l'organista, altri 12 ducati *"...alli cantadori delle compiete della Quadragesima et per accompagnar il Sacramento nel Sepolcro et Venerdi' Santo."* Nel marzo dello stesso anno, nella vicina Parrocchia di San Mattio di Rialto il pittore **Lorenzo Lotto** fece testamento *"in volta alla Corona"*, ossia nell'Osteria della Corona, disponendo fra le altre cose di venir sepolto per concessione dei Frati Domenicani a SS. Giovanni e Paolo senza alcun dispendio, in benemerenza di aver loro dipinto la pala con Sant'Antonino.

Per avere un'idea precisa della situazione, dovete pensare che la fabbrica del Ponte di Rialto visibile ancora oggi risale al febbraio 1588, quando si affidarono ad **Antonio Da Ponte** i lavori per un nuovo ponte in pietra. Cinque anni dopo, 1593 si erano già spesi traendoli dalla Zecca di Stato di San Marco: 245.537 ducati, il 43 % dei quali era stato utilizzato per espropriare e comprare botteghe e case presenti nella zona limitrofa della Contrada di San Bartolomeo.

Nel 1571 circa, il **Patriarca Trevisan** ordinò di non concedere benefici a chi abiurava dal Protestantesimo, ordinò anche ai Neoeletti Piovani di prendere possesso al più presto della Parrocchia altrimenti avrebbe provveduto lui direttamente, proibì l'apertura serale delle chiese *"…oltre i Secondi Vespri del giorno …"* sotto pena di 10 ducati, e bandì alcuni Preti perché indegni … compreso il Piovano di San Mattio di Rialto **Ermete De Bonis** perché trovato incapace di leggere e spiegare il Catechismo Romano e comprendere *"le lezioni"* del Breviario durante l'abituale esame Canonico di controllo.

In quegli anni, San Mattio di Rialto nella cui Contrada vivevano 632 persone, venne così descritta: *"… piccola chiesa … ben costruita a tre navate, con tetto decorato e pavimento in pietra solida, squadrata … Una sacrestia piccola, ma sufficiente ad un unico sacerdote, un piccolo cimitero che non può essere chiuso per non ostacolarne l'accesso … una torre campanaria con le sue campane … una buona chiesa, insomma …"*

Lì dentro si consociavano gli **Stagneri della Scuola di San Giovanni Evangelista**, i **Caneveri della Scuola di San Giovanni Battista**, gli **Spezieri da Grosso della Scuola di San Gottardo**, i **Lavoranti Pistori del Sovegno della Concezione** … che s'aggiungevano ai devoti già presenti della **Fraterna dei Poveri**, quelli della **Sacra lega di San Giuseppe**, della **Scuola della Beata Vergine del Rosario**, e quelli del **Suffragio del Morti e del Crocefisso** … e altri ancora …come accadeva in tutte le chiese di Venezia dell'epoca.

Quando nello stesso anno, i Veneziani e gli alleati vinsero contro i Turchi a Lepanto, le cronache raccontano di feste che i Tedeschi organizzarono nel loro Fontego di fronte a Rialto, accanto al Ponte di Rialto: *"… i Tedeschi per tre sere continue acconciarono il Fontego di razzi, e accomodarono di dentro e di fuori per diversi gradi, lumiere, dal primo corridore fino alla sommità del tetto, che rendevano dalla lunga una veduta quasi di un cielo stellato … Da prima sera fino alle 5 hore di notte, si udì di continuo suono di tamburi, di pifferi e di trombe squarciate, e sopra i pergoli del Fontego si fecero diversi e rari concerti di musica con spessi tiri d'artiglierie … Et attorno a tutte le Fabbriche Nuove della Piazza di Rialto, cominciandosi dal Ponte fino alla Ruga predetta, furono tirati panni finissimi di scarlatto, vi si attaccarono di sopra con uguali distantie bellissimi quadri di pitture, di imprese, di ritratti, e d'altre diverse historie ... quadri meravigliosi del Giambellino, di Giorgione da Castelfranco, di Bastiano del Piombo e d'altri eccellenti pittori. La prima mattina si cantò la Messa Solenne sopra un palco dinanzi alla chiesa di San Giacomo con musiche meravigliose ... Dopo terza si fece la Processione col Crocefisso innanzi, precedendo piffari, trombe squarciate e tamburi ... Dopo mangiare si dissero i Vespri con le musiche medesime e cominciatisi tardi finirono alle due hore di notte ... Il restante del tempo si consumò in harmonie con variati concerti ..."*

Accanto al Fondaco dei Tedeschi teneva *"Stazio"* ossia sede, il *"Traghetto dei Ruffiani o del Buso"* di Rialto. Era denominato così forse per essere collocato in un *"buso"* o posto ristretto proprio sotto al Ponte di Rialto. Ma altri maligni o forse meno forbiti spiegavano che il nome andava inteso in senso femminile e osceno, perché avendo il Governo Serenissimo bandito da Venezia tutte le prostitute, fu costretto a richiamarle in fretta a causa di gravi disordini e proteste che ne derivarono. Quando le donne ritornarono in massa in città, passarono il Canale Grande in gruppo attraverso lo Stazio del Traghetto di Rialto, che perciò dai popolani venne scherzosamente fregiato col nome riferito *"... all'allegro lavoro della brigata delle meretrici ..."*

Emblematico fu che nel 1544 i *Cinque Savi agli Ordini*, tanto importanti nel passato, venissero considerati di bassa considerazione da Gasparo Contarini che si lamentava in quanto la carica veniva data *"... a giovani et huomini di prima barba ... poichè l'imperio di Terraferma crebbe ed i nostri cominciarono a voltare l'animo alla Terra. I Savi di Mare perderono la loro riputazione ed i Savi di Terraferma l'acquistarono ..."*

Non che mancassero le opportunità commerciali, perché nel solo 1564 sul Mar Rosso entrarono 30.000 quintali di pepe e l'anno seguente più di 20 bastimenti arrivarono a Gedda dall'India carichi di 129 some di spezie destinate soprattutto ad Alessandria d'Egitto ... Sette carovane settimanali arrivavano dalla Mecca e Persia, e tre da Bassorah fino al porto di Aleppo in Siria trasportarono complessivamente 50 some di cannella, 60 chiodi garofano, 295 di noce moscata, macis, indaco, zenzeri, pepe, mirabolani, assafetida, cassia, cardamomo e valanga.

Oltre alle spezie c'erano 189 some di seta greggia siriana e persiana, cotone da Cipro, Aleppo e Hamah in Siria. La seta era grossa o sottile in relazione alla pesatura, e si pagava un'imposta sul peso: il *"Diritto di baldanza"* che consisteva in *"deremi 6 per rotolo grosso e deremi 12 per rotolo sottile"* … e cinque anni dopo si poteva esportare moneta di contrabbando dalla Turchia in Persia evitando i Dazi, guadagnando il 20% sull'argento, 40-50% sull'oro e 10-20% sul rame.

Erano i profitti ch'erano scesi di molto, e la concorrenza era aumentata in maniera spropositata … Un mercante reputava conveniente partire da Venezia per andare a commerciare su piazza estera soltanto per un giro d'affari di almeno 100.000 ducati, mentre cento anni prima bastava un capitale di 500 o 1000 ducati … **Portoghesi e Spagnoli** con le loro flotte e nuove rotte avevano rivoluzionato l'intera logica del Mercato Mediterraneo e Atlantico … e gli Olandesi possedevano ormai una flotta da 200.000 tonnellate.

I Portoghesi e gli Spagnoli avevano spaccato il mondo, e aperto rotte impossibili che disegnavano un mondo nuovo. Nuove terre, nuove vie, nuovi guadagni e commerci, nuovi prodotti, nuovi orizzonti su cui operare. Era davvero cambiato il mondo … e non era finita lì, perché stavano emergendo potenze nuove e nuove rivalità e concorrenze commerciali. C'erano gli *Olandesi*, gli *Inglesi* che bussavano alle porte mercantili in maniera diversa … A dire il vero, erano sempre stati presenti nello scenario economico Europeo, ma ora erano diventati più potenti, consci di se e soprattutto intraprendenti e capaci di sovvertire gli equilibri commerciali di sempre.

Venezia si trovò improvvisamente spiazzata da tutte quelle novità, e non le rimase che adeguarsi e cercare in qualche maniera di far buon viso a cattiva sorte salvando il salvabile. Da numero uno esclusivo si trovò ben presto ad essere solo un'alternativa di riserva e secondaria sul palcoscenico dei grandi movimenti e guadagni delle vendite e acquisti e degli affari del mondo.

E poi … era iniziata l'era del **The**, del **Caffè** e del *Cioccolato* che divennero presto beni d'elite e di consumo ambitissimi, preziosi e solo per pochi. Proprio all'inizio, meno di mezzo chilo di the e caffè costavano rispettivamente 1.500 euro e 2.000 euro … Era iniziato il tempo in cui in Cucina iniziava a vincere il gusto Naturale e il Prezzemolo e la Cipolla nostrana andavano a sostituire la montagna millenaria finora invalicabile dell'uso e gusto esotico delle Spezie. Si cominciò a preferire il gusto della carne e selvaggina *"selvatico"* coperto solo dagli odori dell'orto, dai gusti genuini e semplici dei campi, e non più speziato … A Rialto rimase tutto il resto: gli avori, le lane, le perle, i vini … il che non era poco, Ma non fu più come prima, s'era come rotto qualcosa. Quel mirabile miracolo commerciale s'era come inceppato e iniziò un lento, inarrestabile e progressivo declino della fortuna economica Veneziana. Non che le navi andassero e tornassero vuote … ma si erano perse certe rotte e preminenze, e soprattutto s'era smarrita una certa voglia e senso d'andare.

Per fortuna Venezia non fu l'unica a trovarsi in quella situazione, per cui si trovò a spartire quella sua situazione di involuzione economica anche con altri ex protagonisti di quel mondo di scambi e affari. Si riuscì a conservare in qualche maniera, seppure ridotta a minimi storici, anche quella via di commerci che era stata protagonista per secoli dei mercati. Ma non era più come un tempo … Tutto era cambiato per sempre.

Quel che è incredibile, è che Venezia visse per altri trecento anni in questa situazione … non un anno, trecento !

Si adagiò in quella sua fisionomia secondaria, vivendo quasi di rimbalzo e all'ombra dell'antico prestigio di un tempo … Noi siamo abituati a considerare Venezia decadente durante il secolo del 1700, soprattutto dopo la prima metà, ma non è così. Il suo declino è iniziato molto prima, secoli prima … seppure in maniera molto mascherata e mitigata. Fu un declino lento, progressivo ma inesorabile che la portò ad essere piccola potenza secondaria sullo scacchiere Europeo, poi Governo neutrale, e infine Stato fragile da inglobare e annettere alla prima occasione buona ... e Napoleone ne fece un sol boccone.

Tornando alla metà del 1500, i *Francesi* quasi regalavano la carta sul mercato, tanto che i Veneziani furono costretti a ribassare per vendere qualcosa, e furono indotti a inventarsi sotto giuramento un cartello fra loro per non vendere sotto prezzo anche lo stagno. Il valore della canfora crollò da 4 ducati a 40 grossi perdendo il 40% del suo valore perché il mercato era stato già saturato dalle forniture oceaniche di Lisbona. Un mercante veneziano fu costretto a ritirare l'ordinazione fatta a un ebreo ... Lo zibibbo si vendette a Lione a soli 12-13 franchi, mentre a Marsiglia precipitò a soli 6-7 franchi.

A nulla servì abbassare dal 5% al 4% il Dazio sulle merci in uscita da Venezia, mentre rimase invariata la spesa del 4-5% per imballaggio e spese varie prima dell'imbarco ... Per i contrabbandieri la pena divenne la voga in Galea per 5 anni, il bando da tutti i territori della Serenissima per 10 anni, e 100 ducati di premio per il denunciante.

Divennero perfino precari o disertati i 200 e più posti riservati per legge a bordo delle Galee di mercato a favore dei Nobili poveri per formare nuove leve marittime e commerciali. Più di qualcuno accettò l'incarico ma lo rivendette ad altri meno Nobili per ricavarne denaro immediato e senza prospettive ulteriori ... La via del mare per Venezia rimase un'opportunità importante, ma non più l'unica ... Nel solo Padovano, secondo quanto riportava il **Podestà Bernardo Navagero**, i Veneziani su 400.000 campi aratvi ne possedevano ormai 66.000, e nel vicentino i vari Patrizi Veneziani: **Badoer, Bernardo, Bon, Contarini, Diedo, Dolfin, Foscarini, Priuli, Sagredo e Sanudo** avevano acquistato per 500.000 ducati ... il **Nobile Michele Legiso figlio di Antonio** preferì andare a studiare Diritto e Filosofia a Padova piuttosto d'occuparsi dei commerci familiari a Candia e trattare vino con Fiandre e Inghilterra. Inutilmente e senza successo il padre l'aveva collocato presso i **Nobili Mercanti Pisani di Venezia** per imparare l'antica Arte Mercantile ... Infatti, lo stesso Vettor Pisani di Zuane fondò una Banca con Girolamo Tiepolo, e piuttosto che andare per mare si occupò di un suo feudo a **Bagnolo nel Vicentino** dove fece costruire da Palladio immense barchesse intorno ad un'aia grande come Piazza San Marco per ospitare i prodotti di una sua risaia estesa per centinaia di campi.

Nel 1576 la peste si presentò di nuovo a Venezia, dove spazzò via circa 40.000 persone. Si contavano a Venezia 7.209 mercanti ossia il 5,3% dell'intera popolazione *(i nobili erano più di 6.000)* ... Nel maggio seguente, **Paolo Priuli di Gerolamo** che possedeva 377 campi a **Marcon** e produceva manifatture a **Bassano**, raccomandava ai figli per testamento di non andar per mare ma: *"... laudo et prego miei fioli dolcissimi che alli suoi tempi volgino lavorar de lana come ha fatto molti anni li quondam miei fratelli e me medesimo."* ... Un processo civile viene sospeso perché uno dei Giudici si deve allontanare dal Venezia per dedicarsi al raccolto sui suoi campi di Terraferma ... Fra dicembre e gennaio ad Aleppo in Siria si tennero solo 62 *"marchadi"* fra pagamenti in contanti e baratti con spezie e moneta. Di questi contratti solo 37 furono con Veneziani.

Aleppo in Siria, con 200.000 abitanti stabili, era capolinea della Via della Seta. Lì risiedevano anche altri 100.000 mercanti provenienti da molte nazioni dell'Europa per commerciare in sete, spezie, endeghe, gottoni, pannilani e molto altro ... I Veneziani la raggiungevano ed erano presenti con una flotta mercantile di 42 grosse navi da carico, e muovevano affari per almeno 2 milioni di ducati d'oro annui. All'Emporio di Rialto a Venezia giunsero: cotone da **Cipro**, olio da **Candia** e dalla **Puglia**, uva da **Zante e Cefalonia** poi spediti in Inghilterra, cera dalla **Turchia** e zucchero dall'**Egitto**.

Nel maggio-giugno 1580 ad Aleppo in Siria ci fu la peste con centinaia di vittime giornaliere e affari praticamente sospesi. Solo in luglio partirono per Venezia le navi mercantili: *"Costantina"*, *"Rumina"* e *"Gratariola"* tutte appartenenti al mercante Annibale Rotta residente in patria, che commerciava tramite Francesco De Rossi e Guglielmo Rubbi. La *"Muda di Stato"* di settembre imbarcò solo 18.000 *"ormesini di seta"* da Damasco, mentre alcuni mercanti veneziani preferirono immagazzinare per 2-3 anni la noce moscata in attesa che crescesse il prezzo.

L'anno dopo giunse ad Aleppo, dove c'erano ancora 16 case mercantili veneziane attive *(ma senza nobili)*, un *"bertone"* inglese carico di *"farisee inglesi"* che vendette a somme irrisorie facendo cadere i prezzi, e alla fine dell'anno i baratti veneziani rimasero paralizzati per l'arrivo di un'altra nave inglese con un carico di 3.000 pezze di *"farisee"*, 400 cantera di stagni e tanto altro che rovinò il valore di tutte le merci presenti sul mercato ... Una nave olandese precedette di molto una veneziana dimostrando superiorità tecnica nella navigazione ... Due navi Francesi arrivarono a Tripoli di Siria con un carico di 100 pezze di panno, 300 carisee, 2 barili di cremese, 15 colli di gripola e con 100.000 scudi reali spagnoli da spendere ... Ad Hormuz i prezzi delle spezie venute da Goa erano così alti rispetto a quelli di Rialto a Venezia che non conveniva comprare e imbarcare. Solo la cannella meritava d'essere comprata seppure ad alto prezzo, perché non c'era disponibilità né a Baghdad né ad Alessandria, e in Europa i magazzini erano sforniti.

La Serenissima e il Doge erano proprietari di gran parte dell'area commerciale di Rialto, e ogni anno a San Michele il 29 settembre affittavano a pubblico incanto le tabule dei Banchi dei Cambiatori ... Nel 1584 fallì il Banco Pisani-Tiepolo e i Pisani-Tiepolo furono estromessi dal Maggior Consiglio non più considerandoli Nobili. Sembra che in quell'epoca siano falliti 96 *"banchi di scritta"* su 103 ... **Jacomus Bricola** di 66 anni, figlio del defunto Matthei, che *"...per avanti soleva esser Fattor de Marca davanti de le Becharie..."*, si mise a insegnare in proprio a *"... Lezer, scriver e abbaco ..."* a 16 alunni, spiegando: *"...la Tavola, il Salterio, il Donao, il Fior de le Virtù, la Vita Cristiana, il Libro de Passion et Evanzelii vulgari ..."*

Accadde anche tutta una serie di disastri marittimi, e si recuperò dalla nave *"Gagliana"* naufragata e sommersa a 18 passi di profondità gioielli e groppi di denaro, e **Guglielmo Helman** riuscì ad ottenere dagli Uscocchi la restituzione di 100 pezze di *"cambelotti"* riservandosi di ricorrere all'Arciduca Carlo per recuperare il resto ... **Paolo Contarini Provveditore di Terraferma** non trascurava i suoi traffici con Costantinopoli ... mentre il **Doge Leonardo Donà** raccontava che le entrate fiscali di Venezia avevano procurato 400.000 ducati dai Dazi delle Mercanzie e 600.000 da quelli dei viveri che nascono dalle mercanzie *"... le quali fan sì che il popolo mangi..."*

Dai porti della Dalmazia giungevano in media fra 11.000 e 17.000 colli di merci, dalla Siria s'importarono fra 1.000 e 1700 balle l'anno di seta, mentre le importazioni annue di olio da Candia e dalla Puglia passarono da 10 a 15 milioni di libbre.

Dal 1587 **Tullio Fabri**, ragioniere ufficiale della Serenissima Repubblica, colse l'occasione del lavoro di rappresentanza per esercitare anche una buona Mercatura accompagnando a Costantinopoli il **Nobile Bailo Moro**, e poi il **Nobile Zaccaria Contarini Ambasciatore Straordinario di Venezia a Roma**. Si portò dietro molte gioie e preziosi sperando di venderli bene, e si spinse fino a Napoli per un'operazione commerciale. Consociato col fratello trafficava in perle, rubini, smeraldi ma anche panni di seta, cotoni greggi, cera, pellami, importando a Venezia perfino frumento nei momenti più propizi di carestia. Mentre presentava un memoriale alla Repubblica per eliminare l'evasione delle tasse consolari, acquisto e armò una nave *"da 700 botti"* per un viaggio sotto il segno di San Marco da Costantinopoli a Venezia, dove insieme alle casse con la contabilità del Bailo Venier portò a diversi Mercanti dell'Emporio di Rialto: gioie, perle e merci varie da vendere per diverse migliaia di ducati.

Nello stesso anno, sotto le volte di Rialto si sottoscrissero *"Polizze d'Assicurazione e Securtà"* su viaggi, navi e merci per 3.600.000 ducati con un guadagno per le casse della Serenissima di 3.000 ducati ... Il monopolio del Sale ammontava a 250.000 ducati ... e il Dazio del 5% in Uscita su 4.170.000 ducati di merci dirette in Terraferma o per Mare procurò allo Stato 208.532 ducati, mentre il Dazio del 6% in Entrata su 458.000 ducati di merci dal Levante procurò 27.481 ducati.

Gli assicuratori intascarono tra 216.000 e 288.000 ducati, pagando premi circa per 150.000 ducati ... Le **ex Prostitute ospitate alle Convertite della Giudecca** percepivano obbligatoriamente lo 0,08% ossia: 2 grossi ogni 100 ducati d'assicurazione sui commerci di tutti i Mercanti, in cambio di preghiere per il buon viaggio e il sano arrivo delle merci e delle navi della Serenissima.

Ebrei e mercanti Genovesi e Fiorentini assorbivano fino a 1/3 di tutti gli affari sulla *"Piazza di Venezia"* formando certe Compagnie Mercantili che contavano fino a 19 soci assicurati.

Presso il *"Sottoportico del Banco Giro"* di Rialto c'era e c'è ancora un antico tronco di colonna mozzata sormontato da una lastra di marmo con scaletta sostenuta da una statua ricurva detta il *"Gobbo di Rialto"* scolpito da **Pietro da Salò** nel 1541. Da lì si bandivano le Leggi al tempo della Repubblica e non solo.

La cronaca *"Barba"* della Marciana racconta: *"**Jera costume in Venetia che quando era terminato un per ladro over per altro, ad esser frustado da San Marco a Rialto... Li malfattori come erano in Rialto andavano a basar il Gobbo di pietra viva che tien la scala che ascende alla colonna delle grida ... Fu terminado a dì 13 marzo 1545 che più questi tali non andassero a far tale effetto, et però fu posto in la colonna sopra il canton, sotto il pergolo grando in Rialto, una pietra con una croce, et uno San Marco di Sopra aciò li frustadi vadano de cetero a basar ...**"*

Nel 1584 nacque il *"Banco di Giro"* di Venezia sotto garanzia dello Stato per evitare nuovi fallimenti dei privati: *"**Codesto banco si poteva più propriamente intitolare Banco di Depositi, dappoiché non emetteva biglietti pagabili al presentatore, ma trasportava le partite da un nome all'altro, e restituiva ai privati i loro depositi quandunque avessero voluto, avendo il Governo destinato a tal uopo fin dal principio i capitali occorrenti ... Un senatore, col nome di depositario ne teneva la presidenza, e tutti gl'impiegati avevano obbligo di prestar sicurtà. Il banco aprivasi sul mezzo giorno, e nel corso dell'anno si teneva chiuso straordinariamente quattro volte per fare i bilanci generali, nel qual tempo il danaro serbavasi nella pubblica Zecca ove lo si portava processionalmente lungo la Merceria; e tutti i bottegai, durante quel trasporto, dovevano star ritti sulla porta con picche ed alabarde in mano per esser pronti alla difesa del tesoro. La scrittura di banco tenevasi per lire, soldi, danari. La lira corrispondeva a dieci ducati d'argento; ma*** *siccome la moneta di Banco godeva l'aggio del venti per cento, così valeva dodici ducati. Il soldo corrispondeva a lire 4, soldi 16, della moneta corrente, ed il danaro a soldi 8 comuni. Per rendere più difficili alterazioni nei giri del Banco, si facevano con apposite cifre, dette dagli scrittori d'allora figure imperiali, e trattandosi d'un giro a debito dello Stato, nol si poteva eseguire se non dietro speciale decreto del Pregadi ..."*

Solo quattro anni dopo, il Banco di Rialto aveva un passivo di 546.082 ducati, e nel 1594 raggiunse il passivo non trascurabile di 705.889 ducati ... Non era cambiato niente dal tempo dei fallimenti delle Banche private dei Nobili Veneziani.

Nel 1587 il Senato, su pressione del Piovano di San Giacometto, autorizzò un restauro della chiesa per 150 ducati per salvare il luogo dall'acqua alta innalzando il pavimento. Era l'epoca del cantiere del Ponte nuovo in pietra di Rialto ... Nel 1590 arrivarono a Venezia come gli anni precedenti 1600 balle di cotone *(vent'anni dopo diverranno solo 1/5)*. La nave **"Santa Maria di Grazia"** in partenza dalla Riva degli Schiavoni di Venezia diretta a Tripoli di Siria, con a bordo: 2 balle contenenti 10 pezze di panno e 10 casse con 10.000 libre di conterie, pagò 7 ducati di tasse ossia il 10% del valore del carico e un 6-7% di assicurazione.

Viceversa, un'altra nave veneziana in partenza a dicembre da Tripoli di Siria per Venezia, trasportava un carico di: 225 colli da 90 kg ciascuno di seta greggia, 30 colli di cotone, 109 colli di filati, 2 balle di bottane o tele ordinarie di cotone, 1 balla di tappeti, 26 colli di noci di galla, 20 di pistacchi, 2 di pepe, 5 di noce moscata, 1 di rabarbaro, 3 di macis, 1 di tuzia, 2 di gomma arabica, 7 di seme santo, 4 di scamorrea, 2 di droghe, 1 di merdoni, 36 fardi di vischi, 13 buste di zibibbo, 1 collo di pelli di montone e 14 di cordovani.

L'anno dopo, Venezia attivò lo scalo marittimo di **Spalato**, dove con carovane convergevano merci dalla Turchia, Persia e India lungo strade garantite libere e protette dagli stessi Turchi. Tutto questo in netta opposizione alla politica antiturca del Papa, del Granduca di Toscana,

Spagna e Imperatore, ma soprattutto vincendo la concorrenza commerciale dei porti di Ragusa, Ancona e indirettamente di Firenze.

"Le economie e gli affari prima di tutto …" si diceva fra i Nobili e i Mercanti a Venezia, *"le alleanze e le "amicizie" vengono dopo…"*

Da Spalato arrivavano all'Emporio di Rialto: prima 12.000, poi 15.000, e infine 25.000 colli di cera, zambellotti, pellami, indaco, seta e lana; e ripartivano navi cariche di panni, seta, riso e sapone.

Sul finire del secolo però, a Londra non c'era più nessun Mercante né Console veneziano in attività, se non un *"mercanterello"* originario dalla lontana isola Mediterranea di Zacinto. Gran parte dei Mercanti Veneziani si servivano dal **Fiorentino Bartolomeo Capponi** … mentre **Piero Ventura Mercante Veneziano** di panni e gioie, fratello del Profumiere *"All'insegna del Giglio"*, decise di mandare solo uno dei figli Zuan Maria a commerciare a Costantinopoli, mentre pensò bene d'inviare il minore Agostino a studiare Logica a Padova. Diversi Mercanti Veneziani partivano ancora per la Siria con grossi capitali e numerose commissioni, riuscendo ancora a piazzare 10.000-12.000 pezze di *"panni veneziani"* in Siria, 3.000 a Costantinopoli, 4.000 al Alessandria e 5.000 nella Bosnia. Dalle vetrerie di Murano si spedivano vetri pregiati ad Aleppo in Siria per 20.000 ducati, per 10.000 a Costantinopoli, e per 5.000 ducati ad Alessandria d'Egitto.

Per trasportare merci da Venezia a Costantinopoli sulla Galea *"Perasto"* si pagava un tasso del 6% su ogni merce caricata … Si pagava, invece, il 7% per utilizzare la nave *"Silvestra"*, mentre si risparmiava l'1% rispetto alla Galea *"Agazi"* caricando sulla nave *"Pirona"* tenuta in cattivo conto dagli assicuratori di Venezia dove i Sensali percepivano 4 grossi per ogni 100 ducati assicurati.

Il Nobile **Mercante Zuan Francesco Priuli** protagonista del risanamento del debito pubblico di Venezia di quell'epoca, spedì fra il 1577 e 1594: " … **panni di lana della sua bottega, roba squisitissima e panni di seta comprati con molta diligenza…**" al suo agente di commercio residente a Pera … **Ottavio Fabbri** abbandonò un importante incarico presso la Corte del Duca di Ferrara mettendosi in società col fratello Tullio con buone prospettive di guadagno ... **Iseppo da Canal** subaffittò ad altri il suo lavoro come Fante al Fontego dei Tedeschi a Venezia, e si trasferì a Costantinopoli per esercitare la Mercatura.

In autunno, una delle Galee di ritorno a Venezia sulle stesse rotte portò a Rialto: "*... **223 cai di pepe, 1 cao di peverello, 3 di noce moscata, 2 di chiodi di garofano, 3 di gomma lacca, 1 cassa di cassia, 3 cai di indaco, 1 di asfor o cartamo tintorio, 6 di zenzeri, 3 di aloe, 1 di pennacchi, 1 di penne d'avvoltoio, 3 di senna, 10 di macis, 5 d'incenso, 4 di lingue, 5 di legumi e 4 balle e 1 fagotto di tappeti*"* ...Un Mercante Veneziano **Savioni** scrisse e raccomandò al fratello residente ad Aleppo di spedire in tutta fretta e segretezza delle pelli d'asino preparate con la granulazione dello zigrino perché vendendole a Venezia si poteva ricavare un guadagno del 100 ... Per Venezia ogni anno passava un milione di ducati d'oro investito in 20.000 panni di lana e 200.000 braccia di panni di seta destinati prevalentemente alla Germania ... **Antonio Priuli** del Consiglio dei Dieci commerciava in diamanti per migliaia di ducati ... Da Venezia partivano Galee per Tripoli con un carico del valore di più di 2 milioni d'oro. Metà erano contanti e il resto erano: pannina, panni di seta e altre merci ... il **Capitano di Galea Uladi** s'arricchì frodando l'assicurazione della Segurtà simulando un naufragio ben congegnato ... Sulla piazza di Aleppo alla fine del 1500 il rabarbaro era così numeroso che un mercante doveva affrettarsi a raccomandare ai corrispondenti di Costantinopoli di non comprarne per timore che a Venezia crollasse il prezzo. L'arrivo delle **carovane da Baghdad e dalla Mecca** era un evento economico, perché scaricava ancora 220 some di chiodi garofano, 200 di noce moscata, 230 di cannella, 230 d'indaco, 70 di macis, 50 di droghe varie, 30 di telerie, 30 di cordovani e 20 di porcellane.

Il 6 marzo 1592: "*... **una povera cercante morta ne li necessarii de Rialto et non è conosciuta da niuno, di età di anni 26 et è stata molti giorni lì in teco ...***"

Però, c'era ormai un però, un grosso però ... Già nei primi anni del 1600 Leonardo Donà osservava: *"... il commercio col Levante è ormai in man de Inglesi, Francesi e Olandesi e qualche parte anche de Fiorentini..."*

Il **Nobile Zorzi Emo** in una sua relazione dalla Siria accennava a un affare per più di 1 milione e mezzo di ducati annui che nel 1611 era sceso a soli 400 ducati annui per il decadimento della piazza ... Un vascello fiammingo arrivò in Siria con più di 100.000 scudi di reali da spendere sbaragliando la concorrenza ... A Tripoli giunsero 3 milioni d'oro fra roba e contanti, di cui solo la metà era dei veneziani, e mezzo milione ciascuno apparteneva a Francesi e Inglesi che riversavano su Tripoli ingenti quantità di *"farisee"*, pezze di lontre, cuoi ed altre pelli, e grossi carichi di stagno che saturarono l'intera carovana di 1.100 cammelli ottenendo in cambio: spezie, seta, merci, oro e argento.

Venezia aveva perso quasi completamente il traffico delle spezie e dei prodotti mediterranei, i Francesi avevano messo le mani sulla seta greggia, il cotone era gestito dai mercanti Inglesi e Olandesi che trattavano direttamente le merci con i Turchi e controllavano del tutto la via delle Indie.

I Fiamminghi si erano stabilmente insediati a Venezia con **Guglielmo Helman** e suo fratello **Carlo** da dove controllavano e gestivano tutti i traffici e le rotte per Amsterdam-Moscovia-Danzica e l'Inghilterra caricando: riso *(7.000 quintali provenivano in gran parte dalle barchesse delle ville patrizie Venete costruite in riva al Brenta e agli altri fiumi che sfociavano nella Laguna di Venezia)*, uva passa, olio, specchi, vetri e seta grezza ... Erano mercanti furbi, accorti e agguerriti: ordinarono, ad esempio, a un agente di Costantinopoli di vendere subito anche in perdita tutti gli smeraldi che aveva in deposito in modo che un concorrente che si stava imbarcando a Venezia con una notevole quantità di quelle stesse merci trovasse tutti i negozi già forniti, e fosse così costretto a disfarsene sotto costo o tornarsene indietro senza mercanteggiare.

Circa trenta velieri olandesi arrivarono a Venezia stracolmi di: lane, stagno, merci varie, e di un ingente quantitativo di pepe ... mentre venti navi inglesi scaricavano annualmente a Venezia: colori, tessuti, spezie, 900 quintali di pepe e piombo con cui rifornire anche tutto l'entroterra padano.

Durante il 1600 una settantina di Nobili popolava e animava Rialto con i loro incontri d'affari inventandosi faticosamente la *"Mercandia"*.

Provando ad individuarli, erano i **Sangiantoffetti** mercanti provenienti da Crema, i **Flangini** da Cipro come i **Fini** ch'erano anche avvocati. I **Gheltoff**, invece, arrivavano dalle Fiandre come i **Van Axel**, i **Sandi** da Feltre, i **Manfratti** da Padova, mentre i **Cottoni** erano commercianti Greci.

Mercanti d'Oro e Argento erano i **Romieri** e **Rizzi** veneziani, assieme ai **Bergonzi** da Bergamo mercanti di seta e oro … Del mercato meno nobile dei minerali e dei metalli, rame e ferro, si occupavano i **Widmann** da Villach in Germania, come i **Lombria** dall'Umbria, i **Crotta** da Belluno, i **Giovanelli** mercanti da Bergamo, e i **Rezzonico** da Como.

I **Bonfadini** dal Tirolo si occupavano di spezie e droghe, come i **Lin** da Bergamo.

Erano tutti mercanti di seta, i **Cassetti** da Brescia, **Benzoni** dalla Lombardia, i Veneziani **Contento**, **Castelli** e **Polvero** che vendeva e comprava anche rame. Dello stesso genere della seta s'interessavano i **Gozzi** da Bergamo, **Beregan** da Vicenza, **Rubini** da Asolo interessati anche al sapone come i Veneziani **Zolio**, che erano anche mercanti di olio, come gli **Albrizzi** di Bergamo … Commerciavano dell'antico genere della lana i Veneziani **Catti**, con i **Martinelli** da Bergamo, **Statio** da Milano, **Giupponi** e **Pasta** da Padova, **Laghi** dai Grigioni, **Fonseca** dalla Spagna, e **Bonvicini** da Brescia.

I Veneziani **Raspi** mercanteggiavano in panni e soprattutto in vino come i **Bettoni** da Bergamo, e gli **Zambelli** da Bassano che si occupavano anche di lana. I **Manzoni**, mercanti provenienti da Padova, per diversificare vendevano e compravano ferramenta, vino e lana …I **Toderini** veneziani erano mercanti di merletti e panni, come i vari: **Pelliccioli, Persico, Bellotto, Tasca** e **Maccarelli** tutti provenienti da Bergamo

Cambiando genere ancora una volta, i **Curti** originari di Milano importavano bestiame, i **Minelli** da Bergamo vendevano salumi da

Bergamo, i Veneziani **Cellini** mercanteggiavano uva passa veneziani, i **Semenzi-Premuda** biade, e i **Lucca** dalla Toscana immettevano zucchero sul mercato come i **Bonlini** da Brescia.

I **Nobili Acquisti** erano appaltatori di munizioni provenienti da Bergamo, mentre i **Lazzari da Trento** fabbricavano spade … I **Morelli mercanti da Murano** commerciavano in vetro, come i **Carminati da Bergamo** in conterie. Sempre e ancora da Bergamo provenivano i vari: **Fonte**, **Zanardi**, **Maffetti**, **Nave** e i **Correggio** mercanti di cuoio.

Tutta questa gente con un notevole patrimonio e capitale investito sulla *"Piazza di Rialto"*, finirono tutti col diventare Nobili Patrizi residenti stabilmente a Venezia, diventandone a tutti gli effetti cittadini originari, membri influenti nel Maggior Consiglio, e investiti d'incarichi dello Stato al pari delle antiche Vecchie Casate di Venezia.

Tuttavia, il traffico delle **5 Dogane della Serenissima** diminuì di quasi di ¼, nella Dogana da Mar giunsero merci solo per 94.973 colli da 300 libbre l'uno … La Serenissima decretò perfino l'esenzione dal *"Dazio sull'Uva Passa"* se il carico fosse passato per Venezia invece che per Livorno … il Porto di Venezia divenne terzo per volume di traffico di merci dopo Livorno e Genova … Arrivarono a Venezia dalla Spagna 13 navi cariche di lana greggia di cui solo 3 erano veneziane, e l'anno dopo, a causa di un naufragio di una delle tre, l'intera lana giunta a Venezia fu trasportata da stranieri … Non c'erano più navi di Venezia sulla rotta Londra-Livorno-Corfu'-Ragusa-Venezia … Si perse il monopolio dell'Olio Adriatico a causa del contrabbando sulla via **Pontevigo-Ferrara-Germania** … Venezia introdusse inutilmente nel 1617 la *"forza speciale"* degli **Zaffi d'Acqua** per combattere i contrabbandi.

Si contrasse sempre più l'attività imprenditoriale ed amatoriale, le navi grosse da carico veneziane erano ridotte solo a 27 … Tuttavia negli stessi anni, **Almorò Tiepolo** fondò una **Compagnia di Commercio della Seta** assieme all'ebreo **Salomon Annobuono**, mentre il nipote del Doge: **Domenico Contarini** insieme ai **fratelli Foscolo** investì 2.000 ducati in traffici mercantili … **Antonio Grimani** investì 12.000 ducati in un saponificio

... ***Zuanne Dolfin, Agostino Nani e Alessandria Paolo Paruta*** esercitavano la Mercatura con la Siria; ***Alvise Mocenigo e Zuan Francesco Priuli*** con Costantinopoli; ***Giacomo e Giovanni Battista Foscarini dei Carmini*** commerciavano in panni di lana; ***Nicolò Longo di Francesco*** vendeva seta; ***Nicolò Donà*** commerciava grano; ***Zorzi Corner di Giovanni I*** grani e bestiame, e ***Antonio Priuli*** e i ***Loredan di Santo Stefano*** ricavavano in media 850 ducati annui dalla vendita del legname ... Una lista riporta i nomi di 83 nobili che ancora commerciavano in Levante ... L'industria laniera di Venezia raggiunse la produzione annua di oltre 28.000 pezze, erano in attività più di 2.000 telai che producevano seta, continuava l'attività manifatturiera dei tessili, vetrai, orefici, conciapelli, fabbricanti di saponi, raffinatori di zuccheri e di cera ... Per contrastare il controllo degli Asburgo sull'intero commercio europeo, Venezia stipulò un trattato con la Confederazione delle Leghe servendosi della ***Strada di San Marco o della Priula*** per incrementare il traffico di latticini, animali, salnitro, grano bavarese ... L'editoria che stampava un numero di libri 3 volte e ½ superiore a quelli pubblicati a Milano, Firenze e Roma messe insieme, trovò grave ostacolo nell'istituzione da parte del Papa e dell'Inquisizione dell' *"Indice dei Libri"* ... In soli quattro mesi nel 1595, si ridussero da 125 a 80 i torchi da stampa dei librai.

Nel luglio 1610 fu triste ed emblematica la relazione dei Cinque Savi alla Mercanzia: *"... figura del tutto estinta la Mercanzia e la navigazione del Ponente ... scarsa è quella del Levante ... Le poche merci giunte a Venezia stentano a trovare acquirenti ... Resta poco meno che annichilato l'importantissimo commercio della città un tempo ricolma di tutte le cose mercantili che d'ogni parte del mondo concorrevano in essa con partecipazione di tutte le nazioni ..."*

A causa dell'inflazione le Banche Veneziane fallirono a catena, soprattutto i ricchi Banchi storici dei Priuli e dei Pisani. S'istituì un Banco Pubblico a Rialto, ma si finisce ben presto a utilizzare i depositi dei clienti.

Nel 1665 una legge veneziana provò a incentivare l'afflusso del grano all'Emporio Realtino di Venezia istituendo la *"Decima Verde"*. Si proponeva ai Patrizi latifondisti della terraferma di non pagare fino a 2/3 delle imposte consegnando il loro frumento al **Magistrato dei Provveditori alle Biave** di Venezia che l'acquistava ad un prezzo superiore di almeno 2 lire per staro.

Nel marzo 1629, il Senato aumentò le tasse d'urgenza per impellenti bisogni di governo imponendo due nuove *"Decime"* su tutta Venezia e Dogado ... e otto giorni dopo aggiunse un **"prestito obbligatorio allo Stato"** sotto forma di altre due *"decime"* e due *"tanse"* da pagarsi in agosto e febbraio da tutti coloro che erano presenti in Venezia, senza sconti né esenzioni.

Una prima tassa doveva essere pagata: ***"... da patroni sopra livelli perpetui, stati, inviamenti de Pistorie, magazeni, forni, poste da vin, banche di beccaria, traghetti, poste, palade, passi, molini, foli, sieghe, instrumenti da ferro, battirame, Moggi da carta, dadie, varchi che si affittano e si pesano, decime di biave, vini ed altre robbe, fornari, hosterie et ogn'altra entrata simile niuna eccentuata..."***

La seconda tassa fu imposta: ***"... sopra tutti Livelli francabili fondati su case, campi o altri beni in qual si voglia luoco, fati con chi si sia ..."***

Chi pagava entro aprile aveva in condono un'esenzione del 10%, chi pagava più tardi un aggravio uguale.

Nel 1633 si ricostruì l'Altar Maggiore rialzato, e il presbiterio e la sottostante cripta di San Giovanni Elemosinario. I parrocchiani erano solo 150, ma la chiesa era un gioiellino ricco d'opere d'arte per il gran numero di botteghe, stazioni e volte che vi si trovavano in zona e contribuivano alla vita della Parrocchia associandosi in Arti, Congreghe e Scuole.

I *Gallinai* o *Gallineri* e i *Buttiranti* o *Pollaioli*, *Polameri*, *Pollaroli* e *Venditori di Uova* o *Ovetari* che contavano 198 botteghe, furono autorizzati dal Doge Marino Grimani a riunirsi con 190 capimaestri, 30 garzoni e 80 lavoranti nella Scuola Annunciazione davanti all'altare dell'Annunziata dove avevano anche un'arca per seppellire i confratelli defunti. In cambio offrivano al Doge ogni anno ***"... doi para de fasani"*** il giorno della loro festa patronale, quando ogni

Confratello riceveva *"pan et butiro"* invece che il tradizionale *"pan et candela"* delle altre Scuole. In seguito si preferirà donare al Doge una più pratica somma di 99 lire e 4 soldi.

Sebbene l'Arte fosse molto considerata dalla Serenissima perché forniva quei generi di sostentamento necessari alla popolazione più povera, la Schola fu abolita nel 1752 per la scandalosa speculazione operata dai Confratelli sui prezzi di vendita dei prodotti.

Secondo la Promissione Dogale di **Giovanni Soranzo**, i più di 450 iscritti con 200 Capimastri e 300 Garzoni degli Ovetarii: *"...I venderigoli e venderigole non possano vendere altre ova che fresche..."*, avevano l'obbligo di fornire al Doge un paio di buone oselle grandi e 30 denari a Natale, una buona gallina a Carnevale, e una buona colomba di pasta farcita da 14 uova a Pasqua.

Assieme a loro si consociavano i **Biavaroli** o *"Fonticariis"* nella Scuola della Beata Vergine del Carmine.

Fin dal 1200 esistevano a Venezia da 2 a 5 **Magistrati o Signori o Ufficiali al Frumento** o **Provveditori alle Biave** che sopraintendevano all'annona. Non dovevano avere interessi in navi o in frumento o mulini, ed erano attivi nei Fondaci sia a Rialto che di San Marco sorvegliati da 10 Fanti pagati 50 soldi al mese, raddoppiabili dopo i 60 anni, dove una volta alla settimana controllavano lo stato di conservazione delle biade e dei granai.
Utilizzando disciplina, armi, scrivani e carcere, stabilivano i prezzi del grano, noleggiare navi, ricevevano e controllavano i conti dei Fonticari e la produzione del *"pan biscotto"*, riscuotevano denaro e ricorrevano a prestiti, inviavano agenti in altri paesi per comperare e vendere. Ogni mese davano in nota al Doge e alla Signoria la quantità di frumento e di biade esistente nei Fondaci, e potevano chiedere che si radunasse il Maggior Consiglio se fosse stato necessario. In caso di carestia il Doge imponeva dazi e tasse su prestiti e interessi che ricevevano in cambio farina.

I **Provveditori alle Biade del Fontego della Farina**, dove il Comune teneva sempre 80.000 staia di miglio in deposito, acquistavano annualmente per conto pubblico da Verona, Vicenza, Padova e Treviso ... ma anche in Lombardia, Ferrara, Romagna, Istria, Schiavonia, Sicilia, Candia, Alessio,

Durazzo e Scutari ... mentre in Turchia si comprava la fava che si mangiava in Quaresima, e cece bianco a Salonicco, orzo a Chairenza, biada, fieno e paglia a Capodistria la biada e ... *"... e frumenti, segale, orzo, farro, splelda, rene, riso ... fuba, cicere, cicerotis, fasiolis, miiliis, sorgis, linis, rupelis, panniciis ..."* pagando spesso col cambio in sale.

Distribuivano il frumento ai **Pistori** e **Fornai** e lo mandavano a vendere al Fontico Pubblico, e i loro *"soprastanti"* ispezionavano ogni 2 mesi tutte le botteghe dei Pistori controllando che usassero solo frumento fornito dal Comune, e 2 volte al mese passavano a pesare il pane che doveva essere di buona qualità e del peso prescritto.

Il grano pessimo si faceva macinare dopo *"crivelladura"*, e la farina veniva data ai poveri a poco prezzo, o per il pane dei Carcerati, per l'Arsenale e per le elemosine a Santa Maria della Misericordia, allo Spedale Domus Dei o Ca' di Dio e al luogo di San Lazzaro.

I Mercanti Veneziani non dovevano trattare grano e biade se non per portarli a Venezia, pena la perdita del 50% del valore, e sequestro della nave e della biada stessa. Chi portava grano, giunto a Cavarzere o Loreo doveva presentarsi ai Podestà o Rettori per registrare tipo, quantità, venditori, e mulino di macina: Loreo o Bebbe unici autorizzati dalla repubblica per la zona di Padova, Ferrara, Lombardia e Romagna. Il frumento acquistato veniva collocato nelle caneve, registrato il venditore, costo, e quantità di ciascun magazzino, che non si usava prima di averne vuotato un altro.

L'eccesso di frumento veniva smaltito entro 8 giorni con l'acquisto forzato da parte dei Capi Contrada dei Veneziani, che dovevano ripartire in tre giorni fra gli abitanti della propria Contrada il frumento ricevuto dagli Ufficiali al Frumento. Si dava a ciascuno una quantità conveniente a giusto prezzo da pagare entro 15 giorni pena una multa di 5 soldi per staio, non dandone ai poveri né a Pistori. A chi non voleva il frumento glielo si poneva davanti alla porta di casa, eccetto ai Notai del governo che spesso erano in viaggio, aumentandone il prezzo per il trasporto e la consegna forzata.

I Cittadini e i Nobili spesso non pagavano, perciò venivano sgridati dal Doge che li escludeva da Uffici e Benefici e dal partecipare al Maggior Consiglio finchè non avessero pagato, mentre i Capisestiere anticipavano le spese e facevano catturare i cittadini che non pagavano, dilazionavano i pagamenti, ed emettevano tessere per le distribuzioni tirando a sorte.

Nel 1612 l'*Arte dei Biavaroli* con i suoi 400 iscritti e le sue 174 botteghe attive, lamentava difficoltà per la difficile congiuntura economica veneziana. Per questo ottennero dal governo uno sconto d'imposta del 25% passando da 24 ducati a 20 ducati ... nel giorno della festa patronale della Madonna del Carmine, che si celebrava a Rialto e San Marco, tutte le botteghe da Biavarol dovevano restare chiuse.

Sempre nella stessa chiesa, i *Corrieri Veneti e per Roma* si consociavano nella *Scuola di Santa Caterina*, i *Telaroli nella Scuola della Santa Croce*, e i *Cimadori in quella di San Nicolò* ... Dopo che l'*Arte dei Libreri da Carta bianca e da Conti* abbandonò come propria sede la zona di Rialto per trasferirsi vicino a San Marco, intorno agli anni 50-60 del 1600, nella chiesa di San Mattio di Rialto fiorì una serie di Scuole nuove d'Arte, Mestiere e Devozione. Quella dei *Cartoleri*, e quella di *San Giuseppe e San Mattio dell'Arte dei Pestrineri*, la *Scuola del Rosario*, il *Suffragio dei Morti sotto il titolo di Gesù Cristo Crocifisso*, il *Sovvegno della Concezione dell'Arte dei lavoranti Pistori* ... quando in Ruga degli Spezieri a Rialto, presso la Calle del Bo, Giovanni Maria Laghi teneva bottega da *"Specier al Bo d'Oro"* e ... *Battista fiol de Zuane faceva l'Ochialer in Contrada di San Mattio"* ... dove c'era la Corte dei Pii o Piedi dai piedi di manzo, vitello e castrato, soliti ad essere cucinati dai *Luganegheri* che stanziavano in una casa di loro proprietà.

Nel 1680 Venezia perdette Candia col mercato della produzione dell'olio e del vino ... Resistette, invece, il mercato veneziano a Costantinopoli ... Buono fu anche quello a Smirne con 20-25 nevi annue ... ma più del 45% degli 85.000 colli giunti a Venezia e Rialto via mare furono portati dal Ponente da navi Inglesi e Olandesi.

Rialto non era più il grande Emporio Mediterraneo che riforniva l'Europa intera, ma era diventato solo un porto regionale di transito per il Levante, Germania meridionale, entroterra padano, e per approvvigionamento interno di Venezia e della vicina terraferma.

Nell'ottobre 1697 la *"Marciliana Veneta"* dal nome **"Beata Vergine del Santissimo Rosario e Sant'Iseppo"**, del Capitano veneziano **Padron Paulo Penzo**, partita da Venezia con un carico di telerie fece naufragio su una secca presso San Giorgio all'imboccatura del porto sullo **Scoglio dei Guardiani vicino all'isola di Cefalonia** ... Nel novembre seguente, un'altra *"Marciliana Veneta"* col nome di **"Beata Vergine di Loreto"**, del **Capitano Paron Anzolo Carli** in rotta verso il Peloponneso con un carico di foraggi ed altri pubblici materiali perse tutti gli alberi in una tempesta nei pressi della spiaggia di Corinto.

Brutti presentimenti e presagi ...

All'inizio del 1700 il traffico commerciale col Ponente e col Levante passò stabilmente in mano a 30 bastimenti Inglesi e 15 Olandesi. Cannella, pepe, chiodi di garofano e molte altre droghe non furono più considerate necessarie, ma addirittura si affermò che danneggiassero la salute ... **Coronelli** nella sua **"Guida dei Forestieri per la città di Venezia"**, considerava la **"Locanda alla Fortuna"** fra le 11 migliori di Venezia insieme a quelle di Rialto **"Al Gallo"**, la **"Serena"**, il **"Gambero"**, **"Sturiòn"**, **"Alla Scoa"**, **"Alla Torre"**, **"Alle Due Spade"**, **"Alla Scimmia"**, **"All'Anzolo"**, **"Alla Campana"**, e quella dei **"Re Magi"**.

All'inizio del 1700, il **Sopragastaldo del Monastero delle Monache degli Angeli di Murano** acquistò metà bottega e una volta nella Contrada di San Zuanne Elemosinario di Rialto dove esistevano 549 botteghe *(che trent'anni dopo divennero 682)* gestite da 234 padroni ... Il Mercato di Rialto si ravvivò un poco, con scarse novità rispetto ad un tempo.

Da Bergamo giunsero i mercanti **Fracassetti** insieme ai librai **Baglioni**, e ai **Cavagnis** mercanti d'oro come i **Vezzi** da Udine, e i Veneziani **Spinelli** che erano anche Notai. Dalla vicinissima Chioggia arrivarono i **Veronese** mercanti d'olio, e i famosi **Grassi** mercanti e appaltatori. Infine, i Veneziani **Zini** vendevano lana, e i **Codognola** mercanteggiavano non si sa bene che cosa ... forse un po' di tutto, o quel che capitava.

La nave Veneta *"Santa Giustina"* del **Capitano Anzolo Memmo** partita da Venezia con un carico di merci e passeggeri fece naufragio innanzi allo Scoglio dei **Guardiani presso l'isola di Cefalonia** ... mentre la *"Clecchia Veneta"* del **Capitano Antonio Premuda da Lussino**, partita da Smirne per Tripoli in Barbaria con un carico di 800 pezze di tela bambagina, 9 pezze di panno, 20 conce salate di manzo, 18 mazzette di seta, 1 cassa di strazze di seta, 500 legni pregiati e varie altre telerie naufragò sempre a Cefalonia, e ancora presso il maledetto Scoglio dei Guardiani.

A Venezia lo storico **Zanetti** riferiva: *"... per Decreto del Senato Veneto furono cresciute con nove barche d'Officiali le Guardie che sorvegliavano le pubbliche lagune per i Dazi e pochi giorni prima s'erano armate altre barche con l'oggetto d'impedire i contrabbandi..."*

La barca Veneta del **Capitano Padron Marco Calichià** della Villa di Ploggià di Erso, partita da Santa Maura o Preveza con un carico di grano; il *"Caicchio Veneto"* del **Capitano Padron Panagioti Calicchià da Pgià**, partito da Cacogilo diretto alle fortezze di Preveza e Vonizza con un carico di 130 pagliazze d'olio e 50 bozze di vino; e il *"Caicchio"* del **Capitano Padron Caravoghiro Grigori Maurochefalo** partito da Leucade per Cafalonia con un carico di passeggeri, subirono tutti l'aggressione da parte di un *"legno corsaro"* Maltese allo Scoglio di Petalà ... mentre un bastimento partito da Argostoli in Morea subì un'aggressione da parte di una *"Galiotta barbaresca ossia lancia Dulcignota corsara"* sempre presso l'isola di Cefalonia un tempo sicurissima base navale della Serenissima Venezia ... ma ora in balia di se stessa.

I Patrizi Veneziani **Vincenzo Cappello di Andrea**, i **Gritti di San Marcuola**, i **Crotta e i Mocenigo** possedevano 33 delle 49 cartiere nel Veneto ... il Nobil Homo **Benedetto Giovannelli** commerciava olio col Trentino ... mentre il ricchissimo **Pietro Corner di Giovanni Battista** del Ramo di San Polo, già Bailo a Costantinopoli, aprì una raffineria di canape a Venezia ... Su un 357 ditte mercantili iscritte sulla Piazza di Venezia solo quattro appartenevano a Patrizi Veneziani: **Boldù, Corner, Martinengo e Baglioni** ... Sempre il Senato Veneto incentivò la lavorazione del *"Corallo Istriano"* ai margini della laguna. Il futuro Doge Marco Foscarini ne impiantò una fabbrica nella sua villa di Pontelongo ... **Nicolò Tron** nella sua fabbrica di Follina produsse in un solo mese 3.253 libbre sottili di seta bianca e gialla ...

Nel 1712 in Contrada di San Mattio si contavano 161 botteghe, e nella chiesetta che possedeva una rendita annuale di 200 ducati da beni immobili siti in Venezia, si vestiva una Madonna del Rosario con abiti e ori ... **Francesco Massarini**, *" ... che dipingeva per vivere figure oscene su ventagli, e in avorio sopra e dentro a scatole da tabacco, comprate avidamente in Merceria da forestieri ..."*, accusò ingiustamente **Prè Nicolò Palmerino** Piovano di San Mattio di: *"... carteggiare coi Principi Esteri in rilevanti materie di Stato ..."* Il povero Prete fu arrestato, torturato più volte, e condannato a carcere perpetuo. Ma dopo tre anni, si scoprì la calunnia infondata tramite la confessione fatta ad un Frate, e per ordine del Tribunale Supremo il Massarini venne strangolato nei Camerotti e attaccato alla forca, mentre il Piovano venne scarcerato e ricompensato.
In venti anni, il numero delle botteghe scese a 148, come le rendite della chiesa che divennero di 100 ducati annui in totale ... **Matteo Biscotello**, appaltatore di sego in Cannaregio, celebrò il matrimonio di tre sue figlie sempre in chiesa di San Mattio di Rialto abbellita da 3 bei costosi lampadari di cristallo di Murano, dando loro per dote 2 mila ducati ciascuna testa.

Era il 1740, quando l' *"Osteria alla Donzella"* era condotta da **Piero dei Pieri** che gestiva in Contrada Sant'Aponal un'altra Osteria con lo stesso nome di proprietà del **Nobil Homo Filippo Donà** ... Nel 1743, **Carlo Salchi Fattor dell'Arte dei Luganegheri**, fu bandito da Venezia per essersi impossessato di gran parte della cassa della sua Arte d'appartenenza ... al tempo in cui lo scultore **Francesco Gaj** con moglie e 3 figli abitava vicino alla chiesa di San Giacometto pagando 36 ducati annui. Lì vicino abitava col fratello, madre, ava e zia anche Domenico Lovisa stampatore e libraio, che aveva *"bottega da librer"* sotto ai portici pagando 50 ducati annui al **Nobil Homo Morosini del Pestrin**.

Secondo *"Il Giornale" di Gasparo Gozzi*, in un mercoledì d'ottobre del 1760 era accaduto che: *"... poche settimane fa un certo Giacomo Compagnon Oste in Venezia all' "Insegna della Campana" venendo da Vicenza con*

1.200 ducati in una cassetta, fu assalito da 3 rubatori sulla strada ... La cassetta dei denari, oltre ad essere robusta per se, era conficcata nelle assi del calesse con due occulte e fortissime viti. Affaticavansi due dei ladroni per sconficcarla ed il terzo minacciava con l'arme. Intanto il postiglione, uomo animoso per se e che conoscea il fuoco e il cuore de cavalli suoi, diede ad un tempo con una scuriata a traverso agli occhi dell'assassino che tenea in punto l'arme, e con gli sproni punse il cavallo che sotto avea tanto che le due bestie si mossero con tal furia improvvisamente che due degli assassimi cadettero a terra malmenati dalle ruote, il terzo si rimase con le mani agli occhi ... e il calesse sparì loro davanti, lasciandone due malconci e mezzo spallati e uno balorodo e quasi cieco ..."

Nell'aprile 1773 in Ruga Vecchia di San Giovanni Elemosinario di Rialto, dove abitavano 1057 persone di cui 388 non Nobili e abili al lavoro, scoppiò un grosso incendio nella bottega d'uno speziale di proprietà dei Frati di San Nicolò del Lido ... Nello stesso mese, il **Magistrato alle Beccarie di Rialto** fece un proclama a stampa sulle *"regalie"* solite fatte arrivare a Venezia per le feste di Pasqua, cioè agnelli, vitelli, capretti e simili. Si vietò sotto rigorose pene che col pretesto d'essere regalie non si facesse contrabbando di carni, cosa largamente praticata.

Giacomo Casanova raccontò nei suoi *"Memoires"*, vero o falso che fosse, che una sera di Carnevale del 1745 con un **Nobilhomo Balbi** avevano adocchiato una bella popolana da San Giobbe che beveva col marito e altri due amici in un magazzino in Contrada della Croce. Desiderosi di possederla, escogitarono fingendosi Pubblici Funzionari del Consiglio dei Dieci di farsi seguire da quel marito e amici di seguirli fino all'isola di San Giorgio in Alga. Lasciatili là, i due tornarono a Venezia e ritrovarono la donna lasciatala in custodia ad altri loro compagni. Allora la condussero all'Osteria delle *Spade* dove: *"... dopo aver cenato insieme, si diedero a buon tempo con essa per tutta notte, prima di rimandarla a casa ..."*

Nel 1780 circa, a San Giacometto di Rialto: *"... ad imitazion della **Cappella Ducale di San Marco** si retribuì con lire 87,20 per cantare e suonare alla Messa Solenne col suono dell'organo il giorno di Natale gli stessi cantori* *e suonatori del Doge, che giunsero con: violon, violoncello, violetta, primo violin e due violini, un oboe, 2 trombe e il primo tenor, 5 cantori, e un Maestro per Messa e Vespro."* ... Dentro a San Zuan Elemosiniero, intanto, si radunavano gli uomini dell'*Arte dei Casteleti* e dell'*Arte degli Stadieri* assieme a quelli della *Compagnia di San Giuseppe per la Buona Morte*, della *Congregazione dei Sacerdoti della Beata Vergine,* e della *Compagnia dei devoti di Sant'Elena*.

In un ultimo sussulto commerciale nel 1787, approfittando della paralisi dei porti francesi e di Marsiglia, s'inaugurarono a Venezia alcune Società d'Assicurazione Marittima. La prima fu la *Compagnia Veneta di Sicurtà* con 800 azioni da 500 ducati l'una. *Nicolò Erizzo* ne comperò: 25, *Alvise Emo*: 20, *Antonio Duodo, Ludovico Manin, Pietro Vettor Pisani, Francesco Pisani, Vincenzo Tron, Zuanne Pesaro, Francesco Morosini* ne acquistarono:10 ciascuno. *Sebastiano Zen e Girolamo Ascanio Giustinian*: 5, infine *Almorò Daniel Pisani* solo 1.

" ... solo 126 azioni su un totale di 800 ? ... i Nobili Patrizi di Venezia sono per davvero in totale declino ..." fu il commento di un mercante esperto e navigato.

Fu la fine, perchè non senza una certa mestizia nel 1811 si demolirono a Venezia più di cento navi mercantili per mancanza di mezzi per manutenzione e restauro. Una certa Venezia non esisteva più ... e anche l'Emporio di Rialto taceva ormai quasi del tutto ... disertato e silenzioso.

Sempre all'inizio del 1800, quando in Contrada di San Mattio vivevano più di 800 persone, di cui 303 abili al lavoro, nella zona esistevano 148 botteghe di 113 padroni, e due Pubblici Postriboli ... e 2 Levatrici. I Preti di San Mattio vivevano in una casa cadente, *"poveri"* e senza rendite perchè ancora soggetti economicamente al Juspatronato dell'Arte dei Macellai.
Tuttavia, il Parroco-Piovano possedeva entrate per 703 ducati, doti di Mansioneria, 366 ducati dalla *Cassa dei Minuzzadori*, e altri 80 ducati da *"incerti di mestiere",* spendendo in uscita: 309 ducati in totale, di cui 60 li dava al Curato, 32 all'Organista, 10 al Sacrestano, 12 ai Sacerdoti o Zaghi

che circolavano nella chiesa, 30 ne spendeva per il vino da Messa, 6 li dava al Portacqua e 30 al Coro dei Cantori durante la Settimana Santa.
Ogni anno, lo stesso Piovano **Prè Giovanni Antonio Stoni**, che s'interessava anche di predicare di frequente e d'istruire la gente di Rialto sulla Dottrina Cristiana, faceva celebrare in San Mattio 2.400 Messe Perpetue, avanzandone da celebrare 54, 7 Messe Esequiali per i Morti e le Anime Derelitte, e 135 Messe varie e avventizie. Durante tutte quelle Messe si organizzavano almeno 5 tipi diversi di questue per i bisogni della chiesa … il Piovano ci teneva molto che alcune Messe fossero *"Solenni e Cantate"*, ed esponeva il *"Santissimo in Adorazione"* tutte le feste, cantava la Novena di Natale e l'Ottavario per i Morti, e guidava una processione l'8 settembre per tutta la Contrada di Rialto.

Nel gennaio 1817 il **Capitolo di San Zuanne de Rialto** possedeva un reddito annuo di lire 989,82. Il suo Vicario, **Prete Paolo Trevisan**, percepiva una Congrua di 246 lire annue di rendita provenienti dall'affitto di una casa ad uso Osteria in Corte della Cerva a San Bartolomeo, 105 lire annue da una bottega in Campo Sant'Aponal, 41,24 lire annue da un fondo di casa in Contrada di San Silvestro riscosse dal signor **Giovanni Giacomo Costa** commissario del fu Costantin Martora, 50 lire annue da un Livello esigibile dal Parroco di San Giacomo dell'Orio, e 76,8 lire annue da una bottega in Calle della Mandola nella Contrada di Sant'Angelo da un affittale … che non pagava mai.

Giunto su Venezia *"il tornado"* Napoleonico, la chiesetta di San Mattio fu chiusa e i beni indemaniati. La Parrocchia venne soppressa e incorporata a quella di Sant'Aponàl al cui Piovano andò una *"dote d'esercizio"* di 368 ducati annui corrisposti dal Ceto o Arte de' Macellai … che però non pagavano più, anzi, si rifiutavano di pagare.
Nel 1820 si pensò bene di demolire la chiesetta trasformandola in abitazioni private, in cui ancora oggi è visibile *(al n° 880 del Sestiere di San Polo e nel Ramo Astori)*, la porta principale e 2 finestroni laterali della scomparsa chiesa di San Mattio.

Dal 1884 smise di suonare dopo secoli la campana *"Realtina"* di San Giovanni Elemosinario. Da ottobre al Mercoledì Santo la campana *"…per *consuetudine antica dava il segno delle veglie ..."* sempre alla stessa ora di sera, alla terza ora di notte per dare il segno di spegnere i fuochi ... Venne sostituita molte volte perchè **"spezzata"** nel 1491-1500, 1544, 1572, 1597, 1733 e 1775, e il campanaro era anche il Responsabile dei Fuochi dell'area del mercato ... La Pescheria fu rifatta con una barocchissima copertura in ferro ... Alla caduta della Repubblica i Pescatori erano migliaia, ma i *"Compravendi pesce"* erano solo centocinquantotto. Il mestiere era riservava ai soli pescatori della povera Contrada di San Nicolò dei Mendicoli e dell'isola di Poveglia, dopo che avessero pescato faticando per almeno 20 anni, o avessero compiuto i cinquanta d'età sfidando il mare.

Basta ! Mi fermo ... altrimenti mi mandate tutti *"a quel paese"* (se non l'avete già fatto) ... Queste sono solo alcune delle tantissime cose la cui eco si può ascoltare risuonare ancora oggi sotto le volte di Rialto ... con un po' di fantasia. E' solo un'eco lontana che rimbalzando di volta in volta e sotto ogni arco, lentamente va spegnendosi confondendosi con lo sciabordio dell'acqua del vicino Canal Grande ... e più in là e oltre sopra i tetti di tutta la nostra Venezia ... disperdendosi nelle acque lisce e calme della Laguna ... forse inascoltate, o quasi...

***

_____*Questo scritto è stato postato su Internet come: "Una curiosità veneziana per volta." - n° 59, e pubblicato su Google nel dicembre 2014.*

DI PASSAGGIO PER VENEZIA

Come si dice spesso, Venezia è sempre stata città di mondo, porto aperto, tutto un andirivieni di gente e personaggi. Per secoli ha fondato la sua identità nell'essere emporio marittimo internazionale, una specie di ponte di raccordo quasi obbligato fra Oriente e Occidente e viceversa.

Martino Da Canal, nel 1200, descrive Venezia: *"… le merci scorrono per quella nobile città come l'acqua dalle sorgenti … da ogni luogo giungono merci e mercanti, che comperano le merci che preferiscono e le fanno portare al loro paese …"*

Tuttavia, si giungeva in Laguna non solo per mercanteggiare, ma anche diretti a visitare i *"Luoghi Santi"*, o di ritorno sulla via di **Roma**, **Assisi**, **Loreto**, il **Santuario dell'Arcangelo Michele sul Gargano**, e più di tutti: la **Terrasanta** oltremare.

I vecchissimi documenti narrano che ai Pellegrini giunti a Venezia si vendevano i materiali per proseguire il viaggio: *"… cappelli per la pioggia e il sole, bordoni per i passi scoscesi, pellegrine da indossare, zucche per conservare l'acqua …"* Per la strada si offriva loro: trippe e minestre calde a buon prezzo, e poi anche un buco dove andarsi a rifugiare, seppure sempre con una certa dignità … ma anche taverne, gioco e donne … Ai Pellegrini e Pellegrine servivano anche bagni, un focolare per scaldarsi, qualche luogo sicuro per posare la testa rilassati e sicuri, qualcuno fidato con cui scambiare i loro soldi stranieri … E serviva altro ancora …

"Sono pur sempre uomini e donne vivi sti' pellegrini e pellegrine … No ?"

A Venezia oltre agli *"Uomini alla cerca di Dio"*, giungevano anche tante donne temerarie e coraggiose … Mentre Treviso era crocevia strategico, una sorta di spartiacque sulla via dei *"Romei"* diretti a Roma, o dei *"Michaelici"* che si spingevano giù giù fino al Santuario dell'Arcangelo Michele sul Gargano di Puglia.

Di passaggio per l'Europa e per l'Italia i Pellegrini attraversavano territori, paesi e città di cui rimanevano ammirati oppure sconcertati. Vedevano città sporche e fatte di legno e fango, ma anche città ricche, ben curate e governate. Giungendo e attraversando l'Italia erano ammirati dai campi coltivati, dai boschi verdi e dalle spiagge litorali piene di sabbia e sole. Erano, invece, provati dal valicare le Alpi innevate, nebbiose e piene di gelo, che procuravano loro molte insidie, smarrimenti di strada, incidenti ... ma anche episodi curiosi. Come quello raccontato da un Pellegrino in un suo diario in cui scrisse d'essere stato portato giù a grande velocità per un pendio scosceso e ripido da un *"marrone"* pagando *"una palanca"*. Fra divertito e disperato raccontò di essere disceso con gran pericolo e intraprendenza sopra a delle lunghe tavolette di legno *(sci, una slitta?)* evitando un lungo giro che avrebbe dovuto intraprendere sulla neve.

Quelli che arrivavano in Laguna, erano però anche persone stressate e provate da un viaggio lungo e difficoltoso. Più di qualche volta i Pellegrini avevano dovuto attraversare e subire difficoltà che manco immaginavano quando avevano deciso d'intraprendere quelle imprese considerandole, a torto, solo di natura interiore e spirituale.

"Quel che i pellegrini ignorano, o non considerano a sufficienza, è che il mondo è pieno di lupi ... La terra è aspra e selvaggia, le genti avide e vogliose di guadagno ... I Principi e i Signori sono desiderosi di gravare con le loro gabelle su chi transita per le loro terre ... i Monaci sono ansiosi di pretendere il pedaggio da chi attraversa ponti, strade, acque e fiumi ... Sono inderogabili nell'esigere il balzello da chi macina nelle loro rogge e molini, poco compatibili con i motti e le moine dello spirito, e la penitenza austera dei corpi ... Ogni indulgenza e indulto ha un prezzo, ogni benedizione una sua logica da tradurre in moneta sonante ... Ogni cantata diretta agli Angeli necessita di una controparte in obolo da versare, in cere da offrire, o orazioni da fare recitare ... O se si vuol meglio dire con garbo: "L'elemosina è per la salvezza dell'Animo proprio, a favore dei Morti o dei vivi più cari ... o per implorare il favore Eterno,

porgere caritade ai miseri, sanare i deboli infermi e la melanconia dei derelitti ... Ma la realtà del camminare è tosto diversa ..."

Sulle strade della Marca Trevigiana le cronache antiche raccontano di Ospizi in luoghi pantanosi e ostili, superaffollati e luridi, di Locande in cui si veniva maltrattati, ricovero d'ubriachi e mezzo bordello o tutto intero: *"Più che taverne erano tane di osti ... "latrones et deppredatoris Romipetrorum" ... Fossemo mal tratati, et ben pagassemo ... Erano posti luridi, biscacie, luoghi di raggiro, d'estorsione e spogliazione, dove s'usavano monete e pesi falsi, e ogni genere di prodizione, inganni e intrallazzi ..."*

Gli Osti del Padovano e Ferrarese raggiungevano i Pellegrini Tedeschi e Danubiani fin sul fiume **Piave** in territorio Trevigiano, e li dirottavano e spingevano con lusinghe, astuzie, e soprattutto per interesse sulla via diretta e alternativa dell'itinerario **Padova-Rovigo-Ferrara**, facendo di tutto per evitare che passassero per Venezia.

Venezia dopo tante traversie e incertezze, doveva presentarsi ai Pellegrini come un'oasi sicura di pace e di ristoro. Molto spesso i Pellegrini la descrivevano nelle loro carte in maniera entusiastica.

Il Pellegrino **Felix Faber**, ad esempio, la definiva: *"... la città più mirabile, anomala e peculiare mai vista in tutta la Cristianità ..."*

E **Bertrando de la Broquiere**, Pellegrino giunto a Venezia per imbarcarsi per la Terrasanta: *"Venezia è una città molto buona, molto antica, bella e adatta alla mercatura, tutta circondata dal mare che pasa per la città e fra le sue isole ... E' governata molto saggiamente, perché non si può essere del Consiglio né ottenere cariche importanti se non si è gentiluomini e nativi della città. C'è un Doge, che quando muore viene sostituito da un altro eletto che sembra essere il più saggio e colui che ha più a cuore il bene comune ..."*

Non male come opinione sulla Venezia del 1432 !

Venezia, infatti, pullulava di Ospizi e Ostelli d'ogni sorta. Quasi tutti gli Ospedaletti sparsi per le Contrade veneziane sono stati in origine strutture d'ospitalità nate per accogliere i Pellegrini in transito per Venezia. E non solo in città, ma anche nelle isole circumvicine Monaci, Monache e Frati arrotondavano le rendite non sempre ricchissime fornendo appunto ospitalità, trasporto e sostentamento di qualche tipo a quella schiera periodica più o meno numerosa di devoti e devote in transito. L'isola di **San Secondo**, quella di **San Giorgio in Alga**, **San Clemente**, **San Lazzaro degli Armeni** solo per ricordare alcuni nomi ... Posti diventati poi Lazzaretti, luoghi di contumacia o di riparo provvisorio sia per mercanti, che per soldati, religiosi, legazioni straniere o appestati di turno.

Ieri come oggi Venezia ha sempre avuto una vocazione disponibile e turistica e d'aperta ospitalità.

Venezia che possedeva: *"... per pavimento il mare, per mura le onde, per tetto il cielo, per strade l'acqua marina ..."*, era considerata una tappa irrinunciabile di tutti quegli *"Itinerari Santi"*, e i Veneziani, da bravi opportunisti che sono sempre stati, hanno approfittato al massimo di quell'evenienza amplificando più che potevano il significato e i motivi per prolungare il più possibile la sostadei Pellegrini a Venezia e nella Laguna.

La Serenissima aveva abilmente racchiuso solo dentro a certe date e stagioni, e speciali *"condizioni ambientali"*, il *"passaggio"* per nave e per mare dei Pellegrini, costringendoli perciò a soste prolungate in città ... anche di mesi. Per far questo, Venezia si era organizzata alla grande, e per ingannare l'inevitabile attesa aveva creato dentro di se e delle sue Contrade una specie di **Gerusalemme** e **Terrasanta Veneziana** *"fai da te e in miniatura"* utile ad anticipare e qualche volta sostituire quanto di prezioso si desiderava raggiungere oltre le insidie costose del mare.

Esistevano tanti luoghi accuratamente sparsi e riconoscibili in tutta la città e la Laguna dove si ripeteva, ricordava e perpetuava tutto quanto era accaduto nella terra Biblica ed Evangelica. Moltissimi Monasteri, Oratori e chiese cittadine erano ricche d'insigni e autentiche **Reliquie** di ogni momento della **Passione del Christo**, ma non solo ... Erano fornitissime di *"Memorie e resti"* di ogni **Santo e Martire**, e della stessa **Madonna Santissima** ... Nei giorni della lunga attesa dell'imbarco si poteva facilmente vedere, riconoscere, toccare con mano, celebrare e prolungare nei riti quanto si possedeva di caro nello Spirito.

Non c'era nulla oltremare che i Pellegrini in qualche maniera non potessero trovare già a Venezia. Anzi, qualora le loro risorse si fossero affievolite troppo durante quella lunga attesa per ripartire, si poteva perfino rinunciare al viaggio difficile e periglioso accontentandosi di soddisfare in qualche maniera il proprio proposito di Pellegrinaggio sostando solo a Venezia. A Venezia non mancava nessuno degli ingredienti utili per soddisfare i requisiti imposti dai voti del Pellegrinare. C'era abbondanza d'**Indulgenze**, possibilità di convertirsi e far penitenza, di praticare ogni Beatitudine ed elemosinare i poveri, e compiere ogni opera di evangelica memoria.

A Venezia c'erano folle di poveri e bisognosi che si potevano aiutare, migliaia di Preti, Frati, Monaci e Monache disposti a celebrare, condurre processioni e funzioni a cui ci si poteva aggregare. C'era tutto insomma, il massimo del desiderabile per soddisfare un impaziente e devoto Pellegrino.

Vi dicevo che Venezia era accorta e furba ...

Accanto al *"Santo"*, a Venezia non mancava di certo anche il *"profano"*, per cui ci si poteva procurare per pochi o tanti soldi, secondo tasca e borsa, di che mangiare, bere, riposare e divertirsi *"col corpo"* e nello spirito, in attesa del ritorno in patria ... ammesso che si avesse voglia e desiderio di tornare. Venezia formicolava di Locande, Osterie, Taverne e luoghi d'incontro per giocare, sostare e accompagnarsi con donne d'ogni prezzo, e magari procurarsi qualche buon affare commerciale ... Venezia era già allora Venezia, ossia un'occasione *"ludico-economica"* da non perdere.

A dire il vero, quella non era novità esclusiva della città lagunare. E' risaputo che lungo tutta la **Via Francigena** che percorre e attraversa l'Europa, e lungo tutte le Vie e i percorsi di pellegrinaggio *(vedi ad esempio tutte le strade per **Santiago di Campostela** e **Finisterrae**)* esisteva tutta un'attività di sostegno che si prestava anche a compiere scambi ed attività di ogni tipo, commerciali e no. Pellegrinare avanti e indietro per l'intera Europa poteva diventare anche un'occasione di business ...

Consapevole di tutto questo, e non a caso, la furba Serenissima si premurava d'organizzare ogni anno la grande **"Fiera della Sensa"** *(dell'Ascensione)* in **Piazza San Marco**, che in qualche maniera segnava la riapertura stagionale delle rotte marittime e della **Via per la Terrasanta**. Venezia sapeva sposare abilmente il mare sua *"materia prima"* su cui contava, ma sposava altrettanto argutamente il portafoglio di tutti coloro che passavano per le sue Calli, Corti e Contrade ... grandi o piccoli che fossero ... economicamente intesi.

Qualche esempio:

Gennaio 1390: **"Per venire incontro alle esigenze dei Pellegrini e dei viandanti, e in deroga alla delibera del 1377 che permetteva loro di svolgere le attività nelle festività solenni a partire dal primo giorno di Quaresima fino all'Ottava dell'Ascensione, il Dominio autorizza i prestatori che hanno i loro banchi in Piazza San Marco a tenerli aperti in tutti i giorni festivi fino alla fine dell'anno giubileo ricco di grandi indulgenze ..."**

Che sensibilità di Stato ! E che premura nei riguardi dei poveri Pellegrini e viandanti ! ... e che guadagni per i Veneziani, soprattutto ... Venezia era davvero sensibilissima e accogliente.

***

Nella prima metà del 1300 la Serenissima lasciò partire per recarsi in pellegrinaggio fino a Roma congedandoli per qualche giorno dal loro incarico: **Fantino Dandolo** Podestà di Torcello, il Consigliere della Repubblica **Giovanni Contarini**, **Marco Istrigo** Ufficiale-capo delle Saline di Chioggia, il Podestà di Rovigo **Rizzardo Querini**, **Prete Bartolomeo** della Contrada di San Simeon Profeta Scrivano presso gli **Ufficiali Sopra Rialto**, **Giovanni Fontana** *"Ponderator ad stateram Rivolati"* a patto che gli **Ufficiali della Messeteria** trovassero qualcuno capace e in grado di sostituirlo, **Guecello Premarino** e **Marino Ferro** *"Ufficiali agli Ori"* desiderosi di lucrare un'indulgenza, il *"Patrono dell'Arsenale"* il **Nobile Jacopo Dolfin**, il maestro e medico chirurgo **Bertuccio Da Ponte**, **Bartolomeo** scrivano presso i *"Signori di Notte"*, perfino **Jacopo Massaro dell'Arte dei Beccheri** di Venezia, e **Bertrando Cervella** Connestabile a Treviso *"… per andare a Roma e restarvi un anno onde visitare tutte le chiese, e soddisfare voti e promesse per la salvezza dell'Anima soa"* … e diede ordine di non importunare più riducendogli lo stipendio a **Ecelino di Giordano**, scrivano della Ternaria di Rialto che si era recato Pellegrino a Roma … e questi sono solo alcuni casi, presi un po' alla rinfusa fra i tantissimi disponibili.

***

Nell'aprile 1340, invece, gli **Ufficiali del Catavere di Rialto** fermarono un certo **Samisso Ebreo Tedesco** che era venuto dalla Germania fino a Venezia, e stava cercando un imbarco intorno alle Rive di San Marco per Cipro e per Giaffa con lo scopo di recarsi poi Pellegrino dalle parti di Gerusalemme …

"Un Ebreo pellegrino ?" si dissero incuriositi, ma non più di tanto alcuni Veneziani …

"Non c'è di che meravigliarsi …" fu la risposta degli Ufficiali di Rialto … *"Anche per loro Gerusalemme è luogo Santo … come pure per i Saraceni … Sono gente devota pure loro …"*

Infatti, gli trovarono nascoste appresso: 4 cinture d'argento, 12 vasi e piatti d'argento, 2 brocchette e 4 coltelli d'oro e d'argento, delle stoffe sempre d'argento per un valore di 80 ducati d'oro. Ne derivò tutta una contorta trafila economica oltre che fiscale … che i Veneziani seppero gestire con disinvoltura e meticolosità.

***

Nel 1362, **Nicoletto di Maffeo** e **Giovanni Longo** detto il Giovane furono denunciati perché avevano trasportato clandestinamente sulle loro navi dei Pellegrini diretti in Terrasanta fra cui alcuni *"propinqui"* del Re d'Inghilterra.

...

Fra dicembre 1375 e febbraio 1376 si svolse la vicenda curiosa del trasporto andata e ritorno di un *"cassone"* da Treviso a Bologna passando per Venezia. L'aveva spedito un tale Notaio di Treviso **Pietro da Piombino** ai suoi figli **Bartolomeo e Giovanni** residenti come studenti a Bologna. Un fatto insignificante e qualsiasi, di normale amministrazione quotidiana, se non fosse stato per la serie di spese eccessive che si vennero ad accumulare, tanto che si finì tutti davanti ai Giudici del Tribunale di Treviso, compreso **Giacomo Pietramala da Rimini** che accompagnò il cassone per tutto il viaggio.

La lista presentata ai Giudici fu lunghissima, e bisogna ricordare che la giurisdizione del Podestà di Treviso giungeva fino alla gronda lagunare di Mestre, ossia fino al confine della **Palada di San Zulian** sul bordo estremo della Laguna di Venezia.

La prima voce indicava le spese del barcarolo conduttore di burci che portò Pietramalla da Treviso fino a Venezia. Chiese 12 soldi di piccoli, e nell'occasione si pagarono altri 4 soldi piccoli alla Palada di controllo della **Cigaya** per l'entrata nella Laguna di Venezia ... Subito dopo, fu necessario far passare e valutare il *"cassone"* alle **Tre Tavole del Dazio di Rialto** dove si pagarono altri 6 soldi piccoli di tassa d'entrata. Per far poi portare il *"cassone"* da Rialto fino alla Riva di San Marco per l'imbarco in un altro burcio, si pagarono per trasporto con relativo carico e scarico altri 6 soldi piccoli.

Il noleggio del burcio, col carico del solito *"cassone"*, costò: 1 libbra e altri 16 soldi piccoli, e Pietramalla giunti al confine veneziano della **Torre delle Bebbe**, chiese come compenso delle ore utilizzate per accompagnare quel trasporto: altri 4 soldi piccoli. Giunti alla **Torre Nova**, si dovette procedere al pagamento di altri 9 soldi per il trasporto o Muda, associati ad altri 4 soldi per le spese da contribuire al solito Pietramala, che ne richiese nuovamente altri 6 giunti a **Loreo**.

Arrivati alla Catena di confine di **Corbole di Sotto**, si pagarono ancora per il trasporto al cambio 4 Aquilani e altri 3 Aquilani andarono di nuovo a Pietramalla. Giunti a **Polesella**, il *"cassone"* fu fatto scaricare dal burcio e caricato su di un carrettone da dei bastazi *(facchini)* che chiesero come compenso: 8 Aquilani, mentre Pietramalla intascò altri 3 Aquilani per le sue ore lavorate.

Il noleggio della *"carettera"* che portò il *"cassone"* fino a **Ferrara** costò 5 Aquilani, così come il visto d'entrata di Pietramalla in Ferrara costò 1 Aquilano, e la **Gabella di Ferrara** sul *"cassone"* richiese: 8 Aquilani ... Di nuovo, per condurre il famoso *"cassone"* dalla Gabella di Ferrara fino a un altro burcio in partenza per Bologna, si spesero altri 3 Aquilani fra carico e scarico, e per il nolo della barca che portò Pietramalla col *"cassone"* fino a **Bologna**, all'arrivo si pagarono 34 Bolognesi.

Alla *"barriera"* Bolognese di **Bitifreddo**, presentando i documenti di trasporto rilasciati a Ferrara, si pagarono altri 2 Bolognesi di tassa, e Pietramalla si pagò altri 2 degli Aquilani rimanenti per il lavoro svolto fino a lì, e spese 3 Bolognesi per cenare a **Pegolla**.

Sulla strada del ritorno, Pietramalla spese 10 Aquilani per pagare il burcio che lo portò da Bologna fino a Ferrara, aggiungendo altri 3 Aquilani come suo compenso, alla *"barriera"* di Bitifreddo ne aggiunse ancora 3, e per rientrare a Ferrara ne pagò ancora un altro. A Ferrara Pietramalla mangiò e dormì in un ostello spendendo in tutto 4 Aquilani per dormire altri 3 per mangiare *"Alle fornaci"*.

Per rientrare a Venezia, Pietramalla spese 16 soldi piccoli di noleggio di un burcio, pagò 3 Aquilani per passare a Corbolla di Sotto, e 5 soldi piccoli per cenare finalmente a Chioggia.

Insomma ! Quel *"cassone"* per viaggiare accompagnato fra Treviso e Bologna via Venezia spese più che una *"cifra"*. Forse un po' troppo ...

***

Nell'agosto 1398 il **Doge Antonio Venier** scrisse preoccupato a **Giovanni Zorzi Podestà di Treviso** invitando a reperire rapidamente, anche presso privati e con adeguata ricompensa, almeno dieci cavalli forniti di finiture e bardature da mettere a disposizione di tre **Ambasciatori di Venezia** che si voleva inviare incontro ad **Alberto IV Duca d'Austria** figlio di **Alberto III** diretto a Venezia per imbarcarsi come Pellegrino verso il Santo Sepolcro.

***

Fra 1300 e 1400, **Francesco e Antonio Michiel** erano proprietari di Galee che si occupavano di traghettare 150 per volta i circa 600, ma forse ben di più, Pellegrini presenti a Venezia e diretti in Terrasanta, e di reimbarcarli dopo circa dodici giorni di ritorno da Giaffa sullo stesso itinerario per una cifra di 30-40 ducati tutto compreso andata e ritorno *(vitto, alloggio, tassa al Califfo, pedaggi ... mentre eventuale ricorso ad una cavalcatura si pagava a parte e a carissimo prezzo)*.

***

Fra agosto e dicembre del 1406, il **Senato** di Venezia e il **Doge Michele Steno** si attivarono più volte coinvolgendo il Podestà di Treviso **Giovanni Contarini** per onorare degnamente il *figlio del Re del Portogallo* di passaggio per Treviso e Venezia diretto al Santo Sepolcro in Terrasanta con una comitiva di 25 persone e 120 cavalli.

Era importante l'amicizia col Portogallo per l'economia mercantile e marinara di Venezia. Era il *"Portus Galiae"*, il Porto per le Galee di passaggio sulle rotte dell'Atlantico, le Fiandre, l'Inghilterra, il Grande Nord e viceversa ... Si concesse perciò una deroga alla Legge del 1398 che vietava il trasporto di Pellegrini non sudditi di Venezia sulle Galee di Mercato dirette ad Alessandria e Beirut in Siria, concedendo al Principe Portoghese di salire sulla **Galea del Patròn Andrea Cappello** facente parte della comitiva o Muda per *"Baruti"* ossia Beirut. Per l'occasione gli sarebbe stata riservata l'intera Galea liberandola dall'ingombro dei soliti mercanti.

Saputo che il Portoghese illustre sarebbe giunto a Venezia di sabato pomeriggio, si convinse il Podestà di Treviso di trattenerlo un po' per farlo giungere a Venezia di domenica pomeriggio e riceverlo così in *"pompa magna"* come meritava.

Sarebbe stato necessario mettere a disposizione l'intero **Palazzo del Vescovo**, o in alternativa quello del **Capitano di Treviso**, *"... provvedendo letti e suppellettili, arnesi e tutto quanto fosse stato necessario ..."*

In dicembre il Principe stava facendo ritorno dalla Terrasanta a Venezia, perciò lo stesso Doge fece richiesta urgente allo stesso Podestà di Treviso di organizzare alcune battute di caccia nel Trevigiano per procurare un buon quantitativo di cacciagione da utilizzare per l'ospite illustre. Sarebbe servita a Venezia, a dir del Doge, una buona quantità di: pernici, fagiani, cinghiali, lepri e caprioli.

***

Fra 1440 e 1450, prima il **Doge Francesco Foscari** e poi il **Doge Pasquale Malipiero**, saputo che i Pellegrini Romei *(diretti a Roma)* stavano pensando, malconsigliati, di preferire l'accesso diretto a Ravenna attraverso i luoghi di Padova e Ferrara saltando perciò la tappa lagunare, scrissero preoccupati prima a **Giovanni Malipiero** e poi ad **Alvise Baffo** Podestà di Treviso perché facessero il possibile per impedirlo. Non era veritiera la notizia che a Venezia e Ravenna c'era la peste, era solo una *"trovata"* per ridurre gli introiti veneziani, e secondo il Doge era essenziale, impensabile il contrario, che per Pellegrinare fino a Roma si dovesse per forza passare e sostare a Mestre e Venezia.

***

Infine, una chiesa scomparsa e cancellata nel Sestiere di Castello ... Fondata in periodo medievale, esisteva con annesso Convento, riedificata nel 1500 in forma rinascimentale. Tutto è stato però demolito da un certo Napoleone nel 1810, come di frequente, assieme ad altre costruzioni della zona dove ora sorgono gli ameni **Giardinetti Pubblici di Castello** a Venezia.

La chiesa in questione, di cui rimane il solo **arco della Cappella Lando**, salvato *(in realtà lasciato per 15 anni demolito e abbandonato a terra)* perché ritenuto opera di Sansovino, è quella di **Sant'Antonio di Castello dei Canonici Regolari** ... Non Sant'Antonio da Padova ... ma **Sant'Antonio Abate** detto anche **Sant'Antonio di Vienna**.

Per essere precisi, con la scusa di far posto ai Giardinetti i Francesi pensarono bene di demolire: chiesa e Convento di **San Domenico dei Domenicani**, chiesa e Convento delle **Canonichesse di San Daniele**, il complesso di **San Nicolò di Bari** che comprendeva anche un Seminario e una serie di **Ospizietti dei Marineri e Capotteri**, la **Schola degli Schiavi della Madonna del Soldo** ... Sì proprio *"schiavi"*, non Schiavoni, che in realtà raccoglieva in Fraterna alcune Maestranze dei Calafati dell'Arsenale ... *(schiavi spirituali quindi non privati di libertà, anche se a Venezia esistevano anche quelli)* ... e l'**Hospedàl intitolato a Missier Gesù Christo**.

Un bel *"botto"* non c'è che dire, per costruire un bel giardinetto pubblico ... E bravo Napoleone ancora una volta !

Tornando a **San Antonio Abate** ... Sulle stampe e mappe antiche si osserva un bel chiesotto con campanile, chiostri del Convento, vigne e orti accanto e intorno cinti da alte palizzate, con ampia *"cavana"* per le barche ...

Vi cito questa chiesa distrutta non solo perché ci rimane un quadro di **Vittore Carpaccio** *(visibile all'Accademia)* che raffigura l'interno della chiesa, ma soprattutto perché sembra che da lì s'imbarcassero i Pellegrini per la Terrasanta dopo aver ricevuto *(a pagamento ovviamente)* l'ennesima benedizione alla fine di una solenne Processione alla quale partecipavano portando croci e indossando il loro costume d'ordinanza.

All'inizio, prima dell'anno mille e a cavallo fra storia e leggenda, quella zona di Castello a Venezia era detta **Piombiola**, ed era abitata dalla nobile famiglia Pisani imparentata col **Doge Pietro Orseolo**. Stanchi della gentaglia che viveva e occupava quel posto, di professione: banditi e malavitosi, col consenso del Doge si cercò di estirparli abbattendo tutte le loro casupole e rifugi, e costruendo sul luogo una chiesetta di legno dedicata a Sant'Antonio Abate ... Riordino urbanistico, insomma ... già allora.

I documenti storici, invece, ricordano che con un rogito dell'agosto 1334 **Marco Catapan** e **Cristoforo Istrigo** ottennero dal Maggior Consiglio un appezzamento di terreno di 40 passi sull'estrema punta orientale della città di fronte all'isola di Sant'Elena *"... affinchè l'avessero ad imbonire e palificare ..."*

L'Istrigo la offrì a **Fra Giotto degli Abbati**, Fiorentino dei **Canonici Regolari di Vienne** per fondare chiesa e Monastero sotto il titolo di **Sant'Antonio Abate** con cospicui aiuti e donazioni da parte delle nobili famiglie di Venezia: **Lion, Pisani e Grimani**.

Nel successivo 1346, il disinteressato e devoto Vescovo di Castello **Nicolò Contarini** diede il suo benestare per la costruzione della nuova chiesa e Convento, aggiungendovi l'obbligo per i Canonici Regolari di Sant'Antonio di contribuire ogni anno, in perpetuo, offrendo ai Vescovi di Castello nel giorno della festa di Sant'Antonio il 17 gennaio: 1 libbra di cera e 2 grosse anfore di buon vino ... A sua volta, l'**Abate di Ranversa** da cui proveniva il Priore Fra Giotto, gli impose l'obbligo di pagare all'Abazia di provenienza una pensione annua di 20 fiorini.

Sorse perciò la chiesa, durante il dogado di **Andrea Dandolo**, a tre navate e con archi a sesto acuto uniti da catene di ferro nascoste dentro a travi decorati e dipinti ... Esisteva anche un Coro centrale sopraelevato e intarsiato, che divideva in due metà l'intera chiesa. Di sotto il Coro era sorretto da una serie di altari in legno che permettevano a più Frati di officiare più Messe contemporaneamente secondo le esigenze dei Pellegrini in partenza.

Tre anni dopo, accadde il primo allargamento dei terreni del Monastero ... e nel 1359 lo stesso **Frate Giotto** pagò 200 ducati a **Marco Moro** per un ulteriore terreno vendutogli l'anno prima.

Altri tre anni ancora, e **Papa Urbano V** concesse **Indulgenza Plenaria** a tutti coloro che visitassero la chiesa di Sant'Antonio di Vienne in Venezia: *"... facendo opportuna e devota elemosina ..."*
L'anno dopo, il Senato di Venezia concesse ai Canonici un ulteriore appezzamento di terreno paludoso di 40 x 25 passi con obbligo di costruirvi una buona palizzata, bonificare il paludo, e corrispondere al Doge 100 libbre di carne porcina annue ... Il solito **Frate Giotto** venne eletto **Rettore e Maestro** dei *"bailaggi"* di **Venezia, Marca Trevigiana, Grado, Chioggia,**

Torcello, Equilio (ossia Jesolo), Caorle, Vicenza, Padova, Ceneda, Feltre, Belluno, Concordia, Aquileia, Istria, Croazia, Dalmazia con pensioncina annessa di 500 Fiorini annui ... Però quel Frate Giotto !

Ancora nel 1380, sarà ancora lui, l'eterno Frate Giotto, a contestare alla Serenissima il pagamento di una Decima di 50 ducati richiesta da parte del Monastero ed Ospedale di Sant'Antonio Abate di Castello. Secondo lui i Frati dovevano al Doge al massimo 20 ducati, e non di più. Frate Giotto morì finalmente l'anno dopo, seguito nel Priorato di Sant'Antonio di Castello da **Frate Ogerio Calusio**, che venne subito usurpato da **Frate Girardo Bolliaccio** eletto dall'**Antipapa Clemente VII di Avignone**.
La Serenissima non ci pensò su due volte, e cacciò via l'usurpatore nel giro di un anno. A Venezia si sapeva bene chi comandava ... altro che l'Antipapa di turno !

A dire il vero, quei Frati Canonici inizialmente erano simpatici ai Nobili, al Doge, ai cittadini, e perfino ai popolani Veneziani *(il che era raro e difficile)* per il loro modo schietto e smaliziato d'operare, tanto che in confidenza alla maniera tipica di Venezia li soprannominarono sinteticamente i *"Frati del Porsèo"* o *"Porselètti"*.

Infatti, non solo per la vicinanza alla riva per l'imbarco e al molo di San Marco, i Pellegrini li scelsero sempre come beneauguranti e adatti a benedire la nuova fase del loro itinerario verso la Terrasanta affollando la loro chiesa. I *"Porseletti"* erano famosi per la loro attenzione verso i miseri e gli ammalati soprattutto di malattie cutanee e della pelle, che sapevano abilmente curare con *"complessi manufatti e unguenti"* tratti dai loro maiali. Erano perciò sinonimo di efficace protezione dal Cielo, e di buon viatico per intraprendere il nuovo viaggio oltremare non privo d'inside e pericoli, primo fra tutti il naufragio.

Vittore Carpaccio rappresentò bene sul suo dipinto la chiesa dei *"Porseletti"* piena di ex voto, candele, oggetti da Pellegrino, e perfino modellini di navi come memoria di traversate marine benedette andate a buon fine. Erano altri tempi ... e per i Pellegrini certe cose contavano molto *(rischiavano spesso la vita per il loro andare in giro per il mondo* *penitenziando)*. Non a caso prima di partire da casa facevano testamento davanti a un buon Notaio.

"... Chi poteva garantire loro di rientrare al loro familiare ostello ? ... dovendo attraversare monti, mari, e tanti mali non ultimo i feroci corsari Cristiani o Saracini, che più che infedeli erano briganti da strada interessati più di ogni altra cosa alla borsa dei denari piuttosto che alla difesa e riconquista delle Porte Sante e dei Luoghi del Cielo ..."

Nel 1408 **Papa Bonifacio IX** conferì il Priorato di Sant'Antonio di Castello a **Bartolomeo Canali** che dovette pagare 4000 Fiorini di arretrati per la sudditanza all'Abazia di Ranversa, e fu costretto a severe visite di controllo da parte dei superiori dei Regolari di Sant'Antonio ... A Venezia intanto era cresciuta la fama e la potenza economica dei Canonici. Il Doge emise una proibizione che vietava al Monastero di lasciare vagare liberi i loro maiali per la Contrada danneggiando orti e terreni ... e perfino mangiando un bambino ... Tuttavia il Doge allo stesso tempo confermò la licenza data ai Frati *"... di questuare liberamente a favore di Sant'Antonio in tutto il Dominio di Venezia ..."*

Cinquant'anni dopo, il Monastero di Sant'Antonio acquistò ancora una casa *"...in Riello"* accanto ad uno squero e a casette già di sua proprietà.

Negli anni 60 del 1400, **Pio II** obbligò tutte le Congregazioni compresi i Regolari di Sant'Antonio di Venezia a pagare metà delle loro rendite in aiuto alla nuova crociata da lui ideata. E già che c'erano, dovevano pagare alla Camera Apostolica il giorno dei Santi Pietro e Paolo ogni anno 1 libbra di cera lavorata ... I Canonici abbandonarono chiesa e Monastero, e lo concessero a quelli di **San Salvador** che unificarono i loro due Monasteri accettando di pagare 5 Fiorini annui alla solita **Abazia di Ranversa** ... I Papi ovviamente confermarono indulgenze, rendite e privilegi ... mentre il Monastero ottenne in eredità da parte di un certo Tedesco: tre nuove case e un terreno vacuo a Castello nella contrada di San Pietro. Durante una peste nel 1511, dopo che un Frate malato s'era portato a morire lì, si chiuse il Convento di Sant'Antonio Abate ... Gli altri Frati isolati finirono anche per soffrire per carenza di viveri quotidiani ... Nel 1518 i Canonici furono esentati da dazi sia sulle elemosine che sui redditi delle possessioni ... mentre nel 1520 **Papa Leone X** concesse ai Canonici per un anno tutti i redditi delle questue Veneziane destinate a Roma ... Il Monastero diventò a due piani con chiostro centrale e pozzo ... Si costruì un nuovo dormitorio, dei nuovi magazzini sulla riva, e si iniziò la costruzione delle foresterie per gli ospiti ... **Vettor Grimani** depositò nella **Procuratoria de Supra** prima 500 ducati, e poi altri 122 ducati, e ancora 200 ducati per far costruire la tomba di **Antonio Grimani** nel presbiterio della chiesa di Sant'Antonio Abate. Per convincere la Serenissima e i Frati a concedergli quello speciale permesso, fece presente che la chiesa era stata fatta costruire dai suoi antenati nel lontanissimo 950 ... **Leandro** organaro figlio di **Andrea Vicentino**, residente a Venezia, assieme allo zio **Giacomo** rifecero l'organo di Sant'Antonio Abate di Venezia ... Si supplicò la Serenissima perché concedesse il permesso di palificare l'intero orto del Convento.

E trascorrono altri anni ...

Di nuovo nel 1644, i Padri Canonici affittarono a 70 ducati annui l'orto piccolo e grando a **Mastro Bastian Mauricij** ... Il Monastero in quel tempo possedeva una rendita annua di 77 ducati proveniente da beni immobili posseduti in Venezia ... Giunti al 1666, si affittò a **Mastro Antonio Mazzucconi** la *"caneva" (cantina)* del Convento per 33 ducati annui, e il *"granaro"* sopra la caneva a **Simon Burbon** per altri 28 ducati annui ... Cinque anni dopo, la Serenissima proibì ai vascelli ed imbarcazioni di approdare sulle rive prospicienti il Monastero per non disturbarlo.

Raggiunto il 1712, il Monastero giunse a possedere rendite annue di 428 ducati da beni immobili posseduti in Venezia. Un bel incremento di rendite da immobili, non c'è che dire ! ... Tre anni dopo, i **Fatebenefratelli** che gestivano l'**Ospedale di Messer Gesù Christo** chiesero al Papa di usare anche il vicino Monastero di Sant'Antonio Abate per accogliere feriti e soldati reduci dalla guerra col Turco dopo la perdita di Candia.

Infine, dopo alterne vicende, la Serenissima nel 1768 soppresse il Monastero facendolo diventare di Jus Pubblico, e i Canonici ritornarono alla fine delle Mercerie di San Salvador ... I **Querini** acquistarono alcuni beni provenienti dai Monasteri soppressi, compresi quelli del Monastero di Sant'Antonio di Castello, che poco dopo divenne **Istituto di Luigia Pyrker Farsetti** per raccogliere 70 povere figlie della città e istruirle nell'Arte di filare e tessere.

La zona di Sant'Antonio veniva chiamata dai Marinai di Venezia: **"Punta Verde"** ed era un riferimento per il transito della navigazione Veneziana nel Bacino di San Marco e in entrata-uscita dal Porto di Venezia ... Con l'arrivo dei Francesi, il Convento ormai in disuso divenne ospedale e caserma della Marina Militare ... Il resto lo sapete già. Ultima notizia: ancora nel 1817, il dipinto **"Sposalizio della Vergine"** di **Palma il Giovane** proveniente da Sant'Antonio di Castello realizzato per un altare dei Nobili Querini fu acquisito dal Demanio ... Poi silenzio e pietre abbandonate in mezzo all'erba dei Giardinetti Pubblici ... insieme ai ricordi degli antichi Pellegrini che vi passavano e ripassavano in quei posti cancellati, dentro a un tempo andato e trascorso per sempre ...

**

_____Il post su Internet è stato scritto in origine come: "Una curiosità veneziana per volta." - n° 70, e pubblicato su Google nel gennaio 2015._

UN "VISPO CASOTTO GRANDO" … A SAN MATTIO DI RIALTO

Vi sfido da bravi Veneziani curiosi e affezionati cronici alla storia illustre e senza fine di queste *"nobili isole"*, a indicarmi subito con precisione dove sorgeva la chiesupola di **San Mattio di Rialto** … che oggi non esiste più.

Una chiesa in più o una in meno a Venezia … poco cambia, ce ne sono così tante. Però San Mattio era una delle Contrade che caratterizzavano il coloratissimo e vivissimo **Emporio Realtino**, perché si trovava proprio a ridosso, a pochi passi dal famoso Ponte. La **Contrada-Confinio di San Mattio** era famosa e ben conosciuta dai Veneziani perché era zona popolarissima, piena di locande, botteghe, e frequentatissima da mercanti, forestieri, giocatori, ciarlatani, affaristi, religiosi, *"donne dell'antica professione"*, e da tutti quei lavoranti e artigiani che possono saturare un mercato attivo come era quello di Rialto in tutto simile ad un operoso alveare.

Venezia era sempre Venezia, e **San Mattio** si trovava proprio nel suo cuore pulsante … e mai spento per secoli.

Era il 15 settembre 1429 … *(non s'era ancora scoperta l'America)* quando le Monache dell'isoletta di **Sant'Adriano (Sant'Ariàn) di Costanziaco** che stava dietro a quella ben più illustre di Torcello, decisero d'incrementare le rendite provenienti dai loro possedimenti siti in Venezia. Era accaduto che la Serenissima s'era incamerata la gestione nonché gli introiti delle acque pescose adiacenti all'isola delle Monache rendendole pubbliche, perciò tassabili in esclusiva dallo Stato. Le Monache ne derivarono una perdita non indifferente, perché di colpo persero una fornitura annuale di ben 550 cefali che veniva loro donata dai pescatori lagunari affittuari il giorno della **Festa di San Michele** … e molto altro. Poco male … Le Monache non si scomposero più di tanto, visto che possedevano altre piscine d'acque, botteghe, case ed edifici vari sparsi in tutta Venezia per le Contrade di **Santa Margherita, Santa Maria Formosa, Santa Maria Nuova, San Samuele, San Luca** e soprattutto a **San Zuanne e San Maffio o Mattio di Rialto**.

Niente male vero ?

Non bastasse, le austere e poverissime Monachelle avevano anche altre proprietà e rendite situate fuori Venezia. Possedevano, ad esempio, delle proprietà fondiarie nella Terraferma di Treviso, 8 appezzamenti di terreno con 120 campi a **Casale** ... Non erano quindi così indigenti e sprovviste di mezzi, ma sapete com'è: *"... gli affari sono affari ... e da cosa nasce cosa ... e bisogna fare di necessità virtù ..."*

Per di più il Monastero in isola aveva di recente subito un grave incendio, per sopperire ai danni del quale le Monache acquistarono il legname di un intero bosco. Ma tornando alla Contrada di San Mattio di Rialto, le Monache diedero lo sfratto esecutivo agli affittuari ed inquilini delle casupole e dei magazzini di Rialto, la maggior parte dei quali erano: **"...meretrici et genti infami da cui esse monache non cavan utile alcuno..."** per affidare le proprietà ad artigiani e commercianti più abbienti e danarosi... quindi più redditizi.

Immaginatevi quindi il gran subbuglio e l'immane *"casino"* e confusione che accaddero in quei giorni nella Contrada quando i Fanti della Serenissima e gli uomini delle Monache spinsero sbrigativamente e malamente in strada quelle *"buone donne"* con tutto il loro *"circondario"* di figli, amiche, protettori, vecchie carampane e mezzane varie.

Rialto divenne per qualche giorno un gran circone, una bagarre, una confusione superiore al solito con tutto un trasportare avanti e indietro di masserizie, barche, animali, bimbi e stracci. C'erano donne arrabbiate che urlavano, bambini che piangevano, donnacce consumate che sbraitavano, insultavano e qualche volta menavano anche le mani oltre alla solita linguaccia esperta. Ma poco tempo dopo tutto ritornò tranquillo ... arrivarono i nuovi, e riprese la normale vita formicolante del mercato Veneziano di tutti i giorni. Venezia era sempre la stessa ... assimilava tutto e tutti ... spalancava sempre la porta a gente nuova e diversa, arricchendo soprattutto se stessa di nuove situazioni e identità cangianti.

A dire il vero, nella **Contrada di San Mattio** non era cambiato nulla, perché a Venezia quel che esce da una porta può rientrare prontamente da una finestra e viceversa. Certe presenze in città non vennero mai spazzate via del tutto durante i secoli. Si spostavano di un poco per riapparire intatte poco più in là, magari solo a un ponte e due Calli di distanza. La Contrada di San Mattio rimase quindi la stessa, con le sue numerose Locande zeppe di stranieri e mercanti e tutto il resto … Se ne contavano più di trenta fra **Locande ed Osterie** distribuite in poche centinaia di metri … Alcune erano antiche, altre nuove … alcune di prestigio, altre malfamate come tuguri di poco conto.

Chiunque Veneziano o no … aveva l'imbarazzo della scelta su tante cose.

Nel Confinio di San Mattio dentro al cuore del popolarissimo Sestiere di San Polo, era iniziato tutto circa nel lontanissimo 1156. In quell'anno il **Nobile Patrizio Leonardo Corner** donò *"Per devozione verso Dio e come rimedio per la sua Anima e quella dei suoi familiari"* un terreno di 70 metri per 45 sito in *"capite Rivoalti"* a **Enrico Dandolo Patriarca di Grado** per costruirvi sopra una chiesa dedicata a San Mattio Apostolo. E così accadde. Con l'aiuto economico degli abitanti della neonata Contrada e anche della **Nobile Famiglia dei Gussoni** ivi residente, fu realizzato quel desiderio e vi si introdussero dei Preti scelti dallo stesso Patriarca costruendo per loro una casa apposita grazie ad un'altra donazione di **Sidiana Sanudo**.

Ma quello che contava di più a Venezia era che in quella zona del mercato fervessero gli affari. E accadevano per davvero … Solo per farvi un'idea, nel marzo 1224 **Antolino Lugnano** del Confinio di San Mattio presentò una fidejussione per **Petrarca de Cumana** che acquistò 3 miliaria di olio da trasportare a Como, mentre **Filippo Mancavillano** della stessa Contrada ne presentò delle altre per **Vicentio de Cremona** che acquistò 5 miliaria di fichi diretti alla sua città, e per **Johannes Bellus** che acquistò 1/2 miliario di formaggio da spedire nella sua Mantova.

Come dicevo poco fa, dove c'erano presenze di mercanti e d'affari sorgevano ovviamente anche servizi e locande per ospitarli e farli *"divertire e star bene"* in diversi modi.

Nel settembre del 1342 il **Maggior Consiglio** condonò a **Corozato Oste da Modena** attivo in contrada di San Mattio la pena di 3 lire inflittagli dai **Giustizieri Nuovi** perché avevano trovato durante un'ispezione nella sua Osteria una piccola quantità di pane non autorizzato ... ridusse a 100 soldi la pena di 30 lire imposta a Bilantelmo Oste *"Alla Serpa"* per aver alloggiato nella propria osteria 3 meretrici ... graziò **Gerardo Faurino** conduttore dell'*Osteria alla Stoppa* multato in 25 lire di piccoli per aver contravvenuto alle norme di chiusura, ma ridusse e declassò l'Osteria a semplice taverna dandola in gestione all'*Oste Gunido* ... Lo stesso Maggior Consiglio ridusse a 40 soldi di piccoli la condanna di 10 lire impartita sempre dai Giustizieri Nuovi a **Rosso Bon** Oste in San Mattio di Rialto, per aver tenuto nella propria Osteria 28 letti invece di 30 ... autorizzò **Giovanni Sacharola** a condurre in San Mattio una taverna con apposita sala da ballo e 8 letti ... graziò **Antonio Pisani** conduttore dell' *"Osteria Al Gallo"* multato per aver contravvenuto alle norme dei posti letto ... ridusse a 8 lire la pena di 20 lire di piccoli inferta ad **Anastasia Ostessa** dell' *"Osteria alla Zucca"* in Rialto, multata per aver ospitato nella sua osteria due meretrici ... concesse a **Giovanni della Pigagnola** di gestire la Caneva di Rialto momentaneamente vacante denominata *"La Colonna"*, famosa per essere presente nella lista dei più antichi *"Lupanari di Rialto"* al pari dell' *"Osteria alla Corona"*...ridusse anche della metà la multa di 25 lire di piccoli inflitta a **Guglielmo** conduttore dell' *"Osteria Al Sarasìn"* per aver trasgredito agli ordini di chiusura. L'Osteria apparteneva ai Nobili di Ca' Soranzo e fu gestita in seguito prima da **Giovanni Boneto** e poi da un certo **Gambarla** ... *"L'Osteria del Bò o Bue"* era retta da **Rolandino** nel 1372, ed era una delle Osterie segnalate nei tempi antichi e poi chiuse. Con *"l'Osteria del Melòn"*, *"il Sarasìn"* e *"l'Anzolo"* era uno dei luoghi di Rialto fuori dei quali sostavano le meretrici durante tutto il giorno a caccia di clienti.

Nel 1379 erano pochi i Nobili rimasti ad abitare in Contrada di San Mattio. C'era soprattutto **Sjor Maffio Minio** che regalò alla Serenissima 15.000 ducati al tempo della Guerra contro i Genovesi.

Fra 1436 e 1456, **Papa Eugenio IV** concesse lo Juspatronato sulla chiesa e la facoltà di poterne eleggere i Piovani all'**Arte dei Macellai-Beccheri di Venezia** che avevano da sempre provveduto al sostentamento e manutenzione dell'edificio e dei Preti di San Mattio. Fino ad allora il controllo economico della chiesa era stato in mano alla famiglia **Querini di Ca' Mazor** che possedeva molti investimenti nella zona di Rialto.

Le cronache del stesso 1440 continuano a raccontare della presenza di ben 9 Locande di prestigio nella zona di Rialto ... fra quelle c'era la Locanda *"Al Pavone"* frequentata da intellettuali e uomini di rango ... Era del 1460, invece, la legge che invitava tutte le meretrici della zona di Rialto a concentrarsi nella *"ruga di case"* di proprietà di **Priamo Malipiero** in Contrada di San Mattio presso *"l'Osteria del Bò o Bue"* ... Nel 1514 **Dionisio Malipiero**, suo discendente, controllava *"l'Osteria del Bò"* e altre Osterie fra cui: *"Al Gambero", "Alla Croce", "Alle Tre Spade", "Al Sarasìn", "Al Melòn", "All'Angelo", "Alla Stella"* e forse anche altre gestendo un complesso e articolato quanto fruttuoso giro di ospitalità e prostituzione tollerato dalla Serenissima.

Giunto il 7 marzo 1478, con sentenza contumaciale si bandirono e condannarono a morire sulle forche in *"Campo delle Beccarie a Rialto"* qualora fossero stati rinvenuti in Venezia e nello Stato: **Francesco Pincarella, Giovanni Gallina e Giacomo ab Azalibus** *"mezzani d'amore"*, che ferirono *"...cum uno gladio panesco"* certi **Fioravante e Girolamo da Brescia** mentre con altri amici e conoscenti stavano giuocando a carte *" ... nell'Hospitio Gambari in Rivoalto"* derubandoli di tutto il denaro posto sul tavolo ... Il diarista Garzoni in quegli stessi anni argomentò: *"il gestore del Gambero in Rialto ... è un ladro, mentre quello dell'Angelo è un vero diavolo ..."*

Nel 1488, **Carlo de Zuane** era Hosto dell'antichissima *"Osteria all'insegna delle Tre Spade"* sul rio delle Beccarie a San Mattio di Rialto ai piedi di un ponticello in legno. Carlo era anche Gastaldo della Confraternita degli Osti di Venezia solita a radunarsi in quegli anni proprio nella chiesetta di San Mattio prima di trasferirsi in quella della vicina San Cassiano. L'osteria aveva anche due botteghe sottoposte, apparteneva alla **Nobile Famiglia Foscari**, e all'inizio del 1500 fu affittata a un certo **Oste Battista** ... che il solito diarista Garzoni definì: *"... un Briareo che non perdona mai ad alcuno ..."*

Nei primi anni del 1500 quando in Contrada vivevano 370 Veneziani, scoppiò un violento incendio nella vicina *"Locanda-Osteria del Bò"* intaccando anche la chiesa che dovette essere parecchio revisionata. Alla fine dei restauri tutta la gente della Contrada e del mercato di Rialto assieme ai Piovani di San Mattio, San Zuanne di Rialto e San Giacometto portarono in processione la **Santa Reliquia di San Liberio**: *"… per impetrare dalla Divinità Celeste: Misericordia e Liberazione da ogni male e calamità …"* Nella zona si censirono 166 unità funzionali di cui solo il 15% erano abitazioni. San Mattio era proprio area ricettiva e di mercato, lì sorgeva, infatti, la **Fruttaria** e la **Casaria** piene di scambi, prodotti di prima necessità per l'intera vita cittadina.

Nella primavera del 1546, sempre in San Mattio di Rialto *"nell'Osteria in volta alla Corona"*, fece testamento il pittore **Lorenzo Lotto** che però fu sepolto ai Santi Giovanni e Paolo dove aveva dipinto la famosa pala dei *"Poveri di Sant'Antonino"*. Una trentina circa d'anni dopo, il Patriarca di Venezia Trevisan si arrabbiò non poco. Si sfogò ordinando di non concedere più benefici a chi avesse abiurato al Protestantesimo, e intimò ai Piovani eletti di prendere immediatamente possesso e residenza nelle chiese loro affidate altrimenti avrebbe provveduto lui a rimuoverli immediatamente collocandone degli altri. Sempre nello stesso anno proibì ai Preti sotto pena di 10 ducati di multa, di tenere aperte le chiese oltre i *"Secondi Vespri"* del giorno, e cacciò e bandì alcuni Preti da alcune chiese perché considerati indegni. Fra questi, fece dimettere immediatamente **Don Ermete De Bonis Piovano di San Mattio di Rialto** perché trovato all'esame incapace di leggere e spiegare il Catechismo Romano e soprattutto di comprendere le lezioni del Breviario su cui affermava di pregare, e le parole del Messale con cui celebrava numerose Messe.

Nell'agosto di dieci anni dopo si descrisse così la chiesa di San Mattio di Rialto: *"… piccola chiesa piena di buone e sante Reliquie … ben costruita a tre navate e cinque altari, con tetto decorato e pavimento in pietra solida, squadrata … Conservava dentro pitture di Girolamo da Santacroce e Alvise del Friso … una sacrestia piccola, ma sufficiente ad un unico sacerdote, un piccolo cimitero che non può essere chiuso per non ostacolarne l'accesso … una torre campanaria con le sue campane … una buona chiesa insomma ... vicina al Campo delle Beccarie dove i Macellai espongono il loro Gonfalone con l'Apostolo San Mattio dipinto da Pietro Negri ..."*

Come tutte le chiese veneziane anche San Mattio ospitava diverse Scuole o Fraglie di Mestiere, Arti e Devozione. Oltre alla **Fraglia di San Michele dei Beccheri** erano lì presenti e si congregavano i Pestrineri, gli Stagneri, i Caneveri, i Pistori, gli Spezieri da Grosso, i Cartoleri e i Libreri da carta bianca e da conti ... così come c'erano i Congregati della Scuola del Rosario, del Crocefisso dei Morti e del Santissimo.

Nei Necrologi del Magistrato alla Sanità del 12 ottobre 1619, si annotava: *"... Nel Ramo e Calle Ochialera di Rialto, strade sottoposte alla Parrocchia di San Mattio, è morto da variole dopo malattia di 10 giorni Battista fiol de Zuane per l'appunto ochialèr di mestiere ..."*

Viceversa, nel 1661 in **Ruga degli Spezieri** a Rialto dove terminava la **Calle del Bò** proveniente da San Mattio, sorgeva la bottega con la figura di un bue inciso sugli stipiti di **Giovanni Maria Laghi** *"Specier da confetture all'insegna del Bò d'Oro"*.

Saltando in avanti nel tempo ... Correva l'anno 1714 quando **Francesco Massarini** era dedito a dipingere *"figure oscene in avorio"* su ventagli e sopra e dentro a scatole da tabacco. Vendeva bene in Merceria, soprattutto ai forestieri, ma gli venne l'idea di vendicarsi del **Piovano di San Mattio Nicolò Palmerino** che lo rimproverava spesso e aspramente in pubblico per quei suoi disegni troppo *"libertini"* facendogli perdere i clienti. Il Massarini mise in giro la diceria che il Piovano: *"... carteggiava con Principi Esteri in rilevanti materie di Stato ..."*, perciò la Serenissima dalle orecchie lunghe, caduta nell'inganno, catturò il Prete mettendolo alla tortura e poi condannandolo a prigione a vita. Dopo tre anni però, si scoprì la verità attraverso una confessione fatta dal Massarini a un Frate, fatalità, fratello del Piovano innocente ... E sempre per pura casualità *"la cosa"* giunse di nuovo agli orecchi della Serenissima che andò immediatamente ad acciuffare il Massarini di anni 44 e lo condannò col suo Tribunale

Supremo ad essere strangolato nei Camerotti di Palazzo Ducale e poi messo in pubblica piazza a penzolare da una forca. Il **Piovano Nicolò** venne quindi scarcerato e ricompensato per quanto aveva patito ingiustamente.

A metà del 1700 circa, quando in contrada abitavano 763 persone fra i quali il 40% erano Nobili, per cui solo altri 279 erano considerati abili al lavoro, si contavano ancora 113 padroni in 148 botteghe attive. Si rinnovò completamente la chiesetta che venne riconsacrata dal **Patriarca Alvise Foscari**, e la parrocchia risultava possedere una rendita annuale di 100 ducati da beni immobili posseduti in Venezia.
Gradenigo racconta nei suoi curiosissimi *"Notatori"* che nel 1761 **Matteo Biscotello** abbiente appaltatore di sego in Cannaregio, celebrò proprio in San Mattio di Rialto il matrimonio di tre sue figlie a cui diede 2 mila ducati in dote ciascuna … In quegli stessi anni in chiesa dove c'era una **Madonna del Rosario** di legno rivestita con abiti e ori, s'installarono 3 bellissimi e altrettanto costosi lampadari di cristallo.

Nel 1743 fu posta una lapide d'infamia nella sala superiore di una casa di proprietà dell'Arte dei Luganegneri in **Corte dei Pii sive Piedi** a San Mattio di Rialto. Aveva preso il nome dai piedi di manzo, vitello e castrato, che i Luganegheri erano soliti cucinare stazionando in quella zona. L'iscrizione era relativa a **Carlo Salchi**, *"Fattor dell'Arte"* che venne bandito per un gravissimo ammanco perpetrato alla cassa della medesima Corporazione.

Nel settembre 1803 quella zona presso Rialto era ancora sotto l'influenza e controllo-juspatronato dell'Arte dei Beccheri-Macellai. La chiesetta del Piovano **Giovanni Antonio Stoni** ufficialmente non possedeva nessuna rendita, sebbene ci ronzassero attorno ben 10 Preti che predicavano, istruivano e celebravano ben 2400 Messe l'anno per le *"Anime Derelitte"*. In contrada di San Mattio abitavano circa 1000 Veneziani, e c'era ancora aperto e attivo un *"posto pubblico di donne"* molto frequentato. I Preti di San Mattio organizzavano in continuità collette e questue di Suffragio e per i bisogni della chiesa, conducevano processioni in giro fra ponti e calli e campielli fra cui quella per portare l'acqua agli infermi dentro alle case, benedetta con la reliquia di San Liberale conservata in chiesa …e celebravano con gran concorso di gente popolana tutta una serie di

"Ottavari per i Morti", *"Esposizioni per carta del Santissimo"*, i *"Nove martedì di Sant'Antonio da Padova"* … e altre cose tradizionali.

Infine nel 1807 … come il solito … si chiuse e demolì tutto sopprimendo la Parrocchia rimasta senza Prete e non più sostituito. Se ne ricavarono abitazioni private presenti ancora oggi … Dell'antica chiesa si può notare solo un sobrio portale inglobato in un palazzo ordinario con un paio di finestroni al **n° 880 in Campiello di San Mattio e nel Ramo Astori** … e forse qualche pietra e ornamento poco riconoscibile e inglobato in altri edifici.

Però … se un giorno vi recherete fra quelle calli e callette dove sorgeva un tempo San Mattio, e tenderete l'orecchio attentamente ascoltando il silenzio rimasto oggi … forse riuscirete ancora ad udire l'eco delle voci di quelle *"donnette"* di quegli anni lontani, arrabbiate fra loro e perché cacciate di casa dalle Monache, o incazzatissime con un bambino che non la smette di frignare, o viceversa *"intente"* a soddisfare qualche forestiero di passaggio o qualche veneziano annoiato dalle solite cose di sempre …

***

_____*Questo scritto è stato postato su Internet come: "Una curiosità veneziana per volta." - n° 68, e pubblicato su Google nel febbraio 2015.*

ACCADIMENTI FIORENTINI AL BANCO GIRO DI RIALTO ... NEL 1621

Sapete meglio di me come fervevano la vita, i commerci e gli affari nell'*Emporio di Rialto a Venezia*. Fra tutti, c'erano anche i Mercanti di Panni, i Banchieri, Argentieri, Cambisti, Assicuratori e Artieri Tessili, Serici e Lanieri della *"Nazione Fiorentina"* residenti a Venezia.

I Fiorentini a Venezia erano una presenza molto considerata dalla Serenissima, tanto che ben 672 di loro ottennero la *"Cittadinanza de intus"* ... cosa rarissima per i *"foresti"* presenti in città.

La Comunità Fiorentina residente in Venezia godeva perciò di particolari esenzioni daziarie e fiscali, ed era favorita nella gestione dei commerci in entrata e uscita da Venezia in transito col Levante e Ponente, con la Lombardia e col resto d'Europa. I Fiorentini furono abilissimi a prendere accordi con i Nobili Veneziani fino a imparentarsi e sposarsi con alcuni di loro: il ricchissimo **Nobile Paolo Francesco Labia**, ad esempio, sposò **Leonora Baglioni** zia di Michelangelo Baglioni, uno dei rappresentanti più significativi dei Fiorentini a Venezia, e il figlio **Giovan Francesco Labia** sposò nel 1614 a Firenze **Leonora Antinori** di una delle famiglie Fiorentine più significative.

In alcune epoche i Mercanti Banchieri e Finanzieri Fiorentini privilegiarono molto investire *"nel pubblico"* di Venezia sfruttando l'attività di scritta e le lettere di cambio dei **Banchi della Piazza di Rialto** e del **Banco del Giro** *(dal 1619)* considerandoli uno dei Mercati più sicuri e redditizi d'Italia.
Viceversa, in altre situazioni storiche quando esisteva conflittualità fra la Serenissima e Firenze, gli operatori Toscani venivano espulsi prontamente da Venezia, ma erano sempre altrettanto pronti a ritornare, così come venivano a rifugiarsi in Laguna se erano banditi o espulsi dalla loro Patria.

A conferma di questo, nel 1435, siccome molti Fiorentini residenti da tempo a Venezia erano morti durante la peste senza soccorsi materiali e spirituali, non volendo più vivere *"... inconsulte et imprudenter"*, decisero tramite il **Chierico Baldulfi e Giovanni Battista Gamberelli e Giacomo Nardi** di aggregarsi in apposita Schola Compagnia di Devozione *"come si fa* *a Fiorenza"* riunendosi prima presso i **Padri Domenicani di San Zanipolo**, e poi presso i **Francescani di Santa Maria Graziosa dei Frari**.

Il solito **Marin Sanudo** dei Diari racconta: *"… secondo gli ordini della Compagnia del 1503 nella Confraternita dei Fiorentini si praticava la disciplina … cioè ministri e cerimonieri doveva imporre il sermone, il capitolo, le preci, la lauda … e tutto quel che fusse giudicato a proposito per la consolazione dei fratelli…"*

La **Confraternita-Compagnia dei Fiorentini** accordandosi di pagare 20 ducati annui, ottenne dai Frati della Ca'Granda dei Frari **"un luogo congruo et decente"** collocato all'interno del loro Convento e un'altare-Cappella *"in pietra viva"* dentro alla chiesa entrando dalla porta maggiore, sulla sinistra, lungo la parete rivolta a mezzogiorno.

Lì la **Compagnia de San Zuane Battista della Nazione dei Fiorentini** avrebbe collocato il loro mirabile *"San Giovanni Battista"* scolpito da **Donatello**, le insegne della Schola, e il simbolo gigliato del Comune di Firenze … Ai lati della porta avrebbero ricavato anche alcune arche per seppellire i Fiorentini morti a Venezia, e in mezzo al campo avrebbero infisso *"un'abate in pietra d'Istria"* per esporre il loro *"penelo Gigliato"* nei giorni di festa quando i Fiorentini si riunivano indossando una veste nera con l'immagine del Battista posta sulle spalle.

Nel 1445 i Fiorentini erano presenti a Venezia, perché i Vescovi di Padova e di Concordia insieme agli umanisti **Francesco Barbaro** e alla **Fiorentina Palla Strozzi** parteciparono alla laurea di **Maffeo Vallaresso** Canonico Prebendato come i veneziani Giovanni Priuli e Giovanni Condulmer parente di Papa Eugenio IV.

Viceversa, all'inizio del 1500 i Frati della Ca' Granda dei Frari cercarono di appropriarsi della **Cappella dei Fiorentini** che s'erano di nuovo allontanati da Venezia, tanto che il Legato Apostolico intervenne condannando il Convento: *"… a ridur in pristino stato tutto quello che da loro fu demolito nella Cappella di detta Schola …"*

Anche un'ulteriore delibera del Consiglio dei Dieci obbligò i Padri: *"a dover conseniàr detta Schola de Fiorentini nel pacifico possesso di detta Cappella …"* perché i Toscani stavano tornando a Venezia un'altra volta.

Nel 1621 **Michelangelo Baglioni** era uno dei venti *"principali Gentiluomini"*, Signori della ***Nazione Fiorentina*** a Venezia: Vice-Console dei Fiorentini, mentre **Alessandro Franceschi** era Consigliere, **Pietro Mannelli** Vice-Consigliere. ***Giulio Strozzi e Carlo di Alessandro Strozzi*** assieme a **Francesco Bonsi** organizzarono a Venezia ai Santi Giovanni e Paolo *"il negozio della Nazione dei Fiorentini"* delle Solennissime Esequie ufficiali celebrate anche a stampa, per la morte del **Granduca Cosimo II de Medici**, usate dai Mercanti anche come occasione per affermare e pubblicizzare se stessi e i propri affari a Venezia.

L'anno seguente, invece del successo, giunse anche a Venezia la crisi economica, e i Mercanti Fiorentini si trovarono di nuovo in difficoltà fino ad abbandonare *"la piazza della Serenissima"*.
Nel 1622 **Pietro Manelli** schivò per un soffio il fallimento per voci di mancato credito, e fu costretto a depositare in tutta fretta una considerevole somma di ducati sul **Banco di Giro di Rialto**.
Qualche mese dopo, invece, voci di contrabbando di seta coinvolsero **Carlo Strozzi** ricchissimo **Nobile, Mercante e Banchiere Fiorentino** residente in Contrada di San Canciano portandolo a un fallimento che fece insorgere rabbiosi molti Nobili Veneziani che si rifiutando di rispettare gli accordi pattuiti con lui per i cambi di moneta: *"Il fallimento di questi Strozzi arriverà a 500.000 ducati per quel che si dice per la Piazza, a 200.000 di quali restano sotto molti di questi Nobili et Senatori Principalissimi, che avezzi a non perder mai, et ad essere serviti et ringratiati, mettono strida alle stelle, e ... qui tutto il Mondo grida contro di lui e della Natione Fiorentina ... Carlo Strozzi si è assentato havendo lasciato in abbandono ogni cosa, et nella sua casa sono state bollate le scritture, mercantie, mobili et ciò che vi è ..."*

Gli Strozzi e i Fiorentini erano fuggiti in fretta e furia da Venezia un'altra volta.

Comunque nelle Cronache Veneziane e nei documenti del 1613 si può ancora leggere: *"... alli signori Ruberto Strozzi et Donà Baglioni, mercanti in Venezia, lire dese settemila et sono per l'amontar di stara mille formento di Fiandra a peso mullin a lire 17 il staro."* … il 06 agosto 1619 venne battezzata a Venezia la soprana e compositrice **Barbara Strozzi** … mentre nell'agosto *1644 morì a Venezia l'artista* **Bernardo Strozzi**, *detto "il Cappuccino" o "il Prete Genovese"*.

I Fiorentini erano quindi tornati a Venezia, o forse non se n'erano mai andati via del tutto … ma di certo non fu più come accadeva una volta a Rialto.

Ancora nel 1658-1675 i Fiorentini residenti a Venezia pagavano regolarmente l'affitto di 20 ducati annui stabilito nel 1443 dai Frati del Convento dei Frari, nonostante fosse diminuita quasi del tutto la presenza dei Mercanti e Operatori finanziari Fiorentini sul mercato Veneziano. Anche gli spazi all'interno della Cappella in chiesa ai Frari risultarono progressivamente abbandonati, tanto che nel dicembre 1703 il Fiorentino **Matteo Teglia** residente a Venezia rinunciò definitivamente ai locali per **"le riduzioni"** della Schola al pianterreno del Convento, e i Frati si premurarono di assegnarli subito alla **Schola di Sant'Antonio** … **"almeno fino a quando i Fiorentini non fossero ritornati in massa a operare a Venezia"** precisava il documento di disdetta dei locali usati dalla Confraternita dei Fiorentini.
Ma la cosa non avvenne mai più.

***

_____*Questo scritto è stato postato su Internet come: "Una curiosità veneziana per volta." - n° 102, e pubblicato su Google nell'aprile 2016.*

Venezia ... tipi e persone.
- Una nota sui Veneziani ... di oggi.
- ... e finalmente cala la sera.
- Bacari, trecce e storie.
- Bertilla.
- Ciabattando notte e giorno per Venezia.
- Bubo xe andà.
- Una Venezia intorno al pozzo.
- Notte Emma ! ... Notte notte.
- Venezia in ammollo dovrebbe dormire ...
- Due sorellissime.
- Una giornata di passi in giro per venezia.
- Il cavaliere giorgio delle orfanelle.
- Venezia vecchia ... di vecchi.
- "Xe cascà un fio in acqua !" ... a Buran.

UNA NOTA SUI VENEZIANI ... DI OGGI

Venezia di oggi non è solo storie, leggende, miti, Arte, Tradizione, nomi altisonanti ed eventi accattivanti e pomposi. Venezia è anche la sua quotidianità con la sua gente, i Veneziani qualsiasi che vivono.

I Veneziani sono i giovani pimpanti ed eleganti, allegri e talvolta scanzonati che convergono nel Campi per lo Spritz, quelli che si presentano tutti bardati e *"in tappo"* per l'ennesimo colloquio a caccia dell'agognato lavoro ... Sono quelli che spremono i muscoli nelle palestre o sui remi faticosi spinti sull'acqua della Laguna ... I Veneziani sono anche le giovani donne ... belle ... perché le Veneziane sono belle donne, che s'affannano eleganti sui tacchi o struccate in *"tuta da ginnastica"* cariche dei sentimenti e della voglia del vivere ... Sognano ancora il Principe Azzurro sapendo bene che non è quello delle fiabe perché quel tempo è finito da un pezzo ... I Veneziani sono gente che lavora, esiste, pensa, vive e lascia vivere.

Sono anche persone che provano a tenersi stretto quel che la Storia ha loro lasciato, ma che provano ad esistere senza affannarsi troppo accontentandosi anche di ciò che hanno, senza rammaricarsi troppo di quel che manca ... I Veneziani sono possibilisti, fatalisti, a volta un po' scaramantici ... Hanno una loro filosofia spicciola di vita ... Mettono su famiglia, figliano ... si trovano e si lasciano ... Non te le mandano a dire, ma a volte preferiscono pazientare e tacere sperando il meglio ... Nascono, crescono e muoiono, a volte senza spostarsi più di tanto dai luoghi delle Lagune ... Talvolta sono scanzonati, altre volte sbrigativi e scontrosi ... non sono compagnoni, ma spesso sanno indurre a simpatia ... e a qualche antipatia.

Come accade per tutti ... direte.

E sì ... Anche i Veneziani sono così: Venezia a volte sa essere anche un posto qualunque in cui si vive e basta inseguendo i propri propositi, le manie, le scadenza e le convinzioni di sempre. A Venezia quindi, a volte si vive e basta.

Ed è proprio questo che mi piace e m'incuriosisce dei Veneziani di cui faccio parte.

C'è quello che smette di prendere le medicine dopo aver fatto l'infarto tornando alla *"Vita spensierata e disinvolta di sempre in Osteria, col goto di vino, le ombre, il fumo, le donne, il gioco e tutto il resto"*, perché: *"Tanto ... si vive una volta sola"*.

Ci sono altri ancora che s'incapponiscono a credere che la Reyer e il Venezia Calcio potranno prima o poi diventare i Campioni d'Italia e d'Europa ... Un po' come i politici, che finiscono quasi sempre per farti credere che con loro cambierà finalmente il mondo in meglio. E quelli che corrono a sfidare la sorte nei Casinò sperando nella Dea Bendata della Fortuna nonostante le loro tasche rimangono quel che erano prima ... e forse ancora più vuote.

I Veneziano sognano ... Oppure sono nostalgici perchè continuano a cantare le *"Glorie del nostro Leon"* convinti che Venezia sia e rimarrà sempre la città più bella del mondo ... anche se sta continuando a perdere i pezzi e progressivamente affondando nonostante l'annunciato miracoloso Mose-salva-acqua-alta che lascia passare lo stesso le acque.

Infine ci sono i Veneziani che *"tirano a campà"*, ossia se la vivono senza particolari interessi e preoccupazioni, accontentandosi di lasciar scorrere i giorni che passano ... In ogni caso orgogliosi a modo loro d'essere Veneziani ... tanto da sentirsi *"Serenissimi"* nel loro piccolo senza tante eclatanze.

***

... E FINALMENTE CALA LA SERA

Sfrigola la cena sul fuoco ... cade la goccia dal vecchio tubo rotto del bagno ... picchiano le dita sui tasti della tastiera ... una campana lontana invade Venezia di rintocchi languidi provando a dare un senso al tempo ... chiasso di bimbe di sotto in strada.

Un merlo gorgheggia fra le foglie, canta una canzone incomprensibile e contorta ... modula, dice, racconta ... smette, riprende di nuovo. Sembra tutto uguale, che ripeta sempre le stesse cose indecifrabili, inutili ... senza senso e da ignorare ... Trascorre qualche minuto ... un'eternità ... Il merlo riprende a cantare invisibile, alto sui rami più in là, oltre il fruscio delle erbe, degli arbusti, delle canne ... e di tutte le cose che accadono nella Contrada.

"C'è stato un tempo in cui ti ho amato intensamente, teneramente ... con grande passione, a tratti travolgente, di quelle che ti prendono tutto lasciandoti senza respiro ... Ora è passato. E' rimasta come un'eco vissuta, lontana, esaurita ... di cui rimane solo un sussulto, un residuo respiro vago e talvolta indecifrabile ... come una nenia lontana, una ninnananna dolce ... ma sussurrata da un vecchio che non ha mai avuto un bambino ..."

Uno scricchiolio dentro ai muri o forse in alto accanto alle travi del soffitto ... Venezia respira, galleggia, staziona sull'acqua della laguna ricoperta di ridondanti infiorescenze galleggianti, lussuriose ... Abbaia un cane furibondo che finisce con latrare, guaire e uggiolare ... i colombi invece sono goffi, *"fonfi"* e ingombranti, con quell'occhio fisso inebetito sembrano quasi fuori posto dentro una scena così elegante e raffinata.

I gabbiani se ne stanno, invece, altissimi, solitari, quasi discosti e assenti ... come se non fosse affar loro tutto quanto sta accadendo ora di sotto. Non è il loro momento, a loro toccherà un altro capitolo, un'altra rauca scena concitata ... La campana batte gli ultimi rintocchi aritmici, isolati ... quasi un saluto, un ultimo cinguettio sonoro, l'ultimo pettegolezzo sulla giornata. I gabbiani scendono ... tocca a loro ... innescano un *"casotto furibondo"*, uno struscio serale che ingombra e si scontra con Venezia. Rovinano la quiete serena dei minuti dell'ora della cena ...

Si rimestola spentolando sul fuoco ... le verdure si rosolano, s'abbruniscono, si cuociono ... Arriva la solita telefonata delle venti, la sintesi del giorno che riassume le solite cose da dire, fare, sbrigare ... mentre intorno c'è chi se ne frega in mezzo a tante scadenze ... Intanto nell'etere volano, si succedono e sovrappongono le notizie, le email, i cinguettii e gli sms, s'intruppano dentro ai fili fino quasi ad intasarli ... Pulsa il vivere, s'incontra la gente, s'addensa nei campielli, sotto ai portici, sugli spazi aperti davanti ai bar ... si mescola e confonde con le ombre, i brusii, gli umori dell'aria afosa.

Due donne litigano giù in fondo alla calle ... Avviene uno scalpiccio sulle scale ... sopra ai pavimenti di legno scricchiolanti ... sbatte una porta chiudendosi da qualche parte ... tutto è condiviso e aperto come la stagione ... il caldo incalza, non alita l'aria.

"I geranei rossi sui balconi davanti alle tue finestre sono uno spettacolo..."

"Quella donna Siciliana che è arrivata è "sgàgia", sveglia ... proprio brava, sa arrangiarsi bene ..."

Si sovrappongono le cose, gli avvenimenti, le sorprese, i dettagli del giorno ... La Natura delle cose è questa: di accendersi, evolversi, superarsi, consumarsi sfrigolando fino all'ultimo come l'ultima goccia consumata di una candela. Siamo ormai allo stoppino che langue sviluppando l'ultima luce incerta ... e poi sarò buio del tutto.

Si rientra dal lavoro, dagli impegni, dalla palestra, dallo studio, dal non far niente ... e dal pienone delle cose del giorno.

"Non sei più tanto giovane anche se ti tieni bene ... Sei ancora ben messo ... ma i tuoi anni sono passati ormai ..." Il vecchio non replica, s'allontana ciabattando trascinando verso casa i piedi senza sollevarli.

Sullo sfondo rimane il ruggire mesto e monotono dentro alle pance della navi illuminate ormeggiate sulle banchine del porto ... Venezia ammicca, quasi non ci fosse … emana riflessi lunghi dentro ai canali, ombre contorte e singolari che scappano via dietro agli angoli insieme al rumore tondo dello sciabordare dell'onda sulla barca e sui remi che rimestolano e involvono l'acqua dentro ai canali.

Una turista ammira il tramonto traslucido d'afa a bocca aperta, sembra impietrita. Altri due si parlano con lo sguardo senza parole amalgamando intesa e sorrisi, stringendosi le mani e rubandosi un bacio. Aggiungono una carezza leggera, quasi come il soffio d'aria che non c'è.

Istanti romantici … un po' appiccicosi … appunti se si vuole un po' scontati … mentre il giorno va a spegnersi fra i colori sfacciati del cielo che nasconde però la crudezza spietata di qualcosa che va a spegnersi, consumarsi e risolversi.

Qualcuno solfeggia ovattato, prova, sbaglia e riprova suonando un flauto chiuso dentro a una casa … Stridono le rondini disperate, tuffandosi a volteggiare nel cielo a bocca aperta mangiandosi l'aria, gli insetti, il tempo e la Storia … Le ore si rincorrono e sovrappongono come l'acqua delle onde sulla spiaggia del mare … Un fremito indistinto ancora nel folto del verde oltre le case … è come un'attesa imminente sospesa nell'aria … un attimo incombente, in bilico instabile … e poi finalmente cala la sera … anche questo giorno è trascorso e se n'è andato. Si volta la pagina, non c'è più niente, è tutta bianca … e tutto tace.

Venezia continua, veglia, si da da fare … ma è un'altra storia che sta durando da secoli.

***

_____*Scritto su Google nel blog "Venezia di Stefano Dei Rossi" nel giugno 2015.*

BACARI, TRECCE E STORIE ...

Andava in giro per Venezia col suo papà pittore, che si portava dietro a braccia: secchi di pittura e figlioletta con le trecce. Quando d'inverno andava a Venezia nei giorni d'acqua alta il terrore l'assillava. L'acqua, come sempre e come oggi, fuorisciva dai canali e inondava calli, fondamenta e campielli spingendosi ovunque, anche dentro ai bàcari, unificando tutto. Sembrava che ci fosse ovunque, e che Venezia fosse un unico grande canale.

La bimba piccoletta, magrolina come uno stecchetto, tutta *"occhi e trecce"*, aveva paura di non saper più individuare dove iniziava il canale, quello vero, quello profondo. Aveva il terrore di finirci dentro ed annegare, per questo stringeva forte forte la mano del suo papà, perché lui sapeva la strada e non l'avrebbe lasciata affondare.

La *"bimba-donna"*, ora senza trecce, ricorda ancora tante cose di quei giorni, che scorrono volentieri dentro alla sua mente come un film in bianco e nero d'altri tempi. Rivede ancora oggi la vetrina illuminata del forno buio e stretto dopo campo San Polo e il Portego della Madonna, carica a Carnevale di frittelle gonfie e succulente. Quelle buone di una volta, croccanti e zuccherose, ripiene di zabaione o crema, non come quelle striminzite e gommose di oggi, che sanno *"da niente"*. Poco più avanti, c'era il panificio più aperto e luminoso, sempre pieno di gente e col profumo tiepido del pane che invadeva la calle ... Ancora due passi e ci si trovava davanti alla curiosa vetrina con le foto del campanile di San Marco che cadeva. A quel tempo, la bimba con le treccine credeva che fossero vere, colte in diretta. Ogni volta che passava di sotto ad uno di quei campanili squillanti di campanone che facevano vibrare le case vicine le faceva sempre un certo effetto e provava un cupo senso d'angoscia. Dentro di se, le pareva che si ripetesse quella scena rovinosa, esposta in vetrina.

Altri due passi, proprio sopra al ponte, c'era la vetrina del Cambia Valute, dove ogni giorno c'era un ometto paziente, che con in mano il secchiello dei numeri colorati in plastica, aggiornava i valori delle valute straniere. Li applicava ad uno ad uno, infiggendoli sullo sfondo verde di panno. Strana vetrina, con l'ometto che sembrava in vendita anche lui, secchiello compreso.

Ogni tanto: pausa. Il babbo interrompeva o terminava il lavoro, e allora: via dentro a un bàcaro veneziano. Quelli veri di una volta, che ora non esistono quasi più.

Dire che cos'era un bàcaro, in due parole, non è facile, Ne servono almeno tre o quattro.

"Il bàcaro" era un luogo dove accadeva una sorta di rito. La regola era la progressione, spesso inconscia, che ti poteva portare a casa per pranzo già allegro ed entusiasta di vivere. Nel bàcaro potevi ritrovare amici senza appuntamento, e parlare, bere e mangiare condividendo le cose di sempre e le novità del giorno, soprattutto quelle dell'Emporio di Rialto: ombelico del mondo Mediterraneo, oltre che della vecchia e fascinosa Venezia Serenissima.

Quasi sempre li dentro, si parlava solo in dialetto veneziano stretto, al massimo un po' di **Cjosotto**, ma poco. Il veneziano è un dialetto che è una specie di canzone ondeggiante come le sue acque, dolcissimo, dalla *"calata"* lenta e lunga, senza fretta.

Poco lontano dai bàcari di Rialto, stavano i banchi dell'antica Pescheria.

"Cossa xe sto mercato ittico ? Nol par neanche nostro ... Se dise: Ea pescaria col pesse, no ? Parlemo, come che magnemo !"

A Venezia si usava andare a far la spesa al mercato di Rialto, prima della sosta col rito del *"cicchetto"* in qualche bàcaro. Col *"cicchetto"* si associava anche *"un'ombra"* di vino bianco o nero perché ... *"i gusti xe gusti"*.

"Si un'ombra ? Una ? ... Ma dove ? ... Non per niente si diceva: "Vado a farme un giro de ombre", detto al plurale. Infatti, si costumava sulla strada del rientro verso casa per pranzo, passare a salutare almeno due o tre bàcari per volta." mi racconta ancora oggi la donna senza più trecce.
"D'altra parte, andare a piedi per Venezia era faticoso. Se poi ti trascini

dietro a braccia anche le sporte delle spese ... eh ... ovvio che la gola ti si secca !"

Il bàcaro era in un certo senso il posto giusto, anche un po' familiare.
"*L'odore del bàcaro incominciava in calle, in prossimità, appena giù del ponte ... Ci arrivavi prima "a naso" ... Era innanzitutto un odore buono, di gustoso, che saliva e usciva dai piatti di giornata, esposti appena sfornati, dalla cucina o confezionati sul bancone del bàcaro ... Quando si entrava, ci si addentrava dentro ad una nebbiolina stabile, formata da un misto di sigarette, pipe e sigarotti, sudore e vissuto, che ciascuno si portava dentro di volta in volta, incrementando quel tanto di stagnante che già c'era, e che in qualche maniera "parlava da solo", come se fosse stampato sui muri o pendesse dalle travi a vista scure del soffitto ... Dentro al bàcaro caldo si soffocava un poco: c'era sempre caldo d'inverno e caldo soffocante d'estate ...*
Dal soffitto pendevano tante cose, vecchie e nuove, soprattutto di quelle di una volta, compresi gli attrezzi e i salami "de campagna", le luganeghe, l'aglio, i formaggi in caciotta ... Era come se da quegli attrezzi appesi, da quei paioli di rame brunito, da quelle stadere, uscisse ancora fuori qualcosa di buono, da utilizzare e servirsene subito. Ed era proprio così, perché dietro al bancone, a pochi metri, bolliva il pentolone con la polenta preparata in diretta, assieme al pesce "rostito su e via" e innaffiato per bene spillando da una delle grosse damigiane allineate a lato del bancone ... "Novello, Frizzantino, Raboso, Nostràn, Fragolin, Valbiadene ..." dicevano alcune delle etichette legate con lo spago alle ceste delle damigiane ... *Ma c'era tutta un'infinità di vini a disposizione, che si potevano assaggiare e provare a volontà. Bastava chiedere e spingersi oltre la solita "ombra" e il solito "prosecchetto" ... ed era cosa fatta ..."*

"*E la bambina con le trecce ?"*

"*Quella stava sempre attaccata alla "braga" del papà, che spuntinava e se la contava con i compari e colleghi di lavoro. L'oste, papà, zio e nonno, con l'occhio delicato verso i "piccoli", non perdeva di vista quella bimba. Le allungava e rifilava, con tanto di sorriso in omaggio, un bel pezzo di pane spalmato di baccalà alla vicentina, o mantecato e fatto in casa, oppure un gustoso arancino ripieno di riso e di tante altre leccornie, arrotolato in farina e pangrattato, e poi fritto e condito, infine combinato con prosciutto, mozzarella e altro ancora ... Nella cucina dei bàcari: tutto era lecito, solo la fantasia faceva da confine."*

"Mangia almeno un vovetto duro con l'acciuga...che ti xe massa magra, fantolina !"

Da leccarsi i baffi, che ancora non aveva ... la piccola bimba con le treccine era contenta ..."

"E da bere per la bimba con le trecce ?"

"Una spuma ovviamente, spillata da un bottigliotto verde e grande, mica dai plasticoni di oggi."

"E la gente, com'era ?"

"Era bellissima, com'è la gente di Venezia, di Rialto, del Mercato, delle Mercerie e della Pescheria. Tutti posti che oggi sono solo i fantasmi di quel che erano un tempo, perché si sono svuotati di quello che li rendeva più originali e caratteristici ... C'erano li delle persone, che spontaneamente, erano quasi delle macchiette, assomigliavano a dei cartoni animati viventi o a delle presenze vive quasi scappate dalle commedie di Carlo Goldoni ... C'erano sul serio e le incontravi normalmente proprio nei bàcari. Te li trovavi gomito a gomito, perchè c'era sempre un andirivieni affollatissimo di gente. Era normale, che fra un "cicchetto", due seppioline, un'ascolana e un qualcos'altro ... dovessi aggirare per raggiungere il bicchiere, ad esempio, un infagottato vestito a righe, un armadio di uomo, col turbante in testa."

"Un arabo a Venezia alla fine del millenovecento ?"

"Macchè ! ... Era un giramondo veneziano che aveva navigato tutta la vita imbarcato in navi e girato il mondo intero. Cotto dal sole, che non smetteva mai di prendere, andava ancora a pescare in laguna a torso nudo ... Gli piaceva vestire alla "Maomettana", come diceva lui, e portava un paio di baffoni enormi, voltati all'insù, una calottina o il turbante sulla testa pelata, e vestitoni a righe larghe, sgargianti, sopra il cinturone e gli stivali, dove v'infilava la braga larga" ... Lo chiamavano "il Turco", ma turco non era, era da Castello, dalla Contrada di San Iseppo, ma a Rialto tutti lo vedevano e chiamavano così. Era uno spettacolo non solo vederlo, ma anche ascoltarlo, perché peggio di Google Earth, sapeva portarti in ogni angolo del mondo inondandoti di aneddoti, usi e costumi e di tante storie, spesso anche inventate, ovviamente di donne."

"Di donne ?"

"Sì di donne, donne, e ancora donne ... che non perdeva mai di vista in ogni istante. Gli piacevano tutte, giovani, vecchie, alte, basse, grasse e magre ... bastava che respirassero. Non ne perdeva una, rimaneva con la bocca spalancata e il "cicchetto" in mano appena passava "qualcosa" di ondeggiante o ballonzolante, o qualcosa che sotto alle trasparenze o gli abiti, gli facesse vedere o anche solo intuire "qualcosa di buono". E allora partiva immediatamente col fischietto, un salutino, un'avance garbata e sottile, che riusciva spesso a far sorridere le donne più compite e indifferenti."
"Ehi ... Mora ! ... Nina ?... Signorina ... Hello ! Madame ?..."
Non importava se parlava inglese, francese o anche cinese ... Era una donna, e questo bastava.

"Il linguaggio dei gesti e delle parole semplici, ti rende capace di parlare e farti capire con tutti, a "motti e atti" … e poi quando vai oltre, se nasce qualcosa, le parole non servono più …"

"Vero ! … era proprio così per el Turco che era un quadro vivente, un numero da circo … Ma quello era solo uno dei personaggi che potevi incontrare nei bàcari. Vi passava sempre anche: Nane Sardèa, Gigi Tiracaretti: di professione trasportatore e facchino, Piero Spassìn, che alternava una calle e una corte da pulire a un "cicchetto e un'ombretta"… un'altra fondamenta e un campiello ripulito, e un altro "cicchetto" e un'altra "ombretta" … S'incontravano spesso anche Romeo e Alfio, che tornavano "dalle spese del pesse in Pescaria di Rialto" o della frutta e verdura in Erbaria, sempre al Mercato di Rialto, che oggi non c'è più … Si poteva incontrare, distinto, col suo cappello con la falda piegata e la fascia d'inverno; oppure col cappello di paglia estivo, Ennio Vazzoler. Tre giri di catena d'oro intorno al collo, camicie estive sgargianti, a fiori e "gilledino" di buona tenuta, quando cominciava a far fresco, mentre d'inverno: "Gabbàn longo". Intrigante e alla mano, si definiva "imprenditore e impresario", specificando ai confidenti e agli amici, che era invece solamente "rappresentante". Procurava e vendeva, facilmente, "cose buone … e qualsiasi cosa di cui si avesse bisogno": orologi, cravatte, pettini e bottoni, camicie lavorate a mano su misura, fatte dalla sua sorella, che era "sartora".
Ti procurava di tutto, bastava "metterse d'accordo" … E l'accordo in bàcaro si trovava sempre, come anche le forme dei pagamenti e delle dilazioni, magari col prestito a interesse spalmato "un tanto in più al mese", finchè durava …"

"Nei Baccari di Rialto si poteva incontrare a tutte le ore anche la "Settembrina"."

"Sì ! … Un altro numero della Tombola umana di Rialto. Ormai avanti con gli anni già da allora, ma sempre vispa e attiva, allegra e intraprendente

... Capello un po' da lavare, avido di parrucchiera, bassa e tarchiata, sempre in ciabatte e "traversòn da lavoro" rigorosamente scuro e a fioretti ... Sembrava che per lei gli anni non passessero mai, era sempre uguale ... Solo i denti se n'erano andati uno per volta ..."

"Si chiamava Anzoletta, e il cognome ?

"Andarlo a pescare ! ... La chiamavano tutti "la Settembrina", perché in gioventù, sempre di settembre, ne aveva combinate di cotte e di crude. Si era sposata e lasciata in settembre schiaffeggiando suo marito in mezzo alla Pescheria di Rialto, dopo due figli e tanta armonia. Non le era andata giù la scappatella con la Tedesca in gondola. Dicevano: due sberle, "do stramusoni", da fargli girar la testa e rimbombar le volte dei portici. Sempre di settembre, aveva spinto in canale uno spasimante, che la pungolava da troppo tempo, fino a "romperle le scatole" ... Ancora di settembre, aveva dato fuoco alla casa per sbaglio, mentre fumava a letto. Si era addormentata stanca, dopo una lunga e dura giornata di lavoro. Infine, ancora di settembre, era rimasta vedova, dopo neanche un anno ... Si era risposata con un avvenente mastro vetraio di Murano, che orgogliosamente l'aveva vestita a festa e la portava a braccio a far il giro di tutti i bàcari di Rialto e Venezia. Morto lui, i figli, ormai grandi e navigati, erano andati in Germania a cercare fortuna. Trovatala, la donna era rimasta da sola a Venezia, dove viveva facendo "fatture per le case", ossia semplicemente: andando a servizio, facendo pulizie di scale, spese, stirature e altre prestazioni ... Uscita da una casa e prima di entrare in un'altra, s'infilava nel solito bàcaro per uno spuntino, ossia un "cicchetto" con l'immancabile "ombretta".

"Sigaretta, ombretta, cicchetto ... Cicchetto, ombretta, sigaretta ... Ombretta, cicchetto, sigaretta ... e avanti così fino a sera ?"

"Esatto ! ... Una specie di ritornello quotidiano, che si moltiplicava fino alla fine della giornata, quando dopo l'ultimo "giro" aggiungeva un caffè *corretto e finiva col "cantare la Gigiotta ... e le glorie del nostro Leòn ..." in compagnia con gli altri avventori affezionati dell'ultimo bàcaro della giornata ..."*

"Che personaggi ! ... E il menù qual'era ?"

"Il "cicchetto" più che fungere da antipasto, serviva per riempire tutto il tempo dell'attesa del pasto ... E a Venezia, i pasti non è che scherzassero, quanto a prelibatezza e abbondanza. Basti pensare in un colpo solo, ai "spaghetti con le vongole o col nero di seppia", ai "risi e bisi", considerati "il risotto dei Dogi", e alla mitica "pasta e fagioli", causa di numerosi e goliardici spropositi ... Anche i secondi piatti, soprattutto a base di pesce, erano "da sbaraccarse" e non scherzavano: "Scampi alla busara", conditi "come si deve", "bisatto (anguilla) o seppie in umido con la polenta", "moeche fritte" (granchi etti teneri e saporiti in fase di muta) **da mangiare tutto insieme: scorza** *(carapace)* **e contenuto** *(ciucciandose i dei);* *"spaghetti con le bevarasse" ossia le vongole e in stagione giusta: "le castraùre" dei carciofi delle isole, soprattutto quelle di San Erasmo..."*

"Il "cicchetto" non era solamente un lontano parente dell'antipasto, era ben di più, molto di più ..."

"La lista delle ricette è tanto lunga, quanto antica e saporita. Sotto all'immancabile vetrinetta posta per lungo sopra al bancone, contornato dalle capienti damigiane, stavano ben disposte in fila, dentro a candidi piatti bislunghi, tutta una serie di bontà, molte con lo stuzzicadenti già infilato: da prendere al volo, che "quasi te dise: magnime !"
Si potrebbe iniziare citando le "sarde o sardelle in saòr", marinate con aceto e cipolla, e aromatizzate con uvetta e pinoli ... Oppure c'era la versione delle "sardelle fritte" ... Altro pezzo forte sono le "seppe in umido o seppioline al forno" con crostini spalmati di baccalà fritto, alla vicentina o mantecato, ossia cotto nel latte e frantumato fino a diventare cremoso, appunto "mantecca".

C'era poi la polentina: bianca, gialla e perché no? Anca taragna ... Dopo di quella, era il turno delle polpette e polpettine di carne, tonno o in umido. Accanto c'erano le larghe terrine ricolme di "Trippa alla Parmigiana", spienza (milza), nervetti di vitello lessati con cipolla, olio e aceto ... E poi, un esercito di: garusoi, canoccie, caparosoli, cappe longhe e curte o novelle, peòci, bovoletti consi col prezzemolo, vongole, chioccioline di mare, moscardini lessi, alici, sgombri e calamari ripieni ... Facevano da "controaltare": folpetti, masenette, pescetti e scampi fritti, anguelle, mezzancolle, acciughe, "Bigoli" in salsa tonnata o di anatra, condita col soffritto di aglio e olio ... In seconda fila, sempre sotto alla vetrinetta dai vetri quasi opachi per gli strati di fumo e di unto, sopra la piana di marmo, illuminata da una lucetta pallida da poche candele, c'era un'altra fila di vassoi e piatti con: mezze uova, acciughette, olive farcite..."

"Gli ortaggi con le verdure non erano certo di seconda scelta, preparati bene, secondo stagione, freschi o grigliati, gratinati: pomodori secchi sott'olio, peperonata, fagioli, cipolline sotto aceto, asparagi, rucola, radicchio, melanzane col grana grattugiato sopra, patate lesse, "conse".

"In un angolo del bàcaro c'erano quasi sempre quattro grossi vasi: quello enorme, che sembrava non svuotarsi mai, con la giardiniera ... Poi c'erano i due con le grosse olive verdi o nere, e infine quello con i cetrioli sottolio. L'oste pescava dentro con dei vecchi mestoli o con delle pinzotte antiche quanto il bàcaro ... Dal soffitto pendevano grossi salumi scuri de casada, affumicati, odorosi e invitanti: soppresse, prosciutti, mortadelle, salami, musetti e luganeghe (salsicce) ... Spesso li "pescavano col gancio" e li infilavano nell'affettatrice tedesca, lucida, rossa e nera a manovella, tagliando "a vista" assaggi profumati, o per imbottire grosse fette di pane croccante, sfornato di mattina presto dalla stessa cucina del bàcaro ... Il tutto, messo accanto alla rassegna dei formaggi, presenti a iosa: dalla mozzarella ai freschi e agli stagionati, posti accanto al cesto delle uova, fresche o sode, pronte per una veloce frittata."

"I nomi dei bòcari, soprattutto di quelli vecchi, erano accattivanti e sapevano d'antico, di "buono", di campagna, vissuto e genuinità ... L'acquolina partiva già col pensiero e pronunciando il nome del locale."

"E il locale cominciava già da fuori, da lontano, dalla calle, oltre che nei meandri della mente, abituata a frequentarlo. "El bàcaro", era un posto di cui si doveva respirarne l'aria, quasi "sentirlo", prima ancora di entrarvi. Il solo nome, risvegliava e riassumeva: gusti, atmosfere, sapori e sensazioni piacevoli ... Una specie di garanzia."

"I nomi dei bàcari raccontavano spesso, proprio le storie che contenevano: molteplici e contorte, tristi e allegre, come "le balle degli imbriaghi" e come gli uomini e le Contrade di Venezia ... Vicende nascoste dentro e dietro ai muri delle case e dei palazzi, nei sottoporteghi e nelle calli, nei magazzini umidi che sapevano di salsedine e muffa."

"Fatti raccontati, passati di bocca in bocca, dispersi dappertutto da mille comari e da una schiera di uomini pettegoli e a volte sfaccendati ... Storie racchiuse nei posti più "sconti", fin nelle soffitte e in cima sulle altane, oppure negli angoli più remoti della laguna ... I nomi erano miscugli di strade e di posti: "San Polo e Rialto, Calle dei Botteri, Ponte storto, il campo e il campiello, la calle della bissa, le Zattere, Ruga e Castello, Tre Archi, le Guglie e Cannaregio, la Baia del Re, San Mattio in Pescaria, La palanca, Pescaria e le colonne, i pozzi ...", copiando mezza toponomastica dei Sestieri e dell'intera città di Venezia."

"Oppure richiamavano la voglia di mangiare, bere e divertirsi ossia l'opulenza veneziana e la voglia di spassarsela, nascosti dietro al "volto", la maschera. Quell'essere buongustai e intenditori spiccioli, quotidiani, insieme esotici, popolani e casalinghi. I Bàcari s'intitolavano alla: "Bea vita", "Al garanghello", "Al bàgolo", "al Moro de Spagna", "Alla maschera", "Al Turco Volante", "Alla Spada"... e tanto altro ancora

...Oppure richiamavano alla mente i mestieri e i posti del lavoro: "Alla Cavàna", "Al Traghetto", "Ai Piombi", "Al Magazèn", "Alla bottega ... allo Squero, al Pistòr, al Marinèr della Galeazza ... e alla Sicurtà, o all'Arsenale..."

"Oppure, tanto per cambiare avevano nomi di belle donne ... o perlomeno di quelle appetibili o disponibili: "la sporca", "la ruffiana", "la carbonera" e "la nobile", la "bellezza al bagno" e la "Striga" e "Alla Regina" ... Sarebbe un delitto non ricordarli tutti, ma come si fa ?"

"Dentro allo stesso bàcaro, su di una parete, c'era anche quella che l'oste chiamava "la triade", ossia: un orologio fermo, una pendola rotta e un cucu' soffegà dal caldo, dall'odor e dal fumo, imbriago de compagnie, canzòn...e imbriago stecchìo, per conto suo ..." Il cucù se ne stava immobile, fermo, incastrato fra la porticina e la casetta, mezzo storto ... "andato so in brodo a suon de ombre".

L'oste spiegava distrattamente, rubicondo, col grembiule fino alle ginocchia, sporco: "la traversa", e una "canevassa bianca" sempre sopra alla spalla ... "Deve averlò copà un colpo de sonno ... o una bottiglia tirada da qualche imbriàgo." ... E se la rideva rumorosamente, facendo danzare le guance grassocce sopra la bocca sottile, a sua volta sopra la fossetta del mento, mentre più in alto stava il naso "spugnoso", gli occhi acquosi e, sopra di tutto: "la zucca pelata" ... Se c'era anche la Gegia, sua moglie, e allora il menù era ancora più vario: si trovava anche il Mascarpone e la mostarda, soprattutto durante le feste di Natale e fino al Carnevale, quando fioccavano le fritole (frittelle), coi galani e le castagnole, o i bussoài de Pasqua, quei de Buran, però ... Se arrivava Milietta, "so neza" (la nipote), spuntava anche la fisarmonica, e allora si finiva in festa, "in gloria", e si faceva davvero un "garanghèo", coi cappelli in mano e le donne, che entravano per provare a ballare, mezzi incastrati nello spazio che non c'era ..."

"Magari ghe fosse stà de fora una frasca ! ... Una pergola coverta de verde ... Niente ! ... Tutti strucài e petài (addossati e appiccicati)."

"C'era la lavagnetta scritta col gesso appesa al muro ... L'oste segnava i prezzi dei consumi, ma era sempre la stessa, smunta, e mai riscritta da mesi ... Non serviva scriverle quelle cose, segnare il menù e i prezzi, tanto chi li leggeva ? ... L'oste e i frequentatori del bàcaro avevano tutto impresso dentro al cervello ... Nello stesso bàcaro si potevano pagare le stesse cose due volte di seguito diversamente ... "Un po' a casaccio, secondo come la me gira ..." spiegava l'oste ... Il prezzo si elabora anche in base alla fantasia, alla stagione, alla situazione della giornata e alla familiarità che si ha col cliente ... Chi passa da anni ogni giorno, paga sicuramente "de manco e sull'ongia", appoggiando i soldi stropicciati e unti sul banco ... Il foresto o il passante mai visto, pagano, invece, qualcosa di più: "secondo l'impressione del momento, e secondo scarsella e taccuìn." ... Dipende anche dall'estro dell'oste, dal numero dei clienti, da che cosa e quanto si mangia in quel momento ... "Ovvio che se qualchedun me svòda la vetrina lo fàso pagàr de manco !"."

Tutto quello che era scritto col gesso sulla lavagnetta consunta andava interpretato, era una specie di cartello stradale, una indicazione approssimativa, una direzione da seguire.

"Raramente facevo pagare un "cicchetto" a una bella signora, "ben messa" e simpatica, che entrava nel bàcaro in un giorno di pioggia ... mi Bastava un sorriso ... e il prezzo della consumazione lo "scrivevo sul gjasso" (sul ghiaccio, ossia lo dimenticavo.) ... "Ogni tanto disevo: Offre la casa ! ... Ma solo ogni tanto, con una scusa buona ... mentre di soliti "i prezzi i xe sempre onesti ... giusti ... la roba xe fresca e bona ... cusinada a scottadèo ... i cicchetti xe sempre appena fatti ... non i xe mai staisssi" (con 3 "s", ossia stantii, vecchi).

Il "cicchetto" bisognava sempre "bagnarlo col prosecchetto" o con la solita "ombra", che poteva significare mille cose diverse. Si partiva da un buon vino *"della casa o de casada"*, fino ad attingere a volontà fra centinaia di bottiglie, venete e foreste, sparse e allineate in tutto il bàcaro sopra a mille scaffali polverosi. L'oste non ricordava neanche più, che cosa c'era sparso in giro.

"Adesso, non ci sono quasi più quei bàcari lì d'un tempo ... Esistono sono quelli moderni, "di facciata", riscoperti, e "finti malandati" ... Due botti fuori la porta con quattro sedie di paglia scompagnate, mezze sfondate e una lanterna ... giusto per far effetto, sotto all'insegna dipinta con tanti svolazzi e ghirigori, posta di sopra a un finto "faràl vecio" di ferro battuto ... Per entrarci a volte ti devi fare un mutuo, e ti verrebbe da scappare a sederti sul bordo del pozzo di un campiello ... Però ti danno lo scontrino..."

"Il concetto di fondo del bàcaro, vorrebbe essere lo stesso di un tempo, invitante e ormai "cult", più che spontaneo."

"Ma non so ... Ti forniscono una lunga fila uguale di panini, tramezzini, pizzette col Spritz o col Bellini, col vino, birre, bibite alla spina, le patatine e i gelati ... Il tutto spesso a prezzi assurdi, svuota portafogli ... A Venezia, oggi gira così."

"Le attuali guide gastronomico-turistiche scrivono: "Cicchetti" ? Dal latino "ciccus", piccolissima quantità. Sono stuzzichini e antipasti da gustare insieme a del buon vino. Simili a "tapas, piadine, tortillas", come quelle che mangiavano Tex Willer e Kit Carson nei fumetti."

"Ma cosa dìseli ? ... Ciccus, fumetti, Piadine ? ... Non i capìse niente ! ... El Bàcaro xe tutta un'altra cosa ... el xe differente ? ... El xe un posto vivo !"

"Bàcaro" è dizione derivante probabilmente da *"Bacco o vino fatto con le bacche"*, perché una volta il vino si faceva con di tutto un po' ...

"Ah !? ... Mamma mia che porcarìa ! ... Spero non sia vera questa storia ... Povero bàcaro ... come ridotto ! ... Non lo riconosco quasi più."

Alla fine, la bimba con le trecce, magra come uno stecchino, usciva in strada, sempre stretta al suo babbo.
Ma queste sono ormai storie d'altri tempi, un po' nostalgiche, è vero ... Ma se vuoi e starai un po' attento, riuscirai ad ascoltarle ancora in un giorno di vento, se a Venezia lascerai la finestra socchiusa e ascolterai il tramestio e il chiacchiericcio della Calle di sotto.
Basterà far silenzio e tendere l'orecchio con la mano dietro, cercando di distinguere tra voce e voce, fra il rumore e **"casotto"**.
Alla fine, si riuscirà, forse, a sentire la voce del **"Turco"**, o quella della bimba con le trecce, che continua a *"cinguettare"* col suo papà carico dei secchi di pittura, attaccata alla falda dei pantaloni da lavoro, macchiati multicolore.
Ma forse, non sarà proprio lei, proprio quella ... ma forse un'altra bambina che passerà quest'oggi in giro per Venezia.

***

_____*Scritto nel blog di Google: "Venezia di Stefano Dei Rossi" nel ottobre 2012 su istigazione e suggerimento di Martina Cabianca, che ringrazio e saluto, e ripetuto nell'agosto 2013 in un altro mio blog: "lostedrs".*

BERTILLA

Dopo il temporale notturno di questa notte, stamattina presto procedevo evitando ad una ad una le pozzanghere della strada. Me la sono trovata improvvisamente proprio di fronte. Ma non è la prima volta ... Solo che era da un pezzo che non la vedevo.

Da uno strappo dell'altissima rete di cinta metallica e rugginosa del campetto da calcio, ben nascosta dietro a un groviglio di rovi e una pioggia di edere lunghe e pendule, è sbucata lei questa mattina. Si è guardata a destra e a sinistra spolverandosi le spalle e picchiando le scarpe per terra. Mi ha occhiato un istante senza vedermi, come fossi del tutto trasparente, e acconciatasi la lunga coda dei capelli sulla nuca e lo zainetto consunto e sbiadito sulle spalle se n'è andata per la sua strada.

Camminava come il solito, con quella sua cadenza inconfondibile, un po' ciondolante a destra e sinistra. Ce l'ha sempre avuta fin da bambina, solo che col passare degli anni si è accentuata diventando un'andatura curiosa.

Bertilla le sa queste cose, e non le sa, ma soprattutto finge di non saperle. Soprattutto non gliene frega niente di quanto vado dicendo. E' ridotta sempre più a niente, fisicamente ed economicamente ... ma lei intanto vive, e dice di star bene così.

E' da tempo un miscuglio di vissuto triste impastato con una dignitosa semplicità per me sorprendente, che merita d'essere raccontata imprigionandola nelle parole.

Bertilla ormai da molto tempo non chiede, vive e sta, s'arrangia in silenzio, senza apparire e disturbare nessuno.

Vive nella vecchia stanza magazzino abbandonata sopra alle docce del campetto da calcio del mio quartiere. Oggi non si organizzano più i tornei come un tempo, il campo è quasi dismesso e pieno di erbacce. Solo raramente viene concesso di giocare a qualche gruppo serale che si trastulla inciampando fra buche e pozze fangose piene di zanzare. La stanzina è alta, inserita sul muro di cinta, quasi mimetizzata dalle edere folte che la ricoprono quasi del tutto. Bertilla entra ed esce di là, ma quasi nessuno lo sa … o gli interessa di saperlo.

Su per la scaletta annerita e sporca, semi invasa dalle edere e dai rovi che scendono e salgono gradino per gradino, si sale alla saletta magazzino dove un tempo si depositavano i palloni, le reti, le panche e tutti gli ingombri. Oggi davanti è tutto un ciarpame, mucchi di deposito e cose vecchie ammassate e lasciate al sole e alla pioggia alla rinfusa. Dietro si sale, passando appena accanto al muro scrostato coperto di edere … fino a quella scaletta, ma non ci sale più nessuno eccetto che lei.

Il custode del campetto sa bene che Bertilla vive e va a rifugiarsi lì, ma finge di non saperlo e di non vederla. E' padre di famiglia anche lui, sa che cosa significhi avere un figlio in giro per il mondo e da solo. Se poi si trovasse in difficoltà … Lei sale di sopra felpata e scende di sotto silenziosa come un gatto, quasi senza che nessuno s'avveda della sua presenza leggera. Lì dentro vive con i suoi quattro scatoloni in cui raccoglie tutto quanto possiede … ossia niente. Solo qualche abito di ricambio e il piumino da indossare d'inverno. Le cose preziose le ha sempre con se nello zainetto: la sua cassaforte inseparabile … quasi vuota anche quella.

Bertilla non sorride mai, parla pochissimo. Ti passa accanto ma è come se fosse sempre da sola: non vede né incontra mai nessuno.

"Non c'è niente di buono per sorridere nella vita." l'hanno sentita dire un giorno dopo averla a lungo istigata a parlare e dire qualcosa di lei. Bertilla non ha detto nulla … Al vederla sembra quasi un monumento al vivere tristo.

Adesso è una donna di mezza età che non riesci ad attribuirle gli anni. Solo i capelli ancora scuri e lievemente brizzolati ti dicono che non è più giovanissima. Ma è sgangherata, non ha quasi nulla di femminile: non ha un filo di trucco, non curve evidenti, non un profumo né un capo firmato. Solo quella coda di capelli, e il solito pantalone largo mimetico sotto a una t-shirt quasi sempre bianca, le scarpe da ginnastica da pochi soldi … e ovviamente il suo zainetto prezioso.

Sempre pulitissima e in ordine. Mi hanno detto che quando lavora è puntualissima e precisa. Basta spiegarle semplicemente che cosa si vuole che faccia, e lei in breve tempo sarà in grado di ripeterlo all'infinito meticolosamente e con grande impegno ... Replica tutto quel che si vuole ... e non manca mai di presentarsi ogni volta che si è pattuito. Non chiede perché né per come, non le interessa saperne di più, non ha mai nulla su cui curiosare o da eccepire. Terminato tutto se ne va in punta di piedi come è comparsa, quasi non ti accorgi che ci sia.

Non ha amici né amiche ... A che possono servirle ? Non le serve mai nulla, tantomeno d'essere compatita ... figurarsi se le serve affetto ! Lei vive ... e basta, e questo è tutto.

A sera o quando è stanca se ne ritorna in quelle stanzuccia nascosta con le sbarre alla finestra bassa, invisibile, quasi nascosta del tutto dalle edere. La prima volte le sembrò che si trovasse lì disponibile a posta per lei.

"Nascosta fra le edere ... quasi come me." pensò la prima volta che intravide casualmente quel posto e provò ad entrarci. Si trovava a bordo campo a guardare un'insignificante partita al pallone fra giovanotti aitanti. Era finita lì per caso gironzolando per la città e per quello che riteneva essere il suo quartiere. In realtà nel campo lei non osservava nessuno, anche se giocavano animatamente e se le davano di santa ragione correndo dietro alla palla. Suo papà un tempo lontano le diceva: *"Togliete tutto agli Italiani, anche i soldi se volete, ma non toglietegli il pallone perché impazziranno."*

A lei tutto quel correre dietro alla palla non era mai piaciuto. Era una cosa insipida, come tante altre, come tutte quelle che chiamano sport ... Tanta fatica per poco risultato o per niente, pensava. Era meglio dedicarsi ad altro, anche se non aveva mai capito bene che cosa potesse essere quell'altro a cui si riferiva.

Alzando lo sguardo oltre il limite del campetto da calcio aveva intravisto la stanzuccia. Si notava appena sotto a tutta quell'edera che s'intrufolava e scalava i muri attaccandosi ovunque. Pareva che quelle edere tenessero tutto insieme impedendo che si sgretolasse e cadesse scivolando di sotto. Tutte quel verde di edere dondolava al vento, piano piano e in silenzio, sospeso nell'aria del niente senza essere visto, come lei ... Le piacque subito quell'angolo, così come le erano sempre piaciute le edere che s'accendevano di rosso d'autunno. Parevano trasformarsi in qualcos'altro, vivere una seconda vita diversa, un'opportunità nuova, una seconda chances come sognava lei.

Anche se fino ad ora non era ancora accaduta.

Avrebbe messo volentieri una foglia d'edera sulla sua carta d'identità piuttosto di rivedersi in quelle sembianze che la costringevano a ripensare al suo passato ormai perduto e trascorso. In quella foto era davvero somigliantissima a sua madre e a suo padre. Guardandosi sul documento era come rivedere entrambi dentro a uno specchio. Per questo lei non usava mai lo specchio ... Lavava e pettinava i suoi lunghi capelli lisci e li tirava all'indietro raccogliendoli nella coda. Quanto tempo le serviva ogni volta per quell'operazione, e quante volte avrebbe voluto tagliarseli tutti ... Ma era l'unica cosa preziosa personale che le era rimasta.

Stamattina presto Bertilla era lì, di fronte a me, proprio a due passi. Siamo usciti entrambi ciascuno dalla propria *"casa"* per recarci ognuno al proprio lavoro.

Certe vite e storie molto diverse ogni tanto finiscono per assomigliarsi e non dico incrociarsi ... ma quasi sfiorarsi, o almeno approssimarsi ... Ma Bertilla non è solo questo ... è anche altro, e molto di più.

E' una di quelle tante vite impossibili che in qualche maniera *"girano"* lo stesso. Accadono quasi all'insaputa di tutti, o meglio, di fronte all'indifferenza di tutti, o perlomeno di molti. Ci sono, ma è come se fossero trasparenti: **"Ci penserà di certo qualcun altro ..."** si pensa di solito, e si finisce col non pensarci più e con nessuno che s'interessi veramente.

Il campetto da calcio dovrebbe servire come spazio utile per la Protezione Civile e per chissà quali altre iniziative sociali, ma la solita crisi e i tagli economici di ogni tipo l'hanno ridotto a spazio abbandonato lasciato in custodia volontaria al Quartiere o a qualcuno ... che a volte non si sa bene chi possa essere.

"I parenti sono serpenti !" aveva brontolato Bertilla una delle poche volte che aveva parlato ufficialmente con qualcuno che contava qualcosa. Ancora mezza bambina, i parenti l'avevano derubata in silenzio di tutti i risparmi lasciati da mamma e papà prendendosi tutte le carte della banca con la scusa di voler pagare i debiti lasciati ... e un mutuo che non era mai esistito perché la loro casa apparteneva all'Ente Autonomo di Venezia. Adesso in quella che era stata la casa di mamma e papà e anche della piccola Bertilla ci abitavano loro, stipati stretti e pieni di figli.

Lei intanto era finita seguita dall'Assistente Sociale, troppo grande per andare in un orfanatrofio o per essere affidata a qualcuno in custodia e tutela. Avevano detto che con qualche accorgimento quella ragazzina sarebbe stata in grado di procurarsi di che vivere e arrangiarsi da se conservando la propria autonomia e libertà. Dicevano anche che era in grado d'intendere e volere, e che perciò sarebbe stato più che sufficiente una spintarella ogni tanto, un aiuto in caso d'emergenza, e un'occhiata discreta per non perderla di vista del tutto.

A un certo punto Bertilla li sentì dire: *"C'è forse un'occasione giusta per sistemarla per bene ..."*

Infatti era accaduto, e l'avevano collocata a servizio in una vecchia villa poco distante dalla spiaggia del Lido.

Quando arrivò per la prima volta, vide nel grande giardino un cane in pietra che pareva abbaiasse in eterno ... Una fontana che non buttava più acqua da chissà quanto tempo ... un angioletto coperto dall'edera, e le stradine coperte da erbacce altissime.

Dentro al garage della villetta c'era un'automobile di cento anni prima lasciata lì rotta in attesa per sempre di ricambi che ormai non esistevano più. Era coperta da un telone bianco, come la barchetta capovolta coperta dalle edere in fondo al giardino dalla parte del muro prospiciente al canale. Un tempo quelli che abitavano lì se ne andavano in giro per la Laguna:

Sant'Erasmo, Murano, Burano, Mazzorbo e Torcello alla Locanda Cipriani per mangiare il pesce e prendersi il fresco.

Adesso nella villa viveva un vecchio signore con la sorella maggiore paralizzata sopra a una sedia, e tutta la casa esternamente era ricoperta di edere ... Pareva una casa delle fiabe ... e a lei era sempre piaciuto quel velo verde che ricopriva tutto ... Sembrava la casa di un bosco magico.

Lo chiamavano: *"Il Commodoro"*, e con loro due sembrava di vivere un secolo prima, perché lì dentro in quella villetta era come se si fosse fermato il Tempo.

Inizialmente a Bertilla sembrò di aver risolto in quel modo tutti i suoi problemi, ma fu un sogno destinato ad infrangersi presto. Il Commodoro era lunatico, la considerava una cosa. Lei era viva, invece, non un oggetto come quella pipa dal tabacco schifoso che lui definiva sublime e gustoso quanto quasi la musica ... E poi non era brava, perspicace e servizievole nella misura in cui lui avrebbe voluto.

Lui e la sorella amavano sempre pranzare e cenare usando tutta l'argenteria ... e ogni sera dopo cena la volevano sempre davanti al caminetto con gli alari e i pomoli d'ottone opacati dal fumo, e una vecchia graticola arrugginita appesa. Ogni volta rimanevano lì a lungo ad ascoltare le loro storie e memorie, sempre le stesse, o la solita musica solenne e pomposa di atri tempi. Erano maniaci della musica classica e degli strumenti musicali ... Un tempo, soprattutto, quand'erano giovani e aitanti cantavano, suonavano, ballavano, andavano *"alla Lirica",* alle feste e a teatro. Ma ora ...

Dentro alle sale della villetta c'erano le infiltrazioni sui muri e le macchie sul soffitto. Gli specchi erano opacati e non riflettevano quasi più, erano tutti a macchie di salsedine e umidità, con la cornice mangiata dai tarli, che pareva di sentirli mordere e ridere per la scena che si ritrovavano davanti. I lampadari dalle mille candele erano sempre spenti, i mobili della sala delle feste coperti con teli pesanti e polverosi, le lucette nelle camere erano debolissime: *"per risparmiare"* ... lumini da cimitero anche quelle ... come quelli che abitavano lì dentro.

Alle finestre c'erano i vetri colorati, e appesi al muro insieme a vecchi trofei stavano diversi fucili da caccia. Avevano fatto incidere lo stemma di famiglia sopra al caminetto con a lato due grossi riccioli in marmo e due Cariatidi pettorute e nude. Sopra al camino su di un'alta mensola stavano tutte le foto di famiglia incorniciate e affumicate ... Ogni tanto nelle giornate di fitta e fredda nebbia le impartivano l'ordine d'attizzare la cenere e accendere il camino: il tiraggio della canna fumaria era modesto, e il fumo inondava la casa unendosi a quello della pipa del Commodoro.

La volta che venne finalmente lo spazzacamino, il Commodoro pretese che lei andasse ad aiutarlo, e per una settimana Bertilla si sentì puzzare di bruciato e aveva la fuliggine dappertutto tanto da non riuscire a togliersela di dosso.

Ogni tanto Bertilla frugava in giro e apriva ovunque curiosando: nei cassetti c'erano montagne di medicine puzzolenti, e la casa era piena d'orologi. L'orologio a cucù nella sala, la pendola sul pianerottolo, l'orologio *"Luigi qualcosa"* che batteva mille volte le ore nella sala da pranzo. Le foto di famiglia alle pareti dello studio del Commodoro e lungo il corridoio avevano sempre un lumino acceso sotto ... proprio come in un cimitero. Tutti quei volti di morti di notte le facevano paura.

Ogni tanto il Commodoro raccontava seduto davanti al camino acceso e alla sorella quasi spenta: *"Quella volta del viaggio per l'America c'era il piroscafo in partenza ... La gente se ne stava assiepata mezza morta di fame e sognante sulle banchine del porto ... Poveracci ... Mi facevano pena e ribrezzo con quella loro miseria pulciosa ... Tutti in fila a inseguire un sogno impossibile ... Stipati e pieni di fagotti sul ponte della nave, allo scoperto e alle intemperie ... Poveracci ... Molti di loro non sono neanche arrivati e neppure tornati ..."*

Erano quasi sempre tristissimi quei racconti, e sempre pieni di grande nostalgia.

Pioveva dentro allo studiolo del Commodoro, e lei ogni volta che pioveva doveva andare a mettere una secchia di zinco per terra a raccogliere ogni goccia perché non si rovinasse il grande tappeto turco ammuffito e polveroso che ricopriva tutto il pavimento scricchiolante di legno.

Il Commodoro era anche appassionato del gioco degli Scacchi, e spesso parlava e rideva giocando da solo, o più raramente con dei rari amici polverosi e antichi come lui, che sembravano scappati dal passato.

Le rarissime volte in cui il Commodoro si assentava dalla villa, Bertilla recitava davanti al fuoco acceso un Rosario lunghissimo, quasi eterno, insieme alla sorella rimasta sola.

"Diciamo un Rosario dai !" le sussurrava lei con un filo sottile di voce apparentemente pieno di un entusiasmo incomprensibile.

Le corone del Rosario della sorella del Comodoro erano tutte d'**Olivo dell'Orto del Getzemani** con i grani bucati a mano uno per volta. La Sorella tirava fuori da un suo cassetto tanti Santini e Immaginette di ogni sorta, e un suo libricino giallastro e bianco avorio della sua Prima Comunione. Le faceva ripetere insieme tutte le preghiere del mondo … e prima di andare a dormire la vecchia si faceva ogni sera un bagno caldo con i sali che si li faceva arrivare fin dal Mar Morto … come lei, che era una morta vivente. Una mezza mummia quasi imbalsamata, e anche succube del fratello da tutta la vita. Era una donna senza nerbo nè spina dorsale in ogni senso, incapace di un qualsiasi parere e di prendere qualche decisione anche la più stupida. In quella casa contavano solo le opinioni, le idee e le indicazioni del fratello … e non c'era cosa che lui pensasse, o esprimesse che potesse in qualche modo esser messa in discussione.

"Se lo dice il Commodoro ?" … significava che non c'era alcun appello disponibile, e che non poteva esistere situazione diversa.

Se non faceva né troppo caldo né troppo freddo, si andava sotto alla pergola nel giardino … Di sera Bertilla dovevo preparare per entrambi l'acqua né troppo calda, né troppo fredda accanto al letto …. La dovevo andare ad attingere di sotto dagli orci in argilla in cantina dove si conservarla *"sana"*. Lì c'erano anche le anfore col vino ... *"**Come gli antichi Romani ... Che profumo !**"* diceva il Commodoro.

*"**Che schifo, invece, con tutte quelle ragnatele, e quella puzza di stantio e di aceto ... e con tutti quei topi e quegli immancabili tarli onnipresenti.**"* borbottava, invece, Bertilla.

Il Commodoro portava sempre le stesse scarpe comodissime *"a scarfarotto"*: *"**Sono imbottite, comode per stare in casa, le porto ormai da vent'anni e vanno ancora bene.**"*

E si sentiva ! ... come l'odore del resto delle sue cose irrinunciabili, eterne, indossate sempre ... come la vestaglia da camera da quarant'anni, sempre quella, sempre la stessa, quasi una seconda pelle ... con certi aloni e certe parti sdrucite e consunte ...

*"**Blah ! ... Che odore inopportabile!**"* mormorava ogni volta Bertilla quando doveva per forza spostare quella sorta di reperti archeologici che indossavano i due.

Ovunque in giro per la casa c'erano merletti penduli collocati ovunque, e diversi ventagli incorniciati stavano appesi alle pareti delle varie sale.

*"**Quello l'ho fatto arrivare da Amsterdam ... quello da Caraci ... e quello là da un'artigiana della Costiera Amalfitana ...**"* ripeteva mille volte la sorella.

Un uccelletto stantio stava in una gabbia roccocò piena di guglie e pendagli. Cantava più o meno una volta l'anno, spelacchiato quanto i due vecchi ... Più che cantare sembrava ogni tanto rantolasse e tossisse. Perfino il gatto non osava entrare in quella tana o stanza, se no per provare per l'ennesima volta a papparsi quel canarino mezzo moribondo. Ma temeva molto le nerborute scopate dalla parte del manico inferte da **Romea** la cuoca. Oltre a Bertilla era l'unica persona che s'aggirava ogni tanto per la casa, anche se preferiva restarsene in cucina per gran parte del tempo.

La cucina era il suo regno, con le sedie impagliate e la grande cappa fumosa che arrivava alta fino al soffitto. Di sotto c'era la catena nera che scendeva da dentro la canna e il paiolo sospeso sopra al vecchio foghèr con la panca di pietra tutto intorno.

Fortunata Romea ! ... che se ne andava a sera subito dopo cena.

"Ti chiameremo "Gegè" come la nostra vecchia nena ... la balia." Avevano detto a Bertilla fin dalla prima sera.

E da quel momento, era stato tutto un: *"Gegè qua, Gegè là ... e Gegè fa questo, e Gegè fa quello .... E lo spiffero ... e c'è troppa luce questo pomeriggio ... E mi da fastidio il rumore dei bimbi che giocano in spiaggia..."*

Non era mai finita ... era tutta una lagna. E poi c'erano gli incensi dall'India: *"Cavolo che puzza !"* ... anche se Bertilla sapeva bene che non avrebbe mai dovuto permettersi di dirlo.

L'avevano messa a dormire nella cameretta sul pianerottolo che saliva alla soffitta. Quante volte era salita a frugare e sognare lì dentro mentre i vecchi dormivano andando a guardare tutte quelle cianfrusaglie antiche.

La rete del suo letto cigolava, e i materassi mai pettinati erano pieni di lana e crine odorosissimi ... Sopra al letto c'era appeso un quadro di una Madonna stanca e dal volto depresso ... I due vecchi la definivano bella, sognante, e meditabonda sul Mistero ... Lei la vedeva, invece, pallida, piena di freddo, una donna malaticcia e tremante, col collo storto e il bambino deposto nudo per terra sul pavimento in una miseria totale.

"Quella Madonna è il manifesto della Disgrazia !" pensava Bertilla.

I Tarli scavavano gallerie giorno e notte nei mobili, e la casa era invasa dalle Formiche che ne avevano fatto un enorme formicaio dilatato e comodo. Erano presenti sempre e ovunque: sul pianoforte, in cucina, sul terrazzo, dentro alla madia del pane e nel grande armadio della dispensa. Le trovava a penzoloni e in fila lungo il barattolo dello zucchero perennemente aperto, o in colonna in discesa da una tazza con l'avanzo della colazione abbandonata sul tavolo.

Bertilla era stufa di vivere in quel posto e in quella maniera.

Voleva vivere davvero, e avere tempo per se ... anche di far niente, di passeggiare, o di rimanere tranquilla e sola a pensare. Non ne poteva più di dover resistere ogni giorno fino a notte tarda vestita da cameriera col grembiule bianco ... pronta a soddisfare l'ennesimo capriccio eccentrico dei due vecchi. Pensava a sua mamma che le diceva che le donne incinte avevano sempre mille desideri e le voglie più matte e strane ... Quei due vecchi erano incinti anche loro in eterno, dentro alla testa.

E il giorno dopo sarebbe stato ancora tutto uguale, e il giorno dopo ancora sarebbe stata sempre la stessa cosa ... Bertilla non voleva più essere sempre pronta come un'amante ... Lei era lei, non voleva essere il prolungamento dei due vecchi ... una specie di tentacolo umano che faceva le cose che loro due non erano più in grado di fare.

Giorno dopo giorno, finì col detestare quei due vecchi del tutto e insieme a tutta quella loro casa impossibile e sempre uguale ... Poi accadde l'irreparabile ... L'unica volta che il vecchio ubriaco gli toccò il sedere e una gamba lei si tirò indietro indispettita e arrabbiata.

Il vecchio suonato e obnubilato le disse borbottando e ghignando bavoso: *"Che fai la ritrosa ? ... Sai bene che sei niente e nessuno ?"*

Bertilla non lo lasciò neanche finire la frase, e gli tirò un ceffone che gli fece saltare la dentiera fuori dalla bocca.

La sorella in carrozzina che in realtà detestava anche lei quel suo fratello vecchio, rimase immobile a scaldarsi davanti al caminetto. Vide tutto e sorrise divertita, dicendo: *"Se vorrai, stavolta gli avvocati ti renderanno ricca cara Gegè."*

Ma Bertilla non volle saperne di avvocati, scuse e tutto il resto ... Fu contenta di andarsene via e liberarsi di quella casa di quei due vecchi matti scemi e bacucchi.

E quelli che s'erano offerti all'inizio di aiutarla prima di relegarla nella villetta dei *"due semicotti"* ?

Piano piano erano scomparsi tutti, non aveva sentito e rivisto più nessuno. Le avevano dato dei numeri di telefono, e s'erano dichiarati pronti ad intervenire in qualsiasi momento. Almeno così le avevano detto ... Ma pronti a far che?

L'unica volta che aveva provato a chiamare, una segretaria volontaria aveva risposto che non c'era nessuno ... che richiamasse un'altra volta e a un'altra ora ... possibilmente non di lunedì.

Bertilla avrebbe avuto bisogno d'aiuto subito ... Non dopo lunedì ... e poi esisteva sempre quella distanza incolmabile che c'era ogni volta fra i professionisti e i clienti-pazienti-assistiti. Non c'era mai una vera familiarità e amicizia, Bertilla si sentiva sempre una pratica da sbrigare, un numero da trascrivere dentro a una cartella, un nuovo verbale da riempire.

Per cui, alla fine, aveva perso tutti ... l'avevano lasciata andare e anche lei s'era allontanata da loro. La sua mamma diceva sempre: *"Certe persone è meglio perderle che trovarle e averle."* ... e aveva ragione.

Perciò Bertilla aveva imparato a bastarsi e arrangiarsi da sola ... e tutto il suo vivere funzionava così.

Lasciati i vecchi del Lido, Bertilla si trovò a vivere per strada.

"Senza casa ... Come si fa ?", direte.

Bertilla decise che quello non poteva né doveva essere un problema insuperabile, era sono un problema come tutti gli altri. Il suo papà diceva sempre: *"Per tutto c'è una soluzione ... basta trovarla."* E se lo aveva detto papà ...

Infatti, alla fine la trovò una sua casa, proprio lì dietro al campetto da calcio in disuso, su per la scaletta, dietro alle edere fitte.

"Non è una reggia, ma chi se ne frega ! ... E poi a che servono le regge, sono scomode ... ti perdi per tutte quelle sale inutili e fredde."

Bertilla lo sapeva bene, perché una volta era finita anche a fare la guardia sala di un Civico Museo di Venezia.

"Che pàra però! ... Ore e ore avanti e indietro senza far niente ... Solo a guardare da lontano i rari turisti e ascoltare i colleghi di ruolo altrettanto paranoici che litigavano fra loro per gli straordinari, per il turno migliore, o la festa da rimanere dentro a lavorare in più o in meno ... Che assurdi ! Era un lavoro no ? ..."

Al Museo le avevano dato da indossare una bella divisa. Non si era mai sentita così elegante in vita sua: con la giacca nera, la spilla sul bavero, il cartellino con la foto e il nome e il walkie-talkies che gracchiava appeso alla cintura. Si sentiva importante. Però anche lì non andò tutto bene ... Finì alla solita maniera, e come sempre Bertilla non capì perché le cose dovevano andare a finire sempre in quel modo.

"Se non si può fotografare non si può fotografare !" spiegò un giorno fingendosi arrabbiata a una famigliola di turisti stranieri. Per tutta risposta quei turisti due sale più avanti avevano ripreso tranquillamente a fotografare. L'avevano presa in giro ! Avevano anche un bimbo tremendo che andava a toccare le opere d'arte facendo scattare in continuità l'allarme. Non si potevano fare certe cose dentro al Museo, perché non lo capivano ?

"Fermali !" le gridarono dentro alla radiotrasmittente. Facile da dire, difficile da fare ... Come poteva ? Come si doveva fare ? ... e Bertilla provò effettivamente a fermarli ... però a modo suo. Fu, infatti, quello il guaio.

"Non si tocca ! Capisci? ... Non-si-toc-ca !" disse di nuovo al bambino biondo ... e quello rideva, rideva ... non capiva nulla e continuava a toccare. Quando andò a spremere il naso di pietra al busto in marmo di un Doge, Bertilla non ci vide più, andò dritta a strattonarlo prendendosi di rimando anche un calcio in uno stinco da quello stesso bimbo pestifero. Allora, spazientita, visto che non capivano niente, era andata dritta e diretta dal padre del bambino, e senza mezze parole gli disse: **"Ehi coglione ? Tieni a bada tuo figlio ... Si o no ? "**

Ma anche quello continuò a ridere indifferente ... a fotografare ... e non capire.

"Vi ho detto che non si può !" ripetè ancora una volta Bertilla ormai arrabbiata parecchio. E quando il turista le fece un gestaccio con le dita Bertilla non capì più niente, perché sapeva bene che cosa significava quel gesto ... E siccome il turista le rideva proprio in faccia, lei perse il controllo, come spiegò in seguito la Direttrice, e gli picchiò con un colpo secco da karate una mano facendogli perdere la macchina fotografica per terra. L'obiettivo si allungò tutto e si aprì sul pavimento, assomigliava a una piccola fisarmonica divisa in cento pezzi sparsi ... Il turista s'infuriò, ma non osò avvicinarsi a lei ... Stavolta era che lei che stava ridendo ... Se solo ci avesse provato a toccarla ... l'avrebbe massacrato.

Il turista, invece, andò dritto a protestare dalla Direttore pretendendo d'essere risarcito del danno subito. Sporse anche denuncia, ma alla fine vinse il Museo ... Aveva torto marcio perché le regole sono regole, e lui non le aveva rispettate per niente ... e neanche quello stupidino di suo figlio. Comunque Bertilla la lasciarono ugualmente a casa dal lavoro: sospesa. Non pagò nulla, anzi, la pagarono del lavoro fatto al Museo, che però le dissero essersi concluso dopo quell'incidente increscioso.

Bertilla non aveva e non possiede tuttora un cellulare, tantomeno ha un telefono fisso, non sa come funziona una email, né esistono utenze domestiche di alcun tipo intestate al suo nome. Non paga IMU né TASI ... L'hanno dovuta rincorrere per strada per dirle di andare a ritirare l'assegno dei soldi guadagnati al Museo, perché non si potevano versare in un conto corrente suo che non esisteva affatto.

"Hanno tutti la mania del Conto Corrente, del Bancomat e delle Banche ... Se ne può fare benissimo a meno. Sono solo complicazioni inutili."

Bertilla anche dopo quella vicenda non si preoccupò per niente, viveva bene lo stesso ... sempre a modo suo. *"Il papà diceva sempre: Quando si chiude una porta, dopo si apre sempre un portone."* ... Quindi basta aspettare, prima o poi sarebbe arrivato qualche altro lavoro ... Nell'attesa si ritrovò ad indossare di nuovo ogni giorno la sua solita t-shirt bianca e i pantaloni mimetici al posto della bella divisa che portava al Museo.

Quando aveva fame: una pizza o un hamburger al Mc Donald, o da Spizzico, o alla Pizza al Taglio sotto i portici di Rialto ... guardava la televisione mentre mangiava ... oppure leggeva in giro quel che c'era da leggere ... Si soffermava davanti alle vetrine o gironzolava dentro ai grandi magazzini e alle boutique ... Tanto era aperto e non si pagava per entrare, quindi Bertilla poteva entrava quasi ovunque liberamente.

L'importante era non spendere tirando fuori i soldi dallo zainetto, perché se lo avesse fatto le cose sarebbero cambiate e tutto sarebbe diventato più difficile senza i soldi. Ma lei stava attenta, molto attenta ... ne valeva della sua libertà presente e futura. Bertilla non era mica stupida ... sapeva bene come comportarsi e sopravvivere.

Le piaceva anche passeggiare andando ovunque ne avesse avuto voglia ... senza scadenze, senza tempo né padroni. Non c'era nessuno ad attenderla a casa, e neanche a dirle che cosa doveva o non doveva fare ... E quando faceva notte tornava a *"casa sua"* ... in cima alla scaletta e oltre il campetto.

Non le costava vivere da sola, ormai c'era abituata, anche se sentiva spesso la mancanza di mamma e papà, e soprattutto di notte aveva una grande paura come quando era piccina.

E ne aveva motivo ... perchè quella sera li aveva visti arrivare verso il tramonto, già mezzi ubriachi e sgangherati. S'erano infilati dentro al buco sulla rete di cinta del campetto, e s'erano accampati proprio accanto allo spogliatoio, proprio sotto a *"casa sua"*. Erano sette otto giovanotti, comprese tre ragazze smorfiose e stranissime. Tutti vestiti di nero e con i capelli per aria ... e fin qui, non c'era niente di male.

Ma erano troppo ubriachi e agitati ... giocavano fra loro, ridevano, bevevano, fumavano, mangiavano, ballavano al suono della musica di un loro bongo piccino che suonarono fino a notte tardissima. Alcuni nell'erba fecero le loro cose ... e Bertilla vide tutto rimanendo immobile al buio sullo spigolo della finestra. Sopra a quella ragazza con i capelli rossi che guaiva si distese più di qualcuno ... ma erano affari loro, a lei non importava niente. Il brutto venne quando due di loro si misero a gironzolare intorno in cerca di non so che cosa ... Sfondarono a calci la porta degli spogliatoi di sotto, uscendone trascinando fuori le poche cose che c'erano conservate dentro ... le panche, un pallone sgonfio, le reti da calcio ... e qualche bottiglia d'acqua che usarono per rinfrescarsi. Ma fu dopo che ebbe e provò terrore...

Uno di loro scoprì la scaletta dietro l'angolo dello spogliatoio, e poco dopo salì proprio fin di sopra davanti a *"casa sua"* ... Nel buio Bertilla era paralizzata dalla paura.

Si addossò al muro strisciando per terra, e sperò che mai e poi mai riuscissero ad entrare. Il cuore le batteva forte nel petto, tanto che le sembrava di morire in quell'istante ...

Quando quel giovanotto nerovestito si mise a prendere a calci la sua porta di ferro, Bertilla si mise la giacca in testa stringendosela con le mani ... Quello lì voleva entrare a tutti i costi, e gridava qualcosa agli altri in una lingua rauca che Bertilla non comprendeva.

Tirava calci potenti che facevano tremare tutta la casa, e dai muri cadevano per terra pezzi d'intonaco e calcinacci ... Perfino la finestrella tremava tutta dentro alla sua cornice.

Per fortuna quella volta la porta di ferro tenne ... ma c'era mancato pochissimo, proprio un istante ... poco poco così. Il giorno dopo con la luce del giorno Bertilla vide che sarebbero bastate altre due pedate che il catenaccio si sarebbe staccato del tutto ... o forse sarebbe crollata la porta staccandosi dal muro.

Per fortuna la ragazza rossa chiamò dolcissima il giovane vestito di nero ... Perciò lui corse subito di sotto sul prato per *"prendersi la sua parte del divertimento"*.

Poi si fece tardi, anzi tardissimo, e quelli erano troppo fatti, stanchi e ubriachi, perciò non si mossero più dal loro bivacco sull'erba. Bertilla si sentì salva ... perché dopo mezzanotte s'addormentarono e scese su tutto il silenzio.

Lei però non dormì affatto, rimase sveglia tutta la notte a osservare i giovani nel buio sperando che non si muovessero più dal loro posto ... Infine ritornò il mattino del nuovo giorno, e quelli erano ancora lì davanti agli spogliatoi, ancora tutti addormentati.

E' stato uno dei pochi giorni in cui Bertilla non si è recata al lavoro o in cerca di qualcosa. Aveva troppa paura ad uscire dalla *"sua casa"* e di svegliarli. Solo verso il tardi il gruppetto se n'era andato e Bertilla si azzardò ad uscire di nuovo.

Il prato rimase tutto pestato per giorni, pieno di spazzatura e avanzi ... lasciarono abbandonata perfino una piccola valigetta rossa.

Bertilla pensò: *"Mio padre che sapeva tante cose, quasi tutto, mi ha sempre insegnato che non bisogna mai aprire le valige e gli zaini abbandonati dagli sconosciuti ... sono sempre oggetti sospetti ... Bisogna avvisare la Polizia o i Carabinieri, che ci penseranno loro ad aprirli nel modo giusto ..."*

Ma Bertilla non voleva né poteva chiamare i Carabinieri a *"casa sua"*. Quindi per quattro mesi non toccò mai quella valigetta rossa ... Fino a quando una notte d'autunno rientrando tardi dopo aver assistito in Piazza San Marco a una commedia veneziana gratuita recitata per beneficienza, era inciampata al buio proprio nella valigia sbucciandosi un ginocchio e strappandosi i pantaloni ancora buoni. Di malavoglia il mattino dopo si decise a spostare la valigia, e già che c'era provò finalmente ad aprirla. Era piena solo di piscio e di cacca vecchia ... Aveva ragione suo padre, non bisognava mai aprire le valige degli sconosciuti.

Qualche volta qualcuno si ferma a parlare con Bertilla. Ci si può sedere sulla panca di fronte al campetto da calcio con l'erba incolta giallastra e altissima, sotto alla stanzuccia vestita di edere.

"Questo è il mio giardino!" dice sempre prima di riprendere a raccontarci quel poco su di lei succhiando avidamente un ghiacciolo al limone.

"Gli uomini a volte sono appiccicosi come l'edera, belli da vedere ma avvinghiati e difficili da staccare ... Sono come i denti bianchi e utilissimi

... finché non ti viene il mal di denti. Allora diventano una tortura, da belli diventano brutti e fastidiosi. Come quella volta che mi doleva il dente grosso e marcio di dietro, e la Suora Clementina mi ha dato una fiala da spruzzarci sopra, ma mi doleva ancora di più ... Allora mi ha mandata a casa di Ivano che fa il ferroviere, e una sera mi ha strappato il dente e ha voluto in aggiunta anche venti euro ... Però dopo non mi doleva più e sono guarita dal dolore ... Anche se oggi quando parlo ogni tanto faccio un fischietto e ho una finestrella aperta e spaziosa in bocca a sinistra. Ma non si vede più di tanto se non rido a bocca spalancata ... Io di solito la bocca la tengo più chiusa che posso ... in ogni senso ... quindi ...

Ecco ... Gli uomini sono così: vanno e vengono, sono belli ma fanno anche male. Come è accaduto alla mia amica Miranda, che ormai da tempo non vedo più ... Le sue finestre erano quelle ... Le vedete lì in alto ? ... Sulla casa di fronte al secondo piano ? ... Ora sono sempre chiuse, non ci abita più nessuno, ma tempo fa, diversi anni fa ormai, ci abitava Miranda con la sua famiglia, che è stata una bella amica anche per me ... Non la conoscete Miranda ? ... Sì, dai ! La moglie di Lucio !"

"No. Mai sentita ..."

"Beh ... te la spiego io. Miranda era la mamma di Martino e Antonella ... Anni fa, un giorno mi ha chiamata dalla finestra della sua casa mentre entrambe stendevamo la nostra biancheria ad asciugare: lei sul davanzale della sua casa, e io sulla rete di cinta del campetto da calcio ... Siamo diventate amiche, tanto amiche ... Lei era una di chiesa, sempre presente a cantare a ogni Messa, una donna d'indole buona e gentile ... Anche suo marito Lucio era buono ... Lo era però.

Pensate che mi hanno invitato a pranzo da loro il giorno di Natale, e c'era un regalo anche per me: un altro maglione grosso invernale. Così di maglioni ne avevo due: uno grosso e uno fine, e ogni volta che indossavo quello grosso mi ricordavo di loro ... Miranda poi mi ha regalato anche una bella gonna che le diceva stargli stretta ... Non era vero, le sarebbe stata benissimo ... Solo che volle darla a me ... ma io non l'ho mai messa. Non mi ci vedo con addosso certe cose eleganti, o con i tacchi a spillo, il reggiseno, le calze lunghe e trasparenti, e appunto le gonne ... Io sono fatta così ... Sono sempre stata così ... e lo sarò sempre.

Che caldo che fece quel giorno di Natale a casa loro, in ogni senso, con Martino e Antonella che da quel giorno mi hanno chiamato "zia Bertilla" ... Da quel primo Natale sono trascorsi diversi anni, e abbiamo passato molte feste di Natale insieme, e ho ricevuto altrettanti maglioni coloratissimi. Alla fine di ogni estate abbiamo condiviso anche qualche pizza insieme per raccontarmi delle loro vacanze ... Mi avevano anche promesso che prima o poi sarei partita insieme a loro. Ma ero io che non potevo, perché dovevo sempre cercare di lavorare ... Dicevamo sempre: "Sarà per il prossimo anno" ... ma poi è successo quel che è successo ... La loro storia è andata storta, un po' come la mia ... Un brutto giorno con l'acqua alta e la pioggia, e con lo sciopero improvviso dei dipendenti del posto di lavoro di Miranda, lei è rientrata a casa in anticipo senza avvertire nessuno e soprattutto quando non doveva ... I bimbi erano a scuola, e Lucio era a letto con un'altra donna.

In quel momento si è rotto e sfasciato tutto fra loro, e oggi non esiste più quella famiglia che mi sembrava davvero felice ... Ormai da tanti Natale non pranziamo più insieme, né mi raccontano più delle loro vacanze perché non partono più insieme ... Però quando incontro Martino e Antonella per strada mi salutano ancora dicendomi: "Ciao zia Bertilla !". E questo mi procura enorme piacere, perché significa che non si è spento tutto fra noi ... A volte il tempo non è capace di cancellare proprio tutto e tutti ..."

"Già ..."

"Sapete ... Anch'io ho avuto un amore ... ed è terminato più presto della storia di Miranda e di Lucio. Non vi dico il nome, perché altrimenti lo potreste riconoscere ... La prima volta che l'ho incontrato mi ha raccontato d'essere un agente segreto con l'incarico di spiare le mosse del Sindaco di Venezia. Mi ha fatto ridere, e non gli ho creduto ovviamente, neanche quando mi ha rivelato l'ora precisa in cui il Sindaco esce di casa al mattino e dove tiene ormeggiata la sua lussuosa barca a vela.

"E' troppo facile questa cosa, la possono scoprire tutti …" gli ho detto.

Un'altra volta da "Spizzico" con quell'uomo ho provato qualcosa di diverso e di strano. Con lui mi sono emozionata dentro, come non mi accadeva da tanto tempo, fin da bambina quando c'erano ancora mamma e papà … Quella sera stessa siamo finiti stretti stretti insieme a "casa mia" … ed è stato davvero bello e piacevole diventare due in uno, soprattutto per lui … Per qualche giorno abbiamo vissuto insieme "contenti e felici" proprio come nelle fiabe che mi raccontava mio padre da piccola … Mi sembrava davvero di esserlo e non mi mancava proprio nulla, proprio niente. Ma poi, quando passarono i giorni accaddero cose che resero tutto difficile. Lui russava tutta la notte mentre dormiva tenendomi sveglia per il rumore … Al mattino ero stanchissima e dovevo alzarmi per andare a lavorare, mentre lui rimaneva a casa senza far niente, o andava in giro a cercare senza trovare … Aveva anche la mania di parlare spesso da solo ridendo sottovoce, e non si capiva mai di che cosa. Così come aveva anche l'altra mania di ascoltare in continuazione una sua piccola radiolina a pile … C'era sempre quel ronzio in sottofondo di giorno e di notte, e spendeva un patrimonio per comprare pile sempre nuove che si scaricavano in un attimo.

"Non è che devo andare a lavorare per comprare pacchi di pile !" gli ho gridato un giorno arrabbiata, perché si viveva solo con i soldi miei … Infine, una volta, è tornato a "casa" ubriaco fradicio che non sembrava neanche più lui … Pareva un'altra persona, dura, violenta … Mi fece male quella notte. Per rispetto, aspettai l'alba per parlargli decisa e chiara, e soprattutto senza dargli alcuna possibilità alternativa né di ricorso. Quando si sveglio, gli dissi in maniera definitiva una sola parola: "Vattene!". E lui se ne andò portandosi dietro la sua radiolina, e non l'ho più rivisto … E' meglio vivere e stare da sola …"

La storia di Bertilla è diversa e simile a quella di altre persone … Le storie delle persone di Venezia sono come i colori dell'edera, che brillano d'estate e rosseggiano in autunno prima di cadere a sfasciarsi per terra … D'inverno non ci sono, l'edera è spoglia, senza nessuno … Ma c'è comunque e sempre una Primavera che torna ... anche se non sai bene in quale giorni e come ricomincerà ... La vita è tutto un andare e riandare, tutto un ripetersi, un darsi e togliersi, una partenza e una sorpresa ...

Per Bertilla caldo e freddo non sono mai stati e non sono un problema, basta andare nei posti in cui te li forniscono gratuitamente e la cosa è fatta, ci si sistema facilmente ... poi caldo e freddo passano. Si entra, ad esempio, in un supermercato e si è subito protetti, al sicuro, riparati e adeguati al clima ... E già che ci sei, ci si può guardare intorno, osservare i prodotti, e tutte quelle mille cose inutili che molti s'affannano a comprare.

"Anche le persone sono spesso da guardare, anche se non si possono prendere e comprare ... Ma per certi versi sono come i prodotti ... Sono scaffali ambulanti da guardare, in cui volendo si può scegliere e avere a che fare."

La verità è che certe cose ti mancano se le hai avute e ne hai goduto l'effetto e i vantaggi. A Bertilla non mancavano l'acqua calda, l'elettricità, l'automobile o la barca, i vestiti firmati e molto altro ancora ... Non ricordava d'averli mai posseduti. Una volta, alla pesca di beneficenza della Sagra di Malamocco vinse un frullatore elettrico giocando un unico biglietto ... Si mise a ridere a crepapelle quando le consegnarono lo scatolone, e lo rifiutò con grande sorpresa di tutti.

"Dove lo attacco questo?" cercò di spiegare a quelli del banchetto, ma non la capivano ... Se ne andò via lasciando lì il regalo vinto e perdendosi in mezzo alla folla. Era sempre così ... Bertilla quasi ignorava del tutto il significato di vacanza e viaggiare, e di tante altre cose ... come anche il sentimento caldo della vendetta, ad esempio... Lei lasciava fare senza risentirsi ... Non ne valeva la pena ... Certe cose Bertilla le dimenticava perché secondo lei non avevano alcuna importanza ... Stava bene così e andava bene così ... e basta ...

"Tante cose si possono desiderare ... ma anche no. Si può farne a meno..." precisò un giorno alla *Sjora Gina*, che simpaticamente le diceva: *"che lei era diversa e un po' primitiva"*. Gina era un'altra delle sue vicine di

"casa"... era gentilissima, una donna davvero rara. Era anche una donna sempre triste, come suo marito **Ernesto**, perché avevano perso il loro unico figlio giovanissimo in un incidente di moto. Da quel giorno non parlavano quasi più fra loro ... Era come se si fosse spezzata in due la loro vita per sempre. Bertilla voleva bene a **Gina ed Ernesto**.

"Se vuoi ti presto la lavatrice che ho giù da basso in lavanderia ... Sempre se vuoi, nei giorni più freddi dell'inverno puoi entrare a scaldarti ... Basta che mi suoni il campanello: ti apro di sotto, entri, sei libera, non ti disturberà nessuno ... Di sotto c'è un divano letto, potrai anche farti la doccia se ne avrai voglia ... e c'è anche da mangiare se ti serve ..." Gina era gentilissima ... mancava soltanto che le desse le chiavi di casa sua.

Ernesto, invece, non diceva mai niente, sorrideva soltanto, ma si vedeva che anche lui la pensava come Gina. Erano brava gente ... persone normali ... solo che avevano perso quel loro unico figlio.

Bertilla non volle mai disturbare e scomodare nessuno, perciò non suonò mai il campanello di Gina, neanche una sola volta. Perché avrebbe dovuto farlo poi ? Non le mancava niente ... Nella sua *"casa"* non arrivava mai l'acqua alta, era un posto tranquillo ... solo forse un po' umido. Bertilla pensava che c'era chi stava peggio, chi dormiva con un occhio solo negli scatoloni per strada, o in stazione tenendosi stretta la borsa.

"Non si deve mostrarsi troppo avidi e affamati di ciò che ti manca ... Bisogna essere poveri ma dignitosi." Le ripeteva in un tempo lontano la sua mamma.

"L'importante è lavorare... Se lavori hai tutto." spiegava, invece, il papà che faceva lo spazzino. *"Nella vita bisogna scegliere se lavorare per vivere o vivere per lavorare ... Però qualsiasi risposta tu dia non bisogna essere schizzignosi, è necessario essere sempre disposti a far di tutto ..."* A quella scelta del papà sul *"come vivere il lavoro"* Bertilla non sapeva rispondere, ma aveva imparato che serviva lavorare ovunque e ogni volta che si presentava un'occasione.

"Il lavoro è il lavoro ... E' importante ... Lo diceva sempre il papà." si ripeteva spesso ... e lo diceva anche a quelli che incontrava.

Bertilla per un certo periodo aveva lavorato anche come bagnina in una spiaggia, perché Ivano, che lei aveva sempre chiamato *"zio"* anche se non lo era per davvero, l'aveva chiamata ad aiutarlo in riva al mare perchè le voleva bene come a una figlia ... Strana la vita ... le era accaduto di lavorare sulla sabbia davanti all'acqua, a lei che non era mai andata in spiaggia e non le piaceva starsene lì in riva al mare. A Bertilla non piaceva spogliarsi, e non gradiva neanche tutto quel caldo, e soprattutto tutta quella lunghissima noia.

Il primo giorno dopo due ore era già stanca di quel posto, del sole, e della sete con niente da bere. Se n'era andata in cerca di una fontanella trovando un rubinetto d'acqua freschissima ... Era meglio passeggiare vestiti lungo il Gran Viale del Lido ombroso e fresco, e pieno di alberi, pieno di gente e vetrine ... Lo zio Ivano l'aveva pazientemente cercata e trovata, e le aveva detto che doveva rimanere lì al suo posto sulla spiaggia senza andare in giro per tutto il Lido nel tempo che doveva lavorare.

"Devi rimanere accanto ai turisti e alle barche ... a fare la guardia che non accada nulla ... E' questo il tuo lavoro."

Bertilla allora aveva capito ed era rimasta sulla spiaggia per diversi giorni, per tutta la stagione, e fino alla fine di settembre ... e alla fine l'avevano anche pagata ... e anche bene.

Si sentiva ridicola lei così piccola accanto ai colleghi corposi e pieni di muscoli ... ma sapeva quel che doveva fare, e lo faceva come andava fatto. Una volta uscì anche sul pattino a salvare un ciccione Tedesco che si era avventurato al largo pieno di birra subito dopo aver mangiato ... Fu un colpo di fortuna per lui, perché per puro caso lo aveva inquadrato nel binocolo mentre annoiata osservava la spiaggia dalla sua postazione in torretta. Il Tedesco stava annegando, e tutti le fecero gran festa quando lo trascinò a riva come un pacco a rimorchio. Non era stato difficile, era bastato infilargli un remo sotto alla pancia e legarlo al pattino, e poi vogare in fretta verso la riva. Secondo lei non aveva fatto nulla di strano e speciale ... Anche un cieco avrebbe capito che quel vecchio ubriaco sarebbe finito sotto ad annegarsi nell'acqua ... Prima di sera, la moglie dell'uomo, cicciona anche lei, le aveva regalato un pacchetto di banconote straniere ... Bertilla non sapeva bene che cosa farsene, perché con quelle non si poteva entrare normalmente in un negozio a comprare.

Era divertente rimanere in torretta a osservare la gente. Bertilla guardava spesso le vecchie in fresca con i costumoni colorati a fiori, con i culoni e i seni prosperosi e penduli, i ciccioni con i pancioni che dormivano o giocavano con i nipotini, i bambini che si allontanavano da soli facendola preoccupare, i ragazzini che giocavano a carte sotto all'ombrellone o giocavano a palla nell'acqua facendo un casino bestiale e schizzando dappertutto ...

"Lasciali fare ... Basta che non si facciano male." le aveva spiegato zio Ivano. E lei allora lasciava fare ... Non le piaceva, invece, guardare i giovanotti e le donnine abbronzatissime e sculettanti in topless o con i bichini microscopici ... le procuravano un senso d'incomprensibile disagio.

Bertilla amava fermarsi ogni tanto e rimaneva a scaldarsi al tepore del sole del tramonto ... Chiudeva gli occhi, e restava lì senza pensare ... Poi osservava e si gustava il sole rosso che baruffava con le nuvole scure inventandosi in cielo disegni sempre nuovi e curiosi ... Le piaceva anche l'odore del temporale ... come anche il profumo della neve ... A *"casa sua"* rimaneva nel buio notturno ad ascoltare il suono dello scosciare della pioggia, il fischiettare del vento, e il ribaltamento nel cielo dei tuoni del temporale.

"Sono come una canzone che non mi stanco mai di ascoltare ... Conosco bene Riccardo che lavora al Porto con le Grandi Navi, da bambini eravamo compagni di classe alle elementari ... Conosce tutti, ed è amico anche di certi che viaggiano dentro a quelle immense città galleggianti.

Un giorno mi ha detto: "Vieni che ti porto a mangiare in Paradiso !"

Mi ha messo addosso una pettorina gialla, e mi ha fatto salire dentro a uno di quei bestioni bianchi bellissimi. All'interno sono proprio splendidi, sembrano un castello delle fiabe, un posto brillante pieno di cose eleganti e scintillanti ... e poi si mangia davvero bene seduti a tavoli bene addobbati e imbanditi. Sembrano la tavola di Natale di Miranda e Lucio ... Riccardo mi ha accompagnata in giro in quella specie di grande Luna Park: la piscina con gli scivoli, il cinema, la discoteca, i negozi ... una città ! ... Ma io sono stata attenta a non comprare niente ... Non sono mica scema, conviene di più acquistare al supermercato vicino a casa ... E poi, sono tutte cose che non mi servono ... Alla fine siamo scesi, e Riccardo mi ha accompagnata fino alla porta della Dogana ... "Davvero un Paradiso ! ... Grazie." gli ho detto.

Salutandomi mi ha risposto: "Guai se mancassero le Grandi Navi ... Diventerei come te." Questa frase non l'ho capita molto, ma rimaniamo fra di noi sempre grandi amici..."

C'è stato anche un tempo in cui Bertilla ha lavorato come bidella nella scuola delle Suore. Non è che la pagassero granché bene, perché lavorando dall'alba al tramonto a far di tutto: pulire finestre, pavimenti e anche i cessi, eccetto la domenica, portava a casa di stipendio quasi la metà di quanto aveva guadagnato altrove.

"Ma lavoro è lavoro !" pensava Bertilla ... Lo diceva sempre papà: *"Sempre meglio che niente."*

All'inizio tutto andò bene, ma dopo qualche mese i bimbi la prendevano in giro per le sue scarpe tozze, il berretto uguale e consumato sempre in testa, e il modo ciondolante di camminare.

"Ecco lo gnomo dei boschi ! ... Sembri un cow boy senza pistole!" le dicevano mentre a metà mattina portava puntuale il cesto con la merenda durante la ricreazione. Bertilla non ci badava, lasciava dire, aveva sentito ben di peggio nei suoi riguardi. Suor Flaminia, la Direttrice, era stata categorica.

"Bertilla: solo mezzo panino e una cioccolatina per ciascuno ... Non di più!"

Erano tavolette di cioccolato davvero microscopiche, che non aveva mai visto da nessuna parte se non dalle Suore ... E quelli avevano sempre una fame impressionante, Bertilla lo sapeva, perché li vedeva ogni giorno all'opera in mensa. Però gli ordini sono ordini: ***"Mezzo panino e una cioccolatina ... Non di più."*** E a chi intendeva fare il furbetto Bertilla pestava la mano ... ma piano, senza fargli male.

"A chi credi di farla ? Non sono mica scema io." diceva sottovoce alle loro spalle quando i furbetti si allontanavano. Finché anche in quella circostanza partì lo schiaffo vero, quello di troppo ... quello importante. In certe occasioni Bertilla non sapeva proprio controllarsi, era più forte di lei, e partiva con *"la mano risolutrice"*.

Le Suore la lasciarono a casa in cambio che la madre di quel bimbo non presentasse denuncia alla Pubblica Sicurezza. I segni rossi di quello *"schiaffo ben dato"* erano rimasti visibili per diversi giorni sul viso del bimbo, e a quella mamma dispiacque soprattutto la figuraccia che lei fece con le sue amiche pettegole. Non gliene fregava niente di educare bene quel suo figlio viziato.

A dire la verità, quei bambini erano poco tranquilli e molto negligenti, a volte terribili. Lo dicevano sempre anche le maestre, che erano tanto gentili con lei. ***"Sono ingestibili e selvaggi ... Di bello e importante hanno solo i soldi."*** Commentavano così anche le Suore ... ma la lasciarono a casa lo stesso senza più lavorare.

Bertilla si sentì in dovere d'intervenire a modo suo in più di un'occasione, perché lei non possedeva la pazienza di cui erano dotate le insegnanti ... Una volta spezzò in due il pennarello di un ragazzino che scriveva sui muri ... Un'altra volta prese per i capelli un altro facendolo piangere di dolore: era quel bimbo *"stupidino"* che tirava in continuità le trecce e i capelli a tutte le bambine.

"Adesso hai provato anche tu che cosa significa !" gli aveva spiegato. Ma era stato tutto inutile, e lo *"stupidino"* era andato a piangere dalla Direttrice: Suor Flaminia che le aveva raccomandato di non farlo più.

Bertilla *"mano svelta",* come la chiamava Suor Flaminia, aveva tirato anche un altro ceffone, sempre allo stesso, allo *"stupidino"*, facendogli sanguinare un poco il naso. Lo aveva scoperto a rubare nelle tasche dei cappotti dei compagni. *"Figlia di puttana !"* le aveva detto mentre lo stava trascinando *"tirandolo per gli stracci"* fin dalla Suora Direttrice.

Bertilla non ci aveva più visto ... Non si potevano dire quelle cose della sua mamma che non c'era più. E l'aveva menato dritto in faccia con un ceffone a mano aperta, anche quello *"ben dato"*. Lo *"stupidino"* quella volta aveva fatto un capitombolo, e il sangue era schizzato sui muri del corridoio del piano di sopra.

"Non puoi agire così !" l'aveva sgridata Suor Flaminia arrabbiata come non mai. Bertilla non aveva capito perché ... Doveva rimproverare lo *"stupidino"*, e invece se l'era presa con lei ... come se fosse stata lei a sbagliare, e non lo *"stupidino"* a sbagliare rubando e offendendo.

"Valle a capire le Suore ! ... E' inutile." pensò Bertilla, *"Qui ha sempre ragione chi paga, e non chi ha davvero ragione."*

Da quel giorno Bertilla rimase di nuovo a casa sospesa, e non mise più piede dentro alla Scuola delle Suore. Fu necessario rincorrerla un'altra volta per strada perché andasse a ritirare l'assegno con i soldi che aveva guadagnato e ancora avanzava dalle monache.

Non le aveva mai capite quelle donne ...

"Non capisco da che parte stanno ... Se dalla parte delle cose giuste, o dalla parte di chi paga e per questo ha sempre ragione."

Bertilla se lo ripeteva in continuità perchè non le era andata giù quella faccenda ... Bertilla era arrabbiata con loro ... e anche con certe mamme che non sapevano fare le mamme *"come si deve"*. Quella volta, Bertilla era talmente arrabbiata che non uscì di *"casa"* per due giorni rimanendo senza mangiare né bere. Era incazzata con tutti … col mondo.

"E dicono d'essere educatrici, e d'insegnare come si deve vivere e comportarsi … Bah !"

Comunque, i soldi che ricevette dalle Suore erano soldi *"buoni"*, e Bertilla li aggiunse a quelli che teneva dentro allo zainetto.

"Meglio così ! Perché da un po' di giorni il mucchietto stava diminuendo paurosamente."

Oggi Bertilla lavora come magazziniera a tempo determinato in un supermercato. E' un lavoro facile … Lavora sempre da sola spuntando la lista delle cose da fare sulla lavagnetta che trova attaccata sopra alla porta … Spesso lavora anche fino a sera tarda o di notte per riempire gli scaffali. Bertilla è contenta perché sta al caldo d'inverno e al fresco d'estate … Che cosa può sperare di meglio e di più dalla vita?

"Non è un posto fisso, ma fin che dura … Sempre meglio che girare per le strade … Il Direttore mi ha detto che probabilmente, vista la mia buona volontà e precisione, mi potrà tenere ancora. Deve sentire però i suoi capi perché siamo in periodo di crisi … Basta però che non gli chieda aumenti e troppi soldi per far le notti e le festività … I colleghi mi chiedono spesso il cambio di turno, soprattutto di quello notturno … A me piace lavorare nelle corsie deserte, silenziose e illuminate, disturbate solo dal ronzio dei frigoriferi e dal sibilare dei pipistrelli che escono dalla soffitta. E se ho fame … è tutto facile, lì dentro non mi manca nulla, c'è di tutto, anche il superfluo, e tutte quelle mille cose inutili che affascinano e ipnotizzano la gente fino a riempirsene i carrelli … A me non servono …"

Bertilla … è un nome come tanti. Una storia come tante … anche se un po' *"così",* forse un po' diversa e speciale.

"Il mondo è pieno di storie, grandi e piccole, belle e brutte, rotte e rovinate, dette o mai raccontate. Alcune non sono mai finite, girano contorte seguendo un verso strano … La mia è una di queste. Avrei tante

altre cose da raccontarvi di me ... Scrivile pure, tanto non interesseranno e non le leggerà nessuno."

L'ho rivista anche ieri mattina Bertilla ... Era distesa sulla spalla di un ponte dalle mie parti e parlava con un gatto. Teneva infilato sulle spalle il suo solito prezioso zainetto ... S'è tagliata la coda dei capelli, ora li tiene corti, cortissimi ... perché si sono spruzzati di bianco. Stavolta aveva gli anfibi ai piedi ... e grattava il collo al gatto che le faceva le fusa ... Gli parlava fitto fitto vicino agli orecchi, sorrideva raccontandogli chissà quali cose ... Per un istante si è rivolta anche dalla mia parte sentendomi passare ... ma non mi ha visto, anche se l'ho salutata col cenno della mano.

Oggi per Bertilla ero trasparente ... nessuno, come tanti altri ... forse come tutti.

E' così ogni volta che Bertilla è sola con se stessa ... Ma so che lei si sente bene così.

***

La storia di Bertilla è quasi del tutto vera, e l'ho raccontata "in sei puntate" sul mio blog ospitato da Google: "Storie mai nate" nel luglio-agosto 2014.

CIABATTANDO NOTTE E GIORNO PER VENEZIA

Stanotte l'ubriaco stava proprio sotto alle finestre di casa mia, e faceva quello che devono fare tutti i bravi ubriachi: ossia cantava e confabulava a voce alta inseguendo i suoi fantasmi. Parlava e raccontava concitato, arrabbiato per le cose di tutti i giorni: la politica, il lavoro, gli affetti, i soldi, i vicini e gli amici di sempre. Cantava, invece, in un inglese venezianizzato una vecchia canzone degli anni '60 che sfoggiava per l'occasione.

La scena era un bel quadretto bello, buffo e tristo insieme: eleganti parole londinesi venivano interpretate alle 3,15 di notte con lo slang delle gondole, delle calli e dei canali di Venezia. Ovviamente cantando ballava, accompagnando con le mani le note sinuose del motivo, e dimenando il corpo per quanto gli permetteva il precario equilibrio rimastogli dopo l'ennesima colossale bevuta prefestiva.

Percorrendo gli ultimi duecento metri che lo separavano dalla porta di casa, poco prima dell'alba, ha inscenato un vero concerto e comizio, fino a giungere finalmente sull'agognato uscio, dove ha interpretato a lungo l'ultimo atto della sua canora e scenica prestazione, prima di riuscire finalmente a rientrare.

In quei fatidici duecento metri avrà sbandato mille volte, e sarà finito altrettante su per i muri delle case sbattendovi anche la testa. Di cadute poche, per fortuna, solo un paio di veniali senza grosse conseguenze.

L'ho sentito iniziare la sua performance da lontano, dopo l'angolo in fondo, dove inizia la Calle Larga Santa Marta ... Caracollando è finito con l'appoggiarsi a un muro col quale ha incominciato a parlare fitto fitto sottovoce. E qui è scivolato a terra più che caduto, poi si è rialzato senza conseguenze fra mille fatiche, e ha continuato la sua recita notturna.

Incuriosito e refrattario al sonno, mi sono messo ad osservarlo e ascoltarlo da dentro il buio di una delle mie finestre: era l'unica persona di passaggio nella grande calle larga e deserta di Venezia tutta bagnata dalla pioggia. Un po' più tardi, non ero più l'unico ad osservarlo, perché il tono del canto e la voce *"solenne"*, avevano indotto più di qualcuno ad uscire dal sonno festivo, scendere dal letto ed affacciarsi capelli sparati in ogni dove, per non dico godersi, ma per osservare quel che stava accadendo di sotto.

Talvolta La mia contrada veneziana è davvero pittoresca durante la notte.

Dopo le ultime disposizioni circa l'inquinamento luminoso del nostro egregio *"Sindachì"*, si sono cambiate le lampadine dell'illuminazione pubblica utilizzandone altre a basso consumo con conseguente risparmio energetico. Le luci pubbliche perciò sono state schermate verso l'alto, e proiettano dei larghi coni rotondi e luminosi sopra alla strada. Ne è derivato un curioso effetto soft di luci e ombre, ossia ci sono delle lagune di luce che punteggiano il rimanente buio intenso della notte Veneziana. Comunque c'è luce quanto basta per riuscire a camminare normalmente provando a non inciampare.

Il nostro *"amico ubriaco"*, procedeva quindi proprio dentro a questo nostro romantico scenario noir, che dava l'impressione di ritrovarsi sul palcoscenico di una Venezia nigth di periferia popolare, un po' meno artistica e magica della solita Venezia dal volto fascinoso che calamita i turisti.

L' *"amico"* iniziò o forse riprese a cantare un ritornello con un tono di voce rauco ma deciso, e mentre uggiava rapito, dirigeva anche un'orchestra invisibile che sembrava rispondere perfettamente ai suoi gesti eseguendo alla perfezione il suo stesso spartito. Poi improvvisamente ha smesso di cantare dicendo pressappoco: ***"Sei un porco, perché hai lasciato tua moglie per metterti insieme a mia sorella ... E adesso hai lasciato anche lei ... Sei proprio un porco vigliacco, perché usi le donne come fossero un pacco di sigarette ... Le fumi e le consumi, e poi le butti via ... Sei proprio un porco, bastardo, vigliacco ... E ho ragione, proprio sì ... Na na na .... Na na nà—nà nà ... ops ops ... Ti spaccherei il muso ..."***

Con la mano destra a pugno chiuso tranciava l'aria ritmicamente dall'alto verso il basso per tre quattro volte di seguito ... dondolando sul posto.

"E work in prìsion ... Nà nà nà ... for youuuu ... Nà nà ... Na na ... Um ..."

"Vai ! ... Daghe da sotto!" gli gridò un'anziana signora affacciata apparentemente divertita da una finestra. *"Va a dormir ! ... Che xe mejo !"* ha aggiunto.

"Giusto signora vero ? ... E' un gran bastardo ... gli do un fracassòn de botte ! ... Uaps ... uaps... uaps ..." si mise a dire l'ubriaco immaginandosi come intento a combattere sopra a un ring. Nella sua fantasia obnubilata provava a scansare ipotetici colpi, volteggiava *(più o meno)* e piroettava alzando e abbassando testa e spalle: *"Dai ! Incassa, incassa ... Bastardo ... Prendi questo ... e anche questo..."* sibilò ansimando.

"Ciccio ... Va a dormir ! ... che xe ora !" ribadì ancora l'anziana affacciata.

"Va a dormire te vecchia zitella ... prima che vengo a prenderti di sopra." rispose l'ubriaco come scuotendosi e uscendo offeso da quella sua intensa performance.

La finestra di sopra si richiuse e spense immediatamente, seguita da una risata alterata e sopravolume del nostro protagonista di sotto.

"Anca la vecia ghe mancava ... Sen for you ... Sen for miii ... mi ... mi ..." canticchiò *a*ccompagnando le note della canzone con un gesto prolungato, come se accarezzasse dei nanetti più bassi di lui messi in fila, decrescenti ... come a gradini. Subito dopo si bloccò di colpo impegnandosi in un immaginario assolo scatenato di batteria che solo lui picchiava e vedeva.

"Stu-tu-tu tun ... tun-tun-tu ... Spalsch ! Spalsch ! ... Triiiiii ... tun-tun-tu ...Tuà, tuà, tuà ! ... Tin ... tin ... tin ... Ritin ... riti-ti-tin ..." bofonchiò rumorosamente

Ha proseguito così almeno per un paio di minuti ... Sembrava che per davvero suonasse live una grossa batteria da concerto ... S'immaginava per davvero i piatti, i tom, il rullante, le casse e tutto il resto ... Mancavano soltanto l'applauso entusiasta del pubblico e i giochi di luce colorata sopra la sua testa.

Un attimo dopo, sempre improvvisamente, ci fu di nuovo silenzio in calle. Stavolta *"l'amico"* continuava a dirigere forse un coro o un'orchestra sinfonica che cantavano e suonavano lo stesso ritornello insieme a lui e sotto la sua direzione sopra un invisibile palco. L'ubriaco portava un foulard annodato a un polso, che dondolava sincrono con i suoi gesti solfeggianti, emettendo riflessi colorati dentro al buio notturno.

"Se non fosse che siamo amici fin da bambini, ti spaccherei il muso e ti faresti mangiare quel tuo sorriso da stronzo … Se non altro perché fai piangere i miei nipotini, che non hanno colpa di niente …" disse interrompendosi e rivolgendosi serioso a qualcuno, che gli parve ritrovarsi davanti.

A volte, da ubriaco escono fuori e si manifestano certe verità, sentimenti e tenerezze affettive che da sobrio uno è portato a centellinare, o vestire di rudezza ed essenzialità. Per quel poco che lo conosco, non ho mai visto l'ubriaco dimostrarsi gentile e tenero con i suoi nipoti … almeno pubblicamente.

"Sei anche vigliacco, perché te ne sei andato via senza dire niente a mia sorella … Hai dato la colpa di tutto a lei … mentre eri tu, che ti eri trovato un'altra donna … e avevi già iniziato a usarla da un bel pezzo … Quindi mia sorella di colpe non ne ha … La colpa è tutta tua !" decretò vigorosamente, *"… e allora adesso che vuoi ? … Che vuoi da noi ? … Sarebbe stato meglio se tu fossi rimasto uno di noi … Tu il gatto, io la volpe, siamo in società … Ma di te non ci si può fidàr … na … naaa … tòn tòn … du du … du du."*

E proruppe in una risata sguaiatissima, ad alto volume, che durò qualche minuto riecheggiando nella calle. Sembrava proprio divertito, con la mano appoggiata a un muro, che si è messo a innaffiare abbondantemente.

"C'è uno strano odore di pipì per strada, qui di sotto …" diceva mia moglie l'altra sera.

"E te credo ! … con quello lì che torna così quasi ogni notte …. Innaffia tutto il quartiere ogni volta … Per fortuna che questa volta c'è la pioggia, perché fra cani e "cristiani" la nostra strada è più irrorata di un giardino."

Sono ritornato a guardarlo, affacciato al mio balcone ... Stanotte non faceva freddo, il cielo era completamente scuro e nuvoloso. Un vento sottile in crescendo avvertiva che si stava approssimando un altro temporale ... Si sentiva l'aria umida, e quell'odore intenso di salsedine che a folate spazzava la strada e le case provenendo dalla parte del mare.

Quando il vento spira a Venezia dalla parte del mare, di solito arrivano i peggiori temporali, quelli più violenti e pieni di pioggia, mentre i temporali che scendono dalla parte opposta, ossia dalla montagna, sono meno devastanti e prepotenti.

"E Giorgio ? Credi che mi faccia paura ? ... Anche se è il padrone di tutta la baracca, il datore di lavoro di tutti ..." riprese a dire l'ubriaco. Sembrava parlasse con un interlocutore che gli stava di fronte, forse un suo collega di lavoro invisibile.

"Io me ne faccio un baffo di lui ... Se voglio, con un doppio colpo lo sistemo: tac-trak ! ... una mossa da Wrestling ... trak-zac ! Un colpo secco e lo sistemo ... trak-zac ...trak-zac ... Non mi fa affatto paura."

E mimava le mosse, ponendosi sulla difensiva, come il pugile di prima sul ring ... Un pugile po' suonato a dire il vero ... sopra al quale improvvisamente passò e volteggiò uno scuro e silenzioso pipistrello, che dopo aver composto un paio di *"otto"* sopra alla sua testa svanì nel buio scomparendo del tutto ... Anche alcune finestre delle case vicine tornarono a spegnersi ... Di domenica mattina, di solito si dorme un po' di più ... Almeno qualcuno prova a farlo.

"Giorgio ... Giorgio ... Si crede un dio per quei quattro soldi marci che ci da ... Non sa che basta un colpo di vento per spazzare via anche lui ... Dice sempre che abbiamo Venezia in pugno, che se ci fermiamo noi la città si blocca ... la portiamo alla fame ... Ma va là !"

Una risata prolungata sparata a tutto volume riempì di nuovo la **Calle Larga**, mentre il nostro personaggio riprese ad esibirsi in un nuovo estemporaneo balletto accompagnato da nuovo canto.

"Hua ! ... Hua hua ! .... Se for me ... Se for you ! You, You ! ... Hua ...a...ah!" riprese a cantare ancora con la mano protesa in avanti, quasi fosse un mendicante sonnambulo.

"Se facciamo troppo i gradassi ci spazzano via ... Ha poco Giorgetto da credersi un dio ... Se manchiamo noi, arriverà qualcun altro che lavorerà più di noi e a minor prezzo ... Povero illuso ! ... Ci daranno un pedata nel culo ... Altro che credersi indispensabili ! ... San for you ! ...You ...You !"

Con la mano descriveva in aria un semicerchio coinvolgendo tutta una platea di spettatori assenti che non esisteva affatto. Poi ebbe una pensata orribile ... Si è messo, mano sul petto, a imitare un fantomatico ballerino provando a piroettare sul posto e su se stesso.

Non l'avesse mai fatto ! Brutta idea ! Perchè alla prima giravolta ha perso subito l'equilibrio ed è finito disastrosamente per terra sui masegni della strada. Dall'alto della mia finestra al secondo piano ho avvertito un tonfo sordo, la botta della testa sul marciapiede è arrivata fin di sopra. L'ubriaco è andato giù pesantemente di schiena e soprattutto di zucca. Infatti, per qualche istante è rimasto immobile e muto disteso per terra, a braccia spalancate ... mentre tutto intorno è tornata a prevalere la solita notte tranquilla e silenziosa.

"Stavolta c'è rimasto." mi sono detto, *"Non dirmi che adesso mi tocca scendere di sotto e mettermi a lavorare fuori servizio chiamando soccorso."* Anche di notte e a domicilio emerge sempre il mio solito istinto da infermiere.

Mi sono sporto in avanti sul bordo del davanzale provando a osservare meglio l'ometto, quasi deciso a prepararmi a scendere, quando l'ubriaco ha ripreso a muoversi lamentandosi sottovoce.

"Oh ! ... Benone ... C'è ancora." mi autorassicurai rivedendo le mie intenzioni.

Qualche istante dopo, infatti, ho sentito ripartire la nenia musicale di prima, e l'ubriaco ha ripreso a canticchiare sottovoce, quasi sussurrando, mentre con una mano soltanto volteggiava e accompagnava in aria le movenze del motivetto. Con l'altra mano, invece, si stava massaggiando prolungatamente nuca e testa. Infine, trascorso ancora qualche minuto, l'ometto si è rivolto su se stesso tossendo ed emettendo conati di vomito, e ha raggiunto faticosamente il muro più vicino gattonando e poi provando ad aggrapparsi fino a risollevarsi in posizione eretta.

"E ce l'ho anche con tutti voi ! ... Che siete zitti dentro alle case." riprese a dire, *"Siete tutti figli di buona donna ... perché mi guardate e non dite niente ... So che siete là ... Vi conosco tutti ... Anche quelli nuovi ... Che avete da guardarmi ? Che avete da dire e brontolare ? ... Dai venite fuori, se avete il coraggio ! Venite giù ! Sono qui che vi sto aspettando ... Sen for me ... Sen for you ...You, You ... Da-da-da ... Sen for meeeeee .... Forza dai uscite ! Venite giù che sono pronto ! "*

Di nuovo si è messo a saltellare, come il pugile suonato del ring di prima ... E di nuovo, al secondo saltello, è finito rotolando per terra.

"Ma quanto ne avrà bevuto stanotte ? " ha detto una voce di qualcuno invisibile quanto me che stava osservando la scena dentro alla Calle.

Stavolta l'ubriaco è rimasto immobile a terra per qualche minuto ... mentre si è formata una chiazza scura tutto intorno a lui ... Ho capito subito dall'alto, vista la dimensione e i rigagnoli che si spandevano, che non poteva essere altro se non semplice *"pipì"*. La conferma, infatti, è giunta subito dopo, quando *"l'amico"* si è scosso di nuovo e con un mezzo balzo si è alzato rimettendosi in piedi.

"Cazzo ! Mi sono pisciato addosso ... Che figuraaaaaa ! ... Se mi vedono le mie donne sono arrosto ... Donne ciù ciù ciù ... in cerca di guai ... Ah ah ah!"

Di nuovo si è piegato a metà col di dietro per aria, lottando a lungo con la forza di gravità per recuperare l'equilibrio e rimanere in piedi. Alla fine, recuperata una certa stazione eretta stabile, ha iniziato a spolverarsi gli abiti tutti bagnati sul davanti.

"Qui ci vuole la lavatrice ! Lavatrice signori ... col Vernel e col Dassss nella giusta misura ... Un misurino in meno della concorrenza ... Giusto mamma? ... Lavatrice, lavatrice ... Che pisciato che sono !"

L'alba stava appena iniziando, quando l'ubriaco con uno scatto di reni dentro a uno sprazzo di lucidità residua, ha sfoderato la chiave di casa da una tasca e ha aperto il portone richiudendolo con un potente botto, il cui eco è rimbombato per tutta la Calla Larga di Santa Marta.

Poi al buio, attraverso le finestre aperte l'ho sentito salire le scale fino al primo piano dove abita, sempre continuando a canticchiare il ritornello di quella sua melodiosa canzone anglo-veneziana.

Poco dopo e alla fine di questa storia: altro botto di porta, che è rimbalzata sui cardini e fra gli stipiti, prima che tornasse il definitivo silenzio sulla scena. Adesso, intorno agli scuri chiusi delle finestre dove abita l'ubriaco si nota una cornice luminosa accesa ... Lo spettacolo però è terminato, e la *"sala del teatro della contrada"* si è svuotata ... tornando ad essere deserta ... e anche un po' trista.

Alle cinque del mattino il silenzio era rotto solo dal cupo brontolio dei condizionatori e dal rimestolare di un cucchiaino lontano dentro alla tazzina di una precoce colazione ... La gatta senza sonoro mi è transitata felpata accanto sfiorandomi appena il polpaccio, mentre un gabbianazzo inveiva insulso contro l'ultimo spicchio della Luna d'Agosto ... E' iniziata un'altra mia giornata.

Sceso in strada, ho incontrato subito un Giapponese che schioccando di continuo un accendino nel buio della strada Marittima del Porto, si stava trascinando dietro una rumorosa quanto ingombrante valigia coloratissima ricoperta di nylon ... Sorrideva gentile, ovviamente, come sanno fare quasi tutto i Giapponesi, e mi ha salutato col solito inchino.

Sullo sfondo dello scenario Veneziano, dopo tanta pioggia sono tornate a riaffacciarsi le stelle sul balcone più sopraelevato del cielo, ed è transitata una rara automobile con i fari che dipingevano e scarabocchiavano ombre che s'inseguivano e serpeggiavano su per i muri, e s'allungavano, e incrociavano con altre che c'erano già svanendo poi in fretta come presenze fugaci e fantasmagoriche inghiottite dal buio.

Mi è sempre piaciuto il buio di Venezia che cela tante cose, dice e non dice, sa di mistero, e comunica quella sensazione d'inerme passività indifesa. Il buio ci blocca e ci mutila, è insidioso e minaccioso, ci rende incapaci di compiere tante cose, ma il buio è anche propizio e stimolante, perché al buio si attiva quella parte ancestrale, istintiva e profonda di noi, che è spesso assopita e che a volte ignoriamo di possedere.

Percorro allora altri pochi passi dentro al solito buio, e incontro l'altrettanto solita donna sinuosa e leggera foderata di aderente nero intenta a correre dentro alle prime ore della giornata. Porta fissata sulla fronte una chiara luce fredda che ondeggia seguendo la sua cadenza, mentre un'altra luce rossa lampeggiante le ondeggia sulla nuca ballonzolando sincrona con le sue formosità.

La donna corre, corre, corre ... e viene di nuovo ingoiata lontana nel buio della notte diventando un puntino bianco e rosso che lampeggia laggiù in fondo fino a scomparire del tutto.

Improvvisamente si è acceso un fanale in una calle buia infondendole un aspetto più tiepido e rassicurante ... Sembra quasi un occhio umano che si è spalancato di nuovo iniziando a vivere e trascorrere un'altra giornata.

Pochi passi ancora, e ho incontrato un vecchio in pigiama leggero, che camminava scalzo bofonchiando fra se e se mentre con una mano si scompigliava ulteriormente i capelli bianchi bagnati e sparati ovunque.

Dove sarà mai andato conciato in quella maniera ?

Direte quasi divertiti: *"Ma li incontri tutti te ! "*

No. Credo che certe scene le vediamo e incontriamo in molti, solo che ho il difetto di raccontarle e scriverle ... E sono così giunto al solito **Piazzale Roma degli autobus**. Maschere alle cinque del mattino non me le aspettavo, ma invece c'erano: c'era una giovane donna con una gonna larga e variopinta, piume colorate in testa, i segni delle stagioni appuntati e sparsi su tutto un vestito di seta elegantissimo e larghissimo, tondo e vaporoso, carico di fronzoli, pizzi, e gioie e molto altro ... Una bella maschera insomma, originale, curiosa, da cui balconeggiavano e troneggiavano evidenti due seni prosperosissimi.

"Come si può mettersi così "in pergolo e mostra" con tutto questo freddo?" ho commentato.

"Sarà forse l'entusiasmo di sfilare per Venezia ..." ha aggiunto sentendomi un guardiano della rimessa comunale, ***"Però è un belvedere che di certo non disturba e non guasta ... Viva il Carnevale ! ... anche se è già terminato da un bel pezzo."***

Mi sono stretto infreddolito nel mio piumino ancora invernale non disdegnando però l'inatteso *"spettacolo"*.

Nascosti fra i rami, ora c'era tutto un gorgogliare insistente di Merli che invocavano l'arrivo dell'alba perchè dissipasse tutte quelle foschie umide del primo mattino. Quasi controvoglia, infatti, il cielo s'era acceso a est sopra Venezia, e un'enorme tartaruga di nuvole stava sospesa in alto da cui traspariva una grossa stella luminescente in compagnia di una falce di Luna d'orientale sapone. Giorni fa sembrava che i due Astri si corressero incontro nell'illusorio gioco ottico notturno ... Stamattina, invece, la stella-pianeta si trovava esattamente a perpendicolo sopra alla Luna: sembra quasi che fantasiosamente intendano abbracciarsi.

Il Cielo un tempo richiamava più di oggi arcani disegni antichi, appuntamenti cosmici, miti della fecondità e del risveglio, storie della Madre Terra che sta sotto di noi come un fertile e accogliente amante. Un tempo gli uomini sapevano rimanere immobili a scrutare il Cielo, vi leggevano dentro presagi misteriosi, passato presente e futuro, sapevano trarne storie angosciose o positive capaci di influire la vita e il destino di ciascuno.

Oggi, invece, siamo più distratti, guardiamo meno il Cielo perché preferiamo le concretezze che inseguiamo di sotto. Diciamo d'essere meno creduloni e affabulabili, però inseguiamo le cabale, gli oroscopi, le scommesse, i numeri e la fortuna ... In fondo non siamo cambiati molto, corriamo solo il rischio di correre correre senza raggiungere niente per davvero.

I ragni hanno piazzato grandi ragnatele tutto intorno ai lampioni pubblici quasi foderandoli: sono l'unica fonte luminosa presente nel buio, e gli insetti si precipitano lì in flotta senza sapere resistere a quel richiamo così attraente ed appetibile ... Diventeranno inconsapevolmente cibo e lavoro per altri ... E' fascinosa e sempre sorprendente questa complessità della Natura che ci accada accanto e in cui viviamo immersi!

Una donna inguantata si tira dietro due pesanti sacchi della spazzatura. Non ha indosso nulla d'elegante, un giaccone largo, probabilmente non suo, di due tre taglie più largo, che la copre fin oltre le ginocchia. Sopra a due ciabattone consunte e sporche si nota un pantalone bianco altrettanto larghissimo e sformato, mentre i capelli sono rabbovolati e raccolti serrati sulla testa dentro a un pinzettone fuxia sfacciatissimo.

Che contrasto con la maschera di poco fa ... anche se le donne ... rimangono sempre: *"le donne"*.

E sfilo anch'io come *"una maschera"* dentro alle pieghe di Venezia e alle ore di lavoro di una giornata qualsiasi.

E mentre sfilo e cammino mi piace ascoltare e osservare le storie i ieri e di oggi: *"I vecchi vivono sempre di racconti, storie e memorie."*

"E va beh ! ... Me ne farò una ragione, ma è piacevole lasciarsi cullare dentro a certi racconti e resoconti vivissimi e affascinanti della Storia di Venezia."

Un Finanziere in pensione mi ha raccontato di recente: *"Anni fa qui era tutto diverso ... C'era un Porto, una Santa Marta, una Venezia che oggi non esistono più. C'era il punto invalicabile del "Portofranco" ... Le norme e le indicazioni imparate alla scuola militare erano severissime, ma le indicazioni pratiche del collega anziano di guardia la prima sera quando sono arrivato per il mio turno di guardia furono diverse.*

"E' semplice: mano così in avanti, e mano così all'indietro. Non serve dire nulla, basta solo un cenno del capo, o il solito saluto militare. Il resto non conta, non ha importanza ... Non far domande inutili, non pretendere di capire, sapere e spiegare ... Non farci caso, qui tutti trafficano, entrano ed escono da sempre ... Non t'impicciare ... Tu sei solo una presenza, un simbolo, una convenzione ... Esistono cose più grandi di te che è meglio ignorare ... Devi solo far vedere che ci sei, che vigili e in qualche modo sai e controlli tutto ... Il resto accadrà da se e non dipenderà da te ... Insomma: vivi e lascia vivere, così te ne rimarrai tranquillo."

Ho capito bene e subito il messaggio, perché provengo da una tradizione e una cultura che mi hanno sempre insegnato: "Quando ti presenti bussa con i piedi ... perché le mani dovranno essere sempre occupate a portare un regalo ... farai un rumore e un effetto diverso presentandoti."

Poi qui nel Porto si raccontavano un mucchio di storie ... Quella di Suor Angelica ad esempio, che in fondo era anche una bella donna formosa ... Si dice che sia accaduto un po' di tutto ... Ma si dice ... Sia ben chiaro ! Perchè se ne dicono tante ..."

"Di certo è vera quella che si racconta che è finita con l'automobile in retromarcia dentro al canale di sant'Andrea della Zirada. L'hanno salvata degli spazzini di passaggio ... Era una donna che faceva molta carità in città ... Carità quella spicciola, quella vera, quella che serve per davvero.

Mio zio mi raccontava che diceva ai pescatori del mercato del pesce: "Ti do un bavaglino per i tuoi bambini in cambio di una cassetta di pesce per i miei poveri."

"Ma Suora i miei figli hanno ormai più di vent'anni ! ... e poi un bavaglino non vale quanto una cassetta di pesce." ribadiva mio zio.

"E diventerai pure nonno no ? ... Se però non vuoi il bavaglino ti do allora un pacco di caffè ... e tu mi darai il pesce ... Dai ! La Carità non basta mai, ed è sempre la cosa più giusta da fare." e il pesce partiva per gli orfanelli, i seminaristi, gli asili e per i poveri di Suora Angelica che esistevano per davvero. Quanta gente ha aiutato quella Madre Angelica !"

"Dentro al Porto dicevano che era una donna Angelica come il suo nome."

"Erano belli l'ambiente e le zone del Porto di un tempo ... Gli uomini in giro facevano di tutto, ne combinavano di tutti i colori ... Alcuni non avevano un lavoro vero e proprio, ma vendevano sui gradini del ponte i pesci pescati in laguna all'alba ... e a loro bastava quello."

"Era un vivere diverso ..."

"Diversissimo ! ... Alcuni si portavano a letto ogni tanto la solita donna grassa e brutta ... così lei in cambio dopo lavava loro quasi gratis i panni e la biancheria... In quel modo era sistemato anche quel problema logistico ... C'era anche una bella bionda avvenente e formosa col marito gelosissimo ... Lei lo cornificava spesso e volentieri proprio perché era con lei oppressivo e asfissiante tanto da tenerla sempre chiusa in casa. Ogni tanto qualche ometto aitante doveva trasferirsi d'urgenza d'urgenza altrove... prima che il marito s'incazzasse per davvero ..."

"Si viveva, si viveva intensamente insomma ..."

"Sì ... C'era più movimento, accadevano più cose di oggi in cui tutto qui sembra morto al confronto ... Avevo anch'io una giovane donna che mi seguiva continuamente, insistente, non riuscivo a togliermela mai di dosso ... Incontrandola, ho detto a mio nipote che portavo in giro a visitare Venezia tenendolo per mano ... "Chiamami papà ... così ce ne liberiamo una volta per tutte" ... Infatti, così è accaduto ... Più vista ! Sparita per sempre ... Quante storia nel Porto di ieri ... E queste sono solo briciole ... Oggi certi posti affollatissimi e vivissimi di ieri sono deserti, chiusi e spenti ... senza più nessuno."

Cammino di nuovo in giro per Venezia ...

Si spalanca un negozio-boutique da cui esce una bella signora piena di pacchi e pacchetti col cellulare incastrato fra spalla e orecchio: *"Allora ... già una commessa mai incontrata in vita mia, che mi chiama "gioia" m'indispone e fa venir la voglia di lasciarle tutto sul banco e andarmene via ... Poi per fortuna mi ha tirato fuori e mostrato alcune cose belle ... perciò ho cambiato registro e la cosa si è fatta interessante ..."*

Mi allontano inseguendo ancora i miei passi ... Osservo un tendalino fuori dello stanzone diroccato oggi tutto contorto e con la tela stinta e a brandelli ... Le finestre sono murate e la porta è stata sfondata dai vagabondi e da qualche tossico bisognoso di trovare una tana dove andare a nascondersi o inabissarsi nel suo nulla vuoto.

Qualche anno fa sotto a quella tenda i **Ferrovieri** a mezzogiorno mangiavano a torso nudo chiassando allegri seduti di fronte alla loro *"gamella"* col pasto ancora tiepido portato da casa. Poi pisolavano *"un'oretta"* o forse di più sopra le sedie sgangherate appoggiate al muro prima di riprendere di nuovo a lavorare...

Ho attraversato il ponte di Santa Marta che traballava e scricchiolava sotto ai passi del mio ciabattare frettoloso ... Sembrava rimbombare come sotto alle volte di una grande cattedrale deserta ... Due donnette chiacchieravano dietro a un angolo a metà di una calletta: una trascinava in giro il cane, l'altra s'era affacciata alla finestra del pianoterra direttamente sulla strada ... Un grosso ratto che sembrava un gatto *"se ne stava seduto"* in attesa sul bordo del canale, con i dentini in mostra, e per nulla spaventato dal passaggio di un paio di turisti smarriti che si guardavano intorno con la testa all'insù ... Sotto il portico il solito barbone stava stendendo per terra il sacco a pelo nuovo che ha sostituito di recente i soliti cartoni con cui ogni sera accatastava la sua *"casetta"*.

Sotto a miei occhi Venezia si è specchiata ancora una volta dentro ai suoi canali e mostrata ancora come sa fare una vecchia rugosa e insonne che si pettina durante la sua ennesima giornata di cui ha perso il conteggio ... Ogni tanto una leggera folata di vento tiepido pettinava la scena, l'acqua si faceva tutta zigrinata d'infiniti riflessi cerulei, verdi, grigi, viola e azzurro pallido ... Qualche angolo di Venezia è avvilito, pisciato, e cosparso di sparse spazzature ... Alcuni turisti bivaccano sulle pieghe dei palazzi, al fresco delle rive e al riparo dei portici ... Venezia subisce ignara l'assalto delle folle che scendono dalle immense oasi galleggianti impavesate e illuminate, scintillanti e sature di goduria e spensieratezza oreggiate alle banchine del Porto ... Qualcuno sorride soddisfatto, qualcun altro lavora e fatica sferragliando dentro all'unto polveroso a caccia del modesto pane quotidiano ... Altri facendo *"scintille e faville"* imprecano rabbiosi scomodando tutti i Santi e le Madonne disponibili al momento nel Cielo.

Venezia è anche tutta una *"verzura leggiadra e bucolica"*: i masegni delle strade sono trapuntati da un soffice tappeto d'erba rigogliosa ... le edere scavalcano i muri, altre piantine sbucano ovunque contornando e incorniciando case, palazzi, calli, chiese e tutto il resto ... E' una bellezza arcana particolare, del tutto nostrana e lagunare ... Una bicicletta stava accostata a un muro poco lontano da dei grossi sacchi di spazzatura accatastati, oltre una fila pendula di biancheria coloratissima stesa ad asciugare fra una casa e l'altra mossa da una cigolante carrucola ... C'era un anziano donnone in sottoveste che spuntando da una finestrella stendeva ad asciugare dei larghi mutandoni merlati che sembrano bandiere bianche di una generalizzata resa.

Oltrepassato un altro ponte e attraversata una calletta stretta, nell'aria c'era un odore intenso di vissuto, stantio e sudato ... Venezia ha sempre volti e abiti diversi buoni per mille stagioni.

Un grosso carretto pieno di merci veniva spinto giù per un ponte da due uomini affaticati sferragliando e cadenzandolo giù per i gradini ... Uno dei due di mezza età ha adocchiato qualcosa su di un muro, s'è perciò fermato un attimo e scostato un ciuffo sbarazzino dagli occhi producendosi in un piccolo inchino, poi s'è segnato frettolosamente il volto disegnando in aria una triplice croce, lanciando infine un bacio rivolto al Cielo ... poi a ripreso a tirare e mollare il suo pesante carretto.

Ho provato a guardare incuriosito che cosa c'era sopra a quel muro e dentro a quella piega scrostata di una casa qualsiasi addossata a un ponte altrettanto anonimo eccetto il nome. C'era nascosta una statuetta di una Madonnetta sbiadita e consumata che non avevo mai vista prima ... Infatti, in ponte si chiamava **Ponte della Madonnetta**.

Strada facendo ho incrociato e superato in senso contrario tre donne diverse di quelle che non puoi non notare.

La prima era di una bellezza unica, quella che mostrano le donne incinte col prominente pancione ... Era tutta accaldata e con i capelli raccolti a crocchio in testa, sembrava nuotare dentro alla calura estiva cercando sollievo sventolandosi con un giornale. Teneva l'altra mano fissa su di un fianco, come provando a contenere i piedini fastidiosi con cui probabilmente qualcuno dall'interno continuava a scalciarle la pancia. Camminava goffa, quasi buffa ma con una speciale eleganza, come un cavaliere a cui a sua insaputa è stato sfilato da sotto il cavallo.

Però che fascino ! ... Che spettacolo di Madre Natura.

La seconda donna che ho incontrato era l'opposto. Sigaretta accesa all'angolo della bocca, cappellino calcato sulla testa alla rovescia, pantaloncini arrotolati sopra le ginocchia delle gambe tornite, e maglietta arrotolata sopra le spalle abbronzate. Spazzava i gradini del ponte con grande energia dentro a una nuvoletta di fumo, imprecando sommessamente non so contro di chi o che cosa senza troppa convinzione ... Non aveva niente di femminile e sensuale, se non fosse stato per i robusti seni che le ballonzolavano liberi sotto alla maglietta sudata al ritmo delle ramazzate prepotenti che tirava sui gradini del ponte. Un quadretto se volete anche sensuale ... però da gran caldana estiva !

La terza donna, infine, era un donnone non più giovanissimo che provava a nascondere sotto a un vestitone largo e lungo le giuste proporzioni del suo corpo ormai andate perdute. Provava a distogliere l'attenzione da quei perimetri sformati sfoggiando una borsa intonata agli occhiali, alla collana e ai sandaloni. Aveva una bella testa *"preparata e cotonata"*, fresca di recente parrucchiera, tuttavia non riusciva a mascherare a sufficienza i guasti dell'età, i piedi gonfi, e quel vago senso di femminilità ormai datata, sciupata e consumata dagli anni.

Un ometto seduto dietro a me nel vaporetto non ha smesso un attimo di sternutire ... dalle secche eccezionali della Laguna emergevano affioramenti trasudanti mai visti, tracce di uomini e vita di ieri che ogni tanto fanno capolino fra motte fangose e canne palustri. Oggi per fortuna un'infinità d'uccelli acquatici leggeri staziona con sempre maggiore assiduità al posto degli uomini che non ci sono quasi più, e la distesa dell'acqua sembrava uno specchio col verde delle isole e della Terraferma che l'incorniciavano come in un amplesso esuberante e ridondante che abbracciava tutto pervadendolo ... Un giovanotto asciutto con la bandana in testa guidava disinvolto il suo barchino leggero e rombante dentro al canale, quasi fosse il postiglione d'una diligenza del mitico Far West deciso a sfuggire a un inseguimento facendo complicate gincane e acrobazie fra barche e acque ... Lungo la Fondamenta assolata picchiata dal Sole, e sotto al cielo invaso di Rondini, camminava di fretta, cellulare acceso in mano, un'altra donnetta solitaria sculettando sinuosa, mentre gli Oleandri accaldati e coloratissimi secernevano, di certo non visti, linfe amare e velenose ... In un angolo del piccolo parco giochi del Sestiere disertato dai bimbi traslocati in spiaggia, un solitario *"tossicone"* consunto e ottuso confabulava motteggiando e avulso in se stesso seduto sopra a una giostrina ... Poco dopo, stanco di gesticolare e forse d'attendere qualcuno, ha iniziato a frugare nei cestini dell'immondizia forse a caccia di quel che rimaneva di se stesso.

"Perché mi vengono in mente queste inutili metafore ?" mi sono detto.

"65-70% di sconto su tutto !" recitavano i mille cartelli appesi ovunque su tutte le vetrine del grande negozio aperto da pochissimo tempo ... *"Cedesi, vendesi, affittasi ... chiuso per cambio gestione, per restauro, per malattia, per ferie ... E' tutto chiuso insomma !"*

"Che sia passata per davvero questa crisi economica lunga e pesante ? ... Quel negozio ha appena aperto e iniziato l'attività da poco tempo, e da già via tutto a poco prezzo?"

"Macchè ! Guadagna quasi niente ... sopravvive ... Riesce a vendere pochissimo, le sta provando tutte per provare a realizzare qualcosa ... Ma è sempre in "magra"... Come per tutti gli altri !"

Uno dei miei figli di recente mi ha raccontato: *"Abbiamo incontrato alle undici di sera in Campo Santa Margherita un giovane venuto a Venezia da Milano on the road seguendo una delle tante allettanti proposte che vengono fatte ai giovani studenti.*

"Non ha funzionato ... mi hanno un po' imbrogliato ... Mi hanno dato l'automobile ma non c'era dentro la benzina ... e non soltanto ..." ci ha detto, "Ora mi ritrovo senza soldi, senza automobile, e senza un posto dove andare a poggiare la testa ... C'è per caso un ostello da queste parti? ... Ho perfino il cellulare scarico, e non posso quindi neanche chiamare i miei genitori a Milano per chiedere soccorso ... Voi siete di Venezia, spero? Datemi una mano se potete ... per favore ..."

"Alle undici di sera ? Non ti vorrà nessuno ..." gli abbiamo risposto.

"Oggi sono stato scemo ... Ho fatto un po' da cicala tutta la giornata: sono andato in giro tutto il giorno con una Coreana sconosciuta che ho incontrato in stazione ... Aveva perso il bagaglio, i documenti e tutti gli effetti personali ... Mi ha chiesto un'indicazione e siamo rimasti insieme tutta la giornata vagabondando a caso per Venezia. Poco fa sono riuscito finalmente a restituirla a delle sue connazionali più fortunate ... Ed ora sono qua ... in evidente difficoltà." Ha aggiunto da sprovveduto totale ... un po' da prendere "a patòni" ..."

"Ci ha fatto davvero pena ... perché in fondo ci sembrava un bravo ragazzo ... L'abbiamo accompagnato presso un alberghetto di nostra conoscenza dove senza spennarlo gli hanno concesso una stanza per una notte a 40 euro ... Poi col nostro cellulare è riuscito a chiamare i suoi a casa ... E così ha rimesso un po' le cose a posto ... Valle a capire certe teste! ... ma sembrava sereno ... felice lo stesso ... Anche questa è Venezia."

"Non potevate indirizzarlo a dei Vigili ?"

"Ma quali ? ... Quelli che non esistono ? ... Dopo il tramonto Venezia è lasciata sola in balia di se stessa ... In città scatta un'anarchia assoluta e incontrollata ... Tutto è lasciato solo, e in mano al vago e generico controllo della vigilanza privata e del mucchio sempre più ampio delle

telecamere e dei vari dissuasori ... Ma questo non si deve dire altrimenti fioccano querele, critiche, e una fiumana di polemiche inutili ... mentre tutto rimane come sempre ..."

"Credo che in realtà esisterebbero le risorse ma vengono utilizzate male, anzi malissimo ... Se, ad esempio, si retribuisse meno e in maniera spropositata certa dirigenza ... Alla fine tutte quelle responsabilità che vantano di sostenere risultano fittizie visto che non producono, progettano e soprattutto non fanno niente ... Certi stipendi d'oro sono del tutto immeritati, sono un spreco ... E' lì che si dovrebbe andare a tagliare: certi apparati inutili, certi guadagni, intrallazzi, favori, appalti, raccomandazioni, che poi finiscono invariabilmente con l'andare a sfociare in tangenti, soprusi, e giochetti di vere e proprie estorsioni legalizzate che non sono finalizzati al bene comune ma solo al mantenimento e interesse dei "soliti" ... Ricordo quella vicenda dell'asfaltatura della stradina di campagna realizzata dopo mille diatribe e lotte in sedute interminabili solo per far dispetto all'opposizione e non perché ce ne fosse realmente bisogno ... Una bella stradina che porta da nessuna parte, perché a un certo punto s'interrompe diventando palude e barena fangosa in mezzo al niente ... Sono spesso queste le logiche che conducono e reggono in piedi la nostra Venezia e le sue preziose Lagune..."

Nel frattempo: ... ciabatta ... ciabatta ... ciabatta ... Ho ciabattato avanti e indietro per chilometri come ogni giorno ... e poi ancora ho ciabattato di nuovo in giro per Venezia rientrando finalmente a casa.

L'ultimo sguardo l'ho dedicato al grosso albero abbattuto dalla recente furia travolgente della bufera estiva ... se ne stava lì praticamente da sempre ... come le donne sedute sul muretto in fondo al quartiere intente a spettegolare fino al tramonto inoltrato:

"L'altra notte alle tre è tornato a illuminarsi l'appartamento con la luce rossa della casa di fronte ... Dal mio davanzale buio ho intravisto chiaramente la donna corposa di mezza età affacciata a torso nudo alla finestra a godersi il fresco notturno fumando ..."

"Chi sono ? ... Chi sarà mai quella donna ?"

"Qualche anno fa in quell'appartamento viveva una famiglia ... In poco tempo s'è svuotato progressivamente l'intero condominio: gli anziani del quarto piano sono diventati decrepiti, al secondo sono accaduti quei drammi familiari che sai ... malattie, sfratti e traslochi ... Sopra al terzo la casa è diventata troppo piccola per la famiglia che si è allargata e i figli sono cresciuti ... Non è che i genitori possono tenersi i figli in camera da letto fino a cinquant'anni ... No ?"

"Così il palazzo s'è svuotato quasi del tutto."

"Poi, improvvisamente quell'appartamentino "morto" a metà del palazzo, lasciato lì per anni in disuso, è stato venduto e ristrutturato in fretta fin nei minimi dettagli ... L'hanno sistemato in maniera eccentrica ... Io lo so bene, perché abito di fronte e ho seguito attentamente tutte le fasi dei lavori ... Non c'è solo quella luce rossa strana, ma ho intravisto anche pezzi d'arredamento naif e qualcosa in stile Belle Epoque, mobili, quadri, oggetti particolari ... Il nuovo inquilino però non l'ho mai visto ... E' sempre rimasto anonimo e misterioso. Ho anche notato che non ha messo una targhetta col nome sul campanello ... Niente !"

"Non riesci mai a vedere nessuno ? ... Ma quanti sono ?"

"Mi pare due ... Uomo e donna ... Ma vedo soprattutto una donna ..."

"Sarà una singole ... una signorina ?"

"Ma forse sono in due ? ... e poi c'è quello strano specchio ... la luce rossa ... certe abitudini strane ..."

"Sarà la classica seconda casa da utilizzare a Carnevale o nei weekend della Mostra del Cinema o della Biennale."

"Comunque, chiunque sia ... Sono affari suoi ... No ?"

*"Sì ... per carità ! Non è che voglio impicciarsi ... Ma di giorno è sempre tutto chiuso ... e la casa si anima saltuariamente solo a notte tarda, anzi

tardissima ... A volte vedo le imposte socchiuse e illuminate solo per qualche ora ..."

"Chissà chi c'è ? ... Speriamo che lì dentro non accada qualcosa di losco ..."

"Stanotte l'inquilina c'era ... e come che c'era, era lì sulla finestra spalancata a prendersi il fresco dopo lo sconquasso del temporale."

"E tu eri lì pronta a guardarla ... a segnarti ogni cosa, e che stanotte c'era ... Sei proprio una squaqquarona !"

E giù a ridere sguaiatamente per l'ennesima e ultima volta della giornata ... Sapete com'è nei quartieri e nelle contrade di periferia: tutti sanno e vogliono sapere tutto di tutti come dentro a un'unica grande famiglia ... A Venezia poi, le commedie di **"Carlo Goldoni"** non si è ancora terminato di scriverle e soprattutto di viverle.

Intanto piano piano è accaduta e tornata su Venezia la calma silenziosa della sera ... e poi si è riproposta di nuovo la notte. Lontano, là in fondo nella Laguna aperta, lumeggiava e beccheggiava un lume solitario, deve essere stato qualcuno che remava lentamente nel buio. Sembrava quasi sospeso in un niente scuro ... Forse era il giorno qualsiasi di oggi ormai trascorso che se ne andava.

***

_____questi due post sintetizzati insieme li ho scritti come "Quest'ultima notte veneziana." E "Ciabattando di fretta per Venezia." pubblicati rispettivamente nel mio blog "Venezia" ospitato da Google: nel maggio 2013 e nell'agosto 2015.

BUBO ... XE ANDA' ?

"Guarda chi ghe xe ... Bubo ! ... Sei proprio tu ?"

"Si ! ... Chi si rivede ! ... Pippo Manente ... Quanto tempo ... quanti anni !"

"Ti vedo bene ... sei ingrassato ... bello tondo."

"No ... sono solo più robusto ... più tosto di anni fa."

"Seh ! ... Sono tutte le ombre e i cicchetti che ti farai fuori girando per tutti i bàcari di Venezia come una processione senza fine quotidiana."

"Ti xe sempre insulso ... come una volta ... Beh ... qualche volta ... Ma adesso sono migliorato ... Sono "a stecchetto" ... Giro solo qualche volta ... solo un paio di banconi a Rialto ... e basta."

"Mamma mia ... Bubo ... che emozione rivederti ... che bei tempi ... quanti ricordi."

"Eh ... sì ... ne abbiamo fatte tante insieme."

"Ricordi quando andavamo con la barca in giro per la laguna di giorno e di notte ? ... Che anni ... che forti !"

"Con l'ortolano che ci sparava dietro col fucile caricato a sale ... che fughe!"

"E la volta che abbiamo trovato il cane del guardiano che ci aspettava dentro alla nostra barca !"

"Che nuotata quella volta per evitare di prendere "un fracco" di bastonate e di botte ... Ci abbiamo rimesso perfino la barca ... Quel bastardo me l'ha affondata!"

"E che volevi ? ... che si lasciasse rubare l'uva e la frutta e che ti dicesse anche grazie ?"

"No ... ma la barca era ancora buona ... e il motore era quasi nuovo ... i remi poi erano di mio papà, fatti a mano, veci ... un ricordo ... me ne ha dette tante e poi tante al ritorno ... che ancora me lo ricordo."

"E come sta tuo padre adesso ?"

"El xe sotto terra da un pezzo ... el me vecjo ... Non si è più svegliato una mattina dopo una bella serata di festa e baldoria."

"Vedi ... era come te ... sempre con la panza per aria e pronto a mettere i piedi sotto a una tavola imbandita per far festa e mangiare e bere."

"Una volta ... una volta ... mangiavo come una bestia ... Adesso il dottore mi ha fatto paura ... perché ho i valori alti ... e mi ha detto che se non smetto morirò con l'infarto nel petto, o mi verrà un "cancarasso" ... Ho paura ... Ho visto come mio padre se "l'è presa in dolce" presto."

"Quindi niente più fumo, donne, vino e tutto il resto ?"

"Beh ... le donne ormai ... vago adagio ... il fumo mi sono ridotto a un solo pacchetto al giorno ... e il resto: sono tempi magri ... e le tasche sono vuote."

"Vuote ? ... e tutto quello che ti giocavi ogni sera ?"

"Ah ... bei tempi anche quelli ! ... Adesso mi sono mangiato tutto e non ho più niente ... solo tasche coi buchi, deserte e vuote come un cimitero ..."

"Valà Bubo ! ... Quasi non ti riconosco più ... E la tua bella moglie ? ... Che "tòco" de donna che possiedi ... E' sempre bella come anni fa ?"

"Persa anche quella ... Un bel giorno mi ha detto che rivoleva la sua libertà ... Non c'è stato alterco e tradimento ... Eh ! ... Che sia ben chiaro ... S'è solo stancata di stare con me."

"Ricordo le baruffe continue che facevi con tua suocera."

"Non ricordarmela quella là ... lasciala là sotto terra tranquilla ... Mi pare ancora di sentirla urlarmi contro di tutto ... Anche quando ero innocente."

"Ricordo ... ricordo ... ti gridava dalla finestra ... "Sei un poco di buono ! ... Un delinquente, un porco ... la rovina di mia figlia ... Non hai voglia di far niente ! ... Ah ! ... ah ! ... ah !"

"Lo so ... lo so ... Ti sembra che mi posso dimenticare queste cose ? ... Finiva sempre con la stessa frase: "Va via di qua ! ... Va via sporco ! ... Vagabondo !" ... Ma le ho sempre portato rispetto lo stesso ... era la mamma di mia moglie ... la nonna dei miei figli ... A queste cose ci ho sempre tenuto."

"Eri un galantuomo, insomma ... Beh ... adesso che me lo hai detto, posso dirtelo in amicizia ... Ho visto tua moglie in spiaggia insieme a un altro."

"So anche questo ... Si sarà stancata della sua libertà ... Che vuoi che ti dica ... E comunque ti garantisco che non ha più "grìngole" neanche lei ... Non è più una giovincella ... e anche se continuamente si "trucca e parucca" ... è quasi "fatta" anche lei ... E' una minestra biscottàda che non ghe piàse più a nessuno."

"Non mi sembrava tanto vecchia a vederla in spiaggia ... Aveva tutte le "sue cose a posto"."

"E' sempre stata una bella donna ... ma ti garantisco che l'apparenza inganna ... Quando poi inizia a parlare "casca subito il palco" ... perché quella bocca è una fogna ... Lasciamo perdere ... che è meglio va ! ... Cambiamo argomento."

"Ti ricordi di quando andavamo a San Cassian, a Rialto in osteria dall'Armida?"

"Sì ... A robarle tutte le polpette dal banco !"

"La mandavamo sempre con una scusa o con un'altra nel magazzino di fronte a cercare qualcosa che sapevamo non avere ... e intanto le mangiavamo "a gratis" tutte le polpette e bevevamo ombre una dopo l'altra senza pagare ... Che divertimento !"

"E quella volta che è venuto fuori a sorpresa suo figlio dalla cucina! ... Non ci siamo mica divertiti tanto."

"Che legnata che mi ha tirato sulla mano ... Che botta ! ... Siamo scappati via."

"Però tornavamo sempre là ... Eravamo sempre là lo stesso ... fino a notte tarda."

"A giocare a carte con i pescatori ... Che partite ! ... e che gare !"

"E dopo arrivava la moglie de Gino l'orbo a portarlo via mezzo "imbriago"."

"Gino l'orbo ?"

"Non Gino ... Gianni l'orbo ... Gianni si chiamava."

"Ah sì ... adesso ricordo ... quello con l'occhio di vetro dai tempi della guerra ... la scheggia ... Mamma mia che "patòni sulla coppa del collo" che gli tirava ogni volta sua moglie quando veniva a prelevarlo ... E lui stava zitto, e se ne andava via mogio mogio ... una pecorella docile ..."

"E te credo ! ... Sua moglie aveva due mani che parevano due zappe da orto ... Ogni sberla che gli tirava sentivo male anch'io per lui che gli stava accanto."

"Che bevute ... che sbronze ... Che cantate e che risate ... Quante ne abbiamo dette e fatte, e sentite e inventate !"

"Eravamo giovani e pieni di vita ..."

"E anche pieni di vino ... e de donne ... e di voglia di divertirsi."

"E con poca voglia di lavorare ... Aveva ragione tua suocera."

"E quando andavamo a caccia e a pesca in Laguna ?"

"Erano più le volte che non prendevamo niente ... Sparavamo a tutto quello che si muoveva, foglie comprese spostate dal vento ... pareva una guerra mondiale ... Volava via tutto e non colpivamo niente ... Due quaglie hai preso una volta ... ma forse erano state già colpite da qualcun altro che era passato prima di te."

"E quella volta che tu sei andato a comprare il pesce dai pescatori per far vedere a tua suocera quanto eri bravo a pescare ?"

"Mamma mia ... non ricordarmelo ... La odiavo quella donna ... Non perdeva occasione per denigrarmi con quelle quattro maranteghe pettegole delle sue amiche ... Qualsiasi cosa facessi, secondo lei era sempre fatta male ... Ero sempre un "bon da niente" ... un "mezzo balengo" e un "fureghìn" senza arte né parte."

"Ah ... Ah ... Ah ... In fondo aveva ragione tua suocera ... Non ne combinavi neanche una di giusta e dritta ... Perfino con le turiste straniere in Piazza San Marco andavi "in bianco"."

"Senti chi parla ! ... Casanova ! ... El conquistatore del mondo ! ... Non è che a te andasse meglio ... Hai dimenticato quella volta che hai inseguito per tutto il giorno quella bella Americana portandola a spasso per tutta Venezia ? ... Avanti e indietro ... al Lido e in giro dappertutto ... e poi quando è giunta sera ti ha lasciato da solo con sua mamma ... Una vecchia "in fresca" col cappelletto di paglia e con i fiori in testa ... Che figura !"

"Andavamo sempre in "Carbonera" ... in quel covo umidissimo e fumoso ... Dentro pareva ci fosse sempre la nebbia."

"Facevamo di tutto lì dentro ... Era un'alcova, quasi un luogo mistico ... Cantavamo, suonavamo, ballavamo, mangiavamo, bevevamo, fumavamo e facevamo all'amore ... e ci inventavamo di tutto ..."

"Era come una chiesa per noi ... Una chiesa dei poveri squattrinati e senza pensieri."

"Quante ne abbiamo fatte ! ... E quando con una scusa o con l'altra ti andavi a mangiarghe i soldi della pensione a tua nonna ? ... Te lo sei dimenticato questo ? ... La imbrogliavi sempre ... Povera vecchia ! ... Per un lavoro da duecento lire gliene facevi spendere duemila e intascavi tutta la differenza ... Persino con le anziane eri maledetto ... Le hai venduto anche l'anello di tuo nonno perdendolo al gioco del Casinò ... e le hai detto che ti serviva per mettere su casa e sposarte ... Che falso !"

"Beh ... tu non eri migliore ... Sei andato perfino dal Prete a chiedere assistenza ed elemosina dicendogli che ti serviva per aiutare tua zia vedova povera in canna ... incapace di comprarsi pane e latte e di pagare *le bollette ... tanto da vivere al freddo e senza luce elettrica ... E invece, te li mangiavi tu quei soldi che ti dava ... e tua zia non sapeva niente, risparmiava su tutto e stava benone."*

"Bubo ... ti gèri fetente ... Ti prestavi soldi chiedendo il doppio al ritorno."

"Se andava bene ... Ma qualche volta ho preso anche le botte."

"Sì ... è vero ... da Bussini ... quello grosso, tagjatabari e manesco ... Quello che prima te menava botte e dopo cominciava a parlarte e domandarte qualcosa ... Ha perfino picchiato suo padre, sua madre e tutti i suoi fratelli e sorelle ... Chissà che fine avrà fatto ? ... Sarà ancora dentro alla galera."

"No ... E' uscito da tanto tempo ... e adesso tira dritto ... ma è sempre lo stesso sbruffone di un tempo."

"Era un "sparonsòn"... se credeva il padrone del mondo ... Voleva comandare sempre tutti a bachetta."

"Sì ... ma solo fino a quando ha trovato "quello del formaggio" che gli ha rotto il muso e fatto sputare un po' di denti ... Pensa aveva messo addosso gli occhi su sua sorella ... ma quando ha provato a metterle addosso anche le mani ... L'ha aspettato fuori del frittolìn della Gemma ... e l'ha pestato come un tamburo."

"Che soddisfazione quella volta ... Gli stava proprio bene ... Così finalmente s'è messo un po' più tranquillo ... e da quel giorno e fin adesso parla fischiando ... per via di tutti quei denti che ha perso ..."

"Ma dov'è adesso ? ... Che fa ? ... Va ancora in giro fregando i turisti e la gente del Porto e del Tronchetto ?"

"Si e no ... comincia anche lui ad avere i suoi anni ... Trasporta batterie per automobili e barche, e altre cose in giro per la Giudecca ... Stupidaggini, "putanàe" ... Non sa far ancora niente come quella volta ... Ha fatto solo la seconda o la terza elementare, e poi "il Militare" da dove l'hanno cacciato ... Non lo hanno voluto neanche loro ... Continua a raccontarne tante ... Ma sai com'è ... il gallo che canta non ha fatto l'uovo ... E' rimasto sbruffone e prepotente come prima ... ma non fa più paura a nessuno ...

Un giovane dei carretti l'altro giorno gli ha detto: "Ciò vecjo spostite in là ... altrimenti ti butto in acqua." ... e lui non ha aperto bocca, è diventato tutto rosso ... e si è spostato in silenzio ... Quel giovane aveva due braccia e due gambe e un petto così ... Con uno schiaffo l'avrebbe buttato in acqua per davvero ... Però continua a contarne tante."

"Sempre uguale ... sempre faccia tosta ... provocatore ..."

"Teatrante più che altro ... Tanto fumo e poco arrosto ... E' un "uomo da bar", di quelli che ti raccontano mille imprese quando invece non hanno fatto niente, se le sono solo sognate ... L'altro giorno raccontava di aver preso uno per la gola ... il "Cucchi" ... Figurarse ! ... Il Cucchi per la gola ! ... lo disferebbe ancor prima che gli arrivi con le mani davanti ... Comunque è un chiacchierone, uno smargiasso inutile ... Lo stanno lasciando tutti ad arrangiarsi da solo ... Se la va sempre a cercare ... Dise solo "bueàe" senza senso ... Finirà male prima o poi ... Ma chi se ne importa ? ... Sono affari suoi."

"Scommetto che neanche non esiste quell'uomo preso per la gola ..."

"No ... cioè sì che esiste ... solo che siamo venuti a sapere che è partito da almeno un mese e adesso si trova a lavorare con il camion in Olanda ... Non può neanche averlo incontrato per sbaglio ... Era tutta una balla ... Quello lì è un deficiente, non capisce niente ... E' da anni prigioniero dei debiti delle banche ... Vive e lavora solo per pagarle."

"Bubo mio ... Se sèmo persi ... Xe quasi trascorsa la vita ormai ... Scendo alla prossima fermata ... perché in fondo a quel viale abita mia figlia piccola ... Sono diventato nonno per la seconda volta, sai ? ... Non dirlo in giro ... vado a far il baby sitter di mia nipote ... Mia figlia deve lavorare: fa la bidella, l'inserviente in un asilo delle Suore ... fa i turni mattina e pomeriggio ... per cui tengo per qualche ora quelle due bambolette ... E tu dove vai a quest'ora di mattina presto ?"

"E suo marito ?"

"Quello è un figlio di buonadonna ... L'ha lasciata sola con le due figlie piccole ed è scappato con un'impiegata ... Sono separati da tempo ormai ... Mia figlia si mantiene lavorando con le Suore."

"Per carità ! ... Non posso vederli ... Sono allergico a Frati, Suore e Preti ... mi fanno venire fuori l'orticaria ... Non li sopporto perché hanno sempre quella "spùssa" sotto al naso ... quel modo di fare tutto "gnè gnè" ... Brrrr ... Alla larga ! ... Devono farti sempre la predica e vogliono sempre sapere tutto degli affari tuoi ... Figurarse ! ... se vado a dire a loro gli affari miei..."

"Cosa vuoi ... lavoro è lavoro ... i soldi non hanno faccia, sono tutti uguali da qualunque mano provengano ... E dopo la aiutiamo anche noi come possiamo ... magari tenendole le bambolette di mattina presto ... Mi staranno già aspettando ... le vedo già: "El nonno ! ... el nonnetto ..." e mi saltano addosso ... Da struccòni ... da basàrle ... sono soddisfazioni ... Ma tu dove vai adesso ?"

"Vado in giro dove mi portano le gambe ... Va bene dai ... Te lo dico per la vecchia amicizia ... Ho qualche "affare in corso" in giro per Mestre ... qualche lavoretto ... Vado prima a scaricare cassette di frutta ... e dopo a sistemare un giardino nella villa di un signorotto della Riviera."

"Ti xe diventà amante dei fiori ... Possibile ?"

"No ... ghe vado a svodàre la fognatura ... e gli porto via le foglie màrse e i rami tagiài del bosco che possiede ... Faccio qualcosa ... restauro con mio nipote una casetta che c'è in fondo al giardino e butto via tutti in "rovinassi" in discarica in cambio de pochi franchi ... In discarica ? .... Beh ... In giro ... per i campi o in acqua ... Non me fàsso minga problemi ... ogni tanto me fermo e butto in strada qualcosa ... Ghe penserà gli altri a raccogliere quello che rimane sparso in giro ... Torno a casa sempre tutto unto ... da farmi ogni volta una doccia e lavarmi tutti gli stracci di dosso..."

"Ti lavi ancora ogni tanto quindi ? ... Non puzzi più da cane come un tempo?"

"To sàntola ! ... Per non dirti di peggio ... Ero sempre in tiro, profumatissimo ... col dopobarba ..."

"Seh ! ... avevi sempre "un profumo" che pareva odore di pesce fresco, de "freschìn"... e formaggio stravecchio di montagna ... Facevi scappare tutti ... le donne poi ..."

"Esagerato ! ... Me lavavo ... me lavo anche adesso ... Anche se mi si è rotta la doccia e il boilet dell'acqua ... ho chiamato Rudy l'idraulico, te lo ricordi ? ... Ha tirato fuori un sacchetto della spazzatura pieno di calcare ... Per forza facevo la doccia fredda ! ... E' il calcare di Venezia, "l'acqua calcarosa" che mi ha intasato il boilet mi ha spiegato ... Gli ho detto: "Ma non mi puoi cambiare il pezzo ... Non è più in garanzia ? ... "Sono passati quarant'anni !" mi ha detto ... Che garanzia vai cercando ? ... Sarà morto anche quello che lo ha fatto ..."

"Ma usi ancora il boilet ?"

"Sì ... Ho un boilet elettrico di quarant'anni fa ... A casa mia xe tutto vecjo ... E' una casa di fantasmi e di spiriti perché tutto funziona da se e a modo suo ... A cominciare dalla porta di strada che è tutta "automatica" e si apre e chiude quando vuole ... Ogni tanto la trovo aperta e penso siano entrati i ladri ... E' da quando una volta mi sono dimenticato dentro le chiavi e sono tornato a casa ubriaco. Ho provato ad aprire in tutti i modi con chiavi, cacciaviti, ferretti e grimaldelli: niente ! ... Una cassaforte ! ... Allora l'ho aperta "con le buone"... le ho dato un calcio facendola saltare sui cardini e strappandola dalla cornice e dagli infissi ..."

"S'è aperta immagino ..."

"Certo ... ma da quella volta pur avendola riparata fa quello che vuole ... O non si apre e rimane incastrata lasciandomi in strada ... o la trovo già aperta ... Ti ho già detto: la mia casa è un posto di fantasmi, funziona tutto a modo suo ... La televisione sul più bello che la guardo, una volta ogni morte del Papa, si mette a friggere e "bolsegàr" come se avesse il raffreddore, e poi si spegne ... oppure s'accende da sola nel cuore della notte ... Ma non basta ... Ho una macchina del caffè che fa fumo e scintille e poi mi fa solo acqua ... Un giorno o l'altro la butterò giù in canale lanciandola dalla finestra ... Ma è tutto così in casa mia ... La porta *dell'armadio con lo specchio in camera da letto si apre da sola cigolando alle due di notte ... Salto ogni volta per aria per la sorpresa ... Penso sempre che sia il terremoto ... o che venga fuori qualche "Anema" dall'Inferno ... Mi alzò sempre a guardare dentro, ma trovo sempre i miei soliti stracci e basta ... A casa mia manca solo che il frigorifero si metta a parlare ... Una volta o l'altra trascino tutto in strada e faccio mercatino ... e dopo vado a star via ..."*

"Dove ? ... Sotto a un portego o un ponte ? ... Ah Bubo ... Ti xe sempre un numero."

"Sì ... Un numero da giocare al Lotto o alla Tombola ... Magari vincessi qualcosa con i numeri ... Niente ... Neanche una palanca."

"Ma sei in pensione immagino ?"

"Ma che pensione ? ... Ogni volta che vado a chiedere ai sindacati e "all'Inpis" mi rispondono sempre che manca un anno o due anni ... Ritorno ... e manca più ancora di prima ... Non capisco che conti facciano ... Mi dicono sempre di aspettare la finestra giusta ... la finestra giusta ... Mi sembra d'essere un falegname con tutte queste finestre da fare ..."

"E come vivi intanto ?"

"Vivo ... M'arrangio ... Se mi va male venderò la collana di "mia màre" che porto al collo, o l'anello di "mio pàre" che ho qui sulla mano ... E poi si vedrà ... Vivo alla giornata ... un passo per volta."

"Ascolta ... Stiamo arrivando alla mia fermata ... Speriamo di vederci ancora ... magari più presto ... senza che passino di nuovo quindici anni ... Ci troveremo una volta come ai vecchi tempi a bere un'ombra e mangiarse un folpetto al solito posto in fondo alla Ruga del Gravàn ..."

"Non esiste più quel posto ... I vecchi padroni sono morti tutti: la Cea, Toni e suo figlio Bocàssa ... e anche i nipoti: la Milietta, la Pina e la Ninetta ... Morti tutti ... Andài a remengo insieme col bàccaro, l'osteria ... Gli eredi hanno venduto tutto: prima hanno aperto i soliti Cinesi un negozio dei suoi: quelli pieni di stràsse e carabattole ... poi hanno cambiato:

vendevano borse, carretti e valigie … Poi è cambiato tutto di nuovo … adesso vendono souvenir e gondolette di plastica brutta …"

"Ho capito …Va bene … Non importa …Andremo da un'altra parte … magari dove andavamo a giocare a bocce."

"Peggio che peggio … Anche lì: chiuso tutto … Non esiste neanche più l'esercizio … Ha comprato tutto un Francese che dell'osteria ha fatto uno studio per dipingere e sul campo da bocce pieno d'erba alta ci tiene una barca rovesciata tratta in terra dal canale … A Venezia è morto tutto … non è rimasto più niente di quello che c'era ai nostri tempi."

"Dammi almeno il tuo numero di cellulare … che ti chiamo qualche volta … per farti gli auguri a Natale."

"Cellulare ? … Che cellulare ? … Non ho neanche quello … Non mi piace tutta questa mania della tecnologia … tutta quella sofisticazione … Ogni volta la password, la password … anche all'Inpis vogliono sempre la password … i numeri, i codici … Siamo diventati macchine … Ci faranno diventare matti con tutte queste complicazioni … Un tempo accendevo la televisione e mi guardavo la partita e il pugilato … Adesso serve il decoder, la parabolica e la password, la password … Si paga tutto, è tutta una spesa … Io ho deciso che non parlo più con nessuno e non guardo più niente … Alla sera vado in letto e dormo … e al mattino mi alzo bonòra, presto …"

"E continui ancora ad andare ogni giorno a leggere il giornale da Rino Barbièr ?"

"Magari ! … Sai che fine ha fatto ? … E' andato in pensione, ha chiuso tutto, ha preso la vecchia e si è trasferito con armi e bagagli a Santo Domingo."

"Santo Domingo ? … Più in là sta solo il boia ! … Perché fino là in fondo ?"

"Perché lì si sta benissimo … da Dio … Fa la vita da ricco nababbo … Abita in riva al mare vicino alla spiaggia, e si è aperto bottega sotto casa … e *lavora quando ne ha voglia ... Un Paradiso ... Altro che qua con la "morte in vacanza" ... Gli dici stupido forse ?"*

"Assolutamente no ... Beato lui ! ... E Nino ? ... Nino del chiosco delle bibite e delle limonate ghiacciate ?"

"Basta anche lui ... Ha venduto tutto ... Non l'ho più visto ... sarà morto."

"Ma hai nipoti almeno ? ... non avevi due figli ?"

"Sì ... ne ho un paio di nipoti: maschio e femmina ... ma sono diventati grandi anche quelli ... Li vedo solo a Natale e Pasqua ... "Nonnetto un bàso! ... una caressetta ... un strucòn" ... in realtà passano solo per "tirarse la mancia delle feste" ... Vengono solo a chiedere soldi."

"E glieli dai spero ?"

"Che vuoi che faccia ... Certo che glieli do ... Per forza: sono sangue del mio sangue ... Pochi ... ma glieli do ogni volta ... Mi tolgo il pane di bocca e lo do a loro ... Chissà che abbiano più fortuna di me nella vita ... Vedessi la ragazza ... una donna ormai ... vedessi che bella creatura ... Assomiglia in tutto a sua nonna da giovane ... Ogni volta che la vedo mi pare di saltare indietro nel tempo e rivedere mia moglie ai tempi della nostra giovinezza."

"Sei diventato un orso solitario ... Bubo."

"Un lupo solitario vorrai dire ... anche se ormai senza denti e che perde il pelo."

"Ma non il vizio e la grinta ... mi pare."

"Mah ! ... Mi sa che ho persi anche quelli ... Beh ... Notte compare ! ... Stammi bene ... Se vedèmo ! ... Piacere d'averte rivisto."

"Va bene ... Se vedèmo se non morìmo prima."

"Ma va là ! ... Facciamo le corna ! ... Spero che Dio si sia dimenticato di me, e d'avermi fatto."

"Credo che non si dimenticherà, invece, l'Inferno, Satana e il Demonio Spalacarbòn ..."

"Sì ... Verrò a tirarti e prenderti per i piedi di notte quando dormi in letto con la tua vecchia."

"Beh ... Basta che non la spaventi e non la fai gridare ... e così ci faremo ancora altre due chiacchierate."

"D'accordo allora ? ... Un sprizzetto ? ... un caffè la prossima volta ?"

"Va bene ! ... Basta sta bene ... mangiàr e bever ... e tociàr qualche volta ... il resto non conta ... Ciao veccjo ! ... Ciao amore !"

Una stretta forte e un doppio colpo sulle spalle ha concluso la scenetta mentre il bus stava già frenando nei pressi della fermata. E' finita così l'ennesima puntata dei discorsi esistenziali di Bubo ... mitico, un Veneziano qualunque. Ultimamente aveva sempre una tosse paurosa, che sembrava rimbombare come dentro a una caverna ... e certi sputi micidiali che sembravano armi chimiche ... Bubo era un personaggio reale, esisteva a Venezia per davvero. L'ho incontrato e ascoltato spesso parlare, anche di recente ... e devo dire che il fatto mi diverte sempre perchè lo sento un personaggio vivissimo.

Gel da due soldi sui capelli ormai radi ... sopra a una calvizie ormai evidente ... Porta un paio di gran baffi *"alla Cinese", "pelati bene"*, da *"duro"* e da *"cattivo"* ... Indossa sempre una camicia azzurrina di tela grezza, da marinaio ... e ha addosso un intenso odore da sigarette e da nicotina, che lo senti arrivare dieci metri prima di vederlo.

Qualche tempo fa l'ho incrociato ancora di sfuggita per strada ... L'ho visto scendere a una fermata del tram, sputare per terra come il solito, accendersi un'altra sigaretta, issare un piede su per il muro di una casa per allacciarsi una scarpa ... e infine, allontanarsi per una stradina quasi buia dove il vento ormai autunnale strapazzava i rami degli alberi.

Poi basta ... Non l'ho più rivisto ... Chissà dove sarà andato a finire ?

***

_____*questo post l'ho scritto e pubblicato su Internet nel mio blog "Venezia" ospitato da Google: nel febbraio 2015.*

UNA VENEZIA INTORNO AL POZZO

Di Venezia si dice e si è già detto tutto … o quasi. Rimane da dire quella qualunque, spesso volutamente non detta, ma per questo non meno curiosa, sebbene lontana dalle maiuscole e pompose vicende storiche e artistiche che ben conosciamo.

E' una Venezia con le buche per strada e le fognature scoppiate che racconta delle polpette rubate da dietro il vetro del bancone di un **Bàcaro di Rialto**. Storie di vino annacquato e venduto sfuso travasato pazientemente da damigiane provenienti dalla campagna dentro a bottiglioni portati solennemente a braccia da bambini smunti e quasi cenciosi attraverso le solite callette, i ponti e le corti arcane e ombrose di sempre.

Non si tratta della Venezia del **Palazzo dei Dogi**, del **Ponte dei Sospiri** e di **Rialto**, della **Piazza delle Piazze** con la Basilica dorata, né di quella dei **Nobili Mercanti** che hanno percorso e solcato in lungo e in largo l'Europa e il Mediterraneo. Quella che ripenso e si vede oggi è una Venezia più *"casalinga"*, un po' *"fuori porta"*, inusuale, senza facciata e da retrobottega, con i vetri rotti delle finestre sostituiti da fogli di plastica trasparente o pezzi di cartone, e le rive e i gradini coperti di verde franati giù nell'acqua. Una Venezia di periferia ma non secondaria, apparentemente senza storia, vista in controluce e filigrana, nascosta fra calli e callette strette come capillari labirintici in cui perdersi, canali tortuosi dalle *"acque morte"*, a volte finiti del tutto in secca con la barca rimasta storta appoggiata sul fango.

E' una Venezia trasfigurata, che è stata evacuata e cancellata, integrata e resa *"altro e incolore"*, come se un immaginario rullo compressore avesse macinato e livellato tutto: persone, eventi e cose. Una città lagunare vissuta da popolani qualsiasi, uomini e donne alacri, Artigiani, Lavoranti, Marinanti e tanta gente senza volto né nome dediti a vivere … punto e basta.

Sono gli ultimi Veneziani, quelli d.o.c., quelli che erano vispissimi, vividi e arzilli, senza dei quali non sarebbe potuto accadere tutto quanto è accaduto ultimamente qui in Laguna. Gente schietta, a volte aspra e ruvida, tutta intenta soprattutto a procacciarsi il *"pane quotidiano"*, del tutto disinteressata ad apparire e primeggiare e lasciare vistose tracce nella Storia.

Una Venezia fatta di lavoro e cantieri, edilizia popolare approssimativa e a volte abusiva, con i camini fumosi aperti a mezza altezza in calle su grossolani buchi dei muri ... La Venezia dei ***"posti barca"*** eternamente contesi nei canali dimenticati e senza uscita che non portano da nessuna parte. Una città di persone che s'assomigliano un po' tutte ... Quei Veneziani si recavano al lavoro per una vita intera in maniera sempre uguale, senza squilli, *"automatica"*, attraversando albe piene di rondini e tramonti infuocati senza saper coglierli, vederli e gustarli. Un eterno uscire al mattino e rientrare di sera, percorrendo sempre la stessa strada, ripetendo ogni giorno le stesse cose ... Veneziane donne e casalinghe affaccendate dietro e dentro a quei muri del tutto simili, intente a correre dietro alla squadra dei figli, con la casa eternamente sfatta da pulire e risistemare, il pensiero fisso alla lavatrice da riempire o il bucato da stendere da una parte all'altra della calle, le spese da comprare e trasportare, la montagna mai appianabile delle cose da stirare ... dentro a estati torride e sudate piene di zanzare da scacciare nervosamente con un cenno della mano.

Una Venezia diversa, alternativa e spicciola, distinta da quella accattivante e romantica dei turisti da ospitare ed accalappiare. Sembra accadere altrove, sull'altra riva e dall'altra parte del canale ... lontano insomma dai soliti magici **Rialto** e **Piazza San Marco**.

Amo ricordare quei Veneziani anonimi che ignoravano l'autunno pieno di mestizia e di tonalità tiepide pastello che pittori estasiati provavano a imprigionare dentro alle tele e i disegni collocandosi sui ponti e agli angoli delle strade ... Quei Veneziani subivano l'inverno nebbioso, rigido e piovoso, con i vaporetti che per un motivo o per l'altro non transitavano mai, e l'acqua alta fino e oltre alle ginocchia e fin dentro a casa … che sembrava non voler mai decidersi a scendere calare.

La Venezia sempre uguale dei pensionati borbottanti e sdentati che camminano lenti ciabattando davanti e dietro a loro passi lungo le fondamente dritte che sembrano non terminare mai … Se ne vanno stretti dentro ai loro vestiti larghi fuori moda, a capo chino, pensierosi, intenti a far di conto con la magra *"minima sociale"*. Una città lagunare scanzonata, pratica, navigata, che la sa lunga … scarsa d'elegante galateo, popolana, irriverente e dal linguaggio sciolto e sboccato. Qualche volta trasgressiva, disponibile *"al miglior offerente"* per necessità o per mancanza d'alternative più che per deliberata e lucida scelta esistenziale.

Veneziani dediti *"alla causa di Venezia"*, fedeli, ligi, devoti, tifosi quasi fanatici dello sport, delle regate e delle Feste pubbliche espressioni rimanenti della grande Serenissima di un tempo che ormai non esiste più … Una Venezia talvolta un *"po' bassa"* e povera di cultura, impegnata nel lavoro, negli affetti e nel semplice *"campare"* … desiderosa che ogni anno ritorni finalmente il tempo di tornare nelle **Capanne in Spiaggia al Lido**, di celebrare la **Festa del Redentore** con i *"Balòni e i Foghi"*, i fasti di **San Marco in Bòcolo**, la **Sensa** di Venezia Regina che ha sposato e vinto i Mari, la **Madonna della Salute** con la candeletta e la castradina, **Nadàl** con le sue magiche atmosfere e i regali, **Carnevale** con le Marie e il Volo della Colombina che è diventata l'Angelo … e maschere, frittole, castagnole e galani, coriandoli e stelle filanti ormai capaci di durare sulla scena di Venezia tutto l'anno.

Quei Veneziani di Contrada erano e rimangono ancora migliaia, spoliticizzati e un po' disillusi tanto che non vanno quasi più a votare. Arrabbiati con i politici che considerano tutti imbroglioni a prescindere dal colore e dalla tessera. Senza peli sulla lingua li caricano d'epiteti e li canzonano per strada, sputando loro dietro e addosso a imitazione e in sintonia con quelli della Terraferma a cui riesce più facile scaricare un carro di letame davanti alla porta di casa di chi è stato smascherato andando in disgrazia a molti.

Sono quei cittadini lagunari che sfogano le loro frustrazioni e depressioni affidandosi magari al Lotto, alle Lotterie e al Casinò ... alle scommesse, ai *"Gratta e Vinci"* di turno, e perché no ? ... alle macchinette mangiasoldi da cui si spera di tirar fuori finalmente un colpo buono della Dea Fortuna ... Veneziani sognatori che sperano di andare presto in pensione, riempiono i discorsi di ogni giorno con mille calcoli, finestre, percentuali e uscite fantasticando di dedicarsi a viaggiare: *"Farei la bella vita ... leggerò il giornale al bar di sempre davanti a uno Spritz o un Prosecchetto ... Oppure andrò a pescare da mattina a sera con la canna in riva o in barca ... senza scadenze e impegni se non quello di vivere e morire ..."*

Una folla eterogenea di ultimi Veneziani talvolta sgargiante ed esuberante, che riescono ancora a raccontarti della miseria e della fame del **Dopoguerra** ... Ultimi Veneziani che si vestono ancora *"a festa"* alla domenica, indossando abiti fuori moda, mentre durante la settimana indossano generici connotati da *"proletari e lavoratori"* di questa città che ha chiuso per sempre le attività dei suoi ultimi cantieri.

Sono *"i reduci e le reduci"* dei tempi delle **Tabacchine**, del **Cotonificio**, del **Macello**, della **Fabbrica dei Cereri,** delle **Corderie,** dei **Cantieri della Giudecca** e dell'**Arsenale**. Oppure sono quelli che pendolavano ogni giorno fino a Marghera: **Montefibre, Breda, Montedison**, o nelle **Vetrerie** e **Conterie** di Murano ... Gli ultimi **Pescatori**, **Spazzini** e **Postini** di un tempo simili a guardie di quartiere che anche sotto alla pioggia, la nebbia, e dentro all'acqua alta sapevano tutto di tutti come i **Barbieri** e le **Parrucchiere**.

Fra questi c'erano anche i **Gondolieri**, quelli di un tempo però, non quelli benestanti e un po' smargiassi di oggi, quelli che consideravano la barca, i canali, Venezia, la forcola e i remi quasi un prolungamento, un allargamento di se stessi. La tribù dei **Camerieri**, degli **Esercenti dei bar** e delle vecchie **Osterie**, gli addetti ai servizi degli alberghi dagli improbabili **Portieri di Notte** tuttofare capaci di parlare a gesti ogni lingua del mondo, ai **Facchini** e **Tiracarretti**, alle *"inservienti e destrigaletti dei piani"* ... Tutto un mondo a parte, fatto di servizi e salamelecchi, moine, gentilezze, riverenze, mance e opportunità.

E poi gli **Ambulanti:** una lunga lista di mestieri scomparsi che si trascinavano in giro per Venezia, con i loro volti caratteristici, capaci di procurarsi ingegnosamente di che vivere per sfamare intere famiglie per diverse generazioni.

Erano i Veneziani *"Venditori di grano"* per i colombi in Piazza San Marco, i **Lustrascarpe** sotto ai portici, *"l'omino dei croccanti"* e dolcetti caramellati ai piedi del Ponte della Paglia, i **Venditori di carbone** con la gerla in spalla, **Squeraroli** e **Remeri**, l' *"Orbo cantastorie"* cieco, che cantava storie e pezzi di lirica ai piedi del Ponte di Rialto ponendosi in pendant a quello che offriva solo biglietti della Lotteria di turno.

Frittolere e *Frittoline* in chioschetti s'alternavano a **Venditrici di minestre**, *"succabarucca"*, **Granitere** e **Gelataie**, **Caldarostaie** e **Marronare**. Nelle barche dentro ai canali passavano gli ambulanti delle **Angurie, Cocco, Olio, Ghiaccio** ... mentre le **Bigolanti** vendevano per strada semplicemente acqua. Agli angoli di alcuni campi c'erano le **Fioraie**, le **Venditrici di uova e verdure** oppure: i **Venditori di bottoni, nastri e "stricche-balacche"** alla rinfusa ... Sempre lì, intorno al pozzo o alla fontana si lavava la biancheria dentro a tinozze di legno e zinco, e ci si spartiva la vita e i pettegolezzi circa tutto il mondo ... che in realtà si riduceva ad essere solo quella ristretta Venezia che avevano intorno.

Era sempre uno spettacolo osservare le donne col di dietro ondeggiante in aria mentre chine dentro ai grandi mastelli pieni di panni affogavano il bucato in mille schiume. Lo alzavano pesante e grondante dopo averlo *"spazzettato"*, e lo strizzavano energicamente in aria con braccia muscolose tese, e visi imperlati dal sudore e dalla fatica ... ma sorridenti.

Altri *"solitari della professione"* offrivano ai turisti in giro per Venezia solo attaccapanni, cartoline sfuse, gondolette scontate perché affette da invisibili difetti, oppure con un sombrero consunto in testa e grandi baffoni uncinati, sfoggiando una cascata di vocaboli improbabili storpiati in *"multilingua"* e privi di senso, vendevano taccuini e portafogli di bassa qualità ma rigorosamente con la scritta: *"Venezia"*.

Sulla porta di casa o in bottegucce asfittiche lavoravano indomite **Merlettaie**, quelli che confezionavano a mano ciabatte e *"Furlanine"*, *Calzolai, Stramassèri-Materassai, Tappezzieri, Fravi, Careghèta, Botteri, Robivecchi, Lustrini e Sarti* ... I Vigili Urbani, Carabinieri, Pompieri, Ambulanze e Pompe Funebri andavano in giro e si spostavano rigorosamente in barche a remi, l'**Ombrelletta-arrotino** ossia il *"Guètta"* girovagava per ogni Contrada insieme al *"Tacabanda"* con piffero, tamburo e piatti attaccati ai piedi e alle braccia incrociandosi con garzoni fischiettanti con le gerle del pane in spalla, o con ceste e vassoi carichi di dolci portati in equilibrio sopra alla testa.

In **Campo San Bortolo**, per le **Mercerie**, davanti alla **Calle della Bissa**, o ai piedi del **Ponte dell'Accademia** gridavano gli **Strilloni dell'edizione dei giornali della sera**, sul bordo dei canali sostavano i *"Gansèr"* di professione per accalappiare e accostare le barche.

Esistevano ancora i *"Fittabatèle"*, *"Battipalo e Scavanacali"*, **Spazzacamini** e **Spazzini** biscottati dal sole o con lucide cerate sotto gli scrosci della pioggia. Portavano a spasso scope di saggina e bidoni ammaccati, unti e puzzolenti su carriole inverosimili che sembravano finestre con le ruote ... S'aggiravano per calli e campielli da prima dell'alba e fino a tramonto inoltrato, quasi come presenze di fiducia riconosciute da tutti. Li incontravi sempre su e giù per i ponti e in ogni angolo e anfratto nascosto della città, e finivano spesso a *"squacquarare"* in osterie e bettole di cui facevano ogni giorno il giro completo ... Di fuori intanto, circolavano a ogni ora le *"Mamme dei gatti"* sempre pronte a nutrire flotte di corpulenti e pigri *"Mici"* randagi che erano i veri padroni e re della contrada e dell'intera città, sovrani indiscussi sui topi e pantegane, capaci anche di tenere in soggezione cani e qualche volta anche i *"Cristiani"*.

Tutto questo accadeva in una Venezia dai muri scrostati, condomini anonimi dalle scale erte ancora in legno e sopra a pavimenti dondolanti e ondeggianti come l'acqua dentro ai canali. Succedeva in aree cittadine ancora prive di fognature e di pavimentazione stradale, coi cavi del telefono pendenti come festoni da una parte all'altra della Calli, sui quali si allacciavano in tanti alternandosi nella comunicazione … In certe periferie si rammendavano per strada le reti asciugandole al sole, stendendole sulle rive o appendendole ai muri delle case …. Ci si riforniva di tutto quanto serviva per vivere sottocasa entrando in bottegucce minuscole e buie ma benfornite, in cui si andava a comperare facendo annotare la spesa su un quadernetto i cui debiti bisognava saldare a fine mese, appena fosse arrivata *"la paga"*.

Biavaròl, Lattaio, Luganeghèr, Fornèr, Ferramenta e Colori, Fruttariòl … sapevano tutto di tutti, ti vedevano nascere e crescere, e sembravano quasi gente di famiglia … Nelle osterie fumose e giallastre si convergeva a bisbocciare, bere ***"un gòto"***, fumare, raccontarsela di politica e lavoro, e giocare a carte fino a notte alta davanti ai soliti che erano *"amìsi e compàri"*, ossia *"sòrma e bòni fiòi"* coprotagonisti di tutta la vita da sempre.

A notte fonda finivano spesso a ridere e cantare ubriachi fradici, ed era normale che qualcuno venisse a ricondurre a casa *"a braccia"*: mariti, padri, fratelli, zii e nonni. A casa c'era la moglie in ciabatte e vestaglia a fiori, o la madre tondotta e carica di figli che teneva energicamente in pugno la situazione. Era sempre pronta ad accoglierli, riempirli d'improperi e qualche pizzicotto fino a calargli qualche volta sulla zucca una buona ma amorevole randellata … In fondo quelle mogli, sorelle, figli e madri continuavano a voler loro bene come nei primi tempi della giovinezza, quando tutto era più facile e semplice e molto diverso dagli ultimi tempi e dai giorni diversi e difficili di oggi.

Di mattina presto si poteva incontrare in giro per Venezia **Pescatori** trasandati, odorosi di *"freschìn"*, col secchio del pescato e dei molluschi, che andavano in giro a vendere e collocare il pescato porta a porta, nelle trattorie, osterie e ristoranti dov'erano conosciuti e attesi ormai da una vita intera … Le donne calavano giù dai piani alti un cestino con la corda dove porci dentro il quotidiano già letto da altri, la spesa, il latte e il pane portato a domicilio … Oppure le stesse donne scendevano in strada andando in giro per la spesa cariche di sportule, borse e borsette … o tirandosi dietro uno sgangherato carrellino dalle ruote dondolanti che finivano per perdere per strada ... Di ritorno s'infilavano dentro a qualche bar o tabaccheria per bersi *"un'ombra"* o mangiarsi gli ultimi spiccioli giocandoseli al Lotto o sulle moderne macchinette mangiasoldi. Quasi ogni giorno c'era la fila all'entrata di certi sportelli dove si provocava la *"Dea Fortuna"* imbastendo e amalgamando numeri, sogni, desideri e cabale, valutando quanto era accaduto di notte, capitato in casa, o in giro per tutta Venezia durante il giorno o nei discorsi delle amiche e vicine.

Sul mezzogiorno, sul ciglio della riva o sulla porta di casa si arrostiva il pesce con la carbonella sulla graticola nera, e s'inondava la Fondamenta di profumo facendo venire l'acquolina in bocca a tutti i passanti.

Nei pomeriggi assolati che sembravano non trascorrere mai, alcune donne s'affacciavano alle finestre a chiacchierare con le dirimpettaie, o rimanevano rintanate in casa intente a canticchiare mentre preparavano la cena, o pulivano e spolveravano case povere ma linde e lucidissime. Altre, invece, fra cui le più attempate, se ne rimanevano sedute in strada e *"da bàsso in Corte"* davanti a casa a *"impiràrperle"*, a pisolare, a lavorare a merletto, giocare a tombola, *"giràr rosari"*, o semplicemente stando in *"compagnia"* spartendosi le novità e le preoccupazioni del giorno, mangiando l'anguria, cantando qualche vecchia canzone, o ripetendo vecchie usanze e proverbi, dicendo *"strambotti"* fino a *"pisciarsi addosso dal ridere"*... finchè poi calavano le ombre lunghe della sera e uno dopo l'altra rientravano e salivano lentamente in casa sporgendosi allora dai balconi, e imbastendo come una scia della giornata che durava fino a quando faceva buio del tutto.

Era una Venezia *"estrema e periferica"*, un po' sfatta e concreta, a volte aspra ed essenziale ... Quella della **Giudecca, Sacca Fisola, Castèo, Baia del Re e Santa Marta** ... Quella dei Centri Sociali raccoglticci, delle occupazioni abusive delle case sfitte, delle famiglie numerose cariche di figli che a loro volta erano dediti ad occupare scuole, licei ed università intrigandosi a manifestare in piazza e per la strada. Grumi di Veneziani che s'incazzavano, discutevano e s'arrabbiavano per davvero, scioperavano sul serio e con impegno, tanto che anche quello pareva quasi un mestiere.

"Andavamo a caccia dei crumiri di turno e li aspettavamo fuori della porta della scuola ... Non come oggi che si sciopera soltanto per scampare ed evadere dalle interrogazioni e dalle lezioni ... A Carnevale tiravamo addosso alle donne in pelliccia uova marce e borotalco per contestare lo scempio degli animali e della Natura ... Facevano calare le serrande delle botteghe, bivaccavamo per giorni e giorni nei posti occupati fumando e facendo all'amore ... e alla fine le ragazze rimanevano incinte ... e allora erano guai e complicazioni per tutti, e ci toccava far giudizio finendo col sposarsi in fretta e furia davanti all'altare di mattina presto e di giorno feriale, o per lasciarci e abortire fra mille problemi e difficoltà ...

Altri tempi ! ... E che tempi !

Ora le case del Comune e del Quartiere che occupavamo e frequentavamo tutto il giorno fino a notte fonda come fosse una nostra seconda casa, sono diventate rifugio dei tossici che sfondano porte e finestre murate e sbarrate, e tagliano la grossa catena che chiude l'entrata ... Che miseria ! Che tristezza !"

"Era una Venezia che a volte un po' abbaiava e ringhiava ... Ma si sa: "Can che abbaia non morde." ... O per lo meno non lo farà sempre e spesso ... La Storia ha sempre riservato sorprese ... Ci ha perfino raccontato che in questi posti un venditore di souvenir è diventato terrorista spietato, un gondoliere ha saputo diventare Campione Olimpionico ... un umile Patriarca ha saputo trasformarsi da chierichetto figlio di contadini addirittura in Papa Buono ..."

"Era una Venezia di Contrada, semplice, popolare, apparentemente ostica e furba, un po' temuta e talvolta prepotente, ma in fondo fatta di "buona e brava gente", desiderosa solo di sopravvivere difendendo in qualche modo quel poco che avevano o consideravano importante ... Oggi è rimasto solo lo scheletro di quel tipo di persone, la sagoma e la fama di quei tempi ... Al loro posto c'è qualche bulletto che cerca di darsi

un tono provando senza successo ad ispirarsi a quei "nomi" che non ci sono più ... Non è certo un barchino regalato da papà, col motore grosso, la prua per aria e lo stereo sparato a mille ... né i tatuaggi, la cresta in testa, l'orecchino e i pendagli che tappezzano il corpo ... nè tantomeno la parola grossa, sboccata e provocatoria, il gesto intimidatorio che conferiranno a questi buzzurri imberbi un'identità simile a quella dei Veneziani di Contrada di ieri ... Quelli rimangono inimitabili."

"Quelli di oggi non sono dei veri duri come certi Veneziani di ieri, sono solo spacconcelli e sbruffoni, ragazzini esuberanti senza midollo ..."

"Sono galletti, piccoli gaglioffi che vorrebbero incutere soggezione e mettere paura, ma che scappano subito quando arriva uno "più forte e grande" che dirà loro soltanto: "Bùh !"

"La nostra Venezia di ieri era un po' monotona e ripetitiva, non accadeva granchè ... e non c'erano tutte queste folle e greggi di turisti asfissianti ... Eravamo persone semplici, laboriose, ci accontentavamo di poco ... La nostra vita accadeva lineare e un po' piatta come le lunghe e uggiose giornate di pioggia invernali in cui Venezia sembra essere tutta uguale ... Si finiva per vivere sempre dentro alla nostra zona e alla stessa Contrada..."

"Pensa che mia sorella fino a quarantanni non è mai andata fino in fondo a Castello, dall'altra parte di Venezia ... e mio suocero ha visitato l'isola di Torcello solo a settant'anni ... Immaginiamoci andare fuori dalla Laguna, o altrove in Terraferma ... Andavamo al massimo in viaggio di nozze fino a Padova, e solo i più fortunati raggiungevano Firenze o Roma ... Napoli poi era per gli extraterrestri."

"Noi, io e mia moglie, siamo andati, infatti, fino a Napoli, dove appena giunti e usciti fuori dalla stazione dei treni ci hanno rubato puntualmente tutte le valigie e anche l'orologio dal polso ..."

"La nostra era una Venezia dalla Storia incerta, composta di memorie traballanti a cavallo fra miti e leggende ... Ne sapevamo poco, ed eravamo privi delle conoscenze e della rigorosità scientifica dei

ricercatori, degli storici e studiosi di oggi ... Ricordo di un nostro vecchio amico di tanti anni fa, che chiamavamo "il professore". Era un appassionato di "Venezianità", e ci raccontava di certe sue indagini mai pubblicate, raccolte e scritte su fogli e foglietti ingialliti con la sua tipica scrittura svolazzante ... Mescolava fonti sconosciute e citazioni dei Classici Latini, interpretazioni personali e brandelli di vicende storiche autentiche ... Ci diceva che in un tempo remoto a San Silvestro di Rialto esisteva un "Tempio pagano delle Lagune" antichissimo, collocato sotto a dove oggi si trova la chiesa chiusa ... poco lontano dall'Emporio di Rialto. Era entusiasta di comunicarci quella sua scoperta tratta da un mozzicone di notizia ... Ci raccontava tutto con grande fervore, quasi con un senso di conquista ... Diceva di una Laguna prima ancora che ci fosse Venezia, i cui abitanti erano salinatori e pescatori, ma assidui devoti prima ancora che si parlasse del Cristianesimo ... La Laguna era quindi già da allora un luogo mistico, un posto d'incontro fra Cielo e Terra, molto prima che le isole venissero punteggiate da tutte le chiese e i monasteri di cui sono rimaste le tracce e i resti fino ad oggi ..."

"Non esistono più persone del genere ... quasi cantastorie, cantori entusiasti del Passato."

"Ai nostri tempi Venezia era ancora contornata dal cordone sanitario delle isole con i manicomi di San Servolo e San Clemente, i sanatori della Grazia e di Sacca Sessola ... Erano attive anche le "Batterie" e le "Polveriere" delle Isole, ancora occupate e vigilate dai militari come San Giacomo in Paludo, la Certosa, la Madonna del Monte e tante altre ... Ricordo ancora le ombre dei militari armati avvolti nella nebbia e sotto alle loro palandrane cerate e bagnate, che andavano avanti e indietro lungo i perimetri di cinta o dentro e fuori dalle loro buie garitte "facendo la guardia" al niente ... mentre la Laguna era attraversata dai Trabaccoli carichi di legna e carbone provenienti dall'Istria, e dalle ultime chiatte che discendevano fino in Laguna lungo i fiumi."

"Quando sono giunto ad abitare a Santa Marta, ormai più di trent'anni fa, ho fatto a tempo ad incontrare e conoscere uno degli ultimi che hanno

segnato per davvero la storia minima di quella contrada veneziana. Era una specie di piccolo "boss" rispettato e stimato da tutti ... Ce n'erano diversi come lui in giro per le Contrade ... almeno uno per Contrada ... Un uomo arzillo e pimpante, sebbene ormai avanzato nell'età ... Risiedeva proprio nel mio stesso condominio. Era un personaggio apparentemente tranquillo e silenzioso, rigorosamente abusivo nel suo alloggio dal quale entrava e usciva alternandolo con l'ospitalità delle "patrie galere" ... Era temutissimo, "un nome"... Sapeva tutti i trucchi del "mestiere", ed era a conoscenza di "morte e miracoli" un po' di tutti. A vederlo, sembrava un po' "un'arma spuntata", uno che aveva "già dato" vivendo la sua stagione migliore, un mezzo rubagalline, mala sua fama e il suo prestigio, invece, erano ancora vivissimi, e continuava a godere di ampia considerazione da parte di molti della Contrada. Aveva ancora tutto un suo "entourage" che si riferiva e fidava di lui, e di cui lui all'occorrenza si serviva "smanacciando" e intrallazzando in tutta la zona del Porto ... Mi diceva un giorno accarezzando dolcemente i riccioli del mio bambino: "Ecco che cosa mi è mancato nella vita: un figlio ... Ma ormai è troppo tardi, son quasi "cotto", e le mie "attività" sono ridotte ad essere un po' da pensionato ... mi accontento di suggerire "qualche buona dritta e dar dei validi consigli" ... Non ho più fisico per lasciarmi coinvolgere in azioni concrete più impegnative ... Mi accontento di mangiare una volta al giorno ..."

Mentre mi parlava l'avranno salutato almeno in venti passandogli accanto, e lui quasi ogni volta si avvicinava al loro orecchio per bisbigliare qualcosa ... La sua intraprendenza e il suo "stile" erano rimasti quasi intatti, anche se le sue "imprese" si era ridotte solo a impossessarsi dei tavolacci dei lavori pubblici per buttarli dentro alla stufa, o a gettare giù per la tromba delle scale un paio di Zingarelle troppo intraprendenti e dalle mani lunghe ... insieme al loro grosso e determinato protettore accorso in loro aiuto.

Negli ultimi suoi giorni lo incontravo solo sul pianerottolo delle scale di casa, era sempre gentilissimo e cordiale, con l'occhio ancora acceso e attento ... finchè è giunto "al capolinea", come diceva lui: "senza lasciare eredi e successori e portandosi "nel cassone" tutta la sua illustre fama".

"Io, invece, ricordo un "poco di buono" che s'inventava ogni giorno mille cose per "sbarcare il lunario" per se stesso e la propria famiglia ... Se comprava dieci sacchi di cemento per qualcuno arrivava con nove perché uno immancabilmente l'aveva "perso" ossia già piazzato per strada, o inspiegabilmente non glielo avevano consegnato. Lavorava, se lo faceva, dieci ore al giorno chiedendo che gliene fossero pagate o anticipate dodici o di più ... Si sapeva quando partiva per qualche faccenda ma mai quando sarebbe tornato perché aveva sempre da compiere "complessi giri extra" da cui doveva trarre obbligatoriamente "qualcosa" ... Se partecipava a un trasloco c'era sempre qualche cosa "inutile" da piazzare, un fagotto che "avanzava", o qualche pezzo che prendeva in prestito e affidava "momentaneamente" a qualche rigattiere o antiquario compiacente. Chissà perché quando passava o c'era lui accadevano sempre cose inverosimili, o finiva per mancare misteriosamente qualcosa.

Però con lui e con i suoi metodi si riusciva anche a portare a termine con successo diverse "procedure e affari in sospeso", e qualche volta si riusciva a sciogliere impedimenti imbrogliati e intoppi burocratici che andavano troppo per le lunghe ... Ci pensava lui ... Entrava in qualche ufficio, borbottava qualcosa in qualche orecchio, fermava qualche impiegato per strada, o andava in giro a "salutare" qualcuno o suonava qualche campanello d'abitazione ...

"Ma come ha fatto ? ... Come è riuscito ?" chiedevamo meravigliati.

"Mah ! ... Miracolo ! ... Mistero ! " rispondeva guascone e sorridente intascando il meritato premio di mancia. Un giorno ci rivelò il suo trucco: "Dico solo che non ho alcun problema a dare loro fuoco alla casa ... Non ho niente da perdere ... Perciò loro ci cascano."

Più di qualche volta chiedeva piccoli prestiti in contante da restituire entro un mese "promettendolo su moglie e figlia" ... ma si sapeva già che quei soldi non si sarebbero più rivisti ... Chissà perché se ne "dimenticava" sempre.

Amava ripetere e spiegare: "La mia memoria non è più buona come quella di un tempo ... Beh ... per questa volta, nel dubbio, scriviamoli sul ghiaccio."

Diceva sempre di non aver mai bisogno di niente e di nessuno, non chiedeva mai "la carità", odiava gli enti assistenziali e l'andare a chiedere l'elemosina per strada o in giro per le chiese e i conventi, ma più di qualche volta la sua famiglia languiva nel freddo dell'inverno, indossava abiti dismessi dai vicini di casa, mentre lui trascorreva ore davanti alle macchinette mangiasoldi o delle scommesse impegnandosi allegramente, visto da tutti, fino a 200-300 euro al giorno.

"Io so bene il fatto mio ... e conosco bene queste cose ... E' solo questione d'imbroccare la combinazione giusta ... e prima o poi sono certo che faranno la mia fortuna ..." ripeteva sempre dentro al capannello che gli si formava inevitabilmente intorno. Nessuno mai l'ha visto vincere qualcosa..."

"Non c'è più neanche la Gina che abitava di fronte a noi col suo balcone ricoperto da una cascata di fiori coloratissimi. La vedevamo spesso in cima a una sua scaletta sgangherata intenta a canticchiare spensieratamente "Canzoni d'Amore" mentre cambiava ancora una volta le tende del soggiorno seguendo le stagioni dell'anno ... Poco prima di Natale metteva su le tende lavorate e pregiate, "quelle buone per le Feste" diceva ... Poi c'erano quelle "sgargianti e fiorite" adatte a Carnevale e Primavera. Più tardi era il turno di quelle traforate ed estive, sottili e leggere come una garza ... per poi ritornare in autunno di nuovo a quelle eleganti, ma "neutre e da battaglia" adatte per un salotto che fosse "di tutto rispetto ... almeno fino a Natale."

Oggi sul suo terrazzino è rimasto solo un mucchietto di vasi vuoti ammassati in un angolo sotto alla nuda e spoglia ringhiera di metallo. Sotto alle finestre dagli scuri sbiaditi che stanno andando in pezzi, è appesa una bandiera colorata "della Pace" slavata dalla pioggia, e un lenzuolo sbrindellato con la scritta: "NO GRANDI NAVI !".

Non s'intravede più il salotto superspolverato e tirato perfettamente a lucido con la cera sul pavimento ... si nota ora una bandiera nera dei pirati appesa alla parete, e un poster di una giovane donna nuda con un lato arricciato e penzolante ... Roba da studenti miserelli e sfaccendati."

Potrei aggiungere mille altre cose e aneddoti di quella che è stata ed è indubbiamente una Venezia più modesta, di seconda mano, ma in ogni caso non priva di un suo fascino speciale. E' come andare a frugare dentro alle pieghe di un vecchio abito elegante e prezioso ma dimenticato ... con i buchi delle tarme, lo strappo ricucito e i bottoni mancanti andati ormai perduti.

"Si tratta comunque di una Venezia che oggi si prolunga e continua in quello che da anni spaccia sotto agli occhi di tutti, e si porta a letto la moglie spiantata del vicino che si paga in questo modo l'ennesima dose ... La Venezia dello sballo e del girare a vuoto su se stessi intasando fino a ore impossibili il Campo Santa Margherita e le zone limitrofe, costringendo la gente che vive in quei posti a trincerarsi, premunirsi, armarsi di telecamere, cancelli, dissuasori e quando altro ... Inducendo le vecchiette già alle sei di sera ad inciampare fra mille piedi immobili sui gradini del ponte intasati di gente, indotte a chiedere il permesso per passare e a difendersi perché riprese malamente da quattro giovinastri squattrinati ..."

"E' anche la Venezia delle coppiette che si appartano a far l'amore facendo dondolare la barca in mezzo al niente della Laguna ... la Venezia del vagabondo che dorme fra i cartoni sotto ai portici, in fondo a una calle, su di una panchina sotto al People Mover, o negli angoli più impensabili dei palazzi e delle Contrade usando come cuscino una borsa con i suoi pochi averi."

"E' vero ... è una Venezia un po' squallida, senza trucco, scapigliata, di seconda mano ... ma che in ogni caso accade ed esiste accanto a quella

splendida dei turisti, delle manifestazioni internazionali, dei personaggi e dei convegni. E' Venezia anche questa ... un po' color seppia, da dagherrotipo e vecchia stampa. Venezia un po' dell'altroieri che va sfacendosi, consumandosi e scomparendo ... o è già scomparsa del tutto."

"E' una Venezia un po' sciolta al sole, di un'epoca portata via dall'ennesimo trasloco o dentro alla tomba di uno degli ultimi vecchi che ha terminato d'interpretare ruoli, storie e certi modi di fare che non esistono più ... E' una Venezia un po' così, un po' esaurita, esausta ..."

L'altro giorno evadendo dalle chiacchiere e dalle considerazioni, me la sono riguardata e rivista questa Venezia un po' dismessa, e in ciabatte e pigiama.

L' aria non era più sciroccosa, bagnata e salmastra, ma si stava via via rivestendo del freddo invernale ... In questi ultimi giorni di umido novembre Venezia è come assente, non pervenuta ... Ci ho gironzolato dentro più volte: molti ristoranti e pizzerie sono deserti o perfino chiusi e sbarrati, non c'è l'euforia della marea asfissiante e ridondante dei turisti estivi che intasano ogni angolo ... e non c'è ancora l'illusoria frenesia dell'imminenza delle festività natalizie che fa riversare tutti in strada a caccia di *"qualcosa"* da ricevere o piazzare. Venezia sembra rivitalizzarsi di nuovo in quei giorni di Vigilia, ma in realtà cela un suo volto che è cambiato diventando diverso.

Non ci sono quasi più i Veneziani, e i pochi rimasti non sembrano più loro, *"quelli"* di un tempo. Molti ... troppi, se ne sono dovuti andare lasciando Venezia in altre mani, talvolta in balia di se stessa e dei suoi splendidi ricordi.

Ogni tanto tendo l'orecchio e ascolto per strada i reduci Veneziani qualsiasi: *"Venezia non è più lei, è diventata a mezze tinte, quasi dimessa ... E' un po' in ciabatte e in abito da casa ..."*

"Per me è peggio ... Venezia oggi disinnamora ... Anche se continua a camuffarsi e mostrarsi ammaliante e procace, in realtà sta perdendo molto della sua misteriosa bellezza cangiante ... Venezia è vecchia ... sa un po' di cimitero ..."

"Ognuno la vede a modo proprio … Che sia cambiata, questo è vero: se guardi "fuori casa" non ci sono più le donne sedute in corte sulle seggiole impagliate, i nugoli di ragazzini scatenati che intasavano campielli, rive e calli … Vedo solo studenti intenti a chiacchierare per ore col bicchiere dell' "happy hour" in mano … Quelli un po' adattati a bivaccare nei pianoterra, quasi accampati in libertà … Ne conosco alcuni: hanno la bandiera nera dei pirati attaccata al muro per coprire le chiazze dell'umido, i mobili scompagnati, un cartello dei vaporetti pescato in acqua come soprammobile, il frigo sempre semivuoto, un vecchio poster che pende arricciato da un lato sostenuto da mille mani e metri di scotch appiccicato e riappiccicato … Hanno sempre i lumino acceso anche alle tre di notte … e non sempre per studiare perché fanno anche certi bagoli e festini che il mezzogiorno giorno dopo li vedi in giro come zombie, col mal di testa e gli occhiali da sole anche se sta diluviando …"

"Esiste anche una Venezia un po' "con le toppe sul culo", ben lontana dall'essere il capolavoro raffinato, magnetico e splendido che per secoli ha richiamato visitatori curiosi da tutto il mondo … E' una Venezia con i polsini e il colletto della camicia consunti, rovinati e ingialliti dall'uso e dal tempo … Con qualche fondamenta sgretolata e scivolata giù in acqua, la fognturaa che trabocca per strada, le vetrine coperte di carta di giornale con la scritta mezza staccata: "Vendesi" o "Affittasi" che nessuno osserva neanche più …"

"Tuttavia Venezia rimane sempre fascinosa di scorci, calli e palazzi … E' comunque come una bella donna che non diventerà mai improvvisamente una brutta racchia anche se sono trascorsi gli anni."

"E' vero ! … In qualche stagione Venezia mette in mostra quel che resta del "meglio" di se stessa mentre navi e aeroporto vi travasano dentro qualche migliaio … o milione di turisti … Ma è un palliativo, un'iniezione economica fittizia atta solo a farla ancora galleggiare … E' un "attivo" buono solo per le tasche di pochi …"

"Venezia sa ancora vestirsi elegantemente da gala e sera per collocarsi al bordo del grande tappeto rosso della Mostra del Cinema … Oppure induce *ancora molti ad aggirarsi a bocca aperta ... a tirare gli occhi miopi entusiasti di quel che vedono, a trastullarsi in giro per le sale e i padiglioni spersi della Biennale ... Venezia volendo sa ancora generare sorprese ..."*

"Qualche volta Venezia ti fa correre ad affacciarti in riva al Canal Grande per goderti "il fresco notturno" e la cantilena neniosa e surreale delle gondole inghiottite dalla notte."

"A volte i gondolieri mi fanno ridere ... Che c'entra Venezia con "O sole mio" cantato a Napoli, o con: "Nel blu dipinto di blu ..." ? ... Venezia a volte è ridotta proprio a Luna Park, ribalta, macchietta e teatrino ..."

"Ma c'è anche Venezia che va ancora a sedersi in barca e si entusiasma sui remi agonistici della Regata Storica ... sul "Bucintoro" che sfila in parata al suono di trombe, trascinando il manto rosso disteso sull'acqua col Doge posticcio benedicente sulla scia nostalgica dei vecchi fasti antichi ... Ci sono ancora le "Remiere" degli appassionati della voga, degli spazi aperti e di tutto ciò che è "Laguna"..."

"Anche se è un vogare che più di qualche volta si riduce a rincorrere succulenti pranzetti a pesce e vino sulle rive di qualche isoletta remota della laguna ... Alla fine li senti tutti cantare briosi: "Viva San Marco ! ... Viva le glorie del Nostro Leon !"

"Bellissimo ! ... I Veneziani sono ancora vivi ... Anche se ad ogni angolo imperversano sempre più i Bed & Breakfast spuntati come funghi dopo la pioggia assieme ai negozietti semideserti di souvenir e maschere, e alle bancarelle date in subaffitto agli asiatici che riescono ugualmente a campare di niente."

"Venezia è diventata un insieme di antiche osterie e i vecchi bàcari fasulli e posticci, con i Cinesi dietro al bancone che ti accolgono sorridenti col bambino in braccio ... Trovi Cinesi ovunque: nelle boutique, nei negozietti asfittici in cui tocchi il soffitto con la testa, nei bar, negli alberghetti ... Sono dappertutto ! ... Hanno rilevato tutto pagando in contanti ... E non ci sono solo loro, si sono aggregati: Thailandesi, Coreani, Vietnamiti, Indonesiani, Filippini ... Per le strade imperversano i "vu cumprà",

Marocchini, Senegalesi, Egiziani, Tunisini e tutti gli altri … Tutta gente di un'ondata storica di ambulanti sopravenuti a Venezia in questi ultimi decenni, che l'hanno riempita fino a popolarla del tutto …"

"Venezia è sempre stata storicamente eterogenea e disponibile … Ha sempre ospitato tutti … Oggi prevalgono gli Asiatici e gli Africani … Abbiamo l'Asia e l'Africa in casa … ma non è una novità."

"Sono i Veneziani, invece, che sono sempre meno, sempre più pochi …"

"Un tempo Venezia era sinonimo di Mercandia e Mercatanti, Contrade piene di vita e Veneziani vispi … era l'Emporio Mediterraneo febbrile e odoroso di Rialto … Oggi Rialto è diverso, è vuoto, non c'è più nessuno, non è più quello di un tempo… Nessuno tratta e sposta più avori, ambre dal Baltico, balle di stoffe e cotone, drappi d'oro, perle e profumi, ebano e porpore, mirra e incenso, le spezie colorate e gli aromi e il sudore degli schiavi posti in vendita, i pellami lavorati … i mucchi di zafferano, zucchero, coriandolo e chiodi di garofano … Nessuno fa più rotolare sulle rive le preziose botti piene di olio e vino provenienti dal Levante, da Malvasia, dalla Grecia e dalla Puglia … Annusa l'aria ! Stassera a Rialto c'è solo odore di vin brulè e caldarroste … e di acre piscio negli angoli …"

Smetto d'ascoltare, e mi guardo intorno … Mi trovo proprio a Rialto. Dentro a un'antica bottega sotto alle volte c'è un Orese-Orefice intento a leggere il giornale dietro al suo bancone. La moglie silenziosa gli sferruzza a maglia accanto, mentre il cane acciambellato dorme sul tappeto per terra … Gli ori in mostra per i quali venivano a Venezia dai posti più sperduti del Levante non ci sono più … Al loro posto c'è solo silenzio, immobilità, e attesa annoiata di qualcosa che non accadrà probabilmente mai più.

Dieci metri più avanti il barbiere senza clienti guarda la televisione … i tavoli dell'altrettanto antica osteria sono disertati, come i portici e le volte tenuamente illuminati e spazzati dal vento. Una lanterna pendula dondola illuminando la scena … il gobbo dove si facevano i proclami sulle **"Scalee di Rialto"** è scuro, ignorato e tralasciato da tutti: non c'è più niente da annunciare e proclamare.

Un tempo i Veneziani e le massaie andavano all'edicola a *"comprare la notizia e le novità"* e a spettegolare di tutto il mondo di fronte alle copie misteriose del *"Le figarò"*, *"The Thimes"*, *"L'Osservatore Romano"* e *"Der Spiegel"* ingialliti e appesi con le mollette della biancheria ... Quelli erano giornali *"incomprensibili"*, come segnali alieni provenienti da un altro mondo lontano e quasi irraggiungibile ... Stassera, invece, dentro alla penombra serale della stessa edicola, al chiarore di un lumino pallido e dietro a una montagna di souvenir penduli e bigiotteria da poco, c'è un asiatico minuto e solitario che se ne sta seduto dentro sopra a una seggiolina precaria. S'abbuffa avidamente con la sua cena traendola da un *"barattolotto"* scuro appoggiato sulle ginocchia ... Ha la barba sfatta, i capelli arruffati e lucidi, e indossa un abbigliamento spiegazzato, tristo e dimesso, come tutto ciò che lo circonda ... Non c'è anima viva che si fermi e sosti per comprare qualcosa ... Non esiste più *"l'edicola dei giornali della contrada"*.

"Una bottegaia di San Polo ha appena scritto su Facebook che oggi non è riuscita a vendere niente ... E' entrata da lei solo una donna che le ha fatto disfare e mostrare l'intero negozio senza comprare nulla ... neanche una mutanda o un calzino ... "A mio marito non piace che indossi tutte queste cose." e se n'è andata via ... Che tempi sono ?" commentava alla fine la bottegaia."

Continuo a camminare lasciandomi portare dai passi per calli e campielli ... La scena non cambia: ci sono lanterne diafane appese, e l'eco dei miei passi rimbomba quando passo accanto agli antichi fondaci socchiusi, dove scale e stanzoni sontuosi sono deserti e silenziosi. Non c'è quasi più nessuno anche là dentro, dietro a quelle finestre gotiche coi tendaggi gonfi ed eleganti. Non esistono più i Nobili che si riempivano gli occhi con le bellezze appese alle pareti, gli spazi decorati, i soffitti pieni di miti dipinti, nubi e personaggi svolazzanti ... Gli arredi dentro alle sale umide oggi sono impolverati e coperti da un sottile velo patinoso di sale.

Si va intanto di nuovo a sera ... Nell'aria, sopra ai tetti, le campane invisibili *"battezzano"* la città chiamando a raccolta la squadra dei devoti che non c'è più ... In giro per quel che resta delle Contrade Veneziane di un tempo, ci sono alcuni angoli particolarmente scuri e quasi bui con delle grosse sagome nere avvolte dalla notte. Sono le tante chiese abbandonata e dismesse ... Sembrano ieratici fantasmi d'altri tempi, ricchi di memorie e storie quasi dimenticate e di capolavori preclusi che nessuno sbircia più. Strada facendo ne ritrovo aperta e fiocamente illuminata soltanto una. Sulla porta troneggia un grande cartello:

"SERVIZIO RELIGIOSO IN CORSO – E' SEVERAMENTE VIETATA LA VISITA AI TURISTI."

Spingo la porta cigolante ed entro ... Nella penombra rotta da poche candele smoccolanti ci sono solo cinque anziani sparsi sulla folla di panche vuote. Un prete calvo e inmerlettato cantilena sull'altare la sua Messa, sembra una canzone che fuoriesce dai secoli ... Una chiamata, un grido di soccorso a cui pochi sanno aderire ... un invito amoroso il cui eco si perde rimbalzando nelle volte buie della chiesa ... mentre una giovane turista seduta in fondo legge avidamente le informazioni storico-artistiche dalla sua grossa guida sgualcita.

"Quella di questa sera è una Venezia mesta ... un po' scotta." penso.

"Eccetto qualche arteria pulsante di gente, qualche campo pieno di giovani e vitalità, sembra che nel resto di Venezia ci sia solo la Morte in vacanza." mi fanno eco alcuni veneziani di ritorno a casa carichi *"di sporte"* rientrando nei loro quartieri periferici. Lì c'è un po' più di vita e movimento, qualche finestra illuminata in più.

"Oggi Venezia è ridotta a vendere per strada paccottiglia, imitazioni contraffatte di borse e borsette, orologi e lucchetti, aggeggini fluorescenti da lanciare in aria, manciate di gomma appiccicose colorate e informi da sbattacchiare ovunque e per terra ... e perché no ? Ombrelli, stivali, impermeabili, cappelli da "Marinaio e capitano di lungo corso" con la scritta "Venezia", rose da omaggiare, lunghi manici per "i selfie" ... e infinite altre carabattole inutili."

"In questi giorni, Venezia è davvero come una bella donna vestita "da casa": senza trucco, gioielli e tacchi a spillo, senza abito lungo ed elegante, o attillato col "davanzale" e la schiena curvilinea in mostra ... Una bella donna un po' sfatta, sempre dignitosa ma un po' consumata e vissuta ... un po' in ciabatte e pigiama."

La pensano come me ... Osservo mucchi di foglie *"ingrumàj"* negli angoli, o sparpagliati in giro dal vento che si va facendo invernale e tagliente ... Vedo panchine vuote o piene di badanti col cappotto fuori moda e col fazzoletto in testa. Spingono in carrozzella vecchie Veneziane di un tempo pisolanti e intabarrate e con pesanti *"scuffiotti"* di lana calcati sulla testa. Giorni fa è accaduta una scena ilare e triste insieme: una carrozzina lasciata senza freni in pendenza s'è avviata da sola verso la riva con la nonnetta ignara addormentata sopra. La vecchietta traballava col mento e la pappagorgia affossate sul prosperoso petto di un tempo, mentre la badante destatasi dalle sue chiacchiere gesticolanti con le sue connazionali s'è messa a rincorrerla gridando.

"Venezia è una bella anziana ridotta "in casa" ... vecchia di secoli ... e per giunta piena di magagne e raffreddata, con un mucchio di fazzoletti e pezzi di carta sparsi intorno."

Sono forse le carte con le promesse mai esaudite che le sono state fatte ? Le dichiarazioni d'amante inizialmente focoso e appassionato, che si è rivelato dopo traditore interessato ... Ma va così la Storia, e non solo per Venezia, basti pensare alle sorti di questa altrettanto nostra e malandata Italia.

"Passerà ? ... Che sia per Venezia solo l'ennesimo male di stagione ? Venezia ne ha passati e vissuti tanti ... Speriamo bene ancora una volta ... Anche se non dimentichiamo il vecchio moto che "Chi vive sperando muore cantando ..."

"Che fare allora ?"

"La risposta è ovvia, quasi filosofica ... Quella del solito Veneziano: "Si aspetta ... Nell'attesa si guarda e tira l'orecchio ... Si brontola perplessi ... e si aspettano gli eventi e le buone novità senza far niente."

"Venezia è cambiata ... Troppo, non la riconosco più ... S'è inselvatichita e raggrinzita ... Accade come se si fosse aperta cordialmente la porta del salotto buono di casa e vi fosse entrato dentro un campagnolo con le galline che vanno a becchettare e schittare ovunque ... Il Veneziano "medio" rimasto non ne può più ... Desidera a tutti i costi d'andare in pensione, anche in anticipo e rinunciando pure a una parte di quel che gli spetterebbe ... E' tutto un far di conto e ripercorrere percentuale calendario e giorni alla mano ..."

"Mi mancano due anni e sei mesi ..."

"Io sono più fortunato ... ho "la finestra buona"... In aprile dell'anno prossimo me ne vado ... e vi saluterò tutti."

"E che farai dopo ? Come vivrai ?"

"Ah ... questo non è un problema ... Ci ho già pensato... Vado a vivere in Madagascar."

"In Madagascar ? ... Più in là sta solo il boia ! ... Perché proprio fin là ?"

"Perché lì vivi beato con solo un euro al giorno ... Lì vivono tutti in capanne ... Solo io e pochi altri ci siamo costruiti una casa di pietra ... Pensa mi son fatto duecento metri quadri in muratura spendendo solo ottomila euro ... la manodopera non costa niente ... e i materiali anche ... Qui a Venezia affitto un appartamentino a cinquecento euro al mese ... Un buco a pianoterra ... e con l'acqua alta per giunta ... Non pensàr chissà a che cosa ! E' proprio un antro, un magazèn travestito da casa ... Ci metto dentro un paio di studenti che son contenti lo stesso ... e intanto intasco qualcosa per coprire le spese dei lavori laggiù in Africa."

"Ma che c'è in Madagascar ?"

"Tutto e niente ... Non si vive asfissiati e ridotti alla fame come qua ... Ti sembra poco ?"

"E quando ci vai ?"

"Ah ... sempre ... spesso, almeno due volte l'anno ... Ci tornerò fra poco per istallare un paio di metri quadri di pannelli solari ... Me la caverò con duecento euro ... niente, una banalità. E avrò quanta corrente elettrica che voglio."

"Ma sei l'unico europeo in quel posto ... Chi vuoi che vada a vivere laggiù?"

"Ma scherzi ! E' pieno di inglesi, francesi e tedeschi ... Si. Sono tutti vecchiotti ... a dire il vero. Mezzi ottantenni ... gente che vive lì con due tre donne insieme ... con una certa libertà, e nessuno dice niente. Altro che qui ! Certe cose sono impensabili da noi."

"Ma abiti in centro, in una città ?"

"Noooo ... Ma sei matto ? La capitale è un posto impossibile con milioni di persone ammassate. E' un posto che scoppia dove si muore carenti di tutto ... E' una specie di conigliera, un concimaio ... dove tutti mangiano e cagano, mangiano e cagano ... e tutto finisce in testa degli altri ... Senza fogne, e senza un minimo d'igiene ... Nooo ... Io vivo in un villaggio fuori, a qualche chilometro sulla costa ... Faccio presto, si trova solo a un quarto d'ora d'automobile ... Ma si vive bene, tranquilli, e non mi manca niente ... Siamo a quindici minuti di passeggiata dalla spiaggia e dalla riva del mare ... Ma è mare vero ... eh ... mica come qui ... Ci sono di quei tifoni devastanti qualche volta ... Anche se quest'anno ce ne sono stati solo pochi e piccolini ... Devi sapere che gli indigeni del posto al mattino escono a pescare, e a mezzogiorno ritornano a vendere il pesce. Vedessi che roba ! Puoi comprare per pochi euro, quasi niente, chili di pesce freschissimo e squisito ... Solo il vino che hanno loro non è buono ... E' una specie di vinastro schifoso. Sembra acido e amaro come il fiele che hanno dato al Christo sulla croce ..."

"Cavolo che vita ! ... Sembrerebbe un Paradiso !"

"Eh sì ! ... E ho anche quattrocento metriquadri di terra davanti a casa ... con alberi di papaia e palme ... Mi fanno ogni anno dodici frutti gustosi grossi così ... Altro che la fettina stitica e passata che compri qui a cinque euro al supermercato ...Ti rifilano quegli affari mollicci, mezzi crudi o mezzi marci che non sanno di niente ... Quelli lì, invece, sono tutta un'altra cosa."

"Ma non hai paura delle malattie africane ?"

"Ma che malattie e malattie ! Lì al massimo l'unico problema sono i topi e i vermi ... Sono loro che portano in giro le malattie e la peste ... Mi fa ridere tutto il casino che si sta facendo qui in questi giorni con la storia di Ebola ... Tutte quelle maschere, le tende da serra, gli scafandri e gli isolamenti ... Aaah ! Tutte paure e balle ... Tutte storie da cinema e spettacolo buone per terrorizzare inutilmente la gente ... Basterebbero solo un paio di pastiglie di Penicillina e si guarirebbe tutti ... Ai topi e alle pulci bisogna stare attenti ! Sono loro che hanno sempre portato a Venezia e in Europa con le navi ogni tipo di morbo ... Fin dal 1200 e anche dopo ... E adesso invece, viaggiano con l'aereo con le merci ... o indosso a certa gente."

"E non hai paura dei banditi ... degli Islamici, di quelli come Boko Aram ?"

"Ah ! Se guardi tutto quello, e stai ad ascoltar quel che dicono dovresti murarti vivo in casa ... Il mondo è tutto uguale per certi aspetti ... La differenza sta nel fatto che lì ti fanno tutto davanti agli occhi e con gran clamore ed effetto ... mentre qui da noi ti fregano tutto da sotto gli occhi e in zitto silenzio senza che neanche te ne accorgi ... E quando ti guardi addosso e ti trovi senza niente e senza mutande è già troppo tardi perché se ne sono già andati mangiandoti tutto ... Pensa al Mòse ! Quanto hanno mangiato in questi anni pur col nostro consenso, i nostri applausi e i nostri voti ? ... e che cosa ci è restato ? Sono un aggeggio immenso e forse inutile ... che l'acqua alta scavalca girandoci intorno ... Ti pare bene ?"

"Venezia è rimasta senza niente: senza Doge, senza risorse economiche, senza continuità storica ... perfino senza sindaco e dignità."

Mentre i due amici s'allontanano, volto per una calle, e guardo ormai Venezia di notte. E' come piegata e involuta su se stessa ... Le serenate delle gondole dentro ai canali sono solo fiaba isolata e contorno solitario per turisti ... Le maschere innamorate e misteriose, allegre e amanti, incognite col lanternino e il tabarro in giro per calli, portici e campielli ... non ci sono per davvero. Della scena romantica e ipnotica rimane solo la suggestione dei riflessi scuri, come rubati ... Non c'è quasi nessuno in giro, salvo qualche turista sperduto in cerca di quello che non c'è, i soliti *"quattro gatti"* reduci dal gioco cronicamente sfigato del casinò ... e la solita flottiglia di zombie diversamente alterati e cotti. Se ne stanno seduti nella penombra delle finte cantine dall'atmosfera *"calda, accogliente e tradizionale"* a sproloquiare e inventarsi improbabili avventure al lume di candela, o a bersi l'ennesimo bicchiere accanto a una tonda e grossa botte che non ha mai visto un solo goccio di vino.

In un angolo, accanto alla riva, un gondoliere imbraccialettato se ne sta a gambe accavallate con remo allungato sopra alla gondola in sosta. Sembra quasi rapito in un suo mondo alieno, intento com'è a macinare e smanacciare dentro al suo prezioso I-Phones ultimo modello.

"Un tempo i gondolieri piegati sul remo a poppa sognavano e cantavano alla loro "bella", o inseguivano l'ennesima avventuretta esotica da portarsi per una sera a letto insieme a un buon bicchiere di vino ... Adesso, invece, sognano dove trasvolare viaggiando, come investire i loro "schej" giocando in borsa, e s'inventano di tutto nel progettare e architettare la loro nuova vita da singole."

Poso gli occhi sui canali a quest'ora lisci e piatti, come le foto in bianco e nero d'inizio 1900. Passano pochi vaporetti, l'acqua è calma e quasi non mossa ... i rari turisti trascinano i loro rumorosi trolley sfidando e rischiando la nuova sanzione di 500 euro da pagare per il disturbo notturno della quiete cittadina.

"Siamo all'assurdo ... I turisti sono una delle nostre poche risorse rimaste ... Che fanno con le valigie: sfasciano i monumenti, svegliano le vecchierelle sorde ? Rovinano i masegni e i ponti ? ... Vogliamo i turisti per multarli ?"

"No. E' per il decoro della città ... come la storia di non girare a torso nudo e non bivaccare negli angoli ..."

"Ma chi guarda, chi controlla ? Chi sorregge e difende davvero questa città di notte? Nessuno ... Venezia è in balia di se stessa e degli eventi ... Al massimo se succede qualcosa di eclatante si sente prima o poi una sirena gridare e si vede un motoscafo illuminato sfrecciare da qualche parte ... poi torna il nulla e il silenzio come prima ... Una specie di gran nulla di fatto."

Un mio ex collega infermiere stanco della professione, si è dedicato a quella ben più carica di soddisfazioni e denaro di metronotte notturno (?). Mi diceva, infatti: *"Sono io solo a coprire tutta la zona che va dalle Fondamente Nove fino a San Pietro di Castello davanti al Lido ... compreso tutto l'Ospedale ...Quando son passato io, dietro di me rimane come una terra di nessuno dove può capitare di tutto ... La sicurezza non esiste ... c'è solo qualche telecamera miope, che qualche volta è anche rotta o guarda altrove."*

"Che mesta Venezia, sembra più vecchia e scalcinata di quel che è ... Perfino i cani sembra abbiano messo le mutande e la disertino ... Non c'è quasi più per le strade quella "morbida e faccicosa" sorpresa in cui incappavi tempo addietro quando vagavano in giro di notte ... Anche quello era Venezia ..."

"Questa potevi anche non dirla ... Venezia ciascuno la vede come vuole ... A modo proprio ... E' come se esistessero tante Venezie messe insieme ... Ognuno vede la sua, diversa da quella degli altri ... Venezia rimane sempre nuova e per questo sorprendente ..."

"Mah ! ... Per me non è così ... Vedo Venezia in ciabatte e pigiama ... Un po' lessata e bollita ... Un frutto aspro fuori stagione ... E' viva solo in qualche arteria ... in Piazza San Marco e nelle Mercerie ... in Strada Nuova e intorno alla Stazione. Lì ci sono studenti e pendolari che vanno e vengono ... Sono loro che creano movimento, fanno flusso e numeri ...Venezia sembra una città che ha perso la sua storia ... Un posto asfittico,

senza servizi ...Guarda là ! Un tempo lì c'era un fioraio, lì c'era un caffè frequentatissimo ... lì un fornaio e un salumiere, un negozio di dischi ... Oggi non c'è più niente ...Non c'è tensione, non c'è vita, non c'è nessuno ... Non ci sono più le belle librerie di un tempo, tutte diverse, ricche di testi pregevoli ... Oggi sono tutte uguali, con la stessa vetrina di guide turistiche e romanzi identici e anonimi ... Guarda là in fondo ! Anche la Basilica di San Marco è sempre incartata ..."

"Dice una leggenda che quando San Marco sarà a posto, restaurata e finita del tutto ... verranno i Turchi a riprendersela e se la porteranno via."

Alzo lo sguardo ... In lontananza un biavaròl con la traversa un tempo bianca e ora unta e imbrattata da frattaglie attraversa il Campo con un fascio di giornali quotidiani sotto al braccio ... Sembra un fantasma fuggito da un altro tempo. Ha vissuto una vita intera nel retrobottega con la moglie e i suoi salumi ... quasi fossero quei figli che non ha mai avuto ... senza distinguere feste e giorni di lavoro ... Poi ha chiuso, perché ha visto giorno dopo giorno scemare in fretta la sua creatura. Si è ritrovato sulla porta della bottega a guardare la gente che passava per la strada ... la sua creatura era come morta, abbandonata, diventata inutile ... dentro da lui non entrava più nessuno per comprare. Era stato inutile anche chiedersi **"perché e per come"** ... non ne era venuta alcuna risposta.

Ora al posto della **"bottega da biavaròl"** c'è una copisteria utile per i numerosissimi studenti universitari di passaggio ... Quel biavaròl che transitava in fretta per il Campo forse me lo sono sognato ... non esiste più ormai da un pezzo ... Ma nell'aria c'è ancora quel profumo di salumi, aglio, campagna, stalla e insaccati che non si sa da dove provenga.

Tendo l'orecchio: è la voce di Venezia che respira ancora ... **"Hanno preso quattromila euro di multa per plateatico abusivo ... La leggenda del "Beato Fusaro" ... Domani partiamo all'alba per Salisburgo ... ci attenderanno i tecnici dell'azienda presso il centro ... E' incominciata l'epoca delle Eccellenze in Digitale ..."**

Mozziconi di frasi e discorsi ... una risata garula di una bella e giovane ragazza che saltella sui gradini di un ponte ... Riflessi variopinti e silenziosi che giocano a rincorrersi dentro ai canali e sul Bacino di San Marco saturi di notte e in pace.

"Tagliolini ai frutti di mare, fritturina mista, dolce, amaro, caffè ..." sapore di cucina, vapori di cotto, compagnia buona, discorsi piacevoli e familiari, quattro risate ... Il locale piano piano si è riempito di gente fino a traboccare ... è un venerdì sera qualsiasi:

"Non è morta del tutto Venezia ..."

Uscendo gli scorci adesso sono bui, le calli e le strade semideserte, prevale il solito microclima notturno Veneziano ... Rientro a casa camminando lentamente, mi fermo, devio fin negli angoli che mi sembrano più *"caldi e speciali"* ... Voglio assaporare ancora una volta Venezia ... mangiarla con gli occhi, gustare il dettaglio, i giochi delle ombre soffuse, l'eco delle parole che escono dalle case, dal crocchio dei giovani seduti sul ponte, e dal gruppetto sparuto assiepato sulle sedie del pub *"alla veneziana"* ... Tutto s'impasta, s'incrocia e fonde col vociare poliglotta dei turisti, con quello dei nottambuli traballanti e un po' avvinazzati, e anche con quello degli Asiatici che chiudono bottega e corrono a prendere il treno per tornare a casa in aperta campagna ... Ultimo sguardo del giorno: ... una schiera parallela di gondole legata a schiera, coperta e ***"messa a notte".*** Sembrano sorelle e vicine di letto addormentate ... Venezia adesso è immota, spenta ... proprio una vecchia seduta appisolata in ciabatte e vestaglia davanti alla tv accesa che va per conto suo ... Come i miei pensieri, che continuano a vagare fin dove non si sa.

***

____questa è la sintesi di due post che ho scritto e pubblicato su Internet nel mio blog "Venezia" ospitato da Google. Rispettivamente erano: "Una Venezia intorno al pozzo" del giugno 2015, e "Venezia ... in ciabatte e pigiama" del novembre 2014.

NOTTE EMMA ! ... NOTTE NOTTE

"Emma ! ... Emma ... ci sei ?"

"Certo ... sono viva ..."

"Hai visto che acqua oggi ?"

"Mamma mia ... quanta ne è cascata ... sembriamo un pan inzuppato ... Certi "scravassi" e certi lampi e toni !"

"Sei andata a votare per il Sindaco ?"

"Macchè ... con tutta questa pioggia avevo paura di cadere ... Se mi rompo un femore ... chi è che me lo aggiusta ... il Sindaco ?"

"Io sono andata a votare appena aperto ... poi sono rimasta a casa tutto il giorno."

"Maledetta pioggia ... mi ha rovinato i geranei ... Chi hai votato ?"

"Quello giovane, con la faccia da buono."

"Sarebbe quello del pallone e della pallacanestro ?"

"No ... quello dei Tribunali ..."

"Ah ... quello grosso che fa l'impresario, mi pare che faccia case ..."

"No ... Emma ti fai confusione ! ... Sei come la Virginia che ha ancora sul pergolo le luci di Natale ?"

"Poveretta ... l'altro giorno era giù in calle in sottoveste ..."

"Eh ... ci sono tanti strambi in giro anche se sono vestiti normali ... Ha lavorato tanto ... Povera donna: si è tirata su quella famiglia così grossa ... tutti quei figli."

"E con quel marito tremendo ... sempre dentro e fora ... che non le dava mai una mano ... Bravissima ... e guarda ora come è ridotta ... sempre sola."

"I figli abitano troppo lontano ... e poi lei dice sempre di farcela benissimo anche da sola."

"Si ... ma adesso perde qualche colpo."

"Mah ! ... Povera creatura ... Speriamo che col nuovo Sindaco qualcuno le dia una mano."

"E stassera c'è anche l'acqua alta ... pioggia e acqua alta ... Sindaco bagnato ... Sindaco fortunato."

"Sindaco bagnato ... Basta che non si sia fatto addosso per la paura."

"Poveretto ... gliela chiami nera ... Comunque per stanotte sarà fatto ... verrà eletto, nominato."

"Suoneranno le campane allora !"

"Sì ... se non si sono vendute e mangiate anche quelle ... Domani mattina all'alba sapremo ..."

"Allora ci conviene andare a dormire l'ultima notte tranquilla ... perché da domani le cose potrebbero andar peggio."

"La solita fiduciosa eh ?"

"Cosa vuoi ... la vita ti costringe ad esserlo ... Notte Antonia allora ! Buona notte !"

"Buon riposo cara ... a domani."

"Speremo de rivederse ... Notte ... Notte ..."

Dentro al buio della calle di una Venezia umidissima si chiudono le finestre e sbattacchiano cigolando gli scuri ... Il giorno è terminato insieme alla giornata di Emma e Antonia ... Poco più in là, un mototaxi mette la retromarcia ... poi marcia avanti piano ... ancora marcia indietro al minimo ... L'acqua si ravvolge e sovrappone, *"s'imbovola"*, s'arriccia e si rimescola ... Ora il motoscafo sta immobile a pochi centimetri dall'arco del ponte ... Effettivamente è troppo basso ... non si passa. Scivola piano all'indietro, accosta alla riva ... Scendono tre turisti carichi di valige.

"Tanto siete arrivati ... il vostro Hotel è lì avanti ... soltanto a pochi passi, saranno cento metri ... Maledetta acqua alta ... e anche il Sindaco che non fa niente ..."

I turisti pagano la corsa, sorridono e ascoltano ignari ... non capiscono e s'allontanano.

"Povero Sindaco ... è colpevole prima ancora di nascere."

***

_____questo post l'ho scritto e pubblicato su Internet nel mio blog "Venezia" ospitato da Google: nel giugno 2015.

Da ieri 24 aprile 2016 Antonia ... che non si chiama affatto Antonia, non c'è più accanto a casa mia. Mi mancherà di certo, anche se mi resterà dentro ciò che è stata. E' rimasta Emma che sta curando i fiori del suo balcone ... ma in silenzio.

VENEZIA IN AMMOLLO DOVREBBE DORMIRE ...

Dopo che per giorni una Luna ironica, di quelle che sembrano guardarti di sotto e sorridere per canzonarti, ha dominato a lungo la scena delle serate e notti Veneziane, quest'oggi la pioggia autunnale ha inondato da sopra Venezia già alle prese con ritorno dell'acqua alta stagionale che l'ha invasa in ogni angolo da sotto. Senza scrupoli e ritegno, e spinta da un vento tremebondo la marea s'è infiltrata allagando ovunque, minando ancora una volta le fondamenta della città ridotta a possente creatura monumentale dai fragili piedi d'argilla in ammollo. L'ululare familiare e macabro delle sirene ha invaso ripetutamente la notte, quasi grido allarmato di un naufrago che annaspa cercando di salvare il salvabile ... ma stranamente senza angoscia, tranquillamente. A Venezia si è abituati e rassegnati a questo frequente ammollo comune, e mentre commercianti e artigiani s'ingegnano a sollevare, pompare fuori, bestemmiare, issare barriere e maledire politici e mangioni, tutto il resto dei veneziani se ne sta rintanato e spesso insonne ad ascoltare il cupo rimuginare del mare che si spande fin sopra alla laguna obesa e gonfia.

Un vecchio pensionato dalle giornate lunghe e dalla provata pazienza s'appresta, acqua alla cintola, a rinforzare gli ormeggi della sua barca, un "*sandolo*", attraccata ai pali della riva. Il mezzo ondeggia lentamente ben più alto del solito, e staziona e dondola di traverso sull'indistinto spazio in cui s'è confuso e sovrapposto canale e riva. L'anziano disinvolto e a suo agio in quel brodo salato ha prolungato la lunghezza dei pali infissi nel fango ... *"Così non mi scappa via la barca ... che il vento me la porterebbe via "a seconda", alla deriva fino a Torcello."*

Un altro coetaneo intabarrato e instivalato se la ride osservando la scena dal culmine di un vicino ponte. Avvolto dentro a una densa nuvola di nicotinico fumo commenta: *"Sarà vero che la grande opera del Mose sta nascendo già sproporzionata rispetto all'altezza delle maree che è cresciuta rispetto ai tempi in cui è stato progettato ? E' vero quindi che l'acqua in ogni caso, paratie alzate o no, sarà più alta e sopravanzerà il tentativo di contenerla ... per cui la città si ritroverà in ogni caso in ammollo ? Si dice ... si dice ... Ma non c'è nessuna figura autorevole che conti alla mano dichiari e dimostri il contrario ... per cui il sospetto permane ... e Venezia intanto affonda e annaspa."*

L'altro di sotto, continuando ad armeggiare con corde e tele cerate, continua a dialogare mettendo la barca in sicurezza *"da notte"*. Intanto la pioggia scroscia violenta e insistente buttandosi giù sulla laguna da un basso cielo grigio e buio, il solito tetto naturale serale di questi giorni sciroccosi di novembre.

"Alcuni turisti li vedi imbarazzati, fuori posto e incerti sul da farsi, altri inzuppati si divertono ... Quasi quasi l'acqua alta è diventata un'altra delle attrazioni che contraddistinguono il miracolo lagunare di sempre ... Dire: "Ci sono stato, vi ho sguazzato dentro con gli stivali, mi sono seduto a degustare un caffè o a pranzare sulle seggiole sommerse e con gli stivali piantati in acqua ..." sta diventando una delle emozioni da raccontare ... Tempo fa c'era qualcuno che nuotava in Piazza San Marco ... Venezia è un po' da favola anche in questo ... L'acqua alta è un tocco di originalità, un'altra pagina ludica da esperimentare ... In quale città si vedono i negozi tranquillamente allagati senza che si gridi alla tragedia ? ... I bottegai, i gondolieri e i cittadini convivono col fenomeno ... ci ridono su quasi indifferenti."

Passa un grosso mototopo lanciato carico di merci ... La città è rigonfia d'acqua nei canali, la vedi spingere e salire, gorgogliare ed espandersi ovunque ... come se volesse abbracciare tutto e tutti spalancando un suo immenso manto bagnato.

Il vento tratteggia e disegna l'acqua coperta di riflessi colorati più ampi, languidi e sfacciati del solito. La sminuzza e taglia in tante righe, la spinge, preme e *"imbovola"* in ogni direzione. Nelle calli sbattacchiano invisibili scuri liberi sui muri ... L'aria intera sembra trasudare un immenso sudore umido, la laguna e Venezia sembrano un grande polmone spalancato ... Scroscia di nuovo, e il vento caldo e bagnato di scirocco sconquassa gli ombrelli, solleva i cappotti troppo pesanti per il freddo che non c'è ancora.

L'acqua s'infiltra nei pianoterra, allaga i magazzini, riempie le calli e copre le fondamenta ... Filtra e invade palazzi e chiese talvolta lasciati chiusi e abbandonati, scavalca paratie, passa attraverso le fessure e le commissure di pavimenti e muri, risale fognature e tubi, straripa dai tombini e dai wc, gorgoglia riempiendo vecchi pozzi e serbatoi. Venezia diventa ancor più isola di estemporanee isole.

Quando l'acqua si ritirerà lascerà ovunque un limo limaccioso e scuro, che in molti posti esterni sarà dilavato dalla pioggia, ma in altri interni non verrà rimosso e si condenserà crescendo strato dopo strato, mareggiata dopo inondazione. Solo in alcuni posti si risana e *"raddolciscono"* cose e mobili, mentre i muri impregnati d'acqua, sommersi per ore e giorni si sgretoleranno e frantumeranno progressivamente, si scrosteranno gli intonaci, si polverizzeranno le guaine, gli infissi, i gradini, i marmi fragili creando fessure e buchi che si scaveranno e allargheranno sempre più. Ogni tanto cederà qualche fondamenta, s'aprirà una grande o piccola voragine, alcune pietre scivoleranno nottetempo giù sul fondo dei canali, traballerà e s'inclinerà quanto resta. S'inclineranno ulteriormente i piani, ballerà, si sposterà e smuoverà tutto quanto poggia sopra i basamenti antichi. Poi tutto scorrerà e accadrà come sempre fino alla prossima occasione ... anzi, inondazione.

Venezia convive da sempre con queste situazioni, è abituata a vedersi precaria, inumidita, infiltrata e in qualche maniera invasa e violata in ogni suo intimo spazio. Verrebbe da dire che è quasi assuefatta e arresa a questo suo destino, ma non è vero, perché di acqua in acqua soffre sempre più e aumenta quella sua senescenza desueta e rovinosa. Nessun vecchio vivrà per sempre, così come non ci sarà città capace di sopravvivere in eterno a questo destino cannibale del mare verso la sua costa.

Sparirà Venezia un giorno per sempre ? Finirà sommersa e allagata come la si vagheggia, sogna e prevede nelle storie futuristiche e surreali, e nelle cantate postmoderne ?

Chissà ? ... Credo che nessuno di noi riuscirà a vivere fino in fondo questo declino totale, e a vedere l'evento di questo definitivo scempio ... Forse toccherà ai posteri assistere a questa morte finale della storica città galleggiante ed effimera vestita da Carnevale. Intanto … i vaporetti non riescono più a passare sotto ai ponti, in certi giorni gli stivali alti fino al ginocchio non sono più sufficienti e servono quelli a tutta coscia. I servizi e i collegamenti si paralizzano, gli anziani rimangono isolati in casa affacciati alla finestra ad aspettar tempi migliori, calando giù in calle una lunga corda con un cestino dondolante che uno degli ultimi bottegai, verdurai e fornai prima o poi passerà a riempire aggiungendovi il giornale … acqua alta permettendo.

I Veneziani nottambuli, talvolta lugubri e trasparenti come fantasmi, si mimetizzano e adeguano perfettamente alla loro città bagnata … Si muovono come al rallentatore dentro ai loro stivali gommosi, e sono davvero goffi nel tentativo di evitare d'innescare o incontrare l'onda capace di riempire le loro calzature appena emergenti sopra al livello salato.

La pioggia stassera scroscia più del giorno … i cellulari di molti veneziani stanno squillando messaggiando i livelli previsti e gli orari della marea … Sembra l'appuntamento per lo spettacolo di un film o per uscire a teatro … Un concerto fatto di sirene d'allarme dal ronzio noioso e pedante, e da una folla eterogenea di pompe che provano a battagliare contro l'acqua che entra dappertutto incontrollabile. Sarà un'altra serata e notte di veglia che qualcuno trascorrerà avanti e indietro andando e tornando anche dalla Terraferma per sollevare e salvare il salvabile nelle botteghe deserte delle Mercerie, sotto le volte ombrose e i portici di Rialto, nelle callette desuete, o sulle Salizade inondate al pari dei Campielli e delle Corti sconte nella notte. E' quasi sproporzionata Venezia night inondata dall'acqua … sembra le manchi qualcosa, le gambe, il basamento … ma conserva ugualmente il suo fascino di vecchia bellezza … che è proprio il caso di definire *"in fresca"*.

Anch'io veglio, curvo sulle mie digitali parole, e mi diletto a percorrere i meandri della mia mente e delle cose che riempiono questi umidi giorni … Di nuovo fuori scroscia, la pioggia rincara la dose, picchietta e tamburella violenta sugli scuri chiusi ... Sembra che bussi e voglia entrare in questa mia ennesima giornata ormai conclusa.

Venezia adesso dorme, o almeno dovrebbe farlo ... Le facciate delle case accanto alla mia sembrano buie palandrane spente ... Solo da una finestra occhieggia l'azzurro della televisione ... Poi all'una e trenta si spegne anche quella. Ora c'è un silenzio di tomba totale ... domani si lavorerà, si andrà a scuola ... quasi tutti stanno dormendo. Solo in lontananza si sente passare un motoscafo che forse starà andando ad ormeggiarsi alla fine della giornata ... Poi più niente di nuovo ... Silenzio completo ... finchè arriva lui.

Non è la prima volta che lo ascolto rientrare *"cotto"* a casa sua ... e il suo *"tornare"* suscita sempre in me una sensazione mista di simpatica curiosità ma anche di tristezza. Lascio il computer e mi alzo ... mi sporgo alla finestra e respiro.

Lo attendo arrivare ... Lo si sente avvicinarsi brontolando contro ai suoi soliti fantasmi ... poi sempre più vicino lungo la strada dritta e deserta. L'eloquio diventa allora più comprensibile ... ma è la logica che manca del tutto in quel che va dicendo: *"Dai dottoressa ... che vuole che sia ? ... La medicina non risolverà tutto ? ... Ma come ? ... Non siete così invincibili come dite di essere ? .... Ah ... Ecco ... Dovremo mettercela via ... e venirne fuori sconfitti ... perché questa è la vita e non si hanno alternative."*

Silenzio ... solo rumore di passi strascicati ... pausa di riflessione.

"Eh ! ... Chi c'è là ? ... Chi sei ? ... Che cosa vuoi dentro al buio ? ... Mi stai guardando ? ... Ah ... Non c'è nessuno ... Mi era solo sembrato ... Mah ... Boh ... Chissà ... Dottoressa ... sa che mi è simpatica ... ed è anche carina."

Patapàn ! ... è crollato anche stavolta a terra ... Dritto, di bocca, di brutto ... come le altre volte, quasi ogni volta che rientra a casa.

Dalla mia finestra buia lo vedo frugarsi in tasca e cercare un fazzoletto per arginare il sangue che gli cola dalla fronte o da un labbro rotto ... Non lo trova, si fruga dappertutto ... si toglie la giacca, la maglia ... butta tutto per terra. Poi, dopo una lunghissima collana di parole che è meglio non scrivere

… prende la maglietta e con quella si tampona la ferita … facendosi poi come un turbante intorno alla testa.

"Ah … ecco fatto … Così va benòn … e adesso a casa." e si mette a cantare … come le altre volte.

Canta in inglese, e avrebbe anche una bella voce se non fosse che il tono è sfacciatamente legato e impastato … L'intercalare che aggiunge alle parole del testo è del tutto sconclusionato e alternato a goffi gesti di mosse di ballo.

"Dottoressa … viene fuori con me una sera ? … La porto a ballare … ballare … Mangiare e ballare … Non le piace ? … Non faccia la timida dai … Lo so che non dovrebbe con un suo paziente o un parente … ma non ci faccia caso … Per una volta almeno … Le prometto che non le farò nulla di male … Promessa di lupetto … Nulla … Nulla … La porterò solo in spiaggia … dove tramonta il sol … Sulla plaja…a.a..a..aaaa … Tum ! … Come un gong … come ho fatto adesso con la testa … Ah Ah … sono simpatico … No ? … Dottoressa … Daiii …. Non si faccia pregare …"

Pausa di nuovo … poi riprende: *"La giacca ! … Ho lasciato indietro la giacca … La plaja … a.a.aa.aaa ! … Dottoressa … Morire bisogna prima o poi, in una maniera o nell'altra … Come sta accadendo a mia sorella … E' giovane lo so … Ma non sapete farci niente … Vero ? … Ecco la giacca … E adesso a casa a dormire perché alle quattro si va a lavorare … Lavorare gente ! Lavorare ! … Che cosa dice il Governo che non c'è lavoro ? … la crisi ? … Lavorare ! … Io lavoro … Lavori tu ? … E tu ? … E tu ? … Tu sì. Bravo ! … Come me … Lavorare bisogna … è diritto del cittadino."*

Due metri in venti minuti … Un'ora fino alla porta di casa … Altri quindici per trovare le chiavi … la notte intanto accade e scorre.

"Allora Dottoressa ? … Vuole entrare a casa mia un attimo, si o no ? … Sa che ha un bel sorriso … Eh … Entri un attimo da me … Non sia timida … Solo un attimo … Le offro qualcosa, beviamo un bicchiere e poi ci salutiamo … Dottoressa ? … Ma dove è andata ? … Vedi le donne … sul più bello scappano sempre … Scompaiono … Puff! … Come la nebbia … Che

umido caldo questa stassera ... Stassera che sera ! ... Ti porterò a ballare ... ballare ..."

Sbam ! ... finalmente ritorna il silenzio totale. E' riuscito a rientrare a casa.

Ora tutto è fermo e buio e quieto del tutto ... Passa un pippistrello stridulo e volteggiante nel *"corridoio buio"* della calle di sotto addormentata ... Si sente solo il rumore dell'acqua che scorre dentro ai tubi del muro ... il frigorifero che gorgoglia e frigge per suo conto ... uno scalpiccio leggero di piedi scalzi ... una serratura che scatta e si chiude nella notte ... Osservo la tazza disposta sul tavolo per la colazione di domani mattina: c'è disegnato il Nano Pisolo con gli occhi chiusi ... quello che tutti dovrebbero provare a fare adesso in tutta Venezia.

***

_____questo brano sintetizza due post che ho scritto con i titoli di: "Venezia dovrebbe dormire." e "Venezia in ammollo ... ancora." pubblicati su Internet nel mio blog "Venezia" ospitati da Google: nel novembre 2014 e settembre 2015.

DUE SORELLISSIME

Non sono gemelle, e la prima delle due di cui vi racconto è la maggiore. Ora che sono vecchiotte, sono talmente simili nell'aspetto al vederle, due bei barilotti in carne, che per certi versi potreste pensare per davvero che possano essere gemelle. Se le vedeste e sentiste brontolare, o gridarsi e darsi addosso di tutto per strada, o a casa di una delle due, di certo pensereste che sono molto intime e in perfetta sincronia fra loro, davvero: due sorellissime.

Vi accorgereste ben presto, però, che sono: Jing e Jang, due risvolti molto diversi di una stessa medaglia.

La maggiore da giovane doveva essere una donnina frizzante, coinvolgente e mediterranea, forse anche sexy, dalla lingua sciolta, probabilmente accattivante ... e chissà, anche fascinosa. La sorella, invece, ora stessa stazza e misure *"a cilindro allargato",* doveva essere anche d'aspetto del tutto diversa. Emette ancor oggi un vocino stantio, che sembra qualcuno le pizzichi le corde vocali impedendole di parlare. Una voce diafana, afona, quasi un timido pigolio sottile.

Tanto spavalda ed espansiva di carattere la prima, quanto timida ed introversa, contenuta ed attendista la seconda.

La prima: sinuosa, formosetta e curvilinea ai vari livelli del corpo ... La seconda: asciutta, filiforme, e piallata liscia nelle forme. Una **"liscia tavola da lavare"** si direbbe a Venezia.
La prima: sposata con figli ... La seconda: single, o come si diceva platealmente un tempo: zitella.

La prima: lavoro leggero saltuario, casa propria, vacanze mari e monti, amiche, e madre orgogliosa e asfissiante dei pargoletti.
La seconda, invece, tutta vita da casalinga a casa di mamma, mezza artigiana a domicilio, col grembiule sempre attorno, tutta dedita a servire

e riverire i due genitori anziani, accompagnandoli entrambi, uno per volta e per anni, fino alla tomba.

La prima: sempre fresca di parrucchiere, con la cofana a più piani in testa. Rossetto visibile a un chilometro di distanza, e cappellini alternativamente con le piume, col ciuffo dei fiori, o a motivi frutteschi.
La seconda: sempre in disarmo e dismessa, con i capelli riccioluti arruffati e tirati da una banda, i vestiti riciclati di mamma e papà, che riattava in casa con abili mani da sarta provetta. D'inverno: sciarpone di lana, e guanti senza dita, e l'immancabile camicia di flanella, larga e comoda a quadrettoni ... quelle di papà.

La prima: tacchi a spillo rumorosi, tailleur pettoruto aderente (*sempre in procinto di scoppiare*), e sobria gonnellona intonata fin sotto al ginocchio. Sempre all'attacco, tutta determinata e pomposa a colloquio con i professori dei figli, che immancabilmente erano troppo avari di voti per la sua prole certamente meritevole. Più di qualche volta, la si sentiva partire *"lancia in resta"*, e pagella scolastica in mano, lanciando un suo motto, quasi un grido di battaglia.

"Adesso mi sentirà ... Vado io a strappare quei quattro peli dalla testa della maestra!"

Poi rientrava mogia e arresa, perché non è che i figli brillassero di luce propria, ed eccellessero negli studi e nell'impegno. In verità ... capivano anche pochino, visti i risultati dei compiti con cui la professoressa immancabilmente la stoppava e conteneva. Ma lei era così: ogni volta ritornava alla carica.

La seconda, ha trascorso tutta la vita a fare da zia, a tenere a bada i nipoti se erano a casa ammalati, a comparire ad ogni compleanno col pacco grande, che fin da prima si sapeva che cosa conteneva, perché espressamente ordinato dai nipotini adorati. Era la zia sempre presente e col posto fisso alla tavolata di Natale, quando arrivava puntuale con una bella bustina gonfia, con *"la mancia"* per ciascuno dei suoi tesorucci ... Era *"la zia di casa"*, quasi sempre in ciabatte e in vestaglia ... Oppure la zia con le grandi sporte della spesa, intenta a stirare montagne di vestiti, mutandoni, camicie e calzoni un po' per tutti: i nonni, sorella, cognato ... e ovviamente per gli adorabili immancabili nipotini.

La prima: linguacciuta e civettuola, con la camicetta quasi spalancata sulla scollatura. Sempre intenta a sorridere, salutare, *"attaccar bottoni"* ossia discorsi, e mandare baci da lontano. Elegantemente vestita, firmata e alla moda, con la borsetta di vernice lucida, o con quella con tutte le rifiniture dorate, portata in pendant agli orecchini e ai giri d'oro della collana ... tanto che sembrava una Madonna di chiesa.

La seconda: con i vestiti larghi, perché non si era mai piaciuta, e si vergognava come una ladra del suo *"grosso mandolino"*. Salutava sempre con la manina appena sollevata, e col solito vocino che non si sentiva neanche. Sempre sottovoce, sembrava parlasse e gesticolasse con i segni, perchè gli occhi erano quasi sempre chini a frugare per terra, mentre le guance s'imporporavano fino ad infiammarsi al primo sguardo che le si rivolgeva.

La prima: ballerina provetta, sensuale, passionale ... Scatenata in valzer e mazzurche piroettanti, presente col marito a rimorchio in ogni sagra e festa della contrada. Immancabile ai veglioni di Capodanno, e a tutte le feste e le cene organizzate dalla solita Associazione Benefica, e dalla Bocciofila del pluripremiato marito.

La seconda: abilissima a lavorare a maglia, passava le serate d'inverno a sferruzzare e confezionare sciarpe e maglioni per tutta la famiglia. Oppure si ritrovava con gli occhi arrossati e lagrimosi a suon d'incrociare uncinetti fino a notte tarda, sfornando presine, tovagliette e sopra tavolo da regalare a tutto il parentado alla prossima occasione. O ancora, impegnatissima fino alle ore piccole, a ritoccare, tagliare, cucire, rammendare attuando i consigli di quel corso di taglio e cucito che frequentava da anni, senza fine, presso le Suore Maestre.

La prima: al ristorante o al cinema col marito nei finesettimana, o a guardare i fuochi d'artificio e le regate sul Canal Grande... La seconda: a far la guardia ai nipotini, o ai fornelli a far la torta, la focaccia, le crostate, le frittelle, le marmellate ... da offrire agli anziani nel ritrovo per il gioco della Tombola. La prima: a pesca in barca ... La seconda: in pescheria a comprare il pesce, e poi a lavarlo, desquamarlo, friggerlo, arrostirlo ... e a togliere tutte le spine per non ferire il palato delicato dei nipotini.

La prima: sempre arzilla, pimpante, allegra, piena di vita, frizzante da mattino a sera.
La seconda: sempre indietro di sonno, e un po' stanca ... o cotta, finita al termine di ogni pesante giornata, a prender sonno davanti alla radio accesa.

La prima: aspirapolvere, lavatrice, lavastoviglie, microonde, televisione satellitare, cellulare e aria condizionata.
La seconda: spazzolone e strofinaccio a pulire le scale, a lavare in acqua fredda la biancheria delicata di tutti per non sciuparla, ventaglio d'estate e cuffia di lana d'inverno, o inginocchiata col di dietro per aria a stendere e tirare la cera sui pavimenti *"alla veneziana"* di casa.

Insomma ... La prima: un sisma ... La seconda: la calma piatta.

Col trascorrere degli anni, sono filtrate entrambe attraverso il setaccio stretto e irriverente del tempo. Sono diventate vecchie, ossia anziane, e al vederle si nota che hanno pagato nel fisico il prezzo del vivere, perché le vedi appassite e grinzose, segnate dai giorni ormai andati.

Sono diventate entrambe grassocce, rallentate e lente, e da qualche tempo, la maggiore ha perduto parzialmente l'uso delle sue belle gambe tornite di un tempo, e fatica a scendere tutte le scale per uscire poi in strada. Allora la sorella si reca spesso a trovarla, soprattutto nelle prime ore del pomeriggio.

Soprattutto d'estate, a finestre spalancate, le senti dialogare ed interagire fra loro ... fin da quando percorrono la strada per incontrarsi.

"Prima che faccia buio ... Perché non si sa mai che non incontri per strada qualche giovinastro malintenzionato ... che mi da una brutta botta e mi butta poi in canale ..."

"Ma chi vuoi che ti tocchi ! ... Sei sempre la solita paurosa insulsa ... Cosa vuoi che i giovani vadano a "sustegare una vecja malciapada come ti ... Basta il vento a buttarti per terra ... I giovani corrono dietro alle belle ragazze ... non alle vecchie carrette come te."

"Ti sarà ti una vecia carretta ! ... No mi !" pigola la seconda indispettita.

La maggiore, più scaltra, che si ritiene anche furbetta ... ha pensato perfino uno antifurto personale da tenere in casa. Ha posto un grosso e vecchio campanaccio per terra sul pavimento, proprio a ridosso della porta d'entrata, in maniera che s'entra qualcuno lo rovescia facendolo suonare così da avvertirla dell'intrusione ... Peccato che lei sia quasi sorda del tutto, proprio come una vecchia campana.

Di solito aspetta la sorella affacciata alla finestra, e attende che salga faticosamente col bastone le rampe delle scale *(una ventina di minuti all'incirca e più, soste comprese sui pianerottoli)*, ma mai si ricorda di spostare il campanaccio da dietro la porta socchiusa. Per cui, immancabilmente, dopo una ventina di minuti:

"Din dirindin din din ... e poi din din dòn !" il campanaccio viene spedito e lanciato fino al centro del soggiorno, mentre la sorella tutta rossa in volto, trafelata, sudata e dispnoica spalanca la porta per entrare. E qui già partono i primi improperi fra le sorelle. E' il segnale !

Come vicini ormai le conosciamo bene, sappiamo che ogni giorno a quell'ora *"prendono fuoco"* come buttando un cerino in un pagliaio ... Sappiano anche, che dopo qualche minuto dal loro incontrarsi, una delle due s'incazzerà immancabilmente come una jena ... *(chissà mai quale sarà delle due ?)*.

A farne le spese ovviamente è sempre la seconda, che, povera, è succube da tutta la vita della prima.

"Vedrai che fra poco partiranno con la solita cantata della loro Messa !" commentano i vicini sorridenti e quasi in attesa di quella specie di spettacolo.

E infatti, poco dopo, questione di minuto più minuto meno, parte l'ennesima sceneggiata nel cuore delle ore estive, quelle della siesta pomeridiana, quando tutti nel quartiere di solito riposano ... Si sentono loro due soltanto che urlano in sottofondo. Va detto, che essendo entrambe quasi sorde, le parole che si scambiano sono esse stesse la fonte di fraintendimenti e discussione, in quanto assumono significati e valenze del tutto diverse da quanto viene proferito. Ma è soprattutto la sorella *"grande"* che è sempre inviperita e collerica, con un vocione assurdo e tonante a trapassare i muri ... Continua ad essere la donnina *"tutto pepe"*, esuberante e grintosa, che è stata per gran parte della sua vita ... di un tempo.

Qualche volta al culmine delle discussioni interminabili le parte in su la pressione sanguigna, e si lascia prendere dall' *"l'angosja"*, tanto da dover chiamare in fretta l'idroambulanza per portarla via, in quanto la ritrovano *"zampe all'insù"*, presa da *"mancamento estemporaneo"*. Il motivo di tali malesseri è presto detto, perché lo ascoltiamo tutti fuoriuscire dalle finestre.

"Ci deve essere qualcuno, figlio di mamma ... che entra di nascosto nella mia casa e viene a frugare nelle mie cose ... Non l'ho mai visto, ma se lo prendo gli do sulla testa col bastone ... Me ne accorgo, perché trovo spostate le mie cose ... Io so bene come e dove le ripongo, e le trovo spostate ... E poi ci sono macchie strane sulla biancheria pulita ... "

"Sarà la muffa e l'umido ..." prova a pigolare sottile sottile l'altra sorella minore in paziente ascolto.

"Ma che muffa e muffa ! Non capisci niente ... Non hai mai capito niente in vita tua ... Qui c'è qualche giovinastro che entra dentro in casa mia a

spiare e cercare, e si diverte a macchiarmi le cose ... Ha spostato anche il mio anello."

"L'hai ritrovato allora ... Non te l'avevano rubato ?"

"Ma ancora ... Non capisci proprio un ... della vita tu ... Ma me l'hanno cambiato ! ... perché questo ha un segnetto piccolo che il mio non aveva ... Dovrò portarlo dall'orefice per fargli dire se è vero o falso ... Deve essere proprio un bastardo ... Si diverte alle spalle di una povera vecchia ... Sai di quelli perfidi, che fanno del male alla povera gente indifesa ..."

"E saresti tu la povera indifesa ?" aggiunge ogni volta con un altro pigolio spiritoso la consanguinea.

"Mi domando chi possa essere ... E il problema principale è come faccia ad entrare in casa senza lasciare tracce ... Ci deve qualcuno che gli ha fornito le chiavi di casa ... Immagino si sia fatto una copia ed entra ed esce da qui indisturbato ... Aspetta che io vada fuori, o entra mentre sto dormendo ... Mi pare d'aver sentito rumori una volta ... Forse sarà il postino ... o il garzone della bottega del latte o del pane ..."

"L'unico rumore che si sente fino in strada è quello di te che russi come una tromba mentre dormi e parli nel sonno."

"Sai ! Io ho un sospetto atroce ... Penso di sapere chi possa aver dato le chiavi a quell'essere malvagio ..."

"Ma dai ! Chi vuoi che dia in giro le tue chiavi, se le hai sempre addosso!"

"Ma un'altra copia ... Scema ! Non le mie chiavi ... Sai chi è ? ... Vuoi proprio saperlo ? "

"Dai dimmelo ... Chi sarebbe questo colpevole ?"

"Sei stata tu ! ... Sei una traditora ! ... Non puoi essere che tu a dare la copia delle chiavi al bastardo ... Dopo tutto l'affetto che ho avuto per te..."

"Io ??? Ma sei matta ? ... Non so neanche dove si trova la copia delle tue chiavi." se ne esce con un altro pigolio, ma stavolta associandolo a una bordata di pianto e singulti.

"Ecco ! Vedi le hai perse ... Te le hanno rubate ... E poi mi dai anche della matta ... a tua sorella più grande ... Allora ce l'hai su con me ... Sei stata tu ... Vergognati ! "

"Ma ... io ..."

"Vergognati ! Vergognati ... Non sei neanche degna d'essere mia sorella!"

E avanti così ... o sulla falsa riga di questa canzone ... Quasi ogni giorno ... Una puntata diversa e ulteriore per volta ... spesso riprendendo da dove si era rimasti il giorno precedente.

Nel soggiorno di casa della sorella maggiore troneggia in mezzo a una parete un vecchio orologio a cucù. Bello grande, di quelli di una volta, un po' barocco e arzigogolato, lavorato e intagliato in montagna, in Pusteria forse ... con le catenelle e le pigne che penzolano di sotto. Nel bel mezzo delle accese discussioni delle due sorelle, senti spesso il cucù venirsene fuori gridando le sue ore, sgraziato e incazzoso anche lui. Solo che segna sempre ore strampalate ... completamente diverse e sballate a confronto con l'ora vera del giorno e dell'orologio ... In perfetta sintonia con lo status delle due amene sorellissime ...

***

_____questo post l'ho scritto e pubblicato su Internet nel mio blog "Iostedrs" ospitato da Google: nel febbraio 2014. Mi accorgo adesso rileggendolo che tristemente una delle due protagoniste non c'è più, ma non ho toccato una sola virgola di quel che ho scritto ... perché per me sono ancora lì com'erano ieri.

UNA GIORNATA DI PASSI IN GIRO VENEZIA

Venezia è bella ! ... si sa. Che lo sia non serve una mente acuta per capirlo, basta guardare la continua processione delle grandi navi ormeggiate poco lontane dalla mia finestra, come fumosi e ruggenti grattacieli nuotanti e distesi. Oppure basta notare il continuo planare a tutte le ore verso l'aeroporto Marco Polo di altri *"capienti contenitori viaggianti"*.

Se c'è tutto questo via vai continuo, questo andare e venire di gente da ogni angolo del nostro pianeta sempre più piccolo, vicino e globalizzato, una ragione ci sarà. Inoltre, questo andare e venire, non è che sia iniziato proprio ieri.

Venezia, sembra uno scherzo della natura. Nelle giornate limpide, proprie dietro alle bocche semispente di Marghera, si vedono come in filigrana, i vecchi coni spenti dei vulcani Euganei. In tempi lontani, a neanche cinquanta chilometri di distanza da qui, la terra ribolliva seriamente, non solo con i tiepidi fanghi delle vasche termali euganee di oggi. Avevamo i vulcani in casa, mica scherzi !

Era: ***"Il fuoco impazzito, distruttore, catastrofico e mortale"***.
E invece siamo qui: giusto il contrario, con i piedi in ammollo, con chilometri quadrati di acqua e Laguna da tutte le parti. Invece di sorgere un drago potente e sputafuoco dalle brume delle acque ribollenti della Laguna, è spuntata questa città traballante, vaporosa come un miraggio, quasi trasparente, simile a un merletto di Burano, tutto trame e trine, giochi di vuoti e di spazi pieni, di abilità e leggiadria.

Venezia c'è e non c'è, a volte sembra un'illusione.

Venezia è bella sì ... ma come lo è una vecchia vissuta e affascinante. Se la osservi, ti sorride e ne rimani ancora ammaliato, ma comprendi che ha già dato il meglio di se.

Per quanto sia ingioiellata, pettinata, truccate, ben vestita e cerchi di mettere in bella mostra tutte le sue grazie, rimane pur sempre una vecchietta.
Una vecchietta di lusso, di prestigio però, non una delle solite anziane qualsiasi, ciabattanti e scapigliate.
Rimane pur sempre la Serenissima, seppure infagottata nei suoi continui ed eterni restauri e in una tutta una serie di ritocchi ed accorgimenti per non farla affondare e sgretolare del tutto.
Una specie di gioco di prestigio, una magia da illusionista.

Quando guardi il tappeto rosso e il leone dorato del cinema, quando ti spacchi la testa nel cercare di capire qualcosa dell'arte della Biennale, quando traballi dentro la folla del Carnevale che finisce per portarti dove vuole lei e non dove vorresti andare, quando t'infili a guardare quadri, palazzi, reperti che ti fanno rimanere a bocca aperta, quando vedi i ristoranti gremiti di comitive guidate dal solito ombrellino ondeggiante sopra le teste … anche quando la pioggia non c'è, quando incontri gente che canta e suona per strada e inanella lucchetti insulsi sui ponti, quando ti godi il pigro trascorre del corteo della Regata Storica o le sfide accanite e *"bellicose"* dei regatanti, quando osservi i lampi e i botti della **"notte magica"**, ti dici: **"Sì ! … Venezia è viva ! … Tutto questo tramestio e sovrapporsi di eventi, persone e cose, è sintomo di grande salute e forza."**

Quando, invece, provi a grattare via, almeno un poco, quella patina luccicante e dorata, ti rendi conto che Venezia è viva un po' meno, ed è proprio anziana per davvero anche oltre le apparenze.
E come tutti gli anziani ha mille cose da raccontare … E ancora sempre come tutti gli anziani, non smette di ripetertele, senza ricordarsi che te le ha già dette e ridette mille volte.

Che fare ? mostrarsi sgarbati ? Assolutamente no. Rimani lì ad ascoltare, facendo di *"si"* con la testa e sorridendo ugualmente ancora una volta.

Man mano che s'invecchia bisogna decidersi, scegliere la *"facoltà e l'indirizzo"* della vecchiaia da frequentare.

In genere gli anziani rimangono a guardare gli scavi dei lavori e delle buche aperte dando preziosi consigli a chi governa la pala meccanica o sta nel fondo della buca col badile in mano. Oppure un'altra possibilità è rimanere al bar con l'ennesima *"ombretta"*, le carte e le gare delle bocce. Qualche altro sceglie l'opzione di spingere avanti e indietro con una mano sola il passeggino del nipotino, magari lungo la tiepida fondamenta delle **Zattere**, però con disinvoltura, come non fosse affar suo. Ce n'era uno bellissimo, proprio ieri, seduto su una panchina, che cantava a squarciagola:

"Lo sceriffo.fo.fo … Ha due baffi.fi.fi … il cappello.lo.lo …" e tutto il resto. Doveva essere un po' sordo.

La solita comitiva di turisti Giapponesi l'osservava sbalordita e sorridente, e ovviamente l'ha fotografato un miliardo di volte da tutte le angolazioni, peggio di una delle star del cinema del Lido di questi giorni. La nipotina di pochi mesi credo non capisse molto delle intenzioni del nonno, che la faceva saltare letteralmente per aria come un bambolo di pezza, e forse le faceva risalire in gola quel che aveva mangiato poco prima.

Si può anche scegliere di vivere da anziani, anche facendo dell'altro: pensare, leggere, muoversi … comunque ho ancora un po' di tempo per decidere. Mi basterebbe invecchiare come ha fatto Venezia … con stile, e con qualcosa da raccontare a qualcuno.

Il mio povero padre, che di scuole non ne ha frequentate, mi portava ogni tanto da piccolo fino in Piazza San Marco. Era un'impresa arrivare fin lì, una specie di piccola festa. Per andare a Venezia dalla mia piccola isola colorata spersa in fondo alla laguna ci si vestiva a festa. A quei tempi per me era una sorta di piccolo evento, qualcosa di atteso e molto godibile. Accadeva più o meno due volte l'anno: era il massimo delle mie gite, quelli erano i miei viaggi. Venezia era la meta oltre la quale non era necessario e non aveva alcun senso andare perché lì c'era e si trovava tutto.

Giunti in Piazza San Marco, mio padre non mancava mai d'indicarmi in mezzo a nugoli di colombi: i **"Mori delle Ore"**, il **"Leone potente"** in cima alla colonna, il *"Palazzo dei Paroni del mondo"*, la *"Chiesa d'oro"*, i *"Cavalli con gli occhi di fuoco"*, il campanile che suonava la *"Marangona del lavoro"* e la campana di mezzanotte per ricordare il *"povero Fornaretto"* ammazzato innocente.

"Questo è un grande campanile," mi spiegava, *"il più grande di tutta Venezia, non come quelli della laguna che li tiri dentro quando piove ... L'Angelo di sopra gira col vento e luccica infuocato in lontananza per quelli che navigano in mare ... L'ho visto sai dal mare pescando con le reti ... Tutto illuminato dal sole sembra proprio un faro acceso ..."*

Quante volte ho ascoltato suonare quella campana di mezzanotte, pensando e ripensando alle semplici spiegazioni di mio padre che non c'è più ormai da tanto tempo ... La campana, invece, suona ancora oggi, ogni mezzanotte.

Sempre in compagnia di mio padre, rimanevo *"immagato"* ed estasiato dalla tanta bellezza di Piazza San Marco, e la mia fantasia cavalcava incontenibile come io cavalcavo i **Leoncini** in pietra della **Piazzetta** credendomi un Veneziano conquistatore del mondo. Nella mia mente fantasiosa poi, le notizie e le spiegazioni si sovrapponevano, e nei sogni vedevo i **Mori** con gli occhi di rubino fiammeggianti e il **Leone** che suonava nelle orchestrine della **Piazza**.

Chissà da dove e da chi ho preso l'amore e la passione per questa mia bella città? ... Credo di saperlo, ma questa è un'altra storia.

Scrivo questo per dire che Venezia ha tante storie, infinite storie, storie nelle storie da raccontare, chiuse e nascoste l'una dentro all'altra, come tante scatole cinesi, che non finisci mai d'aprire e scoprire.

C'è di che perdersi per giornate, mesi, anni interi, provando a frugare dietro ad un angolo, andando a sbirciare in un campiello sconto, dentro ad un palazzo il cui portone è rimasto socchiuso, fra le pagine ingiallite e antiche delle biblioteche, anche quelle piccole, sconosciute e nascoste, fra le pieghe invisibile di una storia ricchissima di persone, fatti, eventi, cose, sentimenti, sensazioni, che non si finisce e terminerà mai di scoprire lasciandosi stupire.

Dentro a tutto questo emerge la Venezia *"vecchietta"* che la sa davvero lunga. Scopri la Venezia che *"in gioventù"* è stata davvero scaltra, ambiziosa, furbamente avida e sfrontata. Venezia ha saputo essere anche cattiva, vendicativa, perfida: ha ucciso, depredato, violentato, sottomesso e conquistato. Ha svaligiato mezzo Mediterraneo per secoli costringendolo a filtrare per il suo Emporio di Rialto, ha condizionato e gestito i mercati di mezza Europa: inducendo Tedeschi, Inglesi, Baltici e Fiamminghi a servirsi di lei per procurarsi le cose della vita e togliersi gli sfizi più strani.

Frugando Venezia scopri che ha viaggiato molto per quel che era lecito e sperabile ai suoi tempi, ma non solo per commerciare e *"mercandare"*. Si è spinta ovunque, ha passato a setaccio l'Asia con i suoi deserti e le carovaniere avventurose, ha frugato fin nelle savane misteriose e recondite dell'Africa, doppiato promontori e capi di continenti, si è spinta fino ai ghiacci del Profondo Nord, oltre lo Zar, dove è quasi commovente leggere le vicende dei suo mercanti incastrati nel ghiaccio, con le navi scricchiolanti e inadatte. Veneziani comunque sempre mai domi, desiderosi di salvare pelle e soprattutto di realizzare buoni affari.

Venezia è stata kasbah diffusa, spalmata sulle numerose isolette, fra calli e campielli. Quello che altrove si vede concentrato sotto a pochi portici e volte delle *"città vecchie"*, a Venezia lo ritrovi spalmato ed esteso su quasi tutta la città con le sue Contrade.

Le Contrade erano parti dei Sei Sestieri, erano tante: fra sessanta e settanta, anche se il loro numero ha un po' traballato lungo il corso delle epoche. Le Contrade erano microcosmi, piccole cittadelle quasi autonome dentro all'unica sparsa città. Dei nuclei tutti stretti attorno al proprio campanile, sempre pronti a far numero, a far corpo, a prescindere dal motivo che li convocava e chiamava a farlo.

Ogni Contrada di solito portava il nome della sua Parrocchia, con la quale si identificava e viceversa. Si identificava col suo campo e il suo pozzo intorno al quale accadeva la vita quotidiana con tutte le componenti che servivano ad attuarla: i Mestieri, i servizi primari, l'aggregazione, l'ospitalità, la Devozione e l'assistenza. Non mancava nulla, vivevano tutti stretti, gomito a gomito, l'uno accanto all'altro, come in certi paesetti di montagna. Solo che a Venezia non c'è a creare l'isolamento il vuoto dei precipizi o l'altitudine aspra dei dirupi. A Venezia c'è l'acqua che allo stesso tempo fa da confine e collante, distanzia e unisce. I ponti sono confini che separano le Contrade, ma sono anche delle mani tese che uniscono fra canale e canale.

"Dove finisco io inizi tu e viceversa ... Quello che non ho io me lo dai tu e viceversa."

Tutto piccolo, tutto poco, tutto fatto a mano, offerto, elaborato e interpretato secondo il gusto e il sentire tradizionale, le abitudini tramandate di padre in figlio, di nonna in nipote. Venezia non ha terreni agricoli, prati, bestie, orti se non in rarissimi casi, ma ci sono preziosi fazzoletti di terra rigorosamente preservati.

Venezia ha sempre avuto bisogno di tutto, che gli è sempre stato procurato e rifornito da fuori, dalle altre isole o dalla Terraferma. Un tempo Venezia e i Veneziani pescavano il pesce, ora lo cucina quasi sempre surgelato procurandoselo via aereo da altre parti del Mondo, così come i fiori, la frutta e tutto il resto ... tanto oggi basta un attimo, perchè il mondo è diventato piccolissimo.

Nelle Contrade c'era botteghetta su botteghetta, vicini vicini: *Fruttivendolo*, *Biavaròl*, *Luganeghèr*, *Calzolaio*, *Fornèr*, *Merciaio*, *Formaggèr* e *Latteria* ... poi c'erano gli altri artigiani: lo *Squero* delle barche, i *Remeri*, i *Tagjapiera*, i *Botteri*, i *Falegnami* che si chiamavano *Marangoni*, i *Fabbri-Fravi*, i *Muratori-Murèri*, i *Sarti*, i *Tessitori*, i *Tintori*, i *Pittori*, e gli *Squellini* e i *Bocaleri* per costruire i domestici cocci.

Non poteva mancare la **Spezieria**: luogo dei magici rimedi e dei miracolosi intrugli.

Nell'**Osteria** e nelle **Stue** convergevano le cose e i fatti di tutti, come dal **Barbiere** e con il **Parrucchiere**: erano i Social, i Facebook e Twetter di ieri, con la differenza che in quelli ci si incontrava in carne ed ossa, si rimaneva lì a lungo a confrontarsi, giocare e discutere fino a mandarsi a quel paese o ubriacarsi o spendere le ultime cose che si avevano in tasca. Mezzi soffocati dal fumo della cucina, dalle pipe e dai sigari di basso costo.

Per le ragazze e le donne ovviamente era tutt'altra vita: se ne stavano fuori dai locali, intorno al pozzo, e con sedie impagliate fuori dalla porta di casa, a *"contarsela"*, ballare, cantare e sognare in Corte, Sottoportico, Calle e Campiello che diventavano il salotto comune, il luogo dove esporre le cose di tutti, le piante, le cianfrusaglie, le novità. Si rimaneva lì a impiràr perle, lavorare a maglia, giocare a tombola, recitare Rosari, inventar proverbi e modi di dire, far baruffa e ninnolare, coccolare e far saltare i bambini sulle ginocchia.

"Campiello, campieletto ..." si cantava, *"Xè nato un porselletto ..."*

Poi ogni tanto suonava la campana della vicina chiesa: era una specie d'allarme, di chiamata a cui non si poteva non rispondere: *"Che succede ? Che facciamo ? Tutti dentro ! Andiamo a sentire, capire e vedere che succede ... Non si sa mai..."*
Era come quando fuori piove e ci si mette tutti al riparo sotto al primo posto disponibile.
A volte suonava anche la campana dei Morti: *"Poveretto o poveretta ... disemoghe una requie ! ... e anche un PaterAve per i so fioi che resta ..."*
Se la campana, invece, suonava per un matrimonio e c'era la sposa: *"Che bella ! ... Che spettacolo !"*. Di quelli che poi si continuava a raccontarli *"per secoli ... in saecula saeculorum ... Amen."* Si finiva che conoscevo meglio io l'abito da sposa di mia nonna, che mio nonno stesso.

Che differenza con le macchinette automatiche mangiasoldi di oggi addossate alla nuda parete, le news lette online, le piazze virtuali piene di gente inesistente ... quindi in realtà vuote. Allora non mancava solo Internet, ma anche cellulare, cinema, televisione, computer, ipod, ipad, tablet, blog, fax, cd, dvd, Playstation, sms, mms, email ... e molto altro ancora.

Come facevano i Veneziani ? Come riuscivano a vivere ugualmente senza tutte queste cose che oggi consideriamo imprescindibili, e senza delle quali a volte ci sentiamo quasi persi ?

Si viveva appunto di niente e in strada, gomito a gomito, grandi e piccoli insieme, buoni e furbetti, tutti stretti dentro l'angusto mondo dei ponti e della Contrada: ci si incontrava, e si rimaneva insieme.

"Ma che cavolo avevano da dirsi, se mancavano di tutto, circolavano poco le informazioni e non ne sapevano quasi di niente ? ... Si andava anche poco a scuola, e l'istruzione era affare solo per pochi abbienti e fortunati."

"Sognavamo, pensavamo, cantavamo e ce la raccontavamo ... ma non solo di stupidate, ci s'innamorava come oggi e forse di più, facevamo vagonate di figli, ed eravamo tutti intenti a raccoglierci l'un l'altro ... Così come ci tenevamo in casa i vecchi e i malati ... L'ospedale e la casa di riposo erano una spiaggia per pochi ... In quelle specie di case neanche vagamente assomiglianti a quelle superaccessoriate e arredate di oggi, si faceva di tutto: di tutto e di niente, fino a nascere e morire. Altro che badanti, baby sitter, dog sytter, cagnolino, gattino, pesciolino e coniglietto al posto di un altro fratellino ... eravamo in trenta in casa !"

Non è solo nostalgia dei tempi diversi che furono, ma mancanza forse di un senso d'intensità, un sapore di vissuto e di pienezza che forse oggi stiamo o abbiamo già perso, e credo un po' ci manchi anche qui a Venezia.

Oggi passando per Venezia e per gli stessi posti, si vedono botteghe chiuse, balconate della *"mostra"*, ossia la vetrina, sbarrate, artigiani scomparsi, Campielli deserti. Non c'è più neanche la vecchia Osteria con i vecchi che vi stazionavano dentro tutto il santo giorno: è stata sostituita dall'asettico baretto dei Cinesi sorridenti. Negli *"Stazi dei Traghetti"* e dentro ai canali ci sono ancora i Gondolieri, ma con l'auricolare lampeggiante all'orecchio con orecchino, e le scarpe firmate ai piedi.

Adesso si fa sera: tutto si spegne, è morto, chiuso, senza vita, salvo in qualche locale *"fortunato e di tendenza"* dove i giovani accorrono e convergono in cerca di sensazioni anche da fuori, dalla Terraferma. Quasi tutti i pochi Veneziani rimasti sono barricati dentro alle loro piccole regge in miniatura dove non manca niente ... soprattutto Internet e la televisione ... Tutti a *"cincionare"* nelle chat, nel forum, nei blog, a scrivere e raccontare, non si sa bene a chi, finchè bruceranno gli occhi e si chiuderanno per il sonno.

Un tempo nelle Contrade si rientrava in casa solo per infilarsi sotto alla montagna delle coperte ... Si mangiava perfino per strada ... Le case erano spesso piccole, scure, poco arredate e scarsamente confortevoli. Si dormiva in due o di più per letto ... Mi sono sempre chiesto dove stavano tutte quelle migliaia di persone in più che una volta abitavano qui a Venezia. In fondo la città è sempre la stessa, grande uguale. Dove si mettevano ?

E' presto detto: stavano stipati, incastrati e letteralmente sovrapposti l'uno accanto all'altro, l'uno sull'altro.

Anch'io da bambino non possedevo neanche il riscaldamento, dentro o fuori casa era quasi lo stesso. Era quindi meglio rimanere fuori, almeno si poteva muoversi, c'era più spazio e vita, si faceva qualcosa e si poteva incontrare qualcuno e fare esperienze ... e così anche ti scaldavi. Per strada si giocava con niente, le donne vi lavavano anche i panni, e i bambini e i giovani si buttavano a nuotare dentro ai canali.

Provate a farlo ora ! ... ammesso che si possa, e che se ne sia capaci.

In giro per Venezia sono rimasti attivi solo i Maschereri e gli ambulanti, che a loro volta hanno subappaltato le licenze agli stranieri Asiatici. Gli Africani, invece, vivono diversamente, *"da poveri"*, più sulla strada, all'aperto, come si faceva noi una volta.

Giorni fa, sono passato come il solito davanti a un vecchio e grande palazzo. Lì un tempo abitava un Nobile dal cognome importantissimo. Quand'ero più giovane, invece, ci abitavano trentacinque famiglie con relativi figli, vecchi e tutto il resto: un quartiere nel quartiere. Poco tempo fa, erano rimaste due famiglie di sotto e una vecchietta relegata all'ultimo piano, in alto, che interagiva col resto del mondo tramite un cestino che calava dalla finestra della cucina fino in basso, con una corda lunghissima. Appeso al gancio del cestino a una certa ora ci stava la spazzatura, mentre più tardi il cesto risaliva con pane, il latte e il giornale. Ad un'altra ora ancora del giorno le issavano di sopra il pesce, i fiori, la spesa, assieme a un *"mazzo di chiacchiere fresche"*: erano gli aggiornamenti della sua giornata. E avanti così ... col cesto che saliva e scendeva su e giù più volte al giorno.

L'ho conosciuta di persona quella donnetta. Era rimasta sola, solissima, anche se di figli ne aveva diversi e anche affettuosissimi. Ma avevano tutti la loro vita: i più vicini, impegnatissimi e abili professionisti, vivevano a Milano, altri in continenti diversi e molto lontani da lei. Per praticità, la nonnetta aveva chiuso *"baracca e burattini"* del palazzo e aveva trascinato il letto dentro alla cucina. Perciò viveva lì, dove aveva *"tutto a portata di mano"*, almeno così mi diceva. Il resto della casa, e che casa, perché era un bel pezzo di antico palazzo, era tutto coperto di teloni polverosi e pieno di stanze chiuse e buie. C'era di tutto dentro: quadri, libri, soprammobili di lusso, stucchi e l'arazzo antico *(che mi ha mostrato)*, argenterie, ventagli ricamati, e appese alle pareti: le foto grandi di quelli *"importanti di casa"*.

"Mi provocano tristezza e malinconia tutte quelle cose, meglio ignorarle, far finta che non ci siano." mi ha detto.

Poi il cestino non è sceso più ... e oggi, dopo un'eternità di restauri: tutto quel palazzo è diventato un albergo !
E' questo il destino di un'altra bella fetta di Venezia. Ma non c'è scampo né alternativa, i tempi richiedono così. Non dimenticherò mai le considerazioni fatte da uno dei nostri sindaci *"pregressi"* rilasciate in un'intervista televisiva qualche tempo fa: ***"Venezia non è più per i Veneziani ... Devono andarsene via, in Terraferma ... Non se la possono più permettere ... Ci possono venire per lavorare o a visitarla ... ma non fa più per loro ... deve essere data e offerta ad altri ... "*** e se lo ha detto il sindaco.

Oggi a causa anche delle varie crisi, i Veneziani vengono poco a Venezia anche per lavorare, perché anche il lavoro scarseggia al pari dei posti in cui abitare come si faceva un tempo.

"... Venezia che c'era e Venezia che va ...", cantava a squarciagola Alfio in gondola voltando intorno la mano aperta, quasi intendesse dispensare sensazioni ai turisti inebetiti e frastornati da questo nostro mondo unico e singolare.

Venezia di ieri, Venezia andata: quante cose avrei da dire, da ricordare, rispolverare. Mi piacerebbe scoprirle, catturarle e guardarle, ridirle e scriverle per continuare a gustarle quasi provando a prolungare tutto quello che è stato Venezia ... Ma la vita chiama ... c'è fretta, e bisogno di continuare subito ad andare.
Andare dove non si sa, ma bisogna andare e andare di fretta ... questo è sicuro: ***"Il mondo è aperto e aspetta proprio te"***, diceva oggi una prestigiosa Agenzia di viaggi, con una scritta digitale di puntini luminosi che correvano e s'inseguivano da una parte all'altra della sua vetrina piena di offerte e *"partenze"*.

Quante cose si vorrebbe che accadessero a Venezia. A volte, come tanti, mi piacerebbe poter mettere le mani sulla *"macchina del tempo"*. Mi sono accorto però che non esiste, o è andata perduta o non sono ancora riusciti a reinventarla di nuovo. A volte vorrei per la nostra Venezia cose bellissime ma che sono impossibili ... Aveva ragione mia suocera, che ha vissuto tutta l'esistenza in una delle vecchie Contrade Veneziane di un tempo, che ora non esistono più. Diceva: ***"Durante a vita si desiderano tante cose, ma non sempre sono raggiungibili ... Molto spesso i nostri sforzi sono pari a cercare di pulirsi il di dietro con un unico piccolo coriandolo !"***

Ossia: non tutto è sempre fattibile ... Penso che in fondo avesse ragione: l'immagine plastica e concreta che usava nelle sue parole era davvero efficace, non lasciava alcun dubbio.

E' tornata di nuovo la notte anche su Venezia ... Incontro un giapponese che schiocca l'accendino trascinandosi dietro una rumorosa valigia nel buio della strada Marittima del Porto ... Sorride ovviamente, quando mai non lo fanno ? ... e mi saluta col solito immancabile inchino. In alto, quasi sullo sfondo, sul soffitto di questo mirabile scenario sono tornate a riaffacciarsi le stelle come da un fantomatico balcone. Mi corre accanto una rara automobile: i fari dipingono e scarabocchiano ombre che s'inseguono sui muri, s'allungano, s'incrociano con altre che c'erano già e svaniscono in fretta come presenze fugaci mangiate dal buio ... Una donna sinuosa e leggera foderata di nero aderente e con una luce lampeggiando sulla fronte corre ondeggiando nel buio ... Corre, corre, corre ... poi diventa un puntino bianco che lampeggia e viene ingoiato dal buio della notte .... Un fanale si accende improvvisamente in una calletta buia infondendole un aspetto più rassicurante ... incontro un vecchio che cammina scalzo in pigiama leggero, bofonchiando fra se e se, scompigliandosi i capelli bianchi bagnati e sparati ovunque ... Dove andrà mai conciato in quella maniera?

Il buio è popolato, pulsa, nasconde e rivela novità ...

Mi è sempre piaciuto il buio che cela le cose, dice e non dice, e sa di mistero e comunica quella sensazione d'inerme passività indifesa. Il buio ci blocca, ci mutila, è insidioso e minaccioso, ci rende incapaci di compiere tante cose

... Ma il buio è anche propizio e stimolante, perché si attiva quella parte ancestrale, istintiva e profonda di noi, che è spesso assopita e che a volte ignoriamo di possedere.

Provate a procedere da soli in una stanza buia sconosciuta e vedrete ... Esiste anche un buio diverso, un buio di dentro, quasi un riflesso del buio di fuori. Buie possono essere certe situazioni della vita da attraversare, come buia può diventare un'amicizia che si è spenta o perduta. Buia è l'assenza, come buio è il dolore e l'incomprensione, il non volere a sufficienza bene a se stessi e a tutti quelli che possono abitare il nostro buio. Si spegne al buio il senso della vita quando s'affaccia il desiderio di spegnerla per la disperazione. Venezia buia è parabola vivissima ed esemplare di tutto questo ... Sembra quasi voglia raccontartelo mostrandoti se stessa.

Ogni buio è sempre da combattere e provare a vincerlo, romperlo, riuscire a illuminarlo. Venezia night mirabolante ed evanescente di luci ribadisce e conferma questo ... anche se lo so che le mie possono essere soltanto ... Parole al buio.

"Ogni persona che incontri in giro dentro al buio di Venezia sta combattendo una battaglia di cui non sai nulla ... sii gentile sempre."

Mi piace ascoltare le storie in giro per Venezia ... anche quelle banali, quelle qualsiasi ... quelle vecchie insieme a quelle nuove: *"Sono i vecchi a vivere di racconti, storie e memorie ..."* mi fanno osservare.

"Forse ! ... ma è piacevole lasciarsi cullare da questi racconti e da queste sensazioni che trapelano da Venezia ... Spesso sono vivide e affascianti ... Sembra ti regalino misteri ... e forse lo fanno per davvero."

Un Finanziere in pensione mi ha raccontato: *"Anni fa qui era tutto diverso ... C'era un Porto, una Santa Marta, una Venezia che oggi non esiste più. Qui c'era il punto invalicabile detto "Portofranco o Puntofranco"... Ricordo che le norme e le indicazioni che avevamo imparate alla scuola militare erano severissime, ma ricordo anche che le indicazioni pratiche offertemi del collega anziano di guardia la prima sera quando sono arrivato per il mio turno di guardia furono diverse: "E' semplice", mi ha detto, "Mano così in avanti, e mano così all'indietro ... Non serve dire e fare nient'altro ... Nulla. Basta un cenno col capo, o il saluto militare ... Il resto non conta e non ha alcuna importanza ... Non far domande inutili, non pretendere di sapere chi va e chi viene e soprattutto perché ... Non devi farci caso. Qui ci sono tutti che trafficano, entrano ed escono da sempre ... e l'hanno fatto, lo fanno e lo faranno anche dopo di me e di te ... Non t'impicciare ... Tu sei solo una presenza ... Quelle sono cose più grandi di te. Devi solo far vedere che ci sei, che vigili, che in qualche modo sai e controlli ... Il resto accadrà da solo e non dipenderà da te. Vivi tranquillo ... che è meglio per te e per tutti."*

Ho capito subito e bene il messaggio, perché provengo da una tradizione e da una cultura dove t'insegnano: "Quando ti presenti bussa con i piedi ... perché le mani dovranno essere occupate a portare un regalo ... Farai un rumore diverso presentandoti in quella maniera ..."

Poi lì dentro si raccontava un mucchio di storie ... Quella di Suor Angelica ad esempio, che in fondo era anche una bella donna formosa ... Si si dice che con lei sia accaduto di tutto ... Ma si dice ... Sai com'è ... Se ne dicono tante ... e tanti parlano solo perché hanno la bocca ... A più di qualcuno piace inventare, vantarsi, screditare, farsi bello ... Poi la realtà in verità, è invece un'altra cosa."

"Di quella donna ho sentito molto parlare anch'io ... Di certo è vera quella che è finita con l'automobile in retromarcia in canale, salvata dagli spazzini di passaggio ... Si diceva anche che faceva molta carità in città ... Carità quella è vera ... Mio zio pescatore mi raccontava che Suor Angelica diceva ai pescatori del mercato del pesce: "Ti do un bavaglino per i tuoi bambini in cambio di una cassetta di pesce per i poveri ..."

"Ma Suora i miei figli hanno ormai più di vent'anni !" ribadiva mio zio.

"E diventerai pure nonno no ? Allora, intanto ti do un pacco di caffè ... e tu dammi il pesce, dai ! ... Sbrighiamoci che il sole mangia le ore." e il pesce così partiva per gli orfanelli, i seminaristi, gli asili e per i poveri."

"Tutta la zona del Porto era un mondo a parte, del tutto speciale ... Gli uomini in giro facevano di tutto, ne combinavano di tutti i colori ... Alcuni non lavoravano neanche, ma vendevano sui gradini del ponte i pesci pescati in laguna all'alba ... A loro bastava quel guadagno per campare ... Era un vivere anche quello. Diversi si portavano a letto ogni tanto la solita donna grassa e brutta ... così poi in cambio lei lavava loro i panni e la biancheria ... Sistemato anche quel problema ... C'era anche una bella bionda avvenente e formosa col marito gelosissimo ... Lei lo cornificava spesso e volentieri proprio perché era oppressivo e asfissiante con lei, e la teneva sempre chiusa in casa. Ogni tanto qualche ometto aitante doveva trasferirsi d'urgenza ... prima che il marito s'incazzasse per davvero e finisse col fargli male ... Si viveva, si viveva insomma ... C'era di certo molto più movimento rispetto ad oggi, accadevano più cose, più situazioni ... Oggi, invece, tutto sembra morto ... i posti sono deserti, non c'è più nessuno ..."

"Pensa che avevo una giovane donna che mi seguiva continuamente, insistente, non riuscivo a togliermela di dosso ... Incontrandola, ho detto a mio nipote che portavo in visita per Venezia tenendolo per mano: "Chiamami papà ... così ce ne liberiamo una volta per tutte" ... Infatti, così è stato: Più vista ! Sparita per sempre ... Quante storie !"

Sono solo alcune delle tante storie di ieri, sono le briciole ...

Cammino ancora verso casa ... ci siamo quasi. Lontano in laguna aperta lumeggia e beccheggia un lume solitario, che rema lentamente dentro al buio calmo. Sembra quasi sospeso nel niente ... forse è sempre lui: il giorno qualsiasi appena trascorso ... un altro.

***

_____questa è la sintesi di due post scritti e pubblicati nei miei blog "Iostedrs" e "Venezia" ospitati da Google su Internet nel agosto 2013: "VENEZIA: CLIK = MI PIACE ! ... SEMPRE ... O QUASI.", e febbraio 2014: "UNA GIORNATA DI PASSI IN GIRO VENEZIA ".

IL CAVALIERE GIORGIO DELLE ORFANELLE

L'altro giorno, mentre tramestavo e frugavo nelle mie carabattole, ho spostato anche uno dei miei vecchi diari. Muovendolo ne è sgusciato fuori un bigliettino da visita sbiadito che è caduto a terra. Con iniziale indifferenza mi sono chinato a raccoglierlo per riporlo insieme agli altri fogli e foglietti, cartoline e appunti che farcivano il diario. Ma osservandolo l'ho riconosciuto e mi è scappato un sorriso, perché quel bigliettino mi ha ricordato un volto, e quel volto una storia ... Vera.

Sapete quegli avvenimenti che si vivono, ma che non sono così importanti, e quindi finisci inevitabilmente per rimuoverli dalla tua memoria. Solamente un qualche aggancio o rimando particolare sono capaci di evocarli e fartelo ripensare. Infatti, è accaduto così: ... la fuoriuscita di quel bigliettino.

Si chiamava (*chissà se è ancora vivo ?*) **Cavaliere Giorgio**, o perlomeno si faceva chiamare così ... Vi risparmio il cognome, o presunto tale, a cui c'erano sempre aggiunti un paio di altri titoli curiosi, che di certo suscitavano buona impressione a chi ci metteva gli occhi sopra. Di certo era un personaggio, che ho conosciuto nei miei trascorsi ecclesiastici ... *(altre storie che già ben conoscete)*.

Il **Cavalier Giorgio** l'ho trovato lì dov'era, nel senso che compariva puntualmente in quella che era diventata la *"mia"* chiesa come sua consuetudine, già prima che vi sopraggiungessi a vivere io.

Un uomo maturo sulla soglia dell'anzianità, ma arzillo e vispissimo, con degli occhi scuri mobilissimi celati dietro ad un paio d'occhiali tartarugati e fotocromatici, che s'abbrunivano subito appena venivano colpiti dalla luce del sole. Di statura altina, ben messo ma asciutto, indossava quasi sempre un completo azzurrino *"aviazione"* a righine bianche, da cui spuntavano delle scarpe nere sempre lucidissime. Una foltissima chioma bianca a *"fungo atomico"* e ben tenuta dal parrucchiere gli copriva la testa e scendeva sulle guance diventando lunghe e altrettanto folte basette bianche.

Incuteva un senso d'eleganza e pomposità, che accentuava portando sempre una cravatta vistosa dal nodo gonfiato, e dalla presenza di orologio, polsini e fermacravatte dorati. Al taschino portava un fazzoletto della stessa tinta della cravatta, e nel taschino opposto c'era sempre ben in vista una bella penna argentea, che faceva da pendant ad una vistosa spilla rotonda dorata appuntata sul bavero della giacca, piena d'immagini e simboli complessi.

Le cose che più mi hanno impressionato di lui fin dalla prima volta che l'ho visto e incontrato, furono due. Una particolare abilità e attitudine all'eloquio sciolto e aperto con chiunque. Era un chiacchierone mediterraneo espansivo e simpatico insomma, uno di quelli *"che ti attaccano un bottone"* e non ti mollano più. Attaccava, infatti, discorsi con tutti, ne aveva per chiunque, e non gli mancavano mai argomenti capaci di coinvolgere e interessare il suo occasionale interlocutore. Dico questo perché sfoderava davvero una maniera accattivante e cordiale, ed era piacevole rimanere a parlare con lui. Ti faceva sentire subito a tuo agio, come in presenza di un vecchio amico, o di uno di famiglia.

La seconda cosa indimenticabile che ricordo era il suo vocione baritonale e possente. Una di quelle voci particolari, che sentita una volta non la dimentichi facilmente. La prima volta che lo incontrai, infatti, mi accorsi di lui perchè in fondo alla chiesa estiva, serale e semideserta, c'era qualcuno che non conoscevo che cantava benone le solite *"canzoni di chiesa"*. Mi sorprese ancora di più quando lo vidi al momento della Comunione uscire dalla fila delle panche e prendere a braccetto, sempre cantando a gran voce e con *"sfacciato"* atteggiamento devoto e gentile, una delle vecchiette più traballanti ed incerte presenti, e condurla saldamente fino all'altare.

Con curiosità notai, quel forestiero per me nuovo, che comunicatosi, si produceva subito dopo verso l'altare in genuflessioni, inchini e riverenze, portando le mani incrociate sul petto, come si usava una volta, o come erano solite atteggiarsi le anziane Monache di qualche convento.

"Bel tipino ! ... Che personaggio strano ... Chissà chi è ?" pensai.

Bastò poco tempo per scoprirlo, perché subito dopo la celebrazione della Messa, attirò l'attenzione di molte persone intorno a lui che gli fecero capannello intorno imbastendo una movimentata conversazione. Stringeva le mani a tutti, poggiava le mani sulle spalle di qualcuno, abbracciava qualche vecchietta che gli sorrideva sdentata riconoscendolo. Con qualcuno chiacchierava sottovoce avvicinandosi, o gli teneva strette le mani nelle mani, come chi ha davvero confidenza e sente molto quel che gli si sta raccontando. Anche il Parroco, uscito dalla sacrestia, gli andò incontro festoso, e si misero subito a parlare fitto fitto, come vecchi conoscenti affezionati.

Non avevo mai visto quel tale, perciò decisi di capirne di più chiedendo in giro.

"Ma è il Cavaliere Giorgio !" mi dissero, meravigliandosi molto che non sapessi chi fosse, *" Quello delle orfanelle ! ... Dai ! ... Come fai a non conoscerlo ? "*

In effetti non avevo ancora avuto il piacere d'incontrarlo e conoscerne le doti e le vicende.

Venni presto a sapere che girava in lungo e in largo per tutta l'Italia per procacciare sostegno e finanziamenti per l'opera meritevole gestita da sua sorella: Badessa Priora Direttrice di una piccola Pia organizzazione che si occupava di ospitare e sostenere delle orfanelle abbandonate in una periferia remota di una grossa città del sud italiano.

In questo suo ciclico girovagare senza fine, capitava periodicamente anche a Venezia. Vi sostava ogni volta per una settimana, dieci giorni, ospite di qualche modesta pensione da cui usciva al mattino e rientrava alla sera. Passava sistematicamente al setaccio tutte le Parrocchie, le Rettorie, le chiese, i conventi e monasteri, le scuole e gli enti religiosi, e contattava chiunque avesse a che fare con religione e dintorni, o avesse l'opportunità di contattare o conosceva già da tempo. Non disdegnava affatto di conoscere persone facoltose, professionisti, soprattutto dalle funzioni direttive, introdotti nella gestione di qualsiasi organizzazione sociale. Con tutti si dimostrava abile, dinamico, informato e attento, e sapeva intavolare discorsi e trarre considerazioni davvero interessanti e aggiornate con chiunque.

Ogni volta si presentava sempre con la sua valigetta ventiquattrore in pelle, da cui traeva un grosso dossier, che gli premeva d'illustrare ampiamente a chi incontrava. Ti mostrava subito, aprendolo, le foto della **Pia Casa delle Orfanelle**, che sorgeva in mezzo a un bel boschetto verde. SI poteva notare foto di dormitori luminosi, lindi e ordinati, una cappella ombrosa con le orfanelle che cantavano in coro, le orfanelle intente a giocare a pallavolo durante la ricreazione, le orfanelle su banchi di studio, le orfanelle in refettorio, le orfanelle ... le orfanelle. Si premurava anche di far notare, fin dalla prima pagina, una grande pagina in cui veniva riprodotto un Diploma di benemerenza, incoraggiamento e benedizione rilasciato da un alto prelato di Roma, un Cardinale, che con grande sussiego elogiava l'opera del **Pio Istituto** e prometteva *"copiosi favori celesti"* a chiunque ne avesse sostenuto gli scopi, le attività, e favorito le sorti. Sfogliando le foto della seconda pagina, appariva lui in persona, il **Cavalier Giorgio** col suo solito completo azzurrino e la cravattona, che stringeva tutto sorridente la mano di un politico famoso: un ministro. In un'altra foto lo vedevi in compagnia di un paio di Monsignori, di una cantante o di un attore famoso a cui stringeva sempre la mano con quella sua cordiale confidenza. Il pezzo forte veniva in terza pagina, quando ti svelava come per magia la foto di lui accanto al Papa, stavolta con un atteggiamento un po' meno confidenziale. Ma era sempre lui, il **Cavalier Giorgio**, sorridente e accattivante come sempre, capace di ottenere approvazione e sostegno anche da quelle persone di un certo lignaggio e fama ... anche dal Papa in persona !

Detto questo, il passo da compiere era breve. Era solito fornire ai suoi interlocutori l'ultimo numero del ***"Bollettino delle Orfanelle"***: una pagina stampata da entrambi i lati, che aggiornava sulle ultime novità e vicende della **Pia Opera**. Dal momento in cui si fosse in qualche maniera aderito o inteso di sostenere quell'opera meritevole, quel foglietto sarebbe arrivato sempre puntualmente a casa propria insieme agli auguri di Natale e di Pasqua, e almeno altre due-tre volte durante il corso dell'anno. Allegato al foglietto, c'era un immancabile bollettino postale prestampato attraverso il quale si poteva versare praticamente il proprio contributo e sostegno direttamente all'Opera Pia su di un opportuno Conto Corrente intestato alla medesima. Inoltre, approfittando del fatto che il Cavalier Giorgio passava ogni tanto di persona si poteva anche consegnare a lui stesso le proprie offerte, che non dimenticava mai di apprezzare soddisfatto, rilasciando in cambio un opuscoletto della solita Pia Opera.

Nella mia Parrocchie di Venezia Lui e la sorella Monaca, erano molto conosciuti, stimati e apprezzati per la loro opera indefessa e meritevole verso le Orfanelle, e ogni volta che si presentava di persona era sempre un'occasione festosa di aggiornamento sulla situazione delle ragazze, e un momento per rinsaldare ulteriormente quel legame caritatevole e meritorio che già esisteva col suo **Pio Istituto**.

In quell'estate toccò anche a me essere aggiornato dal Cavaliere in persona sulle attività e le vicende della *"sua creatura"*.

Un pomeriggio mi prese in disparte, e stringendomi le mani nelle sue come sua consuetudine mi comunicò sorridente, e quasi affettuoso: ***"Essendo un'istituzione privata, necessitiamo del sostegno di tutti ... ed è benvenuta qualsiasi iniziativa che possa in qualche modo integrare e sostenere ulteriormente la nostra opera e le nostre numerose iniziative ... Anche lei potrebbe essere uno dei benemeriti sostenitori e benefattori di questa santa causa di carità che stiamo guidando ..."***

Detto questo, estrasse dalla sua valigetta un'agenda colma di nomi e indirizzi, a cui si premurò di aggiungere il mio, allegandovi accanto indirizzo e telefono che già conosceva. In cambio mi passò il suo elegante bigliettino da visita in carta pergamenata ... quello che ancora vado conservando come ricordo.

Se chiamavi al telefono il numero sottoscritto al nome della *Pia Opera delle Orfanelle*, rispondeva immediatamente una vocina zuccherina e delicata, che si qualificava sempre come Direttrice. Costei si dimostrava sempre gentile e disponibile, e forniva ogni volta qualsiasi informazione e delucidazione. Era la sorella del *Cavaliere Giorgio*, la *Badessa*, ossia la principale responsabile attiva sul campo e sul posto, colei che gestiva direttamente e concretamente l'*Opera Benemerita delle Orfanelle*. Lui, il Cavaliere, non riuscivi mai a contattarlo perché era sempre in giro per l'Italia a caccia di nuove e ulteriori occasioni di propaganda e per chiedere e racimolare sostegno a favore delle Orfanelle.

Almeno una o due volte l'anno ricompariva puntuale in fondo alla chiesa, e lo notavi subito dal vocione e dalla presenza composta e devota. E altrettanto puntuale come la morte, ripresentava agli astanti e ai nuovi convenuti le sue carte, e le sue novità.

"Come stanno le orfanelle Cavaliere ?" chiedevano ogni volta le parrocchiane, divenute quasi tutte lungo gli anni piccole e abituali sostenitrici dell'opera caritatevole. Lui rispondeva tempestivamente con precisione ed entusiasmo: *"Stanno benone, crescono, cantano, pregano, lavorano, studiano ... Qualcuna è partita, ne è arrivata qualcun'altra di nuova ... Creature sfortunate ... Per fortuna esiste gente come voi che le sostengono ... Sapete, un'orfanella s'è maritata ... Ah ! L'amor de la vie ! Che ci volete fare, la vita ha le sue molle nascoste, l'impulso potente ad amare ... Che ben s'intende è dono di Dio anche quello ... Dovete sapere anche che stiamo provando ad aprire anche una nuova dependance in Africa ... Si nel Terzo Mondo, perché anche lì c'è grande bisogno di accogliere e sostenere le Orfanelle ... Solo che ci sono grandi difficoltà, e viste le distanza e le burocrazie, serve molto denaro, impegno e pazienza ... Ma col l'aiuto del Buon Dio ... e col sostegno di tutti, e anche vostro ... credo e spero che prima o poi riusciremo nell'intento ..."*

Nei miei giri estemporanei per Venezia ho avuto più di qualche volta l'occasione di vederlo seduto al tavolo di un bel ristorante in compagnia di una bella signora, sempre la stessa. Ho pensato che doveva essere in qualche modo una delle benefattrici, uno dei contatti veneziani della sua Opera. Sono rimasto un po' perplesso la sera che l'ho visto uscire da un cinema a braccetto della stessa signora … Ma non significava nulla … Bisogna pur vivere, no ?

E fin qui, mi direte: *"Niente di che … niente d'eccezionale".* Ma adesso arriva la parte per davvero curiosa …

Un giorno me ne andavo per i fatti miei in giro per il mondo, e sono capitato a Bologna in una breve gita estemporanea andata e ritorno in giornata da Venezia. Ho girato per la città rivedendo e rigustando i soliti musei e luoghi, e quando è stato il momento mi sono infilato dentro all'ennesimo monumento che appariva nella mia lista delle cose da vedere e visitare.

Sono così entrato dentro a un bel chiesone, e mi sono subito accorto che c'era in atto una funzione religiosa. Mi sono perciò fermato in attesa, e mentre aspettavo seduto in panca mi sono accorto che c'era nell'aria qualcosa a me familiare.

La voce ! Ecco cos'era … Era la voce inconfondibile e indimenticabile del **Cavaliere Giorgio** che cantava.

Era proprio lui. Infatti, m'avvicinai e sbirciai un poco nella chiesa in penombra per vederlo meglio, e lo riconobbi proprio nelle prime file delle panche della chiesa, intento a cantare e partecipare alla cerimonia.

"Quanto è piccolo il mondo !", pensai, e attesi che terminasse la cerimonia che stava volgendo già al termine, per poter visitare tutta la chiesa artisticamente meritevole … e già che c'ero, anche per salutare il **Cavalier Giorgio**.

In breve terminò la funzione, e in lontananza vidi il Cavaliere stringere a lungo la solita folla di mani nei pressi della sacrestia, parlottando e sorridendo in continuità. Dopo un po', mentre procedevo con la mia visita storico-artistica della chiesa, il Cavaliere se ne stava ancora lì, stavolta chiacchierando e gesticolando amabilmente col Parroco, col quale sembrava essere in particolare confidenza. Alla fine, me li ritrovai proprio davanti, a due passi, e perciò fu impossibile ignorarli del tutto. Era giunto il momento di salutarlo.

"Oh chi si vede ! Il Cavalier Giorgio delle Orfanelle ! ... Anche qui a Bologna! ... Come va ? Come stanno le sue bimbe Orfanelle ?" esordii porgendogli la mano con la più grande spontaneità da parte mia.

Lui dissimulò una punta d'imbarazzo, ma si riprese subito dandomi la mano.

"Non la riconosco ..." disse, *"Dove ho avuto il piacere d'incontrarla ?"*

"Ma dai ! A Venezia, nel Campo Santa Margherita, nella chiesa del Carmelo, i Carmini ... Ci rivediamo lì ogni tanto, e ricevo sempre il suo Bollettino delle Orfanelle ... Il Cavaliere Giorgio, a Bologna ... Sempre all'opera eh ? ... Non avrei mai pensato di ritrovarla qui."

"Ma non si chiama Emilio ... Signor Cavaliere ?" s'intromise il Parroco incuriosito ... e un po' stranito a dire il vero.

"Che vuole ? Noi del sud abbiamo tanti nomi di famiglia, siamo esuberanti anche all'anagrafe. Io mi chiamo Emilio, ma sono anche Giovanni come il nonno, Giorgio come il fratello di mamma, Giuseppe, Maria come i santi protettori di famiglia, Eugenio come il fratello morto ... Sono sempre io con un nome o con l'altro ... Ah ... Sì ... Mi pare di ricordarmi di lei ... Sa, vedo così tanta gente, e vederla qui, fuori dal suo solito posto ... Non l'avevo riconosciuta ..."

"Non importa ... Lei è ovunque come Sant'Antonio ... Anche qui per le Orfanelle Cavaliere ? Lei è instancabile ... Tutto bene ? E la gentile Badessa Direttrice ? ... E la faccenda dell'orfanatrofio nuovo in Africa, procede bene ?" aggiunsi innocentemente sorridendo, sinceramente stupito per quell'incontro del tutto casuale.

"Ma non mi ha detto che sua sorella è una dottoressa che dirige un centro per disabili spinali gravi ricoverati alle porte di Roma ?" aggiunse il Parroco, impettito e visibilmente nervoso, che non sorrideva più.

"Sì, certamente ... Lei deve sapere, e questo è di certo mia negligenza non averla informata equamente, che noi gestiamo diverse forme di solidarietà ... Non le ho accennato che accanto alla Casa di Cura che ospita i malati cronici, abbiamo anche un Orfanatrofio ... Ritenevo che fosse più opportuno richiamare la sua attenzione sull'istituzione più bisognosa d'aiuto ..."

E così dicendo, aprì la sua solita valigetta e ne trasse fuori il solito dossier che ero abituato a vedere a Venezia. Perciò depose e lasciò spalancato su una sedia quello che teneva in mano. Sbirciando potei vedere che era molto simile all'altro, cambiava l'intestazione e il genere, ma si trattava sempre di meritevoli opere d'assistenza sociale, che necessitavano tutte di sostegno. Non senza meraviglia, notai anche che il numero del telefono e del Conto Corrente erano gli stessi, solo che nell'intestazione lui era il *Cavaliere Emilio*, e sua sorella la *Direttrice Sanitaria della Casa di Cura*.

Nel dossier corposo c'erano incluse anche le immancabili foto di sempre: lui con la sorella bassina dalla chioma fluente in camice bianco, lui col Sindaco del posto stretto nella fascia tricolore, lui con il solito Monsignore altolocato, con la cantante, con un attore famoso ... e lui in compagnia del Papa.

Avete già capito tutto ... non mi dilungo di più.

"Ho capito ... me ne vado. Mi dispiace per l'equivoco ... Ci rivedremo a Venezia, Cavaliere ... forse ..."

Posso solo aggiungere che mi sono allontanato in fretta stringendo in mano la mia consunta guida turistica. Involontariamente avevo pestato qualcosa, come accade a volte camminando col naso all'insù in giro per Venezia.

Allontanandomi feci a tempo a udire il Parroco irritato che a mezza voce diceva al Cavaliere: *"Mi sa che lei è un emerito imbroglione ... Cavaliere dei miei stivali ... Mi piacerebbe andare a verificare di persona che cosa c'è realmente di buono e di vero di quanto vorrebbe propinarci ..."*

Poi sono uscito in strada, respirando profondamente e provando a divincolarmi da quella scena appena vissuta ... Non ho più ricevuto il bollettino delle Orfanelle ... e non ho più rivisto a Venezia il **Cavaliere Giorgio**. Magari c'è stato ancora, ma non l'ho più incontrato dalle mie parti. Non mi sono neanche preoccupato di raccontare in giro quel che mi era capitato, certe cose progrediscono e cambiano, e forse si smascherano e finiscono da se ... Anche se non sempre.

Anche il mio Parroco ha preferito non parlare più di quella persona e delle sue ... pseudoattività caritatevoli ... probabilmente inesistenti.

Ieri, per curiosità, ho provato a ricomporre al cellulare quel vecchio numero scritto sul bigliettino da visita. Mi ha risposto una voce metallica registrata: ***"Numero inesatto o inesistente."***

Sono trascorsi molti anni e sono cambiati i tempi. Oggi si può facilmente verificare su Internet e con altri strumenti la presenza e la bontà o meno di certe informazioni che si possono ricevere, di cui si può avere bisogno o da cui deve guardarsi attentamente.

Magari anche l'**Opera Pia delle Orfanelle** si sarà evoluta e aggiornata, avrà aperto un suo sito internet specifico ... O forse il **Cavaliere Giorgio-Emilio**, o chi per lui, avrà allargato il suo *"giro di carità",* visto che il mondo sta diventando più piccolo che mai ... Non sono andato a verificare ... Spero intanto, che le orfanelle, che nel frattempo saranno diventate grandine, stiano bene ... Ma con tutti i soldi che hanno preso per anni e in giro per il mondo, credo dovranno minimo minimo: essere ben pasciute, ben vestite, sistemate e serene ... Almeno come il loro Cavaliere: ... **"Che Dio ce l'abbia in gloria ! ... e lo ricompensi per il tanto bene che ha fatto."** ... sicuramente a se stesso.

***

_____ho pubblicato "Il Cavaliere Giorgio ... delle Orfanelle" nel mio blog "Iostedrs" ospitato da Google su Internet nel gennaio 2014.

VENEZIA VECCHIA ... DI VECCHI

Ci sono dei giorni in cui Venezia sembra quasi scrollarsi di dosso le ondate dei turisti che la invadono, intasano, e pressano. Sembra voglia lavarsi e togliersi di dosso le sozzure degli angoli, i resti abbandonati in giro, gli escrementi animali e umani. Sono quelle giornate in cui la pioggia cade copiosa, insistente, monotona per tutta la notte, e continua imperterrita per tutto il giorno seguente. Sembra non esista alternativa a quello scenario bagnato che ti si apre di fronte. I vetri delle finestre sono ricoperti di gocce d'acqua, i canali sono rigonfi fin quasi sulle rive, i palazzi e le case sono dilavati. Le seggiole dei bar all'aperto se ne stanno bagnate capovolte sui tavoli, il cielo cupo si specchia nelle pozze d'acqua. I turisti eternamente valigiati annaspando fra le pozzanghere, percorrono calli e rive scivolose, e rincorrono incappucciati e nervosi vaporetti, treni, aerei, bus, partenze e arrivi.

In questo inverno Veneziano fino ad ora cupo, umido e mite, mentre altrove nel mondo impazzano bufere e temperature glaciali, oggi è uno di quei giorni così ... e Venezia si veste di quel che capita, conservando imperterrita le tracce mute del suo illustre passato, sempre più sbiadite, infossate, consumate e cadenti. Sembra quasi che la città respiri, si scrolli di dosso come un animale peloso le pesantezze quotidiane accumulate per prepararsi ad affrontare il prossimo assalto-evento che il calendario prevedrà per invaderla di nuovo. Il *"bàgolo"* del Carnevale, infatti, è di nuovo alle porte.

Dentro a questa specie di toilette virtuale urbana è facile notare ancora una volta certi aspetti curiosi tipici del nostro contesto architettonico lagunare racchiuso fra calli e campielli. Ci sono certe situazioni effimere che s'affacciano ad alcune finestrelle nascoste. Le cogli vive per un attimo, e già non ci sono più. Vivendo mi è capitato più volte di passarci accanto ed osservarle.

Si tratta spesso di finestrelle accese a pianoterra in cui vivono persone anziane sole. Sono già sveglie ben prima dell'alba, col gatto che salta dentro e fuori dal davanzale della finestra spalancata sulla strada ... Si notano persone intente a parlare col *"micio o la micia"*, continuano a raccontare storie intricate vecchie di anni, o commentano ancora una volta l'ultimo pettegolezzo appreso ieri dalle solite comari.

Se passando lanci distrattamente lo sguardo, non puoi non osservare gli interni di frequente dimessi, pieni di carabattole ammassate per una vita intera. Sulla strada fluisce, quasi si allarga e dilata, quell'odore di stantio, muffa e appassito, appunto di vecchio e di chiuso, che ti sale su per il naso e te lo porti appresso. E' quell'odore di brodo e di fritto, di zuppa e minestrone, che impregna tutti i muri e le case della calle.

Talvolta sono piccoli mono o bilocali in cui i figli hanno sistemato la mamma anziana prendendosi la casa buona di famiglia. Vedi poche stanze flebilmente illuminate al risparmio, con la televisione e la radio *"che vanno"* in sottofondo. Non c'è nessuno che guarda e ascolta, sono una specie di compagnia alternativa per riempire i vuoti esistenziali rimasti, per non far vincere i silenzi, i ricordi e le nostalgie ... e anche il pensiero di quell'abbandono da parte dei figli.

Durante il giorno quei vecchi se ne stanno spesso affacciati alla finestra ad osservare silenziosi *"la gente che passa"*. In alternativa calano o ritirano il cesto con i viveri quotidiani e il giornale, o se ne stanno affacciati in compagnia della vicina di casa, tutti intenti a criticare le cose del presente, nostalgici del passato *"certamente migliore"*, che non smettono mai di evocare, raccontare, esaltare e condividere.

Sembra che l'epoca felice della storia di tutti sia già accaduta, e sia coincisa, fatalità, con *"il meglio"* della loro esistenza.

I vecchi, i vecchi ... A volte li osservo e li scruto, e considero il loro ripetitivo modus vivendi e il loro habitat quotidiano ... Gli anziani, detto rispettosamente. Col lavoro che svolgo ormai da molti anni, ho imparato un po' a riconoscerli, li intravedo come in trasparenza e filigrana, e ne anticipo movenze e tratti tipici, che si ripetono e prolungano nei nuovi appartenenti alla categoria.

E' vero, esistono anziani pimpanti ed arzilli, ancora pieni di vitalità ed energie. Sempre attivi, intenti ad ingannare gli anni e gli acciacchi. Indomiti, tentano ulteriori *"colpi d'ala"*, si tirano lucidi a festa, si tengono aggrappati più che possono alla vita che gira, quella che conta.
Certi sono proprio belli da vedere, vivono i loro giorni in maniera invidiabile, e ti verrebbe da dire: ***"Mi piacerebbe invecchiare così ... A loro non manca niente ... Si gustano e godono proprio fino all'ultimo goccio il piacere della vita."***

Però non tutti sono così … e lo puoi costatare anche a Venezia.

E' luogo comune pensare e dire che i vecchi sono figure dolcissime, sempre calmi, attaccati agli affetti familiari. Li vogliamo pensare come i cari nonnini che coccolano i nipoti, i sorridenti Babbo Natale dal barbone candido che inducono a sognare. I media e la consuetudine li dipingono rintanati in un alone di *"tiepido tepore dalle tinte pastello"*, intenti a vivere rallentati ma accasati e ingiardinati sorridenti e tranquilli sul bordo della società. Al massimo non riescono più a saltare le staccionate, portano il maglione anche a ferragosto, e basta preoccuparci di loro se fa troppo caldo o freddo, fornendo di volta in volta la serie degli apparecchi acustici, le dentiere che non dolgono, le poltrone semoventi, i campanelli d'allarme, i pannoloni per l'incontinenza, e possibilmente una buona polizza assicurativa complementare. L'imperativo è di non abbandonarli a se stessi … come i cani in autostrada a ferragosto.

I vecchi, tuttavia non sono solo questo. Mi danno da pensare … perché spesso sono diversi da quello che sembrano o vogliono far sembrare, sono più complessi da gestire di quanto vorremmo, e non è per niente facile convive con loro.

Senza nulla togliere a tutti quelli, e non sono pochi, che vivono con difficoltà i loro giorni, o sono inchiodati in un letto, o in preda a malattie debilitanti, ai quali va tutto il nostro rispetto e disponibilità, certi modi di vivere la senescenza mi lasciano perplesso, i vecchi sono un po' doubleface.

La vecchiaia innanzitutto non è una malattia, come qualcuno vorrebbe a volte darci da intendere, è uno status, una condizione particolare, una stagione dell'esistenza caratterizzata dal declino della vita. Una stagione però da vivere, non da subire, che contiene una sua valenza precipua. Non è necessariamente una condizione assistenziale obbligata, tantomeno una lunga serie di anni in cui si abbisogna per forza di compatimento e pazienza incondizionata obbligata.

Qualche volta i vecchi dissimulano, non solo *"ci sono"* ma un po' *"ci fanno"*, come si dice di solito. Esternando gentile cordialità sorridente ti condizionano, e a volte *"ti fregano"*. Al vederli sembrano ameni, disponibili, pacifici, mentre dentro sono spesso in ebollizione, poco tolleranti, a volte rabbiosi e fibrillanti soprattutto se non ti adegui o assecondi il loro punto di vista e i loro *"dictat"*.

Sembrano spesso in elegante competizione non solo con se stessi, ma con e contro gli altri e il resto del mondo, e più di qualche volta la competizione diventa vera e propria accorta e severa battaglia.

Quasi per principio vogliono che sia fatto loro largo credito. Sono benpensanti, e condannano senza ricorso persone ed eventi, *"quelli che rubano davvero"*, mentre ti raccontano orgogliosamente d'essere stati piccoli e abili evasori fiscali per tutta la vita.

Non ti perdonano di non essere ancora vecchio anche tu ... Esiste come un conto aperto nei loro confronti che non intendono affatto condonare.

"Non sei vecchio ? Allora paghi il fio, la differenza, il privilegio della tua persistente gioventù ... che io, invece, ho già consumato e perduto."

E' una specie di grande rivalsa silenziosa, un sottile gioco a scacchi invisibile e pretenzioso ... anche se si sa già in partenza chi sarà il vinto e il vincitore. Ma ***"la partita"*** la vogliono giocare ugualmente.

Sono di certo una categoria sociale fragile, molto spesso dipendenti dai soliti figli e nipoti incastrati ed intenti a vivere lavorando con i soliti ritmi frettolosi ed intensi di oggi. Qualche volta finiscono per essere persone lasciate sole nel loro loculo sociale, in compagnia di se stessi e del cellulare con i numeri grandi, con i due nomi prefissati da chiamare in caso di necessità in qualsiasi ora del giorno e della notte, col volume della suoneria tirata al massimo per via della sordità ... Solo che non sanno usare il carica batterie e non riescono a gestire il credito esaurito.

Li vedi spesso impastati di solitudine, flessi e di umore triste, scontrosi. Parlando con alcuni di loro li scopri come carichi di un'invidia discreta verso te che vivi ancora, e ti vorrebbero far pagare una sorta di dazio per quelle energie che possiedi, e che loro hanno già esaurito e smarrito. Sono orgogliosi, e non vogliono fino all'ultimo momento farsi considerare non autonomi e bisognosi di qualcosa. Per questo ti tengono a debita distanza, *"per non disturbarti"* dicono, ma in realtà per arrangiarsi a loro piacimento, sfruttando fino all'ultimo la loro libertà di comportarsi come meglio credono, e di fare quel che vogliono.

La vecchiaia non è sempre sinonimo di saggezza. I vecchi, è vero, sono simili ai bambini, regrediscono e recuperano atteggiamenti infantili. Sono gentili e affettuosi, ma perché interessati e a caccia d'attenzioni e considerazione. Non stanno mai bene quanto basta, sono scontenti, abbacchiati. Manca sempre loro qualcosa, e spesso è quella cosa che fino a ieri non serviva, ma oggi è diventata indispensabile e urgente. Ti vorrebbero come la prolunga di se stessi, la longa manus di quel che gli gira per la testa, che considerano sempre giusto, sicuro, e degno di considerazione. Cercano di addolcire le regole del vivere a proprio favore e misura, talvolta dissimulando le loro precise intenzioni.

Amano cullare ed evocare ripetutamente i ricordi, gli oggetti, le persone, gli avvenimenti. Ma sono pronti a sminuire, criticare, tranciare le amicizie e seppellire gli affetti passati, da cui sanno prendere abilmente le distanze rivestendoli di silenzio e indifferenza. E' incredibile notare, a volte, come sanno dimenticare o denigrare una moglie o un marito dopo cinquant'anni di vita condivisa insieme. Con estrema facilità dimenticano d'essere stati a lungo accuditi, foraggiati, lavati, stirati, amati, suppliti. Tanti anni condivisi sembrano non contare più nulla.

Viceversa, si preoccupano d'inanellare contatti nuovi, con l'entusiasmo quasi morboso degli adolescenti, seguendo l'istinto interessato e furbetto di ricavarne beneficio e benessere psicofisico personale. Tuttavia, sono pronti a mettere fine *"all'amicizia"* al primo presunto sgarbo, o alla prima inadeguatezza sospetta.

Criticano e controllano per non essere criticati e controllati. Sono spesso egoisti, attaccati alle loro cose, e desidererebbero gestire a loro piacimento anche il destino di altri, soprattutto dei figli, parenti e affini. A volte sanno anche essere crudeli, e finiscono per giocare ed approfittare dei sentimenti filiali, dell'impulso spesso incontenibile che ti porta ad accudirli e non mollarli. Arrivano a chiamarti e telefonarti nell'ora meno opportuna, dopo che hai condiviso con loro l'intero pomeriggio, e hai loro fornito tutto quello di cui avevano bisogno ... e anche di più.

Sussiegosi dall'alto della loro esperienza vissuta, la fanno diventare una specie di arma, di punto di riferimento obbligatorio a cui ci si dovrebbe tutti riferire. Loro sono quelli che hanno vissuto, conseguito, ottenuto, conquistato, patito, guadagnato e saputo. Chiunque tu sia, rimani in fondo *"un pivello, uno che non sa"* di fronte a loro che la sanno lunga. Sono poco duttili e dialogici, rigidi nei loro schemi mentali che sono la copia del loro rallentamento motorio esteriore, refrattari e paurosi delle novità, in quanto richiedono loro disponibilità e capacità di adattarsi, che non possiedono quasi più.

Talvolta s'entusiasmano per qualche nuovo interesse e per cose che per tutta la vita hanno messo da parte e non considerato. Le bramano come i bimbi a Natale, ma poi, avutele, non le guardano più, e le dimenticano in un angolo in mezzo alla loro ammassata confusione di cose.
Sono altezzosi, permalosi, non ti perdonano le tecnologie che li obbligano alle dinamiche di oggi. S'inceppano al bancomat e su internet, detestano le burocrazie e i linguaggi moderni.

Molto spesso se ne stanno smunti seduti in panca, aggrappati al corrimano, appoggiati al bastone in standby, vestiti fuorimoda, parsimoniosi fino allo spasimo. Desidererebbero campare mille anni, ma temono le malattie, le limitazioni e privazioni, e soprattutto lo stare male. Con le scarpe larghe e consumate, i baveri consunti, le camicie sformate o fuori misura perché sono dimagriti, sono proprio esseri invernali. Sono spesso l'ultima pagina triste e conclusiva del romanzo dell'esistenza … Sembrano l'incarnazione del declino di Venezia.

Ti guardano dalla finestra e non sognano più, ma sono spasmodicamente preoccupati di vivere uno ad uno e fino in fondo tutti i giorni che loro restano. Vorrebbero provare a rallentare il ritmo del tempo che passa, e scandirlo al tempo dei loro passi lenti. Quasi t'invidiano per quello che hai da vivere più di loro, se potessero te lo prenderebbero. Sono nostalgici rabbiosi del passato, del loro passato, non perché fosse migliore del nostro di oggi, ma perché sanno che conteneva i loro tempi migliori.

Mi chiedo a volte perché finiscono per essere spesso così. Mi rispondo che probabilmente sotto a tutto questo comune atteggiamento agisce la regola primordiale di garantirsi la sopravvivenza a qualsiasi costo, anche seguendo il motto: *"Mors tua vita mea"*.
Non importa quanto rimane ancora da vivere, anche un sorso merita d'essere bramato, anche pochi minuti sono preziosi … perché possono essere gli ultimi, il fondo del barile … gli ultimi gradini prima d'arrivare in cima, o forse in fondo alla propria scala.

"Ma avranno pure qualche dote positiva !" direte.

Sì, sono depositari di un passato vissuto diverso dal nostro. Hanno interpretato e conosciuto un'epoca le cui caratteristiche a noi è dato di coglierle solo dai libri, da vecchie foto e dai film, mentre loro ne sono stati reali protagonisti. Hanno esperimentato coraggiosamente un *"modus vivendi"* alternativo, forse più semplice, efficace, ed essenziale del nostro,

sono stati più vitali e meno apatici di noi oggi. Inoltre i vecchi a volte sanno essere sarcastici, quasi interessanti-brillanti, e simpatico-comici...
Ma prevale quel loro modo di vivere, che emana assieme alle rughe, ai gonfiori, all'incartapecorimento delle linee del volto e del corpo, un senso di mestizia e malinconia.

Poi, un bel giorno qualsiasi, la luce della finestrella della casetta veneziana non s'accenderà più e rimarrà spenta. Il vecchietto o la vecchietta sono capitombolati giù per la solita maledetta scaletta traballante nel tentativo di allungarsi a cambiare le tende della camera da letto, sono inciampati o aggrovigliati sui tappeti del soggiorno, sono scivolati in bagno, o è andata alle stelle la pressione arteriosa mal controllata ... Cadranno a terra e si romperanno, rimanendo per terra per ore, a volte per giorni in attesa di qualche soccorso, che infine arriverà ... Ma intanto in quel momento è cambiato tutto, e il cielo, la storia e il mondo sono loro franati addosso spesso definitivamente. Quello è spesso l'inizio della fine.

Qualche giorno dopo ancora, vedrai, infatti, l'impastatrice fuori della porta della casetta, con gli operai e i muratori che ristruttureranno l'appartamento. Presto subentreranno i soliti studenti in affitto, o diventerà il piede a terre romantico di qualche facoltoso turista di turno.

Sono finito col raccontare storie di vecchi ... vecchi veneziani. In definitiva gli anziani sono assimilabili ad uno dei nostri spettacolari tramonti lagunari. Bellissimi ed emozionanti ... ma pur sempre e solo un tramonto, la fine incontrovertibile di un altro giorno che è quasi passato.

**

_____*ho pubblicato "Venezia di vecchi" nel mio blog "Venezia di Stefano Dei Rossi" ospitato da Google su Internet nel gennaio 2014.*

"XE' CASCA' UN FIO IN ACQUA !" ... A BURAN

E' storia vera, anzi verissima ... E io ero appena bambino nella mia isoletta di Burano spersa in fondo alla Laguna di Venezia.

Le donne ormai gridavano e accorrevano affacciandosi alle finestre delle case coloratissime, altre apparivano sulle porte con indosso il grembiale da cucina e le maniche arrotolate su fin sopra al gomito.

Altre ancora alzavano la schiena inarcata e rattrappita sopra al pesante mastello di legno pieno d'acqua e di schiuma, e smettevano per un attimo di strizzare gli abiti da lavoro bluastri o odorosi di pesce e *"freschìn"* del marito e dei figli che stavano lavando in cima alla riva del canale.

"Là ! Là ! ... Sotto a quèa barca !" urlava come un'ossessa la **Marietta fia della Giangiana** indicando con il dito proteso un punto del canale.

"E' scomparso sotto l'acqua ... Xè un fjo che stava giocando saltando di barca in barca ... Là sotto ! Dove ci sono le bolle !" e additava, additava ancora e ancora da quella parte ... fremendo di spavento.

"Un fjo in acqua ! ... Un fjo in acqua !" s'aggiunse a gridare anche la **Santa Boggiordina** dalla finestra di sopra mentre metteva all'aria e al sole la biancheria del letto.

La gente uscì di casa ... in breve *"si riempirono le rive"*.

La **Dirce Concoletti** mollò per terra lo strofinaccio da cucina e corse fuori, come la **Maria Nanòn** nessa della **Clara Forcolina** che pose il mestolo unto sul tavolo buono del soggiorno e si precipitò fuori tirando il collo in avanti curiosa di capire e soprattutto di vedere.

Alla **Mariuccia Belmondo** prese subito l'ansia e un groppo in gola che le scese fin nelle viscere facendola sudare tutta: *"Un figlio è sempre un figlio, e quelli delle altre donne dell'isola in qualche maniera è sempre nostro."* pensò buttandosi in strada preoccupatissima.

Il panettiere **Anzolo** della bottega di fronte, cespuglioso sul petto e con la testa quasi calva, uscì anche lui sulla porta del negozio con il grembiale candido che gli arrivava fin quasi ai piedi ... senza però perdere di vista chi entrava e usciva.

Uscì col vassoio in mano anche il giovane barista del **Bar da Bruno Pippa** ... e anche la **Bagjoetta** che vendeva detersivi sfusi in polvere, giocattoli, sapone e tutte le cose da casa e cucina. Quasi per ultimo sentendo il gran chiassare e clamore s'affacciò perfino **Toni Tìsbe**, smilzo e col baffo sotto al naso, lasciando solo per un attimo il suo antro da Biavaròl sempre intasato dalle donne della spesa.

Corsero subito anche Diego e Michele i figli dello **Pimpinotto** che stavano giocando al *"tacco con le figurine"* dall'altra parte della riva dove c'era più umido e il tacco scorreva meglio ... Michele nella foga raccolse tutto da terra ... e già che c'era mise qualche figuretta in più di Diego dentro alle sue.

Per ultimissimo s'affacciò solenne dalla sua bottega ai piedi del **Ponte degli Assassini** anche *"O' Breno della carne"*, il macellaio con grembiule inzozzato dal sangue della carne appena tagliata e tratta dalla sua capiente ghiacciaia.

Le sorelle **Burielle** deposero per un attimo *"el tòcco e il cussinèllo dei merletti"* e issandosi una l'occhialetto sopra la fronte, e appuntandosi l'altra l'ago col filo sopra al petto prosperoso, corsero in riva per vedere che stava succedendo ... Il ditale della Mara, la più piccola, le scappò via dal dito per la fretta, corse per terra lungo il pavimento, rimbalzò di fuori in strada saltando sul gradino, e imprendibile rotolò ancora fin sul bordo della riva finendo infine dentro al canale.

La Mara s'impietrì sul posto per la disdetta di quella perdita: *"Era nuovo ... appena comprato !"* mormorò delusa, *"Era uno di quelli belli !"* ma poi non ci pensò più su, e rincorse la sorella che s'era già spinta avanti ... e disse a se stessa: *"Pazienza ... me ne arriverà un altro più avanti ..."*

La **Nena Pagnacche** spalancò gli scuri sul suo balcone di sopra sbattacchiandoli sul muro della casa: *"Che è ? ... Che è ? ... Che sta succedendo ?"* gridò verso le donne di sotto che stavano accorrendo assiepandosi sulla riva. Era da tempo che la Nena non usciva più di casa. Infatti in molte la guardarono sorprese dandosi fra loro potenti gomitate sui fianchi, e non sapevano più se guardare lei o fissare lo sguardo dentro alla novità del canale.

"Dev'essere malata forte ! ... Guarda com'è diventata magra !" commentò la **Rosa Tamagoro**, *"Ecco perché non esce più di casa e non la si vede più in giro."* rispose l'amica **Teresa Campanata**.

L'altra amica di sempre, la Gianna, che correva avanti sgaloscianado e ansimando e tenendosi sollevata la gonna sulle gambe, non l'ascoltò neanche, intenta com'era a sbirciare sopra alle spalle delle donne che le stavano davanti. Poi giunsero insieme dietro al muro compatto della gente ferma che si stava formando, e Gianna infilò la testa di sotto, e poi di fianco perché era piccoletta, e davanti le s'era parata proprio l'**Augusta Manesse** larga come una casa, e messa là immobile e stanziale come un masègno.

"Là ! Là ! ... Oltre el topo dei omeni dea farina !" continuava a urlare disperata la **Santa Boggiordina**, *"Aggiutè quea creatura ! Prima chel se nega ! ... El xe sotto alla barca ... G'ho visto l'ombra scomparire !"*

"Maria Vergene !" esplose in aria la **Maria Mora** segnandosi la fronte con un segno di croce e issando gli occhi al cielo.

"Povero fio ! ... Chissà so mamma se lo sa ?" aggiunse la **Giovannina Concoletti**. Infatti, c'era una giovane donna disperata che si stava avvicinando urlando con i lunghi capelli sciolti al vento, e chiamando il figlio per nome: *"Walter ! Walter !"*

Poco distante gli uomini facchini e manovali che stavano scaricando la grossa barca piena di pesantissimi sacchi di farina continuavano a lavorare imperterriti avanti e indietro ignari di tutto ... anche di quel clamore che andava sempre più crescendo. Procedevano curvi e scalzi e con i muscoli tesi sotto il peso dei sacchi, con un cappuccio di carta imbiancato in testa, e facevano la spola fino al magazzino del forno lasciando per terra una candida scia sottilissima sopra alla quale si stampavano le orme dei loro piedi. Uno era a torso nudo ricoperto di sudore, mentre un secondo meno robusto procedeva più lentamente con la maglietta inzuppata adesa al petto.

Non s'erano accorti di nulla anche i due pescatori: **Nane Ola "dalla baretta molla"** e **Toni Pànsa** intenti ad aggiustare e rammendare le reti l'uno con gli occhi socchiusi dentro alla nuvoletta di fumo della sigaretta che serrava fra le labbra all'angolo della bocca, e l'altro concentrato a scaricare cogòli e nasse dalla barca, anche lui col *"mezzo toscanello"* acceso stretto fra le dita.

Menego Sainante stava, invece, seduto ancora più in fondo dentro alla sua barca storta ormeggiata di fronte alle case. Era intento a *"seccarla dall'acqua"* con la scoetta mezza consumata e la sèssola di legno. La sera precedente un grosso temporale con tuoni e fulmini aveva attraversato l'isola e l'intera Laguna inondandola di pioggia … e adesso tutti *"i pagioli"* nuotavano dentro alla barca mezza affondata.

Anche la **Dorotea Momolona** non s'era accorta di niente, e stava intenta a riempire il suo secchio di zinco con *"l'acqua bona e fresca"* della fontana. Quando vide la gente accorrere mollò tutto e si spinse subito anche lei a curiosare sul bordo del canale sporgendosi sopra le teste delle altre donne e dei bambini fracassoni e cianciarosi.

"Ecco là le bolle ! Le bolle ! Da quella parte … El xe sempre sotto ! Fassè presto creature ! … Dèghe aiuto !" gridava ancora la Santa ormai quasi senza voce, mentre la sorellina piccola le era accorsa accanto ad aggrapparsi al braccio e ai vestiti.

Anche **Renato** che stava in casa udì il frastuono, l'eccitazione e il vociare che proveniva dalla strada. Stava per andarsene a letto a dormire dopo aver trascorso l'intera notte infruttuosa a pescare *"con la tartana"* insieme ai *"compari"* in bocca di porto di Venezia. Se prendevano tanto lo andavano a rivendere all'ingrosso a quelli della Pescheria o perfino al

Tronchetto, se invece come quella volta il pescato era scarso, s'accontentavano di spartirsi il pesce e l'arrostivano sulla carbonella in cima alla riva come stava facendo sua moglie proprio in quel momento. Almeno anche per quel giorno la sua famiglia avrebbe mangiato.

"Mamma Santa !" gridò sua moglie, *"Renato ! Renato ! Un fio in acqua !"* Lei sapeva bene che Renato nuotava come un pesce e forse anche meglio.

"Sant'Albàn de Buràn !" aggiunse alle grida concitate **Bruna la Sarta** accorsa anche lei con la *"traversa da lavoro fioritissima"* e ancora col rocchetto del filo colorato in mano e col metro *"de cordella"* appeso attorno al collo.

"Madonna Santa del Paradiso ! … El xe me nevòdo ! Ghe xe me nevòdo là sotto l'acqua !" singhiozzò nonna **Edvige Battistòn** strappandosi per la rabbia e la tensione i pochi capelli che le erano rimasti sotto al fazzoletto scuro da lutto che portava sempre in testa. E già stava svenendo, avendo un malore, e le donne si premurarono di distenderla per terra facendole fresco con un asciugamano e facendole odorare *"un'acqua santa"* che si portavano sempre dietro in tasca.

Per fortuna in realtà era trascorso solo pochissimo tempo, era accaduto tutto in fretta, anzi, prestissimo. Serve più tempo a raccontare e scrivere di questa cosa che a farla accadere sul serio. La gente aveva riempito e affollato le due rive del canale uscendo dalla **Calle delle Botte**, da **Calle Minio**, e *"da quella che va a Mazzorbo"* … e a quella s'era aggiunta anche la folla dei turisti curiosi che erano appena scesi dal vaporetto di metà mattina provenendo da Venezia.

Il *"sonèllo"* del campanile storto de San Martìn in fondo a Via Galuppi, *"la Piassa"*, suonò l'ora della Messa … forse d'un funerale … e le Suore dell'Asilo, visto il parapiglia e la confusione, s'affrettarono a dirottare la fila dei bimbetti e delle bimbette graziose in grembiule candido e con le vistose ciocche azzurre e rosa spingendoli in fretta verso un'altra strada deserta e sicura. Come se niente fosse, Suor Vincenza spinse avanti con grazia il primo piccolo paffutello che si ritrovò davanti come una chioccia in mezzo al gruppo dei suoi pulcini, e con mestiere e disinvoltura intonò immediatamente *"un canto allegro della Primavera"* che coinvolse subito tutti i *"suoi pulcini e le sue bellissime piccole gallinelle"*.

Renato mezzo assonnato e stanco s'affacciò sulla porta, gli bastò uno sguardo soltanto e comprese tutto quanto stava accadendo. Non c'era tempo da perdere, non serviva a niente urlare e rammaricarsi, bisognava agire, e agire in fretta. Coprì di corsa i pochi metri della riva e lasciando andare le ciabatte in aria, si tuffò così com'era dentro al buio canale rincorso dai suoi figlioletti increduli fermi anche loro sulla porta di casa ad osservare.

Del bimbo ormai non c'era più traccia, e anche *"le bolle sull'acqua"* erano più rade. Passò un certo tempo, forse un'eternità in cui tutto quell'ambaradàn di folla e gente rimase come sospeso e immobile in apprensiva attesa. Nell'acqua del canale che si muoveva appena non si vedeva più nessuno, anche Renato era scomparso di sotto. Solo le barche ormeggiate ai pali si scostavano appena trattenute subito dalla resistenza delle corde annodate. I facchini della farina s'erano finalmente fermati anche loro sorpresi. Giunsero di corsa anche i due pescatori, uno dei quali saltò prontamente dentro a una barca, mentre l'altro stava già per tuffarsi a sua volta, quanto si spalancò l'acqua fra la riva e la barca, ed emerse come da un incubo impossibile la faccia di Renato grondante che spalancò la bocca cercando l'aria, ma tratteneva anche fra le braccia la faccia moscia del ragazzino svenuto.

"Aiutatemi !" gridò appena che potè. *"Facciamolo sputare in fretta ! ... E' vivo ! E' ancora vivo !"*

Ricordo benissimo la scena, con mio fratello che era corso a recuperare le preziose ciabatte del papà. Vedemmo come in un film le braccia dei pescatori issare il bimbo dentro alla barca, mentre Renato appeso a un palo ci mise solo un istante a issarsi prima dentro a un altro *"sandolo"* e poi saltare inzuppato a terra sulla riva con gli occhi ispiritati e il fiatone ansimante.

"Ce l'ha fatta ! Ce l'ha fatta !" gridarono le donne.

"Respira ! E' vivo !" gridò la **Boggiordina** ch'era saltata anche lei pesantemente dentro alla barca aiutando gli uomini a rianimare il piccolo. Per la commozione la mamma del bimbo svenne fra le braccia delle donne che le stavano accanto. Era svenuta per l'emozione della contentezza.

Walter era bianco pallido come il gesso di una lavagna, ma disteso sul fondo della barca si stava piano piano riavendo e rianimando. I pescatori e la donna con mani vigorose e tanti schiaffetti dolcissimi lo stavano assistendo e inducendo a respirare e sputare tutta la schifezza che aveva ingurgitato dentro al canale e sotto alle barche.

Facendosi spazio fra la gente venne fuori anche la **Leda Piresca** attorniata dal solito contorno di figli e figlie attaccati sempre alle gonne, portando una coperta morbida e un bicchiere di cordiale da far ingurgitare subito al bimbo per farlo riavere del tutto. E poco dopo, infatti, ho visto *"con la coda dell'occhio"* il bimbo avvolto nella coperta a scacchi coloratissima, riprendere a camminare incerto sui suoi passi accompagnato dalle donne e da altri bimbi curiosi quanto festanti. La sua mamma pallida come lui, lo scortava e stringeva come l'avesse appena partorito di nuovo, e da una parte lo riempiva di baci, mentre dall'altra trattenuta dalle donne prese a riempirlo di schiaffi rimproverandolo per il pericolo mortale in cui era incorso.

"Le mamme ! ... Chi le capirà mai ?" ho pensato mentre riaccompagnavo dentro a casa il mio papà zuppo d'acqua e intirizzito dal freddo. Avete già capito tutto e giusto: Renato era il mio papà ... talmente bravo a nuotare più di un pesce, che non è mai riuscito neanche a insegnarmi a nuotare.

Poi accaddero altre due cose quando l'isola di Burano tornò come ogni sera a intiepidirsi di colori pallidi dentro l'aria fresca delle ultime luci magiche del tramonto: una mano morbida bussò alla nostra grezza porta di casa. Erano la mamma e quel suo ragazzino Walter ancora pallido che erano venuti a cercare il mio papà per ringraziarlo.

"Ciao !" gli dissi sottovoce mentre stavo seduto a tavola per cenare. *"Stai bene ?".* Lui annuì silenzioso con la testa, mentre la sua mamma non lo mollava un attimo tenendolo stretto per le spalle.

La seconda cosa fu per me ancora più bella: uscito in strada per l'ultima micro passeggiata della giornata, trovai gli amici di sempre che gironzolavano ancora fuori della porta di casa e nel campiello dietro alle case delle rive prima che giungesse il segnale *"della ritirata"* gridato dalle mamme all'imbrunire.

"Bravo il tuo papà Renato !" mi dissero in coro Luigi, Daniele, Giuseppe e sua sorelle Rosetta che teneva a mano la piccola Lisetta. Mi sono sentito bene quella sera, ero contento.

Quel Renato era proprio il mio papà ... e a Buràn di ieri ... è accaduto anche questo.

***

_____questo post è stato pubblicato su Internet nel mio blog: "IoStedrs" ospitato da Google nell'aprile 2016.

CONCLUSIONE

Ecco qua ! ... E questo è il termine della seconda parte delle mie *"Una curiosità veneziana per volta"*, che va ovviamente intesa assieme ai contenuti del precedente volume che ho già pubblicato ... e chissà, forse insieme a qualche futuro altro volume che non escludo di scrivere. In ogni caso quanto vi ho detto è solo un assaggio, una briciola di quanto è nascosto dentro alle pieghe della nostra magica e vispissima città immersa nell'acqua.

Credo non basti una vita intera per frugare dentro a sufficienza in questa bomboniera fragile e ricca di preziosità, con le sue contraddizioni, le sue aspettative e le sue amenità.

Per riuscire a farlo bisogna volerle un po' bene ... e provare a gridare un po' a denti stretti e sottovoce, ma senza vergogna e con l'orgoglio dei vecchi tempi:

"Viva San Marco ! ... Viva le Glorie del nostro Leòn !"

Ciao Venezia ! ... Bondì Veneziani !

www.ingramcontent.com/pod-product-compliance
Lightning Source LLC
Chambersburg PA
CBHW071640160426
43195CB00012B/1314